中国社会科学院文学与阐释学研究中心
中国社会科学院大学阐释学高等研究院　　联合主办
中国文学批评研究会

阐释学学刊

第二辑

中国社会科学出版社

图书在版编目（CIP）数据

阐释学学刊．第二辑／张跣等主编．—北京：中国社会科学出版社，2021.12
ISBN 978－7－5203－9471－0

Ⅰ．①阐…　Ⅱ．①张…　Ⅲ．①阐释学—研究—丛刊　Ⅳ．①B089.2－55

中国版本图书馆 CIP 数据核字（2021）第 270120 号

出 版 人　赵剑英
责任编辑　张　潜
责任校对　党旺旺
责任印制　王　超

出　　版　中国社会科学出版社
社　　址　北京鼓楼西大街甲 158 号
邮　　编　100720
网　　址　http://www.csspw.cn
发 行 部　010－84083685
门 市 部　010－84029450
经　　销　新华书店及其他书店

印　　刷　北京君升印刷有限公司
装　　订　廊坊市广阳区广增装订厂
版　　次　2021 年 12 月第 1 版
印　　次　2021 年 12 月第 1 次印刷

开　　本　710×1000　1/16
印　　张　22.75
插　　页　2
字　　数　335 千字
定　　价　119.00 元

中国社会科学院文学与阐释学研究中心
中国社会科学院大学阐释学高等研究院　　联合主办
中国文学批评研究会

目　录

阐释的张力

历史的维度

域外新论

批评的胜境

阐释的张力

伽达默尔“效果史”意识的互文性阐释*

陈定家**

摘　要：伽达默尔《真理与方法》中的“效果史意识”，作为其阐释学之关键词中的关键词，是一个颇令人疑惑的复杂概念，同时也可以说是理解其阐释学独特内涵的一把钥匙。在伽达默尔看来，阐释学自身的历史，就是一部有关“理解”和“解释”的“效果史”，因为任何阐释学思想不可能对自身的历史性无动于衷或视而不见，只有在理解的范围之内显示出“历史效果性”时，它才会成为“适宜的阐释学”。作为一种倡导开放性和包容性的阐释学观念，“效果史意识”与互文性理论有诸多暗合之处，尤其在一些后结构主义理论家那里，互文性理论打开了本体论的领域，使人类的一切话语都联系起来。从这个意义上说，任何“阐释”都是某种互文性的理解与阐发，都是某种基于“效果史”的“互文性”转化与创新。

关键词：阐释学　伽达默尔　效果史　互文性

* 【项目基金】国家社科基金项目《构建当代中国的文学阐释学：资源和路径》（批准号：20STA013），中国社会科学院大学校级重大项目《阐释学的理论资源研究》阶段性成果。

** 陈定家，中国社会科学院大学教授、博士生导师，中国社会科学院文学研究所二级研究员，创新工程首席专家，文艺理论研究室主任，《网络文化研究》主编。出版专著、译著和编著十余部，主持和参与国家社科基金、中国社会科学院院级与所级重点项目多项，在《中国社会科学》《文学评论》《文史哲》《人民日版》《文艺报》等刊物和报纸上发表论文和学术评论文章300余篇。主要研究方向为文艺理论与批评。

作为伽达默尔阐释学中的关键词——“效果史意识”是一个颇令人疑惑的复杂概念，同时也可以说是理解其阐释学独特内涵的一把钥匙。伽达默尔对“效果史”观念有各种各样的表述，其中广受关注的说法如下：“理解（verstehen）从来就不是一种对于某个被给定的‘对象’的主观行为，而是属于效果历史（wirkungsgeschicht），这就是说，理解是属于被理解的东西的存在（Sein）。”① 而基于“理解”的“效果史意识”，其基本内涵是“历史在其中不断发挥作用的真正意识”。这一界定的意义貌似清晰明确，但“效果史意识”这一术语本身就不能说是恰当而精准汉译。事实上，伽达默尔拈出的德语概念“wirkungsgeschicht”，就连美国著名阐释学家帕尔默也承认它根本“无法找到任何适当的翻译”②。为什么找不到恰当的“翻译”？主要原因还是它难以得到精准而恰切的“理解”。

值得一提的是，在一些著名学者的译著中，伽达默尔的“翻译”“理解”（interpretation）、“解释”“说明”（exegesis）往往都用“阐释”表述，虽然看上去似也并无违和之感，但若细究起来，怕是难以撇清“强制阐释”的嫌疑。③ 有趣的是，如果按照伽达默尔的“效果史”意识理解，上述大而化之的翻译恰好是翻译的一种常态（这里姑且忽略那些浑水摸鱼式的偷懒或任性的翻译）。老子说：“道可道，非常道。”庄子说：“道不可言，言而非也。”禅宗标榜“不说破”，说破了就不是禅。因为禅的奥秘是说不尽的，它像云像雾又像风，越是模糊越精确。所谓大道无形，真禅无相。从这个意义上讲，任何理解都是误解，任何阐释都是误释。因此，也可以说一切阐释都是“强制阐释”。当然，这种极端的说法并未能否定阐释的必要性。毕竟，无论是“道”还是“禅”，抑或“真理”，都离不开阐释，从广义阐

① ［德］伽达默尔：《真理与方法·第2版序言》（上卷），洪汉鼎译，上海译文出版社1999年版，第8页。

② ［美］理查德·E. 帕尔默：《诠释学》，潘德荣译，商务印书馆2012年版，第249页。

③ ［德］汉斯·罗伯特·姚斯：《文学与阐释学》，载《激进的美学锋芒》，周宪译，中国人民大学出版社2003年版，第407页。

释学的意义上说，“拒绝阐释”本身就是一种极为常见的“阐释”，例如桑塔格的《反对阐释》无一字绝缘于阐释，从阐释学批评的意义上说，她所谓的“反对阐释”更像是一种“强势阐释”。基于上述理解，我们认为，伽达默尔《真理与方法》中的“效果史意识”是一种倡导开放性和包容性的阐释学观念。说得更具体一些，那就是任何“阐释”都是某种互文性的理解与阐发，都是某种基于“效果史”的“再创造”①。

系谱学阐释学（Genealogical Hermeneutics）创立者戴维·霍伊说：“一时代的文化成就在后续时代里显现的不同，会甚于更后的时代。我们看柏拉图不同于笛卡儿或康德看柏拉图，但肯定我们不同地看柏拉图是由于笛卡儿和康德。伽达默尔的阐释学坚持本文的效果（wirkung）是其意义的构成要素。由于这一效应因不同时代而不同，具有历史和传统，对此伽达默尔称之为‘效果史’。”② 随着自然和社会的不断改变，现代人很难像古代人理解其自身那样理解历史。由于“时过境迁”，历史客观主义所谓“达到过去之自我理解”的设想就被“效果史”涂上了“浪漫主义”的标记。从这个意义上说，当前学术界形形色色的“还原历史”的探索，或许应作为“历史目的论”的理想来看待。从一定意义上说，不论是大胆假设还是小心求证，任何历史都是“效果史”积淀与消弭的结果。按照伽达默尔的说法，历史并不律属于我们，而是我们律属于历史。因此，我们既没有“还原历史”的可能，其实也没有“还原历史”的必要。我们如果从这个意义上理解“一切历史都是当代史”，就不应该责备克罗齐把历史相对主义绝对化了。

就阐释学自身的发展史而言，有关它的最初起源和终极目的研究一向广受关注，但相关探索却始终没有令人信服的答案。因为任何作品都没有终极意义，任何解释都不具有绝对准确性，正如恩格斯所说

---

① ［德］伽达默尔：《真理与方法》（上卷），第155页。

② ［美］戴维·霍伊：《阐释学与文学》，张弘译，春风文艺出版社1988年版，第59页。

的："关于事物的知识，在其本质上对于漫长系列的世代来说都是相对的，只是逐步地趋于完善，或者如宇宙论、地质学和人类史，由于历史资料的不足，甚至永远总是不完整的、没有完成的。"① 宇宙论、地质学和人类史是这样，阐释学自然也不能例外。

首先，如果没有古希腊人对神话的理解与阐释，"阐释学"（Hermeneutics）就不会获得这个源于赫尔墨斯（Hermes）的名字，当然，这门学科也可以有其他名称，但"名正言顺"的其他学科，必然会是另外一种景象。源远流长的阐释学传统"以其古代关于荷马的解释这一光荣的起源为骄傲。后来它诉诸一种引导阐释基督教《圣经》作品的广泛理论，并将校勘和评论希腊罗马古典作家的文本当作文艺复兴以后的值得骄傲的光辉文献"②。可以说，阐释学自身的历史，就是一部有关"理解"和"解释"的"效果史"。

其次，如果没有中世纪兴起的《圣经》阐释热，阐释学的基本方法和理念就难以拥有深海般的丰富资源。但如果没有施莱尔马赫创立关于理解和解释的一般学说，阐释学的种子或许仍然隐身于权威教义诠释者的斗篷之下而无法萌芽。没有狄尔泰和海德格尔对这株幼苗的辛勤浇灌和精心呵护，它又如何扎下认识论的根基并生长出方法论的枝干？正是由于海德格尔使阐释学立于本体论的基础之上，这才使伽达默尔的哲学解释学获得了大展身手的平台。

如果抽空希腊神话、圣经解释、施莱尔马赫、狄尔泰和海德格尔的"效果史"，伽达默尔的阐释学大厦便立刻成了空中楼阁。如果我们把阐释学的发展史比作一条长河，那么，这条长河的每个河段，都会有其代表性的学说为其增添流量。

一 "效果史"与"解构主义文本"

伽达默尔的"效果史"观念，是继承和吸收海德格尔阐释学思想

① ［德］恩格斯：《反杜林论》，人民出版社 1956 年版，第 93 页。

② ［德］汉斯·罗伯特·姚斯：《文学与阐释学》，第 407 页。

的结果。海德格尔看来，“理解”是被捕捉为我们“在—世—之—在”的道路，即我们先于任何认知或思想活动而存在的那种根本方式。尽管“理解”先于“认知”而存在，但不能最终保证“捕捉”到“当下处境”，不过，它可以促成进入未来的“投射”。对于海德格尔来说，一切解释都要植根于解释者预先拥有的东西，即所谓的“前有”（vorhabe）、“前见”（vorsicht）和“前执”（vorgriff）。海德格尔看来，“现象学描述的方法上的意义就是解释，此在现象学的逻各斯具有诠释的性质，通过诠释存在的意义与此在本已存在的基本结构就在向居于此在本身的存在之领悟宣告出来。此在的现象学就是诠释学。……哲学是普遍的现象学存在论。它是从此在的诠释学出发的，而此在的诠释学作为生存的分析工作则把一切哲学发问的主导线索的端点固定在这种发问所从之出且向之归的地方上了”①。

伽达默尔在《真理与方法》中对海德格尔思想进行了扬弃式的阐发。他认为海德格尔探究历史诠释学问题并对之进行批判，只是为了从这里按本体论的目的发展理解的前结构。海德格尔所关心的是如何不让向来就有的“前有”“前见”和“前把握”以“偶发奇想”和“流俗之见”的方式出现，“而是从事情本身出发处理这些前有、前见和前把握，从而确保论题的科学性”②。海德格尔认为警惕“前概念”以确保“科学性”始终是“理解”的“首要的”“经常的”和“最终的”任务。

伽达默尔则强调自己更为关心的是“诠释学一旦从科学的客观性的概念本体论障碍中解脱出来，它怎样才能正确地对待理解的历史性”③。在对海德格尔的“前理解结构”拨乱反正式的“再阐发”过程中，伽达默尔对海德格尔的此在的历史性加以整合。伽氏认为，既然“存在”已被带向任何文本或与他人相遇的“偏见”之中，那么，人的“处境性”就理应是阐释学“理解”的一个基本方面。与以前

① ［德］海德格尔：《海德格尔选集》（上），孙周兴选编，上海三联书店 1996 年版，第 72—73 页。

② ［德］伽达默尔：《真理与方法》（上卷），第 342 页。

③ ［德］伽达默尔：《真理与方法》（上卷），第 342 页。

的阐释学理论不同，解释者的历史性并不是领悟的障碍。真正的阐释学思想不可能对自身的历史性无动于衷或视而不见。只有在理解的范围之内显示出“历史效果性”时，它才会成为“适宜的阐释学”，即伽达默尔的所谓的“效果史”。伽达默尔放弃了那种关注影响和冲击力的新型阐释方法，转而关注一种新的“类型意识”，即“效果史意识”。“因为，在我们与过去的文献相遇时，它可以识别出业已发生的事情。它可以涵盖，不论什么情况下我们与过去对话时都会出现的、不可避免的阐释学处境。这样一来，效果史的意识就同伽达默尔的视域观念紧密地联系了在一起。”①

必须指出的是，历史传统往往被人们想当然地当作一幅毫无“中断”而独立发展的“有机连续”的平常画卷，但实际情况却并非如此，历史传统并不存在“无间断”线性发展的“必然性”，更不存在什么“有机生活的纯一性”。非但如此，任何传统都有“丧失生气”，出现“僵化”的可能。倘若出现这种情况，就需要用“革命的热情”来抵制和改变“僵化的传统”。

事实上“传统的延续”与“传统的改变”总体上是一种彼此对立又相互依存的共生关系。古人强调“参伍相变”“因革为功”，视“参伍因革”为“通变之数”（刘勰），其内在奥秘也正在于此。当代文论倡导“推陈出新”“守正创新”等理念，其核心内容依然是传统的继承与超越。从理论依据上看，今人所说的“守创”与古人所说的“因革”可谓同出而异名，二者之间，并无实质性的分野与峰变。从整体性的文学发展史看，“改变传统”可以说是“最重要的传统”，传统一经“常态化”，其内部“革命的种子”就开始发芽生长，“被继承”的传统会悄然转化为“被革命”的传统。“传统的改变”与“改变的传统”组成了一个类似于生生不息的“耗散结构”，与传统相关的千头万绪无不是促成其“结构”与“解构”的力量。“唯变为不变”才是“唯一不变的”传统！任何传统都是各种因素相互碰撞

① ［美］迈克尔·格洛登等编：《霍普金斯文艺理论和批评指南》，外语教学与研究出版社2011年版，第758页。

与融合的吐故纳新的“效果史”。

有道是“日往月来，时移世易”（姚思廉）；“无物永驻，万物皆流”（赫拉克利特）。历史的长河奔流不息，传统变迁如白云苍狗。历史和传统“并不像一堆能够称为意识之客体的事实，毋宁说，它是一条长河，于其中，我们活动着，并参与到每一理解行为中。因而传统并不是对立于我们的东西，而是我们置身其中，并通过它而存在的某种东西；它在极大的程度上是一种如此透明的媒介，以至于对我们来说，它乃是不可见的东西——正像对于鱼来说，水是不可见的一样”①。人类生活在传统之中，就像鱼生活在水中一样。

对于以“虚构与想象”（伊塞尔）为特色的文学而言，其历史和传统的流变更是波诡云谲，气象万千。刘勰的“时运交移，质文代变”，“歌谣文理，与世推移”等观点至今被奉至理名言，其中一个重要的原因就在于他准确地把握住了文学历史与传统的变化规律。文学和任何其他事物一样，“变”是绝对的，“不变”是相对的。以文学最基本的实践活动“创作”为例，大多数教科书将“创作”定义为创作主体的精神生产活动，即作家根据自己的生活审美体验，以语言为媒介创造出可供欣赏的文学作品的艺术生产活动。按照字面理解，“创作”的意义就是生产出具有创新性意义的“作品”，因此，作者必须精心“考虑做新鲜的事情，尝试做他那些一直希望成为‘首创者’的同时代人没做的事情”②。但是，这种“首创冲动”大多数时候并不能获得满意的结果。尤其是随着文学艺术的历史越来越悠久，资源越来越丰富，创作对传统的“依赖性”就会越来越强烈。“传统”固然是作家期望超越的对象，但它同时也是“创新”无法回避的前提。从一定意义上讲，伽达默尔“效果史”所依赖的正是这种对传统的“依赖性”。这种“首创冲动”与“传统依赖”的矛盾性，也与后现代主义所描述的历史的“暂时性”和“不确定性”提供了例证。在后现代主义语境下，“不再存在着任何单一的本质的超

① ［美］理查德·E. 帕尔默：《诠释学》，第231页。
② ［美］戴维·霍伊：《阐释学与文学》，第230—231页。

然的‘历史真实’概念。”①

值得注意的是，尽管霍伊对秉持“效果史”意识的伽达默尔阐释学有不少不同看法，但他还是基本认同了伽达默尔“一切诠释皆片面”的论点。伽达默尔曾经宣称，诗歌充满了语言要成为“它所表意的东西”的愿望。这一观点对诠释理论具有这样的暗示意义，即诠释必然把一首诗放在诠释者提供的意义上下文中：“因此诠释的词语是诠释者的词语——它不是被诠释的本文的语言和词汇。”②

伽氏这种诠释者主体优先的论点，对传统文论中某些一向被视为金科玉律的观点提出了挑战。如王夫之“以庄解庄”的诗学致思路径、海德格尔“以时论时”的存在论视角。因为“庄”已作古，“时”已非时，即便诠释者“设身处地”，“想见其为人”，这一“设”一“想”，自然难以避免主体的偏见。有趣的是，伽达默尔“一切诠释皆片面”的结论居然成了其“自反性”的例证。

从一定意义上说，伽达默尔的“效果史意识”与中国文论“诗无达诂”的说法有异曲同工之妙，尽管它多少显得有些过激与偏颇。有趣的是，伽达默尔突出“诠释者”的观念，在罗兰·巴特那里有更为激进的表述。巴特宣称，没有一个诠释是“清白的”——因为批评家是把本文置入“上下文”中的人。而意义的上下文来自批评家或读者，而不是本文！也就是说，意义是“诠释者”的产物，是批评家“主观性”的产物。

表面上看，伽达默尔和罗兰·巴特在诠释的“上下文”性质和反对“纯粹客观主义”这两方面意见完全一致，但实际上，二者在相关问题上既有共识，也有分歧。巴特认为，任何写作都可以说是对既有文本的“互文性阐释”，这个观点在许多像巴特一样锋芒激进的理论家那里基本上是当作常识接受的。他们相信，世界上根本就没有什么真正的创新的文本，那些自以为创新的人，只不过是他们对前人文

① ［加］帕米拉·麦考勒姆：《后现代主义质疑历史》，谢少波译，中国社会科学出版社2008年版，第16页。

② ［加］帕米拉·麦考勒姆：《后现代主义质疑历史》，谢少波译，中国社会科学出版社2008年版，第203—204页。

本缺少足够的了解而已。从互文性的视角而言，所有文本都只是在文本与文本之间无限的“循环阐释”过程中得以存身的。任何新生作品一经问世就必将融入既有文本的汪洋大海之中，即便是如大江奔流的史诗巨著，也无非是为文本海洋的“循环相因”增加了些许活力而已。

作为解构主义的代表人物，巴特这种貌似彻底否定原创的激进与偏颇是不言而喻的。但正如罗兰·巴特《恋人絮语》的中译者所言：“理论支点的有失偏颇并不意味着整个建筑的崩坍，比萨斜塔的绰约风姿不更自成一格，令人惊叹吗？思辨的过程也许更富魅力。”①

罗兰·巴特的《恋人絮语》与网络小清新们喜爱的恋爱小说不同，它是一部文体学上“类无归属”的奇特作品，既像哲理小品，又像散文诗，既可以称之为美学思絮，也可看作诗学随笔。其最大的文本特性就是文体的不确定性。一切都显得朦朦胧胧、模模糊糊，根本找不到做出明确界定的依凭。更为离奇的是，在巴特的这本书里，“语言不是主体意义的表达；相反，是语言铸就了主体，铸就了‘我’。因此，《恋人絮语》中的‘我’是多元的、不确定的、无性别的、流动的、多声部的。……胡话，痴言，谵语正是巴特所神往的一种行文载体，一种没有中心意义的、快节奏的、狂热的语言活动，一种纯净、超脱的语言乌托邦境界。沉溺于这种‘无底的、无真谛的语言喜剧’便是对终极意义的否定的根本方式。”② 巴特的“絮语”有如一曲“多中心”“反套路”的“无主题变奏”，它既为阐释学提供了别具一格的新标本，同时也对以寻求终极意义为目标的阐释行为构成了绝妙的反讽。

巴特自己用一个副标题为这本奇书进行了“定性”——“一个解构主义的文本”。毋庸置疑，巴特的关键词是“解构”。巴特想要解构什么？从古希腊流传至今的逻各斯中心主义？中世纪以来的神学权

① ［法］罗兰·巴特：《恋人絮语——一个解构主义的文本》，汪耀进、武佩荣译，上海人民出版社2009年版，第9页。

② ［法］罗兰·巴特《恋人絮语——一个解构主义的文本》，汪耀进、武佩荣译，上海人民出版社2009年版，第6页。

威？文艺复兴宣扬的人文精神？启蒙运动倡导的理性主义？现代科学技术的话语霸权？似乎都是，又似乎都不是，只要被说成是传统的，只要被尊为权威的，就都在“恋人”的鄙视链中。巴特一向乐意在秩序井然的“文本殿堂”扮演一个类似于孙悟空式的破坏者角色，他沉浸在狄奥尼索斯的精神狂欢氛围中，与读者共同分享性高潮般狂热的“文之悦”。他既是“既有传统”的掘墓人，却同时又是“新生传统”的建设者，他无意于避免尽人皆知的自相矛盾，却有意制造了许多妙趣横生的奇谈怪论。他的一系列著作都充满了许许多多怪怪奇奇的悖论。“巴特宣布作者死亡，压低作家的个人性，是想冲淡资产阶级自文艺复兴以来不断强化的个人意识，而巴特神往的摆脱一切俗成羁绊的、放纵个性的自由写作方式与自由阅读方式又陷入了一种极端的个人性，实际上，强调读者的个人阅读自由体验像强调作家个人中心一样，同属强化个人色彩，抬举个人位置。这是个悖论格局。”①但是，正如巴特的学生隆巴多所说的：“悖论本身难道不是一种表达情感的修辞手法吗？”②

罗兰·巴特将自己的著作贴上“解构主义”标签，他高举“解构之锤”，试图一锤砸碎逻各斯的“千年铁锁链”。一个令人印象深刻的“解构”现象是，一直高调地“自我解构”的罗兰·巴特，却始终未能真正地“解构自我”。相反，他的“自相矛盾”和“自我嘲讽”为其赢得了巨大声誉。事实上，在不少学术场合，巴特是作为解构主义的一面“旗帜”出现的。在《文本的快乐》中，罗兰·巴特劈头向我们提出了一个问题，“要我们想象一个奇特古怪的家伙，他全不怕自相矛盾，号称综合了诸多不相容的语言，说他不合逻辑，也泰然处之。巴特说，我们传统习俗的种种规矩，会使这么个人物成为无家可归的弃儿。因为说到底，谁能一无愧色地生活在矛盾之中

① ［法］罗兰·巴特：《恋人絮语——一个解构主义的文本》，汪耀进、武佩荣译，上海人民出版社2009年版，第6页。

② ［意］帕特里齐亚·隆巴多：《罗兰·巴特的三个悖论》，田建国、刘洁译，华东师范大学出版社2017年版，第4页。

呢?”① 乔纳森·卡勒在《论解构》第一章的第一节中如是说。

在我们看来，卡勒的《论解构》是从罗兰·巴特抵抗逻各斯中心主义着手的。他接着对巴特的文本理论进行了探讨，并直接将其互文性理论的名言作为解构传统的武器：“文本不是一条词语的直线，释放出单一的‘神学’意义（作者—上帝的‘信息’），而是一多维的空间，其间无一不是独创的各类文字的交合与碰撞。文本是从无数文化中心中抽取出来的引文组织。”② 以创新为使命的文学艺术原本蕴含着“抵抗互文”或“颠覆传统”的潜能，但创作的实际情况却并非如此，任何创作者都只能在传统文本的密林中穿行，当作者披荆斩棘试图开辟出前人没有走过的林中路时，却发现所到之处，总能隐隐约约地看到层层叠叠前人脚印隐伏其间。行文至此，我们可以肯定地说，结构主义的这套说辞实际上就是互文性理论的另一种说法，如果从伽达默尔的阐释学视角看，巴特的“解构主义文本”就是其“效果史意识”的一个最好的注脚。

二 “主线依赖症”及其互文性“救治”

章学诚《文史通义·易教中》说：“儒者敢于拟《易》，而不敢造历也。历之薄蚀盈亏，有象可验，而《易》之吉凶悔吝，无迹可拘；是以历官不能穿凿于私智，而《易》师各自为说，不胜纷纷也。”因此，章学诚对《尚书》的可靠性深信不疑，认为文本与历史具有高度的统一性：“《尚书》典谟之篇，记事而言亦具焉；训诰之篇，记言而事亦见焉。古人事见於言，言以为事，未尝分事言为二物也。”正是基于这样一种自以为“古人诚不我欺”的预设，章学诚对刘知几的疑古之论提出了批评：“刘知几以二典、贡、范诸篇之错出，转讥《尚书》义例之不纯，毋乃因后世之空言，而疑古人之实事乎!”（《书教上》）

① ［美］乔纳森·卡勒：《论解构》，陆扬译，中国社会科学出版社1998年版，第16页。
② ［美］乔纳森·卡勒：《论解构》，陆扬译，中国社会科学出版社1998年版，第17页。

当然，我们不能因为章学诚对历史文本秉持肯定态度，就断言他是个泥古不化的“思路依赖症”患者。事实上，章学诚对历史与文本及其相互关系的看法并不乏通变意识，非但不拘泥于文本预设逻辑，有时甚至可以说具有高度的文本辨识的自觉性。例如，他在论述“佛”“易”互文性关系时，提出了许多令人耳目一新的观点。他认为，佛教学说虽来自西域，但其言路与文本，“持之有故而言之成理者，殆较诸子百家为尤盛。反覆审之，而知其本原出于《易》教也。盖其所谓心性理道，名目有殊，推其义指，初不异于圣人之言。”（《书教下》）

至于那些与圣人之言不同的地方，“惟舍事物而别见有所谓道尔”。“至於丈六金身，庄严色相，以至天堂清明，地狱阴惨，天女散花，夜叉披发，种种诡幻，非人所见，儒者斥之为妄，不知彼以象教，不啻《易》之龙血玄黄，张弧载鬼。是以阎摩变相，皆即人心营构之象而言，非彼造作诳诬以惑世也。至於末流……但切入於人伦之所日用，即圣人之道也。以象为教，非无本也。”为什么说“以象为教”就算得上有根有本呢？在章学诚看来：“有天地自然之象，有人心营构之象。……心之营构，则情之变易为之也。情之变易，感於人世之接构，而乘於阴阳倚伏为之也。是则人心营构之象，亦出天地自然之象也。”（《书教下》）① 章学诚坚信“古人诚不欺我”，坚信“天地自然之象”，他这种对“成见”和“传统”近乎依赖的信任与伽达默尔的“效果史意识”形成了有趣的对照。

西方文化体系中的“效果史”意识，自柏拉图时代就已具有相当牢固的根基。在中国，像《论语》和《史记》这类经典文选中也可以找到大量相似的言论。孔子说：“夏礼，吾能言之，杞不足征也；殷礼，吾能言之，宋不足征也。文献不足故也，足则吾能征之矣。”孔子有关历史传承依赖“文献”的观点对后世具有极大影响。从其“能征之”与“不足征”的自信和遗憾中，我们可以看出孔子的“效果史”意识与其“述而不作”的求真务实精神是暗相契合的。至于

① 章学诚：《文史通义》（上），中华书局2012年版，第13、36页。

司马迁的那种“究天人之际，通古今之变，成一家之言”的雄心壮志和“不虚美，不隐恶”的秉笔精神，既显露出了这位中国“历史之父”对历史的信赖，也显示出了类似于“效果史”所隐含的那种互文性之“通变”精神。

另一个有趣的对照是，中国读者在读西方“历史之父”希罗多德①的《历史》时，常常会被其迷宫式的叙事折磨得晕头转向。因为希罗多德是一位想象力极为丰富的历史学家。在他笔下，历史恢弘而驳杂，时或千军万马，时或一地鸡毛。地域覆盖之广，年代跨度之长，人物事件头绪之繁杂，常会击穿阅读者信息接收力的阀阈。他笔下的历史空间是如此广阔，从东到西，由印度延伸到直布罗陀，从南到北，由北极圈直抵尼罗河源头。希罗多德笔下的这张“天地图”，远远超出了当时人们想象所及的世界。从时间上看，从公元前680年吕底亚王国的兴起，到公元前479年希腊联军击退波斯王薛西斯大军的入侵，这正是东西方历史出现大转折的200年。

按照时势造英雄的习惯说法，希罗多德的出现，也是“历史结构”的时势造成的。在他出生前的近百年时间里，希腊的城邦和宗教场所渐渐有了保存文献记录的意识。按照英国历史学家哈蒙德的说法，早在公元前725年科林斯的攸美鲁斯就已将各种历史记录与流行的文艺作品应用于史著。② 但直到希罗多德卷帙浩繁的《历史》问世之后，希腊人的历史意识才真正得以深深扎根于文化的土壤之中。自此之后，西方文化的“效果史”意识才开始显露出来。

具有反讽意味的是，希罗多德自其同代人开始就蒙上了“谎言家”与“谎言之父”的恶名，相关研究表明，“希罗多德‘史学之父’地位的确立，是近世以来的事”③。令人疑惑的是，他所承受的

---

① ［古希腊］希罗多德（Herodotus，约公元前484—425），伟大的古希腊历史学家，所著《历史》（9卷）叙述西亚、北非及希腊诸地区之历史、地理及民族习俗、风土人情。自第5卷第29章起，主要叙述波斯人和希腊人在公元前478年以前数十年间的战争。书名和分卷方法均出自希腊化时代的学者之手。该书也是一部文学作品，书中众多人物性格鲜明，语言生动，亦作《希腊波斯战争史》。

② ［英］N. G. L. 哈蒙德：《希腊史》，朱龙华译，商务印书馆2016年版，第135页。

③ 李尚君：《希罗多德与西方历史学的起源》，《历史教学》2009年第1期。

“求全之毁”和所享受的“不虞之誉”居然都与其充满“神话思维”和“诗性言说”的叙事风格有关。

有人盛赞其书中大量妙趣横生的“题外话”，视其为希罗多德叙事艺术的“最迷人处”，但也有人认为这种“题外话”是最令人“难以忍受”的败笔。的确，希罗多德头绪万千且枝蔓无度的叙事方式，有人着迷，也有人抓狂。“他不断地打断自己的叙述，不断地在一件事讲到一半时插进一段有关的背景介绍。这种插话，短的时候大概是一两节，但长起来就不得了。最长的一段是有名的介绍埃及风俗的第二卷。整整一卷182节，除了第1节之外，完全和叙述主线没有直接关系。更有甚者，在这种插话之中有时他还要插进另一段，于是就形成了‘插话中的插话’。”① 不同读者对待《历史》众多插叙的态度，有如不同场合人们对浓妆艳抹的名媛淑女的心态，有时有人会羡其珠光宝器烘托的雍容华贵，有时有人会嫌其环佩玎珰引起的矫揉造作。

另一个有趣的事实是，希罗多德虽享有“历史之父”的美誉，但其本性却更像是一位诗人。这位生于小亚细亚诗人家族的宠儿，自小迷恋史诗，能熟练地使用东方叙事文学的套盒结构。在刻画人物形象方面，他对神话与史诗艺术手法的运用，可以说达到了炉火纯青之境。在这一点上，希罗多德的《历史》足以与司马迁的《史记》媲美。譬如，同是国家元首级的人物，在希罗多德的笔下均能显示出极为不同的个性。无论是波斯帝国的薛西斯二世、吕底亚的克洛斯，还是希腊的梭伦，其举手投足，风神形貌毕现，其一颦一蹙，更是惟妙惟肖。当然，和所有历史著作一样，《历史》有鲜明的时代特色和地域局限，有人批评希罗多德的著作在许多方面带有“天命论”和“宿命论”色彩，并且其中也夹杂了许多不足为据的神话传说和无稽之谈，这种批评或许有失公允，希罗多德毕竟生活在一个神话和史诗盛行的时代。但无论如何，“他首创了历史著作的体裁，并为后世保存了大量珍贵史料，其中有些已被近代考古学、人类学和历史学的研

① 静斋：《读〈历史〉》，http：//liptontea. bokee. com/2045183. html。

究或成果所证实。”[①]

有些读者认为，《历史》的主线极为凌乱，述事逻辑含混、人物关系繁杂、东拉西扯，不忍卒读，而这种叙事乱象是脚注文字太多惹的祸，它破坏了我们轻车熟路地顺着一种思路径直向前的阅读习惯。批评者静斋指出：“就算看有脚注的文字，你何曾看到过‘三次方脚注’这样奇妙的玩意儿?”[②] 静斋的批评意见对于传统阅读来说似也不无道理，但在网络语境中就值得商榷了。例如，我们的日常网上阅读，常常被网页中的“超链接”一次次牵引到“注释的注释的……注释”中，我们又何曾抱怨过“N 次方注脚”给我们带来的阅读之不便? 今天的读者，如果把注释理解为传统文本中“超文本性”的发挥，或许就能对希罗多德式的“注中注”保持一种超然心态了。当然，静斋的抱怨并非毫无意义，我们注意到，网络阅读使人更加关注的是信息，是所谓的“logos 流”，而不是“思路”，因为当下的“碎片化”阅读很难让思路长时间保持连贯。传统阅读的“思之路”总是力求意义上的单向性、拓扑学上的简单化。传统文本的线性逻辑特征，往往容不下太多的歧义。

互联网阅读在理论上讲是天马行空毫无挂碍的，在这个“比特”打造的虚拟帝国里，人人都可以享受“条条大路通罗马”的便利，读者不会遇到传统阅读那种“本本割据”的“楚河汉界”式的阻隔，但实际上，相对于浩瀚无边的网络超文本而言，由于任何阅读都只能是“碎片化”阅读，因此，在网络阅读过程中，由“表意链断裂”造成的“阅读焦虑症”就被强烈地凸显出来。毕竟，“闲坐小窗读周易”与“挤地铁时看手机”的感受确实有很多不同之处。

值得注意的是，“像海德格尔那样对多重词义、多重理解的沉迷，像《花园小径》那样结构分散、无明确导向、多重线索反复交叉的叙事方式，出现于现代哲学、现代派小说中，似乎很新鲜。”[③] 这里

---

① 百度百科：“希罗多德”，http：//baike. baidu. com/view/36908. htm.

② 百度百科：“希罗多德”，http：//baike. baidu. com/view/36908. htm.

③ 静斋：《读〈历史〉》，http：//liptontea. bokee. com/2045183. html.

的“似乎”二字耐人寻味。事实上希罗多德的《历史》中就包含着大量“交叉叙事”的阅读设置。可见非线性“交叉式”叙事既不是博尔赫斯或海德格尔的专利，也不是非网络时代的专利。

当然，这种非线性的“交叉叙事”手法也并非西人的专利。例如庄子，他那汪洋恣肆、云谲波诡的文字至今令人爱不释手，尤其是他那凌空蹈虚、歧义百出的运思和行文风格，与今天某些网络大神天马行空、毫无依傍的网文似乎有许多相似相通之处：“以谬悠之说，荒唐之言，无端崖之辞，时恣纵而不傥，不以觭见之也。以天下为沈浊，不可与庄语，以卮言为曼衍，以重言为真，以寓言为广。独与天地精神往来而不敖倪于万物，不谴是非，以与世俗处。其书虽瑰玮而连犿无伤也。其辞虽参差而諔诡可观。”（《庄子·天下》）两千多年来，庄子赢得了那么多粉丝的喜爱，即便对传统文化保持激烈评判态度的鲁迅先生，对庄子的“汪洋辟阖，仪态万方”也颇为赞赏，尽管他明确指出庄子“著书十万言，大抵寓言，人物土地，皆空言无事实”[①]。但鲁迅仍然认为《庄子》是诸子散文中无人可及的翘楚：“晚周诸子之作，莫能先也。”[②] 我们有一千种理由喜欢庄子，他的“卮言”“重言”“寓言”无不令人着迷，他的“谬悠”“荒唐”“无端”更让人倍觉精彩。

但不知从何时开始，一种被称之为“主线依赖症”或称“思路依赖症”的叙事风格开始占据了主导地位，并形成了沿袭千年的书写习惯，这多少与希罗多德之后的文体发展有关联，“比如修昔底德那代人就已经开始改变叙述方式，还有后来基督教时代从‘辩护士’们开始的、一开始就明确了主题（证明基督的神性、上帝的存在之类）的文章的影响。一个更重要的原因在于后来的作者—读者关系发生了变化。”[③] 当然也只是一家之言。毕竟这里说的只是历史与历史文本的情况，它与我们讨论的文学文本有所区别，这一点至少自亚里

① 鲁迅：《汉文学史纲》，江苏凤凰文艺出版社 2017 年版，第 27 页。
② 鲁迅：《汉文学史纲》，江苏凤凰文艺出版社 2017 年版，第 27 页。
③ 静斋：《读〈历史〉》，http：//liptontea. bokee. com/2045183. html。

士多德开始就有极为清晰的意识。亚里士多德在《诗学》中关于历史与诗的著名区分对文学理论的影响至今仍然不可小觑。

根据布鲁姆的诗歌影响理论，诗的意义是阅读的功能，但阅读并不导致诗歌还原到“它本身并不是一首诗的什么东西”，而是“另一首诗”，一首前人的诗。布鲁姆相信，甚至当代伟大的影响否定论者，像歌德、卢梭、尼采、雨果、布莱克和托马斯·曼，无不具有讽刺意义地证明了影响的深深焦虑。任何前贤都不可以简简单单地被忘却，因为正如尼采也承认的，忘却是自愿的压抑过程而不是解放过程。布鲁姆说：“每个被忘却的前人都变成了巨大的想象力。”① 他们只是“似乎”被忘却了，但他们还会在“潜意识”或“无意识”的领域里以“前见”的形式产生影响。

不忘前人的布鲁姆从来不隐瞒自己对先人的承袭，事实上，他的诗歌理论可以清晰地看到弗洛伊德与尼采的影子。霍伊对这一情形进行了这样的分析：“弗洛伊德提供动机的暂喻，尼采则提供悖论和权力的雄辩。对布鲁姆来说，现代诗歌是一个家庭罗曼史，伴随着‘年轻人’同因父辈人物的力量与权威而生的焦灼的搏斗，这父辈人物就是前辈诗人（有时是个集合型人物），在他看来是诗歌史上最后的不可逾越的碑石。‘年轻人’渴望着这一历史的中止、断裂或背离，它们将允许他撤走他的前辈并取而代之。”②

在这种“年轻人”的“渴望”里隐含着弗洛伊德“弑父情结”和尼采“上帝已死”等革命性因子，年轻人所渴望的“中止、断裂或背离”直接指向诗歌史的重构，在布鲁姆看来，这重新组构应该如此“完善”，以致使“效果史”的正常顺序发生“逆转”。就正常的因果关系而言，总是早期诗人对晚期诗人发生影响，但布鲁姆的理论提出了一个“逆向因果”关系。前人作品的特定章节不再看成单纯是后来诗人到来的先兆；相反，前人的辉煌更多的是因其受益于后人的成就与光彩。布鲁姆宣称，尼采的格言“如果人没有好父亲，就需

① ［美］戴维·霍伊：《阐释学与文学》，第233页。
② ［美］戴维·霍伊：《阐释学与文学》，第234页。

要发明一个”，比克尔恺郭尔“愿意工作的人生育了他自己的父亲”的说法更加真切！①

布鲁姆提出了一种“对应批评”理论，把诗歌作品看成是另外一些诗歌的对应的误读。正因为一首诗的意义只是“另一首诗”，所以任何诗歌都可以说是其他诗歌的误读。据此，他得出了这样的推论：“不存在任何诠释，而只是误解，所以全部批评都是散文诗。”这一批评理论存在着这样一个自反性的悖论，那就是如果不存在任何对诗歌的确定标准，那也就必然不存在任何批评的尺度。在这个问题上，布鲁姆似乎是退回了尼采的悖论之中。他甚至借用尼采二律背反的语言说：“问题是真实的历史或更确切说是它的真实应用，而不是它的滥用，这二者都是以尼采的意义说的。真实的诗歌史是诗人作为诗人如何遭受其他诗人折磨的故事。”②

如果从互文性的视角看诗人与诗人的关系，尼采所说的“折磨”在某种意义上说理解为康德式的“惠爱”也未为不可，“艰难困苦”的“折磨”与“玉汝于成”的“惠爱”之间其实也是一种互为因果的关系。必须指出的是，布鲁姆的这些看似“倒因为果”的惊世骇俗之论，在后现代主义那里得到了淋漓尽致的发挥，如今似乎已成为互文性理论的一种老生常谈。以拆解“话语统一性”和解构“逻辑同一性”为己任的后现代主义，使布鲁姆的“逆向因果”的“双重效果史”理论得到极为广泛的应用。从方法论的意义上说，伽达默尔所倡导的众多视域互融整合的无限包容性，以及各种观念“批评与反批判”的开放性对话，为现代阐释学实现对古典阐释学的超越发挥了重要作用。从这个意义上说，“互文性阐释”是深入理解“效果史意识”的一把钥匙。

---

① ［美］戴维·霍伊：《阐释学与文学》，第235页。

② ［美］戴维·霍伊：《阐释学与文学》，第235—236页。

三 "效果史"的"互文性"阐释

托多罗夫在总结文学史发展规律时曾提出过"植物式""昼夜式"等比喻性的概念，这些有趣的概念自然会有很多开放式的理解与阐释。如果借用托氏的妙喻比照一下"效果史"意识和"互文性"理论的关系，我们不禁感叹如同植物的生长具有明显的"季节性"特征一样，各种理论的发生与发展也具有明显的"效果史"意识。若以季节说比附一下艾布拉姆斯的"四因素说"，我们发现在20世纪文论与批评的舞台上，四因素之间存在着激烈的"领导权"竞争，结果出现了季节性的"轮流执政"，当厚德载物的"世界中心"被代神立言的"作者中心"取代后不久，诗人的"立法者"地位很快遭到了形式主义、结构主义的挑战，新批评的"作品中心论"乘势而起，但随着阐释学和接受美学渐成气候，作为"用户"的"读者"开始掌握话语权。尽管"四因素"的"执政"顺序未必严格"顺应天时"，但它们毕竟各有其引领文论风尚和批评主调的时候。

更令人惊叹的是，即便某些如同白天与黑夜一样对立的学术观点，往往也如同昼夜的自然交替一样，根本找不到黑白分明的界限，不同理论之间的"权力移交"实现了水乳交融式的"无缝衔接"，犹如海天尽头云水之间的"视界融合"。即便是海德格尔的"3V箴言"（即前文所谓的"前有""前见""前执"），在伽氏的"效果史"意识里也被不分彼此地融汇到"从之出"与"向之归"的混茫"此在"之中。

众所周知，伽达默尔的"效果史"意识和克里斯蒂娃的"互文性"理论都是20世纪60年代问世的。这两种理论有一个相同的特点，那就是对一切文本及其"相关关系"的大水漫灌式的无差别渗透。在网络时代，互文性渗入超文本领域，似乎已为理解和阐释网络时代"文学行动"的最重要概念之一。尽管超文本源于现代技术的推助，而互文性思想则得益于人文思想的涵化，但二者的发生、发展及其融合过程，都为“效果史”学说提供了新鲜的例证。

超文本与互文性概念问世不久，就成为后现代、后结构批评的标识性术语。“一些后结构主义理论家，通过互文性理论打开了本体论的领域，使人类的一切话语都联系起来。”① 例如，罗兰·巴特认为，“文本的意思是织物；不过迄今为止我们总是将此织物视作产品，视作已然织就的面纱，在其背后，忽隐忽现地闪烁着意义或真理。现在，我们以这织物来强调生成观念，也就是说，在不停的编织之中，文本被织就、被生产出来了；主体消隐于这织物之中，消隐于这纹理之内，自我消融了，一如蜘蛛隐伏于蛛网这极富创造性的分泌物之中。”② 如果说巴特的这些奇思妙想在传统文学体系里多少有些别出心裁的话，那么在网络文学领域里，则几乎可以说是不言自明的老生常谈。

罗兰·巴特的文本理论中有两个极为重要的概念，即“可读的”(lisible）文本和“可写的”（scriptible）文本。“可读文本”拘泥于词语的字典意义和规范，可以按照明确规则阅读，是一种“封闭的”定型文本，其解释方式相当有限，读者与文本处于一种分离状态，读者有如一个吃“桌餐”的客人，一切都有既定的遵循，缺少吃“自助”的自主性。“可写文本”则不同，它不必按照明确规则来理解和阐释，常用的“解码策略”不适合于这类文本。因为它是一个开放的、不可预定的动态文本，它把作者从文本意义的消费者变成了生产者。所以“可写文本”的表意方式无可限量，因为它是一种开放性和生产性的文本，可以做多种多样的理解，具有广阔的阐释空间。在巴特看来，任何（可写的）文本都是互文本，其周围所有的其他文本都不同程度地“以多少可以辨认的形式——先前的和环绕（文本）

① 樵歌：《互文性理论与后现代写作》，http：//my. ziqu. com/bbs/665006/messages/4585. html。

② Roland Barthes, *The Pleasure of the Text*, Oxford: Translated by Richard Miller, Blackwell, 1990, p. 64.

的文化的文本形式——存在于这一文本之中。"[①] 这种具有浓厚后现代主义理论色彩的论断，一方面泛化了"效果史"的意识，另一方面也让互文性理论涂上了一抹阐释学的釉彩。

有研究者注意到，巴特的文本理念在当今互联网世界中得以实现。互联网中多端口的介入无疑使得作者对读者的控制性减弱。当作者被淹没在文本的汪洋大海中时，读者根本就无暇顾及文本的书写者，因为万花筒一样变化万千的文本本身，早就使读者眼花缭乱了。

在互联网中大行其道的，正是这种"可写的"文本，它们突破了单向意义结构的限制而走向无限的开放性。这种开放性正是互联网文本，即超文本的最重要的特征。将互文性与效果史潜能发挥到极致的超文本，既无所始，亦无所终，既无中心，亦无边缘。在互联网中，"读者畅游于文本的世界之中，既无政治使命，亦无功利之欲。读者在自由阅读的同时还可以书写文本，阅读、批评与文本之间的距离进一步缩小"[②]。

美国学者乔纳森·卡勒在《符号的追寻》(1981) 中指出："互文性对于文学的表意功能是一个核心问题。根据互文性理论和文学作品的实际情况，它在文学作品中的表现，概括起来主要有以下特征：1. 引用语；2. 典故和原型；3. 拼贴；4. 嘲讽的模仿；5. '无法追溯来源的代码'。"[③] 如果我们将卡勒的这些说法与罗兰·巴特的相关言论稍加对照便不难发现，卡勒的"互文性理论"呈现出了一种强烈的后现代主义文化症候。但多少有些令人意外的是，卡勒所描述的互文性表意功能的五大特征几乎每一条都适用于伽达默尔的"效果史"意识。在这里，无论是"引用""典故""拼贴"还是"模仿"和"追溯"，其主体都必须有一个包含历史和传统的客体作为行为对象，否则所谓的"引用""模仿""追溯"等，都只能是凌空高蹈的虚妄

① ［法］罗兰·巴特：《文本理论》，参见罗伯特·扬编《解放文本——后结构主义读本》，劳特利奇出版社 1981 年版，第 39 页。

② 张祎星：《罗兰·巴特的文本理论》，《浙江师范大学学报》2006 年第 1 期。

③ 樵歌：《互文性理论与后现代写作》，http://my.ziqu.com/bbs/665006/messages/4585.html。

之举。由此可见，“互文性”在作品中的种种表现，实际上都与“历史在其中不断发挥作用”的“效果史”存在着一定程度的相关性与同一性。

出生于埃及的美国当代文论家伊哈布·哈桑（Ihab Hassan）对“现代主义”与“后现代主义”的相关性与差异性有极为精深的研究。在下面这个图表中，后现代主义的所有特征都从相反方面来对抗现代主义的特征。

现代主义	后现代主义
意图	游戏
等级	无序
中心	无中心
主从关系	平行关系
生殖/阳物崇拜	多形的/雌雄同体
本源/原因	差异/痕迹
确定性	不确定性
……	……
影响	互文性

在哈桑编著的这个著名的对照表中，互文性已成为“后现代”的主要标志术语之一。① 如前所述，乔纳森·卡勒对互文性问题做了相当全面的阐述。他认为：“互文性与其说是指一部作品与特定前文本的关系，不如说是指一部作品在一种文化的话语空间之中的参与，一个文本与各种语言或一种文化的表意实践之间的关系，以及这个文本与为它表达出那种文化的种种可能性的那些文本之间的关系。因此，这样的文本研究并非如同传统看法所认为的那样，是对来源和影响的研究；它的网撒得更大，它包括了无名话语的实践，无法追溯来源的代码，这些代码使得后来文本的表意实践成为可能。”②

如今，“互文性”已经衍生出了许多相似性的新概念，如前文提

① 王岳川、尚水编：《后现代主义文化与美学》，北京大学出版社 1992 年版，第 118 页。

② ［美］乔纳森·卡勒：《符号的追寻》，康奈尔大学出版社 1981 年版，第 103 页。

到的“互视性”“互介性”等，这些新概念有时为相关研究领域带来了超乎想象的阐释能量和理论影响。从伽达默尔阐释学的视角看，这些“能量”和“影响”视为“效果史”在网络语境中的扩充与放大似乎也未为不可。其实，无论在汉语还是英语中，效果（effect）与影响（influence）都是同义词或近义词。

从可能性的层面看，互联网将会使“效果史”的潜能得以爆炸式释放。因为网络读者“依靠‘链接’从‘唯一’向‘多元’、从‘有限’向‘无限’延伸，网络写作的特技之一便是依靠‘链接’将文本通过唯一有限的‘窗口’编织为多维的、立体的、交互的‘超文本’”[①]。也正因为如此，在后现代“解构原创、削平深度”语境中，超文本极为充分地实现了传统文本的“互文性”潜能。伴随传媒技术的发展，大众文化空前发达，图画、影像、声音等构成的“文本的海洋”异彩纷呈，炫人眼目，许多“本不相干”的“文本”被人们随意派生出各种联系，那些崇高神圣的“文本”内容也可以断章取义地戏谑性“误读”。[②] 有一种意见认为，文本之间形形色色的相干与不相干的因素，在后现代语境中都会使互文性特点得到膨胀与放大。当然，后现代主义与互文性理论之间原本就是一种相伴相生的互动关系，在后现代主义影响互文性理论的同时，互文性理论也会反过来对后现代主义施加影响：“互文性作为我们阐释新语境下文本的运作机制、敞明这诸多现象中所包含的巨大活力提供了理论依据。”[③]

从哲学依据上说，互文性实质上是“文本间性”的另一种说法。而“文本间性”与本体论的“主体间性”具有显而易见的“家族相似性”。众所周知，“主体间性”是指“存在”或解释活动中的人与世界的“同一性”。据考，“间性”（inter-sexuality）这一神话学概念较早用于生物学，其最初的意义是“雌雄同体性”（hermaphrodism），源于信使神赫尔墨斯和美神阿弗洛狄忒的私生子赫尔玛弗洛狄托斯

① 赵宪章：《论网络写作及其对传统写作的影响》，《东南大学学报》（哲学社会科学版）2002 年第 1 期。

② 王瑾：《互文性》，广西师范大学出版社 2005 年版，第 134 页。

③ 王瑾：《互文性》，广西师范大学出版社 2005 年版，第 134 页。

(Hermaphroditus)——古希腊神话中著名的一个雌雄同体者。阐释学源于赫尔墨斯（故阐释学也被称为“赫尔墨斯之学”，Hermeneutics)，而互文性即“文本间性”源于赫尔墨斯之子，二者词源学上的这种“血缘关系”不管是巧合还是象征，这一事实的背后显然隐含着有待阐释的未知空间。

当然，哲学意义上的主体间性概念的内涵要复杂得多。这个概念在海德格尔、马丁·布伯、雅斯贝尔斯和马塞尔等人的不断丰富之后，存在论和解释学意义上的“主体间性”被赋予了本体论特征，人与世界的关系也因之获得了本体论意义上的阐释。

众所周知，20 世纪 70 年代之后，伽达默尔的阐释学是后现代主义形形色色的思潮中最具冲击力的学说之一。在新诠释学中，伽达默尔寻求的是超越科学方法的真理经验。他把对真理的认识分为审美、历史和语言三个领域来展开。在历史领域中，伽达默尔强调了认识真理的两个关键概念：一个是“偏见”，理解不仅以偏见为基础，它还会不断产生新的偏见；另一个是“视界融合”，在解读文本的过程中，作者的“原初视界”与读者的“现今视界”之间存在着各种各样且难以消除的差异，但理解的过程不是强行消除这些差异，而是求同存异地融通与协商，并逐渐达到“视界融合”的境界。由此可见，伽达默尔的效果史意识既非主观臆想，也非客观复现，它是“历史的真实”与“历史理解的真实”“融合”的结果。

职是之故，伽达默尔将把握历史真实的可行性寄托于主客交融过程中。首先强调的是读者情感与客观历史的交流。具体地说，“一方面以小人物和微观叙事来拉近读者与历史事件的距离，并努力引导读者对历史经验进行多维的、开放式的历史思考，而非盖棺定论式的大叙事；另一方面，倡导一种对待历史的主观与客观的‘视界融合’，鼓励人们在认识客观历史的过程中，大胆地运用主观能动性，使历史产生更多的微观现实意义。”①

① 靳志朋：《后现代主义与人文史观——当前中国史学的机遇与挑战》，《武汉理工大学学报》2015 年第 1 期。

在伽达默尔看来，艺术作品的经验超越了所有阐释的“主观视域”，这里的阐释不仅不限于读者的理解，即便是艺术家的现身说法也不是盖棺定论，阐释的标准是多元综合且与时俱进的，从来就没有一成不变的标准。“就作品本身而谈论作品，脱离了它总是在经验形成中不断更新的现实性，便是某种抽象的东西。决定性的东西既非作者的意图，亦非处在历史之外的、作为自在之物的作品，而是在历史的境遇中经久不衰的某种东西。”① 因此，作者的思想并非是衡量作品意义的“可能尺度”。这一思想在接受美学和读者反应批评那里得到了淋漓尽致的发挥，并对20世纪后半叶的文论与批评产生了巨大影响。

其实伽达默尔上述历史观念，早在本雅明1940年发表的《历史哲学论纲》中就有更明确的说法。尽管本雅明承认，“对于史学家来说，过去发生的任何事情都没有消失”。但他同时指出所谓的历史却并非它本来的模样。“正如花总是朝向太阳一样，通过一种隐秘的趋日性，过去也竭力朝向在史学的天空冉冉高升的太阳。……是的，事实的真相不会离我们而去，以历史主义的历史观加以理解，这句话恰好道出了历史唯物主义超越历史主义的地方，因为每一个不能被现在关注加以辨识的过去的形象都可能无可挽回地消失掉了（研究过去的历史学家以激动的心情带来的喜讯，可能在他开口的瞬间就了无生息地消失了）。”②

---

① ［美］理查德·E. 帕尔默：《诠释学》，第216页。

② ［德］瓦尔特·本雅明：《本雅明文选》，陈永国、马海良译，中国社会科学出版社1999年版，第424页。

黑格尔“传统”概念的诠释学意义*

刘春鸽　秦明利**

摘　要：伽达默尔的哲学诠释学理论面临着双重困境：理解规范性的不足和艺术经验的直接性，其原因在于伽达默尔在对启蒙理性以及现代审美意识进行批判的过程中，将理性与传统、直接性与反思性对立了起来。黑格尔的“传统”概念能够为解决上述困境提供思路。一方面，黑格尔哲学致力于解决启蒙理性与传统的二分问题，能够为理解的规范性提供保障；另一方面，黑格尔在对浪漫派美学进行批判的同时，重视其反思性的维度，有助于诠释学走出直接性的困境。同时，在现代主义背景下，黑格尔的传统观和历史思想在保证艺术的真理性方面也具有诠释学意义。

关键词：黑格尔　伽达默尔　传统　诠释学意义

自启蒙运动以来，“传统”是一个常遭贬抑又饱受争议的概念。

---

* 基金项目：国家社科基金重大项目“德国早期诠释学关键文本翻译与研究”（19ZDA268）子课题“英美学界德国早期诠释学研究”；国家社科基金项目《构建当代中国的文学阐释学：资源和路径》（批准号：20STA013），中国社会科学院大学校级重大项目《阐释学的理论资源研究》阶段性成果。

** 刘春鸽，大连理工大学外国语学院讲师，研究方向：文学哲学，西方诠释学、黑格尔哲学和美学，博士论文：《黑格尔的“艺术终结论”研究》；秦明利，大连理工大学外国语学院教授，博士生导师，研究方向：文学哲学，西方诠释学、西方文学理论，著有《作为哲学范式的文学：伽达默尔文论研究》（2020）、《艾略特的哲学语境》（2015）。

在启蒙的反思理性和现代审美意识只注重当下性而忽视传统的背景下，伽达默尔借鉴黑格尔理性的历史性思想，强调传统对于当下的自我理解的重要性，建构了以历史的境遇性为特征的哲学诠释学，以对抗自然科学方法论无处不在的影响，尤其反对其对精神科学的宰制。伽达默尔以诠释学理性（一种历史理性）代替了启蒙理性，以艺术对世界的真理性揭示代替了审美意识，然而其自身也面临着质疑和挑战。例如，克里斯汀·杰斯达尔（Kristin Gjesdal）就指出，伽达默尔没有阐发理解的规范性问题，同时他的艺术思想也带有与审美意识同样的直接性问题。① 本文以杰斯达尔针对伽达默尔的这两个挑战为出发点，回到黑格尔的“传统”概念，探讨黑格尔如何回应这两个挑战，并在此基础上阐发黑格尔“传统”概念的诠释学意义。首先，本文将分析黑格尔哲学中启蒙理性与传统的关系，指出黑格尔对启蒙理性和传统之间二分问题的解决，能够为诠释学理性的规范性提供保障。接着，本文将探讨伽达默尔在审美意识批判中所面临的“直接性”困境的原因，并论证黑格尔哲学如何有助于诠释学美学走出这一困境。最后，在现代主义背景下，围绕有关“传统”与“现代”的关系问题，本文将阐发黑格尔的传统观和历史性思想的当下意义，尤其在保证艺术真理性方面所具有的诠释学意义。

一 启蒙理性与传统：理解的规范性问题

启蒙运动之后，理性的权威得到确立，而传统的价值则受到质疑和挑战。实际上，启蒙理性的发展在很大程度上建立在对传统价值观的批判和对传统权威性的削弱之上。正如伽达默尔所说，启蒙运动将传统贬斥为一种基于权威的“前见”，而“启蒙运动的普遍

---

① Kristin Gjesdal, *Gadamer and the Legacy of German Idealism*, Cambridge: Cambridge University Press, 2009. 有关伽达默尔的理解缺乏规范性的问题，参考 p. 3, 152；有关伽达默尔的艺术思想带有直接性的问题，参考 p. 113。

倾向就是不承认任何权威，并把一切都放在理性的审判台面前”[1]，用康德的话来说就是，“Sapere aude！要有勇气运用你自己的理智！”[2]。在《真理与方法》中，伽达默尔针对“启蒙运动对前见的贬斥”进行了批判和反思，并“为权威和传统正名”。针对理性，伽达默尔特别强调了理性的历史性特征，“理性对于我们来说只是作为实际历史性的东西而存在，即根本地说，理性不是它自己的主人，而总是经常地依赖于它所活动的被给予的环境”[3]。伽达默尔致力于建构一种基于传统、历史性和境遇性的诠释学的理性概念和反思。

面对启蒙的反思理性所存在的问题，伽达默尔受到黑格尔哲学的启发，尤其是他从黑格尔的《精神现象学》中，即在精神的历史发展中看到了一种通过不断与传统对话、进一步融合从而达到自我理解的可能性。“传统经常是自由和历史本身的一个要素……需要肯定、掌握与培养……我们其实是经常地处于传统之中……它一直是我们自己的东西，一种范例和借鉴，一种对自身的重新认识，在这种自我认识里，我们以后的历史判断几乎不被看作为认识，而被认为是对传统的最单纯的吸收或融化（Anverwandlung）”[4]。可以看出，伽达默尔阐发并发展了黑格尔的历史理性概念（或理性的历史性维度），他强调历史的境遇性（situatedness of history，hermeneutical situation），反对一种无所不在的自然科学方法论的影响（尤其反对将这种方法直接运用在精神科学的研究中），这种自然科学方法论通过实验、证明、重复等方式确保知识的确定性。但作为精神科学（或人文科学）的知识并不是自然科学方法论所要求达到的那种确定性的知识，而是理解性的知识，是在具体的历史境遇中的自我理解的知识。然而，伽达默尔对启蒙理性的反思和批判也面临着质疑和挑战。克里斯汀·杰斯达

① ［德］伽达默尔：《诠释学Ⅰ：真理与方法》，洪汉鼎译，商务印书馆2010年版，第386页。

② ［德］康德：《历史理性批判文集》，何兆武译，商务印书馆1996年版，第22页。

③ ［德］伽达默尔：《诠释学Ⅰ：真理与方法》，第391页。

④ ［德］伽达默尔：《诠释学Ⅰ：真理与方法》，第398—399页。

尔（Kristin Gjesdal）在对伽达默尔哲学的研究中，认为他忽视了理解的有效性与理性的规范性问题（normativity of reason）①，这些方面为启蒙理性所具有，也在黑格尔哲学中蕴含着。

黑格尔作为理性主义者，对启蒙思想有所继承和发扬。然而，他对传统又并非持全然否定和批判的态度。黑格尔早年学习古典哲学，迈克·鲍尔（Michael Baur）认为，在黑格尔早年思想的形成期，已经显现出他所考虑的中心问题的雏形，即古典传统如何与启蒙理性和解②。古典传统强调整体、统一与和谐的理念，而现代启蒙理性思想则以分裂、对立为特征，尤其在自然与文化、理性与感性以及集体与个人等之间的对立较为突出。如何使传统与启蒙理性达成和解与统一是黑格尔哲学的目标之一。

一方面，黑格尔早期受启蒙主义影响较大，其思想比较激进，例如他对作为启蒙运动思想现实化的法国大革命大加赞赏，据传曾和谢林、荷尔德林栽种自由树以表示对法国大革命的欢迎。与此同时，黑格尔反对基督教教会的实证性，即权威性。在他看来，基督教教会的权威外在于精神，这种权威对于精神是异己的和陌生的，精神不但不能在其中实现自身的自由，反倒受其约束和限制。就教会的信条和礼节仪式作为一种传统和权威的代表性体现来看，黑格尔早期显然是站在启蒙理性的立场上对其加以批判的，或者说黑格尔具有反对传统和权威的倾向。

另一方面，黑格尔对启蒙主义也并非持一贯的赞赏态度。黑格尔

---

① 规范性问题（normativity）一般涉及伦理、道德、政治、法律等评价方面，如规范伦理学。相比于单纯的描述和解释，规范性更加强调一种理性的反思和评判，强调"应该如何"，康德的实践理性即强调规范性，如"人不应该撒谎"。规范的问题一般与强调理性和反思有关。参考 *The Cambridge Dictionary of Philosophy*, 2nd., gen. ed. Robert Audi, Cambridge: Cambridge University Press, 1999. 有关规范伦理学的问题，参考第 587 页，有关规范性涉及的"应该如何"的问题，参考第 857 页。有关康德的实践理性的规范性，参考第 728 页。伽达默尔在规范性方面之所以受到质疑，也与他的现象学的描述方法有关。

② Michael Baured ed., *G. W. F. Hegel: Key Concepts*, London and New York: Routledge, 2015, p. 3.

在《精神现象学》中曾批判启蒙思想的功利性。在他看来，启蒙运动产生了一种“有用性”或“功利”的思维方式[①]，用现代语言来说就是一种工具理性的思维方式，黑格尔反对这种由启蒙理性所导致的技术工具论思想，他对数学计算提出的很多批判就是针对这种工具理性思维。他认为，哲学是不能向数学公式和形式借鉴任何东西的，相反，数学的公式和计算应该首先受到哲学的批判。他强调，数学是无思想的、机械的，如果长期坚持数学的思维方式将会导致机械性的思维，使精神变得固化和僵硬。

> 假如那样的练习［数学的数及其计算］成了主要的宗旨和主要的业务，其结果除了使精神在形式和内容上变得空虚而迟钝以外，不可能有别的东西。因为计算是这样外在的，然而也就是机械的作业，以至可以制造出机器来极其圆满地完成算术的运算。假如人们关于计算的性质只知道这种情况，那么不管他对一件事所设想的是什么，其中就会包含这样的决定，即把计算造成对精神的主要教育手段，对精神加以桎梏，把精神十全十美地变为一架机器。[②]

可以看出，黑格尔天才地预见了现代技术的发展以及机器不断取代人的趋势。然而，黑格尔也对这种计算思维之下人的精神遭到禁锢的状况持批评态度，因为精神不是机器。

因此，黑格尔并不盲目追随启蒙理性的权威性，相反，他向往古希腊传统所表现的伦理精神的和谐与自由。黑格尔将古希腊的伦理看作为“真实的精神”或“客观的精神”，是精神直接处于其真理性中。“活的伦理世界就是在其真理性中的精神。”[③] 黑格尔认为，在古

① ［德］黑格尔：《精神现象学》（下卷），贺麟、王玖兴译，上海人民出版社2013年版，第114—115页。

② ［德］黑格尔：《逻辑学》（上卷），杨一之译，商务印书馆2016年版，第230—231页。

③ ［德］黑格尔：《精神现象学》（下卷），第8页。

希腊的城邦社会中，精神达到实体与个体在自我意识中的统一。相比于现代社会理性权威对人的自由所造成的约束和限制，古希腊人并没有固定的权威性教条，他们的行为本身就是准则的体现，行动本身就体现了伦理精神。在古希腊传统中，人并不受到外在权威的限制，而是有一种类似于康德的"自己立法，自己守法"的自由。①

然而，黑格尔也很清楚，古希腊的传统社会在现代不再可能，因为精神在不断进展，古希腊的伦理只是精神发展的初级阶段或直接性的阶段。从艺术方面来看，这也是为什么他认为"艺术过去了"。在这一意义上，黑格尔不是"古典主义"（classicism）②，也不是"新古典主义"（neo-classicism）。《精神现象学》描述了精神从"伦理"经过"教化"到"道德"，并经由"宗教"最终实现"绝对知识"的不断进展的过程，在黑格尔看来，这一过程是进步的。因此，无论古希腊传统多么理想，最终也会被精神的较高形式所扬弃，传统的权威性在现代也相应地被削弱。这种立场似乎又使黑格尔回到了启蒙理性反对传统的观点上。然而真正讲来，黑格尔对启蒙理性和传统都有所批判和扬弃。

由以上分析可以看出，在有关启蒙理性与传统的关系上，黑格尔哲学与伽达默尔哲学诠释学的一点区别在于：黑格尔并不将两者对立起来，他既同样坚持，也同样批判。伽达默尔对启蒙的反思理性持批判态度，他更倾向于传统的立场。伽达默尔承认传统，并认为传统是某种交给我们的东西，某种我们必然要"遭受"、必须要去"倾听"

---

① 当然，古代人体现的这种自由不同于现代道德意义上的"自由"，即由自我意识的理性自身所规定的"自由"，古代人的个体性与普遍性的统一还处于"天然"的直接状态，相比于现代人，还缺乏自我意识。

② Annemarie Gethmann-Siefert 认为，如果对黑格尔《美学》的理解以其体系作为基础，将得出黑格尔是"古典主义"（Klassizismus）的立场，而 Siefert 则强调艺术的历史和文化功能，并认为这是黑格尔艺术哲学的本意所在。参考 *Vorlesungen Über die Philosophie der Kunst*（Mitschrift Hotho 1823），ed. Annemarie Gethmann-Siefert，Hamburg：Felix Meiner Verlag，2003，Einleitung. 有关黑格尔不是"新古典主义"（neo-classicism）的辩护，参考 Lydia L. Moland，*Hegel's Aesthetics*：*The Art of Idealism*，New York：Oxford University Press，2019，pp. 32，80.

的东西，“倾听传承物并使自己置身于其中，这显然是精神科学中行之有效的寻求真理之途”[①]。伟大的艺术作品也是如此。在伽达默尔看来，艺术经验不是由于我们“做”什么而产生的，而是我们在“遭受”艺术，我们所能做的就是倾听艺术的讲话，参与对话，并应和它。“艺术作品就是一个陈述”[②]，我们要倾听这种陈述，并积极地参与与它的对话。[③]

伽达默尔在对启蒙进行反思和批判的过程中，忽视了启蒙反思本身所具有的规范性和理性自主性的理想。伽达默尔想要达到一种批判反思的非主观性，致力于这种非主观的批判反思与艺术作为揭示世界之事件之间的和解，同时承认理解作为“存在之事件”（event of being）的权威性，然而，由于伽达默尔在有关启蒙理性和传统的关系上并未达到统一，这些努力也受到质疑和批判。[④] 对于黑格尔来说，理性和传统，并不是两者只择其一。黑格尔的思想对启蒙理性的权威和传统的权威都有所扬弃，同时也是两者的统一。在根本的立足点上，伽达默尔是存在论的，他将自我理解的认识论问题扬弃在了存在论问题中。他强调了理性的历史性，然而却忽视了理解的规范性问题。黑格尔一方面承认理性的历史性，另一方面也试图在有关认识、伦理以及审美等方面有一种理性的证成。[⑤] 黑格尔的思想能够和解启蒙理性和传统，因此能够补充诠释学理解在规范性方面存在的不足。对于黑格尔传统观的发展，不应该忽略其所继承的启蒙理性的方面，而对于传统的承认，也不应该忽视传统本身所存在的问题。由此来看，黑格尔在有关传统和理性的关系方面，对诠释学的发展仍然具有

① ［德］伽达默尔：《诠释学 II：真理与方法》，洪汉鼎译，商务印书馆 2010 年版，第 49 页。

② ［德］伽达默尔：《言辞与图像中的艺术作品——“如此的真实，如此的存在！”》，孙丽君译，载《伽达默尔的诠释学美学思想研究》附录，人民出版社 2013 年版，第 336 页。

③ 这涉及黑格尔与伽达默尔在艺术观点上的分歧，尤其是伽达默尔针对黑格尔的“艺术终结论”所提出的批判，相关内容将在本文第二部分加以探讨。

④ Kristin Gjesdal, *Gadamer and the Legacy of German Idealism*, p. 120.

⑤ Kristin Gjesdal, *Gadamer and the Legacy of German Idealism*, p. 154.

重要意义。

二 审美意识批判的“直接性”困境

以浪漫主义为代表的现代美学，强调审美意识以对抗现代哲学的自然科学化和普遍化倾向。然而，在伽达默尔看来，浪漫主义美学不仅没有达到目的，而且对作为自然科学的“真理”概念本身并未加以批判。为此，伽达默尔针对审美意识、审美反思提出批判，并捍卫一种不同于自然科学普遍方法论意义上的艺术作品中的真理性经验。在伽达默尔看来，审美反思是一种抽象的活动，它将艺术作品区分为直接的、给定的审美要素，强调其作为“纯粹的艺术作品”的自主性，然而却撇开了艺术作品本身的原始的生命关系，从而割裂了经验整体和意义整体。与审美意识所做出的审美区分相对，伽达默尔提出了“审美无区分”的思想：

> 我们以“审美无区分”（die ästhetische Nichtunterscheidung）反对审美区分，反对审美意识的真正组成要素。我们已看到，在模仿中被模仿的东西，被创作者所塑造的东西，被表演者所表现的东西，被观赏者所认识的东西，显然就是被意指的东西——表现的意义就包含于这种被意指的东西中——以致那种文学作品的塑造或表现的活动根本不能与这种被意指的东西相区别。而在人们作出这种区分的地方，创作的素材将与创作相区别，文学创作将与“观点”相区别。但是这种区分只具有次要性质。表演者所表现的东西，观赏者所认识的东西，乃是如同创作者所意指的那样一种塑造活动和行为本身。①

审美意识具有主观主义倾向，同时对审美的直接属性的强调造成了艺术真理的丧失。因此，伽达默尔通过回到黑格尔美学中对艺术真

① ［德］伽达默尔：《诠释学 I：真理与方法》，第 172、173 页。

理的揭示来批判现代的审美意识。伽达默尔和黑格尔一致，认为伟大的艺术作品具有揭示真理的功能，能够展现一个时代在政治、伦理、社会、文化等方面最具有实体性的东西。然而，现代审美意识强调审美特质、艺术自主，否定艺术的社会文化功能。在伽达默尔看来，现代审美意识否定了艺术的知识性和真理性。

伽达默尔批判浪漫美学的直接性和审美意识（纯粹审美在场），然而，伽达默尔自己的“真理”概念作为一种先于批判和反思的“真理”，作为一种“崇高的、突然的存在之事件”（a sublime and sudden event of being）也被批判为退回到了他自己所批判的直接性的范式中①。其与审美意识的不同仅在于：伽达默尔通过将艺术置于其存在论的本源中，使其摆脱了主观性的意义，并且使主体隶属于它，艺术成为了一种使主体获得自我转变和本真存在的“跨主体的权威”（trans-subjective authority）②。

伽达默尔在进行审美意识批判中面临着“直接性”的困境，例如，在有关传统的问题上，伽达默尔认为，并不是像黑格尔说的那样，要获得一种对于传统的概念知识、反思知识，而是要对传统进行直接的参与。同时，伽达默尔在对康德的《判断力批判》进行分析时，体现出了一种反思的态度，而当他站在海德格尔的“大地”的立场上时，又强调一种非反思的态度，因此伽达默尔自己本身也带有一种矛盾性。不仅如此，伽达默尔虽然强调了诠释学反思和对话，但当他在强调艺术揭示世界的功能时，又具有直接性和非对话性的倾向③。

同时，伽达默尔面临“直接性”困境的另一个原因在于：他反对将哲学对艺术的反思活动作为主要的艺术经验的来源，作为揭示艺术真理性的依据，在此意义上，他反对黑格尔的“艺术终结论”主张。在他看来，黑格尔之所以有关于“艺术终结”“艺术过去”的看法，

① Kristin Gjesdal, *Gadamer and the Legacy of German Idealism*, pp. 6, 113.

② Kristin Gjesdal, *Gadamer and the Legacy of German Idealism*, p. 82.

③ Kristin Gjesdal, *Gadamer and the Legacy of German Idealism*, pp. 115 - 118.

是因为黑格尔最终站在了哲学的立场上，以概念的思辨方式来对艺术的感性直观方式进行把握，并判断其真理性和价值所在。在伽达默尔看来，艺术对世界的揭示是某种先于概念把握的东西。然而，离开概念反思的艺术把握方式，本身就很容易落入“直接性”之中。

伽达默尔所面临的“直接性”困境在某种程度上削弱了其对浪漫派美学批判的有效性。同样是对浪漫派美学的批判和反思，黑格尔美学则能够免除这种“直接性”的质疑，其原因何在？黑格尔美学如何有助于诠释学走出“直接性”的困境？

黑格尔对浪漫派美学的批判很少受到“直接性”的质疑，因为黑格尔一方面批判“直接性”，另一方面也明确地强调中介性和反思性的重要。在《精神现象学》的“感性确定性”一章，黑格尔对“直接性”问题提出了批判，这也是他在《美学》中进一步批判浪漫派美学的主观性和直接性的重要基础。“感性确定性”的问题在于，它所面对的是个体事物（“这一个物”和“这一个我”），诉诸的是直接性，而所把握到的仅仅是事物的最贫乏的规定性，即“存在”。然而，这种直接性的存在并不能持存，中介性和变化不可避免，按照逻辑学的思想，“存在”在“变化”中即是“无”。同时，“感性确定性”所认为的“客观真理”实际上仅仅为“主观确定性”，并且带有任意性。因此，“感性确定性”由直接性过渡到间接性要经历中介的过程。这个过程是通过语言发生的，语言能够对感性直接性的存在进行扬弃，从而将其提升到普遍性，因为在语言中所把握到的都是普遍的共相。感性的东西一旦用语言说出来，其直接性就被取消，其意谓就遭到否定，并被提升为普遍的东西，即“普遍的这一个”（同时适用于“这一个事物”和“这一个自我”）。因此，一方面，黑格尔批判直接性，另一方面又强调中介的重要性，他并不像伽达默尔那样在有关反思和中介的态度上摇摆和不定。

同时，黑格尔和浪漫派一样，强调要对艺术进行反思。黑格尔和浪漫派的不同在于：黑格尔强调“内在反思”，他认为浪漫派美学的反思活动仅仅是一种外在的反思①。“外在反思”是一种形式的、抽象的智性活动，这种反思并不是对问题的真正反思，也不能带来问题的真正解决，而黑格尔则重视以“理性”为特征的“内在反思”。所谓“内在反思”，是指从自身出发，将问题作为自身发展的一部分或一个环节，通过这种反思，问题本身并非是与自身相对立或始终矛盾的东西，而是自身向更高阶段进展的阶梯。由此可见，虽然黑格尔批判浪漫派的“反思”的外在性，但他自己本身也坚持着一种反思，即内在反思。在有关艺术的问题上，黑格尔同样坚持要对艺术进行反思活动，尤其要对艺术进行哲学的反思活动。与黑格尔相比，伽达默尔反对哲学对艺术进行“反思”，这也导致他在艺术经验方面面临“直接性”的质疑。

根本来看，伽达默尔对审美意识的批判，是站在存在论立场上对启蒙以来认识论立场的批判。在其对审美意识的批判中，他反对一种直接性，却没有肯定其所蕴含的反思性②，尤其是对艺术进行反思的重要性③，所以，其思想也面临着“直接性”的困境。相反，由于黑格尔的思想对启蒙理性的认识论立场有所继承和发展，因此在批判浪漫派美学的直接性的过程中，黑格尔认可其反思性特征，并且也坚持哲学对艺术的反思功能以及艺术对现代人的自我反思意识的重要性。在这一维度上，黑格尔的哲学思想对于诠释学走出“直接性”的困境也具有启示意义。

---

① 在某种意义上，伽达默尔对启蒙反思和审美反思的批判，都是针对其反思的外在性。这一点，伽达默尔和黑格尔是相似的。

② 换句话说，伽达默尔对浪漫派进行批判，并没有像黑格尔那样注意到在浪漫派的审美中有对理性的承认，这也是浪漫派美学在批判启蒙理性的过程中所继承的东西，即对于一种理性、一种自由的主体性的承认。

③ 对艺术进行反思和艺术对现代性的反思是两个不同的维度。伽达默尔承认艺术对于自我理解的重要性，因此相应地也承认艺术对于现代性反思的意义，但对于前者，由于他反对通过哲学的概念对艺术进行把握，所以，其态度较为否定。

三 现代主义背景下艺术真理的历史性

在伽达默尔看来，启蒙反思理性和审美意识在对待传统和历史方面都存在问题。启蒙理性否定传统，浪漫派的审美意识（也包括历史意识）以认识论的态度面对传统，因此不能真正发挥传统的"效果历史"作用。在当下，现代主义艺术和后现代主义艺术也具有同样的倾向。从黑格尔哲学出发，理解现代主义和后现代主义艺术的根本性质，尤其是其与传统的关系，对于诠释学将艺术作为真理性的经验具有重要意义。

现代主义艺术的一个突出特征就在于它与过去的艺术传统之间发生了断裂，现代主义艺术不断追求艺术的自主性。现代主义奉行不同的艺术规范，它坚守一种"现代主义"（presentism）的观点，即认为现在的、当下的艺术才是有价值的、有意义的。同时，艺术不再具有道德、伦理和宗教等方面的目的，艺术获得了自身的独立性的意义。现代艺术在本质上是反传统的。"现代性标志了一种历史的现在性以及以此为价值规范的时代……它意味着一种瞬间即逝的新之美学对永恒不变的传统信仰的取代。"[①] 自主的艺术不断追求风格和技巧的创新，并以此来保持与日常生活的距离，然而却也变得越来越不可理解。现代艺术在其自主性的要求中带有一种不可理解性，并失去了艺术的真理性要求。在现代主义的影响下，"后现代主义"进一步忽视了艺术的理性内容以及艺术与客观世界之间的关系[②]。在某种意义上，现代主义和后现代主义在对传统的敌意上是一致的。

现代主义的立场可以在黑格尔的思想中找到依据，但两者又有本

---

① 周计武：《艺术的终结——一种现代性危机》，载《艺术终结论》，党圣元主编，吴子林选编，中国社会科学出版社 2011 年版，第 39 页。

② Christopher Menke, *The Sovereignty of Art: Aesthetic Negativity in Adorno and Derrida*, Neil Solomon trans., Cambridge, Mass. and London: MIT Press, 1998, p. 252. 另参考 Brian K. Etter, *Between Transcendence and Historicism: The Ethical Nature of the Arts in Hegelian Aesthetics*, New York: State University of New York Press, 2006, p. 2.

质的不同。现代主义基于一种激进的"历史主义"立场，这种立场认为人类的经验都是历史的、时间的。实际上，人类经验的历史主义看法古已有之，例如，柏拉图就认为人类的现实世界是时间性的、不断变化的，这种倾向在黑格尔的思想中得到了进一步的发展。黑格尔认为，每个时代都有一种适合其精神的艺术表达。在《美学》中，黑格尔从历史的角度出发对艺术的本质进行探讨，每到一个新的发展阶段，前一个阶段的内容就被"扬弃"到新的内容中，因此表面看起来似乎是从新的历史阶段来"审查"过去的传统。然而，现代主义者将黑格尔的历史主义进行了激进化，他们仅从当下出发，认为只有与现在、当代有关的才是合理的艺术①。现代主义强调当下和现在的做法似乎可以在黑格尔那里找到支持，但正如埃特尔指出的，黑格尔的思想兼有历史主义和超验主义的特征，立于两者的"中间区域"②。在黑格尔的思想中，这种"超验性"代表着精神的传统以及伦理宗教方面。换句话说，如果将黑格尔认作为"历史主义"，那么他的"历史主义"并不排除过去和传统，而现代主义的激进的"历史主义"则放弃了过去、传统和记忆，他们仅仅重视现在和当下。这也是黑格尔的"历史主义"和现当代的"历史主义"的一个主要区别。

除自主性之外，现代艺术的另一个特征是变得越来越世俗化，这在客观方面和主观方面都有所体现。客观来看，现代艺术强调对自然的模仿和对日常现实生活的呈现，事无巨细而又极其烦琐的细节表现在引起现代人的普遍认同的同时，却缺乏对一种实体性的东西的展现，在对精神的提升方面也有所不足。主观来看，现代艺术成了艺术家表达自己主观感受的媒介，表达现代主体沉浸在自己的内在性、主体性中的手段，然而所表达的东西往往带有任意性和偶然性，缺乏对客观事物的本质的揭示。可以看出，现代艺术在世俗化的过程中，要

---

① Brian K. Etter, *Between Transcendence and Historicism: The Ethical Nature of the Arts in Hegelian Aesthetics*, p. 2.

② Brian K. Etter, *Between Transcendence and Historicism: The Ethical Nature of the Arts in Hegelian Aesthetics*, p. 3.

么太客观，要么太主观，然而艺术的真正目的是在主观和客观的相互关系中呈现两方面相互塑造、相互构成的过程，进而能够让人在艺术中找到自己在整体中的位置，这也是艺术的真理性本质所在[①]。在某些方面，现代艺术有放弃这种真理性追求的倾向。

在黑格尔看来，艺术具有真理性，这种真理性体现在其对当下与传统之间关系的呈现中。黑格尔认为，真理是全体，真理如同生命一样有其形成和发展过程，而不能以结果或目的的实现来否定过程。以植物的生长为例，“花朵开放的时候花蕾消逝，人们会说花蕾是被花朵否定了的；同样地，当结果的时候花朵又被解释为植物的一种虚假的存在形式，而果实是作为植物的真实形式而代替花朵的。这些形式不但彼此不同，并且互相排斥互不相容。但是，它们的流动性却使它们同时成为有机统一体的环节，它们在有机统一体中不但不互相抵触，而且彼此都同样是必要的；而正是这种同样的必要性才构成整体的生命”[②]。历史和传统对于当代也是一样，当代的现实也不能离开历史和传统的积累，或者说，当代正是由历史和传统而来的全体。艺术真理性的一个体现即展现传统与当代的关系，即相互构成、相互塑造进而构成全体的关系。

同时，传统与当代的关系也为艺术真理作为历史性的真理提供了辩护理由，在现代主义和后现代主义背景下，能够为诠释学将艺术作为经验真理的范式提供保证。诠释学将历史性一方面看作为人的有限性，另一方面看作为真理发生的视域，即认为真理总是发生在某个特定的和具体的情况中，发生在现在和过去、当下和传统的视域融合过程中。在伽达默尔看来，真正的经验就是人对于自己的历史性的经验[③]。艺术作品能够将行动中的人置于历史的境遇中，理解到自身的

① Lydia L. Moland, *Hegel's Aesthetics*: *The Art of Idealism*, p. 143.

② ［德］黑格尔：《精神现象学》（上卷），贺麟、王玖兴译，上海人民出版社 2013 年版，第 52 页。

③ ［美］理查德·E. 帕尔默：《诠释学》，潘德荣译，商务印书馆 2012 年版，第 256 页。

界限和自身存在的历史性，并在此基础上向着未来筹划①。同样，黑格尔认为真理是在历史中的实现过程，真理是显现，本身具有历史性。真理是在历史中的辩证发展，在历史中得到保存，并体现为历史中各个阶段所形成的“全体”。艺术作为精神自我认识的方式，是通向绝对真理的一个环节，因此，艺术在真理的历史实现中具有意义。不仅如此，艺术作为理念的感性显现，在不同的历史阶段、不同的历史时期，理念的显现方式也有别，因此，艺术的真理具有历史性。由此可见，黑格尔有关传统和历史的思想能够为艺术真理作为历史性的真理提供可辩护的理由。

在“传统”观上，虽然承认黑格尔有关艺术真理的历史性思想具有诠释学的意义，然而，不可忽视的一点是，黑格尔的《美学》中“艺术过去了”的观点和伽达默尔的诠释学思想有所不同，而这似乎又表明黑格尔扬弃了艺术真理的合法性。黑格尔认为，艺术在本质上是象征的，象征表现了有限和无限或现象与精神之间的矛盾和不协调，而只有通过哲学的思辨才能最终解决这种矛盾。然而，艺术虽然成为了过去（例如古典艺术的过去），但并不代表艺术就无真理，黑格尔认可艺术带有历史的真理性，艺术作为一种历史的真理不同于概念真理。艺术的“过去性”源于体系概念对于直觉的专制，但艺术具有在其直观中得到认识的合法性。黑格尔的哲学概念是最后的真理，但在导向这一最终形态过程中的其他形态同样具有真理性。伽达默尔也认可，黑格尔思想中历史性的维度使艺术在概念真理之外具有历史真理的合法性，这也是在现代主义和后现代主义背景下，探讨黑格尔的传统和历史思想对于诠释学的真理性思想所具有的价值的依据所在。

结 论

在有关历史和传统的观点上，伽达默尔哲学诠释学的建构受到了

① ［德］伽达默尔：《诠释学 I：真理与方法》，第 504 页。

黑格尔哲学思想的影响，但也有其自身的特征。然而，在对启蒙理性和审美意识进行批判的过程中，伽达默尔的诠释学思想面临着理解规范性的不足以及艺术经验“直接性”的困境。针对这两个问题，本文回到黑格尔的思想中，首先，揭示了他有关启蒙理性和传统之间关系的立场，即对两者都有所批判，但也都有所肯定，或者，在对两者的扬弃中达到了两者的和解，以此来补充诠释学理解规范性的不足。其次，本文分析了伽达默尔在审美意识批判中自身落入“直接性”困境的原因所在，指出其在批判审美意识的直接性和主观性的过程中，对反思性重视不够，尤其是站在存在论立场对认识论立场的反对使其没有看到哲学对艺术反思的积极意义，而这正是黑格尔在对浪漫派美学的批判中所保持的客观立场。本文认为，这种立场有助于诠释学走出“直接性”的质疑。最后，在现代主义和后现代主义背景下，本文继续阐发了黑格尔的传统和历史观的当下意义，尤其是在现代主义否定传统、要求艺术自主、进而忽视艺术真理的情况下，黑格尔有关传统和当下相互塑造、相互构成进而指向真理“全体”的观点能够为诠释学将艺术作为真理经验的范式提供进一步的保证。

在"过度诠释"与"作品意图"之间

——论埃科诠释理论背后的符号学思想

卢 嫄*

摘　要： 意大利符号学者翁贝托·埃科曾在他的文学评论集里，就其小说接受现象描述了三种读者的诠释行为。虽然这三种读者皆是根据文本所提供的信息对"作品意图"进行推测，但是这三种诠释却并不能够完全地被视为文本意义的代言。为此，在演讲集《诠释与过度诠释》中，埃科梳理了"过度诠释"现象背后的历史脉络，并揭示了"文本主义"思想背后的"相似性"的认知逻辑，进而提出了"经济标准"与"证伪标准"等几项限制诠释的建议。事实上，无论是"相似性"逻辑所导致的"过度诠释"现象，还是保证诠释有效性的限制方案，皆与埃科所关注的符号的增衍活动密切相关。"相似性"逻辑与索绪尔符号学理论中的"任意性"原则相呼应，后者则与受皮尔斯"逻辑符号学"影响的"符号生产理论"密切相关。根据"符号生产理论"，"任意性"原则所暗含的"过度诠释"危机不但能在与实在客体相关的符号行动"指称"中得到化解，还能一定程度上因促使文本框架形成的"线性"原则的存在而得到控制。在读者权力过剩、中心被某种"神秘主义"所取代的当下语境中，埃科为保证意指行动的有效

* 卢嫄，华南师范大学文学院特聘研究员，研究方向：西方当代文艺理论与意大利文学，著有《〈误读〉与"不存在"的戏仿——论埃科的批判性诠释观念及创作践行》，《"百科全书"的多重面貌：论埃科的创新性认知实践观及其符号学内涵》等。

性，给予了这类现象一定的反思。与此同时，他的论述还为受符号的增衍活动影响的人类认知实践活动带来了一定的启示。

关键词：过度诠释　作品意图　相似性　符码理论　符号生产理论

一　前言：美学文本的诠释与当代的困境

在《一位年轻小说家的自白》（*Confessions of a Young Novelist*，2011）中，意大利符号学家翁贝托·埃科（Umberto Eco）曾以他的小说创作为例，描述了三种读者反馈现象。第一种反馈现象出现在埃科童年好友的来信中。在此信中，这位好友曾指责埃科把他的私人经验透过小说《傅科摆》公之于众。但是埃科却声称，该好友无疑是在进行一次牵强附会的解读，即为了从文本中获得个体性的生命体验，他不惜把书中所呈现的情节与其一度经历的事件相关联。① 第二种反馈现象则常常发生在罹患多疑症的诠释者身上。在他看来，学者海伦娜·科斯楚科维奇（Helena Costiucovich）在小说《玫瑰的名字》（*Il nome della rosa*，1980）中所发现的“相似性”，不但不足以证明在整体的情节和人物命名上，他的小说受到了艾米尔·恩利奥（Emile Henriot）的小说《布拉迪斯拉瓦的玫瑰》（*La Rose de Bratislava*，1946）的影响，还会让读者过分关注文本中的那些无足轻重的细节，以至于忽视了作品的核心意指。② 然而，较之第二种反馈现象，第三

① ECO U.，*Confessions of a Young Novelist*，London：Harvard University Press，2011，pp. 43 – 44.

② 按：根据埃科的概述，在整体的故事走向和人物命名上，创作于1945年的《布拉迪斯拉瓦的玫瑰》与《玫瑰的名字》有很多相似之处。例如，该书的情节亦是围绕着一本神秘的手稿展开，并以一座图书馆毁于一场大火结束。不但如此，《布拉迪斯拉瓦的玫瑰》的故事发生在布拉格，该地点也在《玫瑰的名字》的开头被提到，而且前者涉及的一位角色，图书馆员伯尔尼加特（Berngard）在埃科的书中也能找到相似的存在，即图书馆员贝伦加（Berengar）。参见：ECO U.，*Confessions of a Young Novelist*，London：Harvard University Press，2011，pp. 53 – 58.

种反馈现象却让埃科不置可否。在他看来，学者焦苏埃·穆斯卡（Giosue Musca）仅仅就小说《傅科摆》的文本所展开的一系列诠释，尽管亦是一种学者多疑症的表征，可是他的解读，不但超越了创作者的原本设想，还发现了一些令作为读者的作者亦无法完全否认的重要关系。[①] 以上的三种诠释现象在我们的生活经验或阅读经验中并不少见，它们尝试向我们提出以下的一些质询：首先，是否存在着一种恰如其分的诠释？再者，如果在当下的语境中，我们仍旧需要这样一种诠释，那么它又应该如何被定义？最后，在该种诠释中，读者，作者与文本又需要扮演怎样的角色？

除此之外，以上的问题还将涉及文艺史上的一个重要的命题，即作为文化符码的文本与其诠释者的关系。在当代，该命题曾被不同的文艺理论予以回应。例如，在“浪漫主义”（romanticism）时期的文学家们看来，文本是天才作家的“灵感”结晶，因此诠释者就作品所展开的批评自然以认知作者的个人传奇为基本前提；“形式主义”（formalism）与“新批评”（new criticism）的评论家们则认为，文本的组织形式是一种客观的对象而非作者主观经验的产物，诠释者的任务便是就作品本身进行美学性的分析；在“结构主义者们”（structuralists）的观念里，虽然诠释者也视文本为一切分析批评的基础，但是他们却更主张把语言学问题置于文本分析的前景，并意图在表层文本的组织形式下，发掘暗含于其中的普遍性深层意义结构；“接受美学”（aesthetics of reception）理论家则认为，诠释者的诠释决定了文本的意义潜能，可是诠释者本身又总是受到具体的时代语境与文化脉络的影响；就“解构主义”（deconstructionism）理论而言，诠释的目的不在于追寻文本所隐含的终极真理，而在于揭示被“逻各斯中心主义”（logocentrism）所遮蔽的二元对立结构，并且进而颠覆受此种权威逻辑所支配的话语范式。

如此一来，我们也许可以再次提出这样的疑问，即“过度诠

① ECO U., *Confessions of a Young Novelist*, London: Harvard University Press, 2011, pp. 60-62.

释”的内涵是么？诠释行动如何能在“不过度”的前提下，激发出意义潜能呢？倘若以往的探索无不暗含着与此问题相关的思考，那么这些探索在埃科所处的时代便已经不可避免地陷入到了一种困境中。在《诠释的限制》（*I limiti dell'interpretazione*，1990）一书中，埃科曾借理查德·罗蒂（Richard Rorty）的论述表明了他的立场，并且把这种困境称为“文本主义”（testualismo/textualism）。在他看来，第一种“文本主义”视“文本”为自足的客体，一切的诠释始于文本亦终于文本，在文本之外，意义便无从谈起。第二种“文本主义”则把“文本”视为可被用以服务特定意图的工具，由是文本便可以为了迎合使用者的需求而被任意地“误读”（misreading）。① 毫无疑问，这两种以“文本”为中心的诠释路径即便看似合理，却无一不在一定程度上将来自外部的暴力施加于“文本”之上，从而导致诠释的封闭与武断。正是为了修正“文本主义”思想所带来的问题，埃科凭借他的“符号学”知识背景，提出以“过度诠释”（over-interpretation）为核心的批判理论与修正建议。

鉴于上述情状，本文将围绕埃科的“过度诠释”概念展开，从以下的三个方面探讨文本与诠释之间的关系，进而揭示埃科的“诠释理论”与“符号学”思想之间的潜在联系，特别是后者在这种关系中所发挥的积极作用。首先，本文将梳理“过度诠释”现象背后的逻辑脉络，发掘此现象所暗含的普遍认知误区，以便理解埃科的“诠释理论”及其提出的解决方案；其次，借助埃科的“符号学”视域，本文将参照索绪尔的“意指符号学”及皮尔斯的“逻辑符号学”，挖掘上述“过度诠释”现象背后的符号性增衍机制；最后，本文将结合埃科所给予的解决方案，一窥这些方案背后的“符号学”思想，以便揭示埃科的“符号学”思想给未来美学性文本的诠释行动和普遍性表意活动所带来的启示。

① ECO U.，*I limiti dell'interpretazione*，Milano：Bompiani，1990，p. 30.

二 “文本主义”中的“相似性”：“过度诠释”概念的内涵及其思想脉络

在1990年，埃科应剑桥大学特纳讲座（The Tanner Lectures on Human Values）之邀，就文本的诠释议题进行了三次演讲。随后，由此形成的三篇讲稿被收入《诠释与过度诠释：世界，历史，文本》（*Interpretation and Overinterpretation*：*World*，*History*，*Texts*，1990）一书中。此外，同一时期的理论家如乔纳森·卡特（Jonathan Culler）与理查德·罗蒂（Richard Rorty）也参与了这次学术对话。在《诠释与历史》（“Interpretation and History”）一文中，通过梳理历史现象，埃科也让我们意识到，该种曾被罗蒂命名为“文本主义”的诠释活动并非是当代文艺批评所发现的新兴现象，而是与“神秘主义”（hermetic）思想的诠释逻辑一脉相承。

事实上，在埃科看来，自古典时代开始，在人类理解与认知活动中就一直存在着一种与“作品意图”（intentio operis）概念近似的诠释思想。[①] 毫无疑问，正如“解构主义”思想所揭示的那样，至今为止，许多解释性的思维活动皆建立在一套排他性的思想范式与逻辑规则之上。例如，在古希腊罗马时代，人类理解一切对象的基础是线性、同一性的准则，在他们看来，“理解”即意味着追寻意义产生的根源（例如，柏拉图的“理念”，基督教神学的“神”），并据此根源建立起一套限制性的社会契约来规范思维活动。然而，与该种“有

---

① 按：在1997年由王宇根翻译的《诠释与过度诠释》一书中，译者把“作品意图”（intentio operis）与“文本的意图”（intention of text）作为两个术语来翻译，且并未解释这两者之间的关联，但事实上，在原书中，埃科把它们视为可同义替换的术语。原文：“In the course of my second and third lectures I shall try to make clear what I mean by intention of the text (or intentio operis, as opposed to—or interacting with—the intentio auctoris and the intentio lectoris).”翻译：“在我的第二篇演讲与第三篇演讲中，我应该试着厘清我意下的“文本的意图”是什么（或者说“作品意图”，即与“作者意图”“读者意图”相对或相互作用的概念）。”见于：ECO U.，STEFAN COLLINI.，*Interpretation and Overinterpretation*，Cambridge；New York：Cambridge University Press，1992，pp. 25.

限”的逻辑相对的亦是源于古希腊的“神秘主义”思想。按照埃科在此文中的整理，此类思想不但频频出现在神学、炼金术与占星术等专业领域的文献中，还在哲学话语场域，将“无限”（“πειρον”即“Apeiron”“infinity”）理念发挥到了极致。在秉持该理念的思想家看来，真理虽无法被语言所揭示，但却能被符号所隐喻。因此，诠释行动不再跟随着所谓“理性”因果链指向一个可理解的答案，而是根据“所指”之间的“相似性”（similarity），彼此参照与阐释，最终倒退回“能指”自身（例如，因为“猫”和“狗”都是“有毛且会叫的动物”，所以“猫”与“狗”指涉了同一种“动物”）。可以说，如果线性、同一性的逻辑曾经赋予了具体对象先于其自身的意涵，那么该种“无限”诠释也会因万物之间无所不在的“相似性”，使符号陷进自我指涉与不可言喻的虚无。①

于是，埃科运用一种“符号学”术语把该种诠释现象称为“神秘主义的符号性增衍机制”（hermetic semiosis）。② 在他看来，该种智识瘟疫所导致的结果，甚至要比“解构主义”所批判的“逻各斯中心主义”思想还要严重。试想，倘若后者常常因其对思想的宰治而遭遇理性的批判，那么前者则会以“自由”的名义而获得普遍的承认。也就是说，“相似性”逻辑将会通过符号之间的相互指涉，使“意义”能在毫无关联的能指之间游移，从而实现对归纳—演绎思维所宰治的封闭逻辑循环的突破。但是，建立在该逻辑之上的极端化思想却也导致了一种看似无可厚非的论断：假设“意义”一词指涉的是个体对任意现象之间未知、潜在关系的探索，那么主体对客体所做的任何诠释，皆是在此种意图的驱使下所进行的合法性尝试。不得不承认，该观点似乎在主张诠释者采用一种积极态度来面对一项艰巨的任务，却也使“意义”本身成为了一种“伪命题”，从而与其所反对的归纳—演绎逻辑殊途同归。换言之，若我们认为“无限的”诠释是把“意义”从那种先验、单一的

① ECO U，STEFAN COLLINI.，*Interpretation and Overinterpretation*，Cambridge；New York：Cambridge University Press，1992，pp. 25 – 34.

② ECO U.，STEFAN COLLINI.，*Interpretation and Overinterpretation*，Cambridge；New York：Cambridge University Press，1992，p. 45.

消极处境中解放出来的激进手段，那么我们又该如何断定此种一厢情愿的“自由”，不会是控制“诠释”的另一种迷思？

毫无疑问，埃科接着把这种看似由积极的目的所导致的消极的诠释行动，称之为“秘密综合征”（the syndrome of the secret）。[①] 在一方面，该综合征患者既然主张先于文本的意图（例如，先验的、终极的意义或者仅仅是“作者意图”）是不存在的，那么他们也不打算对主体的任何诠释行动负责，因为“诠释”便是“意义”本身；在另一方面，既然文本就在那里，那么它也必然隐藏着一些永远不可得知的“意义”，且这些“意义”又只能通过其本身才能传达，因此诠释是必要的，但也是不可能。综合以上的理解，我们也许能够明白，埃科把这两种取径几乎相悖的当代诠释现象，归纳在同一命名下的重要缘由，即“文本主义”无疑概括了那些在“文本的意图”的旗帜下所进行的“过度诠释”活动。

如此一来，倘若我们承认“神秘主义”思想所暴露的“相似性”逻辑是一种不可避免的理解、认知惯性，那么该认识也就促使另一个新的问题产生，即当“文本”不再作为我们追寻“意义”的唯一保证时，哪些诠释行动还能算作是有效的呢？正是考虑到“过度诠释”现象的普遍性及其所产生的负面效应，在《过度诠释的文本》（“Overinterpreting Texts”）一文中，埃科又为读者能够进行积极有效的诠释设定了一些初步的限制。比如，在他看来，就认识事物本质而言，我们应该在循环往复的诠释活动中学会鉴别哪一些“相似性”是至关重要的，哪一些不过是偶然产生的细支末节。根据此理念，埃科提出了“经济标准”（criteria of economy）这一概念。

就“经济标准”这一术语而言，我们需要首先了解“世俗的神圣文本”（secular sacred texts）这一概念。[②] 该概念与下述的一项诠释实践关系密切，即但丁从世俗的角度来理解所谓的“神圣文本”（

---

① ECO U., STEFAN COLLINI., *Interpretation and Overinterpretation*, Cambridge; New York: Cambridge University Press, 1992, p. 38.

② ECO U., STEFAN COLLINI., *Interpretation and Overinterpretation*, Cambridge; New York: Cambridge University Press, 1992, p. 52.

sacred texts)。在历史上，诸如《圣经》这样的“神圣文本”往往借由符号直接使超越性的神秘寓意在场，并且该种“神秘寓意”的获得毋须以事实的指涉与历史的陈述为中介。然而，但丁认为，解读世俗诗歌的方式亦可以被用在处理“神圣文本”上。于是，他提出了所谓文本的“多义性”（polisemos）观点。换言之，在他看来，包括《圣经》在内的任何文本都可从四个层面来解读，即“字面意义”（litteralis），“寓意”（allegoricus），“道德意义”（moralis）与“神秘的启示意义”（anagogicus）。其中，除了神秘的隐喻之外，既有借助文本直接传达的意义，亦有需要透过文本以外的世界才能理解的寓意。[①] 也正是在“多义性”的观念中，我们才能够真正理解埃科所谓的“经济标准”。埃科认为，尽管文本的“多义性”毋庸置疑，但该项事实本应建立在文本已然先行传达了“字面意义”的基础上（即一种“经济的”解释），而非越过文本的这一意义层面，甚至越过它对历史的隐喻和事实的指涉，便直接进入到“神秘的启示意义”层次。更何况，读者从文本中获得的信息，即便无法直接被单一的原因所解释，亦应在同一文本（或者话语场域）中，得到其他相关信息的佐证，而不是让它们在漫无边际的文化空间与互不相干的符号系统中，因一个或多个相似之处而产生意义：

> 但是只有在三种条件下，该证据能被视作其他事物的符号：它不能被更经济地解释［that it cannot be explained more economically; that it points to a single cause (or a limited class of possible causes) and not to an indeterminate number of dissimilar cause; and that it fits in with the other evidence.］；它指向了单个原因（或者是有限的一组可能的原因）而不是指向一些不确定数量的各异原因；并且它能与其他证据相吻合。如果在一个犯罪场景中，我发现了一份发行量较大的晨间报，我必须首先要问（根据经济标准）它是否属于受害者；如果它不属于，这条线索将会指向数以百万计的

① ALIGHIERI D. , *Tutte le opere*, Roma: Newton Compton, 1993, p. 1181.

潜在嫌疑人。[①]

如此一来，“经济标准”将有助于诠释者对直观的经验证据进行初步的判断，以引导诠释有效地进行。除此之外，埃科还声称，诠释者还可以从另一个角度对一系列诠释的结果进行筛选。于是，他提出，与其判断哪些诠释是正确的，还不如反问哪些诠释是错误的：

> 但是，我们需采用怎样的标准才能决定某个给定文本的诠释是一种“过度诠释”呢？有人可能会辩驳道，为了定义一个不好的诠释，我们首先必须找到定义一个“好”的诠释的标准（One can object that in order to define a bad interpretation one needs the criteria for defining a good interpretation.）。
>
> 可我认为，恰恰相反，我们可以接受一种波普尔式的原则（Popperian principal），即如果没有一些规则帮助我们去断言哪些诠释是“最好的”，那么至少有一条规则告诉我们哪些诠释是“不好的”（if there are no rules that help to ascertain which interpretations are the ‘best’ ones, there is at least a rule for ascertaining which ones are ‘bad’.）。[②]

以上的论述正是埃科所提出的“证伪标准”，并源自卡尔·波普尔（Karl Raimund Popper）的“可证伪”（falsifiability）理论。在波普尔那里，该理论的提出是以界定科学与伪科学研究为手段，旨在反对经验科学逻辑所尊崇的那种归纳性倾向（即从观察到的现象中直接得出结论的思维方式）。也就是说，在波普尔看来，假如一个理论意外地与研究者所观察到的一些基本事实不符，那么它反倒仍有可能是科学的；但是，如果一个理论能够适用在研究者所观察到的全部现象

---

① ECO U, STEFAN COLLINI., *Interpretation and Overinterpretation*, Cambridge; New York: Cambridge University Press, 1992, p. 49.

② ECO U., STEFAN COLLINI., *Interpretation and Overinterpretation*, Cambridge; New York: Cambridge University Press, 1992, p. 52.

上，那么该理论则反倒有可能是一种伪科学。这是因为，该结果的产生不是研究者根据默认的逻辑，先行地排除了那些与该逻辑不符的现象，就是研究者根据现象之间无所不在的共同点所形塑出的“事实”。因此，通过这两种方式所得出的结论往往被视作“不可证伪”（unfalsifiability）；反之，若一个理论能够容纳那些与其不兼容的矛盾现象，则意味着该理论的“可证伪”。[①] 藉助“可证伪”理论，波普尔希望保留着科学探索与哲学思辨活动的“不确定性”，以便为新事实的产生与发现做好准备。

波普尔的理论启示了埃科，并使他把从该理论中提炼出的逻辑原则援用在美学文本的诠释领域。埃科发现，在一方面，“可证伪”理论帮助我们把诠释控制在合理的范畴之内，以便那些明显无关或错误的元素不会干扰一种相对稳定的诠释；在另一方面，“可证伪”理论亦从反面承认了，合理的诠释即意味着那些无法被其所兼容的矛盾现象的存在。换言之，该理论在诠释问题上的优势恰恰表现在：它并不把这些矛盾的因素直接排除出合理性的范畴之内，而是把它们置于有待探索的空间（即“潜在的可证伪性”），从而成为一种有待改进的诠释资源。由是，在埃科看来，既然文本的“多义性”无法使诠释止于“经济”，并且“作品意图”又不能因符号性增衍机制而进行着无目的的漂流，以至于使意义失去了赖以存在的基础，那么他寄希望于“波普尔式的原则”既能防止“意义”因“相似性”逻辑而产生过度增衍，又能为开拓新理解保留余地。

除此之外，他还试图藉助“仆人为主人传递无花果”的事例说明，在很多时候，“客体”所代表的某种基本事实也可以帮助诠释脱离“无限”的魔咒。[②] 在他看来，假设我们把“诠释”视为一种信息

---

① POPPER. K. R. , *The Logic of Scientific Discovery*, London: Routledge, 2008, pp. 64 – 66.

② 按：在“仆人为主人传递无花果”的故事里，埃科从约翰·维尔金斯（John Wilkins）的讲述中揭示了一种在实物传递过程中时常产生的符号现象。故事里的那个“仆人”因为见证了“无花果”所引发的文字信息的传递、诠释过程，因此心生敬畏和感叹，从而谨慎地对待他手中传递的事物。埃科用“仆人”来指称符号学的研究者和每一位承认“有一个篮子里装满了无花果”这一基本事实的诠释者。参见 ECO U. , STEFAN COLLINI. , *Interpretation and Over-interpretation*, Cambridge; New York: Cambridge University Press, 1992, pp. 40 – 43.

的传递现象或自然符号的生产现象，那么，在该现象产生的起点处则必然存在着“某些事物”（something），该种“事物”也许会与后续诠释活动所建构的那个对象不再产生联系，或者它恰恰印证了埃科对“诠释循环”（hermeneutic circle）的看法，即“文本就不只是一个用以验证诠释有效性的参数，而是诠释在循环论证自己的有效性的过程中，而逐渐建立起来的一个客体，且促成诠释的元素亦成为了该诠释的结果”。[①] 但是，只要不否认它的存在，那么它就能帮助那些曾经一度见证了该种“事物”传递的诠释者们建立起一种验证诠释有效性的自觉，从而使他们能够谨慎地处理“客体”及其相关的文化现象：

> 如果确实有什么事物需要被诠释，那么这种诠释必须讲述存在于某处的某物（the interpretation must speak of something which must be found somewhere），并且在某些方面，该种事物理应受到尊重。[②]

三 “符码理论”视域下的“任意性原则”：“过度诠释”背后的符号学逻辑

埃科就“作品意图”的诠释问题所展开的论述，为我们揭示了以下一项事实，即绝对、单一的“理性”诠释模式与“神秘主义”式的“过度诠释”现象实乃人类认知惯性的两面。然而，为了在“中心”解构后的当代，防止诠释在“神秘主义”的逻辑下重蹈覆辙，他亦提出了以上建议来限制诠释的“过度”。但是，值得注意的是，当埃科谈起“过度诠释”的概念时，并非仅仅是在向其听众讲

① ECO U.，STEFAN COLLINI.，*Interpretation and Overinterpretation*，Cambridge；New York：Cambridge University Press，1992，p. 64.

② ECO U.，STEFAN COLLINI.，*Interpretation and Overinterpretation*，Cambridge；New York：Cambridge University Press，1992，p. 43.

述一类与文本相关的诠释事件，而是期望阐明该类事件所遵循的基本原则。由此可见，我们若要理解该种诠释误区以及埃科所提出的实践性对策，则必须回归符号学视域，挖掘“无限的”诠释现象产生的根源，即“符号”本身。

在《一般符号学论集》（*Trattato di semiotica di generale*，1975）中，埃科曾经简述并区分了两类符号学理论，并且在他看来，此二者之间的差异会使它们在处理相同的符号学问题时做出不同的选择。第一类符号学理论是瑞士语言学家索绪尔（Ferdinand de Saussure）所提出的“意指符号学”，即埃科所谓的“semiologia della significazione ”（索绪尔将他的这种符号学称为“sémiologie”，此术语来自希腊语的“σημεον”），该理论往往被运用在与符号系统的组织形式与意义生成相关的问题上，且视“语言”为“符号”这一概念的提喻。第二类符号学理论则是美国哲学家皮尔斯（Charles Sanders Peirce）的“逻辑符号学”理论（皮尔斯把该种符号学称之“semiotics”），该理论藉助普遍存在的辩证逻辑关系来理解“符号”，并把一切可被人类接受、理解的现象视为其“符号学”的研究对象。埃科认为，索绪尔的理论不但建立在一种二元偶对与差异关系（即能指与能指、能指与所指之间的关系）之上 ，而且局限在“人工符号系统”（sistemi di segni artificiali/ systems of artificial signs）之内。[①] 换言之，任何与人类言语行为相关的交流现象皆是索绪尔研究的基础和对象，因此他的理论不但未能把自然符号现象纳入其探讨的范围之内，还在一定程度上，把“所指”视为心理事件，以至于未能就该倾向可能导致的问题展开详细的探讨。相较于索绪尔，皮尔斯的符号学理论则是一种建立在三元符号关系之上的抽象逻辑推演。也就是说，当索绪尔把“符号”二分为“能指”（signifiant）与“所指”（signifié）时，皮尔斯把“符号”视为三种代理因素即“符号”（sign），“解释项”（interpretant）以及“客体”（object）之间动态关系的总和。在此基础之上，他还拓展了符号学的研究范围，使其包含了连同自然物在内的所

---

① ECO U. , *Trattato di semiotica generale*, Milano: Bompiani, 1975, pp. 25 – 26.

有符号客体以及潜在的符号化过程，他甚至希望，符号学研究能够凭借与人类主体无关的抽象逻辑推衍，即在普遍意义上，思索“符号”的运作规律及其可能产生的现象。①

值得一提的是，虽然皮尔斯不曾否认“解释项”和人类的心理活动之间的关系，但是埃科则更倾向于采用“非人格化”（in unamaniera non antropomorfica）的方式来理解和继承皮尔斯的符号学视域。在他看来，该种取向反倒能够使此理论，被更好地运用在那些视人类为一般“接收者”（addressee）的特殊符号现象上，而非局限于那些携带着“发送者”个人意图的私人表达上。② 由是，在反思了这两种符号学理论各自的利弊以后，埃科尝试藉助其所一贯推崇的“符号性诠释”（I'interpretazione semiotica/semiotic interpretation）视域来重新描述与建构一套符号学理论。

埃科首先把与“符号”相关的活动简单地划分为“交流”（comunicazione/ communication）与“意指”（significazione/signification）。在他看来，前者指涉了一种信息传递现象，且该种现象往往受制于机械的因果逻辑；后者则代表着一种文化性的反馈，且该种反馈则常常有赖于“接收者”所处的文化语境对特定信息的一般理解。③ 这里“符号”既意味着简单信息在“源点”和“接收者”之间传递，也意味着那些为建构更复杂的意义而进行的编码、译码活动。根据上述的理解，我们可以援用以下的表达，来大致确定该项研究的对象，即“每当一组人决定使用某物，并把它当作他物之载体时，就有符号的存在（C'e dunque segno ogni qual volta un gruppo umano decide di usare qualcosa come il veicolo di qualcos' altro . ）。”④可以说，按照他的定义，自然事物虽然亦视称为符号学研究的基本对象，但是，当且仅当“接收”一方为可进行复杂且不确定性符号活动的人类时，这项探索才能

① ECO U. , *Trattato di semiotica generale*, Milano: Bompiani, 1975, pp. 26 – 27.
② ECO U. , *Trattato di semiotica generale*, Milano: Bompiani, 1975, p. 27.
③ ECO U. , *Trattato di semiotica generale*, Milano: Bompiani, 1975, pp. 49 – 69.
④ ECO U. , *Trattato di semiotica generale*, Milano: Bompiani, 1975, p. 30.

产生一定的意义。①

在该种前提之下，符号学的研究可被进而拓展至人类文化活动的方方面面，因为所谓的“文化”即是人类建立在认知活动之上的一种动态的符号系统，且埃科的目的在于“从符号学里生成一种一般文化理论，并在最后的分析阶段，使符号学成为文化人类学的替代品（…fa della semiotica una teoria generale della cultura e，in ultima analisi，un sostituto dell’antropologia cultural.）”。② 但是，他亦承认，用“符号学”来替代“文化人类学”并不意味着将复杂的现实化约为简单的结构或系统，而是通过把一种抽象的普遍规律运用在特殊且多样化的事实之上，发现该种规律的潜在可能及变革前景。虽然如此，埃科也对符号学研究所能触及的复杂现象进行了约束，以防止这类探索不会过分地蔓延至与其目的无关的对象和方法上去（例如，他认为该类研究并不会涉及单次出现的偶然现象，或者是仅仅涉及计量演算的“信息”）。而且，这些探索也必须遵循以下两项基本的假设，即文化结构及文化客体亦是一种“意义系统”（i sistemi di significati/the systems of meanings）与“语义学实体”（entità semantica/semantic entity）。③

在确定了“一般符号学”的研究对象和目的后，埃科又界定了此类研究的探讨范畴，即他把这类围绕“符号”及其相关活动所展开的探索又进而分为“符码理论”（teoria dei codici/theory of codes）与“符号生产理论”（teoria della produzione segnica/theory of sign production）。在前一种理论视域下，“符号”在经历了多次的指代活动后，已成为一种拥有丰富内涵的对象，即“符码”。该种“符号”已不再与物质实体产生必然的联系，并且“符号”也仅仅意味着在某种文化规则约束下，一些属性按照该种惯例暂时构成的表达。因此，在这里，“符号”不但毋需指涉实在的客体，甚至连它所表现出的实际功

① ECO U.，*Trattato di semiotica generale*，Milano：Bompiani，1975，pp. 33 - 43.

② ECO U.，*Trattato di semiotica generale*，Milano：Bompiani，1975，p. 42.

③ ECO U.，*Trattato di semiotica generale*，Milano：Bompiani，1975，p. 42.

能，也能在特定的结构与关系下，使某种具备这些功能的表达被再次地指认为某种“符号”。就该角度而言，在绝大多数时候，“事物”与“实体”是不存在的，因为它们也不过是在一种关系网络中，属性按照某种共识所组合而成的结果。简而言之，在“符码理论”看来，如果“符号”需要被我们承认为一种“事物”，那么该种“事物”则无疑代表着规则与关系本身：

> 无论如何，“符号”这一单纯的概念陷入了危机之中，并消融在一种多元且易变的关系网络结构里（In ogni caso ciò che entra in crisi è la nozione ingénua di segno che si dissolve in un reticolo di relazioni multiple e mutevoli.）。符号学瞥见了一种分子景观，在这里，那些日常的感知仿佛以一种封闭性的形态呈现，但事实上它却是短暂的化合所产生的结果，并且所谓的“事物”也只是一个更加微观的单位的从属性网络的浅显表象（…in cui quelle che la percezione quotidiana ci presenta come forme conchiuse sono in realtà il risultato transitorio di aggregazioni chimiche e le cosiddette ‘cose’ sono l'apparenza superficiale di una rete soggiacente di unità più microscopiche.）。①

鉴于以上定义，埃科认为，所谓的“符码理论”研究不但聚焦于同一符号系统内部的不同成分、单位之间的结构和关系，以及探讨这种结构和关系所产生的相应功能，还应关注不同符号系统间的编码与解码问题（例如，埃科就谈到，“符码”在跨系统的传递过程中，前一种符号系统往往会转换成后一种符号系统的“表达”，而后一种符号系统则会变成前一种符号系统的“内容”）。可是，在后一种理论视域下，“符号”和“实在物”之间的关联不但能够被承认，而且“符号”还能通过“提问”和“命令”对现实施加干预，尽管这些行动发生的前提是意义能够通过解码被理解和被诠释。在这一过程中，

① ECO U., *Trattato di semiotica generale*, Milano: Bompiani, 1975, p. 74.

分别具备预见和选择能力的“发送者”（il mittente/sender）与“接收者”（il destinatario/addressee）扮演了重要的角色。换言之，这两种生产者或传递者常常能通过交换、判断和指涉等符号性的“劳作”（lavoro/ labor），使生产符码的符号化进程得以改变。[①] 最终，在埃科看来，“符号生产理论”比“符码理论”更倾向于在典型的语境中挖掘符号所潜藏的“实在”价值，并探讨意义的生产者和传递者在此语境中所发挥的功能和作用。

按照以上划分，我们可以发现，埃科所谓的“符码理论”研究十分接近索绪尔的符号学思考，因为该研究更倾向于聚焦“能指”之间的关系，以及在该种关系之上所生成的“所指”与“句法”。与此同时，那些受制于索绪尔观点的文艺理论，例如“结构主义”（structuralism）与“解构主义”（deconstructuralism），而又会因为偏爱美学性文本或者某种高度编码化的文化现象，往往把研究局限在该视域之下。事实上，假设埃科在该理论视域下对“符号”这一概念的定义与描述是准确的，那么当这类研究被用来处理一些具体的文化现象时，便会触发许多潜在的问题。本文可藉助索绪尔的理论来说明这一点。在讲稿《普通语言学教程》（*Cours de linguistique générale*，1916）中，索绪尔曾经这样定义了“符号”：

> 我们把概念和音响—图象的结合叫作符号（I call the combination of a concept and a sound-image a sign），但是在当下的使用中，这个术语一般只指称音响—图象与词（例如，“树”等等）。人们往往会忘记，“树”之所以被称为符号，只是因为它带有“树”的概念，且该概念导致了该观念的感觉部分隐喻了观念的整体（with the result that the idea of the sensory part implied the idea of the whole）。[②]

① ECO U.，*Trattato di semiotica generale*，Milano：Bompiani，1975，pp. 203 – 204.

② SAUSSURE F.，*Course in General Linguistics*，Baskin Wade，trans. New York：Columbia University Press，2011，p. 67.

毫无疑问，在他的观念中，“符号”并非是一种仅仅因“音响—印象”（sound-images）而存在的表达，而是一种“心理印记”（psychological imprint），该“印记”不但包含了一种表达，还包含了与该种表达相应的整体概念。因此，在索绪尔看来，哪怕“符号”未曾被语音言说或图象再现，它亦可以因为某种先于表达而存在的理解而被主体认知。[①] 然而，“符号”的该种非物质性特征也在随后决定了他所谓的“第一原则”（principal I），即“任意性”（the arbitrary nature）。事实上，我们可以如此看待索绪尔的符号观念，即他认为，作为一种“表达”的“音响—印象”与作为“内容”的“概念”之间并未建立自然的联系，二者的结合完全是某种事后指认所导致的偶然结果，且该种指认被“确定”下来的原因也许与特定的社会规范和文化惯例相关，但是该种“确定”既不意味着个人有选择改变符号意指的权力，也不意味着一种“意义”能在被特定的文化系统固定下来后，具备持久的生命力，正如索绪尔在此作中所表达的那样：

> 任意性也需要被解释。这个术语不应暗示着，对能指的选择权被完全地交到了言说者手上（我们应该在以下的论述中看到，一旦符号建立在语言社群之上，个体便再无权力以任何的方式改变它）；我的意思是，能指是无能动性的，事实上，任意性在这里意味着能指与所指之间不存在任何的自然联系（I mean that it is unmotivated, i. e. arbitrary in that it actually has no natural connection with the signified.）。[②]

在接下来的论述中，索绪尔又提到了“第二原则”（principal Ⅱ）

① SAUSSURE F., *Course in General Linguistics*, Baskin Wade, trans, New York: Columbia University Press, 2011, p. 66.

② SAUSSURE F., *Course in General Linguistics*, Baskin Wade, trans. New York: Columbia University Press, 2011, pp. 68 - 69.

即“能指”的“线性”（the liner nature）。[①] 所谓的“线性”与“符号”的结构性或系统性有着密切的关系，正如我们在“结构主义”思想中所了解到的那样，作为“符号”的“语言”实则意味着词与词间的偶对与差异关系：“句段关系”（syntagmatic relation）暗含在词语之间通过相互配合，使整体呈现出一定“线性”延展的句法结构之中；“联想关系”（associative relation）则意味着语词之间可以根据“相似性”原理彼此替代，从而拓展言语表达的丰富性。毫无疑问，在索绪尔的语境中，前者是语言系统施加在言语行为上的规范，后者则是个体性的心理自由于该系统之上呈现。不过，在他看来，个人的言语行为和社会性的语言系统之间并不存在明显的界限，并且作为个体心理反映的词语联想行为也不存在任何秩序和边界。[②]

有趣的是，在索绪尔的初步观察和总结中，“符号”似乎常常被类同于“能指”，而“所指”则更像是在某种不可言喻的“规则”和“惯例”宰治下，“能指”通过线性排列组合与排除法而自动获得的衍生品。因此，他既无法深究在该种情况下，为何同样的“表达”能因指涉对象的差异，在同一语境下表达不同的意旨（例如，人在现实语境中使用“小红帽”时，既指涉了《格林童话》中的人物，又指涉了那些具备“小红帽”特征的客体，显然，后者所表达的意义与前者并不相同），又不曾说明为何在“任意性”的原则之下，复杂“意义”的交流乃是可能的，更未详述“任意性”原则与“线性”原则之间的某种联系，是否对确定“所指”起到关键的作用，以至于后续那些批判或基于索绪尔原理产生的极端化理论，往往暗藏了把“意义”向“无限性”推进的危机。

至此，如果我们能够透过“相似性”的逻辑来看待上述命题，那么该逻辑则有可能帮助我们理解“任意性”原则，以及进一步挖掘“过度诠释”现象背后的符号学原理。在《一般符号学论集》的“符

① SAUSSURE F., *Course in General Linguistics*, Baskin Wade, trans, New York: Columbia University Press, 2011, pp. 70 – 71.

② SAUSSURE F., *Course in General Linguistics*, Baskin Wade, trans, New York: Columbia University Press, 2011, pp. 122 – 128.

号生产理论”一章中，埃科曾反思了与“图示主义”（iconismo/iconism）相关的“六种天真概念”（sei notizioni ingenue/six naive notions），并藉此探讨了“表达”和“内容”，或者说是“能指”和“所指”之间关系的问题。事实上，“图标性符号”（segno iconico/iconic sign）与“语言”不同，该现象往往会使研究者注意到“客体”问题的存在。然而，透过这样一种看似既以“客体”在场为前提，又以“相似性”为其“表达”和“内容”之间连接的符号现象，我们会发现，不但“图标性符号”与“客体”的联结是一种转换式的而非反映性的关系，甚至连那些常常帮助我们确定一个“图标性符号”的“元素”（gli elementi/features）也与该“图示”之间无自然的联系。因此，埃科会认为，在很大的程度上，“相似性”并不存在，有的只是符码在实现“客体”向“图示”转换时所产生的某种替代性关系，并且在经过了某种文化通约的规训后，人类习得了这种将各类事物关联起来的普遍方式。① 换言之，哪怕两样截然不同的事物，如果它们遵循同一原则，那么我们亦能根据该原则发掘出二者之间的相似之处。譬如，在此章中，为了说明“相似性”这一术语的全能性与含混性，埃科曾经举出了以下的案例，即“糖”与“糖精”的“相似性”问题。实际上，倘若我们遵循“化合结构”这一原则，去寻找二者之间的“相似性”，就会发现，“糖”与“盐”之间要比“糖”与“糖精”之间的相似之处更多。但是，当原则替换为我们的感知经验“味觉”时，二者则会因为“甜”这一项属性而具备我们所普遍理解的那种“相似性”。②

除此之外，在埃科看来，在考察“图示主义”的过程中，一些原本不言自明的观念似乎也得到了怀疑。我们曾经认为，在性质上，“表达”和“内容”或者是“能指”和“所指”是构成“符号”的两种截然不同的基础元素。可是，当它们皆被视为某种抽象的逻辑关系的转换对象时，二者之间的差异也不过是体现在表达技术与修辞层

① ECO U., *Trattato di semiotica generale*, Milano: Bompiani, 1975, p. 264.

② ECO U., *Trattato di semiotica generale*, Milano: Bompiani, 1975, pp. 257-258.

面上。于是，在这段符号化的过程中，“内容”亦可被视为“表达”的一种转换。更何况，就埃科的观点而言，“内容”若不涉及“客体”，而只是考虑其与“表达”的关系，那么它便可以暂时被规范所全权决定。① 依照以上的论述，索绪尔的“第一原则”似乎能得到如下的批注，“能指”与“所指”之间关系的“任意性”实际上是某种普遍逻辑关系即“相似性”的转义。但是，也正如埃科所认识到的那样，因为诸如“相似性”这样的术语包罗万象，所以它也就不具备代表任何详细“内容”示例的能力，而是仅仅“表达”了一个不被表达的规则本身：

> 一个图形事实上展示了表达与其内容之间的一定比例性（Un grafo esibisce certo una proporzionalità tra epressione e contenuto），该种内容并不是客体，而是一种逻辑关系（questo contenuto non essendo un oggetto ma una relazione logica）。它再现了表达的数种元素和数种内容主题规划之间关系的样例，后者并不需经受客体验证的过程，就可作为一种类型。②

事实上，所谓“能指”的“任意性”在某种意义上亦暗示了该种“相似性”本质是一种逻辑的运作机制，也就是说，人们在批判了先在的规律后，另一种讳莫如深的不确定性思维模式重新占领了原本空位。该事实反映在符号学上则体现为：“所指”往往会按照某种难以道明的惯例被指派给“能指”，而被用作代表“能指”的“所指”则会在下一个轮回的指意过程中，再次被另一些“所指”按照惯例所取代，如此循环往复，永无终止。于是，我们在这里会看到，埃科所谓的“神秘主义”的“无限”诠释现象，实则是对那种失去了起源的“符号”的增衍过程的一种再描述。在该过程中，“能指”“所指”成为了一种无方向性的漂浮因素，而埃科所谓的“倒果为

---

① ECO U.，*Trattato di semiotica generale*，Milano：Bompiani，1975，p. 264.

② ECO U.，*Trattato di semiotica generale*，Milano：Bompiani，1975，p. 264.

因”（post hoc，ergo ante hoc）的诠释逻辑便会发生。在该种逻辑之下，诠释者往往会因在符号系统中失去方向而无法辨别那些微不足道的关系，最终把符号化进程所生产的附属效果等同为意义的根源，正如他在《过度诠释文本》一文中所举之例：

> 然而，人们对兰花具有神奇力量的坚信，被另一种神秘主义的原则认可，该原则可以用“在此之后，所以在此之前”（post hoc，ergo ante hoc）来简明地表达，即一个结果被假定和诠释为其自身原因的原因。兰花必然和睾丸存在着某种联系，但该种联系却是被下述事实所证明的，即前者与后者有着相似的名字（即“orchis” = “testicle”）。当然，这种词源学意义上的推导是由于错误的线索所导致的。不过，神秘主义思想却能在该种词源中看到足以证明神秘感应的证据。①

四 “符号客体”与“线性原则”：制约诠释的“符号策略”

毫无疑问，埃科所论及的这些诠释现象往往发生在中世纪或文艺复兴时期的文献诠释活动中，但是与此同时，他也敏锐地察觉到，该种历史现象与当代的怀疑主义、去中心化的极端思维模式又是何其相似。由是，针对这些现象，我们或许应该提出如下的质询，即如果权威性知识范式的消解必定导致符号增衍进程的失序，那么在今天，还有什么可以保证我们有效地理解事物？在此问题上，埃科并不支持主体再次求助形而上学意义上的“源头”（因为该种无限倒退的“诠释”本身也不过是另一种“过度诠释”现象，它也无法帮助我们解决任何的实际问题），而是希望诠释者能够藉助文化性实践，为符号

① ECO U. STEFAN COLLINI.，*Interpretation and Overinterpretation*，Cambridge；New York：Cambridge University Press，1992，p. 51.

化进程设置某种目标和终点。

在本文第二节的结尾处，笔者曾以“无花果”为例，探讨了作为一种“符号客体”的“事物”在文化性的符号实践，即诠释活动中所起到的关键作用。该案例也让我们意识到，尽管“任意性”原则揭示了一种普遍存在的逻辑规律，并且此种逻辑规律也常常将诠释主体导向认知的误区，但是在“符号”之外，还存在着曾经与主体的感知直接遭遇的“客体”。因此，我们若想去除当代诠释陷入的“无限”迷思，则必须要再次回到探讨“客体”与“符号”关系的“符号生产理论”上。当埃科谈论到“图标性符号”（segno iconico/iconic sign）与“客体”的“相似性”问题时，他曾以“斑马”（zebra/zebra）为例，把“斑马”身上的“条纹”命名为一种“甄别性符码”（codici di riconoscimento/recognition code）。在他看来，通过识别一种事物与另一种事物之间的关键差异所在，主体总是能够定义与命名他们所邂逅的对象。由此可见，按照我们的文化惯例，在“斑马”的案例中，“斑马”与“马”之间的关键差异并非呈现在二者的“轮廓”（sagoma/ profile）上，而是呈现在“斑马”的“条纹”（strisce/ strips）上。于是，这些“条纹”便成为了一种“标识性再现符码”（codice di rappresentazione iconica），此种符码亦通过主体在文化实践中的屡次指认，使“斑马”这样一种“图形装置”（artifici grafici/graphic device）与“相关性特征”（tratti pertinenti/pertinent features）之间的联系变得稳固。①

有趣的是，他在该类现象中还发现，正是主体对其认知实践的逐步调整，使特定“标识性再现符码”得以形成。埃科认为，由于文化惯例与感知角度的差异，不同个体或不同群体就“图形装置”与“相关性特征”之间关系所展开的符号性探索往往具备一定的差异性。可以说，“图标符号”常常能够通过以下的三种方式为我们呈现客体的属性以及上述二者之间的关系，即“视觉的”（quelle ottiche/optic）、“本体论（框架）的”（quelle ontologiche /ontological）与“惯

① ECO U., *Trattato di semiotica generale*, Milano: Bompiani, p. 272.

例化的”（quelle convenzionate/conventionalized properties）。[①] 尤其是最后一种方式与人类最初对现实的感知经验关系密切。例如，埃科为佐证该论点，曾以孩子的绘画事件为例。经由持续的观察，他发现，孩子在最初绘制“汽车”时会在图象汽车的下方添置四个轮子。然而，随着立体性、抽象性认知的加深，他会把四个轮子减少为两个，以暗示在两个轮子后方，还藏着另外的两个轮子。最终，“两个轮子”会被绘画者们共同承认为一种惯例，并作为“标识性再现符码”被“汽车”这样一种“图标性符号”所接受下来。[②]

除此之外，“图形装置”与“标识性再现符码”之间的联系，也曾被埃科挪用来处理一种特殊的“客体”，即虚构人物。在他的文学理论中，两者分别被转译为虚构性的“符号客体”（semiotic object）及其“症候性属性”（diagnostic properties），尤其是后者，被他视为一项用来识别“绝对意向性客体”（absolutely intentional object）的重要条件。[③] 值得注意的是，在谈论“症候性属性”时，埃科并不承认，“症候性属性”与“绝对意向性客体”之间的关系始终被索绪尔所谓的“任意性”支配着，并且当下的我们也只能揭示该种“任意性”所导致的结果，却无法参与其中。然而，正如“绝对意向性客体”概念成立的基础恰恰是因为，哪怕是在经历了数次诠释活动（如小说创作、文本改编及翻译现象等）的改写后，“症候性属性”依旧能够帮助读者及时地识别此种客体。同样，所谓的“甄别性符码”也必然源自一种与读者相关的探索性符号实践，也正是该种实践，把“标识性再现符码”确立了下来。

从另一个角度来看，假使我们必须认同上述事实，即“表达”与“内容”或“能指”与“所指”之间关系的“任意性”源于文化规约的“任意性”，那么当我们试图从符号生产的角度来看待该种文化规约产生的根源时，便会把它视为一种符号实践结果。在“符号生产

① ECO U.，*Trattato di semiotica generale*，Milano：Bompiani，p. 273.

② ECO U.，*Trattato di semiotica generale*，Milano：Bompiani，pp. 273 – 274.

③ ECO U.，*Confessions of a Young Novelist*，London：Harvard University Press，2011，p. 106.

理论”一章中，埃科曾经讨论了一种探索性符号实践，即“指称”(riferimento/mentioning)。在他看来，所谓的“指称”是一种“指示性判断”（giudizi indicali/index-sensitive judgment），该种判断所作用的对象往往是一些仍未符号化的现实事件，这些事件往往与那些呈现为历史记载或叙事的文本有所区别。于是，“指称”成为了把“符号”应用在现实上的一种行动，“意义”也为该种行动指示了特定的方向和目的。[①] 虽然如此，埃科却认为，与其说外在于“符号”的现实亦是符号学研究需要关注的直接对象，还不如说作为一种符号性实践的“指称”，总是会因为“文化”，暗含着一些先于实在物而存在的“内容”。在该意义上，“指称”行为恰恰是把我们潜在的感知经验，转化为已知的符号学内容的重要途径。更何况，经由“指称”，“物质客体”（oggetto fisico/physical object）成为了“符号实体”(entità semiotica/semiotic entity)。为了说明这一点，埃科曾以“猫”为例描述了该种符号性实践过程的始末：

> 让我们假设，我正穿过一条黑暗的大道，并瞥见人行道上一个模糊的形体。如果我并没有认出那是什么，我就会问：“这是什么？”（“cos'è?”），但该问题常常会被阐述为“这是什么意思?”（“cosa significa?”）。当我在黑暗中能更好地调整我的视线（Se poi figgio meglio gli occhi nel buio），并且能够在我的控制下，更好地去运用对感觉信息的衡量来进行评价时（e valute con più ponderazione i dati sensori a mia disposizione），我终于认出这个神秘的客体像一只猫。(在此时，) 我并没有做什么，除了把文化单元“猫”运用在一个模糊的感觉刺激领域（Non ho fatto altro che applicare, a un campo impreciso di stimoli sensoriali, l'unità culturale “gatto”）。[②]

---

① ECO U., *Trattato di semiotica generale*, Milano: Bompiani, pp. 219 - 220.

② ECO U., *Trattato di semiotica generale*, Milano: Bompiani, pp. 222 - 223.

由此可见，透过主体的指认，被感觉到的实在物在此刻转化为文化性的符号事实“猫”。而且，藉助皮尔斯的上述“视观念为符号”（“le idée come segni”）的论断，埃科指出，在符号学研究中，作为主体所能感知到的实在，“客体”是一种触发符号学进程的潜在性重要因素。鉴于“指称”活动暴露了主体感知经验与符号性实践之间的关系，我们由是可以断言，“诠释”亦是一种“指称”。事实上，有别于符号性实践，“指称”常常会带来的那种常识性误解，即该种实践是一种纯粹的命名性创造活动，主体往往在赋予未知事物名称的同时亦占有了它，作为一种“指称”行动的“诠释”反倒在试图证明下述事实：为了了解触发符号学进程的“客体”，我们必须通过符号或语言，重新组织业已获得的符号性文化经验，并把它再次运用在该“客体”上。

如此一来，以上的论述也许可成为诠释学经典概念“诠释循环”（hermeneutic circle）的另一种演绎。换言之，正是在诠释者不断修正符号性文化经验的循环过程中，被感知所偶然捕捉到的一些“甄别性符码”，在经过了与多个客体性个例的反复对照与检验后，转化为了“标识性再现符码”，并成为了由该种“指称”实践所保留下来的共识性“语义属性”（proprietà semantiche/ semantic properties）。由是，这些“语义属性”在下一次“指称”活动发生时，会成为制约“标识性再现符码”产生的文化规约。① 例如，在特定的文化语境中，无论个体如何细致地枚举作为实在性个例“猫”的属性（毛色、瞳色与叫声，等等），他也无法改变曾经的“指称”行动赋予该“客体”的下列特征，即“多毛”“柔软”与“会发出尖细的叫声”，等等。因此，在埃科看来，尽管“相似性”逻辑让我们看到了似乎无处不在的“共性”，但是通过识别某些关键属性，“指称”行动却能帮助我们达到确认“客体”的目的。

从另一个角度来看，埃科在阐述“过度诠释”问题时所提出“经济标准”，也能够在某种程度上，得到此实践逻辑的回应。也就

① ECO U.，*Trattato di semiotica generale*，Milano：Bompiani，p. 220.

是说，当我们在探讨、实践与“有限诠释”相关的符号策略时，必会提出以下的质询：为何我们会认为凶案现场的“晨间报”的归属者更有可能是“受害者”而非“凶手”？在这个与“客体”相关的符号性实践中，该问题则可被转述为：为何一些“语义属性”能够成为决定一种“客体”的“标识性再现符码”，而另一些只不过是无关紧要的细节信息？也许，上述“标识性再现符码”的形成事件便可以解答该疑惑。也就是说，在“诠释循环”过程中，一些“相关性特征”被识别为“客体”间的根本差异，从而成为了“甄别性符码”，但是，这些“甄别性符码”只有在经历了反复的社会性符号实践后，才能成为“标识性再现符码”。该种“标识性再现符码”无疑会因为曾经参与的社会活动而具备了某种共识性，以至于成为了制约下次诠释活动的“经济标准”。显然，根据我们的社会性经验，在上述案例中，作为“语义属性”的“晨间报”更能成为“受害者”的“相关性特征”而非“凶手”的。然而，一旦它被验证与“凶手”相关，此“相关性特征”就会进入“甄别性符码”阶段。如此一来，“甄别性符码”又是在何时转变为“标识性再现符码”的呢？试想，倘若此“凶手”为惯犯，在数起案件中留下了可被侦探屡次识别的关键特征，并在侦探间的相互交流后得到了承认，那么在此时，“甄别性符码”便会成为一种“标识性再现符码”。因此，“标识性再现符码”无疑将有助于我们在遇到相似的情况时，做出“经济地”诠释。

除此之外，借助这些表达，埃科也似乎在反向质询索绪尔的重要论点，即“一旦符号建立在语言社群之上，个体便再无权力以任何的方式改变它”。在一方面，倘若我们把个体性的实践，视为一种被语言系统的规范所筛选的偶然性事件，那么索绪尔的论断的确能为我们呈现部分“事实”；但是，在另一方面，埃科却以符号性实践“指称”为例暴露了该“事实”的另一面，即语言系统本身亦是无数个体性指称行动所促成的聚合体。（在这一意义上，索绪尔的表达是否也是某种诠释意义上的“倒果为因”现象？）

此外，我们会对以上的论述提出以下的质询，即如果符号性实践

"指称"意味着文本之外的实在性文化经验能够通过"标识性再现符码"使"经济标准"发挥作用，那么，当我们面对的文本是一种无"客体"参照的虚构性书写时，"指称"又如何能保证诠释不会再次进入一种无限的运动之中？在《一位年轻小说家的自白》中，埃科曾坦言，除了"症候性属性"之外，还有那个"可能世界"（the possible world），即虚构的"客体"所寄寓的"作品"本身，能够对该类"客体"施加限制并使其存在。所以，当他在此书中谈及概念"开放的作品"时，便声称，"过度诠释"现象恰恰没有那么容易发生在虚构性创作中。那是因为，"作品"往往是作者在对语言系统进行了多种可能性的操纵后所取得的最终结构性成果。也就是说，当我们把小说创作视为一套完整语言体系逐渐形成的过程，那么随着语句的拓展，作者能够选择的语词实际上也将变得越来越有限，当然，它所获得的解读也会被该结构逐渐排除出去：

> 如果一个人写到，"约翰在吞……"（"John is eating a…"），那么接下来的单词有很大可能是一个名词，而这个名词不会是"楼梯"（尽管在特定语境中，它有可能是"剑"）。①

耐人寻味的是，我们还能从以上的论述中，发现埃科的诠释理论与其他诠释学思想的一处差异所在，即他的理论往往强调文本的限制，而非追问意义的由来。在很大程度上，该差异的产生既是源于他对其所处的"后现代"语境的反思，又是因为他的理论往往基于其对小说叙事的设想。在对日常和阅读素材进行美学性编整方面，小说有别于诗歌。那是因为，对于诗歌而言，多义性的语词先于结构（在很多时候，"诗歌"这一文类甚至允许语词的误用、错位与赘余现象），主体对意义的理解并不依赖于语词所在的文本整体。正如埃科在谈论叙述文时所援引的那句拉丁语规则所言，"紧贴主旨，字词随

① ECO U., *Confessions of a Young Novelist*, London: Harvard University Press, 2011, pp. 36 - 37.

之而来”（Rem tene，verba sequentur）。但是，他却认为在诗歌中，此句应该改为“紧贴字词，主题随之而来”。[①] 相比之下，当诸如海德格尔、伽达默尔这样的思想家尝试把诠释问题置于主体对存在的追问及其对意识历史的反思中时，埃科更主张把文本与读者之间的对话关系放置于符号化的实在及其构成问题上来讨论。

除此之外，更重要的是，埃科诠释理论的此种特征与“虚构人物”的存在，不但使我们想起索绪尔的“线性原则”，还让我们意识到该原则之于诠释的“证伪标准”的意义，即符号系统的形成有助于我们排除掉一些明显错误或无关紧要的理解。让我们再次回到“作品意图”概念中来认识这一点。在《过度诠释文本》一讲中，埃科曾经就“作品意图”（或“文本的意图”）提出了以下几点看法。首先，他认为，文本的意图来自读者就文本所展开的积极推断行动，并且该过程必将涉及四种能动因素，即“经验作者”（autore empirico/empirical author）、“经验读者”（lettore empirico/ empirical reader）、“模范作者”（autore modello/ model author）与“模范读者”（lettore modello/model reader），以及形成此四者互制的文本场域。“经验作者”和“经验读者”指涉了任何一位在“现实世界”（real world）中曾经参与了创作与阅读活动的个体，他们暗含了成为“模范作者”与“模范读者”的潜在可能。当“经验读者”开始根据作品对“经验作者”所尝试呈现的“文本的意图”进行无限推测时，他实则是在透过“文本”建构一些“模范读者”。这些“模范读者”的产生不但意味着一种有效的诠释活动，而且该种诠释活动最终还能使“文本”生产出那些使其意图得以显现的“模范作者”。在这一意义上，“文本的意图”即“模范作者”的意图，并且可被“模范读者”

---

① 按：ECO U.，*Confessions of A Young Novelist*，London：Harvard University Press，2011，p. 14. 然而，在《关于文学》（*Sulla Letteretura*，2003）一书中，埃科并没有完全否认一个拥有完整结构的“世界”对诗歌的意义。他以意大利抒情诗人莱奥帕尔迪（Giacomo Leopardi）的诗歌《致西尔维亚》（*A Silvia*）为例对此问题进行了说明。参见 ECO U.，*Sulla letteratura*，Milano：Bompiani，2003，p. 314.

指认。①

然后，值得我们注意的是，埃科的“模范读者”极易和“结构主义”理论所谓的那种对文本做出“‘唯一正确’推测”（‘only right’ conjecture）的读者混淆。泰瑞·伊格尔顿（Terry Eagleton）曾在《文学理论：一种导读》（*Literary Theory*：*An Introduction*，1983）中批判了“结构主义者们”（structualists）的文本观和读者观。伊格尔顿认为，在这些理论家的叙事里，出色的文本结构总是能够产生那种使其自身可被精确识别的“理想读者”（ideal reader）。该种“理想读者”仿佛生活在不被任何现实所打扰的真空中，从而能被文本完美地创造和控制。他还强调，该概念与诺恩·乔姆斯基（Noam Chomsky）所提出的“知能”（competence）概念相近。② 但是，根据埃科的论述，我们可以发现，与其说他的“模范读者”概念意味着一种被文本结构所默认的特定接受对象，或者是一种发现文本结构的先天能力，还不如说它是作者基于对文本的接受期待而建构的一些愿景。因此，相较于“结构主义”观念中的“理想读者”或“超级读者”（super-reader），“模范读者”并不是一种脱离了主体还能继续存在的“功能”，而是一位独立于文本之外的“经验读者”为理解对象而进行的“试错性”（trial-and-error）诠释实践。这些实践并不执着于意义的唯一性权威，却尊重作品的诠释阈限。于是，我们才可以说，在“诠释循环”中，“文本”并非被“诠释”所揭示，而是被“诠释”所建构。事实上，相比起暗含完美、封闭体系观念的“理想读者”概念，埃科认为他的概念反倒更接近“接受美学”代表尧斯（Hans Robert Jauss）和伊瑟尔（Wolfgang Iser）的“隐含读者”（implied reader）理念，只是因为该理念为主体的符号性实践留存了更多的空间。此外，当我们把“文本的意图”视为某种“作者意图”（intentio auctoris）时，该概念还更接近一种“符号策略”（strategia semiotica/

① ECO U. STEFAN COLLINI., *Interpretation and Overinterpretation*, Cambridge; New York: Cambridge University Press, 1992, p. 64.

② EAGLETON T., *Literary Theory*: *an introduction*, Malden, Mass.: Blackwell, 2005, pp. 105 - 109.

semiotic strategy)[①]，即“经验作者”为使其意图再现为符号，在权衡了文化惯例，个人表达与读者接受预期后所进行的表达。所以，该种策略不但成型于惯例性的“表达”与“内容”变革的博弈间，还来自“作品意图”与“读者意图”的辩证关系中，以至于在以上两种主体性意图相互遭遇时，第三种可能往往得以产生，即那种虽然不符合“经验作者”的设想，却能够被该种“符号策略”所印证的解读，而进行了该种诠释的主体，亦是一位“模范读者”。

最后，在埃科看来，为了保证诠释所得的“作品意图”是有效的，最好的办法莫过于将它们重新置于“作为连贯性整体的文本”(the text as a coherent whole) 中。[②] 该观点似乎也在某种程度上回应了以上案例所描述的现象，该现象若可以一种“索绪尔式”的话语来表达，则是：即便“能指”与“所指”之间遵循着“任意性原则”，但“线性原则”却成为了限制该种“任意性”效果的重要因素之一。也就是说，随着“句段关系”的形成，语词的位置及其性质会因整体性语言系统的形成而逐步地固定，以至于那些在语义层面上所展开的诠释活动，还能受制于语言系统的整体性所产生的文化场域，从而减少因“相似性”的联系而产生的过度联想。

综上所述，我们会发现，埃科对“作品”及“作品意图”重新描述，似乎也在曝露隐匿于诠释的“证伪标准”后的符号学思考。在一方面，他希望藉此破除自“结构主义”以来，人们对文本的固态化结构的一贯迷思，即“作品”既然与“经验作者”的意图无关，那么它也将对个体读者的个人解读无动于衷，而主宰“作品”表达的，无非是那个在漫长演变中逐步形成的语言结构。在另一方面，他亦不忌惮符号化进程将带来的不确定性影响（如上文提到的“任意性”“无限”与“相似性”的问题，等等）。在他看来，与其说“作

① 按：在中译本《诠释与过度诠释》一书中，“符号策略”（semiotic strategy）被误译为了“语义策略”，参见 ECO U. STEFAN COLLINI. *Interpretation and Overinterpretation*, Cambridge; New York: Cambridge University Press, 1992, pp. 64 – 65.

② ECO U. STEFAN COLLINI., *Interpretation and Overinterpretation*, Cambridge; New York: Cambridge University Press, 1992, p. 65.

者”与“读者”是透过诠释活动介入“作品”这样一种“客体”的主体，还不如说正是三者之间的动态的符号性关系场域的形成了造就了该种“客体”及其所谓的“意图”。

从这一意义上，作为一种“客体”的“作品”不再是一个固定的“结构”，而是一个在互动对话中实现逐步变化的“系统”。在该“系统”中，“读者”透过阅读与理解活动不但能把感知经验转化为已知的符号学内容，还能根据特定系统（即具体的作品）规则对内容进行适当的拣选和添加。因此，哪怕我们无法掌握单个对象的具体内涵，却可以把一些确定错误的义项排除出去，从而就能对作品的整体意向有所把握。例如，当人们谈论到“小红帽”故事里的“狼外婆”时，常常会把“凶狠的动物”和“老年女性”这两种感知经验组合起来，并转化为“狼外婆”这一“符号客体”的具体内容；而当小说讲述的是一个19世纪与20世纪之交英国侦探的冒险故事时，人们也可以肯定，哪怕人们并不了解这位侦探的个性或行动规律，“人工智能”和“互联网”这样的元素也不会明确地参与到叙事的建构中，读者也能够就此初步把握该故事的类型及相应的主题。就以上该角度而言，“作品意图”或者是“文本的意图”也许表明了以下的符号学立场，即“诠释的限度”或许恰恰来自于符号系统本身特征及其交流与意指诉求。

有趣的是，尽管在罗兰·巴特（Roland Barthes）的“作者已死”（“La mort de l’auteur”）的宣言后，当代文艺理论已不再把作品的“经验作者”的意见视为诠释文本的重要参考，但是，作为一位小说家，埃科仍旧不愿放弃他作为作品的原初作者的言说权力。在他看来，“经验作者”哪怕不能成为决定“作品意图”的关键因素，也还能作为“作品意图”与“作者意图”之间的调停者而存在，况且，鉴于“经验作者”的“死亡”，该主体却依然能够扮演“模范读者”的角色，从而抑制“过度诠释”的可能。

五　结论：埃科的符号学思想对诠释与认知实践的启示

本文的论述聚焦了“过度诠释”概念，并试图透过揭示该概念背后的诠释历史和“相似性”逻辑，梳理埃科的诠释理论，从而阐明这些理论与他的符号学思想之间的联系。除此之外，笔者亦希望在一种“符号性诠释”下，揭示这种联系对积极、有效的诠释的意义。毫无疑问，埃科所批判的“过度诠释”现象反映在一些受“解构主义”思想所影响的文艺批评上，也正是这些批评对诠释的“无限性”的主张，使他必须回归到符号学视域之中，并在皮尔斯符号学的理论框架上反思索绪尔的“意指符号学”，从而提出了他的“诠释的限度”理念 。在埃科看来，鉴于符号性增衍机制的存在，至少有两种潜在因素可以对建立在“相似性”逻辑之上的“任意性”原则施加限制，其一是处于文化规约中主体的实在性经验，其二是作为“作品”的动态符号系统。前者往往在经验和外在实体的联结之中，产生了可验证诠释有效性的指涉对象，即“客体”；而后者则意味着，在涉及无实在指涉对象的虚构性书写时，一种尚待完善的句法结构，可以通过维系这些符号性组织背后的文化规约，来达到限制联想范畴的目的。

此外，埃科的论述也让我们认识到符号学思想和诠释理论之间的辩证关系。在探讨文化现象和作品表征方面，这两种研究视域可以说是在给予同一问题不同解答，并且二者也能通过对话来补充彼此思考上的匮乏。因此，根据以上的研究，我们可以就此断言，一切就阅读、理解现象展开的观察必须要建立在对符号性增衍机制的洞悉之上，而无法被用来回应诠释问题的符号学理论，亦会因为失去反思的维度，以至于难以真正地作用于实践之上。因此，也许在埃科看来，任何文化现象（尤其是那些经历了多次编码的美学性文本，如文学、艺术和电影等）只要涉及复杂的意义理解与交流问题，就其本质而言，皆是以符号学思想为基础的诠释理论所应该探讨的对象。然而，我们不得不使提出以下的反向质询：既然意义是复杂的，那么为什么在提倡读者权力与解构权威的当代，我们还会需要“诠释的限度”？不可否认，在当下的文艺理论话语场域中，埃科对“过度诠释”的批判，以及他所提出的“诠释的限度”的观点，看上去既先锋又保守。

与此同时，乔纳森·卡勒在他的演讲《为“过度诠释”辩护》（“In Defence of Overinterpretation”）中坚持主张，就学术研究和文学创作而言，“开放”“无限”与“赘余”是其生命力和创造力的源泉，反之，真正值得批判的对象是那些“不足的诠释（underinterpretation），而非埃科所误解的“过度诠释”。[①] 耐人寻味的是，卡勒的视域使他以相反的方式，与埃科的批判表象背后的夙愿殊途同归，不然，我们又该如何理解，埃科所曾经进行的那些具备“误读性”特质的创作实验？只是，正如他所一贯声称的那样，如果一个文本什么都讲述，那么它也就什么都不讲述。换言之，我们毋须怀疑意义的“无限性”，可是一旦它成为了一种在实践场域发生的交流、对话和表达活动，那么为了某种预定的诉求和愿景，我们则必须因考虑到“无限”所造成的反噬效果而对意义进行限制。总体而言，卡勒和埃科如同行走在同一条道路上的旅行者，卡勒为了到达他所期待的远方，不得不选择放弃那些拖缓他步伐并消耗他能量的负重，而埃科只想在这场长途跋涉途中，偶尔回头带上那些能够提供给他生命能量的背囊。

从另一个角度而言，埃科既在当下所发生的符号学现象中，意识到“过度诠释”的危机，却也从中发掘出了某种能够带来变革契机。事实上，正是我们所处时代文化信息（图象和语言）的过剩，导致了很多“符号”在我们在认识它们以前，便已被我们的社会性文化宝库所掌握。由是，并非如“常识”所呈现的那样，我们的认知是从对个别具体事物的经验到对普遍抽象概念了解，而是把个体的具体

① ECO U. STEFAN COLLINI., *Interpretation and Overinterpretation*, Cambridge; New York: Cambridge University Press, 1992, pp. 109 – 112.

感知对象与已然掌握的一般符号性内容联系起来的过程。

以下的一个经典故事可以帮助我们更加形象地理解该事实并结束此文。在原本的叙事中，身处亚热带或热带地区的南方人从未曾见过“雪”，所以，无论旁人如何向他描述有关“雪”的诸种属性（例如，“冰冷的”“白色的”与“像沙子一样的”，等等），他都会因为始终无法体验到“雪”这样的事物而常常把它与“盐”和“糖”混淆。但是，我们可以假设在埃科的叙事里，无论是身处南方的个体还是身处北方的个体，在他们亲身体验到“雪”以前，便已经通过各种叙事、影像信息以及“百科全书”潜移默化地掌握了该对象，甚至通过一些错位的经验体验到了该种事物（例如，“冰箱”可以帮助我们认知到“雪”的属性“冰冷的”）。虽然如此，就符号实践而言，我们也至少不会把“雪”这个由经验和属性拼合起来的“概念”与另一些事物混淆，哪怕它只是一个等待着外部事实确认或修正的“客体”。

庄子《齐物论》现象学美学诠释

——兼论其与海德格尔现象学之会通*

肖　朗**

摘　要： 无论是海德格尔还是庄子都是力图回到主客二分对象化之前的事情本身的美。在庄子那里并非一种主客二分对立的思维模式，在美学方面的表现就是更为本源的天地之大美，人则顺应天地之美。海德格尔的现象学是要将物从现在单一的科学化对象化客体化思维中拯救出来，让事物保持为自身，人与物的本性在此显现，美也在其中显现出来。

关键词： 现象学　海德格尔　庄子

海德格尔将现象学解释为让人从显现的东西本身那里如它从其本身所显现的那样来看它，从而发展出了自己的现象学思想。③ 海德格

---

* 基金项目：中国博士后科学基金特别资助项目（项目编号：2018T110991）。本文所引《庄子》文本皆出自《庄子今注今译》最新修订本，陈鼓应，商务印书馆 2007 年版，文中只标出章节。

** 肖朗，西南政法大学哲学系副教授，研究方向：现象学和美学，著有《天人合一与生态美学——兼从现象学视角看中国生态美学智慧》等。

③ 参看［德］海德格尔：《存在与时间》，陈嘉映、王庆节合译，熊伟校，陈嘉映修订，生活·读书·新知三联书店 2009 年版，第 41 页。海德格尔在《存在与时间》以后虽然很少提到现象学这个术语，但是前期主要著作对现象学名称都是在这个意义上进行解释，这个解释出现的地方分别有被认为是《存在与时间》第二稿的《时间概念史导论》（主要文本是海德格尔 1925 年夏季学期的马堡大学讲课稿，《海德格尔全集》第 20 卷），还包括被认为是海德格尔思想开端的 1923 年夏季学期讲稿（《海德格尔全集》第 63 卷：《存在论：关于事实的解释学》），早期代表作《存在与时间》，以及海德格尔后来与日本学者的对话（这篇对话后来与海德格尔的其他系列语言论文一起在 1959 年以《通往语言之路》为书名发表，《海德格尔全集》第 12 卷）。

尔的现象学是要将物从现在单一的科学化对象化客体化思维中拯救出来，让事物保持为自身，事物自身开启而不受人的干扰。因为事物是先存在才被我们看成对象的，在一种先行敞开的层面上，人和物本性上是亲切的。[①] 并且这样才能达到人与物的本性和自由，美便在其中显现出来，海德格尔的现象学本身便带有很深的美学意味。[②] 现象学经由海德格尔的发展，就和中国古代道家的思想不谋而合了[③]。因为中国古代道家思想并非一种主客二分对立的思维模式，而且主张放弃个人思想和知识，顺其自然，随物而游，这是主客二分之前的物我之本性，也是二者共同的自由。在美学方面的表现就是更为本源的天地之大美，人则顺应天地之美，而不是去分析和判断美。反过来，从现象学的宗旨而不是现象学学科出发，我们也可以说在老子和庄子那里体现了深刻的现象学精神，而且海德格尔本人在其文本以及学术活动中都提到过老子和庄子。[④]也有学者指出："中国人如能立意以现象学而非现象学学、哲学活动而非哲学史研究的方法对现象学精神有所感悟，便可能表现一种为现象学自身期待已久的东方式解释态度。"[⑤] 无论海德格尔还是老庄思想都表现出很强的美学意味，但是明确从美学方面对二者进行比较的成果较少并且略显粗糙。本文以现象学的视角下从庄子《齐物论》文本出发，指出这两位极具美学特色的思想

① 这一点中国古代思想表现得很明显，比如《世说新语·言语》记载："简文入华林园，顾谓左右曰："会心处不必在远，翳然林水，便自有濠濮间想也。觉鸟兽禽鱼，自来亲人。"

② 在海德格尔那里，在现在科学技术的时代，在审美中还保持着那种非对象化客观化的认识方式，但是海德格尔要做的是将这种认识方式扩大到所有的事物，从而使所有的事物都有了意义，因而物的物性便具有美的性质。

③ 从这个意义上，这是西方现象学运动宗旨下理论发展自身的必然，而非受到了中国古代道家思想的影响。现象学反对主客二分的思维模式，中国古代道家本是如此，二者有相似之处，不能简单地说海德格尔受到道家思想影响。

④ 对于海德格尔本人谈及老子和庄子的内容，国内学者张祥龙对此做了归纳整理，有兴趣的读者可以参阅其《海德格尔传》（商务印书馆，2007 年）、《海德格尔思想与中国天道——终极视域的开启与交融（修订新版）》（中国人民大学出版社，2010 年）等著作。另外台湾学者赖贤宗在张祥龙归纳整理的基础上又做了进一步的收集整理和深入挖掘工作，有兴趣的读者可以参阅其著作《意境美学与诠释学》（北京大学出版社，2009 年）。

⑤ 尤西林：《人文精神与现代性》，陕西人民出版社 2006 年版，第 140 页。

家在美学上的相同之处。一方面是对庄子的《齐物论》做出新的诠释，另一方面指明它与海德格尔现象学思想的诸多相通之处，希望藉此深化和推进二者的比较研究。

一 丧我与天籁：声音自身的显现

《齐物论》第一章开头：

> 南郭子綦隐机而坐，仰天而嘘，荅焉似丧其耦。颜成子游立侍乎前，曰："何居乎？形固可使如槁木，而心固可使如死灰乎？今之隐机者，非昔之隐机者也。"
>
> 子綦曰："偃，不亦善乎，而问之也？今者吾丧我，汝知之乎？女闻人籁，而未闻地籁，女闻地籁而未闻天籁夫！"（《齐物论》第一章）

从现象学视角看，这里有三个关键词，一个是"吾丧我"，另一个是"似丧其耦"，还有一个是"天籁"。丧我即去除成心成见，扬弃我执，破除主体，打破自我中心主义，也就是大家熟悉的庄子讲的心斋坐忘，澡雪精神，老子讲的涤除玄览、绝圣弃智之意，老庄此意和胡塞尔现象学对主体的悬置有些相似，学术界已经对此做过探讨。但是不同之处是胡塞尔对自我悬置的同时也悬置了对象，最终是要回到纯粹意识，而庄子这里清除了自我，但是不悬置物，而是通过物我合一，最终同于大道。物我合一便是文中所谓的"似丧其耦"，耦作偶，有物我对立，灵肉对立之意，文中颜成子游看到南郭子綦"似丧其耦"，便是指南郭子綦忘我与物，灵与肉之相对，意指精神活动超越于匹对的关系而达到独立自由的境界了，也就是回到物我对立之前的事物之本来面目了。这也正是海德格尔现象学所追求的目标，即回到主客二分之前的更本源的存在。

老庄虽然讲道生万物，但是"道"并不像西方传统形而上学本体论的东西，这里的"生"不是创生和生产，而是共生和生生；

老庄的道虽有虚无之意，但这里的虚无不是没有，而是无中生有和无所不在。如果从声音的角度看，这里的“道”便是天籁。所以颜成子游看到南郭子綦好似灵魂出窍，便问何故，南郭子綦说他只能听到人籁地籁而未闻天籁。在这里我们可以看到三者的区别：人籁是人吹箫管发出的声响，地籁是指风吹各种窍孔发出的声音，天籁是指各物因其各自的自然状态而自鸣。因此天籁是声音自身的显现，不是通过事物，不是通过人显示自己，而是自己显现自己，正如海德格尔一再强调的自身言说的纯粹语言。海德格尔纯粹的语言只是语言自身言说，它不是事情的表达，而是语言自身的展开。语言自身说话表明它是纯粹语言，纯粹语言不同于日常语言和理论语言，而是诗意语言。海德格尔认为诗意语言是最接近语言本性的，或者说就是语言自身本性的揭示，因此是纯粹的语言。庄子对语言也进行过思考，提出了寓言、重言、卮言三种不同的语言。“卮言日出，和以天倪，因以曼衍，所以穷年。”（《庄子·天下》）只有卮言是突破时空界限、主客二分和个体对象化的语言。“在对对象世界进行言说的过程中，寓言和重言冲破了个体的限制，分别从空间和时间的维度拓展了语言的表现区域。但是从世界存在的本然状而论，所谓时间和空间的划分，以及其他通过对自然的秩序定位来使语言更具有针对性的做法，都缺乏事实的依据。这是因为，所谓的时间和空间格局，是人为自然建构的秩序，而自然本身并不存在这种秩序。如果语言只有在对象被固定在某个秩序之中才能发挥效能，它所讲出的就不是自然的本相，而只可能是自然“人化”后的形态。从这个角度讲，寓言和重言虽然有助于切近对象、揭示真理，但由于对象已经成为人化的或被人的知觉建构的对象，所以它依然不能言说对象本身。在这种背景下，一种更具超越性的语言的出现就显得必然。庄子把这种语言称为‘卮言’”。[①] 海德格尔认为，人是语言的存在，因此纯粹语言关涉于人的存在，是人的家园，所以海德格尔

① 刘成纪：《道禅语言观与中国诗性精神之诞生》，《求是学刊》2009 年第 6 期。

中期有句名言：语言是存在的家园。“作为缘在之人的最大缘分就是能听懂语言境域本身的纯显现之说。用庄子的术语来讲就是，只有听懂了语言本身的“天籁”，才能去说日常的“人籁”或语言。”[①] 在庄子这里，就是说现实中我们能听到这样那样的声音，但是唯独听不到声音本身，传统的思维方式是要通过现象认识本质，这个本质往往是我们通过抽象思维形成的概念，但是这个概念反过来会影响并决定着我们对待事物的方式，构成我们与事物之间的一道屏障，蒙蔽了事物的自在存在。按照海德格尔的说法，这套概念把握方式不但不能接近事物，而且还构成对自在自持的事物的扰乱。《齐物论》的天籁，并非理性思辨，而是声音自身的显现，因为它是纯粹声音本身，是“和以天倪”，所以也是最美的声音，以至于在我们现在日常语言中最美的声音便称为天籁之音。

二　溺与成心：人与物的遮蔽

庄子《齐物论》第二章用精练简短的语言描述了人生在世的各种情态：

> 大知闲闲，小知閒閒；大言炎炎，小言詹詹。其寐也魂交，其觉也形开；与接为搆，日以心斗：缦者，窖者，密者。小恐惴惴，大恐缦缦。其发若机栝，其司是非之谓也；其留如诅盟，其守胜之谓也。其杀若秋冬，以言其日消也；其溺之所为之，不可使复之也；其厌也如缄，以言其老洫也；近死之心，莫使复阳

① 张祥龙：《海德格尔与中国天道——终极视域的开启与交融》（修订新版），中国人民大学出版社2010年版，第321—322页。将海德格尔的纯粹语言比作庄子的天籁，倒是帮学术界对“天籁”一词提供了一种新的理解方式。关于庄子《齐物论》“天籁”一词以往主流的解释是郭象的注解，即“天籁”指自然界中万物发出的天然的、非人力作用的自然声响，后人大多继承这种说法，如冯友兰说“地籁与人籁合为天籁”。（见冯友兰：《中国哲学史》，中华书局1962年版，第281页）但是这种说法显然是不符合庄子原意的，因为庄子关于三种声音的划分是递进的有层次的。

> 也。喜怒哀乐，虑叹变慹，姚佚启态。乐出虚，蒸成菌。日夜相代乎前，而莫知其所萌。已乎，已乎！旦暮得此，其所由以生乎！(《齐物论》第二章)

“与接为搆，日以心斗”，即与物纠缠不清，与人勾心斗角，“其发若机栝，其司是非之谓也；其留如诅盟，其守胜之谓也。”即人发言的时候像放出的利箭，专门伺候别人的是非来攻击；不发言的时候就好像咒过誓一样，只是默默不语等待致胜的机会。“其溺之所为之，不可使复之也”即人总是沉溺于这些所作所为之中，慢慢就失去本性了，像用绳子束缚了自己，以上各种情态日夜交织，却失去了根本性的东西。“近死之心，莫使复阳也”，是说人一直沉溺于世，这样走向死亡的心灵再也不能使人恢复本来的生气了。庄子这段话虽然短，却与海德格尔《存在与时间》对此在的描述比较相似。《存在与时间》可以看作是海德格尔对此在的现象学分析，在海德格尔那里，此在沉沦于世，最大的特点便是沉沦和操心，此在的生存论意义即操心，其中既包括人与人，也包括人与物，从而导致人的非本真的存在。“此在拿自身同一切相比较；在这种得到安定的、“领会着”一切的自我比较中，此在就趋向一种异化。在这种异化中，最本己的能在对此在隐而不露。沉沦在世是起引诱作用和安定作用的，同时也就是异化着的。”①

接着庄子提出了“真宰”一说，认为人生有更高层次的东西来规定，当然这个东西也必需通过人显现出来，并能够改变和规定人的日常生活形态：

> 非彼无我，非我无所取。是亦近矣，而不知其所为使。若有真宰，而特不得其眹，可行已信，而不见其形，有情而无形。(《齐物论》第二章)

---

① ［德］海德格尔：《存在与时间》，陈嘉映、王庆节合译，熊伟校，陈嘉映修订，生活·读书·新知三联书店2009年版，第206页。

这段话的意思是没有它就没有我，没有我那它就无从呈现。我和它是亲近的，但不知道是由什么东西指使的，仿佛有真宰，然而又寻不着它的端倪，可通过实践来验证，虽然不见它的形体，它本是真实存在而不具形象的。庄子这里排除了主体客体的主导作用，而是追溯到更本源的存在（“真宰”），海德格尔也提出了存在，因为在早期，海德格尔的存在便是通过此在来显现出来的。此在主要有两个方面意思，一是当下存在，此在生存。二是此在是存在的敞开，此在守护存在。此在就是绽出的（ekstatisch）[①] 生存，海德格尔将此看作人的本质，而且此在的沉沦绝非脱离了存在。“反过来说，本真的生存并不是任何漂浮在沉沦着的日常生活上空的东西，它在生存论上只是通过式变来对沉沦着的日常生活的掌握。”[②]但是存在并非存在者，它并非某一具体的物，不具备形象，但是能规定一切存在者，而西方哲学最大的问题是遗忘了存在，或者将存在仅仅看作是一个具体的存在者了。

既然有真宰，为何人们总是沉沦于世呢？在庄子看来，主要是人充满了各种成心成见，导致对真宰的遮蔽。

> 夫随其成心而师之，谁独且无师乎？奚必知代而心自取者有之？愚者与有焉。未成乎心而有是非，是今日适越而昔至也。是以无有为有。无有为有，虽有神禹且不能知，吾独且奈何哉！（《齐物论》第三章）

这里谈到一个关键词“成心”，“成心”在《齐物论》中是个很重要的观念，“成心”即自己的偏执之心，心中现存是非，把没有当成有，类似于现象学的先见。每个人都以自我为中心，便引发无数主

① 绽出的（ekstatisch）源自希腊词语 ekstasiz，后者的原意为站出来，绽出。

② ［德］海德格尔，《存在与时间》，陈嘉映、王庆节合译，熊伟校，陈嘉映修订，生活·读书·新知三联书店 2009 年版，第 208 页。

观是是非非的争执，产生武断的态度与排他的现象，这归根究底是由于成心作祟。所以庄子在这里说人总是心存各种是非之心，而不如“莫若以明”，庄子在后面的文本中连续两次提到“莫若以明”。

> 道恶乎隐而有真伪？言恶乎隐而有是非？道恶乎往而不存？言恶乎存而不可？道隐于小成，言隐于荣华。故有儒墨之是非，以是其所非而非其所是。欲是其所非而非其所是，则莫若以明。（《齐物论》第三章）

在各种是非争辩中，真正的道和言都被遮蔽了，二者变成了是非争斗的片面认识和虚娇之言，而不如跳出是非之辩，用空明的心境去观照事物本然的样子。庄子接着说：

> 是亦彼也，彼亦是也。彼亦一是非，此亦一是非。果且有彼是乎哉？果且无彼是乎哉？彼是莫得其偶，谓之道枢。枢始得其环中，以应无穷。是亦一无穷，非亦一无穷也。故曰莫若以明。

这里就是要破除事物之间彼此的对立，回到没有分别的心，才能顺应无穷的流变，就像一个空的圆环，枢在环中才能旋转自如。是非的争论是没有终点的，不如以空明的心境去观照事物本然的情形。“是以圣人不由而照之于天，亦因是也”，是说圣人可以放弃成见，而观照事物的本然。用西方现象学的说法，就是放弃个人意见和成见，而是要获得洞见，也就是去观照事情本身。“如果从现代西方哲学的角度来看，我认为，“莫若以明”与海德格尔所说的“让存在者成其所是”有某种共通性。……“去蔽”即类似于“莫若以明”①。

无论庄子还是海德格尔，排除我执的观照都是很重要的把握事情

① 吴根友：《读庄献疑——〈齐物论〉“莫若以明”新解》，《中国哲学史》2005 年第 4 期。李振纲、王素芬在《化解“成心”对生命的遮蔽——解读〈齐物论〉的主题》［《河北师范大学学报》（哲学社会科学版）2009 年第 2 期］一文中，也明确地将“成心”看作生命的遮蔽，与此对应将“齐物”看作生命的解蔽。

的方式，这也是中国传统思想和西方现象学的共通之处，在审美中表现得更为突出，因为审美就是直接观照美的现象本身。庄子以镜子比喻人的心灵："至人之用心若镜，不将不迎，应而不藏，故能胜物而不伤。"（《庄子·应帝王》）意指对外物的观照如同镜子，如其本来面目显示事物的本性，这样才能窥见作为整体而存在的天地之大美。我们知道海德格尔从他的老师胡塞尔那里接受了本质直观和范畴直观的现象学方法，并将之视为现象学的核心观念。海德格尔这里的观和看也并不能简单地理解为眼睛的视觉行为，但也不是神秘性灵感意义上的看和柏格森的直觉主义，而是对事物本身纯粹的质朴直观。"直观"这一表述与上面我们已在充分的意义上加以规定的"看"是相应的。直观所指的是："对具体有形的显现物本身就如同它自身所显示的那样的简捷的把捉。"① 学者潘知常就认为，从庄子的以道观物，到郭象的以物观物，到禅宗的万法自现，正好通向了西方现代的现象学。

三　振于无竟，寓诸无竟：源天地之大美

在人与物的关系上，庄子前面通过破除成心来否定传统的认识方式，提出了自己的独特的认识方式，并且这种认识方式具有很强的现象学意味。

首先，庄子指出了这种最高的认识的特点：

> 故知止其所不知，至矣。孰知不言之辩、不道之道？若有能知，此之谓天府。注焉而不满，酌焉而不竭，而不知其所由来，此之谓葆光。（《齐物论》第五章）

一个人如果能够止于所不知的境域，就是极点了，这便是葆光，

① ［德］海德格尔：《时间概念史导论》，欧东明译，商务印书馆2009年版，第59页。

即潜藏的光明。在海德格尔那里，并非绝对的光明或者绝对的黑暗是万物之源，真理的开端是林中空地（Lichtung）。林中空地是光明与黑暗的显现与隐藏的游戏，这里的黑暗是光明的隐蔽之所，黑暗保有了光明，即庄子潜藏的光明之意，也正如老子所言“知其白，守其黑”“明道若昧”。正是林中空地首先允诺了在场的可能性，这里是思想的最根本之处，也就是庄子说的思想的极点了。

《齐物论》第六章很长的篇章主要都是在谈论人的认识的有限性，常人的认识充满了各种成见，因此万不可以僭越自己，觉得自己认识的才是真理。最后的解决方法就是该章最后一段：

> 化声之相待，若其不相待，和之以天倪，因之以曼衍，所以穷年也。何谓和之以天倪？曰：是不是，然不然。是若果是也，则是之异乎不是也，亦无辩；然若果然也，则然之异乎不然也亦无辩。忘年忘义，振于无竟，故寓诸无竟。（《齐物论》第六章）

这句话也是庄子在该篇中提出了自己的认识方式：“振于无竟，故寓诸无竞。”庄子这里强调的是万事万物并不需要一个一个去认识，那肯定是认识不完的，而是以“顺”为基本原则，和以天倪，忘年忘义，就是在不干预、不控制客体的前提下，因循其自然整体的运动，能够做到这一点就已经是与万物不分彼此了，便是更高层次的认识了，便可以“振于无竟，故寓诸无竟”，即遨游于无穷的境遇，并能够寄寓于无穷的境遇了，游乎天下之一气，也就是庄子的逍遥游，佛家讲的得大自在。反过来这种自由又将人与存在者整体联系了起来。“是以圣人不由，而照之于天，亦因是也。”所以圣人不走一般的认知之路，而关照于事物的本然，这也是因任自然的道理。“这里没有任何二元之分，包括主客之分、物我之分。这万物一体的境域是一切事物之所以可能的本源或根源，它先于此境域中的个别存在者，任何个别存在者因此境域而成为之所是。人首先是生活于此万物一体的‘一体’之中，或者说天人合一的境域之中，它是人生的最终家园，无此境界则无真实的人生。但人自从有了区分主客的自我意识之后，就忙于主体对客体的追逐（无穷尽的认识与无穷尽的征服和占有）而忘记了对这种境界的领会，忘记了自己实际上总是生存在此境域之中，也就是说，忘记了自己的家园”。①

这种脱离了主体性的认识方式实质上是现象学的，就是让事物自然而然地显现出来。用海德格尔的话来说，就是泰然让之，与传统形而上思想的意愿相反，泰然让之是另一种思想方式，对万物的泰然让之是完全不同于作为万物的设定和控制的思想方式。只要思想在此以泰然让之面对万物的话，那么，它将让万物作为万物物化，不同于主观意图去克服破解，对万物的泰然让之也意味着对于神秘的敞开，亦即将神秘当作神秘。以此方式，泰然让之和敞开自身带来了一人与世界的新的关系，允诺我们一新的根据和基础，在此，我们在技术世界之内能够无危险地站立并能幸存。“为何人在此凭借对于万物的泰然让之能够幸存于技术的世界之中？因为对于万物的泰然让之同样是转折于林中空地之中并且是一还乡。通过如此，人首先处于还乡之中，以期克服此无家可归的时代。”②

只要思想在此以泰然让之面对万物的话，那么，它将让万物作为万物物化，“天地有大美而不言，四时有明法而不议，万物有成理而不说。圣人者，原天地之美而达万物之理，是故至人无为，大圣不作，观於天地之谓也。”（《庄子·知北游》）③ 庄子这里的大美，是没有主客二分的，天人一体的美，人顺应天地的本性才能领会到这种始源的天地之大美。如果人只是用自己的主观意志去追问美，则是割裂了这种天地之大美了：“判天地之美，析万物之理，察古人之全，寡能备于天地之美，称神明之容。”（《庄子·天下》）因此，对海德格尔和庄子来说都要求获得一种对于物诗意的态度，“物物而不物于

① 张世英：《哲学导论》，北京大学出版社2002年版，第128页。

② 彭富春：《无之无化——论海德格尔思想道路的核心问题》，上海三联书店2000年版，第172页。

③ 与此相似，老子曰：“是以圣人居无为之事，行不言之教，万物作而弗始也，生而弗有，为而弗持，功成而弗居。”（《老子》第2章）。孔子曰：“天何言哉？四时行焉，百物生焉，天何言哉？”（《论语》17.19）

物。”（《庄子·山木》）“鱼相忘于江湖，人相忘于道术。”（《庄子·大宗师》）是人在世界中和万物一起游戏，人和物的共同生成，宇宙和人生混为一体。“也正因如此，审美活动，在海德格尔和中国美学看来，只是“俱道适往”“与之沉浮”，海德格尔称之为“应和”“召唤”。①在此，美感不会固定在某个对象，而是永远“御风而行”，（《庄子·逍遥游》）在中国艺术创作中，一朵小花，一条小鱼，都要以小见大，展现生命本身的圆融具足和宇宙的勃勃生机。注重天地之不可分别浑然天成生机无限之大美，这正是中国美学之根本特性所在。

《齐物论》末尾是大家熟悉的庄周梦蝶的故事，这个寓言深刻揭示出了人与物同一，人物化，物人化，最后达到一种物我同构、与道合一的最高境界，这里也彻底泯灭了主体客体和思想认识的分别和界限：“孟孙氏不知所以生，不知所以死；不知孰先，不知孰后，若化为物，以待其所不知之化已乎！”（《大宗师》）最终是人和物的自由。“我们知道，庄子的终极追求是‘逍遥游’，‘逍遥游’的前提是‘无待’，而彻底地做到‘无待’就是‘化’——因为人不可能离开万物而独存，但人却可不以‘对象性’思维对待万物，而以‘万物一体’的方式‘消融’或‘化’于万物之中。于是‘万物与我为一’，‘有待’自然转化为‘无待’，‘有限’自然转化为‘无限’，而‘道’亦在其中矣。”②

四 结语

现象学和中国古代思想有着天然的亲缘性。邓晓芒就指出：“但我认为，中国传统学术在今天决不能成为摆脱理论重压或逃避理论贫乏现状的避难所，相反，它正需要具有高层次理论素养的人去挖掘、

---

① 潘知常：《海德格尔的“真理”与中国美学的“真”——中西比较美学札记》，《天津社会科学》1992年第4期。

② 郭继民：《隐喻：诗性哲学的魅力——从庄子与西方后现代哲学的会通看》，《云南大学学报》（社会科学版）2009年第2期。

去发现、乃至于去‘重建’。中国传统学术的一个重要特点在我看来就是一种不自觉的‘现象主义’精神。人们历来固守于实实在在的直接经验和天然的情感，因而现象学的‘还原’或回到‘事情本身’对中国传统来说根本不是什么问题。”[①] 笔者认为，这种亲缘性在美学中表现得特别突出。

但是以现象学激活中国古代美学思想，是要以现象学的宗旨出发，并不是局限于将现象学看作西方哲学的一个流派。现象学与中国思想的关联也绝非是简单地拿西方的理论来框中国的思想，而恰恰是反对我们以往拿一些西方的概念、主客二分、唯物唯心等来肢解中国古代的思想。同时，此种关联也表明中国思想固有精深微妙之处，在和西方现象学的对话中，中国传统思想才能从理论化概念化体系中释放出来，才能微妙开显、生机重现。正如海德格尔本人提到老庄思想，但是其思想来源和立足点都是西方思想本身，本文这里所做的比较之目的亦是立足中国固有思想之传统，展现中国古代思想生命情调之美，灵心妙悟之感、天人合一之境，让看似断裂的传统在中西精神的比较中得到释放，并融入到当下中国的文艺和审美实践。

① 邓晓芒：《胡塞尔现象学对中国学术的意义》，《江苏社会科学》1995 年第 1 期。

“以理代礼”：朱熹“学问须以《大学》为先”之诠释学命题的思想转向

邹　莹*

摘　要：在目前学术界关于朱熹的诠释学研究中，常有学者称朱熹“唯本文本意是求”的观念具有西方诠释学中的“文本自主性”之诠释原则的特征。但实际上，在朱熹这里，经典文本所具有的客观性并不来自于经典本身，而来自于释经者与经文的作者，即圣贤在“天理”层面的先天统一。更进一步，朱熹以“学问须以《大学》为先”的诠释学命题为其经典诠释之先的“天理”作了新的筹划，以此在唐宋社会转型的背景中以强调“欲明明德于天下”之观念的《大学》文本重新统一庶民的思想价值。从而，朱子“学问须以《大学》为先”的诠释学命题所最终表明的，是其经典诠释之独断标准由汉代之“礼”向宋代之“理”的转向。

关键词：本文本意　圣贤之指　学问须以《大学》为先　以理代礼

* 邹莹，西安外国语大学中国语言文学学院讲师，研究方向：比较诗学、比较文学、外国文学。

《论语·述而》载："子曰：'述而不作，信而好古，窃比我于老彭。'"[1] 孔子以此奠定了儒家学者的经典诠释传统。朱熹在《论语集注》中评孔子此言曰："然当是时，作者略备，夫子盖集群圣之大成而折衷之。其事虽述，而功则倍于作矣。"[2] 此说表明，朱子认为孔子虽"述"，但其功却大于"作"。所以在朱熹这里，他也以诠释经典为其创新思想的基本表达方式。而在他所有的经典诠释作品中，《四书章句集注》具有毋庸置疑的首要地位。《朱子语类》卷十九《语孟纲领》载朱子曾谓吴仁父曰："某《语孟集注》，添一字不得，减一字不得，公子细看。"[3] 而在《四书章句集注》中，朱熹认为学者应该"先读《大学》"，并且应该以"《大学》作间架，却以他书填补去"。[4] 这也就是说，对于朱子而言，"四书"之首必为《大学》。作为孔子以后对中国思想界乃至整个东亚思想界都产生了巨大影响的儒家学者，朱子及其诠释学思想研究向来受到学术界的重视。具体到《大学章句》文本上，则已有的研究成果也不少。但以往关于朱子的经典诠释思想的研究常常具有朱子批判郑玄注经所具有的"不识经大旨，故多随句解"的问题。[5] 而事实上，朱子本人是一个很有体系性的学者，我们通过他的《大学章句》以经统传，经中又以三纲八目为主，三纲八目又以"明德为本，新民为末"等的诠释原则可以看出，朱子的经典诠释风格必然是"提纲挈领"式的，其下具有严密的逻辑展演。

---

① （宋）朱熹撰：《论语集注》，见于（宋）朱熹撰：《四书章句集注》，中华书局1983年版，第93页。

② （宋）朱熹注：《论语集注》，见于（宋）朱熹撰：《四书章句集注》，中华书局1983年版，第93页。

③ （宋）黎靖德编，（清）王星贤点校：《朱子语类》第19卷，中华书局1999年版，第2册，第437页。

④ （宋）黎靖德编，（清）王星贤点校：《朱子语类》第14卷，中华书局1999年版，第1册，第250页。

⑤ （宋）黎靖德编，（清）王星贤点校：《朱子语类》第19卷，中华书局1999年版，第2册，第438页。

一 “唯本文本意是求”与“读书乃学者第二事”：朱熹的经典诠释原则

朱子在《晦庵先生朱文公文集》卷四十八《答吕子约（八）》一文中曾言：

> 读书如读《论》《孟》，是直说日用眼前事，文理无可疑。先儒说得虽浅，却别无穿凿坏了处。如《诗》《易》之类，则为先儒穿凿所坏，使人不见当来立言本意。此又是一种工夫，直是要人虚心平气，本文之下打叠，交空荡荡地，不要留一字先儒旧说，莫问他是何人所说，所尊所亲、所憎所恶，一切莫问，而唯本文本意是求，则圣贤之指得矣。若于此处先有私主，便为所蔽而不得其正，此夏虫井蛙所以卒见笑于大方之家也。①

我们于此可知，朱子认为读书应当“虚心平气，本文之下打叠”，为此需要将自己通过“先儒旧说”以及情有所偏等而得之“私意”排除，而“唯本文立言本意”是求。进而，朱子要求学者要在“随文求义”的基础上尽量多读书，从而达到“通经”的效果。②

我们于此也可以看出，朱子“唯本文本意是求”的经典诠释原则具有一个潜在的对话对象，这就是“先立己意”的学派。如果按照德国学

---

① （宋）朱熹撰：《答吕子约书》，见于朱杰人、严佐之、刘永翔主编《朱子全书·晦庵先生朱文公文集》，第48卷，上海古籍出版社、安徽教育出版社2002年版，第23册，第2213页。

② 按：如《朱子语类》卷十一《学五·读书法下》所言：“读书若有所见，未必便是，不可便执著。且放在一边，益更读书，以来新见。若执着一见，则此心便被此见遮蔽了。譬如一片净洁田地，若上面才安一物，便须有遮蔽了处。圣人七通八达，事事说到极致处。学者须是多读书，使互相发明，事事穷到极致处。所谓‘本诸身，徵诸庶民，考诸三王而不缪，建诸天地而不悖，质诸鬼神而无疑，百世以俟圣人而不惑’。直到这个田地，方是。《语》云：‘执德不弘。’《易》云：‘宽以居之。’圣人多说个广大宽宏之意，学者要须体之。〔广〕”见于（宋）黎靖德编，（清）王星贤点校：《朱子语类》，第11卷，中华书局1999年版，第1册，第184页。

者伽达默尔（Hans-Georg Gadamer）在《真理与方法》（*Truth and Method*）一书中对“前见”（prejudice）问题的论述，朱子此说似乎暗含了对经典诠释“先见”的排斥。也正是在这一意义上，常有学者称朱子的诠释方法具有文本客观主义的倾向。余英时即在《宋明理学与政治文化》一书中称朱子的诠释学与意大利学者埃米利奥·贝蒂（Emilio Betti）在《作为精神科学一般方法论的诠释学》（*Die Hermeneutik als Allgemeine Methodik der Geisteswissenschaften*）一文所表达的思想十分相近，他说：

> 朱熹有关文本解释问题的探讨，他重点关注如何理解经典文本的作者的“本意”，而经典的作者既是圣人又是贤者。……就这一对文本的尊重来说，朱熹的确非常接近于某些现代的解释学家，特别是埃米利奥·贝蒂，因为朱熹像贝蒂一样，主要关注解释对象（文本）的自主性，以及得自文本解释的客观知识的可能性。[①]

这也就是说，在余英时看来，朱熹与贝蒂都认为文本具有独立自主的性质，并且认为他们都主张可以从文本中获得某种客观性的认识。

埃米利奥·贝蒂对本文的尊重建立在文本作为“富有意义的形式”（sinnhaltige Formen）的基础上。这里的“意义”指向的是一种包孕于客观化形式中的精神，是精神的客观化，而理解的任务就是通过这一富有意义的形式中介，对其中所蕴含的意义进行“重新认识（re-cognition）和重新构造（re-construction）”[②]。所以在贝蒂看来，这种效果的达成需要在诠释者和文本作者所“共同分享的人性”基础上进行一种“倒转”，即在诠释者内心之中去重新构造文本中作者所传达的精神。[③]因而在这里存在着认识方式的主观化和认识结果的客观化的冲突。

① 余英时：《宋明理学与政治文化》，见于《余英时文集》第10卷，广西师范大学出版社2006年版，第70页。

② ［意］埃米利奥·贝蒂：《作为精神科学一般方法论的诠释学》（1962），见洪汉鼎主编《理解与解释——诠释学经典文选》，东方出版社2001年版，第129页。

③ ［意］埃米利奥·贝蒂：《作为精神科学一般方法论的诠释学》（1962），见洪汉鼎主编《理解与解释——诠释学经典文选》，东方出版社2001年版，第129页。

为了解决这个冲突，贝蒂提出了关于诠释对象和诠释主体的四条原则。其中第一个关于诠释对象的原则即是：富有意义形式的文本具有自主性（autonomie）的原则。在《作为精神科学的一般方法论诠释学》一文中，贝蒂表明：

> 让我建议说，我们把这第一个规则称之为诠释学的对象自主性规则或诠释学标准的内在性规则，以此我意味着，富有意义的形式必须被认为是独立自主的，并且必须按照它们自身的发展逻辑，它们所具有的联系，并在它们的必然性、融贯性和结论性里被理解；它们应当相对于原来意向里所具有的标准被判断：这个原来的意向就是被创造形式应当符合的意向，即从作者的观点和他在创造过程中的构造的冲动来看的意向。由此推知，它们一定不能根据它们迎合于似乎与解释者相关的任何其他外在目的来被判断。①

这也就是说，所谓的"自主性"原则表明诠释对象是独立存在的，作为作者精神客观化的存在，它的意义的客观性保障来自于它本身，其与诠释者本人的历史性无关。

但问题在于，朱熹真的如同贝蒂那样持有文本自主性的观念吗？为了回答这个问题，我们需要指出朱子所谓的"本文本意"的具体内容。实际上，在前面我们所引的《晦庵先生朱文公文集》卷四十八《答吕子约（八）》一文中，朱熹对这个问题已经有所回应。在这篇文章中，朱子在"唯本文本意是求"之前说"不见当来立言本意"，之后接着又说"则圣贤之指得"。再比如在《晦庵先生朱文公文集》卷五十三《答刘季章（十）》一文中，朱熹也说："承欲就文义事物上作功夫，甚善。然读书且要虚心平气。随它文义体当，不可先立己意，作势硬说，只成杜撰，不见圣贤本意也。"② 此处所谓"圣

① ［意］埃米利奥·贝蒂：《作为精神科学一般方法论的诠释学》（1962），见洪汉鼎主编《理解与解释——诠释学经典文选》，东方出版社2001年版，第131页。

② （宋）朱熹撰：《答刘季章》，见朱杰人、严佐之、刘永翔主编《朱子全书·晦庵先生朱文公文集》，第53卷，上海古籍出版社、安徽教育出版社2002年版，第23册，第2494页。

贤本意”“立言本意”以及“圣贤之指”，实际上都意味着在朱子这里，本文并不具有自主性，它只有在“经”的意义上，也即是说在承载着圣人之意的基础上才具有被人们诠释的价值。也正是因此，它的意义的客观性保障并不来自于它自己，而来自于它的作为圣贤的作者。

更进一步我们可以得知，对于贝蒂来讲，诠释者通过“回溯创造过程”而“重新转换外来的他人思想”也意味着，这种“转换”是我们“转换调整和综合它们于我们自己经验框架内的理智视域里”。[①] 所以贝蒂自己也认识到：“有些历史学家试图让自己抛弃他们的主观性是完全无意义的。”[②] 贝蒂称这一原则为诠释主体的现实性原则。在《作为精神科学一般方法论的诠释学》一文中，贝蒂提出：

> 在任何时候都依赖于理解现实性的解释的任务事实上永远不能被认为是终极的和完成了的，因为任何解释，不管最初它可能怎样令人信服，都不能迫使人类认为它是确切的解释。诠释学任务永远不能被完成这一事实推出本文、碑记或残篇所包含的意义永远是随生命而重生的并在重生之链条中不断变化的。[③]

这也就是说，贝蒂一方面反对伽达默尔“把历史解释的诠释学过程与一种受具体境遇所规定的意义的推论加以等同”的观点，认为这种观点将导致一种主观主义的立场，从而排除了诠释学的对象自主性规则。[④] 但另一方面他也承认诠释者对富有意义的形式之解释又不可能

---

① ［意］埃米利奥·贝蒂：《作为精神科学一般方法论的诠释学》（1962），见洪汉鼎主编《理解与解释——诠释学经典文选》，东方出版社 2001 年版，第 135 页。

② ［意］埃米利奥·贝蒂撰：《作为精神科学一般方法论的诠释学》（1962），见洪汉鼎主编《理解与解释——诠释学经典文选》，东方出版社 2001 年版，第 135 页。

③ ［意］埃米利奥·贝蒂撰：《作为精神科学一般方法论的诠释学》（1962），见洪汉鼎主编《理解与解释——诠释学经典文选》，东方出版社 2001 年版，第 142 页。

④ ［意］埃米利奥·贝蒂：《作为精神科学一般方法论的诠释学》（1962），见洪汉鼎主编《理解与解释——诠释学经典文选》，东方出版社 2001 年版，第 147 页。

达到"在绝对的和最终的知识意义层面"上的客观性。①

与贝蒂不同的是，在朱子看来，一定存在一个确定的经文本意，这个"本意"的客观性保障来自于其所负载的"圣贤之意"，而"圣贤之意"之所以具有客观的维度，则是因为它所承接的是客观不变的"天理"，并且此"理"具有"在绝对的和最终意义层面上"的客观性。《朱子语类》卷十《学四·读书法上》，朱子弟子甘节记录朱子之言曰："读书以观圣贤之意；因圣贤之意，以观自然之理。〔节〕"② 如此，为了得到"理"，朱子要求学者读书以通经，进而通经以明理。其后，则如《朱子语类》卷十一《学五·读书法下》言曰："经既通，自无事於解，借经以通乎理耳，理得，则无俟乎经。"③ 因而，朱子"读书穷理"的重点并不在"经"，而在"理"，读书则以"明理"为目标。

为此，朱子提出了一个十分重要的思想，此即"读书乃学者第二事〔方子〕"。④ 而朱熹之所以具有这样的思想，与他对人的独特认识有关。在《朱子语类》卷十《学四·读书法上》，朱子弟子杨至记录朱子对此的解释是：

> 读书已是第二义。盖人生道理合下完具，所以读书者，盖是未曾经历见许多，圣人是经历见得许多，所以写在书册上与人看。而今读书，只是要见得许多道理。及理会得了，又皆是自家合下元有底，不是外面旋添得来。〔至〕⑤

---

① ［意］埃米利奥·贝蒂：《作为精神科学一般方法论的诠释学》(1962)，见洪汉鼎主编《理解与解释——诠释学经典文选》，东方出版社 2001 年版，第 142 页。

② （宋）黎靖德编，（清）王星贤点校：《朱子语类》第 10 卷，中华书局 1999 年版，第 1 册，第 162 页。

③ （宋）黎靖德编，（清）王星贤点校：《朱子语类》第 11 卷，中华书局 1999 年版，第 1 册，第 192 页。

④ （宋）黎靖德编，（清）王星贤点校：《朱子语类》第 10 卷，中华书局 1999 年版，第 1 册，第 161 页。

⑤ （宋）黎靖德编，（清）王星贤点校：《朱子语类》第 10 卷，中华书局 1999 年版，第 1 册，第 161 页。

这也就是说，在朱子看来，由于个人本来具有“道理”，所以读书只是启发自家元有道理的契机。这就是朱子在《大学章句》中对“明德”的诠释：“明德者，人之所得乎天，虚灵不昧，以具众理而应万事者也。”① 如此，则朱子所谓“天地之理”可以用“圣人之心”所传达，如其言曰：“圣人之言，即圣人之心；圣人之心，即天地之理。”② 并且由于诠释者与圣人在本体之“性”的层面同有此理，所以诠释者通过学习圣人文字可以识得圣人之心，进而识得此不变之“理”。《朱子语类》记载：“只此一心，但看天理私欲之消长如何尔。以至千载之前，千载之后，与天地相为终始，只此一心。”③ 也就是说，“天理”先天不具有历史性，因而负载天地之理的“经典”具有一个客观不变的“原义”，即朱子所谓“本文本意”。

也正是因此，经书的作者与作为诠释者的朱熹本人可以通过“经文”达到对同一“天理”的体认，这就从诠释者与经典作者所共同具有的“天理”之先天结构层面，消除了德国学者伽达默尔（Hans-Georg Gadamer）在《真理与方法》（*Truth and Method*）中所谓的诠释者之视域与经文自身的视域之间的根本性差异。④ 而尽管贝蒂批判伽

① （宋）朱熹撰：《大学章句》，见于（宋）朱熹撰：《四书章句集注》，中华书局1983年版，第3页。

② （宋）黎靖德编，（清）王星贤点校：《朱子语类》，第120卷，中华书局1999年版，第7册，第2913页。

③ （宋）黎靖德编，（清）王星贤点校：《朱子语类》，第13卷，中华书局1999年版，第1册，第225页。

④ 按：张汝伦在《“其事虽述，而功则倍于作矣”——论朱熹的释义学》一文中曾经处理过这个问题，并且他在此篇文章中提出德国哲学诠释的问题所在。他说：“伽达默尔提出的‘视域融合’最大的问题是融合后的视域有无历史性？伽达默尔的回答一定是肯定的，那么它的历史性与文本的历史性和理解者的历史性是什么关系？回答只能是：它不可能与理解对象的历史性和理解者的历史性中的任何一个一致，那样的话它就没有融合，而它只能是理解者和理解对象的视域融合后的产物，但是如果这个视域现在是理解者和理解对象共有的视域的话，岂不意味着它得以发生和存在的理解者和理解对象的历史性被它取消了？朱熹的释义学不存在这样的问题，因为对于他来说，理解的困难不是由于理解者（读经者）和理解对象（经书）历史性的差异，而是理解者气质之偏造成的。理解者与理解对象是先天统一，后天才分裂的。解读（理解）经书就是要克服这种由于个人气质欲望等特殊性造成的分裂，恢复个人（所涵之理）与天理先天的一贯和流畅。”（见张汝伦撰《“其事虽述，而功则倍于作矣”——论朱熹的释义学》，见《朱熹理学与晋江文化学术研讨会论文集》，2007年8月，第6—7页。）这也就是说，在朱熹这里，正因为理解者与理解对象之间在亘古不变的“天理”层面内在统一，因而解释者对解释对象的绝对的、完满的理解就存在着可能。

达默尔"把理解的历史性提升为诠释学原则"，[①] 由此造成了主观相对主义的后果。但贝蒂本人也承认主体对文本的理解永远也不能达到完全绝对的历史客观性，这就说明贝蒂也承认解释过程中的历史因素，而这是朱子的经学诠释学与贝蒂的诠释学的一大差异所在。

但走到这里，我们对朱子经学诠释学的分析并没有结束。原因就在于，如果我们把朱熹作为中国古代哲学历史中的个体来看待，我们就不得不承认到目前为止，朱熹的经典诠释方法与其前人在大的方向上完全相同。这个大方向指的就是经文具有来自于圣贤之意的固定且永恒的本文本意。举例言之，东汉末年大儒郑玄也认为经典承载着"先圣之元意"，这是他遍注群经的根本动力所在。郑玄在《戒子益恩书》中言曰："吾自忖度，无任于此；但念述先圣之元意，思整百家之不齐，亦庶几以竭吾才，故闻命罔从。"[②] 在这里，郑玄明确提出他通过遍注群经而整百家之不齐的根据在于"先圣之元意"。并且，从经学与政治的关系层面上看，当郑玄以"圣人之元意"作为经典诠释的准则的时候，我们可以清楚地意识到他具有"经"是圣人之意的产物这个信仰。由于经典必然承载着圣人之旨，诠释者的任务就是通过理解和解释经典以得圣人之旨。而历代经学家对"经"的这种认识，就内蕴于他们对作为儒家"五经"之"经"这个文字的解释中。

东汉班固在《白虎通·五经》中就把"经"和"常道"联系在了一起。他说："经所以有五者何？经，常也。有五常之道，故曰《五经》。《乐》仁，《书》义，《礼》礼，《易》智，《诗》信也。人情有五性，怀五常不能自成，是以圣人象天五常之道而明之，以教人成其德也。"[③] 而直到清人段玉裁在《说文解字注》中注许慎"经，织从

① ［意］埃米利奥·贝蒂：《作为精神科学一般方法论的诠释学》（1962），见洪汉鼎主编《理解与解释——诠释学经典文选》，东方出版社 2001 年版，第 151 页。

② （南朝宋）范晔撰、（唐）李贤注：《后汉书·张曹郑列传第二十五》，第 35 卷，中华书局 1973 年版，第 5 册，第 1209—1210 页。

③ （清）陈立撰，吴则虞点校：《白虎通疏证》，第 9 卷，中华书局 1994 年版，第 447 页。

（纵）丝”也仍旧采取这种立场，他说：“织之纵丝为之经。必先有经而后有纬，是故三纲、五常、六艺，谓之天地之常经”。[①] 由是观之，“经”所指向的是“天地之常道”。正是因为中国古代经学家对“经”的这种认识，使得如今我们一旦要对中国古代经学家的经典诠释方法进行分析，常常难以逃离对其诠释是一种“独断论”（Dogmatism）的批判。此处所谓“独断论”来自于康德（Kant）。康德在《纯粹理性批判》（*Critique of Pure Reason*）第二版序言中说：“独断论就是纯粹理性没有预先批判它的能力的独断处理方式。”[②]为此，康德批判传统形而上学在没有考察理性是否具有从事形而上学问题的能力之前，就独断地提出要用理性来处理如“上帝、自由和不朽”等问题。[③] 这也就是说，“独断”的根本意涵在于缺乏对理性自身能力的批判。

如果我们将“独断”与“诠释学”相关联而形成一种“独断论诠释学”，其意义即在于：诠释主体的理性能力在未经批判的情况下被使用来对某些对象进行诠释，这里的“某些对象”就指的是我们在上文所论述的作为“天地常道”的“经”，其地位与康德所说的“上帝、自由和不朽”等具有异曲同工之处。因而，如果人们要对经典进行非独断性的诠释，就不能预先设定“经文”具有某种不变的永恒的作为“天地常道”的意义，而一旦如此做了，则其对文本的理解与解释就是一种独断型的理解和解释。在《真理与方法》第二卷《修辞学和诠释学（1976 年）》一章中，伽达默尔论述了盖尔德塞策（L. Geldsetzer）曾提出的“独断型诠释学（die dogmatische Hermeneutik）”概念，它指的是“一种和独断论相联系、受到机构及其

① （汉）许慎撰，（清）段玉裁注：《说文解字注》，上海古籍出版社 1988 年影印经韵楼藏版，第 644 页。

② ［德］康德：《纯粹理性批判》，邓晓芒译，人民出版社 2004 年版，“第二版序言”，第 25 页。

③ 按，康德说：“纯粹理性本身的这些不可回避的课题就是上帝、自由和不朽。但其目的连同一切装备本来就只是为了解决这些问题的那门科学，就叫作形而上学，它的方法在开始时是独断的，也就是不预先检验理性是否有能力从事这样一项庞大的计划，就深信不疑地承担了这项施工。”（见［德］康德《纯粹理性批判》，邓晓芒译，人民出版社 2004 年版，“导言”，第 6 页。）

权威确认的、总以捍卫独断的教规为目的的解释"。[①] 我们由此可知，伽达默尔在此处所提出的"独断型诠释学"明显与西方释经学相关。而中国学者洪汉鼎在其《文本、经典与诠释——两种经典诠释之路：中西方比较》一文中，通过对"文本""经典"及"诠释"三个概念的梳理，认为适用于中国学界的"独断型诠释学"的具体内涵应为："独断型诠释学是旨在卓越文本中找寻早已众所周知的固定意义并把它们作为教导性的真理和指示应用于当前具体情况，反之，探究型诠释学不是在文本里寻找那种不变的永恒的固定的意义，而是在一切文本中找寻那种不断更新的富有生命体验的无限意义。我们可以把前面的独断型诠释学称为解经学（exegesis），把后面的探究型诠释学称为诠释学（hermeneutik）。"[②] 而洪先生此处所谓的"卓越文本"，就包括作为"经"的中国儒家诸多文本。

这个概念的关键就在于，诠释者试图在"卓越文本"中寻找的是一种不变的永恒的固定意义。在《理解与解释——诠释学经典文选》一书《何谓诠释学》的引言部分，洪汉鼎称这个意义是一种"独断的知识"。所以他说："独断型诠释学旨在把卓越文献中早已众所周知的固定了的意义应用于我们所意欲要解决的问题上，即将独断的知识内容应用于具体现实问题上。它的前提就是文献中的意义是早已固定和清楚明了的，无需我们重新加以探究。我们的任务不过只是把这种意义内容应用于我们当前的现实问题。"[③] 而从这一点上讲，我们在前面所论述的朱子的释经学和郑玄的解经立场都可以称之为一种独断的诠释学，因为他们都相信经典文本承载着圣人之意，而这个圣人之意必然具有普遍、固定以及永恒等特征。

这也就是说，"独断论诠释学"作为一种诠释学类型，所关涉的

---

① ［德］汉斯-格奥尔格·伽达默尔：《发展·修辞学和诠释学（1976年）》，洪汉鼎译，见于《诠释学II：真理与方法（修订译本）》，商务印书馆2007年版，第333页。

② 洪汉鼎：《文本、经典与诠释——两种经典诠释之路：中西方比较》，见景海峰编《经典、经学与儒家思想的现代诠释》，人民出版社2015版，第154页。

③ 洪汉鼎：《编者引言：何谓诠释学?》，见洪汉鼎主编《理解与解释——诠释学经典文选》，东方出版社2001年版，第15页。

其实是诠释主体在诠释文本之前的“前理解”（the pre-understanding）问题，此即诠释主体在诠释文本之前先天设定了对文本的某种信仰，而其对文本的诠释即来自于对文本所设定的这个信仰。因而当我们提到“独断论诠释学”时，我们所指的是，诠释者由于对文本具有某种先天信仰，因而认为文本具有某种固定不变的内涵。即如杨乃乔在《中国经学诠释学及其释经的自解原则——论孔子“述而不作，信而好古”的独断论诠释学思想》一文中所言：“独断论诠释学在本质上所呈现出来的理论特点，就是信仰决定文本的意义而不加逻辑论证。”① 在这个层面上，郑玄以及朱子等经学家对经典文本所承载的某种“圣人之意”的信仰，从根本上来讲就是一种独断论诠释学。因为他们对儒家“六经”的诠释是以其对“六经”为圣人所作因而承载着圣人之意的信仰为基础的，所以诠释者对作为“经”的文本的理解就被先天地封闭于与圣人有关的“王道政治”之范围。尉利工在《朱子经典诠释思想研究》一书中就据此批评朱熹的经典诠释方法。他说：

从总体上说，朱子为经典文本设立一个原意或本意，因而对文本的不同解释最终将在文本本意的层面上趋于一致。这和西方古典诠释学对《圣经》设立一个“绝对神圣”的意义一样，背离了诠释学所提倡的自由、宽容、开放的诠释精神。②

但问题在于，这样的一个结论不仅在朱子这里成立，而且在以郑玄为代表的很多经学家那里都能够成立。这样，我们所指出的朱子的经学诠释学并不能说明朱子的独特性。

实际上，正如伽达默尔曾在《真理与方法》第二卷对贝蒂批判他因将“理解的历史性”提高为诠释学原则从而陷入主观相对主义时所回应的：

---

① 杨乃乔：《中国经学诠释学及其释经的自解原则——论孔子“述而不作，信而好古”的独断论诠释学思想》，《中国比较文学》2015 年第 2 期，第 24 页。

② 尉利工：《朱子经典诠释思想研究》，中国社会科学出版社 2013 年版，第 111 页。

> 从根本来说，我并未提出任何方法，相反，我只是描述了实际的情形。我认为我所描述的情形是无人能够真正反驳的。……例如，当你阅读莫姆森所写的古典论文时，你也立刻就知道这篇文章只可能在何时写成。即使是历史方法的大师也不可能使自己完全摆脱他的时代，社会环境以及民族立场的前见。这是否该算是一种缺陷呢？如果说这是一种缺陷，那么我就认为，对这种缺陷为什么无处不在地发生于我们的理解之中进行反思，就是一种哲学任务。换言之，我认为唯一科学的做法就是承认实际的情形，而不是从应当如何出发进行思考。正是在这个意义上我才试图超越现代科学的方法概念进行思考并在根本的一般性中考虑一直发生的事情。①

这也就是说，任何诠释者对某个文本的诠释都必然与其自身所处的"历史传统"息息相关。而如果我们要对朱子的经学诠释学有所理解，我们就必须关注朱子的"历史"。这也就意味着，我们不应该再从朱子自己所说的"唯本文本意是求"的方法角度去思考朱子的经学诠释学，而是从朱子自身所处的"传统"中去发掘使得他的经典诠释思想呈现出某种特质的他的"诠释学处境"（hermeneutical situation）。这也就是说，我们需要进一步追问，在具有特定诠释学立场的经学家朱子这里究竟发生了什么？是什么导致了朱子的经学诠释学与以前和以后的所有经学家不同的特征？而对于这个问题的回答，就需要我们进一步深入朱子的具体文本中，去揭示朱子的"天理"究竟蕴含着什么样的内容。在此基础上，我们发现朱熹本人曾经提出了一个经典的经学诠释学命题，此即"学问须以《大学》为先"。

① ［德］汉斯－格奥尔格·伽达默尔：《附录·诠释学与历史主义（1965年）》，洪汉鼎译，见《诠释学Ⅱ：真理与方法（修订译本）》，商务印书馆2007年版，第477—478页。

二 “学问须以《大学》为先”：朱熹对经典诠释“前见”的新筹划

在《朱子语类》卷十四《大学一》开篇，朱子弟子德明载朱子之言曰：“学问须以《大学》为先，次《论语》，次《孟子》，次《中庸》。”[①] 朱子解释“学问须以《大学》为先”的原因在于：“某要人先读《大学》，以定其规模。次读《论语》，以立其根本。次读《孟子》，以观其发越。次读《中庸》，以求古人之微妙处。”[②] 也就是说，朱子要求学者在对经典进行阅读之先，通过读《大学》而立定其为学的方向与规模。朱子在此实际上已经涉及“理解的前结构”（pre-structure of understanding）问题。我们知道，海德格尔（Martin Heidegger）在《存在与时间》（*Being and Time*）一书中探讨理解与解释问题时早已指明，作为诠释者的个人在诠释之先已经具有了某种理解的“先行结构”（pre-structure）。[③] 伽达默尔（Hans-Georg Gadamer）据此在《真理与方法》（*Truth and Method*）一书中就说：“解释开始于前把握（Vorbegriffen），而前把握可以被更合适的把握所替代：正是这种不断进行的新筹划过程构成了理解和解释的意义运动。”[④] 对于朱熹而言，“四书”先于“六经”，而“四书”之中《大学》又先于《论》《孟》和《中庸》，这一为学次序的调整与规定，将为学者对儒家“六经”的诠释设定一个整体性的“前见”，并且这一“前见”是朱子本人新筹划的结果。由此，朱子虽然反复叮咛学者读书须从文本自身出发，不以己意说经。但从其经典诠释的具体实践而言，

---

① （宋）黎靖德编，（清）王星贤点校：《朱子语类》，第14卷，中华书局1999年版，第1册，第249页。

② （宋）黎靖德编，（清）王星贤点校：《朱子语类》，第14卷，中华书局1999年版，第1册，第249页。

③ ［德］马丁·海德格尔：《存在与时间》，陈嘉映、王庆节合译，生活·读书·新知三联书店1987年版，第184页。

④ ［德］汉斯-格奥尔格·伽达默尔：《诠释学Ⅰ：真理与方法（修订译本）》，洪汉鼎译，商务印书馆2007年版，第364页。

朱子首先以"理"裁断"经文"，进而以《大学》立定"理"的基本方向。

但我们还可以进一步追问，朱子为何要为学人做出"以《大学》为先"的新筹划？而他的这一筹划将带来什么样的改变？这就必然要求我们对朱子所理解的《大学》进行再诠释。作为宋代《大学》诠释的集大成者，朱熹的《大学》诠释显现出与此前汉儒郑玄和唐代经学家孔颖达的诠释完全不同的维度。正是这个不同的维度带来了朱子"以《大学》为先"的诠释思想，也由此展现了朱子的思想转向。简单说来，这个不同的维度就是二程曾经提出的《大学》为"学者初学入德之门"的观念。朱子在其《大学章句》中开篇即言："子程子曰：'《大学》，孔氏之遗书，而初学入德之门也。'于今可见古人为学次第者，独赖此篇之存。"① 我们于此处可知，朱子继承二程之言，在《大学章句》中将郑注孔疏对《大学》的诠释从"记博学以为政"的"为政之学"转向了"初学入德之门"的"成德之学"。②

具体而言，在朱熹这里，作为"入德之门"的《大学》，其核心意涵在于"明明德"的为己之学。在《朱子语类》卷十四《大学一》中，朱子弟子方子记录朱熹之言曰：

> 学者须是为己。圣人教人，只在大学第一句"明明德"上。以此立心，则如今端己敛容，亦为己也；读书穷理，亦为己也；做得一件事是实，亦为己也。圣人教人持敬，只是须著从这里说起。其实若知为己后，即自然著敬。〔方子〕③

---

① （宋）朱熹撰：《大学章句》，见于（宋）朱熹撰：《四书章句集注》，中华书局1983年版，第3页。

② （汉）郑玄注，（唐）孔颖达等正义：《礼记正义》，见于《十三经注疏》，中华书局1980年影印世界书局阮元校刻本，下册，第1673页。

③ （宋）黎靖德编，（清）王星贤点校：《朱子语类》第14卷，中华书局1999年版，第1册，第261页。

我们于此可知，在朱子看来，《大学》的意义重心在于“明明德”的为己工夫，这与郑注孔疏所关注的“博学以为政”的《大学》宗旨并不相同。简要说来，就是从“为政”走向“成德”。但需要注意的是，朱子在此处对《大学》的诠释转向，并不意味着在他看来“为政之学”并不重要。相反，作为曾经参与南宋政坛并一直致力于参与政坛的朱熹而言，“为政”是他人生极为重要的诉求。而此处所谓的道德转向，恰恰在某种程度上服务于政治的维度。正如朱子在《答张敬夫》一文中所言：“熹尝谓天下万事有大根本，而每事之中又各有切要处。所谓大根本者，固无出于人主之心术。[①] 这就把政治与道德绾合了起来。也正是因此，一方面，朱子将《大学》划归到“道德培养”的领域；而另一方面，朱子则将政治的成败归结到“人主之心术”的道德修养层面，从而以作为“初学入德之门”的《大学》作为《四书》之首，并进而以《四书》置放于《六经》之先，最终突出了道德修养先于政治成就的儒家内圣而外王的道德政治结构的主题。也就是说，朱子在这里以道德统领政治，从而对政治进行了道德化的解释。

而在郑玄那里，其“为政之学”的根本不在道德，而在于“博学”。更进一步言之，其所谓“记博学以为政”的“记”之内容在于“礼”。郑玄注“格物致知”曰：“知，谓知善恶吉凶之所终也。格，来也。物，尤事也。其知于善深则来善物；其知于恶深则来恶物，言事缘人所好来也。”[②] 从郑玄的诠释中我们可以看到，其“知”意味着知晓善恶吉凶之所终始，即关于善恶吉凶的来源、影响及其产生原因等相关问题的认识。而这些知识可以招致善事与恶事，好善则来善事，好恶则来恶事。由此可知，郑玄对“致知在格物”一句的诠释是反向进行的。其内在逻辑是，先有了关于善恶吉凶的知识，然后可

① （宋）朱熹撰：《答张敬夫》，见于朱杰人、严佐之、刘永翔主编：《朱子全书·晦庵先生朱文公文集》，第25卷，上海古籍出版社、安徽教育出版社2002年版，第21册，第1112页。

② （汉）郑玄注，（唐）孔颖达等正义：《礼记正义》，见于《十三经注疏》，中华书局1980年影印世界书局阮元校刻本，下册，第1673页。

以招来善恶吉凶等事情。问题在于，善恶吉凶之所终始的知识其来源又何在。郑玄并未对这一问题进行进一步的论述，但我们可以由郑玄此说来进一步推论其"知"的主要内容是什么。

事实上，在先秦两汉，"善恶"有可能并不直接与"道德"相关，它还有可能是一组政治概念。荀子即谓善为"正理平治"而恶为"偏险悖乱"。[①] 东方朔在其文《秩序与方法——荀子对政治与道德之关系的理解》中就说："当荀子在《性恶》篇将'善'了解为'正理平治'时，我们就应当看到，'善'的首出意义的确在于安顿社会政治秩序。"[②] 而从荀子以"礼"来"定分"的思想理路观之，其所表达的正是一套"礼政"的政治哲学。而郑玄在这里所谓的"善恶"由于和"吉凶"相关联，就更加明显表示出一种"礼政"的政治结构倾向。东汉许慎在《说文解字》中释"善"曰："譱，吉也。从誩从羊，此与義、美同意。"[③] 许慎又谓："美，甘也。从羊从大，羊在六畜主给膳也。美与善同意。"[④] 由于二者皆从"羊"，而"羊，祥也"，[⑤] 因而善与吉和祥相关。许慎《说文解字》解示部"祥"云："祥，福也。从示。羊聲。"[⑥] 段玉裁《说文解字注》注曰："凡统言则灾亦谓之祥。析言则善者謂之祥。"[⑦] 由是可知，所谓"善恶"，在汉代经学家的视阈中并非道德意义上的"善恶"说，而是在吉凶意义上的灾与祥。而对于汉人来讲，吉凶的根源在

① （清）王先谦撰，沈啸寰，王星贤整理：《荀子集解》，中华书局出版社 1988 年版，第 439 页。

② 东方朔撰：《秩序与方法——荀子对政治与道德之关系的理解》，见《邯郸学院学报》2016 年第 26 卷第 4 期，第 14—25 页。

③ （汉）许慎撰，（南唐）徐鉉等校：《说文解字》，第 3 卷上，誩部，中华书局据平津馆丛书本影印 1985 年版，第 77 页。

④ （汉）许慎撰，（南唐）徐鉉等校：《说文解字》，第 4 卷上，羊部，中华书局据平津馆丛书本影印 1985 年版，第 115 页。

⑤ （汉）许慎撰，（南唐）徐鉉等校：《说文解字》，第 4 卷上，羊部，中华书局据平津馆丛书本影印 1985 年版，第 114 页。

⑥ （汉）许慎撰，（南唐）徐鉉等校：《说文解字》，第 1 卷上，示部，中华书局据平津馆丛书本影印 1985 年版，第 2 页。

⑦ （汉）许慎撰，（清）段玉裁注：《说文解字注》，第 1 卷下，示部，上海古籍出版社据经韵楼藏版 1988 年版，第 26 页。

于礼。与礼合则为吉，于礼不合则为凶。正如段玉裁注与“吉”字意义相同的“義”字曰：“義之本训谓礼容各得其宜，礼容得宜则善矣。”①

因而，郑玄所谓“学”的具体内容为学礼，而学礼以为政的思路很明显继承自荀子。其要求以礼“明分”从而整顿整个社会政治秩序，就是从礼与不礼的吉凶角度来讨论政治层面的治乱问题。进而，郑玄在诠释“止于至善”的引文“邦畿千里，惟民所止；缗蛮黄鸟，止于丘隅；于止，知其所止，可以人而不如鸟乎”时，他也明确表明“止于至善”之“止”在于“礼乐乐土”。他说：“于止，于鸟之所止也。就而观闲而止之处之耳。言人亦当择礼义乐土之处而居止也。”② 因而，在郑玄看来，“止于至善”之“止”的最终落脚点是“礼义”，这与宋明儒学的诠释思想完全不同。在朱子看来，“止于至善”意味着止于“事理当然之极”。并且他将这个“事理当然之极”解释为：“盖必有以尽天理之极而无一毫人欲之私也。”③

我们可以说，相对于汉代郑玄的《大学》注，朱子对《大学》的诠释存在一个“以德代礼”的思想转向，但这个转向不是对政治维度的悬置，而是从之前以礼定分从而言治的政治观念转向以心性之德言王道的政治观念，这是我们论述朱子，进而论述唐宋时期思想转向的基本前提。李泽厚于《经世观念随笔》一文中就表明：“如果说，在原始儒学，道德实质乃是政治；那么在宋明理学，政治实质从属道德。由于这道德具有超道德的宗教本体性质，所以，包括皇权在内的一切，在理论上就都应服从或从属于它。”④

而以朱子为代表的宋代学人之所以转向对道德自觉问题的探

① （汉）许慎撰，（清）段玉裁注：《说文解字注》，第12卷下，我部，上海古籍出版社据经韵楼藏版1988年版，第633页。

② （汉）郑玄注，（唐）孔颖达等正义：《礼记正义》，见于《十三经注疏》，中华书局1980年影印世界书局阮元校刻本，下册，第1673页。

③ （宋）朱熹：《大学章句》，见（宋）朱熹撰《四书章句集注》，中华书局1983年版，第3页。

④ 李泽厚：《经世观念随笔》，见《中国古代思想史论》，人民出版社1985年版，第273页。

讨，则与唐宋以来伴随经济发展而来的社会结构的转型密切相关。钱穆在《理学与艺术》一文中就已经提出：“宋以前，大体可称为古代中国，宋以后，乃为后代中国。秦前，乃封建贵族社会。东汉以下，士族门第兴起。魏晋南北朝定于隋唐，皆属门第社会，可称为是古代变相的贵族社会。宋以下，始是纯粹的平民社会。”① 在这个平民化的社会结构中，士庶之界限逐渐被打破。而伴随着755年“安史之乱”后士族门阀的逐步衰落和平民社会的逐渐形成，儒家传统建立在等级制度上的“礼”遭到了商品经济的“利”的冲击，因而带来了宋代“义利之辨”的大讨论。美国学者包弼德在《斯文：唐宋思想的转型》一书中就指出，唐朝以前人们较为注重社会家族的“贵”，宋以后人们的评价标准变成了“富”。② 而以“富”代“贵”所带来的社会结构变革正是一种“平民化”社会的“利”对“等级化”的“礼”的取代。因而作为以“国不以利为利，以义为利也”结尾的《大学》也在这一过程中逐渐由《礼记》走向《四书》，成为南宋朱熹所说的儒家经典之首。而儒家学者们为了解决由此而来的社会“乱”局，就不得不从原来较为死板的“礼”说转向对其背后之“德”的探讨，从而试图以道德性的“理”来重新规范社会结构。

顺着这一思路，在回答了朱子以《大学》作为“前见”所表达的思想转向以后，我们可以再进一步追问的则是，在这个转向的过程中，究竟在何种意义上《大学》文本能够作为入德之“门”？也就是说，朱熹为何要以《大学》作为儒家学者的为学之“前见”？为此，我们又要转回朱子的《大学》诠释文本《大学章句》。前面我们已经反复提及朱子继承二程之言，将《大学》作为“学者初学入德之门”。而朱子和二程所说的“入德之门”，则指的是《大学章句》正文的首句“古人为学次第”。这个“为学次第”就是《大学》所说之

① 钱穆撰：《理学与艺术》，见《宋史研究集》第7辑，台湾书局1974年版，第2页。

② ［美］包弼德：《斯文：唐宋思想的转型》，刘宁译，江苏人民出版社2000年版，第36—37页。

“格、致、诚、正、修、齐、治、平”八条目。但事实上，在朱子所谓的“为学次第”之中，先于“格物致知”的是朱子对道德是人的自然属性这一前提的论证。我们在第一节曾经提到，在朱子那里，诠释者和经文之所以并不具有根本性的“距离”，就是因为朱子在认定了经文承载着“天地之理”之外，也认定诠释者个人先天即具有“得于天而具万理”的“明德”之心。这也就是说，一切道德行为的起源，都来自于对人应该做一个有道德的人的信仰，无此则无法谈论道德问题。这个“有道德的人”在朱子这里，就是一个“欲明明德于天下”的人。正是在此基础上，朱熹要突出以“古之欲明明德于天下者”作为对话对象的《大学》文本。

因为在唐宋社会转型的背景下，朱熹所处的南宋时期正是社会标准由“富”取代“贵”从而形成“义利之辨”的大讨论时期，而这样的社会所缺乏的正是对“人应该做一个有道德的人”的信仰。所以尽管人们可以声称道德是人的自然属性，但在具体的道德实践中，“知而不行”却成为人类行为的一种常态。为此，朱子提出“立志”问题，而其“志”则以《大学》之“欲明明德于天下”为代表。即如《朱子语类》卷十一《学五·读书法下》记载：“立志不定，如何读书?〔芝〕”① 自孔子至朱熹，一切儒家伦理产生效应的可能性就植根于对这个“欲”的确信。而当朱子将《大学》提升到“入德之门”的地位时，正反映了这个“志”本身已经从其道德体系中脱落了，所以才需要人为地努力去“立”它。作为宋代理学的开山祖师，周敦颐于《通书》第十就注意到了“志学”的重要性。在他看来：“圣希天，贤希圣，士希贤。”② 这也就是说，人首先要有追求成为圣贤的志向。朱子教人“如今人也须先立个志趣始得”，③ 并在《朱子语

① （宋）黎靖德编，（清）王星贤点校：《朱子语类》，第11卷，中华书局1999年版，第1册，第177页。

② （北宋）周敦颐：《周敦颐集·通书》，（宋）朱熹附释，陈克明点校，中华书局1990年版，第21页。

③ （宋）黎靖德编，（清）王星贤点校：《朱子语类》，第121卷，中华书局1999年版，第8册，第2943页。

类》卷八《总论为学之方》中反复说明凡人要以圣贤为己任，此处便表明这个“志”已经成为道德问题的大难题了。如朱子岩曰：“学者大要立志。所谓志者，不道将这些意气去盖他人，只是直截要学尧舜。”再如其谓“学者须是立志。今人所以悠悠者，只是把学问不曾做一件事看，遇事则且胡乱恁地打过了。此只是志不立”。[①] 正是在这个背景下，《大学》才被提高到《四书》之首，而《四书》也同时成为超越《六经》的存在。

三 “以理代礼”：从汉代郑玄到宋代朱熹之经典诠释独断标准的转向

我们在本文第一节已经指出，我们对朱熹的诠释学为一种独断论的判断也同样适用于郑玄的经学诠释学。但如果我们从朱熹的“诠释学处境”（hermeneutical situation）来看，由于在朱熹这里，他为士人们为学筹划了新的“前见”（prejudice），此即《大学》。并且他所谓的《大学》经历了从郑玄那里“学礼以为政”的“礼政”到作为“入德之门”的“德政”的转向，所以到目前为止，我们至少可以说，相比于汉唐经学注疏传统，在朱熹这里所发生的，实际上是其对经典所承载的“真理”内容的一大改变，我们可以称之为其经典诠释的独断标准的转变，这个转变以“以德代礼”为主要内容，而如果用朱子本人的话来说，则这一转变应该是以“理”取代了“礼”。

我们之所以说在朱熹这里展现着“以理代礼”的思想转向，一方面因为郑玄虽然不以《大学》为学者立定为学的规模与方向，但除去他以“礼政”结构来诠释《大学》的知识、道德与政治之关系之外，从整体上言，郑玄在诠释其他儒家经典时，也采取的是“以礼注

① （宋）黎靖德编，（清）王星贤点校：《朱子语类》，第8卷，中华书局1999年版，第1册，第129页。

经”的经典诠释原则。这一点已经为众多郑学研究者所知。[①] 而我们在这里完全可以不通过对郑玄的经注的具体研究，只从对郑玄本人在《戒子益恩书》中所说的诠释学命题——“但念述先圣之元意，思整百家之不齐”——的分析，就可以得出郑玄“以礼注经”的结论。具体说来，根据郑玄所说，他的基本诠释立场是“述”先圣之元意，我们据此可以回到孔子“述而不作”的诠释学命题。南朝梁代皇侃在《论语集解义疏》中诠释孔子“述而不作，信而好古”时言曰：

> 述者，将传于旧章也；作者新制作礼乐也。孔子自言：我但传述旧章而不新制作礼乐也。夫得制作礼乐者，必须德位兼并，德为圣人，尊为天子者也。所以然者，制作礼乐，必使天下行之，若有德无位，既非天下之主，而天下不畏，则礼乐不行。若有位无德，虽为天下之主，而天下不服，则礼乐不行。故必须并兼者也。孔子是有德无位，故述而不作也。[②]

皇侃在此明确指出“述”和“作”的对象是“礼乐制度”。实际上，直到北宋时期，张载在其《正蒙·作者篇第十》中仍旧认为：“‘作者七人’，伏羲、神农、黄帝、尧、舜、禹、汤，制法与王之道，非有述于人也。”[③] 这也说明了张载所谓的“作”与“述”，其对象为“制法兴王之道”。因而遵从孔子“述而不作”原则的郑玄，实际上也以其经注“述”圣人之礼乐制度。杨乃乔在《中国经学诠释学及其释经的自解原则——论孔子“述而不作，信而好古”的独断论诠释学思想》一文中也总结说，“述而不作，信而好古”是一个独断论的经学诠释学命题，其中“述”的字义为“遵循”，而其所遵循的则是

① 按：对于这一问题，学术界已经有多人进行过分析。可参考史应勇撰《郑玄礼学的经学史考察》，复旦大学2000年中国文化史专业博士学位论文；杨天宇《郑玄三礼注研究》，天津人民出版社2007年版；华喆《礼是郑学：汉唐经典诠释变迁史论稿》，生活·读书·新知三联书店2018年版等著作。

② （汉）何晏注，（梁）皇侃义疏：《论语集解义疏》，第4卷，见王云五主编《丛书集成初编》，商务印书馆1937年版，第85页。

③ （宋）张载：《张载集·作者篇第十》，中华书局1978年版，第37页。

周公的礼乐制度。[①]

另一方面，相比于汉唐经学注疏传统，朱熹之经典诠释范式的变化在于，他将经文的神圣性让渡给了经文所承载的"天理"。即如朱熹曾在《朱子语类》卷十一《学五·读书发下》言曰："凡读书。先须晓得他底言词了，然后看其说於理当否。当於理则是，背於理则非。"[②] 由此可知，"经"之真伪当以"理"悬断。并且，朱熹对其客观性的"理"做了道德内容的填充。《朱子语类》卷一《理气上》篇记载朱子之言曰："理未尝离乎气。然理形而上者，气形而下者。自形而上下言，岂无先后！"[③] 而由这个"一阴一阳"之道所推下来的性则为仁义之性。德明记载朱子之言曰："有是理后有是气，自'一阴一阳之谓道'推来。此性自有仁义。"[④] 在此基础上，朱子反复言及程子所谓"性即理也"，由此展现出其"性善"而"理善"的思路。《朱子语类》卷四《性理一》记载朱子之言曰："性即理也。当然之理，无有不善者。故孟子之言性，指性之本而言。然必有所依而立，故气质之禀不能无浅深厚薄之别。孔子曰'性相近也'，兼气质而言。"[⑤] 也正是在这一"性善理善"的基础上，朱熹提出要通过经典阅读来追寻经典中所蕴含的天理，从而通过"学"以变化气质。

这也就是说，朱子以"德"释《大学》的背后，实际上展现的是唐宋时期的一种"以理代礼"的思想转向。唐初经学家孔颖达在其所疏之《礼记正义》正文前即言："夫礼者，经天地，理人伦，本

---

① 杨乃乔撰：《中国经学诠释学及其释经的自解原则——论孔子"述而不作，信而好古"的独断论诠释学》，《中国比较文学》2015 年第 2 期，第 2—37 页。

② （宋）黎靖德编，（清）王星贤点校：《朱子语类》第 11 卷，中华书局 1999 年版，第 1 册，第 185 页。

③ （宋）黎靖德编，（清）王星贤点校：《朱子语类》第 1 卷，中华书局 1999 年版，第 1 册，第 3 页。

④ （宋）黎靖德编，（清）王星贤点校：《朱子语类》第 1 卷，中华书局 1999 年版，第 1 册，第 2 页。

⑤ （宋）黎靖德编，（清）王星贤点校：《朱子语类》第 4 卷，中华书局 1999 年版，第 1 册，第 67 页。

其所起，在天地未分之前。故《礼运》云：‘夫礼必本於大一。’是天地未分之前已有礼也。礼者，理也。”[①] 这一观念到了宋儒这里得到了大部分理学家的赞同。如宋代理学的开山祖师周敦颐在《通书·礼乐第十三》开篇即言曰：“礼，理也。”[②] 明道弟子刘绚质夫录明道先生语曰：“礼者，理也，文也。”[③] 更不用说以理学之集大成者闻名的朱子本人。而在宋代理学之后，明代大儒王阳明延续此说，在对“博学于文，约之以礼”的诠释之中提出：“‘礼’字即是‘理’字。”[④] 在这一思想转向的基础上，中国经学诠释学的独断标准也由汉代之“礼”转向宋代之“理”。

结语　由唐宋之“以理代礼”到明清之“以礼代理”[⑤]

我们从上面所论可知，朱子的经学诠释学一方面并未严格坚守“唯本文本意是求”的诠释原则，另一方面，其以“欲明明德于天下”的《大学》作为经典诠释实践的“前结构”，这就把经典诠释限制在“明明德”的范围之内，因而体现出一种道德化经典诠释的倾向。而明代阳明心学正顺着朱子理学的这一方向而来。阳明以“致良知”的口号要求人们遵守作为人的“自然属性”的道德伦理规范的呈现，但其后学又沿着他的这种“顺应本心”的道德实践方式转而以自然之心解放儒家的道德之心。从而在明末清初的严峻社会现状基

① （汉）郑玄注，（唐）孔颖达等正义：《礼记正义》，见《十三经注疏》，中华书局1980年影印世界书局阮元校刻本，上册，第1223页。

② （北宋）周敦颐：《周敦颐集·通书》，（宋）朱熹附释，陈克明点校，中华书局1990年版，第24页。

③ （宋）程颢、（宋）程颐：《二程集·河南程氏遗书》，王孝鱼点校，第11卷，中华书局1981年版，第1册，第125页。

④ （明）陆澄录：《传习录上》，见吴光、钱明、董平、姚延福编校《王阳明全集》第1卷，上海古籍出版社1992年版，上册，第6—7页。

⑤ 可参考张寿安《以礼代理：凌廷堪与清中叶儒家思想之转变》，河北教育出版社2001年版。

础上，使得此自然之心又逐步转向具有经世精神的礼学，表现在《大学》诠释史中，则又形成了以“礼政”取代“德政”的诠释转向，从而在清代中叶形成张寿安所说的“以礼代理”的社会风气。正是因此，我们可以说，朱熹“学问须以《大学》为先”的经学诠释学命题不仅展现出唐宋时期社会思想和经典诠释范式的一大转折，并且由他所引出的在明代蔚为大观的理学与心学之争也预示着明末清初社会思想的另一次重大转折。在此背景下，朱熹对《大学》的独特诠释可以被看作是中国古代传统思想发展的一个结点，正是在它的独特性中我们可以看到中国古代思想的历史发展路线。

历史的维度

郭象“玄冥论”辩示*

刘国民**

摘　要：庄子重视齐物，而郭象更重视冥物，从齐物到冥物，展现出郭象对庄子思想的转化和改造。“冥”出自《庄子》，只是一个字或词，不具有观念的意义。郭象《庄子注》创造出“冥然”“冥极”“冥物”“玄冥”等重要观念。“冥然”，是描述事物相合之自然而然、不知不觉的状态，一是无心之万物任其本能而合，二是有心之人类有知而忘以相合，其结果皆是完全地融合。冥极，既指众人、万物暗合其性分，又指圣人冥合众人、万物的性分。冥物的主体是圣人，圣人神全心具，即涵融天下万物万理以为一而空灵不昧，从而能与万物万理相融合，顺应和助成万物之任性逍遥。玄冥，即玄冥之境，即是气、人、物之万有所构成的和谐有序的场域。在玄冥之境中，万物自生、独化，即任其性命之理存在和发展，且彼此之间相济相维，而结成一个有机的统一体。玄冥之境中的万物并非只是出于本性或本能而无意识的运动，心依然发生制约的作用，只是心的作用止于性分之内，即以心合性。

关键词：冥然　冥极　冥物　玄冥

---

* 庄子曰：“圣人怀之，众人辩之，以相示也。故曰辩也者，有不见也。”（《庄子·齐物论》），本文相关项目基金：国家社科基金项目《构建当代中国的文学阐释学：资源和路径》（批准号：20STA013），中国社会科学院大学校级重大项目《阐释学的理论资源研究》阶段性成果。国家社科基金重大项目（19ZDA027）。

** 刘国民：男，安徽肥西人，博士，中国社会科学院大学文学院教授，中国社会科学院“文学与阐释学研究中心”研究员，南开大学—中国社会科学院21世纪马克思主义研究院研究员；主要研究中国古代哲学、文学和史学；著有《董仲舒的经学诠释及天的哲学》。

“冥”出自《庄子》，只是一个字或词，并不具有观念的意义。“冥”在郭象《庄子注》中出现七十余次，创造出“冥然”“冥极”“冥物”“玄冥”等重要的观念。

有的学者较重视郭象之冥的观念。王晓毅专门论述郭象之“冥物”“冥极”的思想。他说：“‘冥’是一个多义词，有昏暗、幽深、暗合等意思，经郭象开发，成为重要认识论范畴。……多指放弃一切情欲与知识，消除与外物的边界，以无知无欲的混沌心态，回归自然本性，与宇宙万有和谐为一的最高境界，‘凡得之不由于知，乃冥也’。”[①] 这颇能引发学人的深思。康中乾认为，郭象之玄冥，即心与物一体同在，浑然冥合。[②] 冥，即冥合，即自我与万物相融合。杨立华说，“郭象《庄子注》虽然也讲‘齐物’，但更为常见的表达则是‘冥物’”，主要有两个层次，首先是冥忘万物之间形体的差异，其次是根本上冥忘彼我之间的分别，《逍遥游》注“遗彼忘我，冥此群异”；“由此可知，‘齐物’或‘冥物’是最终达至‘无待逍遥’的前提”[③]。笔者认为，庄子重视齐物，而郭象更重视冥物，从齐物到冥物，展现出郭象对庄子思想的转化和改造；郭象之冥然、冥极、冥物、玄冥等观念的内涵及其关系有待于进一步辩示。

一 “冥然”义

《说文·冥部》曰：“冥，幽也。”《说文·玄部》曰：“玄，幽远也。”冥、玄的本义，是幽深、幽远，是状词。

《老子》第二十一章：“道之为物，惟恍惟惚……窈兮冥兮，其中有精；其精甚真，其中有信。”窈冥，即深远、幽远，是描述道之幽深不知的状态。王弼注曰：“窈冥，深远之叹。深远不可得而见，

---

① 王晓毅：《郭象评传》（下），南京大学出版社 2011 年版，第 289 页。

② 康中乾：《从庄子到郭象——〈庄子〉与〈庄子注〉比较研究》，人民出版社 2013 年版，第 332 页。

③ 杨立华：《郭象〈庄子注〉研究》，北京大学出版社 2010 年版，第 145—146 页。

然而万物由之。”① 王弼注释《老子》第一章曰：“玄者，冥默无有也，始、母之所出也。”② 玄、冥，无形无名，是万物的本原。王弼注释《老子》第五十一章“长而不宰，是谓玄德”：“有德而不知其主也，出乎幽冥，故谓之玄德也。”③ 王弼《老子指略》：“玄也者，取乎幽冥之所出也。”幽冥，是描述道之存在形态。

《庄子》也出现冥、玄冥等词。《在宥》有“至道之精，窈窈冥冥；至道之极，昏昏默默”“入于窈冥之门矣”，这是承《老子》而来的。《天地》：“视乎冥冥，听乎无声。冥冥之中，独见晓焉；无声之中，独闻和焉。”《秋水》：“始于玄冥，反于大通。”玄冥即幽深而不可知，是描述道之存在形态。

综之，冥之字面义或本义，有幽深、高远、昏暗等意义。冥出现于《老子》《庄子》甚少。老庄以窈冥描述大道的深远不知。王弼发展老子之意，以玄与冥互释，意指本原大道无形无名的状态。玄、冥因与大道相结合，而有神圣性、神秘性。

郭象基本解构了老庄本原大道的观念，玄冥的神圣性、神秘性也解消了。郭象的注文中出现“冥然”一词，大约十余次，具有观念的意义。

《齐物论》注：

> 夫物有自然，理有至极，循而直往，则冥然自合，非所言也。④

物有自然之理即性，性理有范围和极限；物任其性理，无知无言，自然而然地合于理。冥然是描述物与理相合的状态，即自然而然、不知不觉的状态，这是物与理完全融合的状态。若物与理有间，

① （魏）王弼注，楼宇烈校释：《老子道德经注校释》，中华书局2008年版，第52页。

② （魏）王弼注，楼宇烈校释：《老子道德经注校释》，中华书局2008年版，第2页。

③ （魏）王弼注，楼宇烈校释：《老子道德经注校释》，中华书局2008年版，第137页。

④ （晋）郭象注，（唐）成玄英疏：《庄子注疏》，中华书局2011年版，第53页。本文征引《庄子注》皆据此。以下凡引该书，只注篇名，不注页码。

则物有心有意而自觉地求合，则非冥然。“冥然自合”，即“冥合”。不知不觉略有两义，一是根本不知、无知；二是心有知而忘。郭象之冥然不知兼含这两义，不可不辩。就根本无心的万物而言，冥然自合是出于本性或本能，是下意识、无意识的；就万物之灵的人类而言，冥然自合是有知有识的，即心也发生作用，而非纯粹根据本性或本能，不过心的作用止于性分之内。王晓毅把万物（包括人）的存在和发展一归于本性或本能之无意识的力量，这忽视了心的作用，这对于人尤为不合理。他认为，“那么事物‘独化’的根本动力从何而来呢？只能来自自己内在的本能即本性。……所谓本性，是生来俱有的本能，后天的混沌。它不受自身意志控制，具有自发性”①。

《养生主》注：

> 今玄通合变之士，无时而不安，无处而不顺，冥然与造化为一，则无往而非我矣！

“玄通合变之士”即圣人，造化，即万物及其性理。圣人与造化相合，是自然而然、不知不觉的，这是圣人与造化的完全融合，故能游于造化之中，无时而不安，无处而不顺。圣人之冥然而合，主要是出于心性的要求；出于心性的要求则自然而然地融合万物。圣人任其全性而冥合万物，不是只跟着本能走，还有圣人之神全心具的作用。要之，圣人的言行是出自心性的作用，且以心合性，即心的作用合于本性的要求。因此，冥然不能理解为昏昧无知。

《人间世》注：

> 知不可奈何者，命也。而安之则无哀无乐，何易施之有哉！故冥然以所遇为命，而不施心于其间，泯然与至当为一，而无休戚于其中。

① 王晓毅：《郭象评传》（下），南京大学出版社2011年版，第249页。

冥然与性分为一，即事物的知为自然而然地合于性分；顺应性分的要求，则逍遥自由。“而不施心于其间”，不是中止心的作用，而是心的作用止于性分之内。“泯然”同于冥然。

《人间世》注：

> 不瞻前顾后，而尽当今之会，冥然与时世为一，而后妙当可全，刑名可免。

圣人的知为冥然与时世为一，即圣人的知为暗合于时世，即自然而然地合于时世，从而与时世完全融合，而游于其中，不会产生对立冲突而遭受压制和打击。

《大宗师》注：

> 夫真人同天人，齐万物。万物不相非，天人不相胜，故旷然无不一，冥然无不任，而玄同彼我也。

真人同天人、齐万物，即与众人、万物相融合，所谓“旷然无不一”，从而能自然而然地顺应万物的本性。“玄同彼物”，即真人与众人不知不觉地融合为一。

要之，“冥然”是壮词，是描述相合地状态；冥然相合，即“冥合”。

《则阳》注：

> 都无，乃冥合。

圣人“都无”，即无独知独见而涵融万物万理以为一，故能与万物相融合。

由于“冥然”主要是描述事物之间相合的状态，即不知不觉、自然而然地达到完全的融合，所谓“冥然而合”，故郭象注文有时用“冥然”“冥”表现冥然相合之义。

《知北游》注：

> 物有际，故每相与不能冥然，真所谓际者也。

际，即相接分别之处。物与物之间有分别、对立而不能相合。“冥然”即冥然相合。

《达生》注：

> 冥然与变化日新。

圣人冥然与变化为一，即与变化相融合，而顺应其变化。

《秋水》注：

> 约之以至其分，故冥也。

约，依据。冥，即冥合，即物暗合其性，即自然而然地合于性分的要求。性分如何，非物能自知自为，心之知为顺着性分而尽之。

《刻意》“守而勿失，与神为一”注：

> 常以纯素守乎至寂，而不荡于外，则冥也。

冥，即冥合性分。

郭象的注文中，与冥合相同的词语有玄合、玄同等。

《齐物论》注：

> 故圣人付当于尘埃之外，而玄合乎视听之表，照之以天而不逆计，放之自尔而不推明也。
>
> 蜕然无系而玄同生死。

《秋水》注：

> 故玄同也。

玄合、玄同，即玄然相合、冥然相合，即冥合。

综之，“冥然”是描述事物相合的自然而然、不知不觉的状态；这有两种理解，一是无心之万物任其本能而合，二是有心之人类有知而忘以相合；其结果皆是完全地融合。“冥然相合”，即冥合，即冥然，即冥，故有时冥然、冥也有暗合之义。《知北游》注：“凡得之不由于知，乃冥也。”冥，即不知，兼含两义。《养生主》注：“暗与理会。”暗合于理，即不知忘知而合于理，这是完全融合之境。杨立华依据《逍遥游》注“遗彼忘我，冥此群异”，而释“冥”为“冥忘”，这是由“遗彼忘我”而来。笔者认为，冥，是冥合。

二 “冥极”义

郭象创造了“冥极”一词。极，即指性、命、理的范围、极限。任何事物皆有独特的性分，有确定的范围、极限，不可变易，不可突破；否则，失其性分而陷入困境。任何事物皆不能预知其性分的限度，而只能在具体的语境中证成；某物不知不觉、自然而然地暗合性分的范围、极限，即冥极。因此，冥，即冥合。冥极，即冥合性分。

《养生主》注：

> 冥极者，任其至分而无毫铢之加。是故虽负万钧，苟当其所能，则忽然不知重之在身；虽应万机，泯然不觉事之在己。此养生之主也。

冥，即冥然相合，即冥合，即暗合。冥极，即暗合性理的分域，而不能有毫铢越出于性分之外；个体的知为暗合性分的要求，则所知所能泯然不觉。

《齐物论》注：

> 夫以形相对，太山大于秋毫也。若各据其性分，物冥其极，则形大未为有余，形小不为不足。苟各足于其性，则秋毫不独小其小，而太山不独大其大矣。

“冥其极”，即冥极，即暗合性分。形大是合于性分的要求，没有超出性分之外的有余，即不大；形小合于性分的要求，没有不足性分的不足，即不小。因此，无小无大。郭象之无小无大，是承认事物之性分及其形体有小大之分，但皆能任性逍遥而有平等的价值。

《骈拇》注：

> 若知迹之由乎无为而成，则绝尚去甚而反冥我极矣。尧桀将均于自得，君子小人奚辨哉！

“反冥我极”，即尧与桀的知为同自我的性分之域暗合，则皆能任性逍遥；从任性来说，尧与桀是齐一的，君子与小人是齐一的。郭象更重视任性逍遥，而轻视道德上的尧与桀、君子与小人之分别。

《齐物论》注：

> 故儒墨之辩，吾所不能同也；至于各冥其分，吾所不能异也。

儒墨的是非之辩彼此对立，儒者以为是，墨者以为非，儒者以为非，墨者以为是，故其是非之辩不齐，但皆冥合其性、任性自得是齐一的。冥其分，即冥合性分，即冥极。

《胠箧》注：

> 夫圣人者，诚能绝圣去知而反冥物极，物极各冥，则其迹利物之迹也。

圣人绝圣去知，即没有独知独见而涵融万物万理以为一，故能自然而然地冥合万事万物之性分，顺应万物之性分，则万物之性分得以实现，而任性逍遥。因此，圣人冥物之性分，而留下万物任性逍遥的功迹。

综之，冥极，既指众人、万物暗合自己的性分，又指圣人冥合众人、万物的性分。王晓毅认为，众人冥极，圣人冥物。① 这是不确的。

三 “冥物”义

郭象的注文中一再出现“冥物”“与物冥”等观念。冥物、与物冥的主体是圣人，而非众人、万物，即圣人与众人、万物相冥合、融合。众人之性是分，各有所美，各有所是，彼此不能相通，“夫是我而非彼，美己而恶人，自中知以下，至于昆虫，莫不皆然。然此明乎我而不明乎彼者也”；众人的是非、美恶之论不同，但自得其性。圣人“而浩然大观者，官天地，府万物”，即圣人性全，涵融天下万物万理以为一，故无是无非，无美无恶，从而能够冥合万物万理，“若夫玄通泯合之士，因天下以明天下，天下无曰我非也，即明天下之无非；无曰彼是也，即明天下之无是。无是无非，混而为一，故能乘变任化，迕物而不慑”（以上引文皆出自《德充符》注）。要之，圣人冥物，即冥然与物相合，即自然而然、不知不觉地与众人、万物相融合。

《大宗师》注：

> 知天人之所为者，皆自然也，则内放其身而外冥于物，与众玄同，任之而无不至者也。

天之所为，乃自然之理，不可变易，圣人“内放其身”，即任性、足性；“外冥于物”“与众玄同”，即与众人、万物相冥合、融合；因

① 王晓毅：《郭象评传》（下），南京大学出版社 2011 年版，第 291、293 页。

为完全地融合，故圣人能游于万物之中而无穷无尽，众人、万物也能任性自由。

《应帝王》注：

> 与万物为体，则所游者虚也。不能冥物，则迕物不暇，何暇游虚哉！

圣人与万物融合一体，则游于万物中，如入虚境。冥物，即与物冥合、玄同，而非与物相对立、冲突。因此，圣人游于虚，不是虚空虚无，游于真空中，而是游于众人、万物中，前提是与众人、万物相融合。

《知北游》注：

> 明夫自然者，非言知之所得，故当昧乎无言之地。是以先举不言之际，而后寄明于黄帝，则夫自然之冥物，概乎可得而见也。

自然之冥物，即自然而然、无心无意地融合万物；如此，圣人与万物才能完全融合；有心有意、自觉地求合万物，则二者之间必有嫌隙，故圣人与众人、万物皆受阻碍而不能自由。

《齐物论》注：

> 彼是相对，而圣人两顺之，故无心者与物冥，而未尝有对于天下也。此居其枢要而会其玄极，以应对夫无方也。

圣人无心，而与物冥合，即冥合物之性分，顺任物之性分。

圣人，是郭象的理想人格，虽用儒家的圣人之名，但圣人之实已发生根本的转变。圣人无心而冥合万物，即与万物相融合。一方面，万物皆能任性逍遥；另一方面，圣人也能任性逍遥，而游于无穷。圣人如何能冥合、玄同万物呢？学人一般认为，圣人绝圣去知，无知无识，虚静虚无，则能冥合万物，这是错误的。果真如此，这是以空对实，以无对有，二者没有同情同理，则如何能融合呢？只能是圣人虚空，木然无动于衷于万物的存在和变化，二者两不相干。因此，圣人之冥合万物，是基于圣人性全心具，即抛弃自己的独知独识而涵融天下万物万理以为一，从而能与任何事理相冥合、玄同。

《齐物论》注：

> 夫神全形具而体与物冥者，虽涉至变而未始非我，故荡然无蚤介于胸中也。

神全，即全性，即涵融万物之性分以为一，从而能与万物相融合而没有任何纤介的分别。

《德充符》注：

> 夫神全心具，则体与物冥。与物冥者，天下之所不能远，奚但一国而已哉！

心具，不是虚空虚无之心，而是涵融万物万理之心，从而冥合、玄同于万物万理，天下皆为圣人之所有，而发生血肉相连的联系，即圣人对天下万物皆具有责任感和忧患意识。

《德充符》注：

> 体夫极数之妙心，故能无物而不同。无物而不同，则死生变化无往而非我矣。故生为我时，死为我顺。时为我聚，顺为我散，散聚虽异，而我皆我之。则生，故我耳，未始有得；死，亦我也，未始有丧。

极数，即至理。圣人之心涵融至理，故与万物相冥合，则万物皆为我所有。例如生死，生死也是我，故无得无失。

《人间世》注：

> 夫神人无用于物而物各得自用，归功名于群才，与物冥而无迹，故免人间之害，处常美之实，此支离其德也。

神人无为，任物之自为，但非不管不问，了不相干，而是与物融合，任万物之自为；圣人没有留下自为、独为的足迹，即无迹；无迹，即以万物之迹为迹，则万物不能效法，也无从贬斥，“故免人间之害，处常美之实”。

《大宗师》注：

> 夫与物冥者，物萦亦萦，而未始不宁也。

神人与物冥合，不与物对立、分别，则安宁自由。

《逍遥游》注：

> 夫唯与物冥而循大变者，为能无待而常通，岂独自通而已哉！又顺有待者，使不失其所待，所待不失，则同于大通矣。

神人与物冥合，而顺应各种变化，则无所不凭借，无所不融合，故能常通而游于无穷。

王晓毅对郭象之冥物的思想多所阐释，富有一定启发性。他说：“郭象认为，圣人心性空灵，‘大智若愚’，表现为无知无情，永远处于‘冥’的混沌状态。”[①] 既说神人心性空灵，又说处于冥的混沌状态，前后矛盾。圣人神全心具，涵融万理，与万物相融合，其融合的状态，是冥然，即不知不觉，自然而然，非有心有为。这种冥然的结合，意谓两者的结合是完全融合，而没有丝毫的分别，如同盐溶于水，无迹可寻。如果圣人出于有心有意地结合万物，则二者必有分

① 王晓毅：《郭象评传》（下），南京大学出版社2011年版，第293页。

别，有对待有矛盾。圣人之心并非浑沌不知，而是涵融天下万物万理以为一而空灵不昧，在感物之前，虚静无为；感物而应，呈现出任何物理；感物之后，心又归于虚静，而不留下任何痕迹，如雁过长空，影沉碧水。王晓毅未突出郭象之冥物的意义，一是万物皆能任性自由，而自得于一方；二是圣人也能任性自由，而游于无穷。

综之，只有圣人才能冥合万物；圣人神全心具，涵融万物万理以为一而空灵不昧，从而能与万物相融合、冥合；一方面圣人无独知独为，而包容众人之有知有为；另一方面，万物皆能展现自己的有知有为，而任性逍遥。

四 “玄冥”义

郭象的注文有“玄冥”一词。老子单独出现“玄”或“冥”；王弼的《老子注》也未把玄冥构成一词。《大宗师》有一则寓言，出现“玄冥”；玄冥是指玄冥之人，形容此人的认知之境深远难知，玄冥之人的上面还有参寥之人、疑始之人。

郭象之玄冥是一个重要的观念，有特定的哲学含义，这与“冥然”“冥合”“冥物”等观念具有相通性。玄冥，即玄同冥合，是一个动词。《应帝王》注：“问为天下，则非起于太初，止于玄冥也。”庄文之天根问无名氏“请问为天下”。为天下，则我与天下相对。郭象认为，这不合于玄冥之道；所谓玄冥，即自我与天下相融合、玄合，故无对。但郭象主要把玄冥转化为一个名词，即玄同冥合之场域，即玄冥之境，而成为哲学的概念或观念。刘笑敢说：“为什么要讨论‘无’是不是名词的问题呢？因为一个词是否名词化是判断它是否已经转化为哲学观念的第一步。”①

郭象注《大宗师》“玄冥闻之参寥”曰：

① 刘笑敢：《诠释与定向——中国哲学研究方法之探索》，商务印书馆 2009 年版，第 39 页。

> 夫阶名以至无者，必得无于名表。故虽玄冥，犹未极，而又推寄于参寥，亦是玄之又玄也。
>
> 玄冥者，所以名无而非无也。

玄冥之境，名无而实非无也，即不是至无，至无即空无。《知北游》注："吾以至道为先之矣，而至道者乃至无也。既以无矣，又奚为先？"

《齐物论》注：

> 是以涉有物之域，虽复罔两，未有不独化于玄冥者也。

玄冥，即玄冥之境。玄冥之境是有物之域，即使罔两也独化于玄冥之境。玄冥之境是万物自生和独化的场域。自生、独化，强调事物之生化不是由无到有的过程，而是从有（一物）到有（另一物）的过程，且物之生成变化既无因而又无目的，是依据自然之理偶然而生，且顺应自然之理而化。①

《徐无鬼》注：

> 意尽形教，岂知我之独化于玄冥之境哉？

言教无益，自我之独化依据自然之理而展开于玄冥之境中，这否定了自我意志的主观作用。

《大宗师》注：

> 况乎卓尔独化，至于玄冥之境，又安得不任之哉！

事物自生、独化于玄冥之境，故顺应之。

---

① 参见拙文《郭象自生、独化说新释》，《湖北大学学报》2020年第1期。

郭象没有明确揭示“玄冥之境”的内涵，故学人言说纷纭。[①] 玄冥之境，即气、人、物之万有所构成的丰富而复杂的境遇或场域：万有各自任性自得，且彼此之间形成和谐有序的有机统一体，即玄同冥合之统一体，这不是出于造物者的意志，也不是出于万有的意志，而是自然而然、不知不觉地暗合、冥合。

《大宗师》注：

> 人之生也，形虽七尺，而五常必具。故虽区区之身，乃举天地以奉之。故天地万物，凡所有者，不可一日而相无也。一物不具，则生者无由得生；一理不至，则天年无缘得终。

人之生也，与天地万有构成相济相维的关系；一物不具，则生者无由得生，一理不至，则天年无由得终。万有构成了一个丰富复杂的网络，每个事物即是一个网结，与其事物结成有机统一的关系。

《大宗师》注：

> 夫体天地冥变化者，虽手足异任，五藏殊官，未尝相与而百节同和，斯相与于无相与也；未尝相为而表里俱济，斯相为于无相为也。若乃役其心志以恤手足，运其股肱以营五藏，则相营愈笃而外内愈困矣。故以天下为一体者，无爱为于其间也。

玄冥之境是宇宙之有（气、人、物）所构成的谐和整体，就像人的生命统一体那样，各种器官独立发生作用，且自发地相互协作而成为有机的生命体。个体皆要顺应自然之理，而不要以主观的意志和作为越出于性理的范围和极限；否则，玄冥之境会崩坏。“故以天下为一体者，无爱为于其间也”，无爱，即爱不要越出于性分之外，但承认性分之内的爱。

郭象注《天运》“至仁无亲”：

---

① 参见康中乾《从庄子到郭象——〈庄子〉与〈庄子注〉比较研究》，第 323 页注①。

> 无亲者，非薄德之谓也。夫人之一体，非有亲也，而首自在上，足自处下，府藏居内，皮毛在外。外内上下，尊卑贵贱，于其体中，各任其极，而未有亲爱于其间也。然至仁足矣。故五亲六族，贤愚远近，不失其分于天下者，理自然也，又奚取于有亲哉！

人的生命体与社会的统一体同，各人任其性分的要求，且自然而然地相济相维，以构成有序和谐的统一体，不必有心有意施行仁爱，从而越出于性分之外，以破坏统一体的运行。

《秋水》注：

> 天下莫不相与为彼我，而彼我皆欲自为，斯东西之相反也。然彼我相与为唇齿，唇齿者未尝相为，而唇亡则齿寒。故彼之自为，济我之功弘矣，斯相反而不可以相无者也。故因其自为而无其功，则天下之功莫不皆无矣；因其不可相无而有其功，则天下之功莫不皆有矣。若乃忘其自为之功而思夫相为之惠，为之愈勤而伪薄滋甚，天下失业而情性澜漫矣，故其功分无时可定也。

玄冥之境中，个体以自为、独化为主，也对他物产生一定的作用，即个体以自为为中心，又产生彼此协作的关系，而非因果或相待的关系。这种复杂有序的关系是自然而然、不知不觉地形成的。王晓毅说："一千年前的哲学家郭象，当然可以用生理学上的事实，证明事物之间客观上互相参与'相与'和互相作用'相为'，完全是无意识、无动机、无目的的自然过程，即'相与于无相与也''相为于无相为也'。"① 笔者认为，玄冥之境的万有，尤其是万物之灵的人类，自然不能以无意识或下意识的本性或本能解释其生命的过程，人的生命过程还有心的作用，心的作用是有意识的。因此，玄冥之境的万有自然而然地冥合为有序的统一体，并不否认心的作用，只是心的作用

① 王晓毅：《郭象评传》（下），南京大学出版社2011年版，第246—247页。

止于性分之内，即以心合性。

玄冥之境是理性思辨的止境，既说明其复杂性，又表明其理想性；玄冥之境不是现实世界，而是理想世界。韩林合说：“通常意义上的独化之境不一定就是玄冥之境，因为独化之物可以是彼此冲突的，而玄冥之境则是充满内在的和谐的独化之境。不过，郭象意义上的独化之境必定是玄冥之境。”① 但玄冥之境与现实世界是不即不离的关系，即玄冥之境是从现实世界中突破而来，而非西方哲学的超越世界与现实世界截然隔绝。玄冥之境也可谓之“绝冥之境”“无名之境”“自得之场”等。②

综之，个体在玄冥之境中自生、独化，如果其知为任其性命之理，则能逍遥自由，也有利于玄冥之境的和谐有序；如果其知为越出性命之理，则失其性分而陷入困境，也有害于玄冥之境的和谐有序。个体自生、独化于玄冥之境中，玄冥之境是万有的存在之场，而不是生成者。王晓毅认为，万物本性的集合构成了玄冥之境，支配着现象世界中万物的自生、独化，即玄冥之境乃是万物自生、独化的根本动因，“显然，‘玄冥’的本性，在郭象哲学中具有‘本体’的意义”。③ 这是把事物的本性与其生命过程的展现分成内外本末的关系，且把本性作为生命过程的根本动力。笔者认为，事物的性命即是生命过程的显现，二者是一；人的生命过程的展现，并非只是本性或本能的无意识推动，还有心的制约作用，不过是心的作用止于性分之内而已，心的作用是有意识的。《齐物论》注：“夫心之足以制一身之用者，谓之成心。人自师其成心，则人各自有师矣。人各自有师，故付之而自当。”

---

① 韩林合：《游外以冥内——郭象哲学研究》，商务印书馆 2016 年版，第 45 页。

② “绝冥之境”见于《逍遥游》注；“自得之场”多次出现，见于《逍遥游》注等；“无名之境”见于《天运》注。

③ 王晓毅：《郭象评传》（下），南京大学出版社 2011 年版，第 253 页。

何以言《诗》

——基于文本发生脉络的“绘事后素”新释与经典诠释再思

胡晓艺*

摘　要：对《论语》“绘事后素”进行基于文本发生脉络的梳理，认为“绘事后素”的理解应包含子夏对《诗》的征引的内文本、《论语》中的对话文本、儒家诠释文本三层文本发生的脉络；三层文本发生的脉络内蕴着轴心时代所面临的“原生”传统、轴心时代所“创生”的文化传统与“生生”不息的经典传统三种传统。以“绘事后素”为例，由《诗》经典出发，继而引发出对艺术之诗、真理之思与经典如何与生命共在的哲学诠释学再思。

关键词：《诗》　绘事后素　文本脉络　哲学诠释

《论语》中广泛征引《诗》，孔子云“不学《诗》，无以言”（《论语·尧曰》），何以言《诗》？其实是一个经典成为经典又不断再生经典的历史，“绘事后素”语出《论语·八佾》，来自于子夏对于《诗·卫风·硕人》的引申发问，涉及“礼”与“质”的关系问题，文献可靠，寓意深刻，向来为历代注家所重视，视为孔子论“礼”思想的重要材料。考察历代注家的分歧，主要集中于“素”“后”的

* 胡晓艺，中央党校（国家行政学院）博士生，研究方向：中国哲学，发表论文《中国河流文化的传统根脉与现代更生》《论中西文化基点与当代生态哲学展开》等。

训诂释义与“素”“绚”“绘”“礼”间的本喻体逻辑释疑。现代学者对于“绘事后素”的新解虽不鲜见，但基本没有跳开对于“绘事后素”注释的再整理与所蕴含的文化艺术、人生修身等的借鉴作用这两条思路。[①] 基于前贤研究的“经学”诠释的基础，本篇从“经典”诠释的角度转换思路，尝试对“绘事后素”在“照着讲”的基础上“接着讲”。认为“绘事后素”的理解应包含子夏对《诗》的征引的内文本、《论语》中的对话文本、儒家诠释文本三层文本发生的脉络；三层文本发生的脉络内蕴着轴心时代所面临的“原生”传统、轴心时代所“创生”的文化传统与“生生”不息的经典传统三种传统；三种传统又引发出对艺术之诗、真理之思与经典如何与生命共在的哲学诠释学再思。希冀从“绘事后素”出发，以小见大，引发经典与个体生命之关联，通过经典的古义与新诠，最终走向哲学的对话与互鉴。

一　从经学文义的分歧到经典文本的梳理

（一）传统经学文义注释的分歧

“绘事后素”在《论语·八佾》中的原文为：

“子夏问曰：巧笑倩兮，美目盼兮，素以为绚兮。何谓也？子曰：绘事后素。曰：礼后乎？子曰：起予者商也，始可与言《诗》已矣。”[②]

传统对此的解释主要是从文义理解入手，探讨的焦点在于“后”的理解与“素”与“绘”的逻辑关系。整体而言，历来注家可以概括为郑玄注解与朱熹注解两种思路。先资引如下：

何晏《论语集解》引郑玄注，《十三经注疏》收录郑玄解释为：

---

① 张敏娜、陆卫明：《〈论语〉“绘事后素”新解及其当代价值》，《人文杂志》2018年第10期，第28—35页；喻仲文《先秦艺术思想史》中《孔子的艺术思想》一章对于“绘事后素”的儒家文化审美与艺术影响的阐发翔实清晰，参见喻仲文《先秦艺术思想史》，武汉大学出版社2017年版。

② 杨伯峻：《论语译注》，中华书局1980年版，第25页。

"郑曰：绘，画文也。凡绘画先布众色，然后以素分布期间，以成其文，喻美女虽有倩盼美质，亦须礼以成之。"①

朱熹《四书章句集注》对《论语·八佾》的对话注解为：

"素，粉地，画之质也。绚，采色，画之饰也，言人有此倩盼之美质，而又加以华采之饰，如有素地而加采色也。子夏疑其反谓以素未饰，故问之。

绘事，绘画之事也。后素，后于素也。《考工记》曰：绘画之事后素功。谓先以粉地为质，而后施五采，犹人有美质，然后可加文饰。礼必以忠信为质，犹绘事必以素粉为先。"②

比较郑注与朱释，我们不难看出：郑注强调的是绘画以素色加于彩色之上的"素功"，朱释在保留了绘画之程式解释的基础上，强调"素质"，以"后"为"以为本"的理解。据程树德引全祖望《经史答问》的考证，对两种解释脉络进行了说明，郑玄的解释来自于《周礼·冬官·考工记》对于绘画程序的解释，"绘画之事，后素功"，而朱子的解释则继承了杨时对《礼记·礼器》的解释"甘受和，白受采"的重视，侧重于"素地"，即强调的是先有质而后有文。③ 但是无论是在白色的帛布素地上施以彩绘，或者五彩作画完毕后用白色涂染修整，以消除晕染之痕迹，都是在"后"的训诂文义上下功夫，对"素"与"绚"所比喻的儒家"质"与"礼"的逻辑关系，无论是强调质本礼用，还是质先礼后，根本上没有本质区别。这是基于"绘事后素"的传统经学文义的考察。

（二）从两类文义注解分歧到三层文本脉络梳理

"绘事后素"本身处于三重文本之中：《诗·卫风·硕人》的"巧笑倩兮，美目盼兮"内文本，子夏由此理解并发问的"素以为

---

① （魏）何晏等集解、（宋）邢昺疏：《十三经注疏——论语注疏》，上海古籍出版社1997年版，第2466页。

② （宋）朱熹：《四书章句集注》，中华书局2016年版，第63页。

③ 程树德撰；程俊英、蒋见元点校：《新编诸子集成 论语集释2》，中华书局2018年版，第204页。

绚”与孔子回答“绘事后素”的《论语》文本，与后代注家包括《周礼》《礼记》和郑注、朱释等所形成的诠释文本。

“巧笑倩兮，美目盼兮”出自《诗·卫风·硕人》，《硕人》原文如下：

> 硕人其颀，衣锦褧衣。齐侯之子，卫侯之妻。东宫之妹，邢侯之姨，谭公维私。
>
> 手如柔荑，肤如凝脂。领如蝤蛴，齿如瓠犀。螓首蛾眉，巧笑倩兮，美目盼兮。
>
> 硕人敖敖，说于农郊。四牡有骄，朱幩镳镳。翟茀以朝。大夫夙退，无使君劳。
>
> 河水洋洋，北流活活。施罛濊濊，鳣鲔发发。葭菼揭揭，庶姜孽孽，庶士有朅。

就《诗·卫风·硕人》文本原义而言，《硕人》描写的是周代齐国贵族女子嫁给卫国为夫人（名为庄姜）的嫁娶场面，这种场面温馨大气、程序井然，体现了周代贵族生活的场景，表达了温柔敦厚、贞固隽永的情感类型与中正合宜、高贵朴素的礼法节度。“巧笑倩兮，美目盼兮”在《诗》中本指卫君夫人庄姜神韵之美，子夏首先对于《诗》的文本进行了自己的理解，提出了“素以为绚”的解读方式，即可以是庄姜美人质朴而已然为绚的资质，或者是对于庄姜出嫁场面素朴而高贵的疑问，这应是子夏由《诗》引申发问的第一层《诗经》内文本含义。

而第二层《论语》文本大体描述了子夏基于《诗》的理解进行发问，孔子对于子夏做出回答，即著名的“绘事后素”，进而子夏就“礼”进行引申“礼后乎”，孔子进行鼓励“起予者商也”的对话场景。这个场景中，子夏也许自觉不自觉地将美人之质引申为化妆之事，绘事无论是指美人之妆容还是子夏已经引申到绘画之序，都不影响师生二人的对话默契，而孔子则明确地用“绘事后素”进行说明，子夏进而自觉与“礼”的本质进行了关联，得到孔子的赞赏，这便形成了著名的以绘事喻“礼”“质”的孔子论礼的态度。

而第三层文本即是我们后人所见《论语》注释本，体现了后世儒者对于礼质关系的思考，这是儒家“人文”精神根本性的大问题，他们融入自己时代的哲学问题，以述为作，注入新的哲学传统。重新回顾上述的郑注和朱释，我们可以看到，二者均关注了《诗·卫风·硕人》的文本原义，在郑注中，倩盼是美人之“质”，而巧笑与美目是美人之“文”“礼”，美人虽有美的质素，但是不巧笑、不目转，则不足以传其神，而礼则有这种文饰作用，它基于人本身的质地而加以渲染，起到的是锦上添花的文美其质的作用；在朱释中，也见出子夏第一层对于《诗·卫风·硕人》的美人之质的“素以为绚”的疑问，孔子第二层的以画喻人之质达于美的“绘事后素”的回答，与子夏第三层的能近取譬“礼后乎”的举一反三的引申。并且在此过程中，朱子对于忠信为礼之本又进行了带有宋儒道学的发挥，在经典诠释中融入自己的哲学。

（三）基于文本梳理的新诠释维度

我们跳出文本注释回归文本脉络的发生，可以开拓出经典理解的新角度。就“绘事后素”的三层文本而言，从第一层到第二层文本，即《硕人》原文本到《论语》中子夏的“素以为绚”的发问引发的孔门答问而言，可以看出作为经典的《诗》在春秋时期的称引情况；从第二层文本内部，即孔子对于子夏的第一次回答与第二次鼓励，可以补充孔子在“礼”方面的因材施教。

就上述第一点而言，《论语》“绘事后素”章所记载的子夏问《诗》反映了《诗》在春秋的征引情况，这其实是子夏自己对于元典的自家诠释。

就《卫风·硕人》文本原义而言，“巧笑倩兮，美目盼兮”本指卫君夫人庄姜神韵之美，但是无论是子夏对“素以为绚”的发问还是孔子“绘事后素”的回答，再到子夏对于孔子的“礼后”的思想的启发，其实都脱离了文本原义，甚至可以说是一种“断章取义”。但是这种“断章取义”恰恰说明了《诗》在春秋时期的称引情况。

《诗》因讽诵而全，因讽诵而传，更因讽诵而广传，[①] 孔子说，“不学诗，无以言”（《论语·尧曰》），在春秋时期，贵族在日常宴饮及外交辞令中，经常裁取《诗经》中的句子表达己意，而这种表达己意并不特别追求文义相合，“断章取义”正是常态。董仲舒说，“《诗》无达诂，《易》无达占，《春秋》无达辞”[②]，王应麟以为“《诗》无达诂”就是《孟子》的“不以文害辞，不以辞害志”[③]，可见《诗》作为华夏元典，它最初的解释是富于弹性的，子夏从《硕人》美人神韵的本意引申为“素”与“绚”的关系并进而引发与孔子“礼”的本质的对话，正是一种“《诗》无达诂”的体现，这正是《诗》作为华夏元典的民间生命力的表现。

就上述第二点而言，《论语》“绘事后素”章所记载的孔子答问与鼓励补充了孔子在问“礼”方面对弟子的因材施教的可能，这一点前人少有论及，可能侧面推测出子夏的发问原因，而此生成了孔门对于经典的儒家诠释。

孔子论“仁”是因材施教历代注家多有论及，如樊迟问仁为“爱人”，回答颜渊则为“克己复礼”等，已脍炙人口。其实，孔子论“礼”也是因材施教。子夏出身贫寒，对于“礼”之文采，难免有不周之处，也可能因此并不十分理解《诗·卫风·硕人》中的婚礼之仪文，包括庄姜的美饰，其实这些都应该放在贵族亲迎之礼中进行理解。因此，子夏向孔子的发问可能更基于他本于“素”的出身，而对于“绚”的陌生，但是子夏作为孔门传经之儒的代表，学礼、知礼、守礼又是他的特点，因此他对于孔子的发问也体现了他对于“礼”的思考，他更强调在仁义德行之后要通向“礼”（素以为绚），并请教孔子这样理解是否可行。而孔子对“素以为绚”做了“绘事后素”的翻转的说明，反过来更强调的是“素”的本质作用，这正如林放问礼之本，孔子说“礼，与其奢也，宁俭；丧，与其易也，宁

① 朱自清：《诗言志辨》，安徽师范大学出版社 2016 年版，第 105 页。

② （清）苏舆撰；钟哲点校：《春秋繁露义证》，中华书局 1992 年版，第 94 页。

③ （宋）王应麒撰；栾保群、田松青校点：《困学纪闻》，上海古籍出版社 2015 年版，第 59 页。

戚”（《论语·八佾》）一样，有毋强求礼文而以素质为本的提醒，所以子贡立刻想到“礼后”，就是对于这种意思的领会与提升，孔子又进一步对学生进行了鼓励。而在《论语》中，我们也不难注意到，像对于子贡这样的富人，孔子则更强调“文质彬彬”（《论语·雍也》），强调“不若富而好礼者也”（《论语·学而》）。正如《礼记·礼器》所言：

“礼之以多为贵者，以其外心者也。德发扬，诩万物，大理物博，如此则得不以多为贵乎？故君子乐其发也。礼之以少为贵者，以其内心者也。德产之致也精微，天下之物，无可以称其德者，如此则得不以少为贵乎？……古之圣人，内之为尊，外之为乐，少之为贵，多之为美。”（《礼记·礼器第十》）

所以“礼”中亦包含小大多少之别，既体现出孔子教育特点的人文关怀，“能近取譬”“举一反三”，也将礼与仁、文与质的辩证思想在《诗》中进行触发与点拨，奠定了儒家诗学的解释传统。

二　从单向度的元典“生成”到多维度的经典“生生”

（一）轴心时代所面临的“原生”传统

上述对“绘事后素”的三层文本梳理，扩而言之，可以从单向度的元典“生成”到多维度的经典“生生”进行诠释。三层文本梳理分别指向三种传统。首先《诗》内文本指向的是孔子所在轴心时代所面临的上古周代的贵族礼乐传统。

德国哲学家雅思贝尔斯提出“轴心时代”所开创的人类几大文明的不同传统的同时，说明了“轴心时代”自身所面临的传统以及开创性问题的提出。轴心时代的起因正是此前的“传统”出现了危机。按照雅思贝尔斯的观点，它所体现的特点是人类开始意识到整体的存在、自身和自身的限度。“人类体验到世界的恐怖和自身的软弱。他探寻根本性的问题。面对空无，他力求解放和拯救。通过在意识上认识自己的限度，他为自己树立了更高的目标。他在自我的深奥和超然存在的光辉中感受绝对。”①

轴心时代自身面临的是一个文明本身已经展开了的古典传统，这种传统蕴含着一个民族最原初的性格类型与思维特质。就中国而言，轴心时代大约在春秋战国时期，其所面临的正是“礼坏乐崩”的周文疲敝期，它处于生产力的发展，由贵族分封的方国时代向郡县制大帝国过渡之中，上古时代尤其是周人开创的“郁郁乎文”的人文主义传统受到了巨大的冲击，礼乐文化所蕴含的根本性的价值观遭到了严重的质疑，礼失于野，百家争鸣。“礼”越来越变为寒暄客套的工具，甚至是虚情假意的排场，“虚礼”“虚文”之盛引发时人对于礼的根本性认识的偏差。然而“礼”不可能没有仪式性的外在仪节，在这样一种背景下，是否坚持“礼乐”教化，如果坚持“礼节文饰”，在贫富差距加大、贵族衰落、平民崛起的时代，如何进行对所有人有效的“礼”的制度设定？如果取消“礼节文饰”，那么“礼”的根本意义何在？这些问题不仅仅是孔子面临的问题，无论诸子是否出于王官，百家皆面临这样的时代背景与“原生”传统，并给出了各自的解决方案。

（二）轴心时代所“创生”的文化传统

如果说第一层《诗》内文本所反映的是子夏、孔子面临的“原生”传统，那么第二层《论语》文本所记载的孔门对话则反映出轴心时代儒家所“创生”的礼乐文化传统。

前文已经分析过《论语》中记载对话的文本逻辑，反映出孔子的诗教特点。子夏对于《诗》的理解，潜意识中进行了“素”与“绚”关系的发挥，孔子进而进行点拨，子夏理解到“礼”之本的根本性问题，引发孔子的大加赞赏。实际上，《诗》原义是关于贵族亲迎之礼与贵族女子的仪容，但是这种周文之礼究竟应该在一个新的时代做出怎样的安排，是一个百家莫衷一是的时代之问。孔子与子夏的对话

① ［德］卡尔·雅思贝尔斯：《历史的起源与目标》，魏楚雄等译，华夏出版社 1989 年版，第 8—9 页。

表明了儒者的态度，即在把握礼之“本”的基础上保留礼之“文”。这种关系在这组对话场景中是借助诗教进行阐发，而《论语》中有关“礼”“文”“仁”“质”等范畴的表述侧面确认了孔子对于这种辩证关系的导向，包括：

“弟子入则孝，出则弟，谨而信，泛爱众而亲仁，行有余力，则以学文。”（《论语·学而》）

“人而不仁，如礼何。”（《论语·八佾》）

“质胜文则野，文胜质则史。文质彬彬，然后君子。”（《论语·雍也》）

“恭而无礼则劳，慎而无礼则葸，勇而无礼则乱，直而无礼则绞。”（《论语·泰伯》）棘子成曰：“君子质而已矣，何以文为？”子贡曰：“惜乎，夫子之说君子也！驷不及舌。文犹质也，质犹文也。虎豹之鞟犹犬羊之鞟。”（《论语·颜渊》）

“礼云礼云，玉帛云乎哉。”（《论语·阳货》）

我们从“绘事后素”及《论语》中其他孔子论“礼”的相关表述中，可以看出孔子的态度：以“质”为根本，以“质”作为“文”的前提和制约，但是最要走向“文”对“质”的彰显。实际上，“孔门讲学，依据六艺”①，无论是“礼、乐、射、御、书、数”的周代贵族之教，还是后代儒家经典语境中的《诗》《书》《礼》《乐》《易》《春秋》六经之义，“礼”在孔子儒家有着人之为人的根本意义，它体现了哲学人类学意义上的人的存在的价值——“观乎人文以化成天下”（《周易·贲·彖传》），儒家开创出的轴心时代的新的人文传统真正塑造了民族性格与文明类型。

（三）“生生”不息的经典传统

如果说第二层《论语》文本反映了轴心时代儒家继承周文并继续开创的礼乐文明传统，那么第三层历代儒者的经学诠释文本则反映了“生生”不息的经典传统。这又包含两个侧面，一是儒家内部，基于

① 柳诒徵：《国史要义》，中国人民大学出版社2009年版，第274页。

不同的时代的新问题，开出新的诗教解释，并以仁礼等范畴在以述为作的诠释方法中建构自己的时代的哲学体系。有关这一点，前已论及。而第二个侧面则回归到《诗》作为华夏元典，它不仅为儒家所吸收，也为百家所广泛吸收。针对“绘事后素”所涉及的哲学范畴，便是老庄的素朴为美的辩证法思想。

《诗》虽然后为儒家经典，且先秦并无道家，庄老并列也始于魏晋，但是从文献角度说老子为史官必然见过《诗》籍，庄子“其学无所不窥”，另外，从思想角度说，《诗》体现的是根源性的民族性格和文化基因的萌芽，《诗》的时空跨度很大，虽然整体上以温柔敦厚的表达方式为主，但也有隐逸思想、愤世情结的变风、变雅，对老庄思想亦产生了影响。[①]“素以为绚”在老庄思想中，更多的强调的是以素为本，老子的“大音希声，大象无形”（《道德经·四十一章》），庄子“朴素美故天下莫能与之争美”（《庄子·天道》），“美人自美，吾不以为美”（《庄子·山木》）。老庄强调天文之质，而非人文之饰，不重“绚”的面向，后来在中国哲学思想史上，引发为魏晋新经学（或说新道家）以自然为名教之本，越名教而任自然，名教即自然的哲学思想，而在文化艺术上，老庄之素朴之美的道家美学辩证法对中华文化的民族性格与审美品格均产生了重要影响。在人物评判上，是“清水出芙蓉，天然去雕饰”，“淡妆浓抹总相宜”的评价标准；在艺术创作上，则是对淡泊之味的偏爱，传为王维所写的《山水诀》云“夫画道之中，水墨最为上。肇自然之性，成造化之功。”[②]苏东坡云：“五色绚烂，渐老渐熟，乃造平淡。”[③]这种素朴为美的美学辩证法经过老庄的思想阐释后得到了更深入的发挥，深塑中华文化品格。

比较儒道两家的素朴观，不难看出，虽都强调“素朴之美”，但是儒家强调的是素朴为底色，但要“之美”（通达于美），它所反对

① 孔德凌：《论〈诗经〉中道家思想的萌芽》，《临沂大学学报》2011 年第 4 期，第 116—120 页。

② 于民主编：《中国美学史资料选编》，复旦大学出版社 2008 年版，第 215 页。

③ 于民主编：《中国美学史资料选编》，复旦大学出版社 2008 年版，第 283 页。

的是没有任何仁德内涵的虚礼文饰，虽然文以质为本，但是质必须走向文，所以儒家的“素朴”之美，儒家的诗教根本是“人文”世界的化成，用冯友兰先生《新原道》的讲法，便是“同天”的境界，“天下之道”彰显“天地之道”，人化育物；而老庄所强调的素朴之美根本是反对人文世界的造作，它要求的归于平淡不是结果的平淡而是回归本根的平淡，是了解一切都不及天然之美，任何人文世界的行为思想，包括仁德的标举，都是一种“自以为美”，所以没有“以为绚”的程序，更没有“绘事”的必要，用冯先生的讲法，便是“知天”的境界，“天下之道”遵循“天地之道”，人本于天。[①] 可以说，儒道互补，共同从《诗》元典中吸取自己的思想养分，构成中华文明生生不息的经典传统。

三　从《诗》眼中的情景到哲学眼中的诗境

（一）真实的场景在本原的诗

我们对于“绘事后素”所涉及的三层文本的梳理与对应的三种传统的思考让我们基于而不限于经学诠释学本身，而走向经典诠释与元典生生的更广阔背景之中进行阐释。而当我们再从经典诠释走向哲学诠释，还会发现三双眼睛：《诗》眼中的周代贵族之礼节文饰，它指引我们回到具体的“此在”；子夏、孔子眼中的《诗》，它指引我们思考抽象的“礼”的“存在”；而我们今天再用哲学诠释学的眼睛回看整个文本与儒家诗教、华夏素朴之美的历史，又指向了对远方的《诗》如何与自我生命“共在”的再思。

《诗·卫风·硕人》可以说是中国文学史上专门塑造的第一位美人，诗三百篇中虽然有众多对女子美好形象的描述，但主要从美人之美的角度描述的，这位“硕人”可以说是第一位。在原诗的场景中，那位不知名的记述者记录了这位贵族美人出嫁的场景——据《左传》

① 刘梦溪主编：《中国现代学术经典 冯友兰卷（下）》，河北教育出版社1996年版，第731页。

和《史记》载，公元前753年，卫庄公娶齐女为妻，这首诗正是此事，这“硕人”正是卫庄公之妻庄姜。[①]《诗》用自然的生机活力（健壮的马匹与华盖的车骑）描写这位美人出嫁场面的高贵大气，我们似乎可以看到卫国那河畔路口推推嚷嚷挤满了人，他们虽是布衣，但是却真实地为那邻国美人的到来感到欣喜，那贵族的血统、合宜的妆容、顾盼的神情，是百姓心慕的贵族的表率，那是真正的高贵，高贵而近人。在这样一种最和谐的关系中，君子之德风，小人之德草，百姓望之而从化，欣欣然而归家。

真实的场景是本原的诗，即是说艺术作品所记录中的那历史经验也才是最本原的真实。西方现代哲学史中的现象学革命即是尤其注重此在场景中的真实生命。这在海德格尔对日常此在世界的存在描述中尤为突出，所有在场的“侧显”都蕴含着与我的生活情境相关切的“生活情境、使用机缘和历史赋意”，面向此在的探讨，对于诗的重视，为我们敞开了通达存在意义的全新视域。[②] 舍勒指出：

“我们在其中原初地把握到神圣价值的那个行为，是一个特定类型的爱的行为（它的价值指向先行于所有关于神圣对象的形象表象与概念，并且规定着它们），但它的本质在于，朝向人格。”[③]

及至萨特的“随附”的自我意识、“破境入极”，梅洛·庞蒂的“身体场的场晕空间的真实存在”，都对原发的历史场景、真实的个体体验、直观的艺术审美予以了充分的重视，对于“绘事后素”所在的《诗·硕人》内文本而言，又可说是内文本的“内意识”。

（二）真理的诗境向抽象的思

从《诗》之眼向子夏之眼，其实是抽象之思对真实之诗的理性提升。从内文本出发，子夏的“素以为绚”的发问并不完全基于诗本

① 黄卫荣：《诗从远方来：〈诗经〉二十六讲》，广西师范大学出版社2018年版，第99页。

② 张祥龙：《什么是现象学》，《社会科学战线》2016年第5期，第1—10页。

③ ［德］马克斯·舍勒：《伦理学中的形式主义与质料的价值伦理学》，倪梁康译，商务印书馆2011年版，第178页。

义，而对于“礼后乎”的思考则完全超拔于诗歌语境而走向对于根本问题的反思，这正是孔子欣喜之处，举一反三、能近取譬，在哲学视域中即意味着理性的提升，是人类智慧的更高形态。子夏、孔子先秦儒家已经有了自发的抽象意识，方有《论语》中问“仁”、问“礼”的具体场景，这正是轴心时代的思想突破，是人类认识能力的空前提高，我们从这样一种视角出发，可以看出子夏的“礼后乎”不仅仅是一般意义上的触类旁通，而是从真实的杂多中触碰到了真理的共相。这个过程正如黑格尔所言，

“古代的研究者通过对他的生活的每一个细节都做详尽的考察，对呈现于其面前的一切事物都做哲学的思考，才给自己创造出了一种渗透于事物之中的普遍性。”①

而从子夏、孔子之眼到后世的儒者眼中，又将“仁”“义”“礼”“智”从“自发”发展到“自觉”的哲学范畴，他们已经不需要借助中介的“此在”，且指向大写的“存在”的应然状态。这在中国哲学的发展史上正是宋明理学对中国哲学本体论的提升，在哲学史上如同思想史外史一样，昭示着“唐宋”近世之变。② 黑格尔在随后说道：

“但现代人则不同，他能够找到现成的抽象形式；他掌握和吸取这种形式，可以说只是不假中介地将内在的东西外化出来并隔离地将普遍的东西（共相）制造出来，而不是从具体事物中和现实存在的形形色色之中把内在和普遍的东西产生出来。”③

前述的本原之诗的情景正如多纳泰拉·凯撒指出，“唯当从艺术开始，我们才能以全新的方式体验真理的本性”，④ 但是艺术的发生并不是艺术的目的，从“真实”向“真理”，从“诗”向“思”是

---

① ［德］黑格尔：《精神现象学（上）》，贺麟、王玖兴译，上海人民出版社 2013 年版，第 72 页。

② 日本汉学家内藤湖南于 1910 年在日本的《历史与地理》第九卷第 5 号撰文《概括的唐宋时代观》指出提出宋代近世说，后由其弟子宫崎市定发挥为“上古—中古—近世”的中国古代史的分期史观，参见刘俊文主编《日本学者研究中国史论著选译 第一卷》，中华书局 1992 年版，第 10—18 页。

③ ［德］黑格尔：《精神现象学（上）》，贺麟、王玖兴译，第 72 页。

④ 景海峰、赵东明：《诠释学与儒家思想》，东方出版中心 2015 年版，第 64 页。

“此在”通向“存在”的必然道路。海德格尔后期转向，即不是从此在的存在，而是从存在本身来思考问题，也正如伽达默尔历史诠释、艺术诠释最终走向哲学诠释。伽达默尔的诠释学虽然重视艺术经验，强调“真正的经验是我们自身历史性的探索”，但他所要探讨的不是艺术经验，而是存在的真理如何发生于艺术经验之中，只有真理发生于艺术作品之中对我们理解诠释学的真理经验才具有决定意义。那种普遍存在于施莱尔马赫、兰克、德罗伊森和狄尔泰等人对于历史主义的构想中的浪漫主义诠释学恰恰是伽达默尔所批判的对象。Joel C. Weinsheimer 指出：“伽达默尔审美意识批判的一个重要意图，就在于通过艺术经验中诠释学真理之发生来显示审美意识放弃真理要求做法的肤浅，从而根本上杜绝审美意识向历史领域的蔓延。”①

艺术仍然重要，但是是一种与思共进的化育此在的道路，它用生发体温的经验的方式让此在面向存在，确立此在，达到存在，这是理性直观，而非停留于感性的此在。

（三）对远方的诗与生命共在的再思

从《诗》中之眼，到儒家之眼，再到今人之眼，最终引发的是远方的诗与生命共在的再思，它包括生命的独立与关联，经典的古义与新诠、哲学的对话与互鉴。

经典以经验与个体生命共在。经典之“经”正是人情之“常”，人情历久恒常，它首先以母语亲切天然的音转、以汉字高贵典雅的表达、以真实的记述或者艺术的描绘打动人心。《礼记·经解》说六经之教，《诗》教固然是“温柔敦厚”（《礼记·经解》），其他经典莫不有其常情。不仅是儒家之“生生”，道家之“物物”，佛家之“空空”，又都启迪着历久弥新的思想力量。

我们个体生命与经典共在，便是与世世代代先贤共鸣、与千千万万古人对谈、与熙熙攘攘同在。

---

① Joel C. Weinsheimer, *Gadamer's Hermeneutics*, New Haven and London: Yale University Press, 1985, pp. 145 - 152.

经典以新诠与文化生命共在。伽达默尔说：

“经验本身从来就不能是科学。经验永远与知识、与那种由理论的或技艺的一般知识而来的教导处于绝对的对立之中。经验的真理经常包含与新经验的关联……经验的辩证运动的真正完成并不在于某种封闭的知识，而是在于那种通过经验本身所促成的对于经验的开放性。”①

将个体经验打开，经典的开放性还将走向文化生命的深处，以古经新诠与文化生命共在。文化不比文明，轴心时代所开创的文明类型潜移默化地塑造了我们的思维模式与生活方式，有着古老而深沉的联结性、稳定性。但是文化则需随时变化，尤其是中国近代以来的文化落后让我们经历了文化与文明的迷茫思考与艰辛探索，其实文明并没有高下之分，只有类型之别，而文化因为包含着物质、制度、精神等更多现实的面向，必须与时俱进、推陈出新。中国现代哲学家冯契先生较早即提出了古代传统与近代传统之分，“首先应该注意的是自1840年以来一百余年间（主要是20世纪）形成的近代传统”,② 用马克思主义哲学融汇中国古典智慧。这既是马克思主义中国化的现实要求，也是传统文化的“创造性转化”与“创新性发展”的根本要义所在，成为“中国的”而非“在中国的”文化传统与哲学形态。③

经典以互鉴与哲学生命共在。文化具有时代与民族的“分殊”，而哲学“理一”的思考则以人类全体的所以在、所以是、所以为为根本的研究对象，但是哲学有着不同的智慧形态与表达方式，中国哲学正是以经典诠释的方式“以述为作”，融汇哲学家自己的思考。王弼的老子注推动了老子的本体有无说、郭象的庄子注发挥了庄子的适性逍遥义，朱子的四书注影响了儒家东亚文明的传统，也包括汉唐经学、清代考据学的艰深求证，都不仅仅是做文字的工作，正如前文所分析的郑注与朱释，他们的注释就是他们的哲学。然而我们现代人今

① 洪汉鼎：《〈真理与方法〉解读》，商务印书馆2018年版，第305页。

② 《冯契文集》第8卷，华东师范大学出版社1997年版，第608页。

③ 金岳霖：《审查报告二》，载冯友兰《中国哲学史 下卷》，中华书局1984年版，第5页。

天“做”哲学，既要继承生命的学问方式，在内部因应“古今之变”,[①] 又要注重以新的“视域融合”的眼光进行经典诠释，在外部超越“以西释中”,[②] 并尤其注重将中国哲学“默会之知”的特点以清晰的分析方法进行表达，将东方哲学的“不可说”的智慧用现代人能听懂的、用西方人能理解的方式“说出”，正如“绘事后素”的层层文本分析到传统诠释所希冀开拓的那样，经典通达哲学生命的共在，如冯友兰先生所认为的，必须通过“分析”才能达到“境界”，由“正”的方法而“负”的方法，通过西方达到东方的智慧，“人必须说很多话，然后保持静默”[③]。

何以言《诗》？从“绘事后素”所包含的内文本、引诗的对话文本、后代诠释文本三层文本发生的脉络出发，将原生之诗、创生之《诗》、生生之思，内蕴于艺术之诗、真理之思与经典诠释之思中，若能以小见大，引发经典与个体生命之关联，通过经典的古义与新诠，最终走向哲学的对话与互鉴的一些思考，便可以扬之以“顾盼”之眉角与“流连”之巧笑了。

① 傅永军：《论中国经典诠释传统现代转型的路径选择》，《哲学研究》2020 年第 1 期，第 21—28 页。

② 乔清举：《中国哲学研究反思：超越“以西释中”》，《中国社会科学》2014 年第 11 期，第 43—62 页。

③ 冯友兰：《中国哲学简史》，北京大学出版社 1985 年版，第 395 页。

浮薄世界的忧思

——《儒林外史》意义建构新探

井玉贵*

摘　要：清代统治者设想以制艺文规训人心风俗，在现实展开中不可避免地偏离了轨道，从而导致整个社会的道德水准不升反降。八股取士制度的推行不但极度败坏了社会风气，其对整个封建主义信仰体系的侵蚀亦触目惊心。生活在成功标准极度单一化的社会里，几乎所有人的心灵都会被斫伤。《儒林外史》便是吴敬梓创伤记忆的忠实记录。吴敬梓对八股士、名士及真儒群体立身之道的严肃审视，表明他对知识分子传统生存方式的反思已臻于历史的高度。《儒林外史》意义建构的深入探讨，对理解作者或隐或显的创作意图大有裨益。

关键词：儒林外史　八股取士制度　功利之风　立身之道　创伤记忆

* 井玉贵，中国社会科学院大学文学院副教授，中国社会科学院文学与阐释学研究中心成员，南开大学—中国社会科学院21世纪马克思主义研究院成员，中国儒林外史学会副秘书长。主要从事中国古代小说研究。出版过专著《陆人龙、陆云龙小说创作研究》，发表过《偏执的生命焦虑及其艺术表达——庄周鼓盆故事主题意蕴发微》《胥吏文化对〈水浒传〉的多层次渗透》《王玉辉的追求与悲剧——程襄龙〈唐烈妇传〉的发现及意义》《从知识到信仰：历史上的“割股”行为及其文学书写》等论文。

《儒林外史》第一回借王冕之口质疑八股取士之法，指出此法在将士人引向“荣身之路”的同时，势必对士人的“文行出处”产生重大负面影响。如何看待王冕这一预言，关系到理解《儒林外史》意义建构的根本问题。本文着重从两个方面展开对这一问题的论述：一、功利之风污染社会人心的多层次表现；二、不同类型士人在功利社会的立身之道。

一 “科举盛而儒术微”：《儒林外史》中的功利之风

乾隆元年（1736）方苞编定《钦定四书文》上奏道：“窃惟制艺之兴七百余年，所以久而不废者，盖以诸经之精蕴汇涵于四子之书，俾学者童而习之，日以义理浸灌其心，庶几学识可以渐开，而心术群归于正也。”① 讽刺的是，在施行八股取士制度的明清时期，社会上功利之风的弥漫及其对人心的污染，业已达到了登峰造极的地步。统治者设想以制艺文规训人心风俗的目标不但没有实现，整个社会的道德水准反而是每况愈下。《明史·儒林一》所谓“科举盛而儒术微”②，便是对这一事实无奈的认定。吴敬梓在《儒林外史》（下或称“《外史》”）中对功利之风的批判可谓鞭辟入里、动人心魄，而这种功利之风追根溯源来自于制度设计。诚如商伟教授简明扼要的概括所指出的，《外史》的中心主题是“体制化的欲望和欲望的体制化”，欲望的目标便是“世俗世界的荣耀和官方体制内的成功”③。明乎此，吴敬梓“独嫉时文士如仇”④ 自不宜单纯地视为性格的偏激。

王守仁《传习录·中·答顾东桥书》讲“拔本塞源”之论，痛

---

① （清）方苞编，王同舟、李澜校注：《钦定四书文校注》，武汉大学出版社 2009 年版，第 1045 页。

② （清）张廷玉等：《明史》，中华书局 1974 年版，第 7222 页。

③ 商伟：《礼与十八世纪的文化转折：〈儒林外史〉研究》，严蓓雯译，生活·读书·新知三联书店 2012 年版，第 200 页。

④ 程晋芳《文木先生传》，见李汉秋编著《儒林外史研究资料集成》，上海古籍出版社 2017 年版，第 11 页。

论功利之习对人心的严重污染：

> 圣人之学日远日晦，而功利之习愈趋愈下。……盖至于今，功利之毒沦浃于人之心髓，而习以成性也几千年矣。相矜以知，相轧以势，相争以利，相高以技能，相取以声誉。……记诵之广，适以长其敖也；知识之多，适以行其恶也；闻见之博，适以肆其辨也；辞章之富，适以饰其伪也。是以皋、夔、稷、契所不能兼之事，而今之初学小生皆欲通其说，究其术。其称名借号，未尝不曰吾欲以共成天下之务，而其诚心实意之所在，以为不如是则无以济其私而满其欲也。①

人心被“功利之毒”俘获后，人与人之间的关系便沦落为势利关系；历史上积淀下来的一切知识也被异化，成为维护人们恶德恶行的遮羞布。《儒林外史》第八回叙写宁王叛乱，被新建伯王守仁平定。吴敬梓对王守仁的学说应是知其就里的，《外史》创作某种意义上便是对王守仁此说的回应。《外史》第四十六至四十七回集中描写的五河县，堪称吴敬梓心目中势利世界的缩影。第四十七回中余大先生激愤地抨击道：“我们县里，礼义廉耻一总都灭绝了！”② 书中交代，五河县风俗是“说起那人有品行，他就歪着嘴笑”。被“功利之毒”污染的社会，人们考虑任何事情，采取任何行动，均从势利思维出发，有良知的人生活在这样的社会，就像置身真空中一样感到窒息。第四十六至四十七回所写姚五爷、成老爹及唐二棒槌，均为势利入骨的典型人物。在促成势利社会生成发展诸因素中，八股取士制度的作用最为紧要。第一回中王冕批评八股取士之法道：“这个法却定的不好！将来读书人既有此一条荣身之路，把那文行出处都看得轻了。”所谓“一茎草化丈六金身”，《外史》千言万语便是对王冕此语的演绎。

---

① （明）王守仁撰，王晓昕译注：《传习录译注》，中华书局 2018 年版，第 246 页。

② （清）吴敬梓著，李汉秋辑校：《儒林外史汇校汇评》，上海古籍出版社 2010 年版，第 581 页。本文所引《儒林外史》原文及清人评语皆见此书，为避烦琐，下不出注。

科举社会中科名与人品的关系问题，早已引起人们的注意与反思。钱泳《履园丛话》卷十三《科第·立品》云：

> 科第之得不得，在衡文之中不中，与其人之人品学问，原不相涉，不是中鼎甲、掇巍科者，就有学问也。《梁溪杂事》载："明初开科时，诸生大比，文在高等者，必得缙绅三老保举生平无过，方准入试，其结状分款至十余条。永乐初，邑中有徐绍德者，以曾共倡女饮酒，为邻人所讦，降廪不与试。"其遴选人材如此其重云。①

为了弋取科名，历史上发生过很多令人啼笑皆非的事情。赵南星《笑赞》记载："一富家生员，贿买师长，得列德行受赏。"② 王士禛《香祖笔记》卷六载："唐时有走马应不求闻达科者，传以为笑。宋亦置高蹈丘园科，许于本贯投状乞应，与唐正同。名实相悖，真可一噱也。"③ 天目山樵在《儒林外史》第一回评语中指出："古来荣禄开而文行薄，岂特八股为然。"验诸史实，天目山樵的话自是不诬，然而，八股取士制度的确立，使士子品行问题空前凸显出来，确为难以否认的事实。清代八股大家方苞在《何景桓遗文序》中愤然言道："余尝谓害教化败人材者无过于科举，而制艺则又甚焉。"④ 八股文的题目主要来自"四书"，而"四书"的本旨在于教人如何做人。大批从事八股文写作的士子在素质上趋于劣化的事实，使知行合一的儒学精神的溃败触目惊心地曝光在世人面前。钱钟书先生曾以精彩的比喻描述此种情状："明清为八比之学者，烂熟孔孟之经，餍饫朱子之注，而于儒家之言，未尝箸乎心而布乎体，俨如金石之处水不流，非同沙砾之在泥俱黑。"⑤ 我们注意到，明清时期以各种方式贬抑读书人的

① （清）钱泳：《履园丛话》，中华书局 1979 年版，第 339 页。
② 王利器辑录：《历代笑话集》，中华书局 2020 年版，第 239 页。
③ （清）王士禛：《香祖笔记》，上海古籍出版社 1982 年版，第 119 页。
④ （清）方苞：《方苞集》，上海古籍出版社 2008 年版，第 609 页。
⑤ 钱钟书：《谈艺录》（补订本），中华书局 1984 年版，第 358—359 页。

记载所在多有，而其中给人留下深刻印象的一种方式，是将读书人跟传统意义上的恶人进行对比。天花才子《快心编》卷五第九回写邳州黄石山草寇马述远说：“我见如今这些做官府的，口里读过孔圣人书，心里不知做那一家事，一味想诈人，品行十分不好”，“我看这班读书人，不知道理。在那里做了秀才，便要诈人，矜才傲物，眼里好生看不得；反不如我们不读书的，倒有十二分忠义气。”《儒林外史》第二十回写匡超人不但不愿救助被捕的潘三，反而讲出一番冠冕堂皇的话论证自己行为的正当性。潘三固然是标准的恶吏，但他对匡超人可谓仁至义尽，匡超人连基本的朋友之道都弃若敝屣的行为，当然会遭到旧评点家的严厉批评：“使天下之人尽如匡超人之为人，而朋友之道苦矣。”（卧评）

《儒林外史》在凸显功名与德行之间的对立，说明吴敬梓对这一问题的思考，已经上升到了人生观、价值观的层次。第一回写王冕母亲临终之前说：“做官怕不是荣宗耀祖的事，我看见这些做官的都不得有甚好收场。”第十七回写匡超人父亲临终之前嘱咐道：“功名到底是身外之物，德行是要紧的。”第三十二回写娄焕文离开杜家前对杜少卿说：“德行若好，就没有饭吃也不妨。”尤其值得注意的是，第八回写致仕后的蘧佑说儿子蘧景玉早逝，“只怕还是做官的报应”。蘧佑任南昌知府期间“讼简刑清”，当得起传统意义上的循吏，可是他仍将儿子早逝归因于做官，可见做官被赋予了“原罪”的性质。吴敬梓当然不是无原则地反对做官，他在小说中有意点染功名与德行的对立，自是激于现实之污浊的愤懑之举。《外史》多层次描写了功名对人心的腐蚀，笔者仅拈出以下几点加以申述。

第一，成功标准的单一化造成人生价值的狭隘化，是令吴敬梓感到痛心疾首的无情事实。《外史》第十三回中马二先生对蘧公孙道：“就是夫子在而今，也要念文章、做举业，断不讲那‘言寡尤，行寡悔’的话。何也？就日日讲究‘言寡尤，行寡悔’，那个给你官做？”《警世通言》卷十八《老门生三世报恩》中的鲜于同感慨道：“如今是个科目的世界，假如孔夫子不得科第，谁说他胸中才学？”一个人是否具有人生价值，全视其能否获取功名，而要成功地获取功名，就必须“念文章、做举业”。《歧路灯》第八回写塾师侯冠玉教导谭绍闻道：“学生读书，只要得功名；不利于功名，不如不读”，“你只把我新购这两部时文，千遍熟读，学套，不愁不得功名”。其论调全同于《外史》第十五回马二先生跟匡超人所讲：“而今甚么是书？就是我们的文章选本了。”尽管马二先生将一生奉献给了举业，而且在他的自我认知中，他的一生由此具有了非凡的意义，可是他依然遭到了居于科举宝塔尖上的高翰林的鄙视。第四十九回写高翰林说马二先生“讲了半生，讲的都是些不中的举业”。原来在成功者高翰林的眼里，只要你没有考中举人、进士，那么不管你多么虔诚地献身于举业，你所讲举业也是无效的，这等于从根本上否定了马二先生的存在价值。毫无疑问，高翰林此种极端狭隘的观念，是非常无情非常冷血的，它一定曾经深深地刺痛过吴敬梓的心灵。而更令人感到不寒而栗的是，高翰林上述观念不仅仅属于他个人，而是普泛的社会心理的反映。屡挫于科场的归有光在《会文序》中愤然写道：“时之论文，率以遇不遇加铢两焉。每得一篇，先问其名，乃徐而读之，呫呫然曰：有司信不诬耶！其得固然耶？其失者诚有以取之耶？虽辩者不能诘也。”① 此处点睛之笔乃是“先问其名”。《外史》第二回写乡村塾师周进奉承王举人道：“老先生的硃卷是晚生熟读过的。后面两大股文章，尤其精妙。”如果王惠的身份不是举人，那么周进是否有机会读他的文章，进而称赞其文章后面两大股，是可以存疑的。我们不会忘记周进在任广东学道期间，出于同情顾惜之念来评判范进的文章，实际已经表明了举业无凭的冷峻现实。《外史》第十回写鲁编修贬斥杨执中道：“他若果有学问，为甚么不中了去？”第三十四回中高翰林贬斥杜少卿道：“他果然肚里通，就该中了去！”凡此均为立足于单一化成功标准的诛心之论。第五十五回开篇概括此种可悲而无奈的现状道：“论出处，不过得手的就是才能，失意的就是愚拙。”《聊斋志异·叶生》篇“异史氏曰”有道：“频居康了之中，则须发之条条可丑；一落孙山之外，则文章之处处皆疵。”毫无疑问，落第士子均会

① （明）归有光：《震川先生集》，上海古籍出版社 2007 年版，第 52 页。

经受被指摘的心灵创伤，除非主动退出激烈的科举竞争。《外史》第八回中蘧景玉讽意宛然地跟王惠道：“人生贤不肖，倒也不在科名。”此语唯有突破举业牢笼的人方能讲出。

第二，士人的功名之念对传统伦常秩序的销蚀和瓦解，使吴敬梓深刻感受到了传统生活方式的存续危机。《外史》第七回写工部员外荀玫为了不耽误选官，欲以夺情之例隐匿母亲的丧事，其同年王惠、国子监司业周进、通政司通政范进均一致支持他。王士禛《池北偶谈》卷十《谈献六·贺医闾》痛论营谋夺情之人及相关当事者的无耻：“近日风俗日下，方面大僚、郡县有司，凡地方富饶者，无不营谋夺情，督抚公然题留，吏部公然覆准。不知一郡一县，何以必不可少此一官？而上下以贿成，至于蒙面丧心如此！”[①]《外史》第四十六回写唐二棒椎向虞华轩请教如何写名帖，他说有一侄子跟自己同榜同门，侄子来拜他时用了“门年愚侄”的帖子，问虞华轩自己用“门年愚叔”帖子回拜是否得当，结果虞华轩毫不留情地当面斥之为“鬼话”“梦话”。齐省堂增订本评者就此揶揄道：“然则如此说来，设或父子中在一房，该写‘门年愚子’‘门年愚父’帖子了。”而余大先生了解上述情况后，“气得两脸紫涨，颈子里的筋都耿出来”，怒斥道：“人生世上，是祖、父要紧，是科名要紧？”认为在“天属之亲”间论科名，乃是“得罪名教”的无耻行为。功名之念除了对“天属之亲”产生销蚀作用外，其对社会上长幼有序的传统秩序的破坏，也得到了吴敬梓的高度重视与传神描绘。《外史》第二回对年轻的秀才梅玖在六十多岁的童生周进面前趾高气扬，极尽凌辱之能事的穷形尽相的描写，让我们见识到了功名之念如何让年轻人失去对老者的基本尊重，从而毫无顾忌地对其展开精神虐杀的。前人早就关注到科名对长幼秩序构成紊乱，以及这种紊乱是如何导致国事难上轨道的。顾炎武《生员论·中》有道：“时文之出，每科一变，五尺童子能诵数十篇而小变其文，即可以取功名，而钝者至白首而不得遇。老成之士，既以有用之岁月，销磨于场屋之中，而少年捷得之者，又易

① （清）王士禛：《池北偶谈》，中华书局1982年版，第236页。

视天下国家之事，以为人生之所以为功名者，惟此而已。”① 年岁对行政效率及人心风俗亦有重要影响。顾炎武《日知录》卷十七《年齿》征引洪熙元年四月郑府审理正俞廷辅建言云：

> 近年宾兴之士，率记诵虚文，求其实才，十无二三。或有年才二十者，未尝学问，一旦挂名科目，而使之临政治民，职事废隳，民受其弊。自今各处乡试，宜令有司先行审访，务得博古通今，行止端重，年过二十五者，许令入试。

虽然皇上没有采纳俞氏这一建言，但他反映的问题却一直存在，且其危害性也是益趋深重的。对此顾炎武不禁感叹道：“青云之路，跬步可阶，五尺之童，便思奔竞。欲以成人材而厚风俗，难矣。”② 吴敬梓在《儒林外史》中能够写出梅玖凌辱周进的经典情节，便因他对年老考生的悲苦处境是感同身受的。吴敬梓的挚友吴培源是《外史》中虞博士的原型，其《闲居杂感》诗发不平之鸣道：“伏波慨晚成，李广嗟难封。纷纷少年场，天幸多成功。”③ 吴敬梓的好友冯粹中是《外史》中马二先生的原型，冯粹中在乾隆十七年（1752）顺天乡试中举后便去世了。程晋芳在为冯粹中写的悼诗中感叹道：“功业词章竟何有，令人惆怅薄科名！”④《警世通言》卷十八《老门生三世报恩》写兴安县知县蒯遇时“少年科甲，声价甚高”，作者对其“爱少贱老，不肯一视同仁”提出了批评。《儒林外史》第十七回写浦墨卿认同儿子的进士当不的父亲自己的，言下之意是父亲不应以儿子有功名为满足，而应努力追求自身的功名。历史上不少记载热衷于表彰高龄考生，其心理背景与浦墨卿并无二致。例如徐昆《柳崖外编》卷三《王寿星》中云：“是年庚寅，顺天乡试，有浙江周燮荣年

---

① （清）顾炎武：《顾亭林诗文集》，中华书局 1983 年版，第 23 页。

② （清）顾炎武著，黄汝成集释：《日知录集释》，上海古籍出版社 2013 年版，第 1010—1011 页。

③ 李汉秋编著：《儒林外史研究资料集成》，第 139 页。

④ 李汉秋编著：《儒林外史研究资料集成》，第 144 页。

八十五，直隶张枫年八十一，俱钦赐举人。次年会试，有江西举人李炜年一百岁，钦赐国子监司业。其余七十至九十者十人焉。洵国瑞也。”[①] 所谓“国瑞”，不过是功名之念的可悲俘获物而已。

功名之念对传统师生关系的销蚀，《儒林外史》虽未作正面描写，但其旁敲侧击的述说亦不可轻忽。第四十六回写虞华轩聘请余大先生教子时说：“举人、进士，我和表兄两家车载斗量，也不是甚么出奇东西。将来小儿在表兄门下，第一要学了表兄的品行，这就受益的多了！”虞华轩突出强调为师者品行之重要，教子成就功名的意识则十分淡薄。这跟世俗唯求功名、不重品行的做法正相反对。比如，天花才子《快心编》初集卷五第十回写行事荒谬的教书先生刘希圣，“立法教人，出人意表，大异于常人情性，学生受他磨折，苦不可言”，但他并不愁没有学生从学，只因“这刘呆子八股里边最精，习举业的除了八股，别无进身之术，所以人家情愿将子弟从他”。《型世言》第二十七回中的钱公布、《醒世姻缘传》中的汪为露及《歧路灯》中的侯冠玉，同为明清通俗小说中误人子弟的劣师代表。在功名之念的强势碾压下，师道沉沦几乎是命中注定的事。“如何父师训，专储制举才”，吴敬梓的这两句遗诗，亦未尝不是感慨于师道之沉沦。

第三，世家子弟在举世滔滔的功利之风的影响与侵蚀下，也不可避免地生成了扭曲的心理症候，这是曾经的世家子弟吴敬梓敏锐感受到的无奈现实。顾炎武《留书与山史》云：“家计渐窘，世情日薄，而乌衣子弟，若复染寻常百姓之习，则从恶如崩，不可复振矣。”[②] 我们知道，古代社会中世家的影响是全方位的，世家的升沉往往表征了时世的变迁。科举时代世家的维系唯寄于功名奕世，科举不振必然导致世家的沦落。《外史》第四十六回写唐二棒椎对虞华轩变脸道：“你虽世家大族，你家发过的老先生们离的远了，你又不曾中过。”第四十七回中作者以无比憎恶的笔调写五河县恶薄的风俗，其中提到一点：“说起前几十年的世家大族，他就鼻子里笑。”虞华轩生在恶

① （清）徐昆：《柳崖外编》，吉林大学出版社 1995 年版，第 57 页。
② （清）顾炎武：《顾亭林诗文集》，第 212 页。

俗的五河县，只因“守着几亩田园，跑不到别处去”，日久天长，“激而为怒”，经常做出捉弄人的事。我们知道，虞华轩是以移家前的吴敬梓为原型而塑造的，其对五河县的憎恶乃是吴敬梓对家乡反感的折射。第四十七回中吴敬梓通过虞华轩捉弄成老爹的描写，使一个激而为怒且心理趋于扭曲的世家子弟形象跃然纸上。回中写兴贩行的行头成老爹对虞华轩解释说，庄户之所以不愿把地卖给方府，是因为“方府上田主子下乡要庄户备香案迎接，欠了租又要打板子”，而虞华轩则是宽宏大量，“不像他们刻薄”。可是这次在成老爹领乡下卖主和中人来成交的最后关头，虞华轩却以田价过高为理由突然取消了交易，并命人“到厅上把那乡里的几个泥腿替我赶掉了”。不得不说，虞华轩此举是标准的矫激行为，有失厚道，跟第三十一回提到杜少卿家对待佃户的态度截然不同。当然，长期处身于恶俗环境中的虞华轩产生心理扭曲，并不意外，它正雄辩地说明了风俗移人之可怕。

二娄公子访贤杨执中，是书中涉及世家子弟发生异变的经典故事。第九回写娄公子出钱救助杨执中后，本以为杨会主动来谢，结果事情的发展却出乎他们所料：

> 娄公子过了月余，弟兄在家，不胜诧异。想到越石甫故事，心里觉得杨执中想是高绝的学问，更加可敬。一日，三公子向四公子道：“杨执中至今并不来谢，此人品行不同。”四公子道：“论理，我弟兄既仰慕他，就该先到他家相见订交，定要望他来报谢，这不是俗情了么？”三公子道：“我也是这样想。但岂不闻‘公子有德于人，愿公子忘之’之说？我们若先到他家，可不像要特地自明这件事了？”四公子道：“相见之时原不要提起，朋友闻声相思，命驾相访，也是常事，难道因有了这些缘故，倒反隔绝了，相与不得的？”三公子道：“这话极是有理。”当下商议已定。

天目山樵评二娄纠结的计议道：“后来虞、杜济人，情由中出，全是真诚，二娄则枝枝节节有许多计议，盖求为名高耳。”两位娄公子是“因科名蹭蹬，不得早年中鼎甲，入翰林，激成了一肚子牢骚不平”的，访贤杨执中不过是他们寻求心理补偿的一种方式而已。跟唯以功名为务的科举中人相比，二娄求名的行为实际并无本质的不同。第三十二回齐省堂增订本评语云：“二娄因不能早得科第，激成牢骚，未免近于热中，其品不高。”可谓一语中的。二娄公子以当代信陵君、孟尝君自居，其以养客的态度对待杨执中、权勿用等人，是为了让他们将其视为恩主一样的存在，从而使自己沉浸于众星捧月般的满足状态中。罗浮散客《天凑巧》第一回《余尔陈》中议论道：“富贵中人，可以做豪侠的事，纵肯做，也不肯白做，终须叫不得豪侠。”借用此语审视二娄，似不失解释的效力。洪应明《菜根谭·评议》一四九云：“贫士肯济人，才是性天中惠泽。”① 较之二娄救助杨执中，马二先生救助蘧公孙、虞博士救助庄农，便是贫士济人的典范，当得起“性天中惠泽”的美誉。

第四，功利之风使儒家名教规训人心的功能日渐失效，表征着传统信仰已无可挽回地趋于崩溃，这是吴敬梓诊断时代症候不得不承认的冷峻现实。第三十四回写高翰林嘲笑杜少卿的祖父和父亲道：

> 他家祖上几十代行医，广积阴德，家里也挣了许多田产。到了他家殿元公，发达了去，虽做了几十年官，却不会寻一个钱来家。到他父亲，还有本事中个进士，做一任太守，已经是个呆子了：做官的时候，全不晓得敬重上司，只是一味希图着百姓说好；又逐日讲那些“敦孝弟，劝农桑”的呆话。这些话是教养题目文章里的词藻，他竟拿着当了真，惹的上司不喜欢，把个官弄掉了。

研究者素来重视吴敬梓接受明清之际进步思潮影响的事实，顾炎

① （明）洪应明著，王同策注释：《菜根谭注释》，浙江古籍出版社 1989 年版，第 51 页。

武的精神滋养更是占有举足轻重的地位[①]。《外史》有关描写跟顾炎武《日知录》文字，存在或显或隐的对话关系。《日知录》卷十三《廉耻》云："士大夫之无耻，是谓国耻。"[②] 黄小田评高翰林这番话道："此等语非翰林不能道，骂杀骂杀。"《外史》中出现的两个居于科举宝塔尖上的人物，即鲁编修和高翰林，都是俗气不过的人，而高翰林则堪称恶俗。吴敬梓在第四十九回中特意通过迟衡山与武书的对话，无情地贬斥了高翰林的名节。回中写在高翰林家迟衡山对武书道："园子倒也还洁净，只是少些树木。"武书回应道："这是前人说过的：亭沼譬如爵位，时来则有之；树木譬如名节，非素修弗能成。"武书引用前人的这句话出自《宋史·卢秉传》[③]，乃是对士大夫名节之生成的形象化表达。我们完全可以说，高翰林是吴敬梓内心深处最为痛恨的俗士，价值观上的根本对立使他们形同天敌。我们知道，面对功利之风席卷天下、风俗日趋恶化的严酷现实，顾炎武曾寄望名教以挽狂澜于既倒，《日知录》卷十三《名教》云：

> 自其束发读书之时，所以劝之者，不过所谓"千钟粟""黄金屋"，而一旦服官，即求其所大欲。君臣上下怀利以相接，遂成风流，不可复制。后之为治者宜何术之操？曰：唯名可以胜之。名之所在，上之所庸，而忠信廉洁者显荣于世；名之所去，上之所摈，而怙侈贪得者废锢于家。即不无一二矫伪之徒，犹愈于肆然而为利者。……故昔人之言，曰名教，曰名节，曰功名，不能使天下之人以义为利，而犹使之以名为利，虽非纯王之风，亦可以救积洿之俗矣。[④]

对照高翰林大庭广众之下的无耻宣言，不得不说，顾炎武"以名

① 参见张国风《〈儒林外史〉试论》（中华书局2002年版）第一章《〈儒林外史〉的思想渊源》相关论述。

② （清）顾炎武著，黄汝成集释：《日知录集释》，第772页。

③ 李汉秋编著：《儒林外史研究资料集成》，第263页。

④ （清）顾炎武著，黄汝成集释：《日知录集释》，第767页。

为利”的主张仍失之理想化：高翰林的俗化是如此之彻底，早已非区区名教所能羁縻了。为了说明名教不足以收拾人心，还可举出王鸣盛（别字西庄，1722—1798）的著名事例。昭梿《啸亭续录》卷三《王西庄之贪》记载：“王西庄未第时，尝馆富室家，每入宅时必双手作搂物状。人问之，曰：‘欲将其财旺气搂入己怀也。’”进入仕途后，王鸣盛多所干没，有人劝他要顾惜后世的名节，王答以“贪鄙不过一时之嘲，学问乃千古之业”[①]。这是自信其学问可以传世，当世口碑则不必在意。如果说现实中的王鸣盛凭恃学问而不顾物议，小说中的高翰林则是赤裸裸地宣扬功利。按照官方评价官员的传统标准，杜少卿的祖父和父亲堪称正派称职，可是在高翰林的世俗眼光里，他们都是不懂为官之道的彻底的失败者。高翰林认同的为官之道只有四个字，即“升官发财”。为了升官发财，任何传统道德、任何官样文章，统统可以弃之不顾。如果说宣称“在纲常上做工夫”的王德、王仁是假道学，亦即《歧路灯》第三十九回程嵩淑指称的“理学嘴银钱心”，那么到了高翰林这里，“理学嘴”这层涂饰也被直截了当地抹掉了。传统信仰无可挽回地趋于崩溃，高翰林便是典型的人格化代表。

解析高翰林嘲笑杜少卿祖父、父亲那番话，不能仅仅停留在对其无耻的指斥上，同时还应看到其具有惊人的坦率的一面。高翰林嘲笑杜少卿的父亲任太守期间所讲“敦孝弟，劝农桑”乃是“呆话”，是因为在其心目中“这些话是教养题目文章里的词藻”，当不得真。我们知道，“敦孝弟，劝农桑”是雍正二年（1724）颁布全国的《圣谕广训》第一条与第四条的内容，即“敦孝弟以重人伦”“重农桑以足衣食”，而《圣谕广训》又是清代乡约宣讲的基本内容[②]。乾隆元年（1736）吴敬梓应博学鸿词科考试，在学院试时曾作试帖诗《赋得敦俗劝农桑》。吴敬梓此诗尽管是应制之作，但对于“敦俗劝农桑”的

---

① （清）昭梿：《啸亭杂录》，中华书局1980年版，第442页。

② 关于清代乡约宣讲及其在《儒林外史》中的表现，可参见拙文《王玉辉的追求与悲剧——程襄龙〈唐烈妇传〉的发现及意义》，《励耘学刊》2018年第1辑。

基本内容，其态度仍是信奉而非反对。相比之下，高翰林毫无顾忌地将历代正面宣扬的教养之道斥为“呆话”，还是十分惊人的。当然，高翰林此论的落脚点，是强调杜少卿的父亲只图有益于百姓，而不懂得敬重上司，所以活该落得被罢官。高翰林此言自是谙熟官场生存法则的坦率表白。《聊斋志异·梦狼》写白甲教训弟弟不知仕途之关窍，其理正同：“黜陟之权，在上台不在百姓。上台喜，便是好官；爱百姓，何术复令上台喜也?”可以说，像杜少卿的祖父、父亲那样持守传统的仕宦者，收获世俗人众眼中的凄凉结局，乃是具有规律性的大概率事件。正如业师张国风先生一针见血所指出的：“愈是固守地主阶级自己所制订的伦理规范，就愈是不能得势。明清小说中反映出来的这种社会现象，正是我国封建社会接近灭亡的一种生动的预兆。”[①] 乾隆十九年（1754）吴敬梓辞世后金兆燕在所撰长诗中感慨道：“丈夫抱经术，进退触籓羝。”[②] 亦为同一规律的显现。张天翼《读〈儒林外史〉》中曾替马二先生的前途担忧，推想马二先生即使发达了去，“说不定也会落得个没趣”，因为他如果一意保持其诚朴，“官场上的人也看他不起。人家一提到他，也许会像高翰林议论杜少卿的父亲一样”[③]。马二先生保题优行后的仕路，书中并无交代，想来一定不会很美妙的。

二 “各自须寻各自门”：《儒林外史》中的立身之道

生逢功利思想弥漫天下、势利意识沦肌浃髓的时代，正直士人立身之艰难完全可以想见。吴敬梓的挚友程廷祚在《与刘学稼书》中曾痛言士人立身之难：

① 张国风：《〈儒林外史〉试论》，第44页。

② 《棕亭诗钞》卷五《甲戌仲冬送吴文木先生旅榇于扬州城外登舟归金陵》，见吕贤平辑校《金兆燕集》，人民文学出版社2018年版，第326页。

③ 张天翼：《张天翼文学评论集》，人民文学出版社1984年版，第510页。

> 弟自迩年以来，始深知学问之难，惟在躬行。千古以上，未敢轻议；后来茫茫，亦未敢轻议。惟觉纵横万里之内，可以当得人字者，未之概见。其故安在？我辈居平诵诗读书，孰不言希圣、言希贤？然一遇小利害、小得失，无不丧其所守，所谓箪食豆羹见于色者，比比然也。由其中本无真得，而义理之心不胜其嗜欲之心，故高谈三古，浮慕圣贤，而无少补于实德实行也。此可以谓之人哉？[①]

"惟觉纵横万里之内，可以当得人字者，未之概见"，程廷祚此言可谓字字沉痛，却不失为透入人生本相的忠实呈现。学者张灏在研究中国古代的圣王精神时，特别拈出其中的"幽暗意识"加以强调，而"所谓幽暗意识是发自对人性中与生俱来的阴暗面和人类社会中根深柢固的黑暗势力的正视和警惕"[②]。张先生曾经引用明人罗洪先的一段话，表露罗氏对生命阴暗面的深切感受："吾辈一个性命，千疮百孔，医治不暇，何得有许多为人说长道短耶？"王汎森先生曾研究过颜李学派中人物以日记、年谱、自省录、检身册等形式，记录善过以纠察身心得失的现象[③]，这同样是对士人立身之艰难的突出反映。《儒林外史》中庄绍光的人物原型是程廷祚，他是颜李学派在南方的重要传承人，在小说第三十五回中，庄绍光借宿于京郊穷苦的老夫妇家，遭遇老妇人走尸而惊惧，不过他立即自我反省道："生死亦是常事，我到底义理不深，故此害怕。"这种可贵的自省精神或许折射了颜李之学给予滋养的事实。不仅如此，《外史》对众多人与事的具有精神分析性质的描写，其对发掘与认识科举因素对人性恶的催化作用，同样具有同类作品所难以取代的重要价值。

基于对科举在士人生活中的重要性及局限性的思考，朱熹将士人

① （清）程廷祚：《青溪集》，黄山书社 2004 年版，第 212 页。

② 张灏：《超越意识与幽暗意识——儒家内圣外王思想之再认与反省》，载氏著《张灏自选集》，上海教育出版社 2002 年版，第 37 页。

③ 王汎森：《日谱与明末清初思想家——以颜李学派为主的讨论》，载氏著《晚明清初思想十论》，复旦大学出版社 2004 年版。

立志的意义强调到了无以复加的地步。他说："士人先要分别科举与读书两件，孰轻孰重。若读书上有七分志，科举上有三分，犹自可；若科举七分，读书三分，将来必被他胜却，况此志全是科举！"① 在讨论"科举累人"抑"人累科举"的问题时，朱熹明确指出："非是科举累人，自是人累科举。若高见远识之士，读圣贤之书，据吾所见而为文以应之，得失利害置之度外，虽日日应举，亦不累也。居今之世，使孔子复生，也不免应举，然岂能累孔子邪！"② 能将"得失利害置之度外"的，只能是极少数"高见远识之士"，绝大部分普通士子为生活起见，亦不得不全力以赴从事举业。新发现的吴敬梓《后新乐府》组诗之《棘闱怨·感士习也》，乃有感于士人科场舞弊而作，其卒章显志之语为末二句："皇矣圣主言，士人先辨志。"郑志良先生指出，吴敬梓此诗乃是应和乾隆五年（1740）《训诫士子谕》的旨意，在这份谕旨中，乾隆帝援引朱熹"学以为己"之论，强调"学者莫先于辨志"，而谓"志于为己者，圣贤之徒也；志于科名者，世俗之鄙也"③。在《棘闱怨》诗中，吴敬梓虽强调了士人"辨志"的重要性，但他对那位携夹带入场的士子，却亦不乏同情之感，诗中写那位士子畏于考场搜检，"遑遽探怀中，含泪弃溷厕"，便可见其一斑。

在古代宗法社会中，士人投入举业并不仅仅是为个人前途考虑，家庭与宗族的利益考量也是同等重要的。《儒林外史》第十五回中马二先生给流落杭州的匡超人讲"荣宗耀祖""显亲扬名"方为"大孝"，道理在此。顾炎武《生员论·上》中明确将举业的功用分为两个层面，即"慕功名"与"保身家"。他说："今之愿为生员者，非必其慕功名也，保身家而已。"④ 明末清初关中大儒李颙（1627—1705）在《答友人·又》中述生平心志，便突出强调了"保身家"的必要性与重要性：

---

① （宋）黎靖德编：《朱子语类》，中华书局 1994 年版，第 243 页。
② （宋）黎靖德编：《朱子语类》，第 246 页。
③ 郑志良：《新见吴敬梓〈后新乐府〉探析》，《文学遗产》2017 年第 4 期。
④ （清）顾炎武：《顾亭林诗文集》，第 21 页。

仆之先世，俱系庶人。仆安庶人之分，因无衣顶庇身，众侮群欺，生平受尽磨难。小儿鉴仆覆辙，勉冒衣顶，聊藉以庇身家，岁考之外，未尝应科考以图进取；然每遇岁考，道途之跋涉，资斧之艰窘，苦不堪言。幸叨选拔，免岁考，脱苦局，今而后但得家无病人，衣食稍给，父子团聚，不至各天，于愿足矣！此外他无所愿，仕宦之荣，非寒家事也。[①]

“仕宦之荣，非寒家事也”，这句表明功名观的话十分凄凉，但李颙明言家中须出一个秀才以庇身家，这又是非常现实的选择。《儒林外史》第五回写严监生嘱托妻舅王德、王仁照顾外甥长大，“教他读读书，挣着进个学”，免得儿子将来像自己一样，受大哥严贡生一辈子的气。第十七回写匡超人参加府考未归期间，其兄匡大因争夺市场摊位跟人发生争吵，粗蠢的匡大亦懂得这样威吓对方：“县主老爷现同我家老二相与，我怕你么！我同你回老爷去！”天目山樵就此嘲讽道：“草鞋四相公尚未回家，草鞋三相公已自扬威耀武了。可见势利熏心，物无灵蠢。”天目山樵提到的“草鞋四相公”“草鞋三相公”，见于沈起凤《谐铎》卷五《草鞋四相公》，篇中谓吴中习俗奉祀草鞋三相，其弟四相公遂“倚兄势，擅作威福，为患一方”[②]。兄弟俩在服饰上的显著特征是穿着草鞋，可见其出身之卑微。天目山樵的评语将匡大比喻为草鞋三相公，是反用原作表示对其借势唬人的讽刺。事实上，在权力关系支配之下的世俗社会，势利并不仅仅是负面的道德选择，它还是现实教人必须遵从的生存法则。

士人治生是《儒林外史》研究的重要议题[③]。本文在吸取以往若干成果的基础上对此略加申述。首先需要从整体上认识治生对士人立身的重要意义。明末清初思想家陈确（1604—1677）曾结合自身阅

① （清）李颙：《二曲集》，中华书局1996年版，第189页。

② （清）沈起凤：《谐铎》，人民文学出版社1985年版，第72页。

③ 徐永斌先生《明清江南文士治生研究》（中华书局2019年版）第308至316页，专门论述了《儒林外史》中的文士治生问题。

历，对治生问题提出理性而深入的思考。在《学者以治生为本论》中，陈确指出："所谓身，非一身也。凡父母兄弟妻子之事，皆身以内事，仰事俯育，决不可责之他人，则勤俭治生洵是学人本事。"①《外史》第三十六回写武书对虞博士说："门生并不会作八股文章，因是后来穷之无奈，求个馆也没得做，没奈何，只得寻两篇念念，也学作两篇。"虞博士回应说自己也不耐烦作时文，在他年轻的时候，祁太公劝他"买两本考卷来读一读，将来出去应考，就个学，馆也好坐些"。《醒世姻缘传》第三十三回曾将教书称为"秀才治生之本"。《外史》第三回写胡屠户不愿给范进出乡试的盘费，是因为他认定范进绝无中举的任何可能，他替范进所作谋划是在屠宰行中寻一个馆。胡屠户辱骂范进的话相当粗俗，但他为女婿的谋划却十分理性。《歧路灯》第八十五回中王象荩对谭绍闻说："'一家吃穿，等着做官'，这官是望梅止渴的。"科第对大多数人来说只能是一种梦想，治生则是任何人都必须严肃对待的课题。明末清初徽州学者张习孔《家训》有云："儒者以治生为急，岂能皆读书？如一家有数子，以其半读书，其半治生可也。治生者以无读书者助其体面，则生计亦不成；读书者无治生者资其衣食，岂能枵腹而读哉？故两者恒相资，不可相厌。"②吴敬梓的高祖吴沛命次子吴国器在家务农，让其余四子从事举业，便契合张习孔提出的"治生者""读书者"相互支持的精神。《醒世恒言》卷十七《张孝基陈留认舅》入话写老尚书生有五子，"只教长子读书，以下四子农工商贾，各执一艺"。老尚书讲他如此安排的道理所在："世人尽道读书好，只恐读书读不了！读书个个望公卿，几人能向金阶跑？郎不郎时秀不秀，长衣一领遮前后。畏寒畏暑畏风波，养成娇怯难生受。"这位老尚书不愧为看透世事的深谋远虑者。《外史》第四十六回写虞博士离开南京跟杜少卿话别，说为了自己的小儿子将来生计考虑，让其在读书之余学医。陈美林先生曾指出虞博士此举与颜李之学及吴敬梓家世的关联："李塨主张分科教习士子，其

① （清）陈确：《陈确集》，中华书局 1979 年版，第 158 页。
② （清）王晫、张潮编纂：《檀几丛书》，上海古籍出版社 1992 年版，第 86 页。

'艺能'一科，包括医道在内，作者之先人亦曾为医。《外史》中杜少卿'祖上几十代行医'，虞育德亦欲后人学医，均与颜李之学与文木老人之家世有关。"[①]《歧路灯》第十一回引两句古话："学者若不知医，比之不孝不慈。"可见在古人的观念里，学医不仅是一种谋生的手段，它还是践行伦理责任的重要方式。虞博士安排儿子在读书之余学医，表明他已清醒地认识到，将生活的希望全寄于读书并不可取，读书之外掌握某种谋生手段，乃是绝对必要的理性选择。《外史》中的王玉辉将全部精力用于编纂三部书，弄得没有工夫做馆，导致家庭陷入极为困顿的境地。王玉辉的三女儿在丈夫死后决定殉夫，他不但不阻止，反而极力赞成，背后便有经济这一重要促成因素[②]。王玉辉编纂礼书、字书及乡约书这三部书，自以为是献身于圣贤事业，可是如若按照陈确《学者以治生为本论》的意见，王玉辉是连一个真正的学者都算不上的："唯真志于学者，则必能读书，必能治生。天下岂有白丁圣贤、败子圣贤哉！岂有学为圣贤之人而父母妻子之弗能养，而待养于人者哉！"[③] 毫无疑问，越来越多的人认识到治生的重要性，对于打破千余年来的科举迷梦，对于增进各阶层间的平等意识，其意义是怎么估价也不过分的。

《儒林外史》的人物大致划分为三个群落，即八股士、名士与真儒。以下即按此顺序择取某类中的一个或几个人物，尝试说明不同类别不同人物有何立身之道，其立身之道的悲剧性又分别有何表现，借此审视作者或隐或显的创作意图。

借用现代经济学术语，科举便是一个庞大的产业链。马二先生乃寄居于"选政"这一环节而立身。众所周知，马二先生代表了制艺的真精神，科举对士子的强大的形塑或曰异化力量，在马二先生身上得到了异常深刻的表现。马二先生服膺八股取士为"极好的法则"，

---

① （清）吴敬梓原著，陈美林批评校注：《陈批儒林外史》，商务印书馆 2014 年版，第 552 页。

② 参见拙文《王玉辉的追求与悲剧——程襄龙〈唐烈妇传〉的发现及意义》，《励耘学刊》2018 年第 1 辑。

③ （清）陈确：《陈确集》，第 159 页。

从而导致他越是失利于科场，越是认定八股文其妙无穷，永远值得去不懈地探讨，而这一份执着也正是他从事选政的根本动力。深谙八股写作之道的方苞在《何景桓遗文序》中指出："八股之作，较论、策、诗、赋为尤难。就其善者，其持之有故，其言之成理，故溺人尤深，有好之老死而不倦者焉。"①《外史》第四十九回中迟衡山称道马二先生"着实在举业上讲究"，实质上便是八股文"溺人尤深"的必然表现；同回中提到庄绍光评价马二先生"知进而不知退，直是一条小小的亢龙"，亦为同一意思的表达。生活中像马二先生这样执着的人并不少见。刘大櫆（1697—1780）《方晞原时文序》谓其好友方晞原"志在返古"，"遵唐（顺之）、归（有光）之遗轨，而不惑于世俗之趋尚。一时与晞原同学者，操速化之术，多窃巍科以去，方且笑晞原之拙，而晞原以为得之有命，终不易其所守也"②。方晞原不愿趋同俗尚而志在返古，其精神实质全同于《外史》第十三回中马二先生跟蘧公孙所讲："文章总以理法为主，任他风气变，理法总是不变。"正因马二先生拘执理法而不谙"揣摩"这一"举业的金针"，结果导致他补廪二十四年仍无法获隽于乡试，不过马二先生从来都是无怨无悔，因为他从事的选政使他跟举业紧密地联系在一起，其人生价值在选文事业中获得了自足的确证。马二先生肯定不嫉妒比自己年轻的士子取胜于科场，因为他在作批语时只想"要那读文章的读了这一篇，就悟想出十几篇的道理"，由此决定他的选文态度是极为负责、极为认真的。第十三回中马二先生对蘧公孙说自己"时常一个批语要做半夜，不肯苟且下笔"。第十八回写杭州文瀚楼店主请匡超人批点三百多篇文章，为了保证批点质量并及时投入市场，店主预计花费时间为半个月至二十天，不料匡超人仅用六天便完工了。店主喜慰于匡超人的工作效率，作为对比，提到马二先生在嘉兴文海楼时，"三百篇文章要批两个月，催着还要发怒"。齐省堂增订本于此处评道："视后文匡超人之率尔操觚，正是用意判若天渊。"马二先生在选文

① （清）方苞：《方苞集》，第609页。

② （清）刘大櫆：《刘大櫆集》，上海古籍出版社1990年版，第97页。

界的名声便是这般辛苦积累起来的。第十五回写洪憨仙利用马二先生诈骗胡三公子，也是看重马二先生的名声所具有的公信力。日本学者大木康曾据马二先生跟匡超人工作量相同而薪金差距悬殊的事实，推断“不是马二先生收取了额外之资，就是匡超人懵懂无知而被廉价雇用，或是两种情况都有”①。大木先生此论显然难以成立，因为他忽略了马二先生与匡超人在选文界名声的巨大差距。综上所述，马二先生认真、朴实、古道热肠的品质，在多年的选文生涯中得以加强，可以说，其道德品质与本职工作完美地融合为一体了。而马二先生的可敬与可悲，亦尽在于此了。

马二先生献身于举业的深层次悲剧性，突出地表现在他对匡超人的诱导上。第十五回写马二先生赠别匡超人，以盟兄的身份嘱咐道：“贤弟，你听我说。你如今回去，奉事父母，总以文章举业为主。人生世上，除了这事，就没有第二件可以出头。……我是百无一能，年纪又大了；贤弟你少年英敏，可细听愚兄之言，图个日后宦途相见。”陈美林先生评论这番话道：“一番劝说，与劝蘧公孙者前后映照，然更亲切感人。于厚望匡二之言中，亦时露一己之迟暮。”② 对于马二先生这番语重心长的话，如果采用互文式阅读方式，最容易让我们联想起来的场景，便是金批本《水浒传》第三十一回《武行者醉打孔亮，锦毛虎义释宋江》中宋江送别武松一段：

> 宋江道：“不须如此。自古道：‘送君千里，终有一别。’兄弟，你只顾自己前程万里，早早的到了彼处。入伙之后，少戒酒性。如得朝廷招安，你便可撺掇鲁智深投降了。日后但是去边上，一枪一刀，博得个封妻荫子，久后青史上留得一个好名，也不枉了为人一世。我自百无一能，虽有忠心，不能得进步。兄弟你如此英雄，决定做得大事业，可以记心。听愚兄之言，图个日

① ［日］大木康：《明末江南的出版文化》，周保雄译，上海古籍出版社2014年版，第111页。

② （清）吴敬梓原著，陈美林批评校注：《陈批儒林外史》，第202页。

后相见。”

从话语方式与遣词造句两方面看，吴敬梓写马二先生赠别匡超人的场景时，脑海中浮现的便是宋江送别武松这一段，应该不是无谓的猜测。宋江送别武松所言绝非寻常客套语，而是发自肺腑地为武松一生前程着想。同样的，马二先生嘱咐匡超人那番话，亦是其半生心血凝成的经验之谈。从《水浒传》《儒林外史》两处临别赠言的效应看，其共同点也是颇为明显的：武松在大聚义后招安动议一经提出的场合，便态度鲜明地予以激烈反对；匡超人走过曲折的道路而归于堕落后，对当年救助过自己的马二先生施以攻击。较之武松出于大义而光明磊落地表示反对，匡超人攻击盟兄自是十足的小人行径。不过，我们在指责匡超人的同时，不能忽略马二先生赠别时的微妙心理。邵毅平教授曾分析过马二先生当时的心理：“他成了一个在后辈面前自信十足的精神导师，又成了一个对于穷人乐善好施的慈善家，这对在这些方面一向都成绩不佳的马二先生来说，足以构成一种自我陶醉和自我优胜的理由。”① 吸取邵教授此一分析的合理成分，谓马二先生赠别匡超人乃是其一生事业的顶峰，亦未为不可。然而，事情的可悲也正在这里：正是马二先生语重心长的临别赠言，点燃了匡超人的功名欲望而一步步走向堕落。匡超人的堕落当然不能由马二先生负责，但作者让一位蹉跎科场的老选家点燃年轻人的功名欲望，实在是从中洞察了层层的悲剧性而寓以微言大义。要之，马二先生以自己特有的方式赠别匡超人，正是他被举业思维完全控制的产物。于无声处听惊雷，这正是《儒林外史》内敛风格的完美表现。

马二先生大半生被选政牢牢捆绑的后果令人触目惊心：仅够温饱的物质生活与狭隘枯槁的精神世界。从马二先生的经历中我们分明感受到了一种无言的痛苦。当我们看到他游西湖时貌似反感的看女人的样子，烧炼洪憨仙的“黑煤”时燃起的发财欲望，便不禁要为这位兄长般的选家一掬同情之泪。美国作家马克·吐温（1835—1910）

① 邵毅平：《小说：洞达人性的智慧》，复旦大学出版社2008年版，第88页。

的短篇小说《好孩子的故事》中，力求进取的好孩子雅各布·布列文斯做任何事情，都要诉诸教人向善的权威性典籍，结果落得身体被炸碎的悲惨结局。在象征的意义上，马二先生便是18世纪中国社会孕育出的“好孩子”。他的盟弟匡超人则是马克·吐温另一短篇小说《坏孩子的故事》中的“坏孩子”。马克·吐温在小说末尾交代，坏孩子吉姆“采用各种流氓手段，欺诈坑骗而发了大财；现在他横行乡里，成了心毒手狠的坏蛋，然而却受人敬重，选入议会”①。18世纪中国社会的“坏孩子”匡超人则早就“高兴长安道”了。

凭借举业步入仕途的士子毕竟少之又少，大量被科举甩出的士子必须别求立身之道。进入所谓的名士群体便是一条传统的路径。我们知道，不务正业是《外史》中众多人物的显著特征，这一特征在名士群体中的表现尤为突出。第九回提到杨执中做盐店管事期间，“一切账目却不肯用心料理”。第十二回写当地人眼里的权勿用，“是个不中用的货，又不会种田，又不会做生意，坐吃山崩，把些田地都弄的精光”，在杨执中的蛊惑下，立志要做个高人。第十九回借潘三之口交代，开头巾店的景兰江“本来有两千银子的本钱，一顿诗做的精光”；巡商支剑峰在街上吟诗，以致巡商被革掉，“将来只好穷的淌屎”。较之权勿用、景兰江等人物，吴敬梓在塑造杨执中这一形象时，有意使用了较多的象征手法，从而给解读带来了一定的困难。李汉秋先生曾从杨执中摩弄铜炉的象征作用入手，指出杨执中形象的深层意蕴乃是“以古拙为表征妄价待沽”②，可谓抓住了这一形象的精神本质。据叶楚炎考证，杨执中的人物原型是王藻（1693—?），吴敬梓塑造杨执中形象时，在出身、职业及爱好等方面，大量汲取了王藻的经历。原型人物的考定使观察小说人物的角度焕然一新。叶楚炎认为“杨执中既是一个身份混乱的人，同时更是一个在混乱的身份中迷失自我的人”，他“徒具名士之表而内里却是一片真空”，故“只能通

① ［美］马克·吐温：《百万英镑》，董衡巽等译，北京燕山出版社2011年版，第27页。

② 李汉秋主编：《儒林外史鉴赏辞典》，中国妇女出版社1992年版，第80页。

过种种方式对之进行遮掩”[①]。擅长因人而异地遮掩自己的本相，确是杨执中为人的突出特色。他参加乡试十六七次均告落败，垂老时得授县学教谕而不就，似颇有不为五斗米折腰的骨气，可是他仍将选授教谕的报帖挂于客座，从而呈现出终不能忘情功名的本心。他跟邹吉甫、娄公子讲话时是那么和气，那么文雅，可是在面对家中老妪和儿子杨老六时，却又是那么粗暴，那么无情。他把楷书《朱子治家格言》挂在壁上，不过是看中其文化符号的意义，实际表现则全然违背格言的精神。例如《朱子治家格言》中有道：“居身务期质朴，训子要有义方”，“家门和顺，虽饔飧不继，亦有余欢”。[②] 这两条格言纯然便是对杨执中的反讽。

杨执中向邹吉甫讲述宁愿挨饿也不出售铜炉，意蕴十分丰富，值得仔细分析。其一，杨执中的人物原型王藻是个收藏家，“好载籍、笔墨、彝器、雕刻、玩弄之具”[③]。吴敬梓汲取了这一点又加以改造，用以凸显杨执中自我标榜之清雅有节。明人吴其贞《书画记》卷二《黄山谷行草残缺诗一卷》有道：“忆昔我徽之盛，莫如休、歙二县。而雅俗之分，在于古玩之有无。故不惜重值，争而收入。”[④] 古玩之于区分雅俗的意义，杨执中自是了然于心，故不惜付出饥饿的代价来持守。其二，杨执中为了标榜清雅有节，坚持不肯出售铜炉，全然不顾家人的基本生活，其自私、无情的一面由此得以彰显。后来权勿用在娄府被捕，他不但不为设处，反而欲将其一把推出，绝情寡义至于此地，原是有脉络可循的。其三，杨执中主动向邹吉甫提起铜炉的话头，似非无心之举。他十分清楚邹吉甫的重要价值，据两人交谈可知，此前邹吉甫曾多次周济过他。尤为重要的是，他肯定知道邹吉甫是娄府的看坟人，其意念中未必不想借此跟娄府搭上关系，而其时铜炉便可充当最得体的接引物。总之，杨执中表面上既迂且呆，实际上

---

① 叶楚炎：《杨执中原型人物考论》，《中国文化研究》2017年春之卷。

② （清）陈弘谋：《五种遗规》，凤凰出版社2016年版，第34、35页。

③ 刘大櫆：《王载扬诗序》，见《刘大櫆集》，第65页。

④ （明）吴其贞：《书画记》，载《续修四库全书》第1066册，上海古籍出版社2003年版，第41页。

却极善经营自我形象，从而在没有任何真才以维持生计的绝境中，能够勉强活下去而不致沦为饿殍。台湾学者乐蘅军认为这一形象具有独特的认识价值，不失为一种洞见：“杨执中一方面捧着书本，标榜程朱，而另外一方面以他小民人的机警和现实，他是窥透世情的。他剽窃了理学家的鄙实物以自高，可是并不能解决实际问题，为了争取现实的生存，于是他又从旧有的生存模式里信手拈来，把不实用的理学家思想变成了极有效的生活赚取……他把‘无所事’和‘求沽售’结合起来了。”①

综上所述，可见在杨执中这里，不管是他的文雅得体的言谈，还是他的清雅妥帖的书房、包浆上佳的铜炉，全都化为了用以自我标榜的文化符号。换句话说，在他这里，一切都形式化、姿态化了，究其内里则是一片巨大的真空。除了他的难以抑制的生存欲望是真的以外，余者均异化为兑换社会资本的伪饰了。杨执中这种在在出之以伪饰的生存策略，正对了深受传统熏染的娄公子的脾性。鲁迅在《真假唐吉诃德》中一针见血地指出：“中国的江湖派和流氓种子，却会愚弄吉诃德式的老实人。”② 吴敬梓没有交代娄公子闭门谢客后杨执中的下落，不过我们可以推想，哪怕杨执中离开了娄府，以娄公子仁厚的为人，自是不会亏待他的。全无真才的杨执中却拥有如此顽强的生存能力，表征着传统文化趋于溃败的某些症候，引起了吴敬梓这样敏感的儒者的注意与反思。相比假侠客张铁臂拿一颗猪头骗取五百两银子，杨执中交结娄公子的动机更为深隐，危害性也更为严重。这是因为，杨执中的作为使人与人之间的交流失去了意义而徒具空壳，而一切都形式化、虚伪化的结果，只能是真诚的情感交流归于失落。在这个意义上，杨执中不啻为笼罩全篇的象征性人物。我们看到，《外史》中多如过江之鲫的所谓名士，大多不过是举着会作诗这一传统的招牌，于抱团取暖之外，去权门或商人那里换得一碗半碗的残羹冷炙

① 乐蘅军：《杨执中的铜炉及其他》，载氏著《古典小说散论》，纯文学出版社有限公司 1984 年版，第 145 页。

② 鲁迅：《南腔北调集》，人民文学出版社 1980 年版，第 109 页。

罢了。不少人早已谙熟利用文化符号以扩展交际，在这些名利客的心目中，采用何种文化符号并不重要，关键是要有这么一种文化符号，以充当加入某交游圈的准入证。第十七回中景兰江对匡超人说“我杭城多少名士都是不讲八股的”，似乎在名士与八股士之间隔着一道鸿沟，可是一转眼卫体善、随岑庵这两位选家，便凭借令人齿寒的所谓诗作，跟赵雪斋、景兰江等名士把酒言欢了。书办金东崖著有《四书讲章》一书，书中将《孟子·尽心下》中的“羊枣”释为“羊肾”，被杜少卿斥为穿凿不伦。《四书讲章》之粗制滥造自不待言，可金东崖未必在乎他人的指摘，因为只要有这么一本著作，他就可以借此挤入名士圈。更具讽刺意味的是，金东崖著有宣扬孔孟的《四书讲章》，却给一窍不通的儿子买枪替代考，这一言行相悖的事实使其著作沦为空洞的文化符号。第三十四回写高翰林对季苇萧说“承惠佳作，尚不曾捧读”，事实上，对身为作者的季苇萧来说，高翰林“捧读”其“佳作”与否，并不重要，因为其“佳作”不过是行使交际功能的一个符号。毫无疑问，在功利思想浓雾般弥漫天下的大背景下，任何一个场域的真正的心灵交流，都会因难以获得价值源头的滋养而趋于消歇，而有良知有真性情的少数人们，势必收获无尽的孤独与寂寞。向知府与鲍文卿之间、杜少卿与虞博士之间那种最具本真意义的友情，就像茫茫沙漠中一小片绿洲那样稀缺而珍贵。

八股士与名士们各有各的立身之道而得以苟活于世，寄以理想情怀的真儒群体则收获了他们丰富的痛苦。笔者不拟对真儒们的立身之道做全面评述，而仅针对几个人物容易让人产生困惑的行为，提出自己的一孔之见。首先来看以吴敬梓本人为原型塑造的杜少卿。第三十二回写臧蓼斋要补廪，跪求杜少卿出三百两银子。杜少卿问他为何一定要补廪，他回答说：“你那里知道！廪生，一来中的多，中了就做官。就是不中，十几年贡了，朝廷试过，就是去做知县、推官，穿螺蛳结底的靴，坐堂，洒签，打人。像你这样大老官来打秋风，把你关在一间房里，给你一个月豆腐吃，蒸死了你！”对此黄小田评道：“骗他还要骂他。”而听了臧蓼斋的回答，杜少卿笑骂他是“匪类”，“下流无耻极矣”。论者多不加分析地认同杜少卿对臧此一评论。事实上，这里有三点值得分说。其一，臧蓼斋说“今年这廪是我补”，说明其补廪是符合规制的，但他仍须有三百两银子作为活动使费，方能补廪成功。在官府控制一切资源的现实中，此类事情的出现乃是势所必至，不独补廪为然。《型世言》第四回《寸心远格神明，片肝顿苏祖母》写孝女陈妙珍的舅舅李权劝她母亲改嫁时说：“忍饥受冷甚么要紧，就是县里送个贞节牌匾，也只送了有钱的，何曾轮着我们乡村?”这正是潜规则当道的忠实反映。《儒林外史》第三十六回写到的一件事，亦是同一现实的表现。回中写武书的母亲去世后，按例可以旌表，可是因为家境贫寒，“一切衙门使费无出”，故而迟迟无法办理。多亏虞博士替武书提供使费，方将此事办成。其二，臧蓼斋跟杜少卿讲做廪生的仕途前景，表面上看似乎一片光明，尤其是做了知县、推官后，便可以大耍其官威，实则不过是朋友间讲话时故意夸大其词，做廪生的出路事实上非常狭窄而有限。杨执中便是廪生，他于垂老之年得授县学教谕，结果以其寡淡而不就。马二先生补廪二十四年，垂暮之年方被选为优贡。第十五回写马二先生对匡超人讲举业前途时说：“假如时运不好，终身不得中举，一个廪生是挣的来的，到后来，做任教官，也替父母请一道封诰。”这番话中分明透出凄凉的味道。由此返观臧蓼斋为了补廪而跪求杜少卿，便不能仅仅盯住他无耻下作的一面，还应同时体会到士子无奈可怜的一面，如此庶几不会辜负吴敬梓的一片苦心。再者，我们看“臧蓼斋”“臧荼”中的“蓼”字和“荼”字，均含“苦”的意思，便当了然吴敬梓如此命名之用心。其三，杜少卿骂臧蓼斋为下流无耻的“匪类”，不过是朋友间讲的醉话而已，绝不可胶柱鼓瑟地将其视为真骂。天目山樵曾提出这样一个问题：“臧三下流无耻已非一日，少卿何以与之相狎?”天目山樵虽然没有给出答案，但显然他已感受到这是个问题。我们现在已经看得很清楚，杜少卿对臧蓼斋的处境是同情的，虽然臧蓼斋这人有些世俗，但杜少卿跟他绝非水火难容的关系。作为世家子弟的杜少卿当然明白，正是自己所拥有的丰裕的家产，为自主选择人生道路提供了必备的物质基础。像臧蓼斋这样的普通士子，如果不走科举之路，几乎看不到生活的希望。娄焕文把臧蓼斋跟张俊民归为一类，谓二人“都是没良心的人”，只能代表娄焕文个人的看法，杜少卿对臧蓼斋的看法要复杂得多。吴组缃先生早就指出，“书中对于否定人物，主要也是只嘲笑他们热衷功名富贵，醉心八股时文，此外决不一笔抹煞。而且对他们也不苛求”，而臧蓼斋、景兰江等人之所以参与泰伯祠大祭，是因为这些人物有一个共同点，即他们都是“功名上不得意，都不是富贵中人”[①]。由此可见，吴敬梓是带着悲悯的态度看待儒林众生的，其机锋所向绝不在于攻击某个具体的人，而是要将思考的对象指向制度、指向文化。

占据《儒林外史》精神制高点的人物是虞博士。关于虞博士的为人行事，颇有几件引起争议的。天目山樵就虞博士周济汤相公之事谓其“仁而近愚”[②]；虞博士善待严管家及舞弊监生的事[③]，也曾引起后世读者的质疑。此处单论善待严管家的事。其一，第三十七回写虞博士无偿地把丫头配与严管家，当严管家辞职时，虞博士不但不向他追还丫头的身价银，还赠给他十两银子，荐在一个知县衙门里做长随。虞博士此举极易招致“老好人”的指责，武书便以“可笑的紧”来评价他，唯有杜少卿理解其用心之所在：“这些做奴才的有甚么良心！但老人家两次赏他银子，并不是有心要人说好，所以难得。”第三十六回中交代，严管家是虞博士从处馆的杨家借来的，丫头是祁太公赔送的，虞博士之善待严管家，自然考虑到了这些关系。陈美林先生即曾指出：“虞自幼得祁太公厚待，又在杨家处馆七年。感祁、感杨，而推及丫头、管家，又有何‘好笑’之处？武书此际毕竟有欠修养。”[④] 其二，严管家之所以辞职，是嫌国子监衙门过于清淡，无灰色收入可寻。虞博士当然了解这是一个无比功利的世界，严管家的选

---

① 吴组缃：《〈儒林外史〉的思想与艺术——纪念吴敬梓逝世二百周年》，载氏著《说稗集》，北京大学出版社 1987 年版，第 117 页。

② 陈美林先生认为虞博士之所以周济汤相公，是因为虞博士曾托汤相公照管房子，故“亦不得不送其三四十两银子，此无异工钱也”，此正可见虞博士为人之厚道。见《陈批儒林外史》，第 447 页。

③ 如何看待虞博士善待舞弊监生，参见拙文《读〈儒林外史〉札记三则》（《明清小说研究》2016 年第 3 期）第三则《虞博士生平片段发微》相关论述。

④ （清）吴敬梓原著，陈美林批评校注：《陈批儒林外史》，第 459 页。

择实不必深责。要求虞博士身边的人都有他那样高的思想境界，是不现实的。第四十七回中，基于对家乡五河县势利环境的痛恨，余大先生将其归因于“学宫里没有个好官”，“若是放在南京虞博士那里，这样事如何行的去”。余二先生附和道：“看虞博士那般举动，他也不要禁止人怎样，只是被了他的德化，那非礼之事，人自然不能行出来。”显而易见，余氏兄弟的想法过于理想化而显得迂腐。依靠少数君子的道德感化来改变现状，从来都是一种空想。巴尔扎克《高老头》中的伏脱冷直言道：“世界一向是这样的。道德家永远改变不了它。人是不完全的，不过他的作假有时多有时少，一般傻子便跟着说风俗淳朴了，或是浇薄了。”[①] 我们知道，吴敬梓为了把虞博士塑造为书中第一人，将第三十六回写成了一篇特传，且赋予虞博士以神异的出身。书中交代，虞博士乃其父母祷于文昌帝君而生，显然是照应第一回王冕所见的星君降凡。神异的出身表明其超凡的定力源自天授，而非一班俗众可以企及、可以幸致。“‘上上人物’虞博士并没有为不能改善同类的人性而肝肠寸断”[②]，是因为他既清醒地了解俗世的运行自有其规律，也清醒地了解自己能做到什么，不能做到什么。夏曾佑批评《儒林外史》“竭力写一虞博士，乃适成一迂阔枯寂之人”[③]，实乃皮相之见，因为夏氏没有感受到虞博士“迂阔枯寂”的表象背后，隐含着他对俗世的那种深刻失望与无奈。第四十六回写杜少卿跟虞博士洒泪而别，天目山樵不禁情动于中地写下批语：“阅者至此亦不禁凄然泪下。或问何故？曰：《儒林外史》将完了。”可以推心置腹的朋友就此分别后，将各自面对依势利规则轰然前行的俗世，的确是人世间令人伤心欲绝的事情。第四十八回交代虞博士选在浙江做官，杜少卿追随而去，乃是必不可少的一处补笔。

---

① ［法］巴尔扎克：《高老头》，傅雷译，人民文学出版社1963年版，第95页。

② 周月亮：《〈儒林〉士风》，江苏文艺出版社2013年版，第181页。

③ 别士（夏曾佑）：《小说原理》，见李汉秋编著《儒林外史研究资料集成》，第341页。

结语

“而今人情是势利的”，第十八回中景兰江对匡超人讲的这句话，一下击中了当时社会的焦点和痛点。造成社会全面势利化的因素十分复杂，科举制度在其中的推动自是难辞其咎。如果把整个社会比喻成有机的人体，那么科举就像人体发动机心脏一样，将社会各个阶层的人统统卷入其中。科举取士制度的推行必然造成科名崇拜，科名崇拜则使衡量人的价值标准趋于单一化。生活在成功标准极度单一化的社会里，几乎所有人的心灵都会被斫伤。从某种意义上说，《儒林外史》便是吴敬梓创伤记忆的忠实记录。第一回中王冕所言“一代文人有厄”，从创伤记忆的视角加以观照，或许才能得到正解。

文学病象的诊断必须回溯到历史现场之中。清代统治者明知八股取士制度早已弊端丛生，备受诟病，可是为了维护皇权与大地主阶级的根本利益，遂决定死死抓住这一制度不放手，试图将整个知识分子阶层牢牢地掌控起来。必须承认，统治者的图谋取得了相当大的成功，一批批通过科举步入仕途的士人，成为这一制度的忠实维护者，如鲁编修、高翰林等既得利益者便是。即使像马二先生这样长期蹉跎于科场的士子，也衷心服膺八股取士制度为“极好的法则”，无怨无悔地将毕生精力奉献给举业。

任何成功的取得都要付出相应的代价，八股取士制度的推行使一批批士人入其彀中，转化为巩固封建统治的基本力量，可是同时却也极大地败坏了社会风气，进而危及到整个封建主义的信仰体系。我们看到，读四书五经写八股文的士子中，既出现了王德、王仁这样心口不一的假道学，也出现了高翰林这样赤裸裸地宣扬功利思想的市侩。吴敬梓在《文木山房诗说》的《驷驖》《秦人不用周礼》《秦之士贱》等篇章中，对不修礼乐、不重贤才的秦政提出了严厉的批评，所谓“天地闭、贤人隐”正是借古讽今的明确表达。即便少数真儒试图有所作为，也只能顺手抓起道德教化这一陈旧药方，对整个社会的下行趋势唯有徒唤奈何。鲁迅在《娜拉走后怎样》中写道：“人生最苦痛的是梦醒了无路可以走。”[①] 历史发展到所谓的“康乾盛世”时期，一切都似乎陷入了僵局而难以改观，从而只能在巨大的历史惯性中缓缓滑行。作为敏感又有良知的知识分子中的优秀代表，吴敬梓既能写出社会的种种弊端、人心的种种陷溺，又能写出人与人之间仍然存在真诚的交流、无私的救助，哪怕是在那些被讽刺、被揶揄的人物身上，往往也能发现源自良知的人性的微光，而这正是推动历史前进的真正力量之所在。台湾学者乐蘅军认为，“《儒林外史》是中国最彻底的一部描绘知识分子虚无思想的作品”[②]。我们却要说，吴敬梓之所以伟大，正是因为他拥有足够强大的心灵力量来对抗虚无。

① 鲁迅：《坟》，人民文学出版社 1980 年版，第 152 页。

② 乐蘅军：《世纪的漂泊者——论〈儒林外史〉群像》，载氏著《古典小说散论》，第 166 页。

研究系文化权势网络的形成与拓展

——以梁启超为中心的社会文化史阐释*

魏万磊**

摘　要：新文化运动时期，研究系在北京的《国民公报》《晨报》和上海的《时事新报》《改造》《学灯》等杂志构成新文化运动的一条举足轻重的思想舆论战线，这条战线与《新青年》《新潮》等主流思想战线有着明显差异，树立起与新文化运动主流打擂台的文化形象。梁启超通过共学社引介西方思潮和学说，为自己的文化主张开疆拓土。以讲学社延请国外名哲讲学，以学术公关消解异见，延揽同道，由此形成一个庞大的文化权势网络。欧游归国后的梁启超极力拢聚人才，以大学作为“根据地”，通过办刊改刊凝聚骨干、译介新知识采补本无、以西方新学术淬砺中国传统文化，他还通过公开演讲扩大影响，在一定程度上实现了借新文化运动培养新势力的目的。

关键词：研究系　共学社　讲学社　学术公关　文化权势网络　史学阐释

---

* 本文系中国社会科学院大学卓越研究项目“心理史学在史学阐释中的应用研究”（编号：2020－KYLX04－15）阶段性研究成果。

** 中国社会科学院大学历史学院副教授，研究方向：中国近现代思想史。

新文化运动[①]中，梁启超和胡适一样乘其东风又成了风云人物，钱基博曾感慨道："一时大师，骈称梁胡。二公揄衣扬袖，囊括南北。"[②] 以至于后来侯外庐要超越的学术思想史典范是梁启超、胡适、冯友兰等人[③]，可见梁启超也是"新文化"不可或缺的代表，而且当时的很多青年也并没有把梁启超当作新文化运动的反对派。梁启超为何能以前朝遗老的身份续领风骚？近年来有许多作品已经关注到新文化运动中的研究系，但多集中于单纯的文化生态，而且由于研究系人员成分复杂导致关注点过于分散，无法就这一权势网络的整体架构和运作中的文化权力做出阐释，[④] 本文试图以研究系领袖梁启超为核心，以文化产品与学术势力互动为线索探讨该权势网络的形成与拓展。

---

① 本文认同周策纵将新文化运动泛化为一个新思潮、新文学、新社会变革运动的提法，将20世纪20年代的思想文化运动视为新文化运动的余波，并视为广义五四运动的组成部分。参见［美］周策纵《五四运动史》，陈永明、张静译，四川人民出版社2019年版，第3—6页。

② 钱基博：《中国现代文学史》，载《中国现代学术经典·钱基博卷》，河北教育出版社1996年版，第545页。

③ 参见侯外庐《中国思想通史》第1卷，人民出版社2011年版。

④ 有关研究系文化权势网络研究的代表作是彭鹏《研究系与五四时期新文化运动》（中山大学出版社2003年版），该书对讲学社、共学社、《学灯》、《改造》等研究系的机构和刊物进行了概况式介绍，但未能就这些机构和刊物的设置意图与核心人物的新文化思想如何深化联系起来解读，对整个权势网络如何搭建的解读也略显薄弱。韩国学者吴炳守的《研究系知识分子的文化权力及其基础》（《史林》2002年第1期），以及《民初梁启超中坚政治论与研究系知识分子的形成》（《史林》2008年第3期），也较早关注到研究系人际关系脉络产生的文化权力，但由于研究系成分复杂只能泛泛而谈。其他作品如陈捷的《五四新文化运动早期上海报纸副刊文化生态研究》（《江苏社会科学》2015年第2期）着重从《时事新报》副刊《学灯》代替原有副刊《报馀丛载》展现新文化运动深入后研究系积极应对顺应时势的态度；袁一丹的《"另起"的新文化运动》（《中国现代文学丛刊》2009年第3期）则涉及《时事新报》与《新青年》的论争，以展现研究系在新文化运动中的位置；左玉河的《上海：五四新文化运动不容忽视的另一个中心》（《安徽大学学报》2013年第1期）更加详尽地论述了研究系在上海的文化活动及对新文化运动的贡献；吴静的《新文化运动在江南的传承》（《国际新闻界》2010年第9期）则侧重从江南青年文人聚合和社会关系网分析的角度看《学灯》在新文化运动中的贡献，这些都给本文以启示。

一 以刊为媒凝聚内核

报刊杂志是民国时期新思想、新文化传播的主要载体，新文化运动的一个中心在北京，主要载体是《新青年》《新潮》与《晨报》，前两者是唯物史观派及胡适等新文化运动主流阵营宣传新思想的主阵地，《晨报》则是梁启超派学人群的主阵地；还有另一个中心在上海，主要载体是《东方杂志》《改造》《时事新报》及其副刊《学灯》等，这里除了《东方杂志》为商务印书馆主导的自由主义知识分子发声阵地外，其余皆为研究系喉舌。后来成为著名史学家的金毓黼有写日记的习惯，1920 年 8 月 29 日，金毓黼一方面高度评价擎起新文化大旗的《新青年》，另一方面充分肯定研究系创办上海《时事新报》、北京《晨报》在文化界的地位，他点评自己所看过的杂志："报章一类，日刊以上海《时事新报》、北京《晨报》为最佳，月刊如《新青年》《新潮》……为最佳"，《改造》改刊后甫一问世，他在 1920 年 10 月 1 日便记述道："看报，梁任公主撰一报曰《改造》，第一期已出版，拟购阅之。"[①] 次日日记表示已经买到。当时，金毓黼身处东北，却几乎能在第一时间和新文化运动中心的北京同时看到这些报刊，可见这些杂志都建立了较为成熟的发行平台。曾虚白在《中国新闻史》中评价上海《时事新报》是"宣传新文化运动最早和最有力的报纸"，甚至认为《时事新报》已成为"鼓吹新文化运动的一支主流"。[②] 曾氏还认识到，在新文化运动中，反而是不起眼的"副刊"擎起了文化舆论的大旗，为新文化的传播立下了汗马功劳。[③]《学灯》是《时事新报》的副刊，当时著名的四大副刊之一。[④] 而

① 金毓黼：《静晤室日记》卷 2，第 1 册，1920 年 10 月 1 日，辽沈书社 1993 年版，第 217 页。

② 曾虚白：《中国新闻史》，台湾政治大学新闻研究所 1969 年版，第 324 页。

③ 曾虚白：《中国新闻史》，台湾政治大学新闻研究所 1969 年版，第 317 页。

④ 学术界习惯把五四时期参与过新文化运动的几大主要副刊归结为"四大副刊"，即《时事新报》副刊《学灯》、《民国日报》副刊《觉悟》、《晨报》副刊《晨报副镌》、《京报》副刊。

《改造》和《学灯》这两个杂志就是梁启超晚年用心最多、着力最深的刊物。

《改造》首先明确了梁启超等人对于新文化的方案和主张，并致力于将新文化落地生根的实践活动。在《改造》杂志改刊的过程中，梁启超亲自起草了发刊词,[①] 宣言实际上是以梁启超为首的研究系在新文化运动中的总路线，以及在政治、经济、思想文化、军事等方面的基本纲领。张朋园将《改造》的十六条宣言归纳为六点。[②]《改造》特别宣传“本刊所鼓吹在使文化运动向实际的方面进行”[③]。梁启超对看似蓬蓬勃勃的新文化运动走向颇为不满，讲政治上、经济上的这样主义那样主义，不过是“西装的治国平天下大经纶”；讲哲学上、文学上的这种精神那种精神可视作“西装的超凡入圣大本领”[④]。胡适也是明眼人，明确向陈独秀表示梁启超等人“改造《改造》是有意的”[⑤]。

《改造》是基于梁启超对新文化运动的方向不满而改刊的，在梁看来，要解决新文化运动中面临的一系列实际问题而不是泛泛而谈，尤其不能就文化论文化，应当关注文化与各种社会问题的关联。梁启超等人给杂志设定的形式为，每期围绕一个主题，与社会实际相结合，探讨各种具体的社会问题解决办法。[⑥] 为引导青年，《改造》还翻译介绍国外社会主义的相关著作和学说流派。与李大钊、陈独秀、李达等举起马克思主义（或称科学社会主义）的大旗不同，在形形色色社会主义流派中，《改造》更侧重介绍基尔特社会主义。而且为

① 发刊词后来经过了张东荪、蒋百里等人修改，见梁氏致张东荪二书，载丁文江、赵丰田《梁启超年谱长编》，上海人民出版社 1983 年版，第 916 页。

② 即“发展民族性与个人人格”“以职业性和地方性为选举制度的基础”“主张社会主义，劳动者有生存权”“不承认国家之主权”“废除军队，提倡职业精神，发展生产事业”“思想自由，整理国故”。张朋园：《梁启超与民国政治》，吉林出版集团有限责任公司，第 247 页。

③ 《发刊词》，《改造》第 3 卷第 1 期，1920 年 9 月 15 日。

④ 梁启超：《科学精神与东西文化》，《饮冰室合集》第 5 册，中华书局 1989 年版，第 2 页。

⑤ 胡适：《胡适来往书信选》（上），中华书局 1979 年版，第 429 页。

⑥ 丁文江、赵丰田：《梁启超年谱长编》，第 917 页。

有效弭平意识形态差异，主编张东荪采用了求同存异的做法，认为无知病、贫乏病、兵匪病和外力病并存的中国“不能立刻实行何种主义”，而将目标放在发展实业，改善劳动阶级的生存状态上。[①] 1921年9月张东荪创立《时事新报》副刊《社会主义研究》，基尔特社会主义的信奉者正式与马克思主义者展开论战，他们对待社会主义共同的思想倾向是反对阶级斗争和暴力革命，认为中国不具备社会主义革命的条件和背景，研究系机关刊物《改造》成为基尔特社会主义鼓吹者的主要舆论阵地。梁启超的《复张东荪书论社会主义运动》就是其中的代表作。梁启超认为社会主义的“精神是绝对要采用的”，具体到中国的实际，距离开展社会主义革命的条件甚远。[②]

如果说《改造》更侧重于将学术研究应用于社会问题的解决，1918年3月4日创刊的《学灯》则偏重于学理论说。1920年5月梁启超发表《学灯之光》，大力表彰新文化运动开展以来，“换新国人之头脑，转移国人之视线，由此而自动之精神出焉，而组织之能力启焉，而营团体生活之兴趣浓焉，而求新知识之欲望富焉”[③]。他还旗帜鲜明地表达了自己支持和投入新文化运动的决心。《学灯》开创了副刊参与新文化的先河，并率先将学术研究作为办刊宗旨，以深刻的思想性、学理性迅速征服了众多新式知识分子。[④]《学灯》以学术研究宣传新思潮，实际上触及到新文化运动的思想文化根基，这也是《学灯》相对其他报刊更高一筹的地方。在发刊词上，《学灯》提出要担负起学术和建设的双重文化任务，“奉学术作本栏新文化运动的指导明灯”[⑤]，将新文化运动的主色调设定为“立新”：积极地、基础

① 张东荪：《现在与将来》，《改造》第3卷第4期，1921年1月。

② 梁启超：《复张东荪书论社会主义运动》，《改造》第3卷第6期，1921年3月。

③ 《五四时期期刊介绍》（五），第3集下册，生活·读书·新知三联书店1997年，第499页。

④ 办刊理念的转变和《学灯》编辑及研究系同仁的思想文化敏感性密不可分，《学灯》认为新文化运动中存在着对西方理论解读肤浅、断章取义等情况，主导杂志的作者中真正理解并把握西方自由、民主思想精髓的人并不多（参见金观涛、刘青峰《〈新青年〉民主观念的演变》，《二十一世纪》（香港）1999年12月号）。

⑤ 《学灯栏宣言》，《学灯》1920年1月1日第1版。

稳固地、重在建设地推进新文化，以区分主流阵营以破坏旧伦理、旧道德、旧文学、旧政治的“破旧”做法。

《学灯》和梁启超等人的新文化建设实践同步，引领青年，以学术研究避免功利化的浮夸倾向，重在塑造积极且兼具理性精神的人生观。一方面，大力引介西方学术经典，避免拾人牙慧、急就章式的学术。产生思想的是人，是思想家，所以《学灯》尤其重视思想家研究。譬如在1920年10月到1921年7月，享有盛誉的英国哲学家罗素应邀来华讲学，《学灯》开设了“罗素名著”和“罗素演讲”专栏，几乎登载了罗素的全部演讲稿。1919年4月至1921年7月杜威来华讲学时，《学灯》连载了杜威著作《思想与教育》和大部分演讲稿，并欢迎就此展开学术探讨。另一方面，《学灯》积极塑造一种新的人生观，认为“替中国一般平民养成一种精神生活”，才能“建立一个强有力的前途”。[①] 抛弃物质倾向，关注人的精神生活，这显然有意引导知识精英由媚外转向内省。

更为重要的是，《学灯》敏锐地捕捉到新文化运动中一个个具有时代意义的议题，吸引知识分子参与讨论，回应社会热点，引发社会思考。《学灯》在1922年先后发表了关于中西文化的系列文章，梁启超的《科学精神与东西文化》、张君劢的《欧洲文化之危机及中国新文化之趋向》、张东荪的《读“东西文化及其哲学”》、李石岑的《评“东西文化及其哲学”》等文章既是对梁漱溟的畅销书《东西文化及其哲学》的回应，也是在“科学”“民主”成为主流话语的背景下，反思西方文化的弊病，构成了1923年“科玄论战”的文化先声。在这场旷日持久的“科学与人生观”论战中，《学灯》刊载了大量“玄学派”言论，《学灯》编辑为此特意加了一段按语，说明自己决非“玄学派”的代言人，“学灯仍是始终公开的超然的”。[②] 显然，不贴政治标签的做法对于延揽志同道合的人才起到了重要作用。

与新文化主流阵营的《新青年》《新潮》《每周评论》等相对

---

① 白华：《新人生观问题底我见》，《学灯》1920年4月19日第1版。

② 《编辑室》，《学灯》第5卷第6册第10号，1923年6月10日。

“激进”的报刊杂志相比，《学灯》秉承了一种温和、理性、渐进式的思想启蒙策略，张朋园认为《学灯》所主张的这种缓进路线和梁启超所推崇的英国渐进式启蒙思路是一脉相连的。[①]《学灯》的创刊在很大程度上反映了研究系话语体系由政治话语向文化启蒙话语的过渡。这些报刊杂志在输入学理介绍新知的同时，关注文化与中国实际社会问题的关联，建设性地提出社会问题的解决方案。积极输入新知，又把一切事业的根基深植在传统文化的土壤中，这与自由派以及左派对传统文化重破坏少建设的态度构成了明显的张力，成为研究系形塑本派“意见领袖”的基础。

二 “共学社”与梁启超文化权势网络的形成

共学社是梁启超1920年欧游回国后投身的主要文化事业，他既是发起人又是启动资金的提供者。该社从创办起就耗费了梁启超大量精力，从发起人的邀约到基金募集，梁启超都亲力亲为。[②] 最终，蔡元培、王敬芳、蒋梦麟、蓝公武、赵元任、张謇、胡汝麟、张元济、蹇念益、刘恒、张嘉璈、丁文江、向构甫、梁善济、籍忠寅等社会知名人士都被吸收进来。[③] 实际上，蔡元培不过是三年前才和梁启超谋面，此间只是有简单的文化协作关系。[④] 但是蔡元培在上海开始为该社募集创立资金。梁启超更是捐赠了《欧游心影录》一书所得稿费4000元。[⑤]梁启超深知这些人不能怠慢，还应借助朋友私交，所以特别函嘱参与此事的蒋百里，对于特别重要人物“除公启外，滕以私函，当更有力。……如穆藕初、聂云台诸处，请蔡先生或（蒋）梦麟加函”[⑥]。

共学社的成立与商务印书馆的改革关系密切，甚至商务印书馆的

① 张朋园：《梁启超与民国政治》，第247页。
② 丁文江、赵丰田编：《梁启超年谱长编》，第905—910页。
③ ［韩］吴炳守：《研究系知识分子的文化权力及其基础》，《史林》2002年第1期。
④ 张晓唯：《梁启超与蔡元培》，《书屋》2008年第8期。
⑤ 丁文江、赵丰田：《梁启超年谱长编》，第909页。
⑥ 丁文江、赵丰田：《梁启超年谱长编》，第906页。

元老和掌舵人张元济、高梦旦都是共学社重要成员。新文化运动伊始，“新青年”“新文化”的社会需求引发了报刊界的重大改革，而商务印书馆却仍使用文言文出版。1919 年 2 月，罗家伦撰文公开点名批评商务印书馆落伍的做法。① 时任商务印书馆编译所所长的张元济着手改革，并清理了改革障碍。② 在张元济的坚持下，商务印旗下几个较大的杂志都先后更换主编，启用新锐学者大胆革新。③ 因新文化运动的中心主要在北京，张元济在新文化健将云集的北京拟设第二编译所，聘请胡适在京主持编译事业，每年支持经费两万元，后来改由蔡元培、胡适、蒋梦麟出面组织《世界丛书》的形式进行。梁启超得知消息后马上产生组织《共学社丛书》的想法，他在 1920 年 3 月 13 日拜访张元济，希望得到商务印书馆的支持和协助。张元济和商务印书馆几位得力同仁商议后，认为此事可行，遂于 4 月 10 日复信梁启超：“前尊意拟集同志数人，译辑新书，铸造全国青年之思想，此实为今日至要之举，敝处拟岁拨两万元先行试办……尊意欲更为久大之计画……加拨两万元，为两年之布置。”④ 1920 年 4 月，共学社在上海成立。从此，共学社策划、商务印书馆出版，二者构成共同进退的知识生产共同体。

---

① 罗家伦：《今日中国之杂志界》，《新潮》第 1 卷第 2 期，1919 年 2 月 1 日。

② 因为与商务印书馆总经理高凤池在用人问题上分歧很大，1920 年 3 月 26 日，张元济甚至登报辞职，商务印书馆董事会接受了董事陈叔通的建议，说服高凤池辞去总经理一职，改由鲍咸昌、李宣龚分别担任总经理和经理，在总经理和经理之上设置监事会，张元济和高凤池同任监理。参见张元济《张元济日记》下册，张人凤整理，河北教育出版社 2001 年版，第 671 页，第 727 页。

③ 譬如，以评议时政、阐明学术著称的《东方杂志》主编由杜亚泉易位给陶葆霖，此后又转给钱智修，并让积极追随新文化运动的胡愈之协助编辑，全部改用白话文，介绍国外新思想、新科学和重大国际问题；以研究教育、联络各校著称的《教育杂志》由朱赤民易位给李石岑和周予同，转向对欧美、苏俄教育理论和教育制度的介绍；专门向中学生提供课外知识的课艺刊物《学生杂志》改由进步青年杨贤江负责编辑，恽代英、萧楚女等人很快将其变成政治性杂志；专讲烹饪和缝纫的《妇女杂志》改由章锡琛编辑，周建人受邀进入商务印书馆与其合力，转向对妇女解放和恋爱自由的探讨；彻底改观的还有一直为鸳鸯蝴蝶派的稿件把持的《小说月报》，1920 年 1 月启用沈雁冰主持改革后请“文学研究会”的郑振铎、周作人、冰心、蒋百里、叶圣陶、瞿世瑛、许地山、庐隐、王统照、孙伏园做主笔；接任张元济做编译所所长的高梦旦求贤自代，与张元济邀请胡适出山，胡适经过短暂考察后决定另推王云五。参见周武《商务印书馆与五四新文化运动》，《社会科学》1995 年第 6 期。

④ 丁文江、赵丰田：《梁启超年谱长编》，第 906 页。

梁启超之所以能够和张元济一拍即合，除二人私交甚厚外（按辈分张元济当为师叔），还有三个主要原因：其一，商务印书馆在上海，与北京学界合作成本较高，所以在地理位置上更倾向于和新文化运动的另一个中心——上海的学术势力合作。而研究系主要学术力量都集中在上海，张元济不能忽视这一点；其二，清末上海已成为新文化的生产传播中心，社会上形成良好的读书看报氛围，但旧文化没有任何市场，商务印书馆因不关注思想生产已经备受诟病；[①] 其三，商务印书馆早期的主要业务支撑是教科书出版，梁启超与张元济谈的前提也是在不放弃这一盈利点的基础上，编译西学以适应市场和学术发展需求，这符合张元济的改革思路。张元济在日记中坦言，“任公言，拟集同志编辑新书及中学教科书。约梦旦、叔通细谈，拟拨二万元预垫版税，先行试办一年。”他还颇有些孩子气地记述道，“胡适之一面，亦如此数。嘱任公不必约彼。”[②] 需要指出的是，这里“不必约彼”的原因也很明确：商务印书馆的张元济对胡适的才华和影响力极为看重，但是当他们得知梁启超亦有此翻译西学，输入新知的想法后，打破原有规划，给予梁启超同等数额资助，并尊重梁启超的想法，增加资助年限。虽不能不考虑张元济、高梦旦、陈叔通和梁启超故交的关系，但这的确反映了梁启超在思想文化界巨大的影响力，是各方不能忽视的文化势力。亦可以看到，商务印书馆张元济对于学界“权势网络”有清晰把握[③]，为书局的利益考虑，并不偏重哪一方。所以当胡适得知这个情况后，不无醋意地认为，梁启超是在故意和他打擂台。[④]

---

① 参见瞿骏《学说为天下裂：清末民初的思想革命与文化运动》，社会科学文献出版社 2017 年版，第 106—114 页。

② 张元济：《张元济日记》下册，1920 年 3 月 13 日，第 961 页。

③ 1920 年张元济因与总经理高凤池的矛盾激化，再次（第一次 1918 年 4 月 15 日，也因和高凤池在商务印书馆发展理念、用人观念等方面大相径庭提出辞呈，经高挽留，张元济答应拟试半年，暂不辞职）提出辞去商务印书馆的职务，当时掌管商务印书馆总务处的陈叔通回忆说，高翰卿（高凤池）来找他来斡旋此事，陈直言不讳问高是否能自己背得下整个商务印书馆，高回答说：“事务方面还能勉强凑合一下，但在社会文化界，我怎么能号召得了？”言下之意，高凤池在文化界的人脉不足以领袖群伦。陈叔通：《回忆商务印书馆》，载《商务印书馆九十年》，商务印书馆 1987 年版，第 138 页。

④ 胡适：《胡适来往书信选》（上），中华书局 1979 年版，第 429 页。

共学社的宗旨是“培养新人才，宣传新文化，开拓新政治”[①]，其中不乏梁启超聚拢人才营造文化权势网络的意图。梁启超认为，研究系在政治上走不通，在主观上是人的问题，客观上是社会文化的条件问题，要开拓新的政治，就必须从人和文化的角度入手，这反映了梁氏政治与文化不可分离的思想情结。[②] 共学社希望借助编辑翻译新书、开展图书馆事业[③]、出版杂志[④]、选派留学生[⑤]等重点工作凝心聚力。后因经费等原因，选派留学生事宜并未持续，但还是帮助了很多青年人如杨维新、石陶均、吴统续、毛以亨等人出国学习。[⑥]

共学社最富成果的是通过编译新书影响青年，梁启超希望能够通过传递西方文化思潮以达文化运动“扩延到普遍”和“追求到精深”两方面之目的。[⑦] 同时“铸造全国青年之思想”，所以实际聚焦战略，以高校青年和中学生作为特定读者群。在选书方面，共学社有一定的思想倾向性，比如在哲学方面基本上倾向于唯心主义各派的介绍。但是20世纪20年代社会主义流行，共学社为迎合青年，在积极宣传基尔特社会主义的同时，也翻译了马克思主义的相关著作。共学社还积极提携青年才俊，网罗翻译人才，张东荪曾出面邀请郭沫若翻译《浮士德》，并在《时事新报》上登出宣传广告。1920年，郑振铎与蒋百里相识，也加入到共学社的翻译和编辑工作中，参与翻译了俄罗斯文学丛书，由此开始走进文坛。[⑧] 梁启超为丛书翻译、发行殚精竭虑。其子梁思成翻译威尔士的《世界史纲》一书，梁启超修改润色，他在致陈叔通的信中写道：“此书虽号称儿曹所译，实则无异于我自

① 丁文江、赵丰田：《梁启超年谱长编》，第909页。

② 梁启超：《政治运动之意义及价值》，《改造》第3卷第1期。

③ 梁启超计划以松社为基础建立松坡图书馆，一方面将之迁至北京，另一方面扩大规模，自己亲自担任馆长。参见丁文江、赵丰田《梁启超年谱长编》，第1004页。

④ 共学社计划改版《改造》杂志，并使之成为共学社的言论机关，张朋园：《梁启超与民国政治》，第139页。

⑤ 丁文江、赵丰田：《梁启超年谱长编》，第897页。

⑥ 李喜所、元青：《梁启超传》，人民出版社1993年版，第505页。

⑦ 彭鹏：《研究系与五四时期新文化运动》，中山大学出版社2003年版，第85页。

⑧ 陈福康：《郑振铎前期编辑思想》，《编辑学刊》1986年第4期。

译”。[①] 在丛书的发行上，梁启超、张东荪借鉴中华书局编辑出版《新文化丛书》的经验，登报广告并主张聘用专业主编。[②] 从1920年9月至1935年7月15年的时间里，据上海图书馆的统计，共学社翻译出版86种图书[③]，不少书籍成为畅销书，一版再版，产生了极大的社会效益和影响。共学社开展的编译工作确实起到了“采补其本无而新之”的作用，为西学传播和人才培养产生了积极的作用。

共学社虽然是由研究系骨干发起成立的，但没有参与政治活动的记载，而且就译书范围来看也是“兼收并蓄”的，没有刻意宣扬某种政治主张的政治意图。梁启超并未将文化与政治分开，目的是在“新文化”基础上造就“新政治”，但他还是心有顾忌。梁启超原本希望先“向国民说话”，而后成立“青年团”，在此基础之上参与政治，因为文化运动和政治运动都要联合多数人。[④] 以思想学术联络同道，再行组团组党的做法遭到研究系成员傅治的反对，他认为这种报刊杂志译书社组织非常松散，不能成为组党手段，1920年10月15日他在给张东荪的信中抱怨，“不知此可以成一时之群众，不可以成经久之团体也”。因为团体不能如此松散，“同人集于一堂，不必便为一体，谓之报馆同人，杂志之同人，译书社之同人可，谓即先生所谓我辈之青年团不可”[⑤]。

其实并非梁启超无心尽快组团组党，关键是他需要考虑到时人的社会心理。辛亥革命以后，政治社会并没有像人们所期待的那样出现些许新的气象，国家权力枢纽依然被前清腐朽败坏的官僚集团势力把持，这是当时人们都反复痛心指斥的一个方面。新文化运动之兴起，正是受激于这样的时代背景——辛亥革命没有清除社会恶腐势力，先进知识分子在政治革命之后要大兴文化革命，他们要真正彻底破旧立新，为社会政治改造构筑文化基础。新文化运动时期，在晚清政坛中

---

① 丁文江、赵丰田：《梁启超年谱长编》，第937页。
② 丁文江、赵丰田：《梁启超年谱长编》，第910页。
③ 参见上海图书馆编《中国近现代史丛书目录》，上海图书馆1979年版。
④ 梁启超：《政治运动之意义及价值》，《改造》第3卷第1期。
⑤ 丁文江、赵丰田：《梁启超年谱长编》，第921—922页。

颇为活跃的立宪党人梁启超无疑会被很多青年学生视为前清势力中的一员，其研究系同被列为“革命”的对象。当时的青年学生对研究系戒备颇多，当他们了解到《晨报》是研究系的机关报时，对《晨报》即由爱转恨，“当政潮变动的时候，也似乎觉得《晨报》是绝对鬼鬼祟祟的，好像言中有物似的”。于是写信给胡适，请他裁定《晨报》和研究系的真实关系，“先生呵，你自言和他（梁启超，笔者注）有些老交情，我极诚诚恳恳地问你：他的家长究竟是研究系不是？他给研究系作不作用？……”① 由是观之，梁启超一定要在文化网络和政治网络上有所区分，绝不能让自己的文化网络受到负面影响。

三 “讲学社”与梁启超的学术公关

1920 年成立的讲学社是梁启超在欧游后成立的又一个文化事业。讲学社和共学社共通之处在于，梁启超将以新知识体系为基础的新学术权威与之前社会关系为基础的社会权力，按照他的文化建设构想成功地结合起来。

成立讲学社的原因出自延请西方名哲来华讲学方便的考虑，在西方学者的最终选择上则有机缘、财力、学术平衡等各方面的因素。欧游期间，梁启超拜谒了生命哲学的代表人物柏格森（Henri Bergson，1859—1941，法国哲学家）、蒲陀罗（T. M. Boutreu，1845—1921，法国哲学家，柏格森老师）、倭铿（Rudolf Christoph Eucken，德国唯心主义哲学家，现译奥伊肯）等著名学者，并与他们产生了强烈的思想共鸣，尤其与柏格森相谈甚欢，相见“皆成良友”②。梁启超不失时机向他们提出访华邀请，在他看来，这是另辟蹊径，开拓新事业的基础。“以创议手段撼动社会，为议论行动之出发点”，③ 在张元济和商

① 张梵致胡适信，见胡适《胡适来往书信选》（上），中华书局 1979 年版，第 502 页。

② 丁文江、赵丰田：《梁启超年谱长编》，第 881 页。

③ 丁文江、赵丰田：《梁启超年谱长编》，第 920 页。

务印书馆答应负担柏氏来华的相关费用后，梁启超便有了系列邀请的打算。同时，北京大学傅铜（时任北大哲学系教师，1924 年起曾任西北大学校长）在英国留学期间曾追随罗素研究数理哲学，他提出邀请罗素来华讲学，并请梁启超从资金、人员协调等方面运作此事，并提出以“国外名哲聘请团”名义进行邀请，这个建议成为讲学社建立的缘起之一[①]。经梁启超运筹，王敬芳（字拷沙，河南巩义人，时任中国公学校长）和胡汝麟（1881—1942，河南通许人，1916 年梁任北洋政府财政总长时，胡为全国烟酒专卖局总办，1926 年任教育次长）答应承担罗素在华讲学所需要的大部分费用。社会各界在讲学社成立之前对邀请西方名哲讲学事宜上给予的支持，无疑给梁启超成立专门的文化社团机构注入了强心剂。讲学社原非梁启超开拓新局面的题中之意，但能以此为契机，顺势而为消解异见，不能不说得益于梁启超高超的学术公关能力。

一方面，梁启超通过北洋政府前总理汪大燮和首任司法总长王宠惠等人，筹得政府给予的六万元（三年）经费支持。另一方面，聚拢一些社会名流进入董事会，如汪大燮、蔡元培、王宠惠、熊希龄、范源濂、王敬芳、张伯岑、严修、张謇、张元济、黄炎培、郭秉文、胡汝麟、林长民等共计 20 余人。他还动员门生故旧的人脉资源，吸引民族资本家提供充裕活动资金，《时事新报》总经理兼通易信托公司董事长黄群，经营上海金屏铁矿公司的徐新六、上海商会会长聂云台、中华书局陆费逵等都属于赞助商。他还找协办单位，共同协商分摊所需资金。[②] 商务印书馆的捐赠及名家演讲内容的版权报酬也成为筹备资金。1920 年 9 月 5 日，讲学社（也称新学演讲社）在北京成立。梁启超延续共学社“绝对的无限制”输入西学的主张，力图把讲学社打造成一个“介绍的机关，只要是有价值的学说，我们不分门户，都要把他介绍进来，好像我们开一个大商店，只要是好货，都要

---

① 丁文江、赵丰田：《梁启超年谱长编》，第 918 页。

② 参见高平叔《蔡元培年谱长编》（中册），人民教育出版社 1996 年版，第 322 页。

办进，凭各人喜欢买那样就买那样”[①]。为了保证讲学社的长远发展和规范运作，梁启超亲自拟定了规约，成立了董事会作为领导机构，但因诸董事都属于兼职，且身处各地，极少能因讲学社的内部问题和聘请事宜开会商讨，所以讲学社的实际决定权掌握在梁启超及其门生手中，他们议定事项后，将相关决议告知其他董事即可。可以说，讲学社是一个以梁启超为核心，但以公共学术平台面目出现的机构。所以郑师渠说，“不应低估梁启超，他给讲学社的定位，是引进新知的公共大平台，而非研究系党派之私的狭隘门户”。[②] 应该肯定，将合于现代的前沿学说介绍到国内，引起国民思想变化，突破党派门户之见，正是借西学以淬砺中国传统观念，使合于现代的传统观念自然完成在国民头脑中的生根散叶，受众范围虽小，但却能以小带大，形成精英在上万众影从的上下辉映局面。

然而，在延请西方学者来华讲学的具体运作中，梁启超也有提升讲学社、中国公学以及本派学人“挟洋自重”的嫌疑。譬如在罗素来华事宜上，1920 年 10 月，梁启超亲自安排迎接罗素，事无巨细，并规划罗素抵华后先在南方讲演，之后再赴京。[③] 这样做，意图明显。吴淞中国公学是梁启超等人在欧游后创办的，安排罗素第一站在此演讲，对于提升研究系及其事业声望都具有积极意义。而且梁启超邀请赵元任担任罗素在华期间的翻译，总理一切相关的翻译事务。胡适认为梁启超大张旗鼓邀请罗素是借文化扩大政治影响，且此举有拉拢赵元任入伙的嫌疑。[④]

更关键的是，罗素演讲的核心观念是中国不能笼统地学习西方，中国建设不能依赖留学生，因为留学生带有所留学国家的烙印，中国应当保存固有的民族性[⑤]，这无疑给甘当小学生，全心全意向西方学

① 梁启超：《讲学社欢迎罗素之盛况》，《晨报》1920 年 11 月 10 日。

② 郑师渠：《五四前后外国名哲来华讲学与中国思想界的变动》，《近代史研究》2012 年第 2 期。

③ 丁文江、赵丰田编：《梁启超年谱长编》，第 917—920、926 页。

④ 赵元任：《赵元任早年自传》，传记文学出版社 1984 年版，第 128 页。

⑤ Bertrand Russell, *The Problem of China*, London, p. 250，转引自［美］周策纵《五四运动史》，第 244 页。

习的新文化运动干将一记重创。陈独秀、胡适等人对这个论调颇感不悦。胡适向陈独秀抱怨，直指梁启超及其研究系同仁展开的系列文化活动是针对新文化运动主流阵地的，讲学社邀请罗素等人也是和新文化相抗衡，“你难道不知延聘罗素、倭铿等人的历史？我曾宣言，若倭铿来，他每有一次演说，我们定有一次驳论”[①]。在胡适的观念中，罗素的文化主张和当时中国文化的建设方向是大相径庭的，是梁启超研究系的海外援军，罗素的来华讲学是对他们的挑战。研究系的所作所为处处是与他们作对。

杜威来华讲学是讲学社另一次成功的学术公关。关于杜威来华，历史研究者对邀请者和组织者有不同的说法[②]，本文同意丁守和、殷叙彝的说法，即“北京大学、新学会、尚志学会和中国公学联名聘请”[③]。但无论如何，梁启超是当时尚志学会、新学会、中国公学的主要负责人，杜威的活动及演讲内容也是在研究系的发声媒介《晨报》《时事新报·学灯》上长篇累牍地报道和刊登，甚至《晨报》刊登了杜威在华两年多的时间里全部重要演说的记录稿，并将杜威在北京举行的讲座辑为《杜威五大演讲》一书公开发行。短短一年时间，该书竟然印行13版，且每版都在1万册以上。就连杜威的弟子胡适也不得不肯定此举之功，“自从中国与西洋文化接触以来，没有一个外国学者在中国思想界的影响有杜威先生这样大的。我们还可以说，在最近的将来几十年中，也未必有别个西洋学者在中国的影响可以比杜威先生还大的”[④]。的确，从邀请对象上看，讲学社做到了突破门

① 胡适：《胡适来往书信选》（上），中华书局1979年版，第429页。

② 包华德认为杜威来华是“东南大学（即南京高等师范学校）和北京大学”邀请的，见［美］包华德主编：《中华民国史资料丛稿·译稿·民国名人传记辞典》第10分册，沈自敏译，中华书局1981年版，第80页。还有人认为是北京大学、江苏教育会等五个文教团体邀请的，参见中国社会科学院近代史研究所中华民国史研究室编：《中华民国史资料丛稿·人物传记》第5辑，中华书局1978年版，第93页。当事人杜威回忆是“北京大学、尚志学会、新学会是最初请我讲演的”，见《五团体公饯杜威席上之言论》，1921年7月1日的《晨报》。胡适则在不同时间不同场合有不同的回忆。

③ 丁守和、殷叙彝：《从五四启蒙运动到马克思主义的传播》，生活·读书·新知三联书店1979年版，第234页。

④ 胡适：《杜威先生与中国》，《东方杂志》1921年第13期。

户之见，助推了学人群之间的互动，使讲学社成为中外公共学术交流的平台，同时也获得了对立派的好感。

事实上，讲学社的作用并不仅仅在于请了多少位西方名哲来华传播前沿思想，还在于在具体运作过程中实现了“进口影响内销”的学术公关，以西学之同化解中学之异，实现国内联络同道、求同存异、互通声气的诉求。譬如，杜威演讲的核心观念是排斥正统资本主义和马克思社会主义，采取某种经济政策避免社会革命。[①] 罗素的核心观念是中国人应在科学方法而不是伦理道德上学习西方，西方人反倒应该学习中国人关于“生活目标的正确观念”，避免西方机械主义的观点。[②] 这和梁启超极为推崇的柏格森哲学中反机械主义、物质主义以及对人类自由意志的倡导如出一辙。柏格森的学说以科学进化论为立脚点，宇宙一切生灭进化，“都是人类自由意志发动的结果”[③]。儒家的宇宙观和人生观正好能够破机械主义之弊，在这一点上，“柏格森所见的，也很与儒家相近”[④]。

生命哲学、非理性主义哲学等话语体系是在自然科学基础上，将情感、直觉、冲动等非理性因素作为人生发展的动力，这与梁启超等人宣扬中国传统文化人文精神的意旨相通，无形中为梁启超的新文化方案形成有力支撑。生机主义哲学家杜里舒作为讲学社聘请的第三位西方著名学者，连他的讲演题目、内容、宣传形式、地点和日程都是梁启超亲自安排的。1922 年在梁启超四处讲演的过程中，积极开展对杜里舒的思想和主张的推介工作，以期学界、思想界对生命哲学有更深的认识和理解。他分别在 8 月 18 日、20 日科学社生物研究所成

---

① 杜威：《中国的新文化》，《亚洲》第 21 卷第 7 期，转引自［美］周策纵《五四运动史》，第 238—240 页。

② Bertrand Russell, *The Problem of China*, London, p. 185，转引自［美］周策纵《五四运动史》，第 245 页。

③ 梁启超：《欧游心影录节录》，《饮冰室合集》第 7 册，中华书局 1989 年版，第 18 页。

④ 梁启超：《治国学的两条大路》，《饮冰室合集》第 5 册，中华书局 1989 年版，第 116 页。

立大会、南通科学社年会上介绍杜里舒和其生命哲学。[①] 弟子张君劢在《改造》第4卷第5号上发表《杜里舒学说大概》向国人介绍了杜里舒的略传、著作和学说大略，包括生物理论、哲学和生机主义。[②] 10月14日，杜里舒夫妇抵沪，由张君劢陪同并做翻译，开始了在中国各地巡回讲学。此时正在东南大学讲学的梁启超在南京发表了欢迎杜里舒的演说，他高度评价生命哲学，认为生命哲学和中国文化心意相通，必将对中国产生积极的作用，他也表达对中国文化未来光明前途的乐观。1923年1月6日，杜里舒抵京，之后主要在北大讲学。此外因梁启超、徐志摩等人在南开讲学的关系，杜里舒到南开大学也做了数次演说。讲学期间，张君劢翻译了杜里舒的《近代心理学中非自觉及不自觉问题》。该年7月初，杜里舒踏上回国的路途。[③] 张君劢将杜氏的讲演结集为《杜里舒演讲录》出版。通过这些宣讲，梁启超更坚定了中西文化和思想调和的想法。1922年12月，梁启超在南京金陵大学第一中学讲演时，他根据杜里舒的观点，明确肯定传统文化和思想方式也符合进化观念："人类平等及人类一体的观念，的确一天比一天认得真切，而且事实上确也著著向上进行。""世界各部分人类心能所开拓出来的'文化共业'永远不会失掉，所以我们积储的遗产的确一天比一天扩大。"[④] 这些都清楚地表明，梁启超等人并非超然物外，而是指向明确地将矛头对准全盘西化论者。

四 梁启超文化权势网络的拓展

讲学社的命运未能逃脱学术团体无疾而终的致命因素：经济无法自立，没有自我可持续的经济再生能力。讲学社在邀请了四位东西方名哲（另一位是泰戈尔）来华讲学后，基本上名存实亡。从1923年起，讲学社中最为重要的资金来源——北京政府的资助终止，讲学社

---

① 参见中国科学社编《科学》1922年第7卷第7期，第641—644页。
② 张君劢：《杜里舒学说大概》，《时事新报》1922年10月15日。
③ 刘增人：《王统照传》，山东教育出版社2001年版，第412页。
④ 梁启超：《研究文化史的几个重要问题》，《饮冰室合集》第5册，第6—7页。

如失源头之水，同时从社会上募捐资金愈来愈难。随着中国经济大环境的恶化，张謇、穆藕初、聂云台等人难以顾及讲学社。另一方面，民国以来，民族资本构成上出现了较大变化，出现了具备完全资本人格的新兴的民族资本家。他们不同于传统的具有联结友谊、崇尚名节习惯的绅董，而是比较注重资本效益。梁启超跟这些民族资本家没有紧密关系，尤其是经济中心上海方面的穆藕初、聂云台等资本家，全赖蔡元培等人的介绍和引荐。对梁启超而言，除了张謇、张嘉璈、黄群、王敬芳、徐新六等门生故旧，他并没有其他的经济支持。吴炳守认为经济基础的薄弱深深地束缚了梁启超施展抱负的手脚，甚至影响了梁启超和研究系的整体发展构想，[①] 此言不虚。

除了经济原因，讲学社解体的另一个重要因素在于主要成员都有自己的专职，往往分身乏术，难以全身心投入讲学社工作，并且研究系部分同仁在该社创办伊始就颇有微词，舒新城、张君劢、蒋百里等希望梁启超专注于讲学和中国公学，因为“欲举大事，只有师生与朋友可靠”，而“共学社、讲学社之办法，只能增加灯中之油，欲光大固须油多，但欲光能集聚，必不可不恃灯心”[②]。梁启超听从了朋友们的建议，将精力回收到实体事务中，专注于“造灯心”的事业，自然就减少了对讲学社的关心。

这里所讲的灯芯，也是梁启超培育研究系文化权势网络的另一个重要手段——培植高校学术势力。张君劢于1920年1月12日写给黄溯初的信中，也谈及梁启超如果能在北方的大学里担任教师职位，“亦计之得者也”。[③] 梁启超在欧游归国后开始在清华、南开担任功课，同时对于清华的人事任命非常留意。1921年11、12月间，他就宣称“要之清华、南开两处必须收作吾辈之关中河内，吾一年费力于此，似尚不虚，深可喜也”[④]。1923年秋，梁启超以兼职讲师身份每周三晚七点半至九点半在清华学校讲授《最近三百年学术史》，隔周

① ［韩］吴炳守：《研究系知识分子的文化权力及其基础》，《史林》2002年第1期。
② 丁文江、赵丰田：《梁启超年谱长编》，第942页。
③ 丁文江、赵丰田：《梁启超年谱长编》，第896—897页。
④ 丁文江、赵丰田：《梁启超年谱长编》，第605页。

四晚七点半至九点半讲《群学要籍》，由于授课效果较好，情感强烈，颇能引起学生共鸣，所以清华学生会特地通过议案，希望学校能够延聘梁启超。[①] 1925 年，清华研究院创办，梁启超应邀成为国学院导师也水到渠成。吴宓在 1925 年 2 月 22 日记载了他持清华曹云祥校长聘书赴天津梁启超处邀请其加盟国学院，进展很是顺利，“是夕赴津谒梁，即夕归”，“梁先生极乐意前来”。[②]

办学也是聚合文化势力的手段，中国公学的改制便是在梁启超的直接主导下进行的，改造后的中国公学成为研究系权势网络聚合的中心。1920 年 9 月，梁启超对中国公学的人事做出部署，他安排和自己办学方针更为接近的张东荪担任教务长，蒋百里从旁协助。[③] 梁启超直接指导了中国公学的改造，添设了文理法政等各科及研究院，1923 年将专门商科升为大学，1925—1926 年，学校在办学规模、图书馆、校舍等硬件配套设施建设上都实现跨越式发展，发展成为一所兼有学院部及中学部的大学。中国公学改造完成后，主要岗位大都由研究系把持，为了提升教育教学水平，梁启超等人还通过各种人脉关系陆续从全国聘任了一大批颇有建树的学者前来讲学。舒新城在给梁启超的一封信中建议中国公学交于刘秉麟（南陔）、张东荪办理；由张君劢、徐志摩通过讲演影响南开；由梁启超争取东南大学，“如此鼎足而三，举足可以左右中国文化，五年后吾党将遍中国，岂再如今之长此无人也”[④]。他们将学校和师生关系视为培养感情，积聚力量的最好方法，再三叮嘱梁启超学校是一切事业的根基，“望任公摆脱政治之泛运动，全力从事此事，设科不必多，惟教授须最高手，藏书楼须极完备，须有一种特别精神，特别色采，此为吾辈文化运动、社会事业、政治运动（间接关系）之重要基本，应早筹备”[⑤]。舒新城

---

① 刘晓琴：《梁启超与清华》，见李喜所主编《梁启超与近代中国社会文化》，天津古籍出版社 2005 年版，第 480 页。

② 吴学昭整理：《吴宓日记》，生活 · 读书 · 新知三联书店 1998 年版，第 6 页。

③ 左玉河：《张东荪传》，山东人民出版社 1998 年版，第 105—115 页。

④ 丁文江、赵丰田：《梁启超年谱长编》，第 942 页。

⑤ 丁文江、赵丰田：《梁启超年谱长编》，第 922 页。

的建议和想法在梁氏学人群中是有代表性的。回国后，梁启超派张东荪接办中国公学，欲改造成为建党的大本营。梁启超本人讲学南开，计划包办文科教育。这一时期，梁启超对东南大学、北京大学、清华大学这些当时国内的一流院校极为关注，千方百计推荐人才给各重要学府任教，或者亲自演讲或讲学。

办学是梁启超实现其文化抱负的重要途径，凝聚人才的重要据点，但办学往往会牵扯到大量的经费和人员投入，一旦资金等环节出现问题，将使整个学校的发展事业陷入困境。所以梁启超及研究系同仁在欧游中谋划将来的事业时就考虑到这一点，他们认为在大学讲学演讲、传播思想比自办大学更合算。蒋百里也愿梁启超除去杂念，只做思想和文化的传播者。讲学与办学相比，不仅能深耕于一地，扩大文化影响力，且无经费之虞，也是梁启超触发灵感、整理思想的有效方法，梁启超的颇负盛名的《中国历史研究法》就是在各大学巡回讲学的成果。《先秦政治思想史》是在东南大学的讲义，《近三百年学术史》是在南开大学、清华大学授课的讲义。《中国历史研究法补编》也是在清华讲学时学生根据讲义整理的。梁启超于1921—1923年在部分地区进行了大规模的巡回演说，“次数之多，地域之广，题材之博，听众之多，影响之大，在近代中国的学术演讲史上是空前的”①。从梁启超在各地的学术演讲内容和主旨来看，梁启超希望将“道问学”与“尊德性”统一起来，有意与主流派拉开距离，他以公开讲演作为影响力泛化的途径，使得影响力有效传播。

梁启超讲演讲学比较集中的有三个阶段。第一个阶段集中在京津一带，时间为1921年10—12月，七次演讲于次年集结成册，刊行了单行本《梁任公先生最近演讲集》。第二个阶段，1922年4月，应各学校和各团体之邀，从北京沿铁路线南下，先后到济南、南京、上海、南通等地巡回讲演，之后在东南大学讲学数月。这一时期讲演据笔者粗略统计就有40次之多。内容非常广泛，并辑为《梁任公学术讲演集》，第一辑和第二辑于1922年11月由商务印书馆出版，1923

① 李喜所、元青：《梁启超传》，第494页。

年9月商务印书馆出版了第三辑。第三个阶段是1923年以后，梁启超在北大、燕大讲学外，同时还有很多社会兼职如北京图书馆馆长等工作，这一时期他的讲学演讲仍有40次之多。

梁启超另一个演讲集中的地方是湖南，演讲地的选取有支持和考察湖南自治实践的意味。1922年8月底，梁启超在时隔25年之后再次来到湖南。他在长沙共做了四次演讲，其中第一次是在湖南省议会作了题为《祝湖南省宪之实施》的演讲。梁启超早在办时务学堂时就曾经提到过地方自治思想，在1919年的《解放与改造》杂志中提出了“联省自治”的政治概念，1920年应邀负责起草了《湖南省自治根本法草案》。在《祝湖南省宪之实施》这篇演讲中，梁启超提出湖南要开展政治改良，其根本途径最终应落实到学校教育上，他提出要重视高等教育，“湖南现应依照省宪规定，将大学早日成立。”[①] 梁启超1922年的湖南之行虽然受到省长赵恒惕的盛情邀请和接待，但实际上梁启超此次来湘是应了湖南省教育学会的邀请。除了第一次《祝湖南省宪之实施》的演讲外，他又作了《什么是新文化》《奋斗的湖南人》《湖南教育界之回顾》三次演讲[②]。三次演讲中，梁启超都极为推重湖南的民性，关于外界对于湖南人“蛮子、蛮气”的指摘，梁启超恰恰认为这种民性在向来以中庸调和作为传统美德的中国极为宝贵。[③] 在梁启超看来湖南人身上的倔强之气正契合于五四新文化运动所提倡的开荆斩棘进步、进取的青春文化。在《什么是新文化》的演讲中，梁启超提出自由自治代表新文化。

如此大规模地进行巡回演讲和讲学，可以看到梁启超等人的文化领地的迅速拓展。梁启超依然有巨大的影响力，这和其深厚的学养，丰富的人生经历，独特的人格魅力都有极大的关系。在多篇回忆梁启

① 梁启超：《祝湖南省宪之实施》，载梁启超《〈饮冰室合集〉集外文》中册，北京大学出版社2005年版，第914页。

② 演讲的时间、地点分别是8月31日长沙第一中学；9月1日长沙遵道会；9月1日长沙第一中学。参见张弛《从兴民权到开民智——梁启超的两次湖南之行》，《云梦学刊》2013年第11期。

③ 参见梁启超《奋斗的湖南人》，载《〈饮冰室合集〉集外文》中册，第196页。

超讲学演讲的文章中，人们深切怀念任公的举手投足，春风化雨的感染力。梁启超有高超的演讲技巧，特色十分鲜明，演讲内容大多涉及人们关心的社会问题，往往能根据听众的身份选择相应的题目，有的放矢，提高演讲的实效性。例如，梁启超在北京哲学社发表了《评非宗教同盟》的演讲，其时非基督教运动的风起云涌，宗教界、哲学界十分关注该思潮，故选择该题。在东南大学史地学会进行演讲，他介绍了历史统计学。

由此可见，梁启超等人有意与新文化运动的主流构成“打擂台”的文化格局，以创办和改造杂志凝聚制衡主流的声音，以高品质翻译西方学术经典的方式“采补中国所本无”；以讲学社延请西方名哲以现代智慧淬砺中国传统，使思想文化界在此过程中有了更多的互助、配合、交流的机会，当时国内松散的文化团体、教育机构有了大规模较为成功的协作。这一权势网络还以大学培植青年学人势力作为权威影响力的基础，以社会热点为公开讲演的选题，泛化和扩大其影响，这使得研究系成为新文化运动一支重要势力。

域外新论

杰拉德·列文森论艺术解释*

章　辉**

摘　要：列文森区分了确定性解释和探索性解释；辨析了在时间之流中，艺术解释与艺术特质的关系问题；协调意图论和反意图论，提出了设想的意图论以解释文学作品的意义。列文森对艺术解释的诸多问题所提出的一系列具有创造性的观点和思路，产生了较大的学术影响，引起了学界争鸣，值得中国学界借鉴和吸收。

关键词：确定性解释　探索性解释　艺术特质　构想的意图论

解释学在西方源远流长，在当代西方英语学界的分析传统的美学中，艺术品的意义和解释也是一个重要问题。关于解释，西方学界有这么几点共识：1. 在解释活动中，对于某个既定的现象或事物，对其意义、意思、目的或功能的衡量，牵涉某种构想的形成和认可。2. 解释一般来说关系到有意识的思想、审慎的反思、明确的推理等。不是所有的感知或理解或领会都是解释，这里面的某些东西很显然是前解释，是解释的基础、对象或出发点。3. 解释预设了被解释的东西的非显然性。如果我们能够直接明了地看到甲是乙，如果这么做不

* 本文为2016年度国家社会科学基金重点项目“美国当代美学史”（项目编号：16AZX024）的研究成果。

** 章辉，1974年生，湖北武汉人，文学博士，现为曲阜师范大学美术学院教授，主要从事美学研究，著有《英国当代美学史》，商务印书馆2021年版。

存在选择或决定的问题，那么说甲是乙就不是解释活动。[①] 即是说，解释这种行为牵涉设想、思想，关系到事物的意义、意思、目的或功能的非显然性。当代美国美学家门罗·比尔兹利和威廉·维姆萨特提出的新批评学派主张艺术自律，反对以艺术家的意图解释文艺作品的意义。那么，艺术家的意图真的无关艺术品的意义吗？文学作品的解释就只固着于作品本身吗？如果回答是肯定的，为什么面对同一作品时，解释如此歧义纷纭呢？美国当代美学家杰拉德·列文森（Jerrold Levinson，1948— ）对解释问题有深入研究，其对艺术解释的一系列问题提出的见解，推动了学界对于这一问题的理解，对于中国学界具有重要的参考意义。

确定性解释与探索性解释

列文森把艺术中的解释分为两种类型，即“语义性解释”和“表演性解释”。一般性的解释活动寻求意义、意思、目的或功能，可称之为“语义性解释”，这里的语义是广义上的。表演艺术中的解释性行为诸如对某个作品的演奏、吟唱、朗诵、表演等，可称之为“表演性解释”。这不是否认在表演性解释和语言性解释之间存在着重要的关联，也不是否认表演性解释可能给语义性解释做出贡献。列文森只是坚持认为表演性解释实际上不是语义性解释，因为它并没有回答某个东西能够意味着什么这一问题。在具体的解释活动中，列文森还区别了两个问题，其一是，它意味着什么？（What does it mean?）其二是，它能够意味着什么？（What could it mean?）第一个可称为 DM 模式，也可称为解释的确定性模式（determinative mode）；第二个可称为 CM 模式，也可称为解释的探索性模式（exploratory mode）。

列文森列举，如下是广义上的语义性解释的对象：1. 某个人的脸部表情。2. 某个人的姿势或举止。3. 某个人的行为或动作。4. 沙漠中

① See Jerrold Levinson, *Contemplating Art*, Clarendon Press, Oxford, 2006, p. 276.

的一块石头。5. 茶杯底部的茶叶。6. 某个人手掌中的线条。7. 含混的术语或句子。8. 含混的视觉图像（比如鸭兔图）。9. 一种情形，比如一扇晃动的门或一辆丢失的车。10. 官方的某个行为（比如关闭了大使馆）。11. 医学症状（比如发热或皮炎）。12. X 射线照片。13. 罗夏墨迹。14. 文学作品。15. 哲学命题。16. 星光灿烂的天空。17. 动物痕迹。18. 某个解读和测量。19. 笑话和名言。20. 比喻和格言。21. 人行道上的污迹。22. 意外的自然事件。23. 朦胧的形象。24. 股票交易动态图。25. 一个神谕的判决。26. 社会风俗。27. 一张图表。28. 对手的一步棋。29. 楔形文字。30. 纵横填字谜的线索。31. 梦和白日梦。32. 圣经中的一段话。33. 巴别塔图书馆中的一本书。对于上面的任何一个东西，都有两种不同的解释模式，也有两种不同的解释动机，即要么是 DM 模式，要么是 CM 模式，或者是这两种模式都合适。比如 11，询问一个孩子胸部的皮炎，就是一个 DM 解释模式，我们想知道它意味着什么，是什么医学症状。细查一个含混的形象（8），就是 CM 解释：我们想知道它能够以什么方式被看到。现实中的令人困惑的情形（9）激发我们去揭示它的实际的、不仅仅是可能的意义，因此是 DM 解释。罗夏墨迹（13）是一种心理分析的程序，可产生多种解释，没有正误之别，因此是 CM 解释模式。另外，灿烂的星空（16）可能召唤两种解释，即宇宙论的或神学的，这就是 DM 解释，或者我们看其为预示性的，这就是 CM 解释。墙壁上的模糊图像（23）可能以许多方式去看，这就是 CM 解释，或者只是指向图像作者脑子中要投射的东西，这就是 DM 解释。《圣经》中的一段话（32），在有些人看来是 DM 模式，因为它只有神圣作者所意图的唯一意义，但很多人经常操作 CM 模式，把这段话作为追寻许多可能意义的出发点。

那么，这两种解释模式背后的动机是怎么样的呢？列文森认为，在 DM 模式后面有一种科学的、实用性的追求知识的精神，这种精神即是要致力于理解、解释、发现或交流。为这种精神所感染，我们竭力去领会现实，无论是自然还是人的本性。相反，在 CM 解释，有一种追求自由的精神。在这种精神的核心，是一种认知游戏的欲望，就如康德定位在审美核心之中的东西，我们沉迷于理解、解释、发现或交流的可能性，而不关心其实用性。为这种精神所感染，我们竭力扩展欣赏意义形成其中的空间。相比寻求关于自然、世界和人的可靠的知识，我们宁愿沉迷于想象之中。①

某种现象背后意图的缺席、在场和对之采取何种解释模式，这中间的关系很复杂。列文森说，一方面，笑话、X 光照片和痛苦的表情是意图的产物，邀约 DM 解释，但比喻、含混的图像和走象棋是意图的产物，邀约的却是 CM 解释。另一方面，轨迹、踪迹和地震要求 DM 探索，即便它们不是意图的产物，但是某些类似的非意图的现象诸如人行道的污迹、茶叶模式、夜晚的星空打动了我们，吁求的是 CM 探索。解释是科学的特征，但不是所有探索性的解释都是致力于重构或解读意图。有人可能反对说，列文森说的探索性的解释根本就不是解释，因为解释预设了误解的可能性。如果真是如此，探索性的解释可能被否定，因为在这个标题之下没有什么东西能够算作误解。确实，对于确定性的解释，误解有自己的位置。如果你解释某种东西为它所并不意味的东西，而且你操作在确定性的解释模式，那么你就是误解了它。但不清楚的是，误解在探索性的解释案例中是否有自己的位置。确实，在这里，误解不能如在确定性的解释那里去看待，或者说，实际上所有探索性的解释都可视为误解，因为它不能具体说明某个既定的事物到底意味着什么。但列文森辩解说，误解在探索性的模式中仍有用武之地，在面对这样的问题如某种东西能够意味着什么的时候，我们可能回答，那个东西不能被设想如此意味。比如，门槛上的泥巴脚印不能意味着 3 是 27 的立方根，自由女神的脸部表情不可能是悲痛的。因此，即便解释确实预设了误解的可能性，这也并非否定探索性的解释是解释的理由。列文森提出如下论点：1. DM 或确定性的解释，对于某个物体的意义是什么这一问题预设了唯一的答案，但 CM 或探索性的解释预设了多种答案。2. 在某些情况下，投入 DM 时，CM 是启发性的或工具性的；在某些情况下，CM 为其自身而

① Jerrold Levinson, *Contemplating Art*, Clarendon Press, Oxford, 2006, pp. 278 - 279.

存在。当为自己的目的而投入解释活动之时，CM 没有业已确定的停止之点，在原则上可能无限延伸。3. 当 CM 启发性地或工具性地服务于 DM 时，常常牵涉 CM 投入其中的某个时期或时刻。即是说，在确定性的探索中，我们总是设想某个东西能够意味着什么，这是要找出那个东西确实意味着什么。① 再看具体案例：

面对一个 X 射线或 X 光照片，典型的判断是：那是一个骨折，或者，那看上去是一个卵巢肿囊。乍一看，这样的案例中没有什么推测性的和设想性的东西。即是说，在其中，辨识所呈现的东西是自动的非反思性的，至少对于射线专家来说，所呈现的东西是很显然的。那么，这不需要解释吗？列文森认为仍然需要解释。原因如下：1. 这些案例与其他的案例是连续性的，即是说，大多数或至少许多射线案例，是需要解释的。2. 这样的案例是阅读一张 X 射线照片的行为的一个实例，而阅读这样的照片本身，本质上就是解释性的。3. 这样的案例要应用专业知识，这就要求射线专家去辨识对于常规的视野来看是非显然的东西。当然，不是被感知到的每一样东西都需要解释，当我看到厨房里的茶杯、碗筷，我不会解释它们为茶杯、碗筷。我只是看到了茶杯和碗筷，就如它们的所是。通常说来，餐具不是被意图去解释或解读的，不是被设计为传递了某种信息，它无需解释。一个杯子就是一个杯子，但并非意味着杯子。相反，一张射线照片可能显示、昭示，可能确实意味着如此如此的医学症状如骨折、肿瘤等。只是看到某种东西是一张 X 射线照片，这并非常规的认知性地投入其中的目的。

上文提到的有经验的射线专家解读射线图片，这应该归为解释，它不同于对餐具的无反思性的看。原因是，虽然专家可能立即得出结论说这张图片显示了骨折，无论如何这仍然就是在做结论，不同于简单的归类。这么说的部分原因是，射线专家有责任排除其他的可能的解读。就是说，在专家的解读中，可选择的解释或明或暗牵涉其中，这就不能等同于无疑问的感知，它不同于日常的无意识的看。这一点

① Jerrold Levinson, *Contemplating Art*, Clarendon Press, Oxford, 2006, p. 281.

解释了上面的论点3，即DM解释牵涉CM解释的一个时间点。很显然，射线图片要在DM模式上去解释，但它会停止在CM探索的某个时间点。一旦专家做出了某种判断，他的DM解释就完成了。

象棋游戏中的一步棋，如果以DM模式，我是试图从对手的最后一步棋去推断他如何谋划如下的棋子。这么预设，即是设想对手有一个计划，他不是任意地在下棋，那个计划是唯一的和确定性的。这么解释，就是确定既定的一步棋意味着什么，这是在推断对手的脑子里的具体规划之下去看这步棋。相反，如果我们采取的是CM模式，我们就把不同的计划归于对手，设想他的这步棋的多种可能性。以CM模式解释这步棋，要么是基于其本身所带来的乐趣，或者为推测这个游戏的不同可能性而做更好的准备。即是说，在这种情况下，某个既定的一步棋开放了多种可能性，这些可能性被视为这步棋的意义，它呈现了对手脑子里的可能有的目的。

在解释一个比喻的时候，我们主要是追寻它意味着什么，还是它能够意味着什么呢？即是说，我们要采取的是DM模式还是CM模式呢？比如巴尔扎克的一句名言：名声是死者的太阳。它意味着什么呢？它可能意味的是，就如太阳维持生命，名声维持的，或者说是，赋予死者以生命。或者它意味的是，就如活的东西自然地朝向太阳，那些必死之物，基于名声可能提供的慰藉，自然地朝向死后的名声。或者它可能意味着，死亡构成了一种太阳系，它集合了名声，被视为柏拉图式的理式。或者是，它意味着，死者太过接近名声会导致其翅膀融化。但是巴尔扎克的比喻实际上意味着什么，列文森认为，是它能够意味着什么的子集（subset）。这么看，它意味的东西，就是前面两个设想，而非后面两个。这种选择的原则，大体讲，就是把比喻置入某个既定的交流语境中，我们恰当地去设想比喻的言说者意图传递给听众的那种意义。在这样的案例中，我们最初是问它能够意味着什么，但最终的目标，在大多数时候，是回答它实际上意味着什么。因此，两种解释模式并非界限分明，DM模式总是牵涉某个阶段的CM模式。但是CM模式也在相反的方向展示了某种关联，即是问某个既定的现象能够意味着什么，这至少预设了那个现象确实意味着什么。

因此，两个模式从另外的角度看是相互关联的，它们构成了逻辑上的整体。①

二 艺术解释与艺术特质

在阐述了一般的解释之后，在《艺术品和其未来》一文中，列文森以新颖的角度提出了艺术解释的相关问题。我们经常听到这些说法：相比于其最初的读者而言，这部小说对于今天的我们意味着更多的不同的东西；这种解释给予这部作品以前所未有的维度；这些诗歌借助我们在过去十年所获得的经验，只是在最近获得了意义的深度；这部电影预言了随后的一系列事件；这个画家的早期作品现在不是如过去那样具有原创性和新颖性。不可否认，这些说法可能是对的。但列文森要否定的是，艺术品会随着时间而改变。即是说，列文森否定的是，艺术品的意义、审美特质、艺术属性、影响效果会随着时间的流逝和随后的文化的发展而变化、扩展甚至修正。列文森不否定，就如其他物体，艺术品在一般性的关系方面会经历变化，比如它们的位置、谁拥有它们、在某个时间有多少人在欣赏它们、人们是否在辨识它们的特质，等等。这里也不考虑艺术品的另外一种变化，即基于它的物质变化而导致的内容变化，比如在绘画、雕塑、素描等中的常见情形，也不考虑某个艺术家在后来改变了某个作品的情况。列文森要考虑的主要问题是，在时间流逝之后，在新的历史阶段之后，在艺术的新的运动之后，在采取新的视角之后，艺术品的内容发生变化了吗?

我们经常认为，未来会投射光亮到过去的艺术之上，这就改变了它的本质。我们还认为艺术品是不完整的，需要我们以经验去填充和实现它们。我们把艺术品视为一个有机体，它有生命和发展，直到它变成它所不是的某种东西。列文森不赞同这些说法，他认为不是艺术品随着时间而变化，而是我们在变化。我们想法更多，经验的更多，

① Jerrold Levinson, *Contemplating Art*, Clarendon Press, Oxford, 2006, pp. 281 - 286.

创造的更多，结果就是，我们能够在艺术品中相比以前发现的更多，但这些艺术品仍然是它们，它们的内容没有变化，而是我们接近那个内容的途径，基于我们和世界随后的变化而变化了。这里，潜在的和不被注意的东西不能混淆于新近获得的和添加上去的东西。后来的历史可能显示先前的艺术所有的东西，但它不能显示为现在有更多的东西在里面（there is now more in it）。①

列文森认为，艺术品的意义高度依赖于它所起源的复杂语境，即作者的意图、那种风格的先前的作品、艺术家所处的既定传统、艺术品所意指到的当时发生的事件、其他艺术活动、先前的文明等。艺术品的意义很大部分就是由这些过去的因素嵌入其中而获得的。但列文森这里要探索的问题是反向性的，即在某个艺术品之后的文化和历史发展是否决定或修正了归于它的审美的或艺术的特质。列文森的回答是否定的。一个艺术品的内容，虽然依赖于其历史语境，但并不随着其未来的展开而无限地波动和发展。这里艺术内容指的是审美特质（高秩序的、格式塔式的可感知特质）、艺术特质、再现性特质和意义特质（meaning properties）：艺术特质指的是艺术品的原创性、衍生性、技巧性、革命性、典型性、影响力、综合性等；再现性特质指的是再现了一个人、描写了行进中的火车头、描绘了温莎公爵、再现了基督的宣告等；意义特质指的是象征了整个生命中的精神的探索、讽刺了哲学家的缺点、批评了英国人对于爱尔兰人的残忍、展示了命运的冷酷、描绘了人类的根深蒂固的愚蠢和贪婪等。与这里讨论的问题关系最大的是艺术品的意义特质和艺术特质。

在展开具体分析之前，先看相关案例：1. 我们有时候会说艺术品随着时间和历史的演进获得了新的意义，比如考虑到广岛和大屠杀，我们说博世（Hieronymus Bosch，1450—1516，文艺复兴时期荷兰画家）的绘画描绘了地狱。2. 我们认为后来的解释注入老的作品以新的它们以前所没有的意义，比如弗洛伊德对《哈姆雷特》的阅

① Jerrold Levinson, *Music, Art, and Metaphysics*, Oxford University Press, 2011, pp. 180 - 181.

读。3. 我们有时会说，先前在某个作品中的意义或情感是不明朗的、模糊的，只有在我们有了对于它的理解来说是必需的特定经验之后，这种情感和意义才能得以明确，比如兰波的混乱形象有某种意味，在20世纪60年代我们熟悉了心灵的迷幻之后才能理解它。4. 我们有时说，某个作品的特质或本质可能被同样的艺术形式中的随后的发展所改变，比如巴赫的《勃兰登堡协奏曲》在斯特文拉斯基的充满敬意的模仿之后再去听，蒙德里安的直线造型在现代商业性的斯堪的纳维亚式设计出现之后再去理解，我们都会获得不同的意义。5. 考虑到某个艺术品之后的艺术内外所发生的事件，我们说它在某个点上变成了预言家。比如谢尔盖·爱森斯坦的电影《亚历山大·涅瓦斯基》(1938) 生动地反映了俄国贵族反对野蛮的条顿人的斗争，现在似乎是预言了第二次世界大战。海顿的第80号交响曲的序曲似乎预示了瓦格纳的歌剧《女武神》(*Die Walkure*) 的序曲。6. 随着时间流逝我们熟悉了作品的效果，我们可以说，作品失去了其原创性、新颖性、革命性和震荡性，这是因为随后的发展同化或者遮蔽了它们。比如康斯坦伯在其风景画中对"局部性颜色"(local color) 的运用，沃尔夫《到灯塔去》中的意识流技巧等。7. 基于艺术品对随后的艺术和文化的影响，我们会认为它获得了（或失去了）其重要性、影响力或关键性，比如毕加索和卡夫卡的作品对后来绘画和文学创作的影响不断增强。

所有这些说法背后的直觉是，某个艺术品随后的艺术的文化的或社会的发展总是影响到我们对它的接近、感知、理解和评价，这样，如果艺术品的内容基于我们如何去看它，那么这样的内容就会随着时间而变化。但列文森认为这种直觉是错误的。虽然时间会诱导我们在它后来展开的历史中去看一个作品，但这并非意味着它就能够被如此去看待，作品的真实内容应该基于它如何被合适地或合法地去看待。为此，列文森做了五个区别。首先要区分的是某个作品所有的特质和在某个时间被知道所具有的特质，即是一个作品的艺术内容和它在某个时间点被揭示的部分艺术内容。比如，《亚历山大·涅夫斯基》在最初拍成电影的时候，有很多优点，但是对1942年东部战线的预言不在其中。如果这部电影真的是预言性的，为什么不在最开始就预言了呢？再如贝多芬的咏叹调第111号无可否认具有某种爵士乐的特质，甚至可以说预示了布吉舞吉钢琴曲的风格。这种特质，在晚期古典奏鸣曲的语境中是特别显著的，是一直在那儿的，虽然它不是被这么去设计的。我们不能说，这段乐曲在某个时间点比如1910年变成了爵士乐的例子，它从来不是、永远也不是如此，虽然随后出现的爵士乐可能让我们更为突出地意识到它的爵士乐特质。但这么延伸，把它听为爵士乐是错误的。作品的艺术特质和那些在某个时间点被知晓为作品的特质，这两者是有区别的，后者是时间所产生的新的内容，它常常被解释为作品已经存在着的内容。

另外一个类似的区别，是永恒的艺术特质和相对于时间而言的艺术特质，前者包括原创性、激发性（provocativeness）、革命性。原创性作为艺术品的特质，指的是它所展示的不同于先前艺术品的结构性的或审美的特质。因此，虽然这是一个语境性的特质，但这个语境在作品产生的时刻就确定了。在这个意义上，相应的特质才能说是永久性的。另一方面，当我们说这个艺术品现在不再是原创性的，我们不是真的回溯到早前对其艺术内容的描述，我们不是真正地在谈论其艺术内容本身，我们实际上是说，如果今天有一个新的作品产生出来并且展示了这样的特质，它就不被视为原创性的。但先前的那个作品，如果真正是原创性的，现在仍是原创性的，并且一直都是原创性的，即便其艺术内容的原创性意义因我们的过分熟悉而减弱了。这样，斯特文拉斯基的变化着的韵律、康斯坦伯的明亮的绿色团块、伍尔夫的意识流等在原创性方面并没有消失。只是因为我们现在熟悉它们了，或者是因为其随后的不断增长的艺术后继者让我们审美疲劳了，其原创性才似乎消失了。对于激发性和革命性也可如是看。

第三个区别关系到文学理论家赫施（E. D Hirsch），他把含义（meaning）和意义（significance）区别开。前者是呈现在文本中的作者借用其特殊的符号系列所意图表达的东西。意义则是一种关系，是在意图和某个人，或某个概念，或一种情景，或任何其他的可想象的东西之间的关系。这里的含义可以等同于列文森说的艺术品的内容，意义则可以扩大为包括艺术品的内容所处的关系之网，是对作品的理解之外的某些东西。含义和意义的比较可类比于某个物体的特质和它的使用。前者不会改变，后者随着特殊的需要而变化。类似的，某个艺术品的内容，虽然不仅依赖于其内在的结构，可以说是固定在其原始语境之中，而它的之于其他东西的相关性，即它的应用，是随历史而展开的。还可以作一个类比：某个艺术品就如应用一个有声的工具在某个特殊语境中所做出的声明。随着时间的流逝，词汇改变了它们的意义，术语改变了它们的所指。比如说："我会整晚坐在这里直到我完成了这个东西。"这意图表明的是 1987 年 2 月 15 日，杰拉德·列文森在国会山的一个房间里，写这篇你正在读的文章。这个意图不会受到随后的对"我"和"这个东西"的使用，为其他的"今晚"，为词汇"完成"（finish）意味着"消化"（ingest）等的改变而改变。这些说法，借助词汇中的意义的变化而可能获得讽刺性的语调或幽默效果。列文森认为，既存的艺术品随着时间所获得的不是艺术内容的额外的（additional）方面，而最多是以新的概念或术语去标签和呈现这一内容，以新的名义投射光亮到旧的东西之上，而不是正确阐释旧的东西或引起其艺术特征的变化。

第四个区别是向后的回溯和向前的探寻，前者是合法的，但它不能合法化后者。比如我们有两个文学作品 W1 和 W2，分别是在 1887 年和 1987 年创作的。如果在 1987 年采取向后的回溯，就牵涉首先在 W2 的光照下重构 W1，然后反射（reflecting）向前的之于 W2 新的阐释。这里当下的东西让我们把过去看得更清楚，这又反过来澄清了当下的东西，这种理解是把当下视为由过去发展而来。另一方面，向前的探寻，首先在 W1 的光照下解释 W2，这就是传统的历史主义，然后把这种理解反向投射到 W1 上。具体来说，第一步，思想运动从 1987 到 1887，然后回到 1987，其目标是理解 1987，这是借助我们对 1887 的理解是作为我们从 1987 年的有利视点去看而得到的结果。回溯性的重构（通过 W2 理解 W1）是最初的步骤，其整个程序实际上是向后看，其目的是借助一个澄清了的和重构了的过去去理解当前。第二步的思想运动，是从 1887 到 1987，然后回到 1887，其目的是理解1887，这是借助我们把当下对1987的理解放在与1887的关系之中而得到的结果。探寻性的重构是第二步，这里整个程序实际上是向前滑动的，其目的是借助当下去理解过去。

最后一个原则是，要区分从某个作品的起源所获得的关于它的视角和在某个既定时刻获得的关于作品的视角。属于前者的是作品的内容，它不同于从当代欣赏者所获得和使用的视角所看到的东西。前者不会变，内容因此也不会变，只是对于这种内容的揭示可能被延期。① 总结，即是五种区分，即1. 艺术品所有的特质和在某个时刻被知晓所具有的特质。2. 某些艺术特征的相对时间而言的意义和永恒的意义。3. 含义（meaning）和意义（significance）。4. 向后的追溯和向前的探寻。5. 基于缘起而获得的合法的解释性视角和在某个时间获得的解释性视角。

最后要说的是影响特质（influence attributions），指的是影响力、重要性、革命性、生命力（pivotalness）、孕育性（seminality）等，说的是某个作品对后来作品产生的艺术效果。关于这种特质，1. 不能被视为属于创作它们之时。2. 不能借助先前的艺术语境去分析。预言和影响有差异。说某个艺术品是预言性的，是说它包含或暗示了后来变成了事实的论断，即是会被证实或实现（强调的是未来）的论断。预言性因此是作品被创作时就有的特质，虽然通常不能合法地归于它。说一个作品是有影响力的，似乎是更为强烈地预设了实际的成就（强调的是现实）或成果。直到这样的影响确实发生了，我们才会说某个作品是有影响力的。影响力来自作品本身的结构和特征，就是这些使得其具有影响力。② 就是说，影响力应该被视为一种关系性的特质，它是作品基于自身的特质而对后来作品所产生的影响。

① Jerrold Levinson, *Music, Art, and Metaphysics*, Oxford University Press, 2011, pp. 187 – 203.

② Jerrold Levinson, *Music, Art, and Metaphysics*, Oxford University Press, 2011, pp. 208 – 209.

三 文学解释与文学意义

在讨论了艺术解释之后，列文森转到更为具体的文学解释问题。门罗·比尔兹利所代表的新批评认为，文本意义内在于其词汇系列。赫施则相反，认为文本意义等同于作者的意图性意义。威廉·托尔赫斯特（William Tolhurst）协调这两者，认为文学作品的意义不是这两者，而是在某个语境中的某个表达的意义，它被理解为某个意图性的观众（intended audience）在获得了相关知识和态度的基础上合法地归于作者的意图。即是说，文本的意义是作者的意图，但这又是为作者所意图的观众在获知相关信息的基础上所构想出来的。如果这种观点是可取的，那么一个文本的意义是基于其缘起的环境，不会随着时间而变化。另一方面，基于多方面的原因，这种意义不会立即被获知。其原因，一是，在相关背景信息出现之后，我们需要时间去推测作者的意图，最初的读者可能无法获得这些。二是，有些作者预期了理想读者，对读者做了严格的界定和期望。三是，作品所缘起的社会文化信息是非常复杂的，这增加了读者去获知作者的意图的难度。四是，很多情况下，作者的意图不可得，基于时间久远，资料遗失，我们无法获知作者创作的相关信息。列文森的文学解释论就是扩展和深化托尔赫斯特的观点而来的。

当我们问文学作品的意义是什么，以及它们如何体现这种意义的时候，有四种回答，一是词汇的意义。二是言说者（utterer）或者是作者在某个时刻的意义。三是特殊语境中的某个既定时刻产生的发声意义（the utterance meaning）。四是游戏意义（ludic meaning）。词汇序列的意义，大体说就是词典意义，即是这些词汇处于具有特定的句法和语义规则的语言之中而获得的意义。言说者的意义是一个代理人，即言说者或作家脑子中的借助词汇工具要传达的意义。发声的意义则相反，指的是这样的一个工具在其言说的语境中最终传达的意义（ends up conveying），这个语境包括它被如此如此的一个代理人所发声。游戏性的意义，包括借助于解释性的游戏而获得的任何能够被归于要么是单纯文本的（brute text）（即某个语言中的词汇系列），要么是作为发声者的文本的意义，这个游戏受限于可信性、可理解性或兴趣的最低要求。

列文森的分析是，很显然，文学意义不能简单地等同于词汇系列或句子的意义，因为在解释活动中，文学句子被假设为来自某个头脑，有一个目的，句子是某个特殊的交流行为的工具。我们不会如对待任意地集合在一起的句子那样去对待文学作品，比如由电脑程序拼写的句子。构成了文学作品的句子，不仅仅是集合，而且是表达的统一性的行为。文学意义不能等同于言说者的意义，因为这会消解日常实用性的语言行为（其主要目的是传达言说者或书写者所想或想要表达的东西）和文学传播模式的差异。在文学，文本具有一定的自律性和自己的目的。当一个诗人以平白的语言给我们承诺，他的某些神秘的诗歌可能意味着什么，我们不会抛弃那个诗歌而去趋就他的说法。而在日常语言交流中，某个人的意思优先于他的语言所表达的东西。最后，游戏意义不是文学文本的基本意义的合适的候选者，因为它预设了这个基本意义以便于脱离那个地基（in order to get off the ground）。这就只剩下发声意义了，即是一个语言工具在某个既定的呈现或投射的语境中所具有的意义，这个语境，除了发声行为的直接可观察到的特征，还包括投射了文本的作者的特征，文本所处的文化环境以及其他的元素。那么，我们如何找到这些呢？托尔赫斯特是这么说的：发声意义最好理解为被意图的观众中的某个成员基于他获知的有关作者的知识和态度的信息而合法地归于作者的意图。因此，发声意义逻辑地区别于言说者的意义，但同时必然联系到它：我们作为意图性的接受者，能够获得最全面的信息，通过瞄准发声意义而到达言说者的意义。注意，这里的言说者并非实际的作者，而是被构想的作者。在这里，实际的言说者的意图，对于某部文学作品的意义不是决定性的。[1]

① Jerrold Levinson, *The Pleasures of Aesthetics*, Cornell University Press, 1996, pp. 177 – 178.

列文森强调，构想的意图无需契合于作者的实际意图，其区别很重要。首先一个最好的“归于（归于作者的意图）”在认知上是最好的，即是基于理想读者可能获得的所有证据，在正确性上具有最大的可能性。其次，最好的“归于”是要选择某种解释，它使得作品在艺术上更好。即是说，如果我们能够使得作者创造了一个更为敏锐的、更为动人的或更富有想象力的作品而没有违反关于他的可得的文本的和语境的证据，我们就应该这么做。列文森的核心观点是，文学作品的意义，不是作者的实际意图，甚至不是作者成功地实现了的意图，而是我们有了关于作品的证据和背景性信息，以及艺术家对于其意图性观众的如此如此的期待之后，我们最好地构造的。列文森强调关于作者的背景性信息对于文本理解的重要性，比如作者的理论性著作、他的其他作品、他同时代其他作家的作品、对于作者有所影响的社会运动或政治运动、作者所参加的或认同的艺术运动，等等。同时，理想的读者，在试图给作者构造可信的意图的时候，应该考虑文本的内在特质，相关的语言和风格的惯例和规则，但不应采信作者的实际的关于其意图的说明。列文森主张，作者关于其创作意图的说明对于读者的设想的构造只有推测性的意义。列文森赞同反意图主义的地方是，实际的意图对于作品的基本意义，不是绝对的决定性的或标准的。他赞同意图主义的地方，首先，我们关于作品的意义的观点本质上意指到艺术家的意图，这是为一个见多识广的读者可信地投射的。其次，在许多情况下，艺术的意义和作者的实际的意图是一致的。[①] 列文森关于意图的观点来自当代言语行为理论。这种理论认为，一个句子、作品或其他的媒介物所说，所意味，所表达的东西，是其内在的特征和其生产和投射（projection）的语境的功能，把这两个方面串联在一起，就形成了列文森的作品意义论。总结就是，1. 作者的实际意图不重要。作者意图既非决定了文学文本的意义，也非文学解释的最终目标。2. 对于文学解释来说，我们的工作目标是借助各

① Jerrold Levinson, *The Pleasures of Aesthetics*, Cornell University Press, 1996, pp. 206 - 212.

种信息和文学文本，构想作者所应该有、可能有的意义。列文森的观点可称为设想的（或构造性的）意图主义（hypothetical or constructive intentionalism），它不同于实际的（actual）意图主义，也不同于新批评的反意图主义。

列文森是想在实际的意图论和反意图论之间找到妥协和中介点。他的观点允许对文学作品的多重解释，它也承认艺术品的社会关联。在列文森的观点，如果知道了实际作者的意图，我们仍然能够思考被构造的或设想的作者可能意图什么，这个过程的结果，可能导致更多的有益的阅读，胜过了意指到实际作者的意图。与事实相反的意图，或者设想的代理人的意图，并非意图的奇异形式，毋宁是，它们根本就不是意图。列文森把一个作品的身份和意义固着在其创作的语境之中，他反对反意图论，后者去除了作品的原初的文化定位。列文森在《艺术作品和未来》这篇文章中说，时间所改变的不是一个作品的含义（meaning）而是其意义（significance）或其评价。他还认为作品的含义的某些方面可能不会在追溯其创作之时表现出来，而只在后来呈现出来，虽然它们在最初就出场了。在《作品和全部作品》这篇文章中，列文森论证了他的早期观点。他认为，某个艺术家的所有作品可能被视为一个大规模的表达，就如一个人的发言的意思可能被他后来所说的话所影响，一个艺术家的早期作品的含义也可能被其随后的作品的含义所改变，要么是因为他如此意图或是因为在这些作品中存在着内在的关联。他以马勒的交响乐和蒙德里安的绘画具体论证其观点。在《文学中的意图和解释》这篇文章中列文森提出了设想的意图主义观点，随后在《艺术中的信息》这篇文章中应用和发展了这种观点。列文森的基本观点是，一部文学作品应该被视为一个发声（utterance），是为某个处于特定的历史文化语境中的作者所创作的，这个作品的核心意义就是发声意义（utterance meaning），它不同于文本意义（textual meaning）或发声者的意义（utterer meaning）。发声意义，是以实用主义的模式去理解的，即是一个合适的听众最合理地推测某个言说者，在某个既定的传播语境中，以某种既定的文字工具试图去传达的东西。应用在文学中即是，一部文学作品的核心意义是从一个合适的、见多识广的、有同情力的、具有辨识力的读者的位置所给出的作者通过这个文本意图表达给读者的东西。这种理论是要寻求关于作者意图的最理想的设想，而非作者的实际意图。这就是 CM 模式即“能够意味着什么”，而非 DM 即“确实意味着什么”。对于设想的意图主义，CM 投入某个作品是工具性的，并非以自己的目的为要务，我们要在解释的多种可能性中辨识什么是实际上最好的设想。那么，设想的意图论允许存在着多个独特的相互之间不契合的解释存在吗？列文森的回答是肯定的。[①] 但这么一来，如何判断哪一种解释是最好的呢？列文森并未给出相关标准。

在《艺术品和未来》一文中，列文森坚持一种保守立场，反对艺术品的特质会改变。但实际上，这种变化的例子非常多。早期古典主义音乐作品，在创作的时候被认为是雅致的，但在莫扎特出现之后常常被听为笨拙的。德国音乐家韦伯（Carl Maria Von Weber，1786—1826）是早期浪漫主义重要作曲家，但这只是在他的后继者把这种风格发展为一种音乐传统之后，对他的界定才是清晰的。列文森认为从其创作时候起，艺术品就保持其审美的艺术的价值，虽然某些特质只是到后来才被知晓。这种观点避免了魔术般的逆向因果论，但它忽视了某些艺术特质是关系性的，是随着艺术品与发展着的艺术史的关系的变化而变化着的。如果没有后来的浪漫主义运动，韦伯是浪漫主义之父就不可能，这就表明，如果没有这么多后继者发扬他的风格，他不会被如此定位。他的作品之所以具有重要性并非暗示了某种神秘的逆向因果论。我们要认识到，关系可能会改变当相关者之一发生改变时，即便另外一个相关者保持不变。对于莫扎特之前的古典音乐家我们也可如此理解，比如斯塔米茨的作品先前是雅致的，在莫扎特之后显得笨拙。不能如列文森那样，说他的作品一直都是笨拙的。我们应该意识到，诸如雅致这样的术语不仅仅表达了作品和评价者之间的关系，而且预设了某种标准，这个标准可能随着不同于前此作品的新作品的出现而发生改变。

---

① Jerrold Levinson, *Contemplating Art*, Clarendon Press, Oxford, 2006, p. 303.

文学解释是想知道文学文本要传达什么东西。列文森认为，这样的艺术品构成了一个发声，它关系到特殊的代理人和发声的语境，但它们的意义不能等同于那些代理人在那些语境中实际意图去表达的东西，而毋宁是，在所有可获得的证据之下，最合理地去归于这样的被意图的代理人所要表达的意义。列文森的理论的优点在于：1. 如此结构的文学意义是统一的、明确的。2. 它强调文学发声的意义和作者在做出这种发声时所意图的意义之间的区别。3. 它保障了解释的自由，这一点对于批评性的事业和读者的阅读理解很重要。艺术解释和艺术家的意图是当代分析美学的核心问题之一，列文森的设想的意图论思路独创，避免了意图论和反意图论的诸多弊端，但也遭到了学界多方面的批评。罗伯特·斯特克以柯南·道尔的《福尔摩斯探案集》中的一则故事为例反对设想的意图论。比如，某个作品 W 意味着 P，但 P 不是被意图的，而且 W 的读者合法地相信 P 不是被意图的。这里，设想的意图论错误地暗示 W 并没有意味着 P。举例说：在探案集中，华生在英国军队服役期间受过一次伤。不幸的是，关于这个伤口，那些故事在不同的地方给出的是华生身体上不同的部位。我们知道作家无意中犯了一个错误，因为一个伤不可能在身体的两个不同的部位，而且故事的现实主义风格排除了不可能的虚构性断言。尽管如此，这种不可能被虚构性地断言了，构成了故事意义的一部分。但是，一个理想的读者不会把虚构性地断言不可能的意图归于道尔，因此设想的意图论会错误地否定这是故事的一部分。①

列文森的回答是：假设在故事中华生的伤口上一处是在他的左臂，下一处写成了他的右腿。如果要正确理解《福尔摩斯探案集》，这种失误根本就不是为作品所断言的，因此，在否定左臂和右腿是《福尔摩斯探案集》的部分意义的时候，设想的意图论不是错误地否定了某些事情。列文森认为，作品并没有意味左臂和右腿，因为

① Robert Stecker, Moderate Actual Intentionalism Defended , *Journal of Aesthetics and Art Criticism*, 64 (2006).

它被解释为想象性的文学作品的时候，是致力于提供给读者有益的审美经验，宽容原则要求我们把文本视为在那些点上是错误的，因而不会把矛盾的位置归于伤口，不会把作品的虚构世界视为包含了这一不可能。把文本和语境考虑在内，我们最好的归于道尔所意图去表达的东西会精确地一致于这部作品实际上所意味的东西。[①] 即是说，虽然文本被理解为一个事实的报告，它断言了左臂和右腿，即华生是两处受伤了，但是，被理解为文学作品的文本并没有虚构性地断言这一点。

列文森说，设想的意图论否定作者的实际的语义性意图（semantic intentions）能够作为作品意义的标准，理由是，只有“成功地实现了的”语义性意图才能充当作品意义的标准。但是实际上，“成功地实现了的”语义性意图不能具有如此担当，因为，如果不预设作品意义的独立性的话，一个成功地实现了的语义性意图不能被给予连贯性的意义。就是基于这个独立的作品意义，实际的语义性意图才能被意指着去看它是否确实“成功地实现了”。[②] 这就是说，作品的独立性具有逻辑优先性，它就是设想的意图论提出的缘由。

安东尼·萨维尔提出了三点批评，一是，列文森忽视了作品的创作历史的某些实际的方面，设想的意图论是任性的。二是，设想的意图论投入文学领域的传播活动，但它诉诸理想的而非实际的观众，这是一个谬误。三是，逻辑上，最好的作者意图，就是他的实际意图，这样，在作者的实际意图和我们关于那种意图是什么的最好的设想之间实际上不存在分歧。[③] 列文森的回答是：从文学研究的观点看，围绕着本质上是私人性的信息（指的是关于作者的真实的信息），构造一个大体的警戒线，这不能说是任性的。文学创作是个体性的，很大程度是内在的努力，但它也是公共性的，为惯例所控制的，受限于生产和接受文学产品的相互之间能够理解的规则。这些规则说明，那些

---

① Jerrold Levinson, *Aesthetic Pursuits*, Oxford University Press, 2016, p. 152.

② Jerrold Levinson, *Aesthetic Pursuits*, Oxford University Press, 2016, p. 154.

③ Anthony Savile, Instrumentalism and the Interpretation of Narrative, *Mind*105 (1996.)

有关其起源的超出了一个理想的读者能够被期望去知道的事实，无关于在那个语境中去确定或结构作品的发声意义。不是所有的可获得的关于艺术家的心灵的证据都相关于文学作品的解释，艺术家的心灵状态也不是文学作品解释的最终目标，我们的目标是什么样的意义能够归于那些作品。关于第二个批评，列文森说：文学活动所预设的传播模式并没有要求我们一定瞄准作者所预期的特殊观众，即与作者同时代的观众，毋宁是，无论什么样的观众，现在的和未来的，都适合于在它所出自的历史文化语境中去接受和理解这个作品。问题在于，传播给合适的读者，无论他是谁，是何时，在哪里，这仍然是传播。关于第三个问题，列文森辩护说，设想的意图论中的意图不是实际的意图，毋宁是，设想的意图论中的最好的设想是，基于所获得的证据的整体，即是从文本和围绕之的语境推导出来的证据整体，我们有最大的理由去接受或采取的意图。[①]

与萨维尔的批评类似，诺埃尔·卡罗尔也说，关于作者意图，即便最好的设想和真实的设想之间也存在着区别。一旦我们获得了后者，我们为什么倾向于前者呢？在科学中，关于某种状态，我们不会倾向于我们的方法论上最合理的设想胜于实际的情况。[②] 列文森的回答是：这一批评误解了设想的意图论所提出的文学解释的目标，它不是去发现作者在写这个文本时候的意图，而是获得文本的发声意义，即是说，是文本而非作者，在说什么东西。发声意义在结构上关系到在既定的语境中所设想的发声者的意图，它不能化约为发声者的意义。文学解释的目标，不同于传记批评的侦查。[③]

加里·艾斯明基的批评也如前面两位学者，他说，设想的意图论把作品的核心意义等同于对于作者意图的最好的投射，这种投射可能不契合任何实际上被意图的意义，这就在最终的分析中没有考虑到作

① Jerrold Levinson, *Contemplating Art*, Clarendon Press, Oxford, 2006, pp. 306－307.

② Noel Carroll, Interpretation and Intention: The Debate Between Hypothetical and Actual Intentionalism, *Metaphilosophy*31 (2000).

③ Jerrold Levinson, *Contemplating Art*, Clarendon Press, Oxford, 2006, p. 308.

者和其成就。设想的意图论不恰当地割裂了作品和其作者。① 列文森的回答说：并非如此。设想的意图论给予实际作者的语义意图（semantic intentions）以关键地位，但它只能是一个启发性的而非决定性的角色。作者意图是寻求真理的解释活动所必然追求的东西，我们最合理地视为的那种意图，是基于文本和完整地领会了其作者的公共语境而产生的对于文学作品的解释。对于把作品分离于其作者，设想的意图论并非谬误，它只是坚持认为，文学作品的解释必须借助作者的公开身份，甚至是借助作者的某些真实的意图，但它不限于作者意图它所意味的东西，即便那种意图完全契合或一致于他的文本。作者不是他的作品所意味的东西的最终裁判者。最后，设想的意图论不否定作者所取得的成就，它只是把那些成就定位在文本的发声意义即文本的创造性之中，而非在发声者的意义之中。列文森坚持认为，一部文学作品就是一个发声，但它是一种"宏大发声"，相比普通的发声，它的解释规则是不同的。我们对于文学的兴趣是传播性的，这里的传播是广义上的，不是狭义上的对话。在文学语境中，不像日常对话，对于发声意义，我们有优先的和独立的兴趣，它分离于发声者的意义。在对话中，如果我们不理解某个人已经说了什么东西，我们可能合法地要求他做出进一步的解释。在文学，如果我们不能理解某个语境中的文本说了什么，我们不能合法地要求作者做出解释，或者要求他修正他的文字。我们最多能够要求他确证他所给出的文本确实就是他意图给我们的那个文本。②

总结列文森的艺术解释理论，首先他区分了两种解释模式，随后提出了艺术解释的程序和艺术品的特质的关系问题，最后提出了构想的意图作为文学作品解释的目标，三个问题从一般到特殊，层层递进，构成了逻辑严整的理论结构。列文森细致具体地辨析了艺术解释中的复杂情况，区分了艺术品本身的特质和人们所赋予的特质，在解

① Gary Iseminger, Actual Intentionalism vs. Hypothetical Intentionalism, *Journal of Aesthetics and Art Criticism*54 (1996).

② Jerrold Levinson, *Contemplating Art*, Clarendon Press, Oxford, 2006, pp. 309 – 311.

释的建构主义和本质主义之间试图寻找中间路线和妥协点，其观点具有高度的创造性和阐释效力，值得中国学界借鉴和吸收。对于中国学界来说，列文森的反作者意图论和反文本中心论的立场是否可取，他与西方其他学者的争论是否具有说服力，其中间路线是否能够赋予作品合法意义，设想的意图是否就是文本解释的目标等，都是值得讨论和发展的。

美学形式与社会形式的回归？
——凯若琳·莱文的《形式》与新形式主义批评的可能

姜文涛*

摘　要：在西方文学批评史中，形式主义文艺批评（Formalism）常常与新批评联系在一起，与其他政治性的批评方式相比，如马克思主义、后殖民女性主义等，也常常被认为是政治上相对消极的一种批评方法。自20世纪90年代末期开始，针对形式主义的讨论逐渐出现了不同的声音，出现了“新形式主义”（New Formalism）的说法。康奈尔大学英文系凯若琳·莱文教授2015年出版的《形式》一书坚持文学形式与政治形式之间的区分是不存在的，认为美学和社会形式会超越使之诞生的具体语境，具有抽象性。莱文选取了四种普遍常见的形式（或者说是四种政治结构）来分析：与空间有关的“整体”（Whole）、与时间相关的“节奏”（Rhythm）、与高低垂直归置相关的“等级”（Hierarchy）和互相连接关系的“网络”（Network）。认为不同的、持久发生的形式互相碰撞，交织在一起，其结果可能会是解放性的。这是对“新形式主义”文艺批评的进一步推进。

关键词：形式　马克思主义　美学 组织社会学　可供性　网络

* 姜文涛，浙江大学国际联合学院人文社会科学研究中心讲师。研究方向：英国漫长的18世纪印刷文化与情感研究、文艺理论和比较文学、数字人文、语文学的历史和理论。著有《情感美学与近代文本文化的兴起》（浙江大学出版社2018年版）。

《形式：整体、节奏、等级和网络》（*Forms*：*Whole*，*Rhythm*，*Hierarchy*，*Network*，Princeton & Oxford：Princeton UP，2015.）是康奈尔大学英文系凯若琳·莱文（Caroline Levine）教授出版的、近期在英语文学学界掀起许多讨论的一本著作。莱文主要研究英国维多利亚时期的文学文化、叙述学和形式主义。她之前的著作包括《悬念引起的庄重的快感：维多利亚现实主义与叙述疑惑》（*The Serious Pleasures of Suspense*：*Victorian Realism and Narrative Doubt*，2003）、《促进民主：我们需要人文艺术的原因》（*Provoking Democracy*：*Why We Need the Arts*，2007），并负责编辑《诺顿世界文学选集》中 19 世纪文学的部分。这部出版于 2015 年的《形式》曾被评为当年学术类十大必读书之一，是美国文学研究领域里新近出现的“新形式主义”的“标准、宣言和标志”（Bozovic 1181），曾获得美国语文协会 2015 年的詹姆士·拉塞尔·洛维尔奖（James Russell Lowell Prize），在学术界引发了广泛的讨论。2017 年美国语文协会会刊 PMLA 上的“理论与方法”专栏曾邀请五位学者就这本书进行讨论。

《形式》一书所讨论的是如何处理形式与政治、社会和历史语境的关系，提出了将形式主义与历史主义、文学与政治联系起来的新路径，所讨论的理论家包括柯林斯·布鲁克斯（Cleanth Brooks）、福柯、朗西埃、玛丽·普维（Mary Poovey）、朱迪斯·巴特勒（Judith Butler）等，并试图提出一种形式社会学。大卫·奥尔沃斯（David Alworth）在《洛杉矶书评》上称之为“形式主义 2.0”[①]。在此书中，莱文教授认为形式不仅仅是一个文学作品和艺术作品的问题，也充满了我们的政治生活中。形式对我们生活经验的塑造并不是以一种简单的方式发生的，不同的形式互相交织、重叠、冲突，产生出复杂、不可预料的社会图景。

本书分为五个章节，其中前四章分别以“整体”“节奏”“等级”和“网络”这四种主要的形式来命名，且相互相对独立成章。第五

① ［美］Marijeta Bozovic，“Whose Forms? Missing Russians in Caroline Levine's *Forms*”（*PMLA* 132.5，2017，pp. 1181－1186），p. 1185.

章以前四章的主题为视角，切入分析电视剧《火线》（*The Wire*）。其结构布局令人想起新批评名家威廉·燕卜逊（William Empson，1906—1984）发表于1930年的名著《朦胧的七种类型》（*Seven Types of Ambiguity*）。[①] 她也声称自己所提供的是“一种文本细读”[②]。在书的临近结尾处，她写道：“此书中我喜欢的方法不仅牵涉了分析，也涉及了详细的描绘”[③]。她小心翼翼地避开了关于“远读”“表层阅读（surface reading）”和“后批判性阅读（postcritical reading）”等近来的阅读方法论讨论，[④] 而是集中在针对美学形式和社会形式上毫无差异的细读上。

莱文教授倡导一种新的“与已知的任何形式主义不同”[⑤] 的形式观念，试图提供“一种方法，用以理解不同形式之间的关系——各种各样的形式，无论是美学的还是社会的，空间的还是时间的，古代的还是现代的，主要的还是次要的，相似的还是不同的，叙述性的还是惩戒性的，实质的还是韵律的”[⑥]。所涉及的并不仅仅是文学形式，同时也包括了社会形式、物质形式等。在她看来，以下各种都是形式：无论是“投票箱、生物钟、抒情诗”，还是“民族国家、受到国家形式限制的公民、家里的墙壁”，还是“监狱、总统任期、入籍期、投票的法定年龄、服军役、同意发生性关系”，还是“各种等级制：高雅与粗俗、黑皮肤与白种人、男性与女性、异性恋与酷儿、富

---

① ［美］Angus Connell Brown，“Cultural Studies and Close Reading”（*PMLA* 132.5，2017，pp. 1187 – 1193），p. 1188.

② ［美］Caroline Levine，*Forms*：*Whole*，*Rhythm*，*Hierarchy*，*Network*，Princeton & Oxford：Princeton UP，2015，p. 23.

③ ［美］Caroline Levine，*Forms*：*Whole*，*Rhythm*，*Hierarchy*，*Network*，p. 132

④ ［美］Angus Connell Brown，pp. 1188. 关于这几种阅读方法的讨论，参见 Franco Moretti，*Distant Reading*（Verso，2013），［美］Stephen Best et al.，“Building a Better Description”（*Representations*，vol. 136，no. 1，2016，pp. 1 – 21.），以及［美］Rita Felski，*The Limits of Critique*（U of Chicago P，2015），同时参见［美］Elizabeth S. Anker and Rita Felski，“Introduction”，in *Critique and Postcritique*（Eds. by Anker and Felski，Duke UP 2017），pp. 1 – 30。

⑤ ［美］Caroline Levine，*Forms*：*Whole*，*Rhythm*，*Hierarchy*，*Network*，p. 21.

⑥ ［美］Caroline Levine，*Forms*：*Whole*，*Rhythm*，*Hierarchy*，*Network*，p. 23

有与贫穷”，还是“劳动者的身体或者是颂诗”。这个清单可以无限制地继续下去，因为这本书的论证前提即是“形式无处不在发生作用”[①]。莱文声称她的“首要目标”是建立一种通过“革命性的政治行动”以促进“激进社会变化”的“形式主义”[②]。桑德拉·麦克弗森（Sandra Macpherson）称之为“政治形式主义”（Macpherson 1215）。[③]

在马克思主义文艺思想中，针对美学形式的讨论存在着悠久的学术传统。莱文对这方面的讨论不以为然，“马克思主义者们强调美学形式是次要的，这产生了一些扭曲的效果。首先，它让我们看不到政治其实也是一个形式的问题。其次，它预设了一种形式（即政治）总是另外一种形式（即美学）的基础”[④]。她宣称此书的目的在于“质疑文学和文化研究中另一种解释形式的力量，即辩证法”[⑤]。对莱文来说，文学形式与社会形式之间的区分是不存在的。她会认为形式的即是社会的，反之亦然。她宣称要“输出”形式主义的阅读实践：“将我们传统的分析技能施之于新的研究对象上——最具政治作用的

① ［美］Caroline Levine, *Forms: Whole, Rhythm, Hierarchy, Network*, p. 2

② 关于形式的问题，在文学研究中早已经存在大量的讨论了。比如三十多年前，斯坦福大学教授弗兰克·莫雷蒂（Franco Moretti）就提出一种“象征形式的社会学”，认为“人类社会是一个多重、复杂、多元决定的整体，这毋庸置疑；理论之困境正在于试图在不同的历史因素之间建立一种等级秩序”。［美］Franco Moretti, *Signs Taken for Wonders: Essays in the Sociology of Literary Forms* (Trans. by Susan Fischer et al., Verso, 1983), p. 19. 参见［美］Hoyt Long, “The Sociology of Forms” (*PMLA* 132.5, 2017, pp. 1206－1213), p. 1211. 更不用提20世纪初期出现的俄国形式主义。

③ ［美］Sandra Macpherson, “The Political Fallacy” (*PMLA*, 132.5, 2017, pp. 1214－1219). Macpherson在此文中认为莱文在此书中并没有提出有效的政治化的文学批评方法。Langdon Hammer甚至直言指出，“通过想象‘形式之间富有思想性的关系’以进行社会政治工作，这个想法是关于权力的学科性的幻觉，这反映了我们这个职业持续性的危机状态……”(Hammer 1204)，见［美］Langdon Hammer, “Fantastic Forms,” *PMLA*, 132.5 (2017), pp. 1200－1205。

④ ［美］Caroline Levine, *Forms: Whole, Rhythm, Hierarchy, Network*, p. 14.

⑤ ［美］Caroline Levine, *Forms: Whole, Rhythm, Hierarchy, Network*, p. 18. 有评论者指出了莱文此书中俄国形式主义学术潮流的不在场，参见［美］MarijetaBozovic, “Whose Forms? Missing Russians in Caroline Levine's Forms.”

关键场地，比如社会结构和体制机构。”[①] 正如安格斯·布朗（Angus Brown）所指出的，这种对于马克思主义经济基础与上层建筑之间结构的批评倒是与20世纪英国马克思主义思想传统（比如文化研究之伯明翰学派）有相通之处。这也许与她在伦敦大学伯贝克学院（Birbeck College）经历过博士研究生的训练不无关联。[②]

莱文宣称她从福柯的《规训与惩罚》中受益颇多。同时，她又对其权力的总体性观念充满了批评：“重点研究赋予日常生活经验结构的具体形式和装置，这方面福柯是对的。然而我逐渐相信他对以下观念的臆断是错误的：即这些形式在互相协调的权力机制下的庞大的社会制度中是汇集在一起的”[③]。她在书中写道：“这本书并不预设社会形式是文学形式的基础或者起因，并不设想一个文学文本具有一个形式，而是追问以下两个不常被问起的问题：每个形式能提供（afford）什么？当两种或多种形式相交叉的时候，会发生什么。”[④] 她的一个中心观点是，不同的、持久发生的形式互相碰撞，交织在一起，其结果可能会是解放性的。

为了回答这其中的第二个问题，在方法上，莱文在此书的每一个章节里都使用了社会学的理论，比如多元交织性（intersectionality）、新制度主义（New Institutionalism）、组织研究（Organization Studies）和社会网络分析等。这些大致都是属于“组织社会学”（Organizational Sociology）的学科范围，即对公司、行政机构等体制的研究。她所处理的文本较为广泛，包括建筑形式、维多利亚时代小说、古希腊悲剧、现代主义的雕塑以及电视剧《火线》（*The Wire*）。其中以对维多利亚小说的分析为主，这方面可能与她之前的研究经历最为相关。文学研究从社会科学研究那里寻找灵感和方法，这是常常发生的事情，

---

① ［美］Caroline Levine，*Forms*：*Whole*，*Rhythm*，*Hierarchy*，*Network*，p. 23.

② ［美］Angus Connell Brown 认为莱文所受到的英国文学和文化研究的影响是很明显的，他将莱文与伯明翰文化研究学派的斯图亚特·霍尔进行了比较。［美］Brown，p. 1189，p. 1191.

③ ［美］Caroline Levine，*Forms*：*Whole*，*Rhythm*，*Hierarchy*，*Network*，p. xiii.

④ ［美］Caroline Levine，*Forms*：*Whole*，*Rhythm*，*Hierarchy*，*Network*，p. 16.

甚至都可以说是文学研究的一个小传统了。这最早也许可以追溯到1910年左右匈牙利马克思主义文艺理论家卢卡契（György Lukács，1885—1971）那里，他的思想受到德国社会学家格奥尔格·西美尔（Georg Simmel，1858—1918）很大的影响。[①] 事实上，这种倾向最近越来越明显了。这或许是因为统计方法近来的发展使得它更能分析那些令文学研究者感兴趣的复杂关系，而且社会学家们也越来越对以复杂的文本作为研究模型感兴趣了。[②] 组织社会学方面过去几十年的研究显示，公司、政府行政机构以及规模不等的组织机构的运转秩序是复杂和凌乱的。莱文教授使用了这些研究背景下的“组织”作为她此书的最重要的比喻，以此来讨论发生冲突的各种形式，试图将这种社会系统复杂论引入到对美学文本和所涉及语境的分析之中。

二

在“引言”部分，莱文讨论了全书的一些理论预设。文学文化研究中公认形式具有以下五个特征：形式具有限制性的功能，各种形式之间存在差异，不同的形式互相重叠互为交叉，形式会迁徙移动，形式在具体的历史语境中会产生政治作用。她认为，将形式的稳定性（stability）、便携性（portability）和情景性（situatedness）等特征集中放在一起，即可生成“一种形式的新理论”[③]。她在批评以往的形式观念的时候，将新批评传统作为主要的对象。她认为，“所有主要的形式主义传统对形式的定义都有局限性”，它们都错过了她称之为

① ［美］Hoyt Long，p. 1206.

② ［美］James English，“Everywhere and Nowhere：The Sociology of Literature After ‘the Sociology of Literature’，” *New Literary History*，Vol. 41，No. 2，Spring 2010，pp. v－xxiii；James English，Ted Underwood，“Shifting Scales：Between Literature and Social Science”，Introduction to *Scale and Value*：*New and Digital Approaches to Literary History*，special issue of *MLQ*，Vol 70，No. 3，Sept 2016，pp. 277－296. 同时参见［美］Hoyt Long，p. 1207.

③ ［美］Caroline Levine，*Forms*：*Whole*，*Rhythm*，*Hierarchy*，*Network*，p. 6.

形式的最重要的“可供性（affordance）”[①] 的属性。这是一个设计理论的概念，指的是“器材和设计可能的用途或者潜在的功能”[②]。大部分情况下，这个概念被用来形容物件和其使用者之间的关系。莱文使用这个概念讨论形式如何使得某些思想或者行动成为可能或者不可能，即形式所带来的强制以及所赋予的能力。[③]

莱文将另外一种错过了这种形式“可供性”的批评潮流称为“新形式主义派别（New Formalisms）”[④]。这种批评潮流过分强调政治的功能，将文学形式看作要么是社会结构的可见的反映，要么是目的明确的政治介入。她列举的一个例子是普林斯顿大学苏珊·沃尔夫森（Susan Wolfson）的浪漫主义研究。浪漫派诗人们常被批评使用统一的“有机的形式”来掩盖政治斗争，这即是所谓的“浪漫派意识形态”[⑤]。而在沃尔夫森看来，浪漫派诗人们充分意识到了文学形式的统一性是构建性质的，他们自觉地采取形式上的策略对意识形态、主体性以及社会环境问题展开批评性反思。对于莱文来说，这种对于形式社会历史建构的讨论就忽视了形式不受时空限制的属性。对她来说，美学和社会形式会超越使之诞生的具体语境。比如卷子本（scroll）形式并没有随着册子本（codex）的诞生而消失，它在互联网时代反而充满了我们的日常生活中；或者，古代史诗中英雄探险的结构也可以为当代小说家所用。[⑥]

这种形式“可携性”的预设用途会为文类理论研究带来益处。对于许多批评者来讲，形式和文类之间的区分似乎不大。可是在莱文看来，

---

① 或译为示能、环境赋使、预设用途、可操作暗示、支应性等。另外一位学者 C. Namwali Serpell 同样借用了这个概念，但是却将其作为一个认知心理学的概念来使用。参见 C. Namwali Serpell，“Weird Times on Levine Forms”，PMLA（132.5，2017，pp. 1232－1238），p. 1233. 据 Serpell 指出，第一个将“affordance”与文学研究结合在一起的，是 Eleanor Gibson，可参见［美］Gibson 的 *The Psychology of Reading*，The MIT P，1975.

② ［美］Caroline Levine，*Forms*：*Whole*，*Rhythm*，*Hierarchy*，*Network* ，p. 6.

③ ［美］Caroline Levine，*Forms*：*Whole*，*Rhythm*，*Hierarchy*，*Network*，p. 154.

④ 虽然在别的评论者看来，莱文此书正是代表了某种类型的“新形式主义”。

⑤ 这个概念出自 Jerome McGann 对浪漫派作家的经典研究，［美］McGann，*The Romantic Ideology*（Chicago：U of Chicago，p，1985）.

⑥ ［美］Caroline Levine，*Forms*：*Whole*，*Rhythm*，*Hierarchy*，*Network*，p. 12.

"文类"具有可塑性，是一项按照其风格、主题、观众对象等特征将各类文本进行分门别类的行为。对具体文类的辨识发生在具体的历史情形下，是阐释性的行为。而形式是固定的，其可携性与可重复性的属性不会发生变化，这无论是在什么样的情形中，也与具体针对的对象无关。

莱文旨在促进"激进社会变化"的形式观念在理论上预设了形式的抽象性。然而，在这种"激进社会变化"的内容方面，莱文却并没有进一步地明确和具体化。对她而言，不同的秩序形式发生冲突而引起"社会的变动和瓦解"（social disorganization）"[①]，这能让我们改变单单是某种深层结构力量（比如资本主义、种族主义）决定我们社会生活的观念。这里面涉及社会理论层面的论证。莱文此处引用了巴西社会理论家罗伯托·昂格尔（Roberto Unger）的理论，认为我们如果摈弃掉深层结构的思考方法，就会更加注意到社会规划的人为性和偶然性，从而更有可能通过可行的重新规制来推动真正的变化。[②]为了这个目的，她在书中选取了四种普遍常见的形式（或者说是四种政治结构）来分析：与空间有关的"整体"（Whole），与时间相关的"节奏（Rhythm）"，与高低垂直归置相关的"等级"（Hierarchy）和互相连接关系的"网络"（Network）。

在这一部分里，莱文列举了一个北美学术界体制生态的例子来说明两种形式的交叉和碰撞会产生意料不到的结果，而这并非是这两种形式起初设计的初衷，也不是占社会主流的意识形态产生的结果。在北美的大学体制下，助理教授需要六年的时间申请终身教职。而这也正是博士毕业即入职的女性教授最佳的生育时间。那么，对女性教授来说，身体生物钟的形式与学院体制的形式在这六年的时间里交叉而造成冲突。这就造成了这样的局面：即大学中相比男性而言，更多女性选择了兼任教师的职位，使得兼任教师的男女性别比例不平衡。[③]

① ［美］Caroline Levine，*Forms*：*Whole*，*Rhythm*，*Hierarchy*，*Network*，p. 17.

② ［美］Caroline Levine，*Forms*：*Whole*，*Rhythm*，*Hierarchy*，*Network*，p. 17.

③ ［美］Marijeta Bozovic 在她对莱文观点的批评中，提到了这个例子。对于 Bozovic 来说，这个例子正说明了莱文有关形式冲突即会带来政治与社会解放之观点的不成立，这也是莱文此书中有关俄国和马克思主义形式观念的讨论之缺失所造成的。见［美］Bozovic，p. 1185.

这个例子中，大学行政管理者并非出于什么父权制剥削的理念才设置这样对女性身体不公平的体制结构，女教师也是“自愿选择”了不稳定的工作职位。显而易见，我们可以观察到，这个例子里面两个形式的冲突所造成的结果在政治上并没有什么激进性。相反，莱文对此的分析倒确实使得学院体制中性别的问题自然化了，从而丧失了进一步讨论并进而解决的可能。这暴露出了她形式观的一部分问题。

二

坚持美学形式的整体性，就意味着坚持文本本身的自足性。这种有关“整体性”和“自足性”的观念，自七八十年代以来持续地遭到来自马克思主义文艺理论（如特里·伊格尔顿）和后结构主义（如雅克·德里达）的批评和质疑。[①] 后结构主义女性主义者露西·伊利格瑞（Luce Irigaray）将其称之为“形式的歧视和个体化”，更将之与西方的“生殖型态（phallomorphism）”[②] 联系在一起。甚至“新形式主义”的倡导者苏珊·沃尔夫森都认为浪漫派诗人们有意识地质疑和消解有机的形式，拒绝神秘的整体性，推崇裂缝、间断、杂音等诗学。[③] 莱文同意这些对美学形式整体性的批判，认为这样的政治形式的确令人不安，它“系统化了法西斯暴力、种族隔离，使得酷儿群体遭受羞辱，将我们对政治共同体的理解限制在人类主体的范围内、从而产生了严重的环境和伦理后果”[④]。与此同时，她觉得对文学和政治总体形式“可供性”的把握能让我们重新认识总体形式中的政治可能性。

她以对新批评主要理论家柯林斯·布鲁克斯和新历史主义批评家玛丽·普维关于形式问题的观点的讨论展开论述。布鲁克斯是新批评方法的代表性人物，他的《精致的瓮》（*The Well Wrought Urn*，1947）

① ［美］Caroline Levine，*Forms*：*Whole*，*Rhythm*，*Hierarchy*，*Network*，pp. 154 – 155.
② ［美］Caroline Levine，*Forms*：*Whole*，*Rhythm*，*Hierarchy*，*Network*，p. 25.
③ ［美］Caroline Levine，*Forms*：*Whole*，*Rhythm*，*Hierarchy*，*Network*，p. 26.
④ ［美］Caroline Levine，*Forms*：*Whole*，*Rhythm*，*Hierarchy*，*Network*，p. 27

是新批评的理论名著。对他来讲，诗歌的形式就是一个“精致的瓮”；“瓮是一个有形式的物体，一个自足的世界”，为如何“整体性”地阅读一首诗提供了一个样式。① 他又认为诗歌的结构像戏剧，体现了一个将互相冲突的因素放在一起的动态的过程。在莱文看来，这正符合新批评兴起美国学院冷战时期的背景：正如一个自由民主（而非斯大林式的）国家一样，诗歌鼓励多元性，并最终将一切纳入到一个一元的结构中。莱文认为，布鲁克斯并没有达到形式主义的标准，因为他过多地关注形式的统一，反而忽视了那些互相冲突因素的形式。②

普维作为八九十年代兴起的新历史主义批评方法的代表性学者，不满新批评的方法，拒绝将经典文学作品的阅读孤立于具体的社会经验之外：“几乎所有 20 世纪 40 年代以来的美国文学批评都或明确或含蓄地围绕着有机整体的比喻”，这甚至包括“后结构主义，［虽然］其实践者明确地否定有机整体比喻所暗含的总体化”。③ 她倡导“历史描述”的方法，企图恢复文本产生之时的历史情形。在莱文对于普维 1995 年发表的《制造社会身体》（*Making a Social Body*）的分析中，“社会身体”以及普维的研究对象（1830 年至 1864 年历史时间段的英国）都是“形式”。这里，莱文从柏拉图哲学中“概念（*eidos*）”一词的根本意为“形式（form）”出发，认为在学术研究中概

① ［美］Caroline Levine, *Forms: Whole, Rhythm, Hierarchy*, Network, p. 156.

② 事实上，这个问题可能要复杂得多。正如 Richard Strier 所指出的，布鲁克斯对作品的新批评解读是建立在他对于文本历史语境的知识基础之上的。布鲁克斯甚至说，批评者可以“向历史学者的研究还债”，因为“形式主义分析的结果本身可以成为历史研究的数据”（引自 Levinson 565）。参见［美］Strier, “How Formalism Became a Dirty Word, and Why We Can't Do Without It”, in *Renaissance Literature and Its Formal Engagements* (Ed. Mark David Rasmussen. New York: Palgrave, 2002. pp. 207 – 215). 对新批评有关文本美学形式自足论述的不满引发了社会批评的产生，后者强调了文本（text）与语境（context）之间的关系，而新形式主义又是对这种社会批评的一种反动。参见［美］Charles Altieri, “Taking Lyrics Literally: Teaching Poetry in a Prose Culture”, in *New Literary History* 32 (2001), pp. 259 – 81; 以及 Levinson, pp. 563 – 564.

③ ［美］Caroline Levine, *Forms: Whole, Rhythm, Hierarchy, Network*, p. 156, note 22. 普维批评的对象也包括一些新历史主义者，比如［美］Claudia Klaver 和［美］Catherine Gallagher。

念是不可或缺的。她列举出普维此书中所涉及的分析性和历史性概念，比如“文化形成、身体、领域（domain）、经济”[①] 和“英国大众文化的出现”[②]。就这一点来说，莱文认为普维与其他的历史主义并无二致：辨识出某种“整体性”的问题，按照材料和证据划分出时间和空间的界限。对她而言，普维这样的历史文化学者寻找复杂性，包括社会历史现象中的分裂、矛盾等，然而她们仍然是在创造某些整体性，比如社会身体等。这与新批评的布鲁克斯并无不同。

莱文认为，如何将不同形式的整体并置起来并进而实现策略性的目的，这是关键。整体性的形式虽然具有禁锢性和排他性，可同时也提供向心性和包容性。没有任何单一的意识形态或者政治总体性能成功地控制我们的社会空间。如果对形式的运用精当，达到一定程度的政治和社会目的是可能的。莱文列举了历史上两个成功的例子。一个是美国卫理公会利用宗教信仰上的整体性，消除了地域和种族上的限制，使得信徒在种族和地域上所遭受的歧视因为信仰的关系而得以消除。对莱文来说，这个例子中，地域（美国南方和北方）是一个形式，种族（白人和黑人）是一个形式，卫理公会的宗教信仰是一个形式。三种形式交织在一起所产生的结果是消除了歧视，实现了某种形式上的平等，因而在政治上具有解放性。

另外一个例子也与宗教有关系，这就是中世纪欧洲开始的“宗教净地（*clausura*）”原则。这是项来自天主教教皇的法令，它认为具有宗教信仰的女性应该生活在隔离开的空间中。这种空间上的隔离提供了一种限制性的形式，旨在保护女性的信仰不受世俗的影响，却在事实上剥夺了女性的许多权利。然而，在基督教的信仰中，教会的空间具有一定的等级秩序，越是内在的、被隔离的空间，越具有信仰意义上的神圣性。[③] 德国下萨克森州维恩豪森的女修士们利用了这种教会空间的等级，将自己塑造为“走基督道路”[④] 的圣徒，这使得天主教

① ［美］Caroline Levine，*Forms*：*Whole*，*Rhythm*，*Hierarchy*，*Network*，p. 33.
② ［美］Caroline Levine，*Forms*：*Whole*，*Rhythm*，*Hierarchy*，*Network*，p. 34.
③ 关于此点，可参见圣经的旧约《利未记》中关于圣幕和大祭司亚伦的祭祀。
④ ［美］Caroline Levine，*Forms*：*Whole*，*Rhythm*，*Hierarchy*，*Network*，p. 37.

的“在耶稣受难像前的十四种祈祷”（或者译为“走耶稣苦路”，原文为“the Stations of the Cross”）这种敬拜形式成为可能。在这里，性别是一种形式，教会的 *clausura* 原则是一种形式，我们也许可以说自旧约时代就有的教会的空间等级秩序也是一种形式。女修士们策略性地使用了这三种形式并置的结果，使得本受到束缚和限制的性别的因素在教会中具有了超出意料之外的作用。

这一章中第三个例子涉及叙事学上的“结局（closure）”。在伊丽莎白·盖斯凯尔（Elizabeth Gaskell）的小说《北方与南方》（1854—1855）中，性别、地域（英格兰北方的工业和南方的农业）、阶级（中产阶级制造业与贵族阶层的财产）的冲突貌似得到了完美的解决，小说似乎以一个和睦的国家整体的形象完成了文学叙事中的“结局”。许多评论家也注意到其中的公共空间与私密空间、城市空间与乡村空间之间的关系问题。莱文引用李顺洙（音译，Julia Sun-Joo Lee）的研究，认为这里其实还存在着对小说中兰开夏郡的纺织业影响深远的美国南方与北方的空间组织问题。英国的北方需要美国南方奴隶制度下的棉花种植业以发展纺织业，而盖斯凯尔夫人是废奴主义者。也就是说，小说结尾处英国南北方的和解，是以美国南北方的不和解（即维持南方奴隶制度的现状）为代价的。这对于盖斯凯尔夫人来说是一种“本体论上的不幸”（ontological distress）”[①]。对于莱文来说，这个例子中存在着三种形式间不可调和的冲突：小说的结尾，以及英国和美国两个以南北为界分裂的国家。小说的结尾处，英国国内的和谐统一带来了小说叙事上的结局，然而这并不代表所有矛盾都得到了解决，比如美国南北之间的社会分裂问题以及种族冲突问题。莱文使用这个例子来说明文本叙事形式上的结局并不必然带来统一和整体性的解决，这有力地批驳了新批评文本为自足美学形式的主张。

莱文所举的另外一个例子是讨论约翰·拉斯金的讲演集《芝麻与百合》（*Sesame and Lilies*，1864），其中涉及家庭、国家与性别三种形式之间的关系。本章的最后一个例子是美国大学 19 世纪仿效德国大

---

① ［美］Caroline Levine，*Forms*：*Whole*，*Rhythm*，*Hierarchy*，*Network*，p. 42.

学所建立的博士研讨班（seminar room）这种形式。在莱文看来，后者“提供了共同的、开放思考的空间”，这使得“有可能打破传统的、僵硬的社会和概念上的形式”[①]。这有点像是莱文阐释下的新批评了：在统一的民主社会的结构下，充满了各样也许是互相冲突的形式和问题。也就是说，正如本章中其他例子里面的形式一样，这些结构本身并非是封闭的，结构之间的关系互相博弈，所产生的结果里充满了各种可能。而这正是莱文倡导形式形而上学的目的。

三

第三章的主题是“节奏”。在现代性标准化时间的故事中，存在着一个单一秩序的时间上的进程：从自然时序基础上当地社区中有机协调的时间，到现代生活中人为机械协调的时间，一直到全球标准化的、同质的时间。莱文借用人类学家乔纳斯·费边（Johannes Fabian）的研究，认为欧洲这种进步型现代性的叙事起源于基督教。她想要论证的是，无论是前现代还是现代的社会经历中，时间上的节奏都是多元的、异质的。

对于社会时间的关注，本应该是文学批评的中心。然而空间形式却似乎在有关形式的批评分析中占了主要的内容。尼格拉斯·达姆斯（Nicholas Dames）观察到，这种强调空间的批评传统来自于20世纪早期。当时的文学理论家，比如亨利·詹姆斯和珀斯·卢博克（Percy Lubbock），注意到正在增长的大众读者对于小说的故事情节过度迷恋，以至于丧失了思考的精神。为了能让读者在阅读小说时抱有一种冷静的态度，他们从视觉艺术借来比如“视角”这样的词汇，增加小说叙事中共时性的统一。这样，小说叙事中的空间成分就突出了。而在这之前，小说批评的术语更多是来自于具有旋律和节奏的音乐。与达姆斯一样，新历史主义批评家凯瑟琳·加拉格尔（Catherine Gallagher）也观察到，甚至是叙事学学者和俄国形式主义批评也倾向于

① ［美］Caroline Levine，*Forms*：*Whole*，*Rhythm*，*Hierarchy*，*Network*，p. 47。

认同文本没有韵律和声音的状态，而更多地去研究文本的形态学、或者是文本具体的句法和动词时态等文体特征。[①] 莱文有意纠正这种文化历史研究的空间化倾向，试图恢复从韵律和节奏的面向来讨论小说形式的方法，重新将阅读经历的时间性纳入到讨论的视野内。

在本章的第一部分中，莱文从社会学借鉴了“新制度主义”的理论，对于历史文化研究中常见的历史时期划分展开了讨论。新历史主义者，比如凯瑟琳·加拉格尔或者斯蒂芬·格林布拉特（Stephen Greenblatt），常常选取一定的历史时期作为某个文本或者某种文化现象的历史背景来考察。按照耶鲁大学宋惠慈（Wai-Chee Dimock）的研究，这种划分时间的做法起自于牛顿。对牛顿来说，“时间正是与空间一样的参照。它是一个场所，一个地方，一个确定好的直线上的一系列单元——正因为此，它是一个盒子，可以来容纳被放置于其中的历史和社会事件”[②]。莱文举了两项研究作为例子，来说明文学研究中的这种时间划分法。第一项是莎伦·马库斯（Sharon Marcus）2007 年出版的《女人之间》（*Between Women*），它以 1830 年和 1880 年为时间上的节点，研究维多利亚时期女性之间包括物化、迷恋、平等的友谊、窥视、稳定的婚姻等各种关系。第二项是丹尼斯·吉甘特（Denise Gigante）2009 年出版的《生命：有机形式与浪漫主义》（*Life*：*Organic Form and Romanticism*）一书，谈论的是浪漫主义时期的科学家发展出了一种充满变化和生机的生命观，这种观念的影响从自然科学领域延伸到了美学。后者以 1740 年为时间的起点，当时一种“生命意志”的观念开始调整启蒙时期占主流的“预先形成观（preformation）”；以 1840 年为结束的时间点，此时细胞论开始形成，这是一种“知识上的突破”[③]。在莱文看来，最近许多学者都在讨论新制度的出现如何塑造了新的社会经历，马库斯和吉甘特是这方面的两个例子。她们如此划分自己的历史研究时期，主要还是基于制度方

① ［美］Caroline Levine，*Forms*：*Whole*，*Rhythm*，*Hierarchy*，*Network*，p. 159.

② ［美］Caroline Levine，*Forms*：*Whole*，*Rhythm*，*Hierarchy*，*Network*，p. 54.

③ ［美］Caroline Levine，*Forms*：*Whole*，*Rhythm*，*Hierarchy*，*Network*，p. 54.

面的考虑：前者的历史时期中，“友爱婚姻”[1] 这项制度使其体系化；后者基于18世纪40年代整个欧洲范围内科学研究系统中出现的“胚胎渐成说（epigenesis）”。

之后，莱文引入了包括社会学家、政治科学学者和经济学者等新制度主义提倡者的观点，认为“制度”与“学科研究时段划分”是两种不同的形式：如果历史时段是被切割后的某个时间段上整体性的单元的话，制度则更多是长时段中重复、持续出现的节奏和韵律。新制度主义者发现，我们社会生活的大部分都是由各种各样的“制度”来支配的，包括宏观层面的市场和民族国家，也包括微观层面的涉及具体个体行为的：“婚姻、保险单、每周的足球比赛、教会里的等级制度、系内的会议、册子本、运输路线、自由民主制、种族主义、超市。”[2] 这些制度运作在不同的层面上，代表着不同的约束、价值体系、规则和人们的预期。制度能够得以运作的一个很重要的因素在于其重复性，这是一种制度的形式带来的、时间节奏上的“可供性”：制度的参与者积极地再生制度的规则和实践。对于莱文来说，这使得制度这种形式具有自己的生命，能够超越政府的安排。莱文此处举的例子是英美国别文学研究的课程形式。作为英国在印度殖民时期建立起来传播宗主国文明秩序、美国20世纪50年代冷战文化的工具，它们持续到如今。这里涉及新制度主义者称之为“路径依赖”这种现象，也就是说制度维持形式，这使得时间上的节奏可以稳定地得以重复。

莱文还谈到了福柯在《惩戒与规训》所观察到的、跨越不同历史时期的各种规训机制之间的连续性。在莱文看来，这种连续性正说明了形式的“可便携性（portability）”。然而，对于莱文来说，一个社会空间之中，各种制度形式之间的交叉常常会带来冲突，并由此而产生凌乱的、超出控制的权力图景。这与福柯所给出的具有整体性的、单一的权力政体社会图景不同。

---

① 英文为“companionate marriage”，也可译为试婚、同居。

② ［美］Caroline Levine, *Forms: Whole, Rhythm, Hierarchy, Network*, p. 57.

在本章的第二部分中，莱文列举了一个20世纪20年代的例子，谈到当时先锋派艺术家通过巧妙操作艺术界与普通法节奏之间的冲突，修改了法律，从而使得先锋艺术得到了社会性的承认。这涉及1926年罗马尼亚雕塑家康斯坦丁·布朗库西（Constantin Brancusi）的一件名为“空中飞鸟”（Bird in Space）的青铜雕塑作品如何进入美国境内的问题。当时美国海关官员因为这件作品过于前卫而拒绝将其归类为艺术品，而是归为家庭用品或是医院物资。这样的话，海关就会按照其价值的40%来征收海关税。而当时的艺术品则是免除海关税的。为布朗库西辩护的律师将其与古希腊的雕塑作品联系起来，认为这件作品就如古希腊的雕塑一样，具有某种抽离现实的抽象性，但依然是表现日常生活用品。这是对英美普通法中尊重法律先例传统的创造性使用：每个案例都有具体的地方，同时也会尊重与该案例相似的前例。理论上来讲，先锋艺术是要甩掉过去、与传统决裂的。这与普通法的传统从本质上来讲是完全相对的。这个案例的律师却利用了普通法的传统，找到先锋艺术与古代艺术之间的相似处，这样就使得法庭不得不承认先锋艺术及其代表的创造性等价值观，就像法庭不得不遵循普通法的传统一样。也就是说，本来相互冲突的两项机制——法律和先锋艺术，在这个事件中，却找到了某种类似的机制运转的相似与传统的节奏，这使得先锋艺术的地位在法律的框架下得到了承认。

在本章的第三部分中，莱文以维多利亚时期的诗人伊丽莎白·布朗宁（Elizabeth Browning）写于1837年的一首题为《青年女王》（“The Young Queen”）诗为例，论述诗歌韵律这种文学形式与其他社会时间组织方式之间的关系。新批评主义评论家如布鲁克斯会更喜欢静态的、抒情整体的美学观念，坚持新形式主义的批评者则更倾向于认为诗歌的韵律是社会韵律的反映，比如维多利亚时期的诗歌里“充满了［19世纪的］电、速度、光和热量”①。布朗宁这首诗表现的是皇位接替时期权力交接中不同的时间节奏感。对于莱文来说，这首诗

① ［美］Caroline Levine，*Forms*：*Whole*，*Rhythm*，*Hierarchy*，*Network*，p. 74。

故意违反社会时间与诗歌时间美学形式上必须统一的惯例，拒绝在诗歌形式和内容之间达成一致。在诗歌中，国王的葬礼、皇位的交接是两个不同的社会机制，需要不同的时间节奏。同时，布朗宁又将女王继承王位时不得不突然成年这一时间节奏增加到了诗歌中。后者体现了一种女王与她的臣民之间互相承认的政治关系。这种种的有关社会、政治以及身体的时间节奏叠加在一起，引发了一种“混乱的”“没有秩序的”经历。①

在诗歌的形式方面，布朗宁既没有使用可以赞美王权和平交接的、有规律的、标准化的韵律，也没有使用不平稳的、突然的韵律以表达国王逝世所带来的对于王权体制的冲击，也没有使用不同的韵律以表现所发生于这些事件中的连续和断裂。她创造性地改用了一种16世纪界定的诗歌韵律：两行抑扬三步格，然后一个十四个音节的诗行，即六个音节、六个音节、十四个音节。她将有些六音步抑扬格分为三音步抑扬格，将第三诗行和第六诗行延长了许多。也就是说，整首诗里面既没有明显整齐的、传统的诗律，也并没有完全并不尊重诗律传统。也许会有人认为这反映了布朗宁热衷于稳健改变的自由主义观念。可在莱文看来，这种解释试图在诗歌美学形式和其所反映社会内容之间找到关联性，忽略了这首诗对于不同机制同时发生的时间上的关注。多个机制的时间节奏碰撞在一起，同时发生在王权交接的时刻。莱文认为这是布朗宁有意为之，这样是为了表示诗歌在其被阅读的时刻具有自身的时间节奏，而这意味着诗歌在美学形式上并不仅仅是对社会和历史现实的反映。也就是说，布朗宁在这首诗里放置了许多的时间节奏：诗歌阅读本身、王室家庭、国家、国王葬礼、女王童年的消失和成年。这些社会、政治、身体和美学的时间节奏组织了我们的生活经验，且其中并没有某种具体的节奏能支配和控制其余的节奏。这正符合莱文形式形而上学的论断：不同形式叠加、并置，会带来意想不到的政治上解放的可能性。“形式的确组织我们的生活，然而我们的日常生活经验是同时被多种社会、政治、身体和美学节奏

---

① ［美］Caroline Levine，*Forms：Whole，Rhythm，Hierarchy，Network*，p. 77.

所组织的，其中的每一种都带来不同的秩序、遵循不同的逻辑。它们并不协同性地发生作用，所以最后并不能产生一个单一连贯的经验秩序。"①

四

第四章的主题是"等级"。这个词是希腊语"神圣的"和"规则、管理、统治"的合写，它相当长一段时间内指的是基督教会的管理。20 世纪 70 年代兴起的后结构主义思想认为，自希腊时代开始，西方思想就试图通过以二元对立的方式确立形而上真理的地位。在文学和文化研究领域，对这种二元对立等级秩序（比如男性与女性、公众与私人、思想与身体、黑人与白人等）的批判是很常见的。在本章中，莱文集中讨论等级秩序与其他社会形式的交叉及其可能引发的意料之外的结果。从论证的步骤上来看，她首先将二元的形式与等级秩序的形式割裂开来，她的论证的第二步是讨论等级秩序内部的复杂性，第三步是讨论我们日常社会经验中不同的等级秩序之间可能发生的冲突和产生的混乱。本章分为三个部分：第一和第二部分讨论的是以二元形式建立起来的等级，第三部分以组织社会学的方式讨论管理组织等级。

莱文从索福克勒斯的《安提戈涅》的分析开始。在这部戏剧中，我们看到多个以二元形式出现的等级秩序：男性和女性、国王和臣民、朋友和敌人、众神与人类，而且它们之间互相冲突。关于这一点，多个批评家（谢林、克尔凯郭尔、拉康、德里达、齐泽克等）在不同的情形下都指出过。在黑格尔看来，戏剧冲突是围绕着一个具有性别色彩的二元对立展开的：女性无政治意义的对家庭的奉献，和男性对以国家形式体现出来的公众利益的担当。而进一步的观察发

---

① ［美］Caroline Levine, *Forms: Whole, Rhythm, Hierarchy, Network*, pp. 80 – 81. 关于针对莱文这个解释的批评，参见［美］Serpell, "Weird Times on Levine Forms", p. 1236；以及［美］Sandra Macpherson, "The Political Fallacy", pp. 1216 – 1217.

现，对立的二元会发生颠倒和转换。莱文在此基础上发现剧中的人物在不同的二元中做出选择，并由此而造成不同等级秩序的冲突。比如，安提戈涅选择遵从众神的律法而不是人间的律法，这样使得她从维护家庭的角色成为一个为公众的人物，而这颠倒了性别的二元对立。在一系列这样的选择中，安提戈涅占据了道德和政治上的高处和低处位置，履行了性别上的男性和女性角色，既是底比斯城邦的朋友，也是其敌人。对于莱文来说，这部戏剧的价值就在于让我们能通过古希腊悲剧这种具有时间限制的文学形式，思考非文学的社会形式如何将自身的“可供性”带到悲剧中，并由此产生即兴的可能性。

长期以来，性别的二元对立模式被批评为是僵硬的阐释模式，它不能有效地解释文化的社会生产方式。而对莱文来说，性别这个批评范畴依然具有理论价值，它常常与种族、阶级、性等范畴交织在一起，也与其他的形式发生冲突：“知识的形式、叙述形式、主体形式，以及空间、行政、教育、重复、流通、公共、敬拜、亲密关系，等等。”① 她引用了特丽莎·曼格姆（Teresa Mangum）的研究来讨论性别是如何在空间和时间的节律中运作的。根据曼格姆的讨论，19世纪英国男性上了年纪之后，会“陷入到一种类似于无助的女性气质中，差不多完全失去了性的特征”，他们变得柔和、无用、遭人可怜、失去个体的人格。然而，“这种女性化……有时象征着德性、精神和家庭方面的自我实现。理解了这种老年人具有的温和的、充满母性的男性气概，这样我们才能更好地理解狄更斯《圣诞颂歌》（1843）中被感化了的人物史古基（Scrooge）、盖斯凯尔夫人小说《玛丽·巴顿》中的乔布·莱格（Job Legh）（他一人抚养了自己的孙女）”②。也就是说，男性生命的时间节奏（婴儿、孩童、青年、成年、老年）和男性公共领域、女性私人领域这样的空间结构组织常常是重合的。19世纪英国老年男性的这种情况促使人们思考以下问题：老年人占据了家庭空间，他的价值会得到体现吗？此时的他是阳刚的，还是阴

① ［美］Caroline Levine, *Forms: Whole, Rhythm, Hierarchy, Network*, p. 95.

② ［美］Caroline Levine, *Forms: Whole, Rhythm, Hierarchy, Network*, p. 96.

柔的？从公共领域到家庭领域这样空间的转移，是使得男性继续在性别等级中居于高位呢，还是使其归为性别二元中女性的一方？从这些问题中，莱文总结到，我们可以看出，等级秩序并不总是能规划我们的政治生活，它会受到时间节奏比如生命变老、空间形式比如家庭空间的调整。

在本章的最后一个部分中，莱文谈到官僚机构管理组织等级。这种社会组织方式充满了最近两个世纪以来的劳工协会、殖民政府、教会管理、政党、学校、政府机构、公司里等。普遍认为官僚机构只会被等级制度这一种形式所支配：官僚机构中居于高位的发出指令，且不用为其负责；居于低位的服从指令，并努力爬上高位；外人只有感到困惑、挫败、无力的分儿。莱文此处引用社会学家罗伯特·杰克考尔（Robert Jackall）有关 20 世纪 80 年代美国公司的研究。杰克考尔注意到存在着两种不同的管理等级：职员线型岗和参谋职员岗——前者为积极参与到生产线中的员工和管理人员，后者提供技术、环境和法律方面的指导。这两者之间互相冲突，使得公司内部的官僚机构等级错综复杂，远远超出了单一线型的结构；而且也与其他的形式发生冲突。这使得公司的组织由许多竖向和横向的形式构成，它们不断地互相搅扰。同时，组织机构又不是自足的，其与外在环境通过比如联合会、社会法律机构等相关联。莱文接着举例讨论了男女性别等级与官僚等级并置在一起会产生出人意料的效果。

本章的结尾部分，莱文使用了哥伦比亚大学布鲁斯·罗宾斯（Bruce Robbins）教授 2007 年出版的《社会上升与共同利益》（*Upward Mobility and the Common Good*）一书的研究。罗宾斯在此书中论证说，社会阶层上移的故事并不是、或者并不仅仅是这样的叙事：贫穷的或边缘的角色背弃他们的出身，沿着社会阶层往上爬，而牺牲掉那些他们抛弃的人。罗宾斯通过研究这些故事中人物不同身份之间的关联，揭示权力运转的方式。他发现，无论依靠的是个体恩惠者、还是社会机构，故事的主人公们认识到的并不是自我创造的能力，而是个体之间的互相依赖性。在这本书的结尾，罗宾斯提出了一种阅读《简爱》的方式。这是一种与后殖民理论家斯皮瓦克（Gayatri Spivak）

不一样的方式。在后者看来，小说中出生于加勒比海、黑皮肤的贝尔莎（Bertha）必然会跌落，这样简才能上升。因此，这小说叙事牺牲了第三世界的女性，为的是成全第一世界的主人公。斯皮瓦克由此辨识出了这小说文本中的种族主义和帝国主义意识形态。罗宾斯则将阶级和全球中心与边缘这两个与等级有关的范畴剥离开来："只有国际劳动分工支配的边缘/中心差异才能赋予中产阶级后殖民主体为其同胞说话的权力。较为正统的马克思主义并不会赋予后殖民主体这种权力，因为它看到的只是另外一员中产阶级。"① 这似乎就是在意指来自印度的斯皮瓦克本人了。莱文同意罗宾斯的这个观点，从中看出两个等级组织——资产阶级/无产阶级和中心/边缘——相交，这使得北美学术界可以有代表全球南方发声的非常重要的批评家斯皮瓦克。②

五

"网络"是近来文学文化研究的一个热点问题，常被用来描述比如奴隶贸易、跨国市场、交通、电报、印刷文化、全球资本等社会事实。最近"网络理论"（Network Theory）开始以跨学科的形式出现，包括帕特里克·贾戈达（Patrick Jagoda）、帕特里克·乔伊斯（Patrick Joyce）和弗朗科·莫雷蒂（Franco Moretti）等批评家转向数学、物理和社会学中有关网络的研究，试图表明这些互为关联的知识结构遵循可知的规则和模式。莱文认为"网络"这个范畴首先是一种提供连接性（connectedness）的形式，通过它可以理解许多其他形式性的因素——包括前面几章谈到的整体性、节奏感、等级制——如何连接成更大的社会构造，比如国家或者文化。

莱文不同意将各个社会网络分隔开来研究，她认为这正是许多研究的缺点。她引用社会学家迈克尔·曼（Michael Mann）的观点，认

① ［美］Caroline Levine, *Forms*: *Whole*, *Rhythm*, *Hierarchy*, *Network*, p. 108.

② 关于对这种阐释方式的批评，参见［美］Serpell, "Weird Times on Levine Forms", p. 1235.

为“重叠交织互动的网络是历史上的常规”。甚至是在古代帝国中，“大批人积极参与到小规模当地互动的网络中，他们同时也参与到了另外两个网络中，一个是来自遥远的国家让人捉摸不定的权力，另一个是来自当地显要人物的更为一致却也浅薄的权力”①。

本章的第一部分围绕“网络”和“整体”展开。从20世纪早期开始，人类学家们（弗朗茨·鲍亚士［Franz Boas，1858—1942］、马林诺斯基［Bronislaw Malinowski，1884—1942］）就通过“整体”与“网络”之间和谐性关系的角度来探讨文化问题了，他们将任何既定的文化看作为连贯的意义、实践和价值的网络。这种认为文化为统一、和谐整体的思路，也体现在新历史主义者比如凯瑟琳·加拉格尔和格林布拉特所提倡的方法中。他们“将某个具体文化的所有书写和视觉踪迹理解为一个互为明了的符号网络”，“理解在一个文化内广为流通的社会能量，它们在中心与边缘之间往复循环”②，认为文化是由在一个可知整体的范围之内流动的网络系统构成的。最近人类学的讨论，以及来自移民和流散（diaspora）文化、跨国贸易等方面的研究对于这种观念进行了批判，认为网络打破了有边界的整体。莱文引用了戴安娜·菲斯（Diana Fuss）有关以终生幽居在她父亲的房子里而闻名的美国诗人艾米丽·狄金森（Emily Dickinson）的研究，来说明有边界限制的实体与蔓生的网络之间具有互相支撑的关系。狄金森退隐到卧室之中，这并不意味着她生活在一个完全封闭、私人的空间里。相反，这使得她脱离了社会责任和家庭义务的束缚。她父亲是当地的名人，这样的公共身份使得家里不断有外人来访，造成了许多的扰乱。之后，家里雇了一位佣人，这使得她免除了家务和访客的搅扰，而印刷物的流通和邮政系统的网络将家庭空间与外界联系起来，从而使得她能专心参与到一个跨国文学社会的网络中。莱文总结说，网络和封闭空间是两种形式，形式主义分析的是这两种形式之间的关系以及它们的遭遇能带来什么样的效果。

① ［美］Caroline Levine，*Forms*：*Whole*，*Rhythm*，*Hierarchy*，*Network*，p. 114.

② ［美］Caroline Levine，*Forms*：*Whole*，*Rhythm*，*Hierarchy*，*Network*，p. 116.

在第二部分里，莱文先是引用了崔西·洛克伦（Trish Loughran）关于1770—1870年美国印刷文化的研究，其中谈到多重的、互相叠加的网络（邮政、印刷、货币和道路）如何互为干扰、阻碍了一个新国家对统一政权的巩固。这个例子用来说明网络的形式与具有边界的封闭的形式之间发生的冲突。在印刷文化研究方面，我们能轻易地想到本尼迪克特·安德森（Benedict Anderson）和迈克尔·沃纳（Michael Warner），他们的研究论证了现代印刷传播网络的兴起推动了共同的国家意识的形成。而在洛克伦的研究中，美国独立战争发生前后相当长一段时间内，全国范围内并不存在集中的、强有力的印刷文化，当时只存在分散的、地域性的社会网络系统。

洛克伦总结说："这一时期的文本留下了强有力的记载，即一个正在兴起的美国图书市场可能会统一起来，这种可能性却惯常性地为当地的物质环境所扰乱。这包括地理上的隔离、政治上的联盟关系、地域认同和多样性，以及文本生产和流通中时间上的滞后。"[①] 也就是说，安德森关于印刷文化可以消除地域区别、有助于形成形式上同质性的论断，并不适合来研究美国早期阶段的国家形成，这是因为当时存在太多的互相交织的网络了：印刷、邮政、经济、政治、地域等网络，它们具有不同的逻辑、之间互相冲突，这阻碍了国家成为一个有凝聚力的、统一的整体。

这一部分里莱文所举的另外一个例子是狄更斯的小说《艰难时世》。与前面《安提戈涅》的例子类似，莱文使用文学文本来研究社会形式的发生原理，将这个文学文本作为社会情形的场所，而非社会形式的反映或者表达。这部小说中充满了互相交织的网络，而这又与叙事的时间形式发生了冲突。对于莱文来说，狄更斯针对多个情节使用了"长叙事弧"这个具体的文学形式，充分发展了叙事形式的"可供性"属性，使得多个网络能够在时间的层面上展开。小说中多个人物间通过法律案件、疾病与身体接触、慈善网络、贵族社会政治网络、亲属关系、城市空间等连接起来，小说中的关联关系也发生在

① ［美］Caroline Levine, *Forms: Whole, Rhythm, Hierarchy, Network*, p. 121.

人物和机构中。莱文观察到，这部小说有趣的地方在于几乎所有的人物（约50—70个人物）同时在至少两个网络中充当一个节点，而这些网络彼此独立又互相交织。狄更斯这部小说的独特之处在于从网络功能的角度来塑造人物，而其长度——维多利亚小说的一个不常被理论化的形式上的特征——使得狄更斯可以对网络进行理论化的思考。小说具有多个悬念，充满了不确定，人物之间通过不同的渠径发生关联，这超出了读者的理解。狄更斯使用小说的长度来表现我们对社会互相关联的知识总是有限的，任何具体的历史事件、机构和个人都是处于多个网络的交接点。他没有声称去表现家庭、城市或者国家，他让我们看到社会互相关联的模式范围之大、时间之长，超出了这部内容如此广泛的小说。这部小说网络化的情节中暗含了许多超出小说包含内容的时空线索，提供一种叙事上的、网络化的崇高。而这是发生在我们日常生活中的一种崇高的复杂性："社会、经济、电子、生态、病毒、细菌、法律、家庭、国家"① 等各种网络互相冲突并与其他形式冲突。从这个意义上来说，在莱文的分析中，狄更斯这部小说指向的就是日常生活这种崇高。②

在最后一章中，莱文认为电视剧《火线》（*The Wire*，2002—2008）的魅力在于"它表现多种形式同时发生的能力"③，"《火线》所呈现的不是一个权力集中在少数几个人手中的、意识形态上统一的社会，而是一个不断被扰乱的社会空间，它在不同的整体、节奏、等级和网络中间不断发生各种让人困惑、意想不到的冲突效应"④。莱文认为这充分表现了形式之间发生冲突是不可预料的，并因此而展开了挑战政治权威的可能性。

可以毫不夸张地说，形式与文学研究密切相关，是文艺理论中一

① ［美］Caroline Levine, *Forms: Whole, Rhythm, Hierarchy, Network*, p. 134.

② 关于莱文这个批评案例的批评，参见参见［美］Serpell, "Weird Times on Levine Forms", pp. 1236 - 1237.

③ ［美］Caroline Levine, *Forms: Whole, Rhythm, Hierarchy, Network*, p. 134.

④ ［美］Caroline Levine, *Forms: Whole, Rhythm, Hierarchy, Network*, p. 149.

个主要问题。[①] 具体到英美学界，新世纪以来兴起了一种新的形式主义思想的潮流。[②] 这是最近文学研究中出现的一种总体变化趋势中的一部分，即以方法上的讨论来取代之前风靡人文研究界的理论阐释。[③] 苏珊·沃尔夫森（Susan Wolfson）将其称为“激进形式主义”[④]。马乔里·列文森（Marjorie Levinson）观察到，相当长一段时间之中，文学研究界存在一种社会历史方向的转向，这种潮流重材料、偏实证，却忽视了情感的认知和政治层面，这带来了人文教育中有关主体形成个体伦理方面的缺失。她认为形式主义的运动是对这些新历史主义批评以及人文研究中历史转向的一种反动。[⑤] 她认为可以在策略性和实质性两个层面上解释新形式主义研究集中在早期近代和浪漫主义这两个学术研究的历史时期的现象。策略性上，正是在这两个历史时期中，新形式主义号称要批判的新历史主义阵营牢固。实质性上，人文学术研究中对这两个时期划分的逻辑建立在以下事实的基础上：这两个历史时期中诗歌、尤其是抒情诗发达，这种文学所创造的新的有关内在性和主体内省的语言，美学成为一个独特的经验、认知、情感和伦理空间，以及这两个历史时期以自己的标准自我形成的经典化。[⑥]

汤姆·艾尔斯（Tom Eyers）指出，解构主义盛行的时候，形式

---

① 参见［美］Jonathan Kramnick and AnahidNersessian, “Form and Explanation”, in *Critical Inquiry* 43 (Spring 2017), pp. 650 – 669.

② 参见［美］Marjorie Levinson, “What Is New Formalism?”, *PMLA*, Vol. 122, No. 2 (Mar., 2007), pp. 558 – 569；以及 *Modern Language Quarterly* (Vol 61, No. 1, March 2000) 所刊登的文章，这些文章的作者皆是目前英美文学研究方面的一时之选，包括：［美］Susan Wolfson, Ellen Rooney, Virgil Nemoianu, Heather Dubrow, Ronald Levao, J. Paul Hunter, Robert Kaufman, Frances Ferguson, Garrett Stewart, Franco Moretti, Catherine Gallagher. 同时参见［美］Jonathan Loesberg, *A Return to the Aesthetic: Autonomy, Indifference, and Postmodernism* (Stanford UP, 2005)，以及［美］Isobel Armstrong, *The Radical Aesthetic* (Wiley-Blackwell, 2000).

③ 参见［美］Tom Eyers, “Theory over Method, or In Defense of Polemic”, in *Critical Inquiry* 44 (Autumn 2017, pp. 136 – 143.), p. 137

④ ［美］Susan J. Wolfson, “Reading for Form” in *Modern Language Quarterly* (61 [2000], pp. 1 – 16), p. 2.

⑤ ［美］Levinson, p. 559.

⑥ 见［美］Levinson, p. 562.

问题是一个难题，也常常引发形式与历史二元对立起来的情形；新的有关形式的讨论则“将形式混杂起来，哪里都有，成了某些急切寻找存在理由的学科的入门方法”（Eyers 139）。另外，正如莱文自己所描述的，在最近几十年的文学研究中，出现了“一项解放工程:”“采用不同方法的文学学者们，包括女性主义、后殖民理论、酷儿研究、情动理论、新唯物主义（New Materialism）等，都坚持寻找那些瓦解统治体制、动摇统治标准的社会实践和目标。”伴随着这项“工程”的，常常是对形式问题的忽视，以至于乔纳森·卡勒（Jonathan Culler）在2007年的时候写道，“‘形式主义’这个词已经成为一个轻蔑的修饰语了”[①]。对于许多文学研究者而言，形式变化或者坍塌的时候，正是“解放”的社会时刻，会发生颠覆、反抗、力比多能量的爆发、异化情感的释放等。[②]

耶鲁大学英文系乔纳森·克拉尼克（Jonathan Kramnick）教授和加州大学洛杉矶分校安娜希德·内尔塞西安（Anahid Nersessian）教授发表了一篇很有影响的合作论文《形式与解释》，他们提出了“简约论者的形式观念”（Reductionist Formalism）[③] 这样一种观点。在他们的定义中，斥这种观念的人（比如桑德拉·麦克弗森）会认为形式具有一种本体论层面上的意义，是“不多——也不少——是物质（一首诗或者是一棵树）呈现的形状。”[④] 莱文所提出的形式概念具有很强的抽象性，过于强调形式本身的普适性和概括性，而不是形式冲

---

① ［美］Caroline Levine, “Still Polemicizing After All These Years”, *Critical Inquiry* 44 (*Autumn* 2017, *pp.* 129 – 135), *p.* 130, *p.* 131.

② ［美］Caroline Levine, “Still Polemicizing After All These Years”, p. 131.

③ ［美］Jonathan Kramnick, *Anahid Nersessian*, “Form and Explanation”, *Critical Inquiry* 43 (Spring 2017), pp. 650 – 669. p. 654. 除了“简约论者的形式观念”，Kramnick 和 Nersessian 认为还存在一种“修正论者的形式观念”（revisionist formalism），这种观念贬低了之前有关深度的各种阅读和批评雄心，将作为美学概念的形式与其在计算、生物、社会学等科学或社会科学学科的出现进行比较，转而拥抱比如“远读”和“表层阅读”等阅读和阐释模式。这篇文章影响很大，*Critical Inquiry* 杂志2017秋季期（Vol 44 Issue 1）上面组织了专门的讨论，参加讨论的学者包括 Caroline Levine、Tom Eyers、Marjorie Levinson 和 Heather Love 等。

④ 引自［美］Kramnick 和［美］Nersessian, p. 655.

突的普适性和概括性。[①] 她将本起源于文学批评的形式观念延展至社会和政治领域中，使一切都适于形式观念的分析，这就属于形式观念中的一种简约论。汤姆·艾尔斯注意到，莱文对于表示因果关系的语言的敌意，体现了布鲁诺·拉图尔（Bruno Latour）行动者网络理论（Actor-Network Theory）所倡导的“扁平型本体论”（“Flat Ontology”）。后者倡导从表面上描绘复杂的历史社会情形和网络。[②] 而正如理查德·斯垂尔和 W. J. T. 米歇尔指出的，形式本身并不是单一的、抽象的。[③] 这种“简约论者的形式观念”也许体现了新形式主义运动的一个普遍特征：即注重实践，而缺少理论性的原则。事实上，倡导新形式观念的学者们的确并没有提出任何具体的理论、方法或者是学术研究实践。[④] 有学者认为，在这种形式的抽象性里面，也许暗含了形式本身的自足性，存在着一定程度的保守性。[⑤] 克拉尼克教授和内尔塞西安教授通过使用进化生物学和分析哲学里的类比，认为有关形式观念的这些讨论并不能提出任何统一的关于形式的定义。对他们来讲，这是因为形式的实质是与实际解释的背景和情形相关的，这包括知识论框架、学科史以及所涉及的具体问题等。[⑥]

莱文坦言，并不是所有的社会经历都具有形式，然而对她来讲，在不确定的空间和身份方面，学术界使用“阈限（liminality）、边界、迁徙、混杂、蒙混越界（passing）”等这样的关键词已经产生了许多的讨论。而且，“想象一个没有组织原则的社会，这是不可能的”[⑦]。这里的“组织原则”即是莱文的形式问题。她也意识到了这种版本的

---

① ［美］Hoyt Long，p. 1210.

② 参见［美］Tom Eyers，p. 138.

③ 参见［美］Richard Strier，“How Formalism Became a Dirty Word，and Why We Can't Do without It”，以及［美］W. J. T. Mitchell，“The Commitment to Form；or，Still Crazy after All These Years”，in *PMLA* 118（2003），pp. 321 – 25.

④ 见［美］Levinson，pp. 561 – 562.

⑤ 参见［美］Serpell，“Weird Times on Levine Forms”，p. 1236.

⑥ 见［美］Kramnick and Nersessian，p. 664.

⑦ ［美］Caroline Levine，*Forms*：*Whole*，*Rhythm*，*Hierarchy*，*Network*，p. 9.

形式主义已经招致了批评。[①] 卡洛琳·雷斯亚克（Carolyn Lesjak）就认为莱文的形式观只是政治上不作为的一剂处方，莱文故意忽略了早期马克思主义美学中有关形式问题的论辩，“莱文宣称她的方法是新的，这是学术市场的一个症状，即每本学术书都必须宣称是一个方法论上的起点”（Lesjak 1186）。事实上，也许莱文有意无意所遮掩的并不仅仅只有俄国形式主义，这也许还包括“亚里士多德式的和芝加哥学派的形式主义、奥尔巴赫（Eric Auerbach）和列奥·施皮策（Leo Spitzer）文化意义上的语文学形式主义，以及燕卜逊（William Empson）、利维斯（F. R. Leavis）、理查兹（I. A. Richards）、弗莱（Northrop Frye）、伯克（Kenneth Burke）和布斯（Wayne Booth）等批评家独特的批评视野”[②]。

希瑟·杜布罗（Heather Dubrow）指出，新形式主义潮流中好的学术研究展现的是启蒙运动中批评观念和实践的回归。具体来说，这指的是启蒙运动中对于文本、美学等经验之前提性、对于形式和方法的重视；而其糟糕的学术研究则会恶化它号称所要改变的批评实践：偏狭、程序化、工具化，意在形塑或者维护一种自由主义中产阶级的主体性——自足、自满、复杂，然而没有内在矛盾的主体性。[③] 从某种意义上来说，莱文此书好像既展示了这股学术潮流之中好的一方面（正如她所号称的），也不乏其中糟粕的部分。

---

① ［美］Caroline Levine, *Forms: Whole, Rhythm, Hierarchy, Network*, p. 18.

② ［美］Caroline Levine, *Forms: Whole, Rhythm, Hierarchy, Network*, p. 563.

③ ［美］Heather Dubrow, “Guess Who's Coming to Dinner? Reinterpreting Formalism and the Country House Poem”, in *MLQ* 61 (2000), pp. 59 – 77. 对 Dubrow 这种观点的概括，参见［美］Levinson, p. 562.

从“事件”哲学看“诺贝尔文学奖”延迟颁发的波折*

李涵颖　麦永雄**

摘　要：诺贝尔文学奖是世界文学领域最负盛名的奖项，历年该奖的颁发都颇为令人瞩目，堪称一种蕴含丰赡，甚至引发争议的重大文学现象乃至社会文化事件。2018年瑞典文学院罕见地宣告将该年度诺贝尔文学奖延迟至翌年公布，继而发生改由“新学院文学奖”代替其评选出当年世界文学的文学桂冠的事件。在哲学与文学关联域，欧陆思想家德里达、德勒兹、巴迪欧和拉图尔等人的“事件”哲思和理论话语，可以从不同侧面阐发这次“诺贝尔文学奖”的评奖波折，揭示当代事件哲学的思想意蕴与社会文化价值。

关键词：诺贝尔文学奖　事件哲学　哲学与文学

瑞典文学院于2018年在诺贝尔奖官网发出声明：瑞典文学院将

* 【基金项目】国家社科基金项目《当代西方文论范式转向及其中国化问题研究》（项目编号：13BWW001）；广西研究生教育创新计划项目《新世纪诺贝尔文学奖创伤书写的审美政治研究》（项目编号：XYCSZ2018065）和广西研究生教育创新计划项目《阿甘本哲性诗学研究》（项目编号：XYCBR2020009）。

** 李涵颖，广西师范大学研究生，541004，研究方向：外国文学、西方文论。通讯作者：麦永雄，广西师范大学中国语言文学研究所所长、文学院教授、博士生导师、《东方丛刊》主编。研究方向：当代哲学与美学、世界文学，著有《当代西方文论范式转向》《德勒兹哲性诗学》《域外诗学与文学》等。

延迟2018年度诺贝尔文学奖的颁发。该年度诺贝尔文学奖的评选结果将于2019年一起公布。这是诺贝尔文学奖自第二次世界大战以后首次因“人为因素”推迟颁奖，因而成为国际文坛的一个重大“事件”。继而瑞典专栏作家帕斯卡里杜（Alexandra Pascalidou）向瑞典文化界发起倡议，以义卖的方式筹得款项，仿照诺贝尔文学奖创立“新学院文学奖”（New Academy Prize in Literature）。据人民网媒体报道：搅黄2018年诺贝尔文学奖的“猥琐男”正式受到强奸罪指控！诺贝尔文学奖颁奖机构瑞典文学院从2017年底开始被卷入一场特大性丑闻——一名终身院士的丈夫被爆侵犯18名女性，甚至曾对瑞典女王储维多利亚伸出“咸猪手”。随着丑闻发酵，后续调查又爆出多项贪腐和违规行为，震惊瑞典文坛和国际舆论界。瑞典检方对这场风波的罪魁祸首让-克劳德·阿尔诺正式提起诉讼，这位色胆包天的瑞典文艺圈败类或将面临6年刑期。[①] 该事件的风波在2019年仍未止息。诺贝尔文学奖是国际重大现象，当代事件哲学对此提供了一个特殊的视角。

在当代西方文艺美学领域，“事件”哲学是一个前沿性的重要维度，蕴含着创造性的思想空间。英国学者尼古拉斯·布宁和中国学者余纪元编著的《西方哲学英汉对照词典》对“事件”（event）的词源学和哲学的蕴含予以了解释：“事件是源自拉丁词 ex（外在）和 venire（来），一种产生或发生，它并不关联着某物而续存，而发生于某一特定的时间间隙的某处。是一个广泛使用的，但极其模糊的概念。”[②] 正因其定义模糊，故而给予了当代哲学家、思想家创造性的阐释空间。20世纪以来，欧陆哲人不约而同地对“事件”进行了多维度的观照，导致“事件”一词从日常生活语境进入了哲学话语体系。英文维基百科专设了“事件”（哲学）辞条和“事件”（可能性理论）辞条，评介了 Jaegwon Kim、Donald Davidson、David Lewis、

① 参见人民网《诺贝尔文学奖丑闻祸首被正式起诉 或将面临6年刑期》，2018年6月14日，07:33:00。

② 尼古拉斯·布宁、徐纪元编：《西方哲学英汉对照词典》，人民出版社2001年版，338页。

Alain Badiou、Gilles Deleuze 和 Ole Fogh Kirkeby 等人的事件哲学思想。[①] 本文拟采借当代欧陆思想家德里达、德勒兹、巴迪欧和拉图尔等的“播撒”“踪迹”“替补”“生成”“一与多”“溢出”和“行动者网络”等理论话语，审视这次“诺贝尔文学奖”波折，阐释“事件”的当代思想文化意义。

一 德里达：事件的延异、播撒、踪迹与替补

2018 年度诺贝尔文学奖延迟颁奖对于世界文学而言无疑是一次重大“事件”。在当代文艺理论领域，西方解构论主将雅克·德里达的“延异”（differance），以及“播撒”（dissemination）、“踪迹”（trace）与“替补”（supplement）等关键概念具有事件哲学的丰富蕴含。我们可以借助德里达理论视野诠释“诺贝尔文学奖延迟颁奖”事件。

瑞典文学委员会在网络媒体宣布的“诺贝尔文学奖延迟”事件，是自第二次世界大战以来首次因“人为因素”造成的颁奖延迟，可谓一石激起千层浪。按照“事件”的可能性理论：事件发生于特定的时空和情境。虽然事件貌似是某种单一的结果，但是却可能是许多不同事件的一个因素。[②] 究其原因，该事件是由美国反性骚扰运动“Me too”（我也是）在欧美播撒所产生的多米诺效应，涉及较为复杂的情境。

瑞典文学院的这种无奈之举也是事出有因。“诺奖延迟”事件最早要追溯到近年在美国媒体爆发的“温斯坦”丑闻。2017 年 10 月初，向有“奥斯卡收割机”之称的美国金牌制作人哈维·温斯坦（Harvey Weinstein）被媒体曝出性侵好莱坞女星 30 年之久。随后，美国女星艾丽莎·米兰诺（Alyssa Milano）等人针对这一丑闻在社交媒体上发文并亮出“Me too”的标签，意在鼓励曾经遭受侵犯的女性挺身而出直面创伤，同时呼吁社会加强对此类事件的关注和对女性群体

---

① Event (philosophy), https: //en. wikipedia. org/wiki/Event_ (philosophy).

② Event (probability theory), https: //en. wikipedia. org/wiki/Event_ (probability_ theory).

的保护。这把烧毁文艺评奖行业潜规则的大火迅速蔓延至世界各地，瑞典也未能"幸免"。在"Me too"事件的影响下，法国摄影师让－克洛德·阿尔诺（Jean－Claude Arnault）被瑞典本地媒体 Dagens Nyheter 报道，揭露他涉嫌性骚扰和威胁 18 位女性达 20 余年，与此同时还指控他从 1996 年就开始多次泄露诺贝尔文学奖结果。

"阿尔诺"丑闻能够引发"诺奖延迟"事件，这关乎当事人的特殊身份。

阿尔诺在瑞典文化圈久负盛名，且其妻子卡塔琳娜·弗罗斯滕松（Katarina Frostenson）是瑞典最具声望的诗人之一，贵为瑞典文学院终身院士，诺贝尔文学奖的评委。媒体对阿尔诺"泄密"的指控无疑同时剑指其妻子卡塔琳娜。众所周知，诺贝尔文学奖对颁奖结果及最终候选人的评选材料是有 50 年的保密期限，也正是由于这个长达半个世纪的保密期给诺奖带来了神秘性，甚至成为争议性话题。同时，阿尔诺与卡塔琳娜夫妻也被曝光有受贿嫌疑，他们受瑞典文学院资助的艺术中心有违规操作。一时间，性丑闻、泄密事件、受贿事件使得瑞典文学院的名誉严重受损，引发院士们纷纷辞职。2018 年 4 月 6 日上午，小说家、剧作家和翻译家克拉斯·厄斯特格伦（Klas Östergren）、文学史专家和诺贝尔委员会主席谢尔·埃斯普马克（Kjell Espmark）先后声明不再履行院士职责。数小时后，历史学家和前学院常务秘书彼得·恩隆德（Peter Englund）也宣布离席。4 月 13 日，时任瑞典文学院院长及秘书长的莎拉·达尼乌斯（Sara Danius）以应对不力为由主动请辞。她在辞职时说道："学院希望我卸下永久秘书一职，因此，我及时做出了回应。"① 除去辞职和涉事的五名院士外，艾克曼院士因拒绝支持"《撒旦诗篇》事件"② 而出走

① 康慨：《三大院士同日宣布离席，瑞典学院遭到致命一击》，《中华读书报》2018 年 4 月 11（4）日。

② 《撒旦诗篇》事件是指 1989 年印裔英国作家萨曼·拉什迪（Salman Rushdie，1947— ）在其作品《撒旦诗篇》中有亵渎伊斯兰教的描写故而激起了整个伊斯兰世界的愤怒。1989 年 2 月 14 日，伊朗已故最高宗教领袖霍梅尼生前发出处死拉什迪的命令。瑞典文学院本着人道主义精神发表抗议声明，表示支持拉什迪。艾克曼院士以文学活动不应干预政治为由拒绝了以文学院名义发表声明的提议，出走文学院。

文学院，“洛斯塔院士也表示两年未去学院开会，自认为离席院士”。院士们纷纷出走，剩下的院士人数已无法满足诺贝尔文学奖评奖要求，瑞典文学院评价机制一度瘫痪。5月2日，瑞典国王不得不出面干预，紧急宣布修改规定：评委可以离职，评委会可以替换超过两年不参与评选工作的评委。

这次“诺贝尔文学奖”颁奖延迟事件发生后，撬动了评奖机制背后难以平衡的经济杠杆。“新学院文学奖”更像是临时救场，显得仓促。故而“新学院文学奖”未溅起多大的水花。由帕斯卡里杜发起的“新学院文学奖”除了颁奖地同在斯德哥尔摩外，更像是“诺贝尔文学奖”的山寨版，是帕斯卡里杜借“诺奖延迟”事件的影响力所颁发的文学鼓励奖。用她自己的话说，这仅仅“是为了确保2018年能有一个国际性的文学奖颁发”，并不是想以此替代“诺贝尔文学奖”。[①] 尽管如此，各大媒体依旧用“诺贝尔文学奖”的“替代奖”来宣传“新学院文学奖”。

雅克·德里达在《言说事件的一种不可能的可能性》中强调，“事件蕴含着惊喜、曝光，以及未知”。[②] 德里达的事件哲学旨趣不是返回原点或中心，而是事件的“播撒”“踪迹”与“替补”导致意义的“延异”。采借德里达解构论审视这次诺奖波折，我们可以看到，诺奖波折最初由“Me too”事件引发，中经“阿尔诺”丑闻和院士辞职事件，再到“新学院文学奖”出台，这些事件猝不及防地发生，产生了网状的“多米诺”效应，由媒体事件迅速播撒到文学领域和社会文化领域。

德里达解构西方文化的语音中心主义，提倡文迹的延异。他选择言说（声音）与书写关系作为突破口，以“文迹学”[③] 消解索绪尔的

① 卞磊：《替代版诺贝尔文学奖今颁奖“新学院文学奖”知多少》，中国新闻网，http://edu.gmw.cn/2018-10/12/content_31662992.htm。

② 汪民安、郭晓彦主编：《事件哲学》，江苏人民出版社2017年版，第60页。

③ 德里达有着比较复杂的阅读策略，斯皮瓦克译德里达《论文迹学》（*Of Grammatology*）并附长序，极大地影响了美国学界。从词源学看，“Of Grammatology”的希腊文意为something written，指书写学，但中文版译为《论文字学》（上海译文出版社2005年版），并不妥当。鉴于“文字学”容易与中国小学混淆，因此宜译为“文迹学”。

"语音中心主义"，解构在场/缺席二元论和等级制，另辟蹊径。德里达出生于犹太人家庭，受欧洲中世纪神学和美学禁制偶像崇拜的影响，故对"踪迹"（Trace）感兴趣。在西方形而上学哲思的二元论传统中，语音意味着在场，而书写隔着一层，因而语音如同上帝，居于源生、本源、中心的地位，优于次生的文迹或偶像。德里达以无始无终的"踪迹"取代索绪尔的能指/所指构成的二元论"符号"（Sign）封闭结构，在从结构主义到后结构主义的嬗变中具有重要意义。德里达喜爱的文迹可以随写随抹，在书写文字上打叉，但同时又是思想、行为和事件的踪迹。瑞典文学院宣称取消2018年度"诺贝尔文学奖"的公布，一石激起千重浪，事件在世界范围内迅速产生播撒效应。这一特定事件发生后播撒开来，"疑窦"（aporia）重重，原来平静有序的评奖机制和形态被打破，结构可能还在，但是在场与缺席的关系和蕴含已经改变，能指与所指在意义链上开始滑动。尽管2018年度"诺贝尔文学奖"被打叉，看似"不在场"，但是却留下了"踪迹"，导致了对在场和本源中心论的解构，生成了"补充"的新空间。"在德里达的解构思想中，补充无疑是一个极其重要的概念，它与在场、延异、本源性的缺乏等，构成一套相互诠释的话语体系。"[①] 虽然2018年"诺贝尔文学奖"延迟颁布，但无法抹去其作为国际性文学奖的"踪迹"，相反生成了"新学院文学奖"来"替补"诺贝尔文学奖的职能。此举亦引发了世界文坛与学界的高度关注，例如中国社会科学院外国文学研究所所长陈众议研究员曾撰文《与诺贝尔文学奖得主"亲密接触"》[②] 畅谈自己的感受。

在某种程度上，"新学院文学奖"替代性地"补充"了原来在场"诺贝尔文学奖"的"欠缺"。而补充意味着延异："补充性就是分延，就是同时使在场分裂、延迟同时使之置于分裂和原初期限之下移异过程。"[③] 就评选标准而言，"诺贝尔文学奖"致力于"授予写出人

① 陈晓明：《论德里达的"补充"概念》，《当代作家评论》2005年第1期。

② 陈众议：《与诺贝尔文学奖得主"亲密接触"》，http：//ex. cssn. cn/bk/bkpd_ qkyw/bkpd_ bjtj/201810/t20181011_ 4668549. shtml。

③ 德里达：《声音与现象》，杜小真译，商务印书馆2001年版，第111页。

类理想性倾向的伟大作品的作家”，而“新学院文学奖”则以“讲述了‘全世界人类的故事’的作家”为宗旨。就评奖机构和评奖过程而言，“诺贝尔文学奖”是由各个国家的专业机构、团体或已获奖人士提名，最后由瑞典文学院的十八位终身院士评选。评选周期近一年，评选范围无论是文体、题材还是地域都具有“世界性”。此奖先由瑞典各大图书馆推选出47位候选人，随即进行网上公开投票。届时将选出三名入围者，再由图书馆管理员选出第四名候选人。最终由一名文学教授、两名图书管理员和两位文学编辑组成的评委会将评选出得奖者。从5月初开始到10月初，奖项从评选到公布的时间缩短了一半。仅有来自瑞典各地图书馆共计47个候选者的提名名单，相比诺奖少则五六百、多则以千计的提名者而言，范围上小了很多。原来的“诺贝尔文学奖”的文学作品过于精英化，“新学院文学奖”就索性“接地气”一些，《哈利波特》的作者J. K. 罗琳和《使女的故事》原作者阿特伍德都榜上有名。最后入围的四位作家名单中有日本作家村上春树，英国科幻小说家尼尔·盖曼，越南裔加拿大女作家金翠和法属瓜德罗普岛的女作家玛丽斯·孔戴。民众最为熟知的诺奖的千年陪跑村上春树以“专心写作，远离媒体关注”为由婉拒了“新学院文学奖”的提名，其余三位作家于大众而言则相对陌生。然而，这四名提名者中有女性作家占一半，“冲突”，包括“文化冲突”“种族性别冲突”等在这四位作家身上表现得尤为明显。“诺贝尔文学奖”的“保密性”备受指摘，“新学院文学奖”就网上公开投票，透明度和公众互动程度也增加了。在某种程度上“新学院文学奖”是给诺贝尔文学奖的“缺陷”提出了改变的方案，以促进“瑞典学院成为一个现代、开放、包容而透明的地方”。① 因此，“新学院文学奖”的替补却并不意味着“诺贝尔文学奖”的“擦除”，而是充满不确定性的意义的赓续。

① 卞磊：《替代版诺贝尔文学奖今颁奖“新学院文学奖”知多少》，中国新闻网，http：//edu. gmw. cn/2018 - 10/12/content_ 31662992. htm。

二　德勒兹："事件"即生成与创造

总体上，法国著名思想家德勒兹倡导差异哲学和游牧美学，具有后结构主义的多元流变思想特色。在事件哲学视野中，德勒兹与德里达声气相通，互为补充。

德勒兹的事件哲学在其名著《感觉的逻辑》中得到比较集中的表达。他认为事件具有特异性、博弈性、综合性、多元性，以及可言说的特征。事件本身就是意义、问题和效应，我们唯有在问题之中才能谈论事件。事件本质上属于语言，语言对事件加以言说，事件就是效应，既与内因联结，又与外因联结。事件具有特异性，或是特异点的集合。这些特异点是转折点、拐点、瓶颈、结点、焦点、中心、熔点、冷凝点、沸点，是涕泣与愉悦之点，疾病与健康之点，希望与焦虑之点。历史与事件皆无法脱离这些特异点。[①] 德勒兹提供了事件的多元流变理论图式：事件具有多重入口，事件的悖论性要素可以贯穿、共鸣、互通与分叉。由此观之，2018 年度"诺贝尔文学奖"延迟和"新学院文学奖"替补的波折事件，乃至历史上"搞笑诺贝尔文学奖"[②] 事件，聚合了众多特异点，本身就是充满着不同言说的问题框架，可谓"有人欢喜有人愁"。它们似乎格格不入，提示了事件的多重入口，但是又互相贯穿、共鸣、互通与分叉。

德勒兹认为事件即生成与创造。事件并非是静态固定的，而是如河流遇山石，随语境而曲折变化。英文版《德勒兹辞典》"事件"（event）辞条指出：德勒兹把"事件"界说为内在于各种力量之间互相作用的瞬间产物。单一事件不是某种连续性中断的形态，而是由支

---

① 参见吉尔·德勒兹《意义的逻辑》，载汪民安、郭晓彦主编《事件哲学》，第 12—15 页。

② "搞笑诺贝尔文学奖"（Ignoble prize for literature）蓄意戏仿诺贝尔奖，自 1991 年以来，每个秋季授予十个非同寻常的科研成果，旨在"奖励那些先让人开怀大笑，然后让人思考的成就"。该奖项可以隐含批评或讽刺，但可展示特殊意义，譬如，即使貌似荒诞无稽的研究途径也可能产生有用的知识。如美国纽约大学社会和文化分析教授安德鲁·罗斯因参与索卡尔恶作剧（the Sokal hoax）而获得 1996 年度该奖。

撑它的多种事件所构成的形态。由此德勒兹提供了迥异于传统哲学的思路，挑战了以柏拉图代表的依靠固定和确切的事物理解现实的观念。事件“不以固定的结构存在着，没有固定的位置，也没有开始和结尾”，[①] 事件既非开端亦非终点，而总是在“中间”。事件的意义不在于 being（存在），而在于 becoming（生成）的动力学变化。作为多种力量的综合，事件意味着它们固有的互相影响的动力学。例如，树变绿只是事件一个表面效应，实为树和其他事件（气候类型、土壤条件、色素沉着效应和原植环境等）汇合的结果。2018 年度“诺贝尔文学奖”延迟和“新学院文学奖”替补的波折事件，同样也是“内在于各种力量之间互相作用的瞬间产物”，涉及评奖机制、社会丑闻、媒体传播、公众舆论、道德底线、评委个性，等等，体现了多种力量博弈的综合。德勒兹事件哲学的旨趣，不仅关注生产机制，而且还注重内在于各种力量的生产潜力。“事件并不带来确定的结果，而只是带来新的可能性，体现了新力量能够承受的契机。”[②] 总体上，德勒兹事件哲学提供了一个途径：不是一思即得，一蹴而就，而是思想与创造并行不悖。通过拥抱生命的混沌和每一个契机的独特性、潜在性，进行差异性的思考，挑战我们的思想创造力，赋予事物以新质。

三　巴迪欧与拉图尔：事件的一与多及其网络效应

法国哲学家巴迪欧是当代欧洲“事件”哲学的重要代表人物，拉图尔则是法国著名人类学家、科学社会学家、哲学家，以及行动者网络理论的主要代表人物。巴迪欧将数学与哲学结合起来，关注柏拉图以来的“一与多”问题域。柏拉图《巴门尼德篇》认为“若一不存在，则无物存在”。巴迪欧据此认为“分有”是柏拉图最为关键的概

---

① Adrian Parr, *The Deleuze Dictionary*, Edinburgh: Edinburgh University Press Ltd, 2005, p. 88.

② Adrian Parr ed., *The Deleuze Dictionary*, Edinburgh: Edinburgh University Press Ltd, 2005, pp. 87 – 88.

念,[1] 进而提出“计数为一的规律”:“本体论是这种不连贯的多元独一无二的理论”,“通过计数为一,多才可以被认识为多”,“存在哲学的核心问题是不连贯的多元”[2]。因此,事件就是“一之多”的历史情势,他举了法国大革命的例子:作为1789年至1794年法国影响世界历史的一个事件,生成了“无限之多”,包括三级会议选举、大恐慌时期的农民、无裤党人、雅各宾俱乐部、断头台、屠戮、英国间谍、《马赛曲》,等等。因此,“法国大革命”又是“多的一之标志”。这触及了巴迪欧“整个理论大厦的基底”。[3] 一个事件的多元因素往往会“溢出”(excess)原初语境,流向开放空间:法国大革命事件很快溢出国界,促进了欧美浪漫主义思潮的崛起,乃至影响了整个世界历史。

由此观之,我们可以借鉴巴迪欧数学与哲学结合的“一与多”思路,把2018年度“诺贝尔文学奖”延迟事件作为一个集合,用符号“{}”来表示,那么,事件里面的各个元素子集包括{“Me too”运动}{“阿尔诺”丑闻}{瑞典国王改革}……放在{“诺贝尔文学奖”延迟}的大集合中,形成“一之多”形态。一个看似偶然的事件——“Me too”事件的出现引发了一连串的连锁反应。“Me too”事件溢出娱乐界的影响至今并未终止,就行业内部而言,随之而来的是声势更为浩大的“Time's Up”事件,好莱坞逾300位影星导演组建反性侵联盟,更有当事人在戛纳电影节公开发声。这把女权主义的大火烧毁了娱乐行业的遮羞布,推进了西方反性侵运动,帮助曾遭受性侵的年轻女性,尤其是有色人种女性,也将一向受人敬仰的“诺贝尔文学奖”拉于马下。反过来,这种特定的情境(situation)使得诺奖波折事件溢出了文学评奖的语境,引发范围更为广泛的社会反应和文化关注。

按照拉图尔的“行动者网络理论”,事件的网络链由诸多“人类

① 阿兰·巴迪欧:《存在与事件》,蓝江译,南京大学出版社2018年版,第50页。

② 阿兰·巴迪欧:《存在与事件》,蓝江译,南京大学出版社2018年版,第40—42页。

③ 汪民安、郭晓彦主编《事件哲学》,江苏人民出版社2017年版,第36页。

和非人类”的行动者链接而成。“诺贝尔文学奖”评奖机制背后就是一个庞大的网络链，包括评委会、名单、作者、译者、推荐者（学者、团体等）、出版商、图书销售、物流、媒体等。这些行动者之间彼此互相关联，每一个行动者的功能改变，就有可能使整个评奖机制发生改变。按照常规的程序，在瑞典文学院宣布获奖者之后，出版商争先竞买获奖者的作品版权，竞争激烈，价格昂贵，有利可图。泄密的名单作为行动者，是引发诺奖延迟事件的导火索，直接地打破行业或市场公平竞争的原则，隐含着行动者之间利益的博弈。拉图尔曾经以法国疯牛病事件为例，阐发一与多的网络效应和政治生态学。欧洲疯牛病涉及相当复杂的过程和行动者网络，包括朊病毒，奶牛、牛犊、绵羊和羔羊，养牛场主，食牛肉者，肉类配送系统，兽医，屠户，媒体、法国总统，生物学家，实验室，等等。在巴迪欧那里，疯牛病事件可以作为一个集合，包含多元素的子集，在特定的情境下某个元素可以“溢出”各种边界，进入难以预测的空间。譬如，疾病与获奖。1997 年度诺贝尔生理学或医学奖授予美国加州大学旧金山分校神经退化疾病研究所所长斯坦利·普鲁西纳教授，以表彰他发现疯牛病的元凶朊病毒的贡献。而在拉图尔看来，疯牛病成为一个契机，促使他思考“既是互相制衡的，又是互相协调的，且没有彼此混杂的政治生态学”。[①] 这是他探索逐步构建共同栖居的美好世界的集体工作核心。

当代哲学与文学的结合提供了一种特殊的视野，可以用来审视作为重大文学现象和社会文化事件的诺贝尔文学奖。从欧陆思想家德里达、德勒兹、巴迪欧和拉图尔等人丰赡的哲思中抽绎出关于“事件”的理论话语，有助于我们从不同侧面揭櫫这类重大文学事件的哲学意蕴与社会文化价值，促进哲学与文学的互动互阐。德勒兹晚期著作《什么是哲学?》的核心观点之一就是认为“世界如同杂色的百纳布”，定见乃人类不幸之源，因此需要破除定见。哲学、艺术和科学

---

① 参阅布鲁诺·拉图尔《自然的政治——如何把科学带入民主》，麦永雄译，河南大学出版社 2016 年版，第 212—215、226 页。

三者并无优劣之分，它们都是创造性的。诗人和哲人会将写满惯例与定见的保护伞剖开一道裂缝，甚至撕破那片穹顶，好让一丝自由的混沌之风吹进来。[①] 由此观之，这次“诺贝尔文学奖”延迟颁发的事件并非全是坏事，它打破了权威国际文学评奖神秘、封闭、死水一潭的固态，有利于催生新的活态空间。这种延异的播撒，构成了一与多的关系及其“溢出”，衍生了众多变异形态和网络状的效应：揭露了性骚扰和泄密的丑闻，让山寨版“诺奖”得以亮相，显示了评奖机制和经济杠杆的功能，显露了一些评委的思想道德底线和评委会的尴尬……概言之，它打开了一个开放性的、充满可能性的世界。

① 吉尔·德勒兹、菲力克斯·加塔利《什么是哲学?》，张祖建译，湖南文艺出版社2007年版，第495—523页。

批评的胜境

从生态学马克思主义阐释《荒原》的异化主题*

刘　燕　　王悦心**

摘　要：“异化”是现代主义诗歌经典之作《荒原》的重要主题之一。在生态学马克思主义视野中，“异化”成为现代社会的生态危机的表征。《荒原》呈现了现代人与自然的割裂、人与社会的紊乱、人际关系的隔阂、自我灵魂的枯竭等多种异化形态，展现了艾略特对于现代文明秩序处于失衡、混乱状态的生态危机感。生态学马克思主义批评家有关“控制自然”“技术理性”“消费异化”等概念，为我们重新阐释《荒原》中的异化形态与生态危机之间的关系提供了一种新的视角。在《荒原》中，诗人试图通过“雷说的话”（给予、同情与节制）重塑生态秩序，从精神信仰方面探索了克服异化、走向平静安宁的生态解放之路。

关键词：《荒原》　生态学马克思主义　异化　生态危机　生态解放

T. S. 艾略特（Thomas Sterns Eliot，1888—1965）的《荒原》

* 本文系北京对外文化传播研究基地/北京市社会科学基金项目“北京作家郑敏在海内外的译介与传播研究”（项目编号17JDWXB001）阶段性成果。

** 刘燕，北京第二外国语学院文化与传播学院教授，海外中国学研究中心主任，北京对外文化传播研究基地研究员。王悦心，中国人民大学马克思主义学院在读博士研究生。

（*The Waste Land*，1922）是现代主义诗歌的经典之作。布雷德伯里指出："现代主义是唯一与我们混乱情景相应的艺术……是第一次世界大战中文明和理智遭到毁灭的艺术，是以马克思、弗洛依德和达尔文所改变的和重新解释的那个世界的艺术，是资本主义和工业不断加速发展的艺术，是人们感到自己的存在无意义和不合理的艺术。"[①]在此，"混乱""战争""毁灭""资本主义和工业""存在无意义""不合理"等是我们理解现代主义文学特质的关键词，《荒原》一方面描绘了20世纪初西方现代社会的荒芜、城市环境污染、道德秩序紊乱、人的灵魂干涸与空心的生态失衡与文明危机图景，另一方面也揭示了导致人与自然、人与社会、人与他者、人与自我等各种异化形态的内在原因，并试图寻找治愈荒原的可能路径。

生态学马克思主义理论（the Ecological Marxism，或译为"生态马克思主义"）是当代生态批评（Ecocriticism）与马克思主义的结合，从"生态"方面拓展了马克思关于异化（Alienation）与人的解放的理论内涵，[②]一方面关注传统的生产劳动和资本主义的制度弊端，另一方面也综合考察人、自然、技术、社会、经济、资本、消费、文化之间的联系，一些批评家提出的"控制自然"（Domination of Nature）、"技术理性"（Technological Reason）、"消费异化"（Consumption Alienation）等概念，分析了现代资本主义的生态危机产生的根源和现代人类生存的问题。这为我们重新阐释《荒原》中的异化问题与生态危机（Ecological Crisis）的关系以及生态解放（Ecological Liberation）之路提供了一种新的视角。

---

① ［英］布雷德伯里、［英］麦克法兰编：《现代主义》，胡家峦等译，上海外语教育出版社1992年版，第12页。

② "异化"是哲学研究的重要概念之一。经典马克思主义的"异化"主要涉及的是对"劳动异化"的理解。马克思、恩格斯认为，由于在资本主义生产方式下"受分工制约的不同个人的共同生活产生了一种社会力量"，成了"某种异己的、在他们之外的强制力量"，形成了劳动的普遍"异化"。在资本主义制度中，人与自然、社会、他人、自我的矛盾都是这种本质异化所带来的种种表现。参见《马克思恩格斯文集》第1卷，人民出版社2009年版，第537页。

一 《荒原》中的异化主题与生态危机意识

“生态”问题在某种意义上也是“自然”问题。不过在经典马克思主义理论中，“生态”亦或“自然”，其概念内涵并不是狭义上的“自然界”。马克思主义将“人—自然—社会”三个维度都纳入“生态”议题，认为三者绝非对立存在，而是形成了统一性的局面：“人们……也认识到自身和自然界的一体性，那种关于精神和物质、人类和自然、灵魂和肉体之间的对立是荒谬的、反自然的观点，也就越不可能成立了。”①可见，马克思、恩格斯有将人类及其人类的物质活动、精神活动归之为“生态”领域的倾向。

传统马克思主义的探索方式对20世纪70年代欧美初露端倪的“生态学马克思主义”具有极大的启发作用。“生态学马克思主义”这个概念是由加拿大学者本·阿格尔（Ben Agger）在《西方马克思主义概论》（Western Marxism，1979）艺术中首次提出，并在（加拿大）威廉·莱斯（William Leiss）、（法）安德烈·高兹（Andre Gorz）、（英）戴维·佩珀（David Pepper）、（美）詹姆斯·奥康纳（James O’ Connor）、J. B. 福斯特（John Bellamy Foster）、（德）R. 格伦德曼（Reiner Grundmann）等理论家那里得到进一步发展。他们基于马克思主义的历史唯物主义传统，汲取“西方马克思主义”尤其是法兰克福学派等流派的观点，将马克思主义理论与生态批评相结合，把自然作为哲学的核心问题纳入马克思主义哲学系统之中，以人与自然的关系为核心，建构了一系列生态理论观念。

北美生态学马克思主义者以“文化哲学”为起点，将生态问题融入“自然、社会、政治和意识形态等各个方面”。②部分生态学马克思主义者把社会文化传统、价值理念与生产劳动和人化自然进行结合，

① 《马克思恩格斯文集》第9卷，人民出版社2009年版，第560页。

② 曾文婷等：《“生态学马克思主义”与马克思主义比较研究》，社会科学文献出版社2015年版，第49页。

涉及了对资本主义社会下人际交往和精神心理的考量。因此，生态学马克思主义继承了马克思主义对于资本主义危机现象的批判，不仅从“自然”状态把握资本的逻辑语境，而且在捕捉现代社会生态退化现象的基础上，深入反思资本主义生产关系与生存方式、虚假需要与异化消费的诸种弊端。[①]总体上，生态学马克思主义理论的“生态”议题是以自然状态作为呈现方式，包含了人类在生存、生产、生活中面向自然、社会、他人、自我的种种关系。

从生态学马克思主义理论阐释《荒原》一诗的异化主题时，我们可以能够看到“荒原”（The Waste Land）这一诗题与诗歌文本所蕴含的生态内涵，进而重新理解该诗所要表达的异化主题与生态危机之间的深层关联，挖掘艾略特的生态解放思想。从本义上来说，“荒原”就是“赤土千里的干旱之地”，[②]指的是人类难以在其中耕作劳动、自由呼吸、生产、生活、繁衍生命的生态失衡环境，是现代社会面临的来自自然、社会、人与自我等各个领域的重大危机。当“荒原”成为诗歌的题目，并统揽了整个思想主题与所有意象时，它不再是一个单纯的自然词汇，而是一种具有复杂内涵的生态危机的象征。在《荒原》中，以“山”“水”“岩石”为代表的自然景观，以“教堂”“伦敦桥”“巴黎”“耶路撒冷”为代表的城市意象，以及“渔王”“西比尔”“提瑞西士”等神话和宗教典故，都不约而同成了“荒原”的象征性表达。因此，“荒原”并非仅限于描述单一的自然界，而是承载整个历史传统、现实语境和人类生存的景象，容纳了自然、环境、城市、工业技术、历史传统、西方文明以及20世纪初的现代人的所有生存环境与精神状态。

“异化”不仅是西方哲学也是西方文学关注的重要议题。在现代主义文学中，有关异化的主题尤为突出，甚至被认为是“第一主题”[③]，呈现了“在人与社会、人与自然、人与人、人与自我四种关

① 王雨辰：《虚假需要、异化消费与生态危机——论生态学马克思主义的需要理论及其当代价值》，《贵州大学学报》2019年第3期，第1—8页。

② 《艾略特诗选》，赵萝蕤等译，山东大学出版社1999年版，第111页。

③ 董洪川：《“荒原”之风：T. S. 艾略特在中国》，北京大学出版社2004年版，第20页。

系上的尖锐矛盾和畸形脱节，以及由之产生的精神创伤和变态心理、悲观绝望的情绪和虚无主义的思想。”① 作为现代主义诗歌的奠基之作，《荒原》是现代社会异化问题的集中表现，也是20世纪人类文明在各个领域遭遇危机的象征性呈现。当代生态学马克思主义有助于我们阐释《荒原》中的异化现象与“生态危机”之间的内在关联，这种异化不仅直接表现为人与自然界之间的割裂与对峙，同时也包括西方现代社会下文化传统、宗教伦理、社会、商品经济、科技、政治、理性等整个生态圈的紊乱与失衡，也就是说，《荒原》中的“异化”是一个系统性的、结构性的生态失衡问题。

二　生态学马克思主义视野下《荒原》中的异化形态

《荒原》呈现了现代人与自然的割裂、人与社会关系的紊乱、人际关系的隔阂、自我灵魂的枯竭等多种异化形态，展现艾略特对于现代文明秩序处于系统失衡、秩序混乱、文明崩溃状态中的生态危机感；最终，诗人对现代人如何克服异化、治愈“荒原”、恢复自然秩序提出了可能的解决之道。

（一）割裂：《荒原》中人与自然之间的异化

在人与自然之间的异化关系上，艾略特在《荒原》中是通过一系列的具有象征意味的自然意象呈现出来，包括春夏秋冬四季、土地、平原、山峦、河流、植物（如丁香花、风信子、树、根茎）、动物（如蟋蟀、夜莺、燕子、海鸥、公鸡）、岩石、太阳、月亮、风、雨水、海洋，等等。而在这些意象群中，“水”是理解《荒原》中人与自然的异化形态的主导意象，贯彻全诗（即《死者的葬仪》《一局棋戏》《火的说教》《水里的死亡》《雷说的话》共五章）的始终。按照中国古人的理解，在构成物质的金木水火土五个元素中，水居中，

① 袁可嘉：《欧美现代派文学概论》，广西师范大学出版社2003年版，第7页。

是枢纽，它是人的生命源泉，也是人与自然万物之间的循环往复、生生不息的根基。我们看到，现代荒原的世界启示就是水的不平衡世界，水的匮乏或泛滥导致了人类生态系统的失衡与错乱。在《荒原》的开头，就显示出“荒原”上自然季节的反常：①

四月最残忍，从死了的
土地滋生了丁香，混杂着
回忆和欲望，让春雨
挑动着呆钝的根。
冬天保我们温暖，把大地
埋在忘怀的雪里，使干了的
球茎得一点点生命。

由于季节颠倒，春天的四月之雨水滋生的只不过是死人般的“回忆与欲望”（没有希望）；冬天的“雪”却反而让荒原上的人感到“温暖”，因为，这样他们可以忘记自己的痛苦。在全诗中，人与“水”（同时也包括雨、雪、河流、大海等相关形态）所象征的自然的对立导致了万物的“割裂感”与紊乱，这是“荒原”之所以荒芜凄凉、“自然之子”之所以沦为“荒原人”的原因。在没有水的世界里，哪怕“人子”和“树”同时生活在同一片土地上，两者之间也并不会成为一个真正的生态整体，因为“你”作为人类无法了解“树根”“枝杈”这些自然万物的本质，而只能在“说不出”和“猜不着”中无时无刻不受到折磨，只能在“一把尘土里”感受到对自然世界的强烈恐惧：

这是什么树在抓着，是什么枝杈
从这片乱石里长出来？人子呵，

① ［英］艾略特：《荒原》，见《英国现代诗选》，查良铮译，湖南人民出版社 1985 年版，第 46 页。以下出自该诗的引文，均在文中注明页码。

你说不出，也猜不着，因为你只知道
一堆破碎的形象，受着太阳拍击，
而枯树没有阴凉。蟋蟀不使人轻松，
干石头发不出流水的声音。(第 47 页)

在思考来自自然界的生态危机时，生态学马克思主义不只是聚焦自然本身出现的种种问题，更关注这些问题背后人类活动对自然施加的影响力。由此而言，荒原之“水”的匮乏，是“荒原人”对于滋润万物的生命之水的践踏、污染，持有征服与漠视自然的人类中心主义态度，传统意义上的人与自然之间的有机和谐关系被割裂与隔绝了，人不再是“自然之子”。例如，伦敦的泰晤士河不仅是城市的重要自然景观，也是伦敦人得以居家生活、栖息繁衍的家园，但不同于16 世纪诗人埃德蒙·斯宾塞（Edmund Spenser）笔下的泰晤士河畔的美丽景观，《荒原》中那些把花朵洒到河水里来祝福新人的仙女已沦落为留恋于都市夏夜狂欢的普通人甚至是妓女。“荒原里的‘仙女’不过是城里老板们台后的女伴而已，曾在这里度过几个夏夜，也难说除了野餐以外还干了什么见不得人的勾当，诗中虽没有讲明，但有所暗示，尤其是‘莱芒湖’一典，原指日内瓦湖，但‘莱芒’一词的古义为‘情夫’或‘情妇’。”[①] 现代社会中的堕落“仙女”，在城市的每一个“夏夜”里寻求欲望的发泄。工业化进程中的泰晤士河畔漂浮着“空瓶子”“香烟头”“硬纸盒”等城市垃圾，曾经清澈见底、歌声飘扬的欢快之水变成了污泥浊水与游艇的噪声：“油和沥青/洋溢在河上/随着浪起/游艇漂去”（第 57—58 页）。

由此可见，“水”的匮乏、环境的污染与欲望之水的泛滥根源“荒原人”对待自然的亵渎与割裂态度，他们把大自然视为践踏与征服的对象，使得有机和谐的自然环境与生态世界走向了衰败和死寂。在诗人看来，“要是有水我们会停下来啜饮”，而不会继续待在干裂的“岩石”与“泥土房子”中坐立不安，忍受着无尽的折磨：“人在

① 黄宗英：《艾略特——不灭的诗魂》，长春出版社 1999 年版，第 137 页。

这里不能站，不能躺，不能坐”（第 61 页）。因此，《荒原》中“无水”“无雨”导致的生态危机，表现为人与自然之间以水维系的生命纽带断裂了，生命走向堕落、衰朽，生不如死。反之，自然也必将报复人类，以吞噬、压迫、错乱的形态成为人类的对立面，一种异己的力量。因为在生态系统中，人类与自然中的其他万物构成了一荣俱荣、一损皆损的、相互依存与关联的“生态圈”或“生态网”。

（二）紊乱：《荒原》中人与社会之间的异化

在《荒原》中，当“水”从“泰晤士河”流过“伦敦桥”时，“水里的死亡”成为战后混乱世界的灾难图景。在第一次世界大战的背景下，被战争吞噬的死者沉入泰晤士河，彻底回归自然；而活下来的人继续在废墟中，在不断的“叹息”里体会着无尽的绝望：

> 一群人流过伦敦桥，呵，这么多
> 我没想到死亡毁灭了这么多。
> 叹息，隔一会短短地嘘出来，
> 每人的目光都盯着自己的脚。（第 49 页）

第一次世界大战对 20 世纪初参战的欧洲各国造成了毁灭性的影响，“死亡毁灭了这么多”，留下的是一片焦土与废墟。生态学马克思主义认为，这种国际性的世界大战在本质上来自于资本主义经济制度下资本扩张和市场占有的需要，是一种在西方资本主义社会制度下以维护小部分群体利益为准则的整体异化。①《荒原》中那些“流过伦敦桥”的一群人，与那些在玛丽的自白中从“山中”到“南方”四处流浪的难民，其实都是资本阶级利益集团发动的战争牺牲品。

现代战争也是现代科技的较量。现代人以聪明才智制造出飞机大炮，却不幸地成为这些具有巨大的杀伤性机器的猎物。现代科技逐步

① Amy Wendling, *Karl Marx on Technology and Alienation*, Palgrave: Macmillan Press, 2009, p. 154.

走向了人类的反面，对人类的生存和行为产生压制性，甚至是毁灭性的影响。由此而言，艾略特以“荒原”这一隐喻表现了现代化发展下，科技进步带给“荒原人”的巨大恐惧、疏离和幻灭感。

（三）隔阂：《荒原》中人与他者之间的异化

生态学马克思主义强调在人与自然世界不和谐的背后，我们需要关注社会形态、经济生产方面存在的问题。正如詹姆斯·奥康纳指出的，“自然界和人类的受损与资本的受损之间的关系应当被提出来。”[①]《荒原》的人与他者之间的异化表现在现代人在交往过程中的“有欲无情”或“有欲无爱”，即原本人际之间最为崇高而密切关系的爱情，已经被基于欲望、金钱或资本的性游戏或淫乱所取代。在此，与有形之水不同，无形的“欲望之水”是理解“荒原”世界的人际危机的关键词。

例如在诗人笔下，小职员和打字员之间是一种充满“冷漠”色彩的偷情关系。小职员对他与打字员之间的感情其实并不关心，也体会不到对方任何情绪状态。而打字员同样如此，在她眼中那个“盼望着的客人”，只不过是有着“一种大胆的眼神”和“自得的神气”的“下层人”（第52页），甚至在二人偷情之后，她也只是机械而模糊地感觉到“那桩事总算完了；我很高兴”。（第57页）也就是说，两个人只不过视为对方满足欲望的工具，以其寻求刺激的本能作为他们交往行动的主宰。

而斯温尼、鲍特太太及鲍特太太女儿之间也是如此。在诗歌中，艾略特首先写到他们在苏打水里洗脚。这一段看似以水的洗涤塑造了高贵圣洁的氛围，实际上却成为了他们的欲望化身，指代的是鲍特太太和女儿在月光下和童男童女的歌声中进行的卖淫行为。由此可见，诗歌里“荒原人”的人际交往看似如月光下的水一般平静优雅，但实际上充满着肮脏、猥亵和破碎，是一种“欲望之水”过度泛滥、

---

① ［美］詹姆斯·奥康纳：《自然的理由——生态学马克思主义研究》，唐正东、臧佩洪译，南京大学出版社2003年版，第207页。

膨胀的异化形态。

从生态学马克思主义视角来看，现代人的欲望泛滥意味着个体之间关系的割裂与疏离。由于人际关系中情感沟通的缺失，人与他者之间的交往走向了麻木与冷漠，人类自身也会逐渐成为为了感受某种感觉与欲望而进行交往的产物，进一步导致自我意识和尊严感的丧失。

（四）空心：《荒原》中人与自我之间的异化

马克思、恩格斯曾把“鱼”与“人”进行类比：“一旦这条归工业支配，一旦它被染料和其他废料污染……那么这条河的水就不再是鱼的‘本质’了，对鱼将不再是适合生存的环境了。”[①]也就是说，污水会改变“鱼的本质”，而“荒原之水”的变化，同样也会改变“荒原人”的生存意义。

在荒芜的、干涸的、死亡的生态环境中，“荒原人”进一步沦为精神病态的“空心人”（The Hollow Men）[②]，他们脑袋里只有填满的“稻草”，也发不出任何有意义的声音——正如《荒原》中那个不断在追问丈夫的、精神失常的妻子：“我如今做什么好？我做什么好？”“我们明天干什么？我们究竟干什么？”（第52页）。面对意义空虚的生活，荒原人无法把自己视为自身力量的承担者，只能把自己的生活意义都投射到某种“物”、金钱欲望与商品上，由此希望从外在的回应里寻找答案。[③]但可悲的是，荒原里每一个“人”或“物”都是陷于这样的病态中，无法自拔，充满着绝望的哀叹。

最终，“荒原人”在没有回应的、丧失自我价值的空洞状态里，“被动地、易感地”去体验世界和生活的渠道，像“一个死人的手的

① 《马克思恩格斯文集》第1卷，人民出版社2009年版，第550页。

② “空心人”（The Hollow Men）一词来源于艾略特的《空心人》（或译为《空虚的人们》，1925）一诗，该诗是《荒原》的同时代作品，也是《荒原》的“结束语”。但与《荒原》中对整个世界的宏观考察不同，《空心人》集中描绘了现代人的灵魂空虚。参见刘燕《艾略特》，四川人民出版社2001年版，第129页。

③ ［美］埃里希·弗洛姆：《健全的社会》，欧阳谦译，中国文联出版公司1988年版，第67页。

哀求"[①]，机械地证明自己的存在，由此造成了一种广泛"迷失"的焦虑情绪，一种缺乏灵魂的虚无心态，陷入极度的精神危机之中。

三　从生态学马克思主义阐释《荒原》的异化根源

《荒原》中的"异化"是一场来自于自然、社会、人际、自我维度下的结构性的、整体性的"生态危机"。从生态学马克思主义来看，这些异化问题形成的重要原因与现代西方资本主义制度下"控制自然"观念、"技术理性"思维和"消费异化"形态有着密切的关联。

（一）失衡的"控制自然"观念

威廉·莱斯指出"控制自然"是导致人与自然之间直接形成对抗状态的深刻根源。在西方工业文明发展过程中，"控制自然"主要表现为现代人将"全部自然（包括人的自然）作为满足人的不可满足的欲望的材料来加以理解和占用"。[②] 也就是说，"控制自然"的本质展现的是人类无法控制对自然的利用欲望，从而基于一种极其不合理的目的来作为一切行动的支撑和指向，其直接后果就是无节制地破坏一切的生态资源。在《荒原》中，人与自然之间的关系是割裂的、对立的，而这种割裂形态正是来自于在人类对于自然的傲慢态度及其工业化、城市化进程中的对自然环境的破坏。可以说，"荒原人"受到了资本主义社会的畸形的"控制自然"观的影响，把自然视为任人摆布而无法反抗的客体，这才导致昔日纯净美丽的泰晤士河成为藏污纳垢的污水。

莱斯的"控制自然"观背后绝对不是一种单向的逻辑关系，而是一种"控制"与"服从"的辩证法。即只要人类一方面以所谓的

---

① ［美］艾略特：《空心人》，见《艾略特诗选》，赵萝蕤等译，山东大学出版社 1999 年版，第 124 页。

② ［加拿大］威廉·莱斯：《自然的控制》，岳长龄、李健华译，重庆出版社 1993 年版，第 8 页。

“创造性”力量影响了自然生态，那么另一方面就必然要接受自然生态对人类的反影响，承受“控制自然”之后的恶果。艾略特与生态马克思主义者有着类似的反思：正因为“荒原人”在利用生态资源时的毫无节制，因此他们不得不自食其果，承受“控制自然”之后导致“污水”或“无水”的后果，在干涸的焦土上忍受太阳的鞭打。艾略特在《荒原》中体现的生态意识显示了他对于现代人“异化”形态的整体性关注，如破败的道德社会环境、失败隔阂的人际交往形态和虚无的自我意识等。

莱斯认为，“控制自然”的本质也是“控制人”，即“控制自然”观来源于资本主义制度中的“竭力追求推翻一切‘自然主义’思维和行为方式，是一种把“为了满足人类的物质需要而发展生产力作为自己的首要任务”的核心思想。[①]在这种资本主义制度所带来的狭隘的控制理念下，现代人在面对种种利益时会混淆不清，以至于单纯想要抓取虚幻的以个人利益、眼前利益和个别国家利益，不加节制地赚取所谓的价值。在《荒原》里，“荒原人”在社会交往中把自然、他人视为征服或利用的对象，为狭隘自私的“控制自然”“控制他者”的思维与行为所困，无法自拔。巨大的物质财富需求和无节制的欲望使得“荒原人”将满足人的生理需求和社会性需求视为一切行动的导向，甚至包括对于自身的评价与反思，最终陷入到一种被欲望强制牵引的痛苦挣扎中，虽生犹死。

（二）过度乐观的“技术理性”

“技术”是理解《荒原》中的异化主题的又一重要关键词。虽然全诗并没有直接出现“科学技术”的字眼，但却处处表现出了“技术”产品或市场、商品、利润对现代人生存环境带来的负面影响。“技术理性”本是一个有关社会发展的中性词汇，但是在经济利益的驱使下，人们盲目、无底线地推崇西方现代社会科学技术，它逐渐具

---

① ［加拿大］威廉·莱斯：《自然的控制》，岳长岭、李建华译，重庆出版社 1993 年版，第 14 页。

有了负面含义，它加速了自然环境的萧条，暴露了人类中心主义的弊端，激化了人际乃至国际的矛盾，恶化了现代人在生产生活中危机状态。美国生态学家霍尔姆斯·罗尔斯顿（Holmes Rolston）认为："一个多世纪以前，科学和技术结合在一起，赋予人类以巨大力量。从其对生态产生的众多影响来看，这种力量已经失控。"①

《荒原》中展现了诗人对于现代工业与科技带给城市环境污染的担忧。例如，诗中描绘伦敦是"不真实的城，在冬天早晨棕黄的雾"（第49页），在此，"棕黄的雾"是资本主义大机器生产导致的城市雾霾，是现代化工业发展与大城市的过度消费造成的环境污染；另一方面，这里的"雾"隐喻了枪炮下的硝烟，代表了最具有杀伤力的现代科技武器。因此，当《荒原》描绘出"棕黄的雾"中从伦敦桥（类似但丁笔下的"地狱之门"）流过的数以百计的尸体时，揭示了高科技以及大规模的战争武器给文明、社会与人造成毁灭性的灾祸。

"技术理性"造成的后果并非科学技术本身的问题而是人的问题。安德烈·高兹指出，世界上没有绝对"中性"的科技成果，因为资本会选择"和它的逻辑相一致，以及与它的继续统治相容的技术"。②他用"经济理性"的概念解释资本主义的市场与经济逻辑，它产生于"我的生产不是为了自己的消费而是为了市场"的动机，而这种动机主要伴随着资本主义和人类"核算"能力（类似于对劳动量、利益等事物计算能力）的产生而同步发展。当"经济理性"成为现代人在生产、交换、分配、消费等一系列过程的主要原则时，人们便将"核算"作为唯一尺度，只关注劳动量，而不会关注在劳动过程中的心理感受、情绪状态，也不考虑劳动者在其中所表现出的爱与美的意识。"资本主义的利润动机必然会破坏生态环境。"③由此看来，《荒原》中展现的工业文明、战争机器导致的大规模经济萧条与生态破坏、环境污染的惨烈景状，并不是由单纯的现代技术引发的后果，

---

① ［美］霍尔姆斯·罗尔斯顿：《哲学走向荒野》，刘耳、叶平译，吉林人民出版社2000年版，第325页。

② Andre Gorz, *Ecology as Politics*, Boston: South End Press, 1980, pp. 189 – 190.

③ Andre Gorz, *Critique of Economic Reason*, London and New York: Verso, 1989, p. 20.

而是现代人追求利益最大化的“生产逻辑”和“经济理性”导致的恶果。

《荒原》创作于20世纪20年代，正是西方现代工业化进程如火如荼、迅速发展的时代，体现了资本主义“生产逻辑”和“经济理性”引发的社会危机与环境危机。例如在《荒原》中出场的各个阶层的人，都被资本主义社会无所不在的技术、商品或金钱拜物教所掌控，上流社会的贵妇人包裹在黄金与奢华的别墅中而倍感空虚：“她所坐的椅子，在大理石上/像王座闪闪发光；有一面镜子，/镜台镂刻着结葡萄的藤蔓，金黄的小爱神偷偷向外窥探”（第49页），荒原人在商品经济逻辑下失去了独立思想和行为的能力。艾略特在《荒原》中深刻地反思了资产阶级的利益标准与金钱欲望，对人与他者、人与自我感情的割裂，折射出了资本主义的技术、经济理性对人性的压抑与异化状态。

（三）虚假的“消费异化”

生态学马克思主义批评家本·阿格尔指出现代人的“消费异化”(Alienated Consumption）与现代生态危机之间有着密不可分的关系。由于现代人难以实现自由自觉的劳动，因此他们将消费行为作为自身实现自由和幸福的补偿途径，将“消费”与“幸福”之间建构关联，由此会选择将商品的占有作为实现自我、达到自我满足的唯一形式。最终，他们不再为满足自身的基本生活而消费，而是为了满足自身欲望而无节制进行占有，即为了消费而消费，由此造成了现代资本主义生态危机。

在《荒原》中，艾略特描绘了“荒原人”在传统伦理观的消解、消费主义文化的冲击、社会心理疾病的流行下的种种“消费异化”形态：泰晤士河畔“仙女”的歌唱、丽尔的出轨、斯温尼与鲍特太太的偷情，他们都是混乱的享乐与欲望的交易物，属于异化的消费行为。而在这些行为的背后，是现代资本主义通过无限地细化分工，剥夺了现代人在劳动中的创造价值，摧毁了他们的生存信仰与意义。这导致了“荒原人”只能依靠最浅层的“占有”欲获得一种虚幻的存在感——哪里能够感受到“快乐”，能感觉到自我的生存，他们就会去往哪里。

在生态学马克思主义理论中，除了需要将“生态危机”置于资本逻辑语境之中进行反思外，还需要从资本主义消费主义价值观和人类生存方式探索生态问题。①由此来看，“荒原人”的“占有”式的消费渴望，来源于他们在面对消费对象时难以分辨自己的真假需求，以至于将脱离现实性和生存需要的虚假意义作为存在的象征。

艾略特在《荒原》中描绘了现代人的畸形的消费形态，是对西方资本主义制度下所盛行的劳动观、需要观、消费观和幸福观的全面批判与反思。我们可以通过诗歌中大量的神话传说和教堂意象，观察到西方社会在传统信仰、道德原则、伦理秩序等领域发生的巨变。例如，位于伦敦金融中心的圣玛丽·乌尔诺教堂，“在那里大钟正沉沉敲着九点的最后一响”（第49页），这宣告了象征给予人类信仰与精神指引的警钟被银行、高利贷等金融机构的嘈杂声所吞噬；圣马格纳斯殉道堂同样如此，沦为了资本家扩大金融中心空间的牺牲品。可以说，在“荒原”的世界中，在自然、社会、他人、自我构成的生态困境里饱受折磨的不仅是上层夫妇、丽尔、鲍特太太的个人的悲剧，而是全社会陷入到以利己为目的、以金钱为衡量标准的“商品拜物教”中，这是20世纪西方社会在消费主义、拜金主义奴役下的一种集体异化。

四　《荒原》中克服异化的生态解放之路

从生态学马克思主义来看，尽管艾略特式的“解放”与生态学马克思主义者提出的“解放”不尽相同，但二者在思考上有类似之处。在《荒原》中，诗人试图通过来自天启的“雷说的话”重塑人类秩序，提出了以“给予”“同情”与“节制”为导向的现代生态意识，

① 王雨辰：《虚假需要、异化消费与生态危机——论生态学马克思主义的需要理论及其当代价值》，《贵州大学学报》2019年第3期。

为我们思考现代主义文学中的生态议题提供了启示。

（一）“雷”之水：“荒原”的治愈与救赎

《荒原》中的“雷”在诗歌的最后一章即第五章《雷说的话》中登场，成为解救“荒原”生态危机的唯一希望。作为“水”意象的另一种形态，“雷”是自上而下的一个非同寻常的自然景观。“雷”意味着“水”的来临，因此无论从狭义层面还是广义层面，它都能够承载着“生态”“自然”与“滋润万物”的多重内涵。当“雷”从天空中降临时，意味着“荒原”上人与自然之间的割裂与对立的关系被打破了。“只有一只公鸡站在屋脊上/ 咯咯叽咯，咯咯叽咯/ 在电闪中叫。随着一阵湿风/带来了雨”（第 63 页），这是生态世界以“水”为依托，重新给予人类以生命活力。这一过程也是高兹和佩珀提出的人与自然之间形成的“沟通”环节，在他们看来，现代人要想走出生态危机，绝不是人类躲避自然或是隔绝自然，而是要立足自然法则的基础上，形成人与自然的良性互动。因此，当“雷”面向荒原人登场，并向“荒原人”说话时，这是一种在自然规律之下，人与自然万物从二元对立、隔绝走向上下沟通、和谐互动的表现。

但与生态学马克思主义者不同的是，艾略特赋予了“雷”以某种超自然的宗教意味，这与他早年在哈佛大学哲学系学习东方哲学和宗教的经历不无关系。在《雷说的话》中，诗人描述了耶稣被囚禁直至被钉死的全部过程，为“雷”登场做铺垫，“一只公鸡”也是耶稣形象的隐喻。在此，耶稣的离开意味着西方文明传统的失去以及西方理想的毁灭，而复活后的耶稣仍没有被任何人认出来，这就意味着此时的“荒原”仍然是一个无神的混乱世界。但是，当“雷”出现“在远方集结，在喜马万山上”（第 63 页），某种程度上，“雷”成为了带领现代人走出地狱、完成救赎的“新神”。

也就是说，诗人既赋予了“雷”意象以自然属性，也赋予了某种超自然的宗教属性。作为“水”的另一种最高形态，“雷”的形象融入了基督教、佛教、印度婆罗门教及古希腊繁殖神教等东西方宗教的特征，它成为整饬混乱的生态秩序的最高秩序者、救赎者。在此，作为一个自然神的“雷”是早期艾略特解决荒原的异化问题的可能方案，是诗人渴望得到救赎、重建现代秩序与生态平衡的理想象征——这一点不同于后期的艾略特。1927 年，诗人皈依了英国国教，自此致力于以基督教文化传统拯救西方文明。

（二）“雷说的话”：克服“异化”的箴言

艾略特让“雷”在登场之后向荒原上的人发出了警醒与箴言。这里引用了《奥义书》中造物主的话，他发出“Da”的声音，告诉世人在现实生活里如何获得救赎。在《荒原》里，“雷”在三次说话前也同样以“Da”作为开端。《奥义书》中，“Da”对人、魔鬼、神三者说出的话有所不同：“Da”对人而言意味着“给予”，即抵抗人类内心的自私性；对魔鬼而言意味着“同情”，要学会慈悲，学会理解而不再残暴；对神而言意味着“节制”，要节制地使用自己的神力，维持完整的秩序。《荒原》中“雷”提供给人的三字箴言，可以视为诗人为荒原人克服异化问题，走向救赎所提供的生态解放之路。

首先，“给予”（Datta）是“雷”说的第一声（箴言），告知人类面对异化的困境时应“敢于承受”“敢于牺牲”“敢于奉献”。正如艾略特指出，其实每一个荒原人身上都有着“一刹那果决献身的勇气”。①而只有当人类具备了“给予”的品格，才能有想要主动打破荒原中异化的意识，才能有机会求得与自然、他人、自我的和解与统一。

因此，“给予”意味着对现代西方社会“狭隘”的超越，是对人类自我中心或是利益中心思想的打破，囊括对于外在事物乃至内在精神的考量。这种思考也是佩珀所说的：“我们不应该在超越自然的现实和规律意义上统治或利用自然，但是，为了集体的利益，我们应该共同‘控制’我们和它之间的关系。”② 佩珀在此所提到的“控制”

① Gordon Lyndall, T. S. Eliot: *An Imperfect Life*, New York: Norton, 1998, p. 26.

② David Pepper, *Eco-socialism: From Deep Ecology to Social Justice*, New York: Routledge, 1993, p. 233.

一词，不是“控制自然”概念中“控制”，相反，他所要表达的正是希望现代人能够去有机地“控制”住“控制自然”意识，尤其面对自然世界时能够走出狭隘的“统治”和“利用”心态，舍弃单一的“中心论”思维，主动地发掘、尊重生态世界的原生规律，为生态世界中各个关系共同存在提供条件。可见，从生态学马克思主义来看，“给予”意味着人类要主动调整传统人类中心主义下的“控制自然”与“控制人”的观念，唤醒自身具备包容整个生态世界的勇气，这与艾略特从“给予”开始，抵抗破碎、摆脱混乱的有机生态意识是一致的。

其次，“同情”（Dayadhvam）是“雷”说的第二声（箴言）。从生态学马克思主义理论来看，诗人渴望从“同情”中重构现代人的情感意识来摆脱异化，本质上其实是一种抵抗“经济理性”的思路。正如赫伯特·马尔库塞（Herbert Marcuse）指出，现代资本主义制度正是在以多种途径去实现一种对“爱欲的社会操作和社会控制……同时在这一过程中不断形成了‘合法的’满足”①。也就是说，“荒原人”之所以呈现出思想动荡、情感匮乏的局面，根源正是在于“经济理性”所造成的价值观念。而“同情”（爱、怜悯与慈悲）之所以能抵抗异化，是因为它从一种非物质、非利益的角度直接超越了“经济理性”对现代人的禁锢，使人类在生存交往中，不再被单纯以经济效益为目的的劳动所占据，从而萌生面对外在事物和内在事物时的美的感受。因此从这一角度来看，“同情”包含了改变现代人价值评判标准的期待，为之提供了一个更高的行为准则的可能。

再次，“节制”（Damyata）是“雷”说的第三声（箴言），它意味着给予整个生态世界以更加合理的存在空间，即尊重自然世界的原生规律与传统历史所留下的文明遗产和资源，让在死水里垂钓的渔王有恢复元气与生命力的机会：“我至少把我的田地整理好……为了支撑我的荒墟，/我捡起这些碎片/当然我要提供给你。”（第65页）在

① ［美］赫伯特·马尔库塞：《审美之维》，李小兵译，生活·读书·新知三联书店1989年版，131页。

生态学马克思主义视野下，艾略特的“节制”理念是针对现代人过度的消费欲望和异化的消费形态而言的。在《荒原》中，由于不断抽象的社会分工压抑着“荒原人”的“自我本能”，因此当劳动行为不再成为彰显人类本质能力的“自由自觉”的行动时，“消费”便成为“荒原人”表现自我力量和个人能力的代替品。节制“消费异化”，意味着打破“消费”与“满足感”“幸福感”之间原有的不合理关系，意味着遏制人类在生态世界中单纯以占有为导向的不合理的权力意识。也就是说，“节制”是对现代人在价值观上的重构，即改变资本主义工业社会的无节制的消费生活方式，抵抗破碎的“虚无”，构建正确的需求理念与道德伦理。

（三）秩序与平静：“生态解放”的理想

在生态学马克思主义中，“生态解放”是克服生态危机的根本途径，这不仅包含要建立一种全新的经济模式，打破过去只以经济利益为导向的工业体系和商业方式，而且要构建人与自然和谐统一、有机协调的社会新文化。艾略特探寻的“走出荒原”的思考与生态学马克思主义的倡导有相似之处。

在艾略特看来，随着人类学会了“给予”“同情”“节制”，整个失衡了的生态系统会在“隐入炼狱的火中”重生，自然、社会、乃至人类心灵都可以被注入全新的能量，丧失了生殖力的“渔王”也将获得新生。“给予”“同情”“节制”最终归向的是“平静”，即当荒原人倾听并落实了“雷说”的箴言后，有希望恢复活力，走向一种“平静”的境界。正如诗中写到的：“海是平静的，你的心灵受到邀请，/会欢快地响应，听命于/那节制的手。”（第 64 页）所谓“平静”状态也是《荒原》的结尾重复了三遍的“善蒂”（shantih），即“出人意料的平安”。在此，“平安”指的是宇宙、自然、社会、人的身心与灵魂都能够达到和谐、平衡而有序的理想状态。

从生态学马克思主义视野阐释《荒原》的异化主题，我们可以发掘到以艾略特为代表的现代主义文学对现代工业文明、唯利是图的资本主义制度的深刻批评，以及重建健康、有机的生态系统的乌托邦想象。当然，我们应看到艾略特提出的生态解放之路与生态学马克思主义的不同，“生态学马克思主义一方面批判资本主义的生产方式，另一方面全面构想生态社会主义。解决生态危机的根本出路在于变革资本主义制度、生产方式，建立生态社会主义社会，在此基础上树立新的环境道德价值观。”[①]而艾略特更多关注的是人的道德伦理与宗教信仰的精神拯救，试图一种以“平静”的文化保守主义态度（而非激进的社会变革）对抗资本主义带来的异化、治愈“荒原”，重建传统文化秩序。

在艾略特看来，现代人并非生来就自私、无节制、冷酷，相反，他们只是在屈服于这样的现实环境，而一旦人能精神觉悟，倾听来自“雷说的话”，成为一个具有“给予”“同情”与“节制”等精神品质的人，一个有灵魂并承担社会责任的人，就能够克服异化状态，重塑人类的自然秩序与文化秩序，得到救赎。正如艾略特在十年后的《兰贝斯会议有感》中写到的：“我们得赎回这个时代，这样信仰才能幸存于我们眼前的黑暗时期，才能复兴并重建文明，才能遏止世界自取灭亡。”[②]

① 陈小红编：《什么是文学的生态批评》，上海外语教育出版社2013年版，第22页。

② ［美］艾略特：《现代教育和古典文学》，李赋宁、王恩衷等译，陆建德主编，上海译文出版社2012年版，第148页。

宗族与革命的变奏

——社会学阐释下的“寡妇再嫁”文学实践

魏　妙*

摘　要： 在现代文学实践中，从鲁迅到革命作家菡子，都触及了乡土社会中的“寡妇再嫁”问题。在不同的历史语境下，前者通过“寡妇再嫁”揭示出封建社会宗族制下寡妇失“格”的悲惨处境，后者则更多涉及了革命进入乡土社会后对宗族政治、文化权力的迭代。本文试图在社会史视野下对文学文本进行阐释，从而揭示出革命与宗族围绕“寡妇再嫁”产生的纠缠与张力。

关键词： 寡妇再嫁　伦理身份　财产权利　革命与宗族

一　人间失“格”与寡妇的财产权利

20世纪20年代，鲁迅在其小说《祝福》中叙述了一个连续遭遇丧夫、逼嫁、丧子，最后于农历新年来临之际凄惨地死去的乡土下层妇女祥林嫂的故事。在小说末尾，鲁迅这样写道：

> 我在蒙眬中，又隐约听到远处的爆竹声联绵不断，似乎合成一天音响的浓云，夹着团团飞舞的雪花，拥抱了全市镇。我在这

---

* 魏妙，清华大学人文学院中文系。

> 繁响的拥抱中，也懒散而且舒适，从白天以至初夜的疑虑，全给祝福的空气一扫而空了，只觉得天地圣众歆享了牲醴和香烟，都醉醺醺的在空中蹒跚，豫备给鲁镇的人们以无限的幸福。①

在全镇都沉浸在“祝福的空气”中时，没有人还会想起祥林嫂，包括之前因为无法回答祥林嫂的问题而有些惴惴不安的“我”，而“天地圣众”“豫备给鲁镇的人们”的“无限的幸福”，也是死去的祥林嫂所得不到的。在她死后，她的存在痕迹被轻易地从鲁镇抹除了，如同掸落鲁四老爷家挂的字幅上的灰尘一般。

对于祥林嫂究竟是如何走向末路的这一问题，有学者从乡土社会的伦理出发，指出原因在于祥林嫂伦理身份的丧失。在中国的乡土社会中，生存于其间的每个人都有一个正当的伦理身份，而这一以家庭为核心的伦理身份就构成了人们的“人格”基础。祥林嫂的悲剧在于她所遭遇的接二连三的“人间失格”：在丧失了女儿、媳妇、妻子、母亲这些伦理身份之后，最终被鲁镇这个乡村共同体所驱逐，无立锥之地。②

滋贺秀三认为：“结婚对于女性来说，与其说是与夫结合，莫如说具有取得作为夫之宗成员之一的地位的重要意义。”③ 伦理身份的被剥夺对祥林嫂造成了沉重的打击，在象征层面上宣告了祥林嫂社会人格的死亡，导致她跌落到鲁镇权力等级秩序的底层。这可以从乡土社会最重要的事件之一——祭祀上窥见一斑。在小说中，祭祀可以充分体现出鲁镇的权力等级秩序。鲁四老爷作为乡绅，是鲁镇祭祀的主持者和管理者，拥有选择置办祭祀用品的下人的权力。在最初的准备祭祀中，祥林嫂从“扫尘，洗地，杀鸡，宰鹅，彻夜的煮福礼”④ 这

---

① 鲁迅：《祝福》，《鲁迅全集》第2卷，人民文学出版社2005年版，第21页。

② 黄锐杰：《革命与家庭——以解放区文学为中心》，北京大学，博士学位论文，2017年。

③ ［日］滋贺秀三：《中国家族法原理》，张建国、李力译，商务印书馆2013年版，第489页。

④ 鲁迅：《祝福》，《鲁迅全集》第2卷，人民文学出版社2005年版，第11页。

一系列有条不紊的置办过程中切实体认到了自己的“生存意义”。“参与祭祀的准备，给她一种实感，表明在这个共同体所规约的幸福的末端，确切无疑地将她也连在了一起。”[①] 但随着其遭遇丧夫、逼嫁与丧子，在其后的祭祀置办中，她连“分配酒杯和筷子”，甚至是“取烛台”这种细小的动作都被四婶喝断而不容其插手，足以表明她在鲁镇的身份由一个模样周正、健壮耐劳的妇人变为不祥的象征的跌落过程。

如果说，伦理身份的被剥夺造成了祥林嫂的人间失“格”，那么这种伦理身份为何如此重要，以至于关系到人的生死？这是因为，在乡土社会中，妇女的伦理身份往往直接关系着她的经济权利。因此，伦理身份的丧失固然是导致祥林嫂惨死的一个方面，但如果我们将分析推进一步，就会看到伦理身份背后实际上涉及的是更深层次的经济权利的被剥夺。后者导致祥林嫂彻底无法继续生存，穷到惨死街头。祥林嫂最后一次到鲁四老爷家做工的时候，已经变成了一个“光身”。需要注意的是，这个“光身”既是宗族伦理意义上的，也是经济权利意义上的。

仔细梳理祥林嫂的两次婚姻，可以看到，祥林嫂一次又一次地失去了作为女儿、妻子与寡妇经济上的来源与保障。祥林嫂的第一任丈夫“比她小十岁”，这意味着她可能是被卖作了童养媳。[②] 因此，在“女儿”这个伦理身份中，她没有得到任何财产，而婚后作为童养媳的她，在家中更是没有任何地位，这也直接导致了祥林嫂在他丈夫死后可以被严厉的婆婆卖到“深山野墺”去换了八十吊钱给她的小叔子娶亲。因为既没有子嗣又没有娘家人撑腰，所以死了丈夫的祥林嫂被逼改嫁，没有享受到“寡妇”应有的权利，包括对自己的再嫁做主的权利。

在这之后，祥林嫂被卖到了山里，重新获得了妻子的身份。这一

---

① ［日］丸尾常喜：《“人”与“鬼”的纠葛——鲁迅小说论析》，秦弓译，人民文学出版社 1995 年版，第 194 页。

② 参见丸尾常喜对祥林嫂“童养媳”身份的分析，见丸尾常喜《“人”与“鬼”的纠葛——鲁迅小说论析》，秦弓译，人民文学出版社 1995 年版，第 189 页。

次，她有了儿子阿毛与会做活的丈夫。可以说，祥林嫂重新获得了她的伦理身份，也再次拥有了作为一个妻子的权利。但好景不长，命运又一次将她推上了绝境：再次丧夫与不久之后的丧子。祥林嫂的第二任丈夫得伤寒死了，但因为此时还有幼子阿毛在，所以祥林嫂并没有被第二任丈夫的夫家赶出来。根据滋贺秀三的研究，在中国的家族制度中，妻子对于夫家的财产具有中继的性质。“在祖先子孙的连锁关系中，妻本身没有形成独自的一个环节，无非是寡妻代替夫之一环节并守护到底。”① 因此，虽然没了丈夫，但是丈夫的房子还在，再加上祥林嫂又是一个勤劳能干的人，可以“打柴摘茶养蚕”，所以和儿子阿毛也可以勉强度日，这也是卫老婆子嘴里“本来还可以守着”之意，此时她的身份还可以称得上是一个有子嗣的寡母。不幸的是，最后祥林嫂连母亲的身份也失却了。在儿子阿毛被狼叼走后，房屋也被阿毛的大伯收走了。可见，作为寡妇的祥林嫂虽然拥有是对夫之财产的管理权和处置权，但即便是在管理期间，这种权力也会受到夫之同族的制约。因此，没有子嗣的祥林嫂也就被第二任丈夫的宗族驱逐了出来。

可以说，祥林嫂的悲剧既在于伦理身份的一次次“失格”，又在于她的基本生存权利的连续被剥夺。鲁迅在《娜拉走后怎样》当中指出，妇女经济权的获得比“高尚的参政权”和“博大的女子解放”更烦难，但是却如“涸辙之鲋，急谋斗升之水一样”②，更为切近。学者闫宁也指出，鲁迅在“少年时代，孤儿寡母分祖产时所受的欺凌和‘再醮’买卖婚姻的实质，使鲁迅对女性解放问题的探究最终落脚在对经济权的思考。在婚姻关系中，女性对男性经济的完全依赖，是中国乡村寡妇陷于无所选择生命夹缝的根源。”③ 可见，在乡土社会中，伦理身份及其对应的财产权利对女性，尤其是寡妇的生存至关

① ［日］滋贺秀三：《中国家族法原理》，张建国、李力译，商务印书馆2013年版，第427页。

② 鲁迅：《娜拉走后怎样》，《鲁迅全集》第1卷，人民文学出版社2005年版，第170页。

③ 闫宁：《民俗学视阈下的鲁迅与传统文化研究》，山东大学，博士学位论文，2010年。

重要，而后者往往被控制在夫家及宗族手中。鲁迅笔下的祥林嫂无疑是旧社会的牺牲品，那么，当革命进入乡土社会之后，在关于“寡妇再嫁”涉及的伦理关系与财产权利问题上，又将与宗族发生何种张力？

二　宗族“恶霸”与掠夺型经纪人

1945 年，革命作家菡子在她的工作地——安徽淮南写下了一篇关于寡妇招夫的小说——《纠纷》。小说叙述了在革命政权的帮助下，从前夫的宗族脱离出来并最终获得了土地及婚姻自由的寡妇——来顺妈。虽然此篇小说仍未脱离解放区文学中妇女“翻身”的叙事框架，但是通过文本细读，分析小说中围绕寡妇再嫁的多重话语，我们可以更为清楚地看到在乡土社会中，革命与宗族的复杂关系。

小说开篇从楼港一个寡妇招夫的故事写起：小来顺子的大大被土匪吓死了，丢下了小来顺子妈、小来顺子和三个姐姐。因为小来顺子还年幼，家中又缺乏劳力，所以便由家族中的年长女性出面雇了逃荒到此地的刘二到小来顺子家做工。刘二吃住都在小来顺子家，又很照顾来顺妈和孩子们，慢慢地由长工成了这个家的主人。由于刘二和来顺妈有了孩子，因此被宗族“恶霸”楼志清视为“眼中钉”，后者想借机霸占他们的土地，将他们赶出楼港。小说叙事便围绕此桩“纠纷”展开，就婚姻及土地双重纠纷与其背后呈现出来的寡妇与宗族的权利冲突进行书写。

楼志清在宗族中其实是一个“房头”，小说中将之称为“人王”，楼姓一族的人都归他管，其在宗族中的地位通过两件事可见一斑。第一件事情就是欺辱孤寡。楼志清将宗族里另一户人家汉清的大大带出去送了命后（结合后文对楼志清的分析，小说中应该指楼志清利用自己保长的权力将汉清大大拉去当兵导致其送命），便强迫成为寡妇的汉清妈改嫁，好从中捞取一笔。第二件事是因为看不惯刘二一个外来人在自己族中生活，为了表明自己在宗族当中的身份，他自行做主卖掉了来顺家的一头牛，以此来阻挠来顺妈和刘二在一起。如果不是新政权的建立使楼志清有所收敛，那么来顺妈很可能也被楼志清按照之前对汉清妈的做法一样被试图卖掉。

这里的问题是，为什么楼志清在宗族当中的权力如此之大，可以让他当“人王”，甚至左右寡妇再嫁的意愿呢？而且，根据小说的叙事，即使在新政权建立之后，楼志清也并未被完全驱逐出楼港的权力网络。

杜赞奇曾在他的《文化、权力与国家——1900—1942 年的华北农村》一书中对华北平原的 6 个村庄进行了分析，发现“宗教型村庄邻近城市，而宗族型村庄却远离城市。”① 回到《纠纷》，小说开头是这样描述楼港的：

> 楼港是一个蹬在几个小庄子当中的一簇齐的高庄子，住着一门楼。它正在两山相接，远望去成一个缺口的边上，打那庄子的左边山路进去，就通里港。②

可见，楼港的地理位置和环境都十分封闭，相对于处在开阔地带和距离城市较近的村庄来说，这里与外界的沟通和联系都不那么紧密。因此，楼港的闭塞使其内部的权力文化网络趋于稳定。除了地理要素之外，楼志清之所以能够成为楼港的“人王”，还与楼港的聚居形态有密切的关系。小说中的主要人物都是楼姓村民，再结合楼港的村庄名称便可以得出，此地是一个典型的“单姓父系亲属聚居”村落。③ 楼港的村庄形态决定了宗族制和父系制是楼志清在楼港的权力基础。不仅如此，族权只是楼志清权力的一翼，小说中他还拥有相当

① ［美］杜赞奇：《文化、权力与国家——1900—1942 年的华北农村》，江苏人民出版社 2010 年版，第 8 页。

② 菡子：《纠纷》，王开明、曹万生、杨宗国编：《中国新文学大系 1937—1949》短篇小说卷 3，上海文艺出版社 1990 年版，第 555 页。

③ 在宗族研究中，这种村庄起初由一家一户定居某处开始，后演变成大家族聚居，再分成若干户，最后成为一个村落。“中国农村常见的‘王家屯’‘高家庄’之类，在其刚开始时，可能就是一些这种由单一姓氏构成的亲族聚居村落。”见钱杭《中国宗族史研究入门》，复旦大学出版社 2009 年版，第 67 页。

大的政治权力。杜赞奇认为，晚清及民国时期的政权的内卷化与对村庄的冷酷压榨迫使保护型经纪人退出乡村政权、迁离村庄，这种权威危机进而造成了乡村政治的真空，而掠夺型经纪人则趁此登上了乡村的政治舞台，变本加厉地盘剥村民，他们被称为“土豪”“无赖”或“恶霸”。杜赞奇注意到，如果说19世纪末期的土豪还有可能被排斥在村政之外，那么“进入民国之后，随着国家政权的内卷化，土豪乘机窃取各种公职，成为乡村政治的主流”。这类土豪谋取公职的主要目的是追逐私利，“为达此目的，他不惜以牺牲他所领导的集体利益为代价”①。

在小说《纠纷》中，楼志清肆意掳走庄里人的牛马拴在自家门前，欺负孤寡、强占土地、掠夺民财、中饱私囊，有“盒子枪”，揣着几个庄上年轻人的花名册，逼年轻人去“扛枪”。这些都符合“掠夺型经纪人”的特征，但需要指出的是，用掠夺型经纪人的概念来分析楼志清显然是不够清晰的。小说中他的复杂性还在于对祖父辈政治资本的继承与“保甲制”赋予其某种程度上的权力合法性。在《纠纷》中，作者用了很长的篇幅来叙述楼志清在几个不同的历史时期是如何一直占据楼港权力文化网络的中心的。

楼志清的祖父是一门的“票把子”，是旧政府中世代连任的“老甲长”，在地方上还是地主的帮手，“他家父子爷孙都是红透半边天的好佬”②。现代的保甲制产生于国共分裂时期，随后便由上至下迅速地推行起来，主要目的是编户籍与练民兵。到了1934年，保甲制被纳入地方自治组织之中，成为县地方自治组织的基层单位。③ 楼志清在楼港的地位稳固之时也应该是在这一时期，由于民国时期保甲制设立的目的更多在于自卫而不是清末以来的自治，所以它的实际作用

① ［美］杜赞奇：《文化、权力与国家——1900—1942年的华北农村》，王福明译，江苏人民出版社2010年版，第181—182页。

② 菡子：《纠纷》，王开明、曹万生、杨宗国编：《中国新文学大系1937—1949》短篇小说卷3，上海文艺出版社1990年版，第559页。

③ “为了应付当时‘剿匪’区域的实际需要，保甲制便产生在二十一年（1932）豫鄂皖三省‘剿匪’总司令部的一纸公文里。”见胡庆钧《两种权力夹缝中的保长》，选自费孝通、吴晗等《皇权与绅权》，华东师范大学出版社2015年版，第101页。

是顶着“自治”的名号来控制百姓：“在政府权力伸张绅权萎缩的情形下”，“保长可以不顾地方利益，或者借着奉令征兵派款的名义，滥收征粮，以求中饱”，“权力随枪杆俱来”[①]。楼志清在军事方面握有的实际权力使得他在楼港的地位更加稳固，而他的出现在一定程度上也代表了传统乡村政治中士绅权力的萎缩。

通过以上分析，可以看到，楼志清身上突出地体现出了族权与政权的合一，也即在基层社会——村庄一级，血缘政治与地缘政治的重合。他处在楼港政治文化权力的中心，是整个村庄及宗族中的实际掌权者。颇有意味的是，在革命政权进入乡土社会之后，楼志清在最初并没有被完全驱逐出楼港的权力网络，相反，他迅速地适应了新政权，并企图在新政权当中谋取私利和政治资本。他的枪虽然被缴了，“老甲长”的名号也被卸掉了，但他趁机钻空，当上了乡里模范队的队长，又干起了“起粮食”“起子弹”的勾当。被群众反映之后，他的分队长虽然被卸掉了，但因为他消息广，“社会情报复杂”，所以又被派去做了“情报工作”。借着和新政权拉上关系，楼志清开始在乡里造谣、混淆视听，使乡里人“弄不清楚他跟民主政府到底是哪个大”[②]。

可以说，在革命政权进入楼巷之后，楼志清虽然已经不再处于乡土社会的权力文化网络中心，但是他依旧处在各种社会关系的结点之上。这显示出革命政权在建立之初，并不会立即破坏原有的权力文化网络，而是会通过培养自己的干部、进行减租借粮等方式，重建自己的权力文化网。楼志清是一个非常有“策略”的乡村经纪人。当他意识到自己不再占据地缘政治的有利位置后，并不肯放弃，而是转而通过溜须拍马、巴结干部和吹捧新政权来获得象征性的政治资本，蒙蔽初来乍到的干部，让干部以为他是“开明士绅”，进而维护他在乡里的权威。

---

① 胡庆钧：《两种权力夹缝中的保长》，选自费孝通、吴晗等《皇权与绅权》，华东师范大学出版社 2015 年版，第 114 页。

② 菡子：《纠纷》，王开明、曹万生、杨宗国编：《中国新文学大系 1937—1949》短篇小说卷 3，上海文艺出版社 1990 年版，第 560 页。

毫无疑问，在革命文学的书写谱系中，楼志清这样的地方“恶霸”，宗族首领，是革命斗争的重点对象。但别有意味的是，与之后对土地革命中的乡绅恶霸的文学表现相比，菡子笔下的楼志清实际上更具复杂性，是乡土社会变迁的一个缩影，折射出革命对宗族政治、文化权力的迭代与对宗族话语的替换。

三 从宗族的“老规矩”到革命的“新办法”

杜赞奇在研究国家政权内卷化与革命之间的关系时认为，政权的内卷化在民国时期非常普遍，到了二三十年代，土豪成为了共产党打击的首要目标且“共产党政权的建立标志着国家政权‘内卷化’扩张的终结”。① 在小说中，新政权建立后旧有的以楼志清为中心的乡村文化权力网络就逐渐被后者取代，而这种权力更迭的过程是通过来顺妈和刘二的婚姻问题体现出来的。小说中的“纠纷”不仅涉及寡妇再嫁的伦理问题，还涉及宗族对土地的控制权。

通过小说的叙事我们得知，在相处一段时间后，刘二由一开始的雇工变为了来顺妈的“接脚夫”②。刘二原本是十年前从河南逃荒过来的小伙子，在楼港当雇工也有些年了。他能吃苦，脾气好，老实本分。刘二到来顺家当伙计其实也有着自己老了之后来顺为他养老送终的考虑。到来顺家之后，他不仅还清了来顺大大死时欠下的债，而且在饥荒年间也让全家得以糊口。新政权建立后，刘二又把来顺的两个姐姐热热闹闹地送出嫁了。

虽然刘二为来顺家“苦生活”、“撑门户人情往来”、家里的事也

① ［美］杜赞奇：《文化、权力与国家——1900—1942 年的华北农村》，王福明译，江苏人民出版社 2010 年版，第 183 页。

② 根据滋贺秀三的研究，接脚夫在宋代的文献中就已有记载，而在近代则更多被称之为“招夫”，在《民商事习惯调查报告录》中，几乎各省都有很多这样的报告。“家贫而无法生存，打算再嫁的寡妇，因上有年老的公婆、下有幼小的子女难以抛开，故招入后夫时，称之为‘招夫依靠’或‘招夫养老’‘招夫养子’，拥有前夫之遗产的寡妇招后夫并使之管理时谓之‘坐产招夫’。”见［日］滋贺秀三《中国家族法原理》，张建国、李力译，商务印书馆 2013 年版，第 626、630 页。

大半由他做主，以至于“不晓得的人，以为刘二就是楼家当家的”[①]，但是，刘二实际上并不能占有来顺家的任何财产，他只是这个家的经营者，而不是严格意义上的一家之主。[②] 当刘二和来顺妈有了孩子之后，问题也就随之而来。他们前前后后有过三个孩子，而前两个孩子都被来顺妈捏死了。对于楼港来说，刘二是一个“异乡人”、外来户，这就意味着他在楼港只能够糊口，并没有站稳脚跟，而他身后也没有宗族作为依靠，所以他如果当家，则“名不正言不顺”，他们的孩子更不可能被楼家一族所接受。[③]

因此，刘二这个“异乡人”虽然实际上在当家，但是他并不是这个家名正言顺的主人。在楼港这个宗族社会，刘二当家的合法性没有被承认，他也始终未被容纳进这个宗族社会之中。所以，他不能够光明正大地留下和来顺妈的孩子，因为在楼家的族人看来，他只是一个给来顺家出苦力的，没有任何的名分。此时的来顺妈和刘二是依托楼家这个宗族而生活的，一旦他们将所生的孩子留下，就会被楼家赶出楼港，从而失去安身立命之所。

因为想霸占来顺妈的土地田产，所以刘二和来顺妈第三次有了私生子的事情被楼志清“告”到了乡长那里。虽然在新政权下，刘二

---

① 菡子:《纠纷》，王开明、曹万生、杨宗国编:《中国新文学大系 1937—1949》短篇小说卷 3，上海文艺出版社 1990 年版，第 557 页。

② “后夫只管理经营前夫的财产而不能将之作为自己的财产，后夫之子无论是作为入赘前之子（在入赘之际被作为后夫前妻之子）还是作为入赘后之子（招后夫的该寡妇所生之子），都不能承继前夫的财产。”见［日］滋贺秀三《中国家族法原理》，张建国、李力译，商务印书馆 2013 年版，第 627 页。

③ 费孝通曾在他的《血缘与地缘》一文中指出，如果要成为一个村子里的人，有两种主要的形式。第一个是生在这个村里或在村子里有土地，第二个是通过婚姻融入当地的亲属圈子。但要满足以上条件并不容易，原因首先是因为在乡土社会中土地买卖并不充分，其次就是入住村庄的外地人并不容易在本地娶妻生子，再者“寄居于社区边缘上的人物并不能说已插入了这村落社群中，因为他们常常得不到一个普通公民的权利，他们不被视作自己人，不被人所信托。”见费孝通《血缘与地缘》，《乡土中国·生育制度·乡土重建》，商务印书馆 2015 年版，第 75 页。

和来顺妈的同居事实上已经构成了合法的婚姻关系,[①] 但当革命进入乡土社会之后，势必会与宗族以及习惯法形成张力。革命对乡土社会的重建方式也并不是一蹴而就或者连根拔起的，在如何处理寡妇“坐产招夫”的纠纷上，小说展现出了革命话语与宗族社会的习惯法之间的角力。

在“告状”一节中，楼志清想通过在宗族中制造舆论来逼走刘二和来顺妈。虽然已经失去了乡土社会实际的政治权力，但楼志清仍然企图利用舆论背后的一整套习惯法为其撑腰，将自己的行为“合法化”，掩盖其侵吞寡妇财产的图谋。楼志清利用宗族话语动员同族的小牛、宝银和汉清谈话，让后者帮忙一起赶走来顺妈和刘二：“我们姓楼的为什么就让我们楼家的女人跟姓刘的养娃子呢？我们姓楼的就这么孬法子，人都死绝了，不能站出来说几句话，就看着他活活丢我们祖宗八代的脸!”这套宗族说辞非常有效，即便是在乡里当过模范队队长的汉清，都被他说得有些动摇了，原因就是想到“来顺妈丢楼家的脸，也该治一治”。楼志清之所以想到利用宗族话语，是因为在新政权建设初期，这套话语在宗族内部依旧是有效的。在指导员去拜访楼家的长辈福顺老爹爹的时候，老爹爹是这样说的：“依我看，像来顺妈和刘二就这样算数，我们楼家面孔倒朝哪里放呢？你晓得的，我们楼家可没有这个规矩啥!”[②] 可见，寡妇再嫁的问题实际上涉及宗族在乡土社会的面子和地位。

楼志清反复强调来顺妈和刘二的事是楼姓一族的“家务事”，一方面是想有效地控制、打压后者，将他们从楼港驱逐出去，另一方面则是想充分利用“面子”和“规矩”这套话语说服宗族的人都站在他这边。而楼家人虽然对楼志清的企图也知晓一二，但来顺妈和刘二的事也的确触及到了他们在楼港的“面子”和“规矩”。乡土社会的

① 早在苏区时期，各根据地就有针对寡妇改嫁的法律条例，而在1934年颁布的条例中，还有这样一条：“凡男女实行同居者，不论登记与否均以结婚论。”这无疑是对事实婚姻的承认。

② 菡子：《纠纷》，王开明、曹万生、杨宗国编：《中国新文学大系1937—1949》短篇小说卷3，上海文艺出版社1990年版，第562、563、572页。

"面子"其实是一种"社区性货币"。由于乡土生活的地方性在一定程度上意味着封闭性，所以使得面子有了生发的场所及流动的空间。"面子"的内涵除了个体间的"人情"与"互惠"之外，还有一个关键的含义就是社会评价、声望与地位。在这一点上，村庄的社会结构对面子观的形塑则起着重要的作用，例如"在血缘主导型社区，村民间认同与集体行动的主导性边界是宗族组织"，因此在这类村庄里面，"有一套强有力的地方性规范"，"村民的生活面向村庄之内，村庄共同体的价值体系和地方性规范对每个人的规约是全方位的。"① 可以说，在很多时候，乡土社会中的"'面子'和'权威身份'的关系相互促进，甚至交融在一起"。② 小说中的楼港是一个封闭性很强的乡村共同体，在这里楼家的"面子"代表着一种声望与地位，某种程度上也与楼志清的个人权威联系在一起。如果失掉了楼家的"面子"，那么这种由宗族建立起来的乡土权力文化网络就会崩塌，从而导致宗族内部失去凝聚力，甚至会使楼家失去在楼港权力文化网络中的中心位置。楼汉清和福顺老爹爹正是因为有此种担忧，所以在对待刘二和来顺妈的事情上才选择站在宗族一边。而楼志清正是看准了"面子"的这种社会治理功能，所以才会鼓动同族的人将刘二这个"异乡人"驱逐出去。可以看出，宗族的"面子"背后涉及的其实是一套乡土社会权力的再生产机制。

当这种"面子"观到了乡指导员殷超这里，也成了他在接到群众"反映"之后的顾虑："这事要是楼志清一个提的，他高低是想霸占人家的财产，就不理他了，现在楼汉清和楼家也都有意见，就不能不顾楼家的面子，这一路姓楼的也不少，要不好好处理一下，他们一定'反映'死了。"正是因为"面子"涉及了整个楼家在乡村当中的声望和村庄舆论，因此在处理这场婚姻纠纷时，连乡长也不得不考虑楼姓一族的话语。最初乡长的处理方式是比较保守的，他向楼汉清表

---

① 董磊明、郭俊霞：《乡土社会中的面子观与乡村治理》，《中国社会科学》2017年第8期。

② 董磊明、郭俊霞：《乡土社会中的面子观与乡村治理》，《中国社会科学》2017年第8期。

态："现在姓楼的都有'反映'，正在浪口上，他和来顺妈的事，也没到政府表明过，总要避一避，暂时到半边点去过过再说……"① 不难看出，这种解决纠纷的办法明显带有向宗族妥协的色彩，乡长的处理方式是让来顺妈和刘二搬出楼家，去另过日子。这显示出革命政权在处理婚姻纠纷时对宗族舆论的妥协，但很快，另一种声音出现了，这个声音来自乡长殷超家的老奶奶。老奶奶站在妇女的立场上为来顺妈鸣不平，她说：

> 寡妇头上一个髻，天不管，地不收，我说高低不能让来顺妈往旁边点去。人家坐月子见红的人，哪能蹚这个风浪，受这个委屈！再说，这不明摆着叫她跟小来顺子母子俩拆散么？你们都是年轻男人家，哪晓得做妈妈的对自家一泡尿一泡屎带大的娃子就当个宝，你要把他们拆散，人家就肯了么？招夫养子不是他楼家开的头，有什么丢脸不丢脸?！这点脑筋都打不开，我看只要把刘二对人家的好处数数给他们听听，问他们这几年来替来顺家苦衣食的是哪个？那几年闹土匪大灾荒的时候，楼家没有给他一颗粮食一寸布，如今倒出来有话讲了，这倒不怕丢脸！②

老奶奶的这番话是从乡土社会的人情关系出发来说的，即刘二对来顺一家有恩，这种恩情在关键时刻救了来顺一家。在老奶奶看来，这是比楼家的"面子"更为重要的事。这种恩情中虽然包含个人的考量（刘二自己可以老有所依），但更多是以情感为基础的，不是一种理性的计算。③ 刘二和来顺妈在一起，对来顺和他的姐姐们都视为己出，正是他对来顺家的这种恩情和付出得到了村里人对他的认可。

---

① 菡子：《纠纷》，王开明、曹万生、杨宗国编：《中国新文学大系 1937—1949》短篇小说卷 3，上海文艺出版社 1990 年版，第 565 页。

② 菡子：《纠纷》，王开明、曹万生、杨宗国编：《中国新文学大系 1937—1949》短篇小说卷 3，上海文艺出版社 1990 年版，第 565 页。

③ "中国人的人情交换和施报关系是以情感相依而非理性计算为基础，并且是以个人关系为纽带的。"见翟学伟《人情、面子与权力的再生产——情理社会中的社会交换方式》，《社会学研究》2004 年第 5 期。

除了“数数刘二好处”之外，又有一个声音加入了进来，那就是区妇抗理事长张大姐。她带来的是革命的“新办法”。张大姐举了一桩之前处理过的寡妇再嫁的婚姻纠纷案，又提到了政府允许寡妇再嫁的事，为这场婚姻纠纷案的解决从法理上提供了依据。

有了“人情”和革命的“新办法”，解决“面子”和“老规矩”就不难了。在其后的“私访”一节，指导员殷超去动员楼家的来福老爹爹时，就是用这两点来对后者进行说服的：

> 不问新道理旧道理，刘二这事总能说得过去，说新道理，婚姻自愿，寡妇再嫁也不是不可以；说旧道理呢，招夫养子也不是没有例子，你楼家没有，人家李家就有，李港子李金才家就是。人家不也是在一块堆过，你楼家有什么规矩改不了？……规矩总是人定的，在新民主政权手里，什么规矩对老百姓过日子有好处，什么规矩就能成立，这原没有什么要死揪住的。①

如果说指导员殷超对年老的来福老爹爹的动员侧重在情理方面，那么乡长对楼家年轻一辈的教育则更多从新政府的法律章程入手。小说最后的公议大会既是以新政府为代表的革命政权对来顺妈和刘二的婚姻纠纷的解决会，又是一次革命法规与章程的宣传会。在公议大会上，楼姓一族的长辈老爹爹就来顺妈和刘二的婚事发言：

> 这事要在从前，不错，要算我们楼家丢脸，现如今我说句凭良心的话，从前分租倒四六倒三七，现在都能改成三七分，大地主都能依我们穷人办事，从前是土匪造反，没有哪家牛敢拴在门口，现在大家大门口肥猪养得晃晃的，过太平日子，我长这么大年纪也没看过这样大变，这些都能转变过来，我们楼家这点脑筋

---

① 菡子：《纠纷》，王开明、曹万生、杨宗国编：《中国新文学大系 1937—1949》短篇小说卷 3，上海文艺出版社 1990 年版，第 565、572—573 页。

就能变不过来么？我们家没有意见，凡事由来顺妈自己做主算了。①

这段发言标志着寡妇再嫁的“老规矩”彻底地转向了革命的“新办法”，具有明显的“变天”意味。叙事至此，由于革命政权的参与，来顺妈和刘二的婚姻得以合法化，而楼志清也在楼港彻底失去了话语权。在小说《纠纷》中，寡妇再嫁得以摆脱宗族恶霸的控制与舆论力量并不是一蹴而就的，而是经过了新旧两种力量之间的妥协与角力。在此过程中，革命话语所利用的，不仅仅是由革命政权确立的法律法规，还有乡土社会的人情关系。在此篇小说当中，革命意图驱逐的还仅仅是旧社会遗留下来的乡村经纪人与宗族恶霸，但宗族本身并不是革命意图瓦解的对象。而随着革命政权的进一步发展壮大以及乡村建设的推进，在处理寡妇的婚姻问题时，乡土社会中的宗族、伦理关系本身也被置放在阶级话语中被重新审视，进而被彻底改造与置换。

① 菡子：《纠纷》，王开明、曹万生、杨宗国编：《中国新文学大系 1937—1949》短篇小说卷 3，上海文艺出版社 1990 年版，第 576 页。

传染病的伦理建构和文化隐喻

——基于新冠肺炎疫情叙事与传播的阐释与思考*

鲍远福**

摘　要：新冠肺炎作为突发的流行性传染病，其病理学意义的生产、传播和反馈构成了一套复杂多元的叙事编码机制。这种传播模式进入到全媒体化的舆论生产场后，就会对现行的医疗防控和国家治理体系产生能动作用，并衍生出形态各异的伦理实践范式。此外，传染病疫情的叙事与传播，还在生物学的运行机制之外，演变为一整套的隐喻话语系统，并对疫情流行时期的人类社会治理产生重大影响。深入考察疫情叙事、疫情传播、疫情舆论和传染病隐喻之间的内在关联，我们可以从理论层面构建传染病发生学所隐藏的伦理规范体系，进而通过疫情传播效果的学理分析，透视传染病的社会文化隐喻的影响，以此来建立相应的预测干涉机制。

关键词：传染病　伦理建构　文化隐喻　新冠肺炎疫情　叙事与传播

---

* 【基金项目】国家社科基金一般项目“‘跨媒介文学’生产与传播研究”（15XZW034）、贵州省哲学社科规划项目“‘语图关系’理论视域下的新媒体文学研究”（19GZYB20）阶段性成果。

** 鲍远福（1983—　），男，安徽六安人，南京大学博士，贵州民族大学传媒学院副教授、硕士生导师。

2019年末，新型冠状病毒肺炎（COVID－19）① 在中国武汉迅速传播蔓延，引发了一场影响公众健康危机防控、考验国家综合治理能力并彰显社会文明发展程度的公共舆论传播事件。新冠肺炎疫情发生后，中共中央总书记习近平在第一时间就号召全国各族人民，众志成城，坚决打赢一场抗击疫情、战胜病毒的“人民战争”。因此，防控疫情、遏制病毒传播、挽救病患生命不仅仅是国家医疗系统和专业医务人员的任务，也关乎到这场疫情波及的每一个人。此次疫情防治中呈现的一些新现象、新问题、新动态不仅考验国家的治理体系和治理能力，也折射出人类命运共同体建立过程的坎坷与艰辛，值得人文社会科学研究者认真考察、剖析和深思。

一　疫情叙事的媒介生态

综合考察此次新冠肺炎疫情的传播和影响，我们首先应该从它的意义生成过程及其叙事机制着手。在文艺传播领域，叙事就是讲故事，是表意符号的组合及其意义建构过程，叙事的本质是重新组织表意符号“再现”已经发生的事件（而不一定是事实），或“凭空”捏造一种与现实生活处于平行关系的“信息流”（因此传播叙事过程才会产生虚假信息或“谣言”）。经典叙事学理论将“叙事”界定为“对于时间序列中至少两个真实或虚构的事件与状态的讲述”，并将它理解为利用现有的现实的或虚构性符号及其话语表达方式不断建构

① “新冠肺炎病毒”先后经历了多次命名，比较具有代表性的命名有2020年1月初的SARI（严重急性呼吸感染病例），WHO组织1月30日建议的2019－nCoV和2月11日更名的COVID－19，中国卫健委建议的NCP（新型冠状病毒肺炎）以及我国科研人员石正丽、高福等人建议的HCoV－19，还有当前国际病毒分类委员会冠状病毒研究小组在“Nature Microbiology”上发表研究论文建议的新命名SARS－CoV－2（严重急性呼吸综合征冠状病毒2）等。目前，在尚存在争议的情况下，较为常用的命名有2019－nCoV、COVID－19和SARS－CoV－2。详见腾讯网，https：//new. qq. com/omn/20200307/20200307A0ENIT00. html，2020－03－07。

“新事件”的过程。[①] 叙事不仅陈述事实，而是也会建构/虚构事件，它的过程包含了话语的组织、意图的编码、文本的生成、信息的传播与意义的接受。如果我们运用叙事理论来审视此次疫情的意义建构、传播和接受过程，可以看出其具有明显的“层级结构”特征，具体表现为：

（一）“庙堂叙事”与“江湖叙事”的分流模式

这是一种区别于“官方叙事”与“民间叙事”对位关系的话语描述。当一个社会突然爆发某种关注度较高的热点事件时，由于掌握核心信息的程度不同，“官方”和“民间”的态度一般会有较大的差异。由于以传染病疫情为代表的突发公共卫生事件的社会关注度高、影响面大、辐射范围广，因此，每当此类事件爆发时，它总会激起一个社会自上而下的了解欲望和探求眼光，产生不受个人意志为转移的舆情状况并对社会组织的各个层面产生效果不一的影响。正因为如此，“官方”和“民间”、集体和个人对待疫情传播及其影响就会产生不同的意义解读，引发不同的舆论导向。从这个意义上讲，关于疫情的“官方”和“民间”两种“叙事立场”自然而然会有不同的价值取向。在传播信息的编码—解码过程，“官方叙事”长期致力于维护自身合法性并通过舆论引导机制对“民间叙事”进行规训，其结果必然导致两种传播叙事机制的对立，这种对立的影响在社会秩序正常时可能并不凸显，但是，一旦社会爆发结果不可预料的突发性事件时，这种“二元对立”的传播叙事机制往往因为相互掣肘而陷入困境，不利于信息在通畅的传播渠道中自然流动。特别是新冠肺炎疫情在2020年初突然爆发时，“官方叙事”和“民间叙事”都没有及时披露和公开这种新传染病的发病机制和危害性，甚至因为害怕引发恐慌而实行信息封锁，或因为出于“信息对抗”目的而制造“谣言”，使疫情传播达到某种“爆点”而突然蔓延，产生防疫应急机制应对

① ［美］杰拉德·普林斯：《叙事学：叙事的形式与功能》，徐强译，中国人民大学出版社2013年版，第4页。

失措、事态难以收拾的结果。相对于“官方叙事”的“单极性”特征与“民间叙事”的“多元化”趋势，“庙堂叙事”与“江湖叙事”的区分则更贴近传播媒介“分层”的初衷，即不同功能属性的媒介组织负责不同舆论功能的传播区块，从而对传播渠道和内容进行有效的“分流”：社会层面，国家可以借助“庙堂叙事”实现决策部署、法规保障、政务公开、物资调度和信息发布等社会治理功能，民众也可以借此及时了解国家针对疫情的规章制度、应对机制、防控措施、社会干预和舆论导向等信息。而从传播的对象层面来看，“江湖叙事”的意义建构是对“庙堂叙事”功能的微观化，即通过为民众提供便捷媒介通道的方式帮助他们实现“抗疫经历”的情感表达，包括记录防疫/隔离的生活经历、抒发对疫情的个体感受、对国家应对疫情的举措做出个人评价和建议以及借助媒介平台疏导心理问题、治愈心灵创伤，等等。在“江湖叙事”的意义建构中，自媒体或地方媒体通过报道基层民众的生活需求、情感表达、心理干预以及意见建议等来实现媒体的“江湖叙事”功能，其典型代表是武汉封城后，处于疫区的民众通过自媒体发布“封城笔记”“防疫纪实”“疫区自拍”等纪录性文本来实现意义表达和情感宣泄，如 vlog 短视频《武汉：我的战“疫”日记》系列、《封城日记》等。由此可见，在这场疫情防控的意义构建过程，“庙堂”与“江湖”的叙事划分，能够最大限度地对疫情传播的“媒介生态场”进行有效标示，从而对信息传播媒介与渠道的社会功能做出合理的“圈定”。

（二）“公共叙事”与“个体叙事”的共生模式

“公共叙事”与“个体叙事”的共生模式是“庙堂叙事”与“江湖叙事”分流模式在传播过程的具体体现。公共叙事由主流/官方媒体承担，“个体叙事”由商业/私人媒体承担。虽然“叙事内容”有所区别，但是它们都指向“疫情传播”的核心真相，服务于受众群体的求知与求智需要。“公共叙事”立足于媒体的社会责任，充当信息传播的“把关人”，既要保证主流媒体所传播的信息的真实性、科学性与权威性，又要对自媒体“非主观故意”传播的不实信息进行甄别、梳理与规范，从而保障“疫情传播”过程中信源真实可信、信媒权威科学、信道通畅高效。特别在新冠肺炎疫情发生初期，由于信息不透明、信息源不确定，造成了信息传播的不对称、不稳定等问题，这就在网络空间和现实场合中产生了一些传言甚至谣言（“冠状病毒”的“人造说”“泄露说”等阴谋论），对此，“公共叙事”应该从专业的角度落实舆论导向职责，及时发布科学严谨的言论，规范管理混乱的传播渠道，采取有效措施防止不实言论对公众的误导，迅速扭转谣言对公正透明的“舆论场”的干扰。相对而言，“个体叙事”则应发挥“疫情叙事”的调节功能，特别是在突发性公共卫生事件爆发的过程中，“公共叙事”总有无法顾及的场域，这就将成为“个人叙事”大展身手的舞台。我们看到，在新冠肺炎疫情发生后，社会各界都希望为打赢防疫的人民战争建言献策，由于公民个体的集合是一个庞大的数字，“公共叙事”不可能顾及每一个人的观点和意见，因此，“个人叙事”在这个时候就应该充分发挥其在社会组织中的黏合与调节作用。在疫情叙事的“公共空间”表达之外，拓展出“个体叙事”的话语场域，可以有效地弥合“官方表达”与“民间意向”之间的分歧与裂隙，为疫情传播期间的社会治理模式提供合理的参照。

新冠肺炎疫情迅速传播期间，三件涉及疫情的重要问题的解决，充分体现了“个体叙事”在这场全民抗疫的治理实践中所起的关键性作用。一是“方舱医院”的防疫举措创新，它得益于民间个体通过微信群等自媒体对政府的建议，即征用酒店、学校、体育馆和展览中心等公共闲置场所建立“方舱医院”或“隔离点”集中收治确诊病例和疑似病例，以缓解公共医院人员、物资与设备不足的压力。二是救援物资调度和分发问题。在武汉疫情最为严重的阶段，这个问题一度成为救灾职能部门与民间分歧的焦点，后来有人建议委托具有物资配置与调度资质的第三方介入援鄂物资的分配和发放，武汉市政府采纳了这个意见，结果专业的物流配送公司入驻“红会”物资仓库，而前面积压的矛盾和问题迅速得到解决。第三个案例相对极端，就是民众通过非正式渠道的民意表达，督促职能部门端正工作态度、改进工作方法、改正工作作风，如民众公开表达对防疫职能部门官僚主义和形式主义的不满而引起中央督查组的重视，等等。在疫情传播的“媒介生态”中，“个体叙事”通过有效的形式对“公共叙事”的不足进行补充和调节，在“疫情叙事”的意义表达中行使了传媒组织的社会职责，建立了一种更加立体、开放、多元和高效的传播机制，为全国人民众志成城打赢疫情防控战役做出了应有的贡献。

（三）“谣言叙事”与“谣言预警”的分野模式

如今，我们生活在最好的也是最坏的媒介时代。在很多热点事件背后，主观情绪开始取代冷静调查，成为新的内容生态，真相只有一个，却常常被淹没在海量的信息流之中。[①] 像新冠肺炎疫情这种社会危害性大、公众关注度高的突发公共卫生事件一经发生，就会引发社会“舆论场”的多方博弈，进而影响到政府的意见整合与公众的情绪引导。因此，承担“疫情叙事”功能的各类媒介在疫情发生时如果对信息的披露和公开不及时，或者封锁信息，就会大量滋生谣言。谣言的叙事与传播不仅包含商业炒作或吸人眼球的嫌疑，还制造了某种“媒介奇观”，其后果是，“国家政策和政府议程会被媒体牵着鼻子走，政府的公共卫生决定更多地受制于媒体的报道。……政府如果要做出顺应民意的姿态，那么必须跟着媒体制造的议程和媒体制造的民意走”。[②] 因此，带有主观“恶意”的“谣言叙事”所制造的“媒介奇观”通过吸引流量、混淆视听、绑架舆论、歪曲事实、人为制造价值立场的对立甚至宣扬“阴谋论”等极端“叙事策略”，来牵制政府部门的公共决策，引发社会恐慌，扰乱社会秩序，对正常的传播生态具有极大的危害性。在新冠肺炎疫情这一极端化传播情境中，“谣言叙事”的滋生，对于我国传播生态的科学治理以及“舆情生态”的合理建构，提出了不小的挑战。“流言蜚语”的蔓延，其危害性有时候甚至比病毒造成的疫情更大，因为，它不仅不利于正常社会秩序

---

① ［法］茱莉亚·卡热：《媒体的未来：数字时代的困境与重生》，洪晖、申华明译，中信出版社 2018 年版，第 VI 页。

② 李希光：《我们需要“逃命新闻”吗？——透视甲型 H1N1 流感》，《探索与争鸣》2009 年第 7 期。

的建立，还在某种程度上加剧了社会的对立。因此，在新冠肺炎疫情爆发后，作为“庙堂叙事”代言人的主流媒体理应及时有效地建立一种应对“谣言叙事”危害的“媒介应急机制”，即通过专业科学的“叙事预警”破除和消解由“谣言叙事”产生的“负面舆论场”。也就是说，重大疫情的防控不仅需要专业的生物科学家团队和医护群体加大力度收治诊疗确诊患者，弄清病毒的致病原理，研发疫苗和特效药，利用科学方法解除疫情危机；也需要新闻传播机构在各种舆论的冲击与震荡中充当“缓冲剂”和“解压阀”，积极配合决策部门和公共医疗系统做好民众精神文化层面的宣慰与预警，特别要做好对不实言论（传言、流言和谣言）的甄别、辟谣工作，将谣言的道德伦理危害程度降到最低。但是，在这场疫情的某些阶段，主流媒体在“应考”的过程中由于受到某种惯性思维的掣肘，而没有充分行使“谣言预警”的职能。例如主流媒体早期在缺乏严谨调研的情况下为“双黄连”等所谓的特效药“站台”，甚至在日本援华物资的“共情”标语“山河异域，风月同天”与“武汉加油”关系讨论中受到网民的集体诟病。主流舆论场习惯性地污名化和妖魔化“谣言叙事”的运作机制，让承担“谣言预警”的“庙堂叙事”很容易通过否定“谣言叙事”来确证自己的正当性身份，主观上制造了“官方”和“民间”的对立以及“谣言”与“预警”的分野。这种简单粗暴的传播思维不仅无助于消除谣言，还会激起“谣言叙事”的对抗性传播，从而激化社会对立情绪，最终加剧谣言的蔓延。因此，在重大疫情爆发的舆论场中，主流媒体在承担“谣言预警”功能的过程中，理应将“谣言叙事”视为一种危机治理的“社会资本”，既要反对将它们污名化、妖魔化，也要反对将它们政治化、敏感化[①]，客观公正地把它们看成具有建设性的舆论攸关方，协同参与信息传播环境的治理。

（四）“元叙事”与“元传播”的共鸣模式

传播的本质是什么？在这场疫情传播的问题背后，实际上包含了

---

① 陈国战：《作为一种社会资本的网络谣言》，《探索与争鸣》2014年第6期。

传播的“共情意识”与“同理心态”，传播可以而且应该具有人性的温度，包含着对人心深处的慰藉与关怀，而不是纯粹的情绪化“较真”，因此需要对传播理论和传播行为本身进行内在的思考。这种思考即是“元传播”与“元叙事”。“元传播”，顾名思义就是关于传播的传播，它是对传播理论、传播思想以及传播行为本身的一种传播，我们可以将其理解为“自反性传播”。实际上，“元传播”也是一种“元叙事”和“元思考”，其目的在于通过疫情叙事的解析与深度反思，构建一种符合重大公共卫生传播事件的理论模型，系统反思传播学如何在应对危机状况中发挥现实干预的作用。在这次新冠肺炎疫情传播的媒介生态中，“元传播”具体体现为传播事实真相与删除敏感信息、散布谣言与辟谣、信息的遮蔽与“祛魅”等传播实践背后的话语张力。首先，在对疫情信息及其真相的传播实践中，主流媒体和自媒体形成了身份的张力关系。为了尽可能缓解疫情的蔓延，主流媒体在其“庙堂叙事”的话语建构过程中，受到了自媒体“江湖叙事”灵活多样风格的影响，会有意地改变自身刻板僵化的信息编码机制，特别是自媒体中提及的一些合理建议，如追授牺牲医务人员为烈士、解除早期被训诫医生的处罚、对基层防疫的某些过激行为进行纠偏，主流媒体则给予了包容与认可，体现了“官方管控机制”对民间意向的有限松绑。这些改变，对经典传播学刻意强调媒介圈层关系的做法进行了有效的解构，最大限度地保证了传播渠道的畅通，也把全社会对于传播本质的思考拉回到防治疫情的现实语境中。其次，传播理论在“疫病叙事”实践中的具体运用，对于普通民众来说是具有阻拒性的“陌生化”话语体系，因此需要有专业人士对疫情传播所体现的理论以及“疫情叙事”本身所蕴含的传播机理做出解释，即通过传播“祛魅”的方式将艰深晦涩的传播理论及思想“降维”至易懂易会的“白话层面”，并将其与非专业受众的现实生活语境有机地嫁接起来，从而帮助他们理解疫情传播基本原理及其与他们的切实关联。南京大学教授杜骏飞的公众号“杜课”以“随想”“札记”以及“思考”等方式来对“疫情叙事”中所涉及的传播学以及传播的本质问题进行“解蔽”，就是这种“元思考”的体现。比如针对“删帖”

和“封号”等武断处理不同声音的行为，“杜课”援引霍夫兰心理学实验的结论来说明“一个正常的社会应该有不同的声音”这一论断所包含的“同理心”：“与‘一面提示’相比，‘两面提示’对高文化水平的群体有更好的说服效果”。① 这里没有专业学者的佶屈聱牙，而只有摆事实讲道理的平静，很容易被普通受众所理解与接受。再比如，在除夕夜谈及在疫情中新闻传播应该承担何种职责时，“杜课”认为，“无论如何，新闻学是人，是人文，是新闻观念。无论如何，新闻的本质，不属于技术，不属于资本，不属于流量，而属于关怀众生的崇高美德。”②也就是说，新闻媒体（不管是官媒还是自媒）如果不能报道事实，揭示真相，服务人民（人文关怀），那么所有的所谓创新都是隔靴搔痒，都是“伪媒体”。这就是对媒介功能及其传播学价值的“元思考”。

二 疫情舆论的伦理张力

伦理实践的核心思想可以概括为“做正事”，或者说它是其实践主体从社会道义的角度评定社会运行机制以及社会公众行为方式的一种规范性话语体系。亚里士多德将伦理实践理解为一种基于对于人的活动的特殊性质进行形而上学思辨的目的论：通过伦理实践实现两种意义上的“善”——“善的事物”以及某种为了善的目的而采取的正当手段。③ 其目的是帮助人们在政治上实现人格的自我完善以及在生活上获取自由幸福的“道德意愿”之实践过程：即自由主体通过形而上的思辨行为来构建出符合自身“道德意愿”的一系列理论话语治理体系，其最终指向是指导作为社会存在物的人类在社会实践中

① 杜骏飞：《不合时宜的思考（杜课939期）》，https：//mp. weixin. qq. com/s/HA6MdcKPl19f_ wIu83bhwA，2020－03－01.

② 杜骏飞：《除夕札记（杜课929期）》，https：//mp. weixin. qq. com/s/naa2Gau8YMnnI0D4IGBEhQ，2020－01－24.

③ ［古希腊］亚里士多德：《尼各马可伦理学》，廖申白译，商务印书馆2017年版，第14页。

自觉地规范自己的行为，从而构建某种“共同体”。人类群体在不明病毒袭击而引发的公共卫生事件中的种种行为，都能明晰地检视这个“社会共同体”内部对于“做正事”的伦理规范机制和理论话语体系的合理性，也能够揭示出不同社会个体在面临疫情危机时的“规则约束”与“自我规训”的特征。因此，通过考察疫情叙事、疫情传播与疫情舆论在特定社会的影响，我们就可以从理论层面构建出疫情叙事的伦理话语体系，对疫情传播效果做出学理分析，并建立有效的预测干涉机制。

从整体上看，湖北省累计确诊病例数量经历了缓缓增长到如指数一般暴涨的过程。在疫情发生之初，从政府到民间相似的反映，到疫情扩散后各地在慌乱和有序间相继启动应急管理机制防治疫情的过程，我们发现，病毒感染和疫情发生、传播与蔓延的时间节点上发生的一系列事件，为我们完整地构建出具有动态流变特征的疫情舆论伦理实践话语体系。新冠病毒的隐蔽性、耐寒性、致命性和高传染性使其在爆发之初，被很多人忽视。但是，在疫情传播的过程中，与其息息相关的舆论生态却发生了前所未有的变化，这自然也就加大了疫情舆论话语的建构和治理难度。从传播模式角度看，在突发性公共卫生事件爆发后，理想的疫情舆论应该是某种“三位一体”的治理模式，即“政府利用各种信息通道，及时向世界传达中国声音；媒体发挥第三方资源优势，致力营造世界舆论氛围；公众凭借移动终端功能，扮演着人人都是国家形象塑造者的角色”。[①] 而此前我国“汶川大地震”救灾以及抗击 SARS 疫情的经验，比如政府积极主动发布信息、大众媒体平等而全方位参与、对国际媒体和公众的新闻开放、媒介的议程设置与公共政策之间充分互动以及对民间正向性的舆论持开放态度等[②]，也给此次新冠肺炎疫情传播的伦理实践带来一些有益的启发。

（一）对疫情传播中的“谣言叙事”引发的伦理问题展开辩证思

① 沈正赋：《突发公共事件的危机管理、舆情应对和共情传播——基于新冠肺炎疫情的检视与思考》，《对外传播》2020 年第 2 期。

② 杜骏飞：《疫情新闻场（杜课 931 期）》，https：//mp. weixin. qq. com/s/DSWY3nLt0CiiTnYFGxTjaw，2020 - 01 - 29.

考。作为一种对抗性传播策略的产物，“谣言叙事”有着复杂的内在生成机制，特别是在这次疫情发生后，很多谣言前后经历了多次伦理意义指向的“反转”。因此，在复杂的舆情环境中，我们就需要思考谣言本身的伦理属性，即它们是传播者主观的恶意，还是无意？另外，在此次疫情中，为什么谣言会反复出现？恐怕也要做多方面的分析：其一，那些为了博取眼球、骗取流量、蹭热度，消费疫情或灾难，纯粹的恶意或自私自利的意图，当然是属于反伦理、反社会以及反人性的谣言。其二，谣言也可能是出于对疫情的深度关切而“误传”或被人利用而传播未经证实的言论或信息，从出发点上讲，这种“传谣”行为又恰恰是符合正当的伦理目标的。其三，非伦理意向的“谣传”行为，此种传播/叙事并不出于伦理道德或利益攸关的价值取向，而是出于探求真相/心理抚慰/专业主义等赋义取向，特别是深处疫区的非专业、边缘性个体，往往通过那些与自身利害相关又似是而非的谣言来表明态度（传播谣言也是对抗信息不对称的方式），以此获得心理慰藉或情绪发泄——“传谣者”事先很可能对“谣言”本身信息量的正确与否有所怀疑，但仍然“传谣”，这种行为可能本身已经与疫情或灾害叙事没有任何关系了，而是长期积攒下来的心态失衡及其症候在特殊时期的“偶然爆发”。

（二）与“谣言叙事”形成对应关系的是广播等传统媒介的叙事实践所构建的“伦理维度”，即通过有限空间的“窄播”方式重构“家国符号一体化”的“伦理隐喻”。在新媒体时代，广播、条幅和标语等传统媒介的传播方式早已从公众视野中“淡出”。但是，此次疫情爆发后，为了迅速遏制病毒的蔓延，中国很多省市的农村地区模仿湖北武汉实施了“封城”“封村”“封路”措施，实行紧急状态下的非常态化管理。这种情况下，在某些武汉接触史确诊病例输入情况较为严重的省区，原本通畅联通的政治区划中，就产生了某些传播意学义上的“信息孤岛”，其中尤以广大农村为代表。最新的疫情防控、政府决策、政策法规、防护措施和民生保障等事关基层民众生命安全和身体健康的关键信息，无法通过电视、网络等媒体第一时间抵达这些区域。于是，那些早就在日新月异的媒介融合进程中淡出思想宣传、舆论构建、政治鼓动和社会治理等传播领域的广播媒介——“大喇叭”——就再次参与到农村地区的“江湖叙事”体系之中，并在疫情发生时发挥了重要作用。这种在当代传播学研究中被忽略的“土得掉渣”的旧媒介，经由自媒体（微视频、有声的内涵段子等）的包装，再次焕发了生命力。例如人民日报客户端整合制作的河南、浙江、天津、山东、安徽等省区农村地区村干部通过大喇叭（也有与无人机结合的例子）号召/督促村民节假日不要聚集以免交叉感染的音视频。在新媒体作为传播主渠道的“疫情叙事”背景下，这种“旧瓶装新酒”式的传播方式，对增强传播效果、从伦理层面规训受众行为以及有效的舆论引导具有特殊价值。考虑到中国农村在新年期间仍然是人口密集地、中老年民众普遍没有普及微信、朋友圈和社交媒体的现状，广播传播往往比自媒体、电视和网络传播更加有效。广播大喇叭作为“规范性权力掌握发布权的象征，是基层政治权力的隐喻和表征，是基层政治治理的一种有效的信息传播手段”，它“运用有意义的符号传播预警信息和国家政策，对同一信息以不同形式向人们重复传播，影响人们的思想，引导人们的行动”，也满足了非常时期基层民众“身体不在场的要求，即减少实体聚合接触的机会，但信息在场的虚拟会议形式”。[①] 因此，在中国特色的传播渠道中，大喇叭等“土气”的广播媒介在“疫情舆论场”的建构中就获得了特殊的“具身符号”意味，成为“疫情叙事”过程重构“家国命运一体化”的媒介“伦理神话”的重要组成部分。

（三）新冠肺炎病毒感染、传播、蔓延与救治的漫长过程（目前仍在持续）所构成的动态流变的“舆论场”的综合治理。如前所述，面对疫情，所有参与意义建构和叙事传播的媒体如何能在复杂多元的舆论生产场中“做正事”，成为检视各类媒介身份定位和社会作用的重要指标。首先是主流媒体的社会身份重塑。与 2003 年的“非典”

① 郭淼、郝静：《“大喇叭”：国家机器发声的具象化——疫情时期的乡村微观政治》，“探索与争鸣”公众号，https：//mp. weixin. qq. com/s/Ka0II - nxY2DLlvPjOnU5ng，2020 - 02 - 18.

疫情相比，主流媒体在应对此次疫情时不再畏首畏尾，其方法和手段更加灵活多样，在保持政治站位正确的前提下，它们能够迅速地呼应民众最关心的舆情，并利用自己的平台优势，将其反馈给决策机构，监督和敦促其尽快落实。人民日报、中央广播电视总台、新华社、光明日报、中新社、中国青年报等中央媒体第一时间派驻记者深入湖北及武汉抗疫一线，深度挖掘“战疫情”过程中的细枝末节，反映疫区民众的生活需求，揭示定点医院的工作日常，刻画一线医护人员、警察、网格员、志愿者、清洁工、快递员和出租车司机等平民的“英雄群像”，正面曝光政府部门或官员在疫情中的官僚主义、形式主义弊病，对防疫救治工作开展中的问题和不足做出迅速的纠偏，体现了主旋律和正能量。例如为了让公众树立正确的公共卫生风险意识，加深对新冠病毒的认识，中央广播电视总台各频道连续性播出“战疫情”特别节目，实时更新相关数据，普及防疫知识，连线一线专家解读防疫政策，对民众如何防护病毒、自我隔离和防止交叉感染进行科学指导。环球时报主编胡锡进借助微信公众号同步推出个人关于“战疫情”的思考，他将自己打造成深刻解读国家政策与积极关注民生社情的专业新闻人形象，以平和理性的角度解读疫情，在“党媒”主编的身份之外，发表符合事实的观点，对防疫工作中出现的过火、过激与过分现象大胆抨击，不仅一定程度上展示了党媒的新形象与新风貌，而且也把党媒专业人员的“人设”和身份从舆论场的道德高地拉向了人间。

其次是商业性全媒体集团专业化身份的巩固。以“财新杂志”“澎湃新闻”“界面新闻”“三联生活周刊”“新京报”“南方都市报”“上游新闻”等为代表的全媒体组织在此次疫情的叙事传播和舆论治理实践中，承担了非常重要的作用。这些媒体的采编人员在疫情期间编发了大量的社会热点动态和时评社评，例如对“疑似毒源”华南海鲜市场的持续性深度报道，对确诊患者康复过程或定点医院制定救护措施的跟踪报道，对职能部门医疗专家存在违背科学伦理争相在外刊发表论文等问题的追踪调查，以及对疫情期间湖北及武汉政府存在的抗疫工作开展不力等问题的跟进采访，等等，借此密切追踪抗灾、救援、民生、舆论以及国际社会应对中国疫情的资讯，提供视角独立而又富有反思力度的调查报告和新闻观点。它们不仅为政府层面及时制定防疫政策和措施提供了第一手资料和宝贵经验，而且还为民众了解最新的疫情资讯搭建了畅通的渠道，更为遭受身心双重煎熬的疫区民众落实生活物资保障和心灵创伤抚慰提供了力所能及的帮助。

再次是自媒体的身份救赎。如前所述，此次疫情的突然爆发和快速蔓延，给正常的社会治理带来极大的挑战，迫不得已的情况下，湖北全省各市县采取了“封城”措施，湖北以外部分省区也相应做出暂时“封路”“封村”的决定，如此一来就产生了诸如偏远山村、离岸邮轮、监狱、养老院和精神病院这样的“信息孤岛”或“密闭空间”。由于信息传播的物理通道暂时断绝（数字通道并没有断绝），主流媒体和商业媒体也无暇顾及甚至忽略了它们的存在，以抖音、快手、微视、秒拍、好看视频、西瓜视频等直播媒体以及“梨视频”“青蜂侠”“我们”、今日头条等带有半个人化色彩的专业自媒体就有了大展身手的机会，它们因此一跃变成此类“密闭空间”中疫情叙事和传播的伦理规范的主力军。自媒体的信息传播自由多样、不拘一格，深受80后、90后和00后年轻人的喜爱，在疫情防控宣传中，无论是对火神山、雷神山医院建设的直播，还是区域性的疫情资讯、防控措施、社区服务、后勤保障甚至居家隔离的民众的日常生活和人间百态，都可以通过自媒体及时发布，呈现出不同于广播电视、报刊等传统媒介形态的独特而广泛的舆论治理效果[①]。前述《封城日记》Vlog等在这场“疫情叙事”和“舆论治理”中的异军突起，就是自媒体在此次疫情的伦理实践中完成身份救赎的体现。这也充分表明，自媒体也可以一改其在传播媒介生态中低端、低俗与娱乐至死的身份“原罪”，积极参与到突发性疫情叙事和传播所引发的公共舆论场中，作为一种具有正面价值的“社会资本”，在社会治理的实践中发挥重要作用。新媒体时代，公众对信息传播一览无余，这一方面对媒体从

① 孙佳山：《疫情之下，直播、短视频正在发挥主流媒介作用》，参见“媒介之变”公众号，https：//mp. weixin. qq. com/s/G1ETmVlzAD68 - vJiU59tzg，2020 - 03 - 09。

事信息生产、价值宣传和舆论导向的工作提出了更高的要求，另一方面也加大了国家进行秩序建构、社会组织和综合治理的难度。从根本上讲，复杂的舆论生产场域和多元化的信息传播渠道的生成，对于新闻传播实践的伦理建构而言既是机遇也是挑战。特别是在新冠肺炎疫情爆发的特殊时期，民众对于信息传播的知情权、参与权、监督权和表达权的要求更加具体全面，必然会对事关生命健康安全的舆论生产、传播和引导过程密切关注，而其中折射出来的舆情规范和伦理张力等问题，也值得深入反思。

三　疫情传播的隐喻体系

此次新冠肺炎疫情发生以来，民众已经习惯于通过各种媒体平台浏览由专业机构所发布的“疫情地图”，了解全国各地乃至世界范围内的疫情发展情况。新冠肺炎的“疫情地图”呈现出三个阶段的变化，最早是湖北以及武汉地区疫情变化的信息地图，后来是反映全国疫情变化的信息地图，发展到 2020 年 3 月份以后则是全球疫情蔓延的信息地图。“疫情地图”的版图扩展，不仅反映了地理学意义上的统计数据变化情况，更是一种符号学意义上的文化隐喻，因为这场逐渐变成全球性公共卫生事件的疫情，在肉体与精神层面都演变为关系到整个人类命运走向的文化危机。民众看到地图上标示疾病的红色区域迅速扩展、蔓延并吞噬更多地区时，心中不自觉地就会产生恐怖情绪。红色的确诊患者作为个体在全球各大洲迅速增长、扩散，绿色的地球被红色的病毒携带者占据，带给人一种末世来临的视觉震撼。在人类社会发展和公共医学的实践中，政治、经济、军事、道德和文化的象征因素在传染病防治、社会控制、伦理规训以及人类健康生活方式养成等方面发挥着重要作用。而“疾病的作用力，不仅从生理上标定了身体的非正常性，并且能在思维领域形成各种意义”。[①] 在现实生活中，传染病已经超越了纯粹生物学意义上的“具身色彩”，其所

① 李婉君、向振东：《对疾病隐喻的意识建构》，《理论界》2013 年第 6 期。

蕴含的道德伦理和精神文化层面的隐喻意义指向使得病人在承受病毒感染的摧残之外，还要忍受某些超越身体病痛之外的精神—心理重压与侵害；病症对患者伤害的程度还常常与病人的善恶品性相联系，因而被赋予复杂的道德伦理象征意义；再者，“医人”与“治国”的治理实践被“隐喻化”和“意识形态化”，流行性传染病的防治中潜藏了“种族歧视”、阶级对立和文化偏见的“沉疴”，并与社会政治控制有机统一起来，最终使得社会群体对某些传染病患者的精神恐慌、伦理评判和道德偏见迅速转变为行动上的社会歧视、文化排斥甚至政治迫害。①

关于对人类影响至深的各种传染病，美国学者苏珊·桑塔格曾经在《疾病的隐喻》这本书中专门论及它们的“隐喻问题”，即与各种疫病有关的想象、歧视与迫害等，她关注的不是疾病本身，而是人们对疾病的看法。她希望破除掉围绕各种传染病的隐喻，让“疫病叙事”回归“疾病本身”，从而指导人类以科学的态度来看待疾病、治疗和死亡②。桑塔格反思并批判了诸如结核病、艾滋病、癌症等如何在社会的演绎中逐步隐喻化，从“仅仅是身体的一种病”转换成了道德批判，并进而转换成政治压迫的过程。虽然桑塔格更多关注的是疾病本身的政治批判和道德训诫，但是她的睿智给人类社会各种“隐喻歧视”敲响了警钟。此次新冠疫情的叙事和传播，恰恰涉及桑塔格希望“祛魅”的那一种“疾病隐喻”状况，即最广大的人们在日常生活中讲述疾病、想象疾病时所依附或赖以支撑的文化秩序对人类社会的“精神反噬”。③ 由此看来，随着新冠肺炎疫情在中国和全球的蔓延，它已经不再是一种纯粹的生理病症和健康威胁，而是异变为某种政治—文化隐喻。在疫情叙事和传播的过程中，这种新型冠状病毒

---

① 孙雯波：《传染病及其防控的伦理分析》，中南大学，博士学位论文，2010年，第I页。

② ［美］苏珊·桑塔格：《疾病的隐喻》，程巍译，上海译文出版社2003年版，第5页。

③ 陈培浩：《瘟疫叙事和因诚向善的精神哲学——“新冠”时期读〈鼠疫〉》，《当代作家评论》公众号，https://mp.weixin.qq.com/s/MC8hKjqfL22imnrVUuverw，2020-02-29。

引发的生理病症逐渐演变成一种在现实和虚拟空间“区隔”不同种族、国家、阶层和性别的规训手段和惩罚机制；作为一种叙事话语的异化建构，“疫情叙事”也变成这个世界种族歧视、阶层分化、地域排斥、意识形态对立和话语暴力等文化痼疾的符号表征和哲学批判。

首先，疫情的叙事与传播在人口学和地理学意义上建立了各种“异托邦空间”，除了疫情防控和社会治理，我们还应该关注病毒肆虐所造成的人道主义灾难。如前所述，新冠肺炎疫情最先在湖北地区爆发后，武汉等市县在形势紧迫的情况下无奈选择“封城”。随着疫情的扩散，中国其他省市也陆续出台措施“封村”“封路”，建立方舱医院和隔离点，用以在物理空间上阻断病毒的扩散与人群的交叉感染。这样，在中国正常的行政区划中，某些特殊空间区域被标定，用于集中收治患者并隔离疑似病例。除此之外，在疫情的进一步发展中，我们还发现与方舱医院和隔离点类似的特殊空间，如被迫停泊在港口外的豪华邮轮（如日本的“钻石公主号”和美国的“至尊公主号”等）以及监狱、精神病院和养老院等。这些地点的主要特点是人员密集、接触频繁而且通常因为某种原因又游离于日常社会秩序之外，病毒在这类特殊的空间更容易传播，其中的人群的抗风险能力弱，也更容易受到感染。这些被国家暴力机关监禁和惩戒的罪犯、被异国拒绝入境的旅客以及困守于社会救助机构的老人以及精神病患者，从某种意义上讲，他们都是“弱势群体”，在伦理和道义上已经丧失了被平等对待的资格，因此在疫情爆发这种非正常的社会语境中必然会受到生理和心理的双重煎熬。前述“封城”“封村”“封路”背景下的偏远乡村最终成为“信息孤岛”，在“疫情叙事”的伦理实践中就深受信息分享不对称的痛苦；相对而言，这里列举的“异托邦空间”里的人群所遭受的“疾病隐喻”的打击可能更严重。例如在全国疫情逐渐进入“低位运行期”的3月初，湖北、浙江和山东的几所监狱却陆续发生确诊病例集中爆发的事件，给原本逐渐趋好的防疫形势蒙上了阴影，也吸引了社会各界关注的目光；再比如日本“钻石公主号”邮轮，当地政府在发现确诊病例后防护隔离措施不力，最终导致700多名游客感染，豪华邮轮变成了“恐怖邮轮”甚至“死亡邮轮”。这些因为人类对传染病的傲慢、自负以及无知而转嫁到“异托邦空间”中弱势群体肉身与精神的双重蹂躏，其教训不可谓不深刻；它也提醒处于“疫情叙事”伦理实践的社会治理者们，除了及时的援助和救治，还应该给予这些特殊空间中的特殊人群更多的心灵抚慰和人文关怀。

其次，“疫情叙事”不仅在生物学意义上威胁和破坏人类生命肌体的健康，而且还在思想意识和精神心理层面产生各种“语言病毒”和“文化病毒”，侵蚀人类社会正常的思维方式与伦理观念。传染病的危险性也不仅仅是生物学上一个物种（细菌、病毒、病原体）对于另一个物种（人类、动植物）的侵犯与寄宿，而更是人类在改造自然的过程中对于自己文明内部的忧患意识的表征。特别是对于那些人们知之甚少的恶性传染病，比如鼠疫、艾滋病、埃博拉、非典、MERS、猪流感以及这次的新冠病毒，人们在恐惧害怕的同时，也会对其施加臆测、想象和隐喻，相比于肉体的创伤和器械治疗所造成的痛苦，周围人的态度对病人的伤害甚至更大，因为传染病隐喻不仅涉及了病理层面的“排异性”建构，也隐含了伦理学意义上的身份异化。受到感染的患者“天然地”被冠之以病毒携带者这种带有歧视性意义的名字，其身份天然地带有缺陷与“原罪”，成为“异己者”甚至“怪物”而受到不明真相的健康群体排斥、冷遇、驱逐甚至虐待。因此，疫情隐喻的核心内涵在于健康的生命群体对于其种族同类病患的“道德贬低”以及因对未知病毒和疾病破坏力的“想象性恐惧”而产生的施加于“病患群体”的话语规训与身份认同排斥。这也意味着，“将一种疾病赋予一定意义是一个带有惩罚性的社会行为，因为被强加的意义使得疾病具备了特定的道德意味，从而构成了对疾病患者进行污名化的坚实基础”。[①] 此次疫情发生后，湖北以及部分疫情严重的地区通过逾越正常法律程序的行政手段实施“封城”等非常态化管理，虽然它有效地遏制了病毒的快速扩散，但也不可避免地在地域空间和文化心理上诱发了某种隔绝与对立，产生了所谓的

① 李婉君、向振东：《对疾病隐喻的意识建构》，《理论界》2013 年第 6 期。

“地域黑”，即针对湖北和武汉籍人员的恐惧、排斥甚至歧视；还有就是舆论场中关于携带病毒的病人身份的歧视性命名引发的讨论，例如“毒王”“零号病人”“超级感染者”“超级携带者”这些称谓，它们的感情色彩虽各有不同，但仍暗含着或多或少的“身份标识”意味和伦理评判色彩，是典型的“语言病毒”；最后就是针对女性医护人员的性别身份恶意消费行为背后的“病毒思维”，即通过刻意在“公共舆论场”展示援鄂女性医护人员剪头发、提前结束哺乳期甚至尴尬应对生理期困境等极端个案来强制构建某种“伪崇高”语境。而在国际层面，少数国家的民众出于对新冠肺炎的恐惧，针对中国人的“猜疑链”和“隔离墙”被建立起来，各种“亚洲人更易感冠状病毒”“中国人都是病毒携带者”的歧视性言论甚嚣尘上，它反映出新冠病毒在世界蔓延的同时“文化病毒”也在不断侵蚀着人类命运共同体的健康肌体。

再次，“疫情叙事”的隐喻逻辑还体现在，不同地域、种族和阶层的所谓“正常人群”对病患的排斥、歧视甚至迫害等反文明行为背后，“政治病毒”与“信息病毒”的意识形态隐喻与种族歧视的修辞策略也在暗暗滋生。因此，“疾病的隐喻还不满足于停留在美学和道德范畴，它经常进入政治和种族范畴，成为对付国内外反对派、对手、异己分子或敌对力量的最顺手的修辞学工具”。① 通过语言修辞的方式对政敌、异国和竞争者实施规训，是文学书写中常见的隐喻手段。“在世界文学史上，疾病书写不在少数。从视之为神的惩罚，到具有敬畏心的实录，到充满信念地以行动相博弈，再到以之为文明危机的指喻符码，这是一个历时性的过程，也是一个文学思想和书写的变化发展过程。”② 在“疫情叙事”及其所产生的社会文化隐喻的话语建构中，我们不仅看到了病毒感染在现实和虚拟的双重维度齐头并进，而且也能够更加深刻地认识到人性的复杂性以及人类社会的多元

① 李婉君、向振东：《对疾病隐喻的意识建构》，《理论界》2013 年第 6 期。

② 曹霞：《书写即记忆，即抵抗》，《当代作家评论》公众号，https：//mp. weixin. qq. com/s/YCIalnU2l741BlgQ4BipKQ，2020 - 03 - 03。

化。现实生活中的病毒感染也许只是单独生命肌体罹患疾病，而虚拟空间中的感染则不分国界和种族，休戚与共，这就是“城门失火殃及池鱼”的道理。此次疫情的叙事、传播与伦理实践，不仅是考验我国传染病防治手段和社会治理能力的“试金石”，更是一面检验人类共同命运和国际关系未来走向的“照妖镜”。疫情发生和持续蔓延后，世界不同文明体系之间的相互猜疑、歧视、隔离与背叛以及族群、国家、阶层和意识形态之间的排斥、抹黑、敌视和迫害，例如美国政要公然将病毒冠名为“武汉冠状病毒”，并要求中国道歉，迫不及待地借新冠病毒对中国和武汉进行恶毒的政治攻击和污名化；某些西方媒体也故意无视中国政府和人民为全世界抗疫工作所付出的巨大牺牲和努力，罔顾事实真相而抹黑中国，人为地制造意识形态对立；还有一些国家在疫情爆发之初因为恐惧和傲慢而粗暴地隔离和驱赶中国人，引发了非常恶劣的国际影响，如此等等。目前病毒源自何处尚无定论，“中国病毒论”和“中国道歉论”毫无根据也毫无道理。无论病毒源自哪里，中国同其他出现疫情的国家一样都是病毒的受害者，都面临阻击疫情蔓延的挑战。因此，当务之急，不是在种族、地域和国家政治层面构建所谓的隔离区，而是携起手来，共同抵抗这种新型冠状病毒对全人类的威胁。

四 结语

新冠肺炎病毒和所有肆虐并危害人类的病毒一样，其传播和蔓延是最民主的，也是随意的，它不会“有意”去区分穷人与富人、政客与平民、发达国家和发展中国家，这是生物学机制反映在人的肉身上最大的公平。与之相对应的是，人类在对待原本与其生物机理相同的同类的不平等与不民主——患病的人被“有意”的同健康的人群区隔开来，仿佛他们不是同类，此种恐慌所衍生出来的“亚系”不平等是区域排斥、阶层分化、性别歧视、贫富对立、官民矛盾、种族隔离甚至意识形态敌对。因此，讽刺的是，“将我们凝聚起来并推动我们走向全球团结的力量，在日常生活中，竟表现为严格的管控——以避免人际的亲密接触，以至于到了自我孤立的程度”。面对包括传染病疫情等公共危机事件，我们的答案并不是恐慌或将传染病“隐喻化”，而是“胼手砥足地致力于某种有效的全球协作机制”。① 传染病的生物学危害将会随着人类医疗水平和防治措施的进步完善而逐渐被清除，但是由其衍生的“政治病毒”造成的意识形态隔离的“污点”却将长期存在，“人类命运共同体”构建的历史进程中，这两种治理力量之间的冲突和角力，也将会是人类文明发展的常态，而这恰恰是“疫情叙事”以及“传染病隐喻”的建构性力量之所在。

① ［斯洛文尼亚］齐泽克：《冠状病毒是对资本主义“杀死比尔”式的重击，并可能导致共产主义的重现》，宋尚诗译，“保马”公众号：https：//mp. weixin. qq. com/s/8py_ Z_ t0nkH5kvo TDGRCbA，2020 -03 -02。

2020年阐释学重要文献辑录摘要

马　涛

一　文学

1. 张江：《阐释与自证——心理学视域下的阐释本质》，《哲学研究》2020年第10期。

阐释的本质，亦即阐释为何而生，因何而无穷，是理解和认识阐释及建构阐释科学的核心问题。当下，沿及方法论与本体论的传统，对此问题的讨论，或止于功能性说明而难抵本质，或遮蔽于形而上的猜测而少有令人信服的证据。当代心理学研究为解决这些问题开辟新视野和切实路径。在心理学视域下，阐释的本质为"自证"——阐释主体证明自我的心理企图和冲动，以自证满足为目标和线索而持续展开，不断确证自我认知与自我概念，最终实现意识主体同质化的自我建构。自证的企图与冲动，为本体论阐释提供了可靠依据，给方法论阐释以合理证明。自证贯穿于言说、说明、翻译等全部阐释功能之中，不断更新人类知识系统，建构独立意识主体的认知图景。以阐释本质为起点的心理学与阐释学研究，具有广阔的理论前景。

2. 朱立元：《阐释逻辑中的精神科学与自然科学之辨——与张江先生商榷》，《探索与争鸣》2020年第2期。

张江《论阐释的有限与无限》一文对阐释逻辑做了系统的思考，但是有两个重要问题需要进一步商榷：其一，文中"精神科学"的提法值得商榷，该词在德国学界的使用源于精神科学与自然科学的对立，在我国学界的使用则与现当代学科分类的历史形成和约定俗成有原则区别；其二，自然科学方法应用于人文社会科学时应该谨慎，圆周率 π 是一种比喻和象征的修辞用法，和精确的定量分析并不相同，而用正态分布来论证公共理性的方法也值得推敲。

3. 朱立元：《印刷文化、数字文化、诗学和解释学——与希利斯·米勒讨论》，《武汉大学学报》（哲学社会科学版）2020年第5期。

美国文学理论家希利斯·米勒（Hillis Miller）对中国学者朱立元的论文《希利斯·米勒论文学的终结》提出了商榷意见。他反对许多中国学者关于当代文字媒体正在向视觉文化转变的看法，强调那应该是“印刷文化”向“数字文化”的转变。米勒的观点确实超越了中国学者的“视觉文化”论，总体上值得肯定。但是，米勒没有考虑中国的特殊文化语境。从中国的网络文学急速发展现实来看，当前印刷文化与数字文化是比翼双飞、相辅相成，绝非米勒所谓“不可逆”的此消彼长。米勒主张文学批评中的诗学研究与解释学研究互不兼容，必须把怎么说（诗学）和说了什么（解释学）区分开来。米勒的这种“对立论”观点存在片面性。实际上，不管诗学还是解释学，两者都既重视内容又关注形式，它们并非对立的，而是兼容互补的。

4. 南帆：《抽离了社会历史范畴的 π 还有效吗——与张江教授对话》，《探索与争鸣》2020年第1期。

张江教授采用正态分布描述各种阐释观点获得接受的概率，很大程度上，正态分布肯定的概率默认了公共理性的前提。然而，数学语言的抽象性滤掉了社会历史范畴——数学语言擅长的是表述各种超历史的现象。因此，概率无法说明为什么另一些偏执的文本阐释可能在特定的时间与空间突如其来地成为正统，并且形成特殊的效应。阐释的有限与无限构成一个巨大的理论旋涡，剧烈地冲击着见仁见智的多元阐释。必须穿过数学语言的帷幕持续地追溯社会历史范畴，探寻何种历史土壤促成了现代阐释的急速发育。

5. 张政文：《阐释逻辑的诠与阐法则——基于思想史与科学史的思考》，《探索与争鸣》2020年第4期。

认识与阐释是人类把握世界的基本方式，二者的逻辑有着本质不同。认识是指人对感性客观世界的认知，并在此基础上形成知识；阐释是指人类基于自身的理解、领悟和体验能力，对文本世界的意义昭示与价值言说。阐释逻辑法则下的诠，有求真、证实、显原的认知特性，将特定文本时空中的作者意图和文字语义还原出来，让公众理解，最终形成共识，构成知识，成为历史性的社会文化。在阐释逻辑法则下，阐是具体文本与阐者的对话过程，具有无限开放多元的特征，正态分布的有效区间性是阐的重要逻辑法则。然而，根据热力学第二定律，相对稳定、平衡、有效的阐的正态分布又总是一种临界区间，这也与历史唯物主义的基本精神相一致。

6. 李春青：《从意义的二重性看阐释的辩证法》，《探索与争鸣》2020年第3期。

任何阐释对象的意义都存在“显”和“隐”、“现实性”与“可能性”的二重结构，即“意义的二重性”。“显”代表已经实现或处于实现过程的意义，意味着价值得到实现和确证；“隐”同时是一种“潜价值”，代表尚未实现但具有实现可能性的意义。阐释实践是最典型的主体间性行为，其结果是意义的生成，作为一个意义事件的文本阐释就成为一种文化传统自我更新、自我创造的重要方式。意义的“显”或“现实性”总是有限的，而“隐”或“可能性”则总是无限的，这是阐释或意义的辩证法，也是价值的辩证法。变化则是意义与价值的常态。

7. 李春青：《走向阐释学的文学理论——40年来中国文学理论发展的回顾与瞻望》，《河北师范大学学报》（哲学社会科学版）2020年第2期。

40年来，中国的文学理论经过了艰难曲折的发展演变之路，从时代精神的表征转而为专业化追求，从“宏大叙事”转而为微观探讨，从辉煌到沉寂，从曾经的昂首阔步到今天的歧路彷徨，终于，“文学理论向何处去”成为困扰人们的一个问题。对于这个问题的回答，无论是理论上还是实践上都可谓众说纷纭，莫衷一是。然而根据近年来文学理论演变的整体趋势以及学理逻辑来看，走向阐释学或许是未来文学理论发展的方向，至少应该是可能的出路之一。走向阐释学的文学理论在思维方式、言说方式、言说指向和研究对象等方面都与传统的文学理论具有根本性差异。

8. 李春青：《70 年来中国文学阐释模式的嬗变及文艺学走向》，《河北学刊》2020 年第 1 期。

文学阐释模式是在一定历史时期内人们进行文学阐释所共同使用的一种研究方式，它与一定历史时期的文学理论乃至思想文化状况相关联。因此，对文学阐释模式的历史嬗变进行考察，可以从一个侧面窥见文学思想、文学理论和时代思潮的大致走向。20 世纪 50 年代是“经验阐释”与“观念阐释”的交锋，这可以从关于《水浒传》《红楼梦》等古典小说的讨论中看出来。20 世纪 60—70 年代“经验阐释”式微，“观念阐释”走向极端，成为一种变体。80 年代出现的带有科学主义倾向的“技术阐释”，以新老“三论”为代表；同时，此期的“观念阐释”也得到新发展，这集中体现在关于鲁迅小说的阐释中。至 90 年代，随着后现代主义思潮和各种文化理论的引进及运用，一种可以称之为“理论阐释”的新模式独领风骚。21 世纪以来，随着“70 后”“80 后”成为文学研究的重要力量，文学阐释模式的多元格局得以形成。

9. 李春青：《论经典传注的阐释学意义》，《甘肃社会科学》2020 年第 6 期。

中国古代的经典传注有着极为悠久的历史和卷帙浩繁的成果，形成了一种具有无可比拟的深刻性、丰富性和独特性的中国经典阐释传统。举凡述、说、传、注、解、故、记、训、微、论、议、释、笺、义、疏、章句、衍义等诸多词语都各自标识着某种阐释方式，蕴含着某种阐释思想，表征着某种价值取向和学术志趣，它们在整体上构成了中国古代经典阐释学多样统一的话语形态。把西方阐释学作为一种参照，在中西两大阐释传统的“对视”之中来思考中国古代经典阐释的现代意义，对于我们今天的中国阐释学理论建构无疑可以提供有益的启示。

10. 李春青：《论趣味阐释——兼谈中国古代诗文评的生产性问题》，《社会科学战线》2020 年第 5 期。

阐释是一种复杂的精神活动，这不仅是由于阐释主体的复杂性，而且也是由于阐释对象的多样性。对以虚构的人物、故事或者自然景物描写为内容的文学文本的阐释显然不同于对记载真实事件或者某种抽象道理的历史文本或哲学文本的阐释，而对于记录着某种瞬间感受、朦胧情绪的诗歌的阐释又不同于对叙事性文学的阐释。这就意味着阐释必然具有多种形式。“趣味阐释”是中国传统诗文评解读诗歌的主要方式，它在言说方式与运思方式上与通常意义上的阐释有着很大不同。趣味阐释基于趣味而又创造着趣味，在这个意义上说，趣味阐释又是一种具有创造性或者生产性的诗歌解读方式。

11. 李春青:《从“文本阐释”到“自我阐释”——王阳明经典阐释学思想的实践性品格》,《山东师范大学学报》（社会科学版）2020 年第 4 期。

在儒学经典阐释学的历史上，“汉学”与“宋学”分别代表两种阐释模式。前者坚持“章句训诂”之路，称为传注或注疏之学，以“我注六经”为己任；后者则坚持“发明本心”门径，名曰心性之学，以“学作圣人”为鹄的。在“宋学”系统中又有两种不同的阐释方式：一者以程朱为代表，主张从文本阐释而达于自我阐释，所谓“格物致知”；一者以陆王为代表，主张以自我阐释统摄文本阐释，所谓“致良知”。王阳明关于“自我阐释”有系统阐述，在突破传统儒学思维方式、张扬个体主体精神方面起到了划时代作用。

12. 周宪:《作为阐释学根据的公共理性》,《探索与争鸣》2020 年第 1 期。

张江教授提出文学阐释学可以被置于西方“语言学转向”的思潮中来理解，即从对阐释意义的讨论转向阐释本身规则的探索。在阐释行为中普遍存在着有限与无限两种不同的理路——诠之有限性和确定性，与阐之无限性与不确定性，构成了阐释的内在张力。而如何解决这一张力是问题的关键。张文最具创新性的地方在于引入科学的原则和公式，具体清晰地楬橥阐释的有限性与无限性之关系，使限于语言层面的说明得到精确化的科学阐释。借助库恩的范式理论，可以发现阐释学“公共”概念包括了文学研究的学科或学术共同体以及一般文学读者公众。同时，这种“公共性”也涉及了理性的推理与逻辑。

13. 高建平：《作为阐释活动中预设存在项的作者意图》，《探索与争鸣》2020年第4期。

在当下纷繁复杂的关于文学意义的阐释中，作者意图的重要性值得重新强调。阐释是一个回溯的过程，从文本可以看到作者意图的预设性存在。从作者意图到作品文本的意义，再到读者感受理解时所形成的意味，经历了双重生产的过程，要从生产活动的过程性来理解意图、意义、意味三者的关系。由此，读其书还是要“想见其为人”，通过“以意逆志”，从“传达”的角度看文学艺术，这是避免理论的空谈、回到可操作性的重要途径。

14. 高楠：《论有限与无限的共时性——重思“阐释”》，《探索与争鸣》2020年第1期。

张江教授的《论阐释的有限与无限》一文是在西方理论碎片化及中国文学理论实用主义问题化倾向的理论态势中，进行哲学阐释学建构的一篇重要论文。它是继《强制阐释论》及《公共阐释论纲》之后从更高层次的普遍性角度对中国阐释学的系统建构。其中开创性地提出的阐释的有限与无限的共时性，是阐释的公共理性的过程性运作；阐释有效性则是阐释无限可能性见于具体阐释有限性的公共理性的验定。由此，阐释这一阐释学的核心概念，以其深刻的问题求索性引起了进一步的关注与追问。

15. 丁帆：《“我们的需要就是解释世界的需要”——中国现当代文学批评史中的阐释学现象》，《探索与争鸣》2020年第5期。

通过对“古典释义学”和“现代阐释学”的解读以及对作家与文本“误读”效应的分析，比照中国现当代文学批评史，尤其是近40年来的文学批评，可以发现，对阐释的有限和无限机制的忽略及批评价值观的游移，导致了中国现当代文学批评方法单一化。重视批评的多元性和包容性问题，探讨如何正确对待阐释学中的“误读”这一历史性难题，有助于推进重建文学批评方法论，并在文学批评史重估的过程中谋求阐释的多样性。

16. 张福贵：《文学史学研究中技术分析法的有效性问题》，《探索与争鸣》2020 年第 5 期。

量化分析本质上是技术主义的方法，具有科学性与合理性，然而能否从历史的长线来对文学史现象和作家作品做出相对超越性的评价，是存有疑问和不无难度的，它指向了文学史研究中新的理论生长和文学史文本写作的新思路。由此，在中国文学史观本质主义和反本质主义的讨论中，“阐释主体的权利”提醒我们对于文学史进行个人性阐释的可能，“公共理性进步或退化”能够很好地解释中国现当代文学研究中评价尺度的变幻问题。而在中国当代文学发展过程中，公共理性最核心和最恒定的内涵只能是人性和人类性，无论是审美评价还是思想评价，都不能忽视这个基础和底线。

17. 毛宣国：《“主体性”“失语症”与“强制阐释”——从三次重要论争看 40 年来中国文论的演进》，《文艺争鸣》2020 年第 12 期。

新时期的中国文论是在论争中发展的，从 20 世纪 70 年代末以来的中国文论，几乎每一个历史阶段都进行了一些重要的学术论争。从中国当代文艺理论的思维转向和理论路径发展来看，有三次论争最为重要，即 20 世纪 80 年代的“主体性”讨论、20 世纪 90 年代由“失语症”所引发的“古代文论的现代转化”的讨论、近年来围绕着“强制阐释论”所展开的论争。这三次重要的学术论争刚好对应 40 年来中国文论发展的三个重要时期，为我们认识中国文论的发展规律提供了重要的启示。

18. 韩经太：《论中国诗学主体精神的创新建构——从元典阐释与原点问题出发的理论思考》，《文学遗产》2020 年第 5 期。

中国诗学主体精神创新建构的原点问题是：第一，创新阐释“开山的纲领”，在先秦与秦汉的大历史视域下，聚焦个性怀抱与公共关怀相互生成的机制问题，思考艺术自由的社会保障机制和个性主体的公共关怀精神；第二，申论孔子“吾与点也”之意，探究程朱之阐释理路而引入孔子“尧舜其犹病诸”之批评理性，剖析苏轼“高风绝尘”之说而发掘陶渊明之典型意义，提炼农耕文明和耕读文化交织而成的田园诗情画意，以阐发“诗意栖居”之当代范式；第三，推敲关乎“众妙之门”的先哲言说，通过发掘《老子》命名言说之主体智慧，确认以终极探索的深邃眼光发现生活真实之美的言说原则，从而确立旨在“人类命运共同体”话语体系的“中国言说精神”。

19. 段吉方：《冲突与共在 ：阐释学视域中的有限与无限——对高楠教授一文“接着说”》，《探索与争鸣》2020年第4期。

从两极共体的角度探析阐释的有限与无限，是符合阐释学的基本要义的。还可以进一步强调，阐释的有限与无限不仅是两极共体式的“共在”，更多是两极共体的“冲突”，冲突大于共在，有限与无限的冲突在根本上指向阐释的无限。阐释的无限不是说阐释没有客观标准，或让阐释走向过度和过界，而是指阐释的循环导致阐释无限接近真理的特征。阐释的有限与无限，揭示了阐释活动中冲突与共在的特性，也指向了阐释学中过度阐释的解决限度问题，即“共在”是冲突和无限中的“共在”，过度阐释只能在阐释的有限和无限的张力中寻求解决。

20. 谷鹏飞：《阐释的记忆与技艺——〈文心雕龙〉在美国汉学界的“中国性”与“世界性”问题》，《文学评论》2020年第1期。

《文心雕龙》在20世纪美国汉学界的传播与研究，不宜简单理解为汉学研究的比堪发微，而应理解为比较研究的阐释学问题。美国的《文心雕龙》比较研究，以20世纪中叶以来渐成世界文学批评中心的美国整体文学语境为阐释空间，以阐释的记忆与技艺为研究方法，既回返中国文学批评历史语境凸显《文心雕龙》的“中国性”身份，又移置美国文学批评当代空间而拓展《文心雕龙》的“世界性”价值，从而成为20世纪海外《文心雕龙》研究最有建树的成果。

21. 曾军：《总体阐释的量化分析是否可能——对南帆教授一文的延伸讨论》，《探索与争鸣》2020年第3期。

张江教授与南帆教授围绕“阐释的有限与无限”所展开的讨论可以引出关于文学意义总体阐释的量化分析是否可能的问题。这就需要建立一种有关文学意义阐释的总体性观念，并引入量化分析作为手段。量的判断是理性思维的认知形式之一，数学化、数字化、数据化不断丰富量化分析的方法。所谓“阐释的有限与无限”，应该从定性和量化两个角度来共同思考：量化乃质之量化，而非无质或去质之量化。量化是质的抽象化，是以“科学化手段”对社会历史范畴的描述，进而把握其背后的规律。

22. 陈开举：《从语境看阐释的有限与无限》，《社会科学辑刊》2020 年第 6 期。

发话人或作者受其认知到的社会历史文化、客观世界、情景要素、个人意图的影响发出话语或文本，其中直接的字面意义根据词汇、语法、文法容易得到较为一致且可证伪的阐释结果；审美、伦理道德教化意义则随着阐释者所处时代的不同而见仁见智，宜从哲学、思想史、社会历史文化等方面运用知识考古的方法析出阐释的依据；作者意图最具个性化特征，随着作者生活阅历而变迁，对此，在阐释端往往莫衷一是，成为阐释学研究的重要基础性课题，也是当下学界争论的焦点问题。阐释者要依据文本提供的期待作者与阐释者互明的语境线索，找出作者在文本创作时最佳关联性的语境要素，从而求得最佳阐释，即符合作者意图的阐释。这是避免强制阐释、追求公共阐释的路径，也是对阐释的有限性和无限性做出的一种具有可操作性的探讨。

23. 吕洁、陈开举：《语境参数、文本阐释与意义确证——论语境对阐释的约束》，《哲学研究》2020 年第 8 期。

文本阐释受到语境约束，语境决定意义，然而语境分析的多元性和任意性给意义确证带来困难。本文引入语境参数，并将语境具象为社会历史文化语境、情景语境和语言语境三个层次。阐释主体通过析取其视域中有效的关联性语境参数，形成针对阐释对象的逻辑意义链，最大程度实现意义确证。同时，关联语境参数的多层次性也能对多元阐释的有效性提供合理依据和判断标准。语境参数通过其内在认知机制，成为阐释有效边界的明证。

24. 卓今：《马克思、恩格斯的“对抗性阐释”及其阐释学意义——以〈德意志意识形态〉之“圣麦克斯”为例》，《贵州社会科学》2020 年第 9 期。

在文化立场和价值导向上，比较容易做到的是“顺着说”和

“接着说”。但在已有的框架之下，强大的对手面前，要建构新的理论体系和话语体系，“对着说”是基本方法之一。对抗性阐释就是以批判和冲突的方式与自己不同观点的文本进行对话，阐释者与阐释对象保持一种不合作、且反对的姿态，并在此基础上用针锋相对的观点进行一种新的理论建构。马克思、恩格斯在《德意志意识形态》“圣麦克斯”篇章中就是用查找问题的方式进行一种对抗性阐释：（1）事物本质与现象之间的逻辑关系问题；（2）个别阐释对象与普遍规律的逻辑关系问题；（3）语言与思维的逻辑关系问题；（4）起源与发展过程的历史关系问题；（5）对黑格尔哲学及其他哲学家的断章取义的问题；（6）理论资源和文献来源的问题。通过以上6大问题从“逻辑”“历史”和现实等角度批判施蒂纳的“利己主义”理论，建立自己的理论体系。这一阐释方法对中国阐释学方法论建构具有重要的现实意义。

25. 卓今：《阐释学视角下的中国当代文学经典化观察——以周立波的〈山乡巨变〉为分析对象》，《文艺争鸣》2020年第5期。

当代文学作品能否成为经典，取决于一些新的变化：（1）观念的变化，读者期待视野发生更迭；（2）形式融入大量新元素，其价值有待重新评估；（3）文本可阐释的空间多种可能性的生成；（4）意识形态和文化权力变动；（5）学科发展的技术主义与历史主义内外诱因，促成文学的隐性要素变为显性；（6）民族文化战略意义主导下的文化意识的崛起。周立波的部分作品恰好都能适应这些变化，被时间筛选过后，他的两部长篇小说《暴风骤雨》《山乡巨变》在思想性和艺术表现力方面，其固有的价值和被阐释出来的“新的”价值渐次显现。

26. 李建盛：《诠释学与作为本体论的文学阅读事件》，《山东师范大学学报》（社会科学版）2020年第4期。

哲学诠释学把阅读作为文学诠释活动的核心概念，把阅读活动提升到本体论的地位。哲学诠释学影响下的接受美学、读者反应理论以及阅读反应批评等共同构成了当代文学阅读理论的大合唱，并实现了文学阐释从作者中心论、作品中心论向读者中心论的理论转变。诠释学的阅读是一种理解者积极参与文学作品文本的主动行为和创造行为，诠释学的文学阅读和理解始终是一种鲜活的、动态的经验，文学作品的意义同样发生在作为本体论事件的阅读和理解事件中。

27. 李建盛：《诠释学与作为人文科学的文学理论》，《河北师范大学学报》（哲学社会科学版）2020 年第 2 期。

诠释学作为理解和解释的学科与人文科学有着特别密切的联系，而文学与作为文学阐释形态的理论无疑属于人文科学的范畴。文学作为人文科学的对象具有不同于社会科学和自然科学独特表现方式和特征，作为人文科学理解的文学理解有其自身的阐释方式和独特路径，不同的诠释学形态都为作为诠释学人文科学的文学理论提出有益的洞见，今天的诠释学文学理论应体现诠释学的对话精神，在多维度的诠释学视野中建构诠释学的文学理论。

28. 王艳丽：《“意图”之辨与学术范式的建构》，《探索与争鸣》2020 年第 12 期。

作为阐释学最基础的理论概念，“意图”观对于人文社会科学研究具有重要的根基性意义。21 世纪以来，无论从社会历史发展还是学术脉络演进来看，建立一种能与研究文本完美契合的学术范式已经成为一种迫切需要和必然趋势。文学意图研究在近几年取得深入进展，它建基于对当下学术现实的有力反思——过度强调读者意图使阐释走向相对主义和虚无主义，深入剖析其产生的社会历史和学术原因，呼唤“作者”意图重新登场，并在动态系统中对作者意图、读者意图、文本意图给予新的定位和理解，探索更为合理的意义生产方式，力图达到研究范式与文本的共鸣。意图之讨论有益于人文社会科学学术范式的建立，对人文学者的学术观念也有匡正之意义。

29. 韩伟：《〈周易〉的阐释模式及其诗学面孔》，《北京社会科学》2020 年第 10 期。

《周易》不仅是“群经”之首，其阐发义理的模式亦堪称典范，并对中国诗学阐释的发生、发展产生了深层影响。《周易》天、象、经、传的历史演进方式形成了以天人互感、拟象立意、义理注入为主的三种阐释模式，它们在诗学阐释中被具体体现出来。卦象蕴含的天人互感逻辑塑形了诗学阐释中对文学发生、文学技法、文学功能的阐发；经辞“近取诸身”“远取诸物”的拟象方式不仅影响了诗学阐释中的形象思维，亦开启了“语象”阐释的先河；传辞中“哲理”与“伦理”的辩证关系，对诗学阐释“天德—人德—文德”义理灌注模式的形成具有原型价值。《周易》的阐释模式、阐释思维不仅具有经学和诗学的双重意义，也对现实的文学批评、文学评论具有启示性。

30. 郑伟：《“诗可以观”与〈诗经〉的文学阐释学——以欧阳修、苏辙的诗经学为中心》，《华南师范大学学报》（社会科学版）2020年第5期。

《诗经》的文学阐释是一个只有在经义得到保障的前提下才能讨论的问题，它在最大程度上取决于诗意和经义的结合方式，涉及《诗经》的读法。根据“诗可以观”的读法，宋人在读者自我理解的层面上释放经义的潜能，从而置换出一个相对独立的诗意空间，并极大地解放了诗歌的人情世界。在这种情况下，诗歌的贞淫邪正并不妨碍观风知政或观己得失的经学功能，学者们也就不必过分纠结于诗意和人情的自然属性了。“诗可以观”的文学阐释学功能即在于此，它将诗意嵌入了诗经学的意义结构之中，使我们能够更加有效地来谈论《诗经》的文学阐释史。

31. 权达：《理念客观性与实在客观性的辩证统一——贝蒂方法论阐释学中的“阐释逻辑”》，《贵州大学学报》（社会科学版）2020年第5期。

长期以来，以伽达默尔为代表的本体论阐释学占据着我国阐释学研究的主导地位，而意大利哲学家埃米利奥·贝蒂的方法论阐释学较少受到重视。其实，贝蒂的方法论阐释学理论在西方阐释学史上地位重要，它与本体论阐释学共同构成当代西方阐释学全貌。在贝蒂的代表性著作《阐释的一般理论》中，他将“价值”作为其整个阐释学理论体系的核心概念，由此进而将客观性区分“理念客观性”与“实在客观性”，指出阐释活动是通过“意义形式”为中介，追求“理念客观性”的辩证性与公共性过程。从“阐释逻辑”所要求建立的确定性、开放性、收敛性、可接受性等立场出发，对贝蒂阐释学理论基础部分的若干重要概念进行辨析，并借鉴其理论中的合理因素，对于丰富和发展“阐释逻辑”本身以及推动中国阐释学思想体系构建都具有启发意义。

32. 庞弘：《阐释边界的实践之维——以赫希的文艺阐释学思想为中心》，《外国文学》2020年第5期。

在人文社会科学中，“阐释的边界”是一个难以忽视的议题。美国学者赫希在捍卫确定性意义的同时，试图从经验层面践履对阐释边界的追问与探究。基于“或然性判断”与“有效性验定”这两种阐释的方法论策略，赫希表明，阐释边界的建构无须在“开放”与“封闭”之间纠结徘徊，亦无须因循“由浅表及深层”的传统模式，而应当是一个从相对粗疏走向更加精确的“猜想与反驳”的动态过程。在此过程中，意义或许无法被最终确认，但始终处于不断被趋近的“可能性”状态。在赫希的理论中，阐释边界不仅是文本意义的限定条件，同时也涉及对普遍律令与真理价值的执着守望。

33. 田源：《阐释学视域下的“颓废”诗学建构历程》，《南京理工大学学报》（社会科学版）2020年第4期。

西方“颓废”诗学以颓废主义话语为核心，吸纳浪漫主义、象征主义、唯美主义、现代主义的共通之处，成为多种现代文艺理论融合的产物。关于“颓废”诗学的影响研究，中国现代文学史的传播与当代阐释的变异性至关重要。诗学意义的新生源自读者批评的不断阐释，从晚清至“五四”，再到中华人民共和国成立初期，“颓废”诗学贯穿了中国文学的传播接受，新诗的读者批评领域尤为明显。中华人民共和国成立以后中国学界对“颓废”诗学的研究现状呈现出否定、消极、腐朽的意味，不少学者在概念的使用和推理上存在模糊与矛盾之处。读者参与丰富了“颓废”诗学的阐释路径，令其在不同的文学场域焕发出别样的光芒。

34. 胡英：《从文本到读者——论托多罗夫“作为建构的阅读”中的视域融合》，《外国语言文学》2020年第5期。

茨维坦·托多罗夫曾是当代法国最重要的结构主义文学批评家之一，然而在他学术生涯的中后期，他逐渐突破了结构主义美学的局限，不再将文本视为一个孤立、封闭的系统，而将研究的重点从文本分析转到了文本和读者之间的对话关系。虽然托多罗夫对读者在阅读过程中所起作用的理解尚未达到后来的读者批评理论家的深度，但他运用各种批评方法以期达到一种视域融合的尝试是值得后人借鉴的。

35. 张伟：《听觉符号与当代文学阐释学的话语生产》，《学术研究》2020年第8期。

作为“媒介论”转向的理论产物，文学活动中的听觉问题愈益凸显。技术治下的听觉符号脱卸了传统文学审美场域中的观念性形态，以脱离音源在场的文本化存在成就了文学阐释场域的表征实践。无论是以广播剧为代表的听觉阐释模式抑或以影视、网络改编为代表的复合符号阐释模式，听觉符号凭依言、音、乐等多元形态的叙事体例打破了文学阐释学一度以来的语言主宰，以一种互文性的表征模式建构了当代文学阐释学复合符号的文本形态与集成式的叙事体例，从而在为“听觉现代性”提供文学佐证的同时，对中国当代文学阐释学话语体系的建构同样提出了思考。

36. 冯寿农、黄钏：《保罗·利科诠释学的文本理论探析》，《厦门大学学报》（哲学社会科学版）2020年第1期。

文本诠释学是保罗·利科构建其诠释学理论体系进程中一个成熟而具有建设性的阶段。他提出了一系列概念，诸如间距化、归己化、文本世界、诠释学之虹等，其中有些概念是在已有基础上加以改造而成，另一些则是利科的独创，成为其诠释学理论大厦的重要支柱。通过这些概念，利科不仅对诠释学传统疑难问题进行梳理与澄清，逐步完善了文本诠释学理论，并把文本诠释视为一种范式，试图呈现文本诠释在方法论层面上的作用，把诠释学理论推广到其他领域。

37. 宋晓春：《“中国阐释学”义理与典籍翻译中的多元阐译》，《湖南大学学报》（社会科学版）2020年第3期。

从中国本土阐释学资源中选取诸多义理对典籍翻译的多元阐译现象进行解释，发现中国阐释学思想对该现象具有充分的解释力，其中境域论论证了典籍翻译中的多元阐译是译者受其最切近层次境域所产生张力的产物，“原意”和“用心”论说明了文本意义的相对性和确定性，文本的“用心”可被视为翻译阐释的“知识”之界，而“虚心”论则可视为“德性”之界，典籍翻译中双重阐释之界的提出应和了中国两轮哲学的传统。

38. 黄大军：《虚构的权威与诠释的游戏——安贝托·艾柯“过度诠释”理论探析》，《文艺评论》2020 年第 6 期。

艾柯过度诠释理论是在反对后现代种种过度诠释症候的过程中产生的，也是在与各种理论遗产的对话中产生的，更是在总结文学理论经验与个人创作经验的基础上得以验证的。艾柯诠释学能还诠释者以应有的诠释自由，还文本以不超出自身的意义与意蕴，其兼具开放与约束的辩证诠释学理论为当下的文本诠释实践提供了重要的理论依据，丰富并拓展了诠释学思想的空间。

二　哲学

39. 洪汉鼎：《诠释学的中国化：一种普遍性的经典诠释学构想》，《中国社会科学》2020 年第 1 期。

如何由中国传统的经学发展出现代经典诠释学，这是当代中国的汉语哲学所要尝试的一种创造性转化工作，为此，我们提出一种普遍性的经典诠释学构想。创建普遍性的经典诠释学是一项重要的学术理论工程，既要深入理解西方诠释学的发展历史以及当代哲学诠释学理论，特别是全面掌握伽达默尔诠释学思想和理论及当代的发展，又要全面整理中国经学的漫长经验与历史及其训诂学、考证学、文字学、文献学、注释学等学问。我们提倡以经学的现代化作为出发点，建立一门既不同于中国传统经学又高于西方诠释学的普遍性的经典诠释学，并向世界展现中国的经典诠释理论与方法。

40. 洪汉鼎：《关于 Hermeneutik 的三个译名：诠释学、解释学与阐释学》，《哲学研究》2020 年第 4 期。

本文首先从西方概念史的角度介绍了古希腊词 hermeneutike（德文 Hermeneutik，诠释学）与 Interpretation（解释）的同义关系，进而又从 Interpretation（解释）在西方近代时期所发展出来的两种含义，即 Erklärung（说明）和 Auslegung（阐释）中简洁地指出了近代诠释学与当代诠释学的本质差异，从而详尽辨析了 Auslegung（阐释）这一狄尔泰、海德格尔与伽达默尔关于 Hermeneutik（诠释学）的最关键概念是当代哲学诠释学的本质和功能意义。

41. 潘德荣：《本体诠释学与本体论诠释学》，《天津社会科学》2020 年第 2 期。

本体论诠释学是学界用以标志海德格尔与伽达默尔一脉的诠释学，本体诠释学是成中英所创，其英文形式，也是成中英为了区别海德格尔与伽达默尔诠释学而刻意新造的词汇，用以区别西方的 Ontological Hermeneutics。质言之，海德格尔的实事性诠释学乃是基于此在的新本体论，而成中英的“本体”概念植根于中国的思维传统，并将本体与方法两者视为一个具有关联性及其可转换性的互动互摄之整体。通过一种比较研究的方式，可以厘清这两种诠释学的内在特征与区别，以及成中英本体诠释学的理论贡献。

42. 傅永军：《现代诠释学类型阐论》，《中国社会科学》2020 年第 3 期。

德国学者舒尔茨将现代诠释学划分为三种类型：技艺诠释学、诠释哲学和哲学诠释学。舒尔茨的划分富有洞见，但却证明不力，缺乏哲学根据。从存在论上说，现代诠释学从方法论诠释学转型发展为存在论诠释学，同时伴随着其哲学基础从传统实体存在论向着现象学存在论的转换，存在论立场上的差异是导致现代诠释学分化出不同类型的源发根据。从理解功能的规范解释上说，不同类型诠释学有着不同的认知取向，并随之生成不同的自我理解。技艺诠释学关注“正确理解”，诠释哲学关注“理解何为”，而哲学诠释学则致力探究“理解的条件”，回答理解如何可能这个更为根本的哲学问题。对现代诠释学进行类型研究，有助于澄清诠释学概念，了解现代诠释学家族的复杂性，把握现代诠释学的意义，推动中国诠释学研究的多样化发展。

43. 傅永军：《强制阐释、公共阐释与中国阐释学的创造性建构》，《山东师范大学学报》（社会科学版）2020 年第 5 期。

张江所致力建构的“中国阐释学”在时间上晚于海外华人学者的

中国诠释学建构，但在理论建构的系统性、理论的说服力以及自我证成能力诸方面均有独到之处。张江的中国阐释学建构重回文本诠释学，从强制阐释到公共阐释再到中国阐释学的系统建构，分别讨论了中国语境下阐释学的命名、阐释的公共性与有效性、阐释的边界约束以及以阐释的客观性在有限性与无限性张力之间的正态分布等问题，并提出了“阐释 π”这个原创性概念。张江将阐释视为人的存在和社会存在的基本方式，不仅强调阐释的认知功能——对客观性的文本意义的揭示，而且更加突出阐释的实践功效。他的中国阐释学建基在中国思想与文化传统之上，兼具哲学的认知理论和阐释的社会理论两个面向，实为理论创造性建构之可效仿之典范。

44. 傅永军：《论中国经典诠释传统现代转型的路径选择》，《哲学研究》2020 年第 1 期。

中国经典诠释传统的现代转型面对着复杂的形势。在外部，面对西方诠释学的刺激，需搭建中西对话平台，引西方诠释学为中国诠释传统完成现代转变的参照镜像，建构问题域并在创造性思维的指引下实现“化西为中”的对话目的。在内部，因应“古今之辨”，需搭建由古通今之桥，将中国经典注释学由一个“古典论题”转变为“现代论题”，打开从经典注释学转型为经典诠释学的通道。只有对中国经典诠释传统转型的诠释学处境做出准确分析与判断，才能为中国经典诠释传统的古典 - 现代形态转换找到最佳路径。

45. 傅永军：《中国经典诠释传统现代转型研究之检省》，《天津社会科学》2020 年第 6 期。

中国经典诠释传统的现代转型，既不是转型为方法论诠释学（技艺诠释学），以服务于正确理解，也不是转型为“诠释哲学”，为通过经典诠释进行思想创造提供理性辩护，而是要转型为“哲学诠释学”式的现代诠释学，演进成为一种关乎真理发生的理解理论，以理解本身为研究对象，探究理解所以可能的条件，成为一门有中国气象的理解理论，一种充分考虑经典诠释的汉语经验、有中国思想运思特色且融会了西方诠释学智慧的哲学理论。唯其如此，中国经典诠释传统才能真正获取现代形态，满足经典诠释的现代性要求。

46. 傅永军：《阐释有限与无限关系的形而上追问》，《社会科学辑刊》2020 年第 6 期。

《论阐释的有限与无限——从 π 到正态分布的说明》一文，对一个古老的阐释学难题做出了新解说。新解说在意义生成问题上坚持阐释的历史认知原则，在意义本质问题上，则倾向于阐释的实在论立场，内在地存在着一种张力。新解说通过主张一种“弱的阐释实在论”，消除理论内部的这种逻辑自反现象。“弱的阐释实在论”以复合视角分殊处理阐释有限与无限问题。阐释有限被放在存在层面讨论，阐释无限则被放在认识层面讨论，前者指引出阐释的边界约束，是限制阐释于合理范围内的实存条件，后者则毕现了理解的自主性，是创造性展开意义阐发的认知根据。“弱的阐释实在论”只有在现象学存在论意义上才有其可能。这意味着新解说须立基于现象学存在论，方能在逻辑上达致融贯。

47. 何卫平：《辩证法与现象学的会通——以伽达默尔的“效果历史意识”为例》，《天津社会科学》2020 年第 4 期。

“效果历史意识”是哲学解释学的核心思想。伽达默尔在论证它的过程中同黑格尔对反思哲学的批判联系起来了。这里涉及黑格尔的“中介”概念，以及它所包含的反思和自否定的概念。要理解伽达默尔的效果历史意识的关键在于把握它与黑格尔的“反思”概念的关系。这从一个方面体现了解释学与辩证法的联系，同时显示出辩证法与现象学是相容的，现象学就在辩证法中，它们可以共同来描述解释学的经验。

48. 何卫平：《经典诠释与经典解释学刍议》，《天津社会科学》2020 年第 6 期。

“经典解释学”隶属文本解释学，在经典诠释和一般解释学（或哲学解释学）之间，处于中间的位置，它既离不开对经典诠释经验的总结和反思，又离不开一般解释学或哲学解释学的指导。经典解释学不可能只是探讨一些细枝末节的东西，它应当有哲学的高度与深度，但又是结合着经典诠释经验来进行的。对经典解释学的研究应当包括中国的和西方的一切有价值与合理东西的吸收和转换，因此它天然地带有比较的性质和融贯的要求。

49. 张能为:《伽达默尔“实践哲学转向”及其意义理解》,《世界哲学》2020年第3期。

存在于伽达默尔解释学中的“实践哲学转向”,既是为伽达默尔本人所肯定也是为学界普遍认同的一种关于伽达默尔学术研究重心演变的基本看法。不过近年来,学界有些不同的意见。作为一个专门性问题加以深入的讨论,将使人们能够真正准确理解和充分把握伽达默尔的“解释学作为实践哲学”的核心性主题和思想实质。伽达默尔晚年曾明确指出,自《真理与方法》之后,他的研究转到了另一个完全不同的方向:实践哲学及社会科学问题。正是通过实践哲学的转向,并在与贝蒂、赫施、哈贝马斯、利科尔和德里达的批判与反批判论争中,伽达默尔的解释学的实践哲学维度得到了鲜明的展开,实践哲学作为“第一哲学”的地位和性质得以确立。这一转向也带来了哲学本身的多维度变革性意义,并引发了西方哲学从注重对世界事物的绝对的永恒的知识性认知的理论哲学向反思人类存在和行为意义的实践哲学的伟大转变,极大地推进了现当代实践哲学接续、重建和复兴的思想运动。

50. 张能为:《经典诠释学的“经典性”与实践哲学向度》,《天津社会科学》2020年第6期。

经典诠释学是和哲学解释学、实践解释学紧密联系在一起的,经典解释学不仅是要弄清楚文本的含义是什么,更重要的是要去教化,形成和构建人类的普遍价值意识和意义理解,并在经典的理解和解释中继续发扬人文主义传统,传承人文主义精神。经典诠释学不应仅仅是一种施莱尔马赫时期关于精神科学文本的普遍解释学理论,它从本质上也应该是一种解释学的实践哲学,始终需要从人的存在自身出发,通过实践哲学为一切基于科学基础上的理性能力指示出其应有的与合理的位置。

51. 张能为:《语言与理解:伽达默尔解释学的语言存在论意义》,《中国社会科学评价》2020年第2期。

在伽达默尔看来,语言意义迄今尚未得到本质性和核心性的理解，其所创建的哲学解释学正是将语言视为人的存在的世界经验，深刻分析了语言的理解对象、理解过程和理解模式，提出和阐述了一种以语言为主线的“理解本体论”，并将解释学的普遍性置于人们生活世界的实践性思考中，从而真正确立起了语言在哲学思考中的中心地位。“能被理解的存在就是语言”，当存在问题与语言问题、语言理解与实践哲学统一起来，本体论问题不再是一种超验的实体性思考，而是置于人们现实存在经验的语言之中而得到新的理解和规定，形而上学或许因此有了新的方向。

52. 孙周兴：《试论一种总体阐释学的任务》，《哲学研究》2020年第4期。

阐释学/解释学（Hermeneutik）具有多重意义。当代阐释学可望在保持多元样态的基础上成为一种“总体阐释学”（Gesamt – Hermeneutik），它要在哲学与方法、科学与人文、艺术与哲学之间进行创造性综合，即它面临三项任务：首先，要在阐释学内部“平衡”作为哲学的阐释学与作为方法的阐释学；其次，要在阐释学外部“调解”作为科学（自然科学）方法的“说明”与作为哲学（人文科学）方法的“阐释”；再次，更要以现象学的思想姿态，“持守”“解构”与“建构”的二重差异化运动，开辟“艺术 – 哲学”或“诗 – 思”“二重性”（Zwiefalt）创造之道。“总体阐释学”不是要重归同一性哲学传统，而是要以未来为基本定向，成为未来哲学的思想方式（广义方法论）。

53. 孙周兴：《没有论证，何以哲学——兼论阿佩尔的先验解释学》，《中国社会科学评价》2020年第1期。

以阿佩尔的先验解释学或先验语用学为背景，特别是从他具有明显方法倾向的“先验论证”出发，来探讨一般哲学中的“论证”方法问题，其基本思路是：哲学与宗教大有不同，哲学是“论证”，而宗教是“信仰”，“论证”是强力的掌控，而“信仰”是弱势的服从；在尼采之后的后哲学运动中，论证—推论式哲学已经受到了广泛的质疑，像阿佩尔这样坚持“先验论证”的哲学家已属少数，这时候，我们大概不得不提出一个问题：没有论证，何以哲学？——哲学还需要论证吗？哲学需要何种论证？如何坚持论证？有各种论证吗？

54. 陈嘉映：《谈谈阐释学中的几个常用概念》，《哲学研究》2020 年第 4 期。

通常认为，被认知的东西是什么样子，跟我们怎样认知它无关。但文本这一类东西不是这样，对文本的认知既改变认知者也改变被认知者。近代阐释学发展出来的一些核心观念，例如文本解释的对话性质，须从这种双向牵连来理解。这些新观念拓展了阐释学的范围，加深了阐释学的内涵，但也带来了对相关概念的混淆和误用。在阐释学发展的当今阶段，应让阐释、对话、误读等概念各归本己。

55. 陈嘉映：《阐释与两类认识》，《中国社会科学评价》2020 年第 1 期。

海德格尔提出“此在阐释”，把阐释学扩展到对人的理解，并且主张从哲学上理解，此在阐释学才是阐释学的首要意义，此在不是文本，怎么用得上“阐释”这个概念呢？我想通过区分两种类型的认识，尝试来理解海德格尔的“此在阐释”。所谓两类认识，其中一类，被认识的东西是现成固定的，它是什么样子，跟我们怎样认知它无关；另外一类认识，被认识的东西不是现成固定的，它跟我们怎么认识它，是否认识它，有着内在联系。区分两类认知有助于澄清某些思考。

56. 张志伟：《创建“中国解释学”的意义——从哲学解释学的视角看》，《北京大学学报》（哲学社会科学版）2020 年第 3 期。

创建中国解释学的目的是让中国传统经典“复活”于现时代，并且参与到当代中国文化之中，乃至参与到世界文化之中，这不仅是可能的，而且是必要的。当代中国的所有问题都可以概括为“中外古今”这四个字，我们不仅面临着对自身传统的理解和解释问题，也面临着对西方文明的传统的理解和解释问题，以及不同文化之间的相互理解和解释的问题，所以我们貌似处在不同文化的“焦点”之中，这也许是我们“得天独厚”之处，使得我们有可能在这个全球化的时代做出更大的贡献。创建中国解释学的首要工作是对传统的理解和解释。看起来，传统文化适应于传统社会，如何让它在现代社会“复兴”是一个难题，我们可以称之为如何使传统“驯服”现代化，这并不是不可能的。

57. 江怡：《阐释问题之哲学拓扑学分析》，《探索与争鸣》2020年第7期。

哲学拓扑学是研究概念间逻辑关系和概念流形性质的哲学方法论，其以“空间分析法”和“概念分析法”为主要方法，旨在从形式和内容两方面揭示阐释问题的性质。依哲学拓扑学分析，阐释问题实质为概念间的相互联结，即不同概念间如何通过阐释活动而建立一种网络，每一概念都在此种网络中得到理解。阐释活动是确立每一概念边界的过程，而阐释的边界构成阐释的逻辑空间。每一阐释活动皆显示其自身逻辑空间，并以其自身边界规定阐释活动的性质。确定阐释活动之边界，显示阐释活动之逻辑空间，即为阐释问题之形而上学。

58. 陈嘉明：《无解释的理解是否可能》，《哲学分析》2020年第5期。

“理解”与“解释”不论是在哲学本身，还是在知识论与科学哲学中都受到普遍的关注。就它们两者之间的关联问题，利普顿提出了存在着“无解释的理解”的观点，这一思想遭到一些学者的反对。卡利法认为，理解“为什么”乃是“典型地与解释相同一的”，斯特雷文斯则反驳说，科学中不存在不经解释的理解。本文认为，要获得真正的理解，需要依靠理由；而给出理由就是给出某种解释，因此不存在没有解释的理解。解释可以是显性的或是隐性的。利普顿不适当地限制了“解释”的概念，把归谬法、反事实论证等都排除在解释之外。其实这些都是以不同的方式在给出某种理由，使认识者获得理解，因此都属于一种特殊的解释方式。

59. 张一兵：《文本的类型、视位与意会认知》，《中国社会科学评价》2020年第1期。

张江教授提出的中国阐释学，至少是想做如下事情：一方面摆脱典籍式的沉重负担；另一方面摆脱后殖民话语中我们成为西方话语的一种简单传递者的情况。其初衷旨在，有没有一种突破，来构建一种中国原创性的方法论话语。从阐释的限度来看，文本的类型会导致阐释的限度，过去我们阐释学的基本入口是客体视位或者客观视位，从狄尔泰到福柯的阐释学核心问题，已经从客体视位转向了主体视位。此外，阐释学一个新的维度就是如何摆脱言传知识，进入到意会认知的层面。

60. 邓安庆：《重提人文科学的真理要求——阐释学如何切中时代“真问题”》，《探索与争鸣》2020 年第 8 期。

诠释学的意义在于“通古今之变”，推动古典文明的现代转型，这也是当代哲学面临的最迫切任务。但我们不能走方法论诠释学的老路，而必须让诠释学立足于伽达默尔哲学诠释学意识，将其作为当今“构建中国阐释学”的基石。存在论诠释学告诉我们，必须首先面对文化在当下世界格局中所面临的“真问题”。存在论诠释学以“应用”为先，“应用”意味着找到当下处境中的“真问题”，这比到经典中去寻章摘句地找“答案”重要得多。

61. 龚群、李晓冬：《诠释学与交往行为理论的内在关联——从加达默尔的“理解”到哈贝马斯的“相互理解”》，《复旦学报》（社会科学版）2020 年第 1 期。

就诠释学而言，语言不仅是存在之家，是我们精神生命的内在要素，而且理解与语言有着不可分割的关系。理解的语言性是一个本体性的概念，又是诠释学的核心概念。理解的语言性，不是在这种理解的工具性或媒介性意义上，而是在此在的生存方式意义上被讨论的。加达默尔强调偏见在理解中的作用，是突出了诠释主体的文化传统的作用。然而，理解不仅是诠释主体单向地对文本的理解，而且是诠释者以对话者的身份与文本进行的交谈；在加达默尔看来，理解不仅离不开语言，而且在语言中展开；理解本质上具有主体间对话特性。在加达默尔看来，对话在理解中具有中心性的地位。加达默尔的诠释者“视域融合”，也就是一种类似谈话的进行方式。因而，诠释学的理解也内在包含了超越单个主体思维的局限而走向人与人的交往与理解这一维度。即诠释学有着内在发展为交往行为理论的逻辑趋势。哈贝马斯把理解看成是交往行为的中心概念，而任何理解都是在交往实践中进行的。交往是主体间的一种行为，表征着交互主体间的共通性和实践客观性。没有交往主体的相互理解就没有交往行为。交互主体的理解，内在包含着人与人的平等和权利尊重。

62. 潘天群:《阐释的逻辑系统》,《学术研究》2020年第3期。

阐释是赋予文本以意义的活动，是理性的心智行为，因而对文本"赋意"应当符合一定的逻辑。在最低的层次上文本的意义应当是演绎封闭的、一致的。通过引入"赋意"算子和一个"能说通"算子(弱赋意)，本文给出了合理的阐释逻辑的公理，在此基础上构建了相应的逻辑系统，说明阐释即是在构想意义可能世界。

63. 桂起权：《科学解释学及其"阐释逻辑"》，《学术研究》2020年第1期。

关于文本意义的三种决定论是文本、作者、读者中心主义。用戴维森的"三角测量"模式，可以解读一般解释学中文本—原作者—解读者三方的视界融合。我们赞成自然科学与人文科学的"解释学统一性"的观点，这也是"科学解释学"学者的基本观点。从非经典逻辑来看待精神科学及其解释学方法，众多新型的推理模式（包括"阐释的推理"）都应当归入非经典逻辑的范畴。"科学解释学"的"阐释逻辑"是科学逻辑的自然延伸和推广，科学发现不仅需要依靠科学方法论的逻辑，而且需要理解的逻辑，即"阐释逻辑"。科学史是一项解释性的事业，"设身处地"是读经典文本基本的"阐释逻辑"。

64. 李清良、张洪志:《经典诠释学对哲学诠释学之扬弃》,《天津社会科学》2020年第6期。

"经典诠释学"与哲学诠释学分别属于中西两大文明的现代"诠释之道"，是两种不同的现代诠释学形态，不存在高低之论。如果单从现代诠释学理论的发展来看，"经典诠释学"反倒是对哲学诠释学的扬弃。因为"经典诠释学"本来就是在西方诠释学的影响和激发之下提出的，是两大文明诠释传统"视域交融"的结果。正如伽达默尔说，视域交融的结果"总是意味着上升到一种更高的普遍性，不仅克服了自己的个别性，也克服了那个他者的个别性"。"经典诠释学”一方面尽量吸收哲学诠释学的合理成分，另一方面基于中国经典诠释传统而有所突破与超越，是对哲学诠释学的扬弃。

65. 景海峰：《经典诠释学的出场背景及基本指向》，《天津社会科学》2020 年第 6 期。

我们所说的经典诠释学，不简单是一个古典复兴的问题，它有明显的现代色彩和中西融会的特点，虽说不一定是完全的新创，但也离不开西学东渐之后的大背景。因而这个概念，既跟我们整个的文化传统、跟我们的文明形态特别重视解经的特点有关，也跟一百多年来西学传入中国后，对当代文化走向的深刻影响有着直接的联系。所以在这个概念的指涉当中，传统的记忆和线索，现代的观念与格局都糅合在了一起。这种文化多元性和中西汇聚性的特征，构成了我们今天谈论经典诠释学的一个大背景，如果没有古今、中西的各种意涵都包容在里面，那它出场的意义就表现不出来。

66. 黄玉顺：《前主体性诠释：中国诠释学的奠基性观念》，《浙江社会科学》2020 年第 12 期。

“前主体性诠释”就是将阅读、理解、解释、翻译、比较、对话等活动视为前存在者、前主体性、前对象性的事情，由此阐明“存在者何以可能”“主体性何以可能”“物何以可能”这样的当今思想前沿的根本问题：正是在诠释活动中，新的主体和新的对象——新的存在者得以生成。这里不是“人在诠释文本”，而是“人与文本在诠释中生成”；不是“诠释在世界中进行”，而是“世界在诠释中生成”。因此，诠释不是主体、存在者的事情，而是存在的事情，即生活的事情。首先，它基于对“哲学诠释学”那样的“西方的”诠释学的批判；其次，它是通过对“中国的”儒学的诠释而阐发出来的；最后，更具体地说，它隶属于作为一种中国当代儒学形态的“生活儒学”。

67. 肖士英：《解释学的重建：由前见依赖性形态向非前见依赖性形态拓展》，《探索与争鸣》2020 年第 11 期。

尽管海德格尔、伽达默尔主张的前见依赖性解释学，是迄今仍被普遍服膺的解释学形态，但历史非连续性的一面，证伪了前见在解释中普遍有效在场命题，瓦解了前见依赖性解释学作为解释学唯一形态的可能性。而前见的意识本质及其先于和外在于被解释文本的特征，使得前见依赖性解释学对文本的解释，势必是不彻底的、外在的。前见依赖性解释学的这一缺陷，使得重建解释学及解释学由前见依赖性形态向非前见依赖性形态拓展在所难免。

68. 张任之：《“阐释”阐释了什么——兼论作为现象学的“深层阐释学”的可能性》，《探索与争鸣》2020年第6期。

当前的中国阐释学研究，对于阐释主体和阐释活动都有着深入的思考。相对来说，作为“阐释”之第三维的阐释对象受到的关注比较少。文本或语言被视为当然的阐释对象，但阐释对象是不是仅指文本或语言？借助西方阐释学对于“语法的阐释”和“心理学的阐释”的区分，可以追究文本或语言背后的阐释对象，即体验。通过对体验这一最终阐释对象以及对其理解和把握的现象学分析，可以理解阐释的有限与无限的相互关系。在此基础上，一种在现象学的视域中得到理解和拓展的、跨文化与跨文明的“深层阐释学”，可以成为当代中国阐释学发展的理论资源。

69. 王俊：《有限与无限之间的阐释艺术——对“阐释学”的现象学分析》，《社会科学辑刊》2020年第6期。

阐释学具有限性与无限性这两种面向。从现象学的视角来看，无限性面向乃是以从主体及其视域出发的意义阐发为中心，视域是无限延展的；而有限性面向是以阐释者、阐释对象及其所处的世界为中心。后者就是罗姆巴赫所言密释学的含义。在作为生活结构的世界之中，阐释学不仅是达成理解的艺术，更是安置意义、使主体融入共创的世界共同体的艺术，是均衡个别世界的原初经验和多元世界之整体框架的艺术。在这个意义上，阐释学超越了作为普遍方法的诠释学而具有一种原创性意义，即成为一种追求有限性和无限性之间均衡的生活艺术。

70. 王丁：《对自由的诠释作为自由自身的实行——海德格尔、谢林与一种“自由诠释学”的可能》，《哲学动态》2020年第3期。

在1936年的弗莱堡“谢林讲座”中，海德格尔通过“躲藏”在谢林身后，对自己关于存在的追问进行了一种姿态转换，转而以一种

“去主体性”的方式，在与存在的源初关系中重新理解人。这同时也是谢林哲学中的一个主导问题，并在 1821 年的“埃尔朗根讲座”中得到了专题讨论。在这个意义上，海德格尔的谢林阐释其实是与谢林在思想上的一种“会合”，他们共有的论题都在于：对作为自由或者存在的本原之诠释，只能基于本原的“自身实行”，而这需要一种“泰然任之”和“绽出”的姿态转变。

71. 程乐松：《阐释的双重界限：意蕴预设与有效性判定——兼论“阐释的有限与无限”问题的理论空间》，《探索与争鸣》2020 年第 8 期。

“阐释的有限与无限”以新的视角融摄了经典诠释学与哲学诠释学之间的张力，并且在公共性的基础上理解了阐释本身的动态性及其内在机制。从诠释学理论的文本中心与主体中心两个层次上，阐释的有效性与文本的意蕴预设本身都围绕着文本性展开，而在有效性与文本性之下，还必须看到公共理性和阐释语境的基础价值。从文本与存在之间入手，提出有效性问题的吊诡在于文本意蕴的预设指涉了有效性，而主体体验则消解了它。从文本阐释到公共性建构，阐释的有限与无限提供了一种公共性建构的“文本性”范型，而有效性判定与意蕴预设被纳入公共性的动态机制之中，成为阐释实践的一部分。

72. 程乐松：《古义、真义与大义：以诠释范式为中心看中国古代思想文本的意义生成》，《复旦学报》（社会科学版）2020 年第 1 期。

中国哲学史的研究是在传统的思想文本中发现和汲取面对当代学术问题的思想资源，重新诠释当代学术问题的内涵与思考进路，从而实现从传统到当下的连接，说明不同世代的思想体系的共同基础。因此，哲学史就是不断向传统思想文本的回归，而具体哲学研究工作则是围绕着对思想文本的解说和分析展开的。思想文本的诠释者是以“本义”或“真实内涵”为目标的文本分析，并有意或无意地完成自身思想观念的表达。在关于文本存在着“原初内涵”“思想内容”或“原本含义”共识的前提下，不同的诠释者通过对文本的诠释和解读生成迥异的文本内涵，并以此完成自身观念表达和思想建构。我们将通过古义、真义与大义的简单分梳，建立从古义到大义、从大义到真义的两种不同理解进路，并且说明三者之间存在的复杂关系及其在思想文本的诠释实践中的运用。对于古典文本的解释既是有限度的返本，也是必然的开新。对古义和原义的探究，并不能避免自觉或不自觉的“自成其理”的建构性；对于中国古代思想文本的任何当代诠释也不能无视古义与原义的界限。在返本达义和开新自足之间，借由思想文本的解读，可以展开的哲学和思想史探讨将形成一个更具张力的诠释学论域，而对于这一论域的自觉是保持中国哲学理论活力的重要前提。

73. 焦佩锋：《从公共阐释学到历史阐释学——基于对唯物史观理论性质的探讨》，《哲学动态》2020年第4期。

在唯物史观语境下，阐释学既不是一个区别于私人阐释才可能的公共阐释学问题，也不是一个基于文本而挖掘作者意图的语义阐释学问题。从理论效应看，马克思主义历史阐释学不仅批判了西方解释学在切入生活与历史世界时所表现出的外部性与主观性，而且在一种倒转的意义上为西方解释学找到了谈论语言、理解和阐释活动的社会地平。从现实效应看，近现代中国社会依次展开的革命、建设与改革实践代表了唯物史观解释和改变世界的现实样本，这对于建构中国阐释学具有鲜明的镜鉴意义。质言之，马克思主义历史阐释学的科学性质和实践能力，在中国道路的历史性展开和深化中能够得到存在论高度的阐明，这既是构建中国阐释学的理论前提，也是彰显唯物史观理论性质的必要工作。

74. 张小星：《从西方“哲学诠释学”到中国“哲学训诂学”建构》，《浙江社会科学》2020年第12期。

“哲学训诂学”并不只是要建构一种有助于文本解释的方法论，即并非那种为哲学研究与哲学创作提供一种方法的所谓“训诂哲学”，而是一种存在论性质的研究，但并非那种致力于探讨“关于理解本性以及理解如何可能”的理解存在论，而是通过揭示“训诂”的存在论意义，进而探讨“训诂”活动如何生成新的意义世界的问题。以西方“哲学诠释学”为“媒介”展开中国“哲学训诂学”的建构，不是为了强调并突出“中西之异”，而是在承认“古今之变”的基础上为当下“经典诠释”问题的讨论寻求一种“民族性表达”。

75. 赵柯：《列奥·施特劳斯的政治哲学诠释学》，《南开学报》（哲学社会科学版）2020 年第 3 期。

列奥·施特劳斯从哲学与政治的固有冲突出发，提出了一套应该如何阅读经典著作的理论。他的诠释学包括两条原则。第一条原则是像作者理解自己一样理解作者。施特劳斯认为，诠释意味着回归作者本身，只有站在作者的立场上理解作者，才有可能理解作者。第二条原则是注意作者的写作艺术。由于重新发现哲学史上的双重教诲传统，施特劳斯提出，要注意作者的显白教诲和隐微教诲之分，而且只有在充分理解作者的显白教诲的基础上，才有可能理解作者的隐微教诲。施特劳斯的诠释学充满对哲学与政治之内在冲突的考量，对哲人实践智慧的尊重，可被称作是政治哲学诠释学。

76. 王冠：《何为“诠释的界限”？——从艾柯的文本诠释学到伽达默尔的哲学诠释学》，《浙江学刊》2020 年第 5 期。

从诠释学的发展历程看，诠释的界限问题一直是诠释学界难以回避的问题。艾柯首次使用“过度诠释”概念将此问题揭示出来，并给予论证。但艾柯认为，诠释学之前对于诠释的界限问题的认识存在局限性，从而提出“文本意图”试图对诠释的界限问题进行解决，但最终并未提供令人满意的方案。因此，文章试图通过从伽达默尔哲学诠释学的视角出发说明，“前见”“视域融合”“效果历史”等因素构成了“诠释的界限”，也决定了诠释学作为人文科学方法论的特殊性。

三 历史

77. 李红岩：《从阐释学到历史阐释学：何为历史的“正用”》，《探索与争鸣》2020 年第 11 期。

人类知识在最初起源时便与阐释结合在一起。名辩逻辑与形式逻辑分别是中西阐释理性的基础。中国传统阐释学具有非形式逻辑特点，以“象”阐释传统体现得最为鲜明。中西阐释学遵循着共同规律，但西方阐释学完成了向哲学阐释学的转型，中国传统阐释学则没有脱离经学范畴。中西古典阐释学均以技艺性的语文学阐释为学术源头与基础。中国传统经学分“阐”与“诠”两脉。“Hermeneutik”虽是古语，但可译为“阐释学”。第二次世界大战后，西方历史阐释由客观阐释向主观强制阐释转移，导致其与历史学的客观主义原则断裂。碎片化的背后是此在哲学。历史研究的全过程，都是对历史的阐释过程。阐释的内在属性与规律，在历史研究全过程中都发挥作用。历史阐释受制于阐释对象的约束最强烈，其对话性及主体间性的特点最突出，公共性要求也最高。

78. 陈其泰：《阐释学视野下公羊学“三世说”的精彩演进》，《探索与争鸣》2020年第9期。

春秋公羊学“三世说”的成功演进堪称阐释学史上的精彩篇章。“三世说”这一核心命题，在漫长的历史年代经由儒学思想家大胆而精心的持续阐释，竟在西汉和晚清两度风靡于世，对中国社会进程和学术演进产生了巨大而深远的影响。大力发掘、总结这一典型的中国本土历史阐释学的珍贵成果，将为构建具有民族特色的当代阐释学体系提供诸多有益的启示。

79. 成祖明：《从“六经注我”到“我注六经”——现代经学阐释的限度与公共性展开》，《探索与争鸣》2020年第9期。

传统经学阐释一直在有限性与无限性之间徘徊，当阐释离开有限性束缚过度追求无限性时，虽可能盛极一时，但终究会因不被接受而遭淘汰。“六经注我”与“我注六经”精练地表达了阐释的有限性与无限性的有机统一，存在着主体与六经之间阐释的循环。这种阐释循环推动了传统经学的发展。进入现代，古典经学有限性的历史基石坍塌，造成经典意义价值体系的崩解。现代经学理论迭出，都意在追求经典的历史性和客观性，造成了经典价值意义世界的失落。“正典的进路”的提出，扭转了这一现象，将之与集体记忆理论、马克思主义社会学相结合，不仅在现代与后现代的语境中赋予经典以历史合法性，也在更为宏阔的“六经注我”与“我注六经”的阐释循环、公共性的不断展开中，开辟了一个中国现代经学阐释的新时代。

80. 李帆：《阐释学与历史教科书史的研究》，《探索与争鸣》2020 年第 9 期。

要深化历史教科书史的研究，阐释学视角与方法的引入势在必行。规范历史教科书编写的历史课程之“章程”“规则”“标准”，实为阐释学基本原理在历史领域的具体实践。历史教科书文本的制作过程，可谓阐释学理论与方法的集中体现，前理解、视域融合、效果历史等都蕴含在其中，公共阐释论和阐释学中的“教化”概念，则为历史教科书社会效用的研究，打开了一扇重要的窗户。考察清季以降历史教科书的编写历史，若应用阐释学理论及方法，会有诸多予人启示的发现，并能极大扩展研究者的学术视野。

81. 王成军：《诠释的多样性与历史比较的统一性》，《陕西师范大学学报》（哲学社会科学版）2020 年第 1 期。

不管是哲学诠释学的视域融合论，还是历史比较观，都以同与异的相对立为前提，又以同与异的相统一为认识目的。这种统一性不仅具有多样性特征，还带有普遍性的内在发展的趋向和要求，通过比较和不断地诠释来展示普遍联系，以形成更为广泛和深入的认识或理解，最终达到对历史规律的认识。但哲学诠释学的视域融合观念，只是强调了诠释的历史性和多样性，并没有揭示出诠释的普遍统一性，更没有从这种普遍统一性中总结出规律性。究其根本原因，在于它没能从辩证唯物主义的角度来看待来诠释世界的现象，没能真正地从社会历史的实践角度深化和发展不同视域相融合的成果。将视域融合论和历史比较进行比较研究，不仅可以发现视域融合观念所包含的某些历史进步性，也可以明显地发现其诠释的历史局限性，从而为历史比较提供重要的理论借鉴，对探索和丰富历史比较的理论和方法也具有重要意义。

82. 晁天义：《阐释学对历史研究的启示》，《史学理论研究》2020 年第 3 期。

阐释学为历史研究提供了重要的认识论和方法论启示。在认识论方面，阐释学扬弃了客观主义和相对主义历史认识论可能导致的历史终结论和历史虚无主义，一定程度上破解了长期以来争执不下的历史认识之争。阐释学的“前见”“视域融合”“效果历史”理论摒弃了客观主义史学对史实的崇拜，为历史研究的多元性和开放性提供了可能。“阐释学循环”理论意味着历史认知的实现是一个往复不断、永无休止的过程，有助于防止排他主义的独断论，确定了历史认知主体与客体之间的辩证关系，保持了历史认知有限性与无限性之间的张力，为历史认知的不断推进提供了理论依据。如何立足当代中国历史研究的理论与实践，在坚持唯物史观的前提下努力汲取中西方阐释学的丰富资源，加快构建具有中国特色的历史阐释学，是当前中国历史学学术体系建设的重要内容。

中国社会科学院
经济研究所
INSTITUTE OF ECONOMICS

经济所人文库

狄超白集

中国社会科学院经济研究所学术委员会 组编

中国社会科学出版社

图书在版编目（CIP）数据

狄超白集/中国社会科学院经济研究所学术委员会组编.
—北京：中国社会科学出版社，2019.1
（经济所人文库）
ISBN 978-7-5203-3508-9

Ⅰ.①狄… Ⅱ.①中… Ⅲ.①经济学—文集
Ⅳ.①F0-53

中国版本图书馆CIP数据核字（2018）第251597号

出 版 人 赵剑英
责任编辑 王 曦
责任校对 赵雪姣
责任印制 戴 宽

出 版 中国社会科学出版社
社 址 北京鼓楼西大街甲158号
邮 编 100720
网 址 http://www.csspw.cn
发 行 部 010-84083685
门 市 部 010-84029450
经 销 新华书店及其他书店

印刷装订 北京君升印刷有限公司
版 次 2019年1月第1版
印 次 2019年1月第1次印刷

开 本 710×1000 1/16
印 张 20.5
字 数 276千字
定 价 99.00元

凡购买中国社会科学出版社图书，如有质量问题请与本社营销中心联系调换
电话：010-84083683

总　序

作为中国近代以来最早成立的国家级经济研究机构，中国社会科学院经济研究所的历史，至少可上溯至1929年于北平组建的社会调查所。1934年，社会调查所与中央研究院社会科学研究所合并，称社会科学研究所，所址分居南京、北平两地。1937年，随着抗战全面爆发，社会科学研究所辗转于广西桂林、四川李庄等地，抗战胜利后返回南京。1950年，社会科学研究所由中国科学院接收，更名为中国科学院社会研究所。1952年，所址迁往北京。1953年，更名为中国科学院经济研究所，简称“经济所”。1977年，作为中国社会科学院成立之初的14家研究单位之一，更名为中国社会科学院经济研究所，仍沿用“经济所”简称。

从1929年算起，迄今经济所已经走过了90年的风雨历程，先后跨越了中央研究院、中国科学院、中国社会科学院三个发展时期。经过90年的探索和实践，今天的经济所，已经发展成为以重大经济理论和现实问题为主攻方向、以“两学—两史”（理论经济学、应用经济学和经济史、经济思想史）为主要研究领域的综合性经济学研究机构。

90年来，我们一直最为看重并引为自豪的一点是，几代经济所人孜孜以求、薪火相传，在为国家经济建设和经济理论发展作出了杰出贡献的同时，也涌现出一大批富有重要影响力的著名学者。他们始终坚持为人民做学问的坚定立场，始终坚持求真务实、脚踏实地的优良学风，始终坚持慎独自励、言必有据的学术品格。他们是经济所人的突出代表，他们的学术成就和治学经验是经济所最宝贵的财富。

抚今怀昔，述往思来，在经济所迎来建所90周年之际，我们编选出版《经济所人文库》（以下简称《文库》），既是对历代经济所人的纪念和致敬，也是对当代经济所人的鞭策和勉励。

《文库》的编选，由中国社会科学院经济研究所学术委员会负总责，在多方征求意见、反复讨论的基础上，最终确定入选作者和编选方案。

《文库》第一辑凡40种，所选作者包括历史上的中央研究院院士，中华人民共和国成立后的中国科学院学部委员、中国社会科学院学部委员、中国社会科学院荣誉学部委员、历任经济所所长以及其他学界公认的学术泰斗和资深学者。在坚持学术标准的前提下，同时考虑他们与经济所的关联。入选作者中的绝大部分，都在经济所度过了其学术生涯最重要的阶段。

《文库》所选文章，皆为入选作者最具代表性的论著。选文以论文为主，适当兼顾个人专著中的重要篇章。选文尽量侧重作者在经济所工作期间发表的学术成果，对于少数在中华人民共和国成立之前已成名的学者，以及调离经济所后又有大量论著发表的学者，选择范围适度放宽。为好中选优，每部文集控制在30万字以内。此外，考虑到编选体例的统一和阅读的便利，所选文章皆为中文著述，未收入以外文发表的作品。

《文库》每部文集的编选者，大部分为经济所各学科领域的中青年学者，其中很多都是作者的学生或再传弟子，也有部分系作者本人。这样的安排，有助于确保所选文章更准确地体现作者的理论贡献和学术观点。对编选者而言，这既是一次重温经济所所史、领略前辈学人风范的宝贵机会，也是激励自己踵武先贤、在学术研究道路上砥砺前行的强大动力。

《文库》选文涉及多个历史时期，时间跨度较大，因而立意、观点、视野等难免具有时代烙印和历史局限性。以现在的眼光来看，某些文章的理论观点或许已经过时，研究范式和研究方法或许已经陈旧，但为尊重作者、尊重历史起见，选入《文库》时仍保持原貌而未加改动。

《文库》的编选工作还将继续。随着时间的推移，我们还会将更多经济所人的优秀成果呈现给读者。

尽管我们为《文库》的编选付出了巨大努力，但由于时间紧迫，工作量浩繁，加之编选者个人的学术旨趣、偏好各不相同，《文库》在选文取舍上难免存在不妥之处，敬祈读者见谅。

入选《文库》的作者，有不少都曾出版过个人文集、选集甚至全集，这为我们此次编选提供了重要的选文来源和参考资料。《文库》能够顺利出版，离不开中国社会科学出版社领导和编辑人员的鼎力襄助。在此一并致谢！

一部经济所史，就是一部经济所人以自己的研究成果报效祖国和人民的历史，也是一部中国经济学人和中国经济学成长与发展历史的缩影。《文库》标示着经济所90年来曾经达到的学术高度。站在巨人的肩膀上，才能看得更远，走得更稳。借此机会，希望每一位经济所人在感受经济所90年荣光的同时，将《文库》作为继续前行的新起点和铺路石，为新时代的中国经济建设和中国经济学发展作出新的更大的贡献！

是为序。

于2019年元月

编者说明

《经济所人文库》所选文章时间跨度较大，其间，由于我国的语言文字发展变化较大，致使不同历史时期作者发表的文章，在语言文字规范方面存在较大差异。为了尽可能地保持作者个人的语言习惯、尊重历史，因此有必要声明以下几点编辑原则：

一、除对明显的错别字加以改正外，异形字、通假字等尽量保持原貌。

二、引文与原文不完全相符者，保持作者引文原貌。

三、原文引用的参考文献版本、年份等不详者，除能够明确考证的版本、年份予以补全外，其他文献保持原貌。

四、对外文译名与今译名不同者，保持原文用法。

五、对原文中数据可能有误的，除明显的错误且能够考证或重新计算者予以改正外，一律保持原貌。

六、对个别文字因原书刊印刷原因，无法辨认者，以方围号□表示。

作者小传

狄超白，男，原名狄幽青，1910 年 4 月 17 日生于江苏溧阳，1954 年进入经济所工作。

狄超白 1930 年毕业于苏州中学，同年考入南京中央大学政治系。1931 年 11 月加入中国共产党。

在解放前，狄超白长期在国民党统治的南京、安徽、武汉、重庆、桂林及香港等地从事统一战线工作、文化宣传工作和经济研究工作。1932 年 2 月任中共溧阳县特别支部书记，创办《溧阳日报》。同年 3 月被县政府逮捕送南京警备司令部，判 10 年徒刑。在监狱中，他刻苦钻研马克思列宁主义政治经济学。1934 年 7 月，在党组织的营救下被保释出狱。1935 年至 1936 年在无锡、南京等地从事救亡运动。1937 年“七·七”事变，抗战爆发后，任沈钧儒创办的《抗战周刊》主编。1938 年任安徽省抗战动员委员会宣传部部长。1939 年春创办《文化月报》。1940 年 1 月转移到重庆，从事文化宣传与统一战线工作。1941 年皖南事变后，被派往广州。1941 年至 1944 年，他在广西桂林担任中共桂林文委书记。抗日战争期间，桂林是大后方知识分子集中之地，他做了不少团结广大知识分子从事抗日宣传活动的工作，使当时大桂林市赢得了大后方文化城的美名。1944 年因为统一战线工作的需要，他被派到国民党粤系军事首领李济深处工作，从 1944 年到 1945 年年底，他就在粤桂边境一带搞统战工作。1946 年转移到香港，任中共香港工作委员会学术小组组长。1947 年兼任香港达德学院教授，主编《中国经济年鉴》。1948 年年底达德学院被港英当局查封。

1949年3月，根据党的决定，狄超白率领达德学院部分师生回抵北平，任中央财政经济委员会统计处处长，兼任北京大学经济系教授。1953年在中央财政经济委员会统计处的基础上扩建为国家统计局后，他仍兼任统计局的工作，在局中任综合处处长。自中国科学院成立以来，狄超白就着手筹建经济研究所。1954年春被任命为中国科学院经济研究所代理所长。在经济研究所的领导工作中，他筹建机构，从社会上和大学应届毕业生中广揽人才，选拔干部，对于创建中华人民共和国第一个经济研究机构和发展经济研究工作，投入了很多的心血，作出了积极的贡献。与此同时，他还担任了中共经济研究所支部书记的职务，在一个时期内，对于贯彻党的政策、团结新老经济学家开展经济研究工作，做了不少努力。1950年秋，他和樊弘教授代表中国经济学家到莫斯科参加了一次国际经济学家会议。1954年，中国科学院成立学部，他被任命为中国科学院哲学社会科学部委员，是经济学家中屈指可数的学部委员之一。同年，他被选为全国人民代表大会代表，出席了第一届全国人民代表大会。

1954年，狄超白负责创办了《经济研究》学术期刊。1955年刊物创刊后，他担任刊物的主编。对推动我国的经济科学研究工作，起了十分重要的作用。1956年春，在我国制定科学远景规划中，他主持制定《经济科学研究十二年（1956—1967）远景规划》（草案）。为此，他广泛邀请知名经济学家和著名大学经济学系的同志参加讨论并分题目起草规划草案文字。1956年夏，经济研究所在全国范围内公开招考了一批副博士研究生，狄超白教授亲自担任经济学副博士研究生导师，发现和选拔了一批经济学人才。

1958年，狄超白遭受错误处分，被开除党籍，并且受到了撤职降级的处分，蒙受了不白之冤达20多年。1977年重新工作。同年夏，狄超白应邀担任许涤新主编的《政治经济学辞典》编辑部的负责人。

1977年11月7日，狄超白病逝于北京，享年67岁。

目　录

中国土地问题

一　中国社会的农业生产方式

我们国内的生产，主要的还是农业生产。全国约有 76% 的人口住在农村里，依赖农业为生；住在城市里从事于商业的，也有极大部分是做着农产品的买卖业务的。农业部门的生产能力，是目前中国最主要的生产力；农业生产过程中的人与人的关系，也就是目前中国最主要的生产关系。

在中国农村中（把已经发生根本变化的新民主地区暂置不论），封建性的农业生产方式占着支配的地位。在边疆省份，如云南、西康、青海、宁夏、新疆、绥远等省，还存在古代的封建农奴制——土司制度，农奴蓄奴与劳役地租同时存在。现行的租佃制度和独立小生产制度仍旧是封建性的，地主与佃农的剥削关系，地主、富农与雇农的剥削关系也仍旧是封建性和半封建性的。只有极少数的邻近大城市周围的农村里有某些资本主义的生产关系存在，但它们的数量是那样微少，在整个农村经济中，尚不能占有比较重要的地位。

中国农村中的现行租佃关系，一般地都采取分益制度。在这种制度之下，土地所有权是属于私人地主的。地主把他的全部或极大部分的土地分成小块租给农民耕种，凭借租佃关系，他向佃农征收封建性的实物地租或货币地租。地主对于佃农，表面上已没有强制权力，租佃关系已采取契约形式，但佃农的身份仍旧很低贱，仍旧要受地主的各种额外剥削。同时，地主、富农又以高利贷束缚农民。

在古代封建时代的农村中，自给自足的自然经济占主要地位，农业与手工业紧密结合，现在中国的农村里，在帝国主义经济侵略下，商品经济虽已剧烈破坏了自然经济，但是严重的封建剥削使农民处于赤贫的地位，他们除缴租纳税外，往往没有什么多余的生产品可以出卖，也没有余力买入工业生产品。他们只能死死地守着一小块土地，以一个家庭的劳动力为单位，从事着简陋的农业经营，并以某些简单的手工业生产来辅助农业生产的不足。因此，一般说来，在中国广大地区内的农村中，自然经济仍占据优势。

这种情形和资本主义的农业生产方式显然是不同的。在资本主义的农业经营下，农业机器或改良了的农具代替了简陋笨拙的农具，大规模的经营代替了小块土地上的个体经营。其阶级关系是农业企业家与农业劳动者的对立，地主只租地于农业企业家，不与农业劳动者发生关系。农业劳动者与农业企业家的关系以“劳动力商品化”为主要纽带，劳动者具有身体的自由；然而在中国的农村社会里，主要的阶级关系是地主与农民的直接对立，农民承种地主的田地，就被束缚在土地上，地主对他们享有种种的特权，这种种特权不仅是经济的，而且是政治的、社会的，于是地主阶级对农民强制进行种种超经济的剥削，使得农民世世代代处于农奴或半农奴的状态之下。

由此可见，中国农业生产部门中，封建性的生产力和封建性的生产关系的主要标志就是：（一）自然经济虽被破坏，仍占据优势；（二）地主与农民的对立。把握了这两点，我们才能彻底了解中国农村经济的封建性；从生产力和生产关系的性质方面把握研究，才使得我们免入歧途。

二 农村土地的分配状况

我国农村中的土地，究竟有多少握在地主阶级手里呢？

1918 年，北京政府农商部曾经做了两个调查。第一个调查是选择芜湖、昆山、南通、宿县、成都、平湖等 11 个地区，把各类农户作一分类统计，结果如表 1 所示。

表 1

单位：%

	自耕农	自耕农兼佃农	佃农
占全体	31. 1	22. 1	46. 8

该表所称“自耕农”，实还包括在乡地主，但纯为佃农的农户，将及总数的一半，也可见没有土地所有权的农民之多。

第二个调查，是就全国设立邮局所到达的地方，依农户耕种田地的多少，作一般的调查。获得调查结果的有东北及本部共 22 省，四川、广西、云南、贵州四地则未有结果。兹就东北、华北、华中、华南各区有代表性的省份，见表 2。

全国有调查结果的 22 省的统计数据，见表 3。

表 2

单位：%

地方	耕地未满10 亩的农户所占百分比	耕地未满 10 亩至 30 亩的农户所占百分比	耕地未满 30 亩至 50 亩的农户所占百分比	耕地未满 50 亩至百亩的农户所占百分比	耕地百亩以上的农户所占百分比
奉天	19. 9	21. 3	23. 8	20. 6	14. 8
直隶	34. 5	27. 1	20. 0	12. 8	5. 6
江苏	51. 0	28. 5	12. 5	5. 9	2. 1
湖南	24. 6	24. 1	26. 1	17. 0	8. 2
广东	53. 1	24. 5	14. 1	6. 2	2. 1

表 3

耕地面积	农户数（户）	在全国农户中所占百分比（%）
10 亩以下	20352285	42.7
10 亩至 30 亩	12611998	26.4
30 亩至 50 亩	7651575	16.0
50 亩至百亩	4625096	9.7
百亩以上	2467648	5.2
总计	47708602	100.0

根据表 3，可知耕地面积不到 30 亩的农户，就占全国农户的 69.1%，而耕地面积在 50 亩以上的，只占 14.9%。但该表没有显示这 14.9% 的大农户共占多少土地。也不能显示这些大农户是否都是地主（耕地面积百亩以上的农户可以推断为地主）。

1936 年，中国农村经济研究会曾根据广泛的调查和统计资料，作了一份全国农户及其所占土地面积表，见表 4。

表 4

农户种类	户数（万户）	百分比（%）	所有土地面积（百万亩）	百分比（%）
地主	240	4	700	50
富农	360	6	252	18
中农	1200	20	210	15
贫农雇农	4200	70	238	17
合计	6000	100	1400	100

由表 4 所示，我国地主阶级在与耕地有直接关系的六千万户中，仅占 4%，富农仅占 6%，两者合计，不过占 10%，然而他们所占有的土地，却占全国十四万万亩耕地的 68%；占全国农户 70% 的贫农雇农，他们所有的耕地，仅占全国耕地的 17%。

八年抗战①的过程中，在重庆政府统治下的西南大后方，在敌

① 尊重原著的表述方式和统计意义，未修订为“十四年抗战”，全书下同。

伪统治下的沦陷区，地权更加向集中的道路上发展，根据农林部农产促进会在川康两省所作的调查，显示在 1937 年，四川地主所占有的土地为全川耕地的 69%，但到了 1941 年，其所占的耕地就增至 70%；西康在 1937 年，地主所占的土地为全康耕地的 69%，到了 1941 年，就增至 73%。我们知道：1941 年以后，通货恶性膨胀加速发展，政府实行征实征借变本加厉，农村土地集中的趋向更加激化。据 1945 年的调查，重庆附近各县佃农占农村人口的 80% 以上；成都平原一带，佃农占农村人口 70% 以上；由此可证明地主所占有的土地之惊人地扩大。

抗战时的川康两省是如此，西南诸省也莫不如此，在广西、湖南、湖北等地，因为大批的壮丁被抽，或因战争的直接破坏，许多中小农户家破人亡，田地荒芜下来，结果被地主豪强无偿地占领去了。

在曾被敌伪统治的区域，这种土地兼并的现象也很显著。战争的烽火中产生不少的暴发户，这些风云际会的新兴财主就在江南富庶之地买田买地，冀为他们的子孙留百世之业。汉奸土劣及伪军官吏，更仗势强买硬征，借端兼并，加之战争使农村经济加速破产，没落中的中小地主及中小自耕农的土地就不断并入这些伪军官吏和经营“中日经济合作”的暴发户的名下。

日本帝国主义者运用军事力量，在各处纷纷圈地，以备进行殖民地式的农业经营。满拓团在嫩江省霸占全省 44.6% 的土地。华北的中日实业公司在军粮城、冀东、沧州、山东、晋、豫等处，霸占土地达 215 万町，合 3440 余万亩。像这一类的大小例子，在日敌占领的区域是到处都有的。但胜利以后，这些夺自民业的土地，并没有物归原主，而变成了接收财，大都并入接收大员的名下去了。

抗战的八年中，只有在敌后的人民游击战根据地，因为执行减租减息政策的结果，土地非但没有集中，而且稍有分散的趋势，例如在晋冀察的北岳区，根据 35 个村庄的调查，其结果见表 5。

抗战胜利以后，人民军进入东北，立即在其到达地区实行减租减息运动，并将敌伪土地分配给农民，在1945—1946年的一年中，农村中原来的土著地主及其所有田地，虽未见减少，但日籍地主及奸伪地主都被赶走了，土地被分了，因此富农和中农增多，佃农和无产农民减少了。自1947年4月起，新民主区域为了清算敌伪财产，清算地主对农民的非法剥削，展开了广泛的清算运动。在这清算运动中，不少作为地主剥削工具的土地分配到农民手中。下面是两个例子。

陕甘宁关中中心区一乡，已有三千亩土地合理分配给贫苦农民，发了土地证。分配时，按人口与生活需要互相调剂，每人可得四亩，以好补坏，使每人均获得麻地、川地与水地，一户两口者，分三口人的地；四口以上者，按人口多少，每人得分地四亩（见1948年6月1日新华社电）。

苏北叶挺县，土地改革后得田者8578户，计39132人，得地66162亩，平均每人1.8亩。每人外得租稻80斗。补偿中农334户，地2683亩（见同上电讯）。

表5 单位：%

农户种类	在农户总数中所占百分比		在耕地面积中所占百分比	
	1937年	1942年	1937年	1942年
地主	2.42	1.91	16.43	10.17
富农	14.50	7.88	21.93	19.56
中农	35.40	44.30	41.70	49.10
贫农雇农	47.50*	40.90	19.10	20.10

注：*系1940年数据。

由此可知，在新民主区域内，于抗战期间，土地即有分散的现象，但那时的土地政策仅是减租减息，所以地权分散进行得很缓慢；胜利后，因清算敌伪土地及一般地主的非法剥削，一部分不法地主的土地乃得重行分配，这在土地所有权的分散运动方面得大踏步地展开。不过在1947年年底实行彻底平分土地政策以前，新民主区域内自减租减息以迄，清算运动还没能从根本上改变地主富农所占土地的优势，也没有从根本上废除封建剥削，变革农村中封建性的生产关系。

三 农村中的封建剥削种类

（一）地租

中国地主阶级既占有大多数的土地，怎样利用他们的土地去剥削农民呢？占农村人口60%—70%的贫农雇农是依赖着地主的土地耕种的。农民承种地主的土地，就要缴纳地租及其他种种供奉，但地租是主要的剥削项目。

中国农村里的地租，在抗战前有钱租、折租、谷租、分租四种主要形态。钱租是以货币缴纳地租。折租是以原来的谷租额为基准折合货币。谷租与分租是实物地租。谷租规定每年实缴谷物若干，年成的丰歉与地主无关，分租是每年将收得谷物依比例分摊：如三七分、四六分或对分等。在边疆省份，最古老的力役地租，也仍然存在。

根据1934年立法院统计处的调查，在8省97县中，对地租的种类作一统计，其结果如下：

实物地租	占80%
货币地租	占12%
折　　租	占8%

在上面的三种地租形态中，占全部80%的实物地租，固然是封建性的地租，就是货币地租与折租在形式上是封建地租到资本主义地租的过渡形态，但仍然是封建剥削的内容。而且自抗战开始以

后，这些货币地租和折租，已全部复返于实物地租；所以对于这种过渡形态的货币地租的研究，也就失去了现实的意义了。

其次再研究地租的租额。租额的大小，是地主对佃农剥削的主要标识。

1930年立法院统计处，对国内23省的租额做一调查，包括黑龙江、吉林、辽宁、热河、察哈尔、绥远、陕西、山西、河北、山东、安徽、河南、湖北、四川、云南、贵州、湖南、江西、浙江、福建、广东、广西等地。结果如表6（23省平均数）所示。

表6 单位:%

钱租占地价的百分比			谷租占产额的百分比			分租占产量的百分比		
上等田	中等田	下等田	上等田	中等田	下等田	上等田	中等田	下等田
10.3	11.3	12.0	46.3	46.1	46.2	51.5	48.2	44.9

表6关于钱租这一部分，因为现在已不存在，所以不再研究。在谷租与分租的两类中，地主所得平均在生产物的四成半至五成之间，农民终年辛劳所得，要以将近半数的收获给地主，而农民剩余半数之中，还要包括耕种工具、种子、房屋、肥料、劳动力、捐杂及送给地主的额外供奉等一切费用和负担在内。

抗日战争前的地租剥削，到战时益发加重。国民政府在迁至重庆以后，对于西南封建势力之依赖更为密切，战时的财政经济政策更助长地主对佃农的剥削。表7是关于川康桂粤四省1937年至1941年每市亩水田的地租额变动的简单统计。

表7

土地类别	年份	四川	西康	广西	广东
水田	1937	22.2市斗	10.6市斗	12.1市斗	14.8市斗
水田	1939	22.6市斗	13.4市斗	13.0市斗	16.0市斗
水田	1941	23.8市斗	14.3市斗	14.6市斗	17.3市斗

表 7 已清楚说明，战时西南诸省的地租剥削，是逐年增加的。1941 年以后，因通货的恶性膨胀加速，地租剥削的增加，较以前更为厉害。下面是甘英氏对于四川某县 27 家佃户所作调查结果：

年份	租额指数
1938 年	100. 0
1939 年	106. 8
1940 年	106. 8
1941 年	120. 4
1942 年	127. 3
1943 年	165. 9
1944 年	181. 4

抗日战争时期的西南诸省是如此，在沦陷区又何尝不是如此。江南一带本是钱租和折租比较兴盛的地区，沦陷期间因敌伪的征粮，乃完全改成谷租，敌伪向地主增加的田赋征实负担，部分地转嫁到佃户身上，增加了谷租租额。同时因伪币的跌价，战前的押租（承租时佃户缴纳的承种费，以货币缴付，战前每亩数元或数十元不等）到战时跌至最低价值，地主乃乘机要佃户追缴押租，并且多以实物计算，这也是变相增加租额。

抗日战争胜利后第一年，政府曾通令二五减租，但不过是一纸空令而已，各地方的地主自然置若罔闻，照旧向农民收租，甚至还有借此增加租额的。在实行分租制的地区，流弊更多，例如 1946 年 12 月 14 日上海《大公报》一通讯载：

在崇明，政府实行二五减租，我们贫苦佃农，自忖交了好运，欣喜万分，不意县当局曲解二五减租，谓“每千步水田正产收获量谷一千斤，减去二五，再行平分”。如此则比往年恰增加了二五，倒不是减租而是加租了。

在地主阶级把握着政权，封建势力笼罩着乡村的地区，一切改良的办法只是纸上谈兵。而封建农村经济的解体，必使地主阶级不断增加对佃农的剥削，这却是历史的法则。

（二）额外剥削

在封建性的土地剥削关系之中，地租是地主最主要的剥削收入。但地主阶级并不以此为满足。封建社会的前期，地主家里的日常用品，都是农民供给的；农民除缴谷租给地主作食粮而外，还得替地主搭建住宅，替地主打零工、当差，还要替地主织布制衣，供给地主柴油酱醋茶等必需品；这些叫作劳役和贡赋。到商业资本兴起以后，完整的自然经济渐渐地被破坏了。地主阶级的生活水准提高，他们的日常用品要以货币到城里去购买，农民粗劣的手工业品不再能适合他们的需要。于是地主阶级就增加对主要农产物的征收，以便向市场上出卖，换得货币，购买各种物品；劳役与贡赋就逐渐以谷物折缴，譬如苏北地区的额外剥削中有所谓“酱麦”“小租”等项，酱麦是原来要送酱给地主的，现在则以麦折缴；小租是一年中应送地主的节礼，现在也以谷物来折缴。

封建社会在没落的过程中，地主阶级对农民的剥削益发加紧。地租一项，往往受习惯的限制或契约的关系不能年年增加，且亦有其限度；譬如成都平原一带，农田中主要谷物的收获，佃户大都是全部缴给地主这也就无从再加了。所以封建的剥削除掉地租而外，地主阶级还往往假借其他名义，创立了种种额外剥削的项目，用超经济的方法强制农民负担：这种强制性的剥削，发生于封建的农村社会阶级关系，而与市场的经济法则无关。

地主使用大斗大斤去收纳的农民谷物，已成为中国农村中极为普遍而习惯的事。淮安城外有个刘家地主，他的佃户们编了一首歌谣，以描写他们缴租时地主使用大斗的情景（见《1947 年中国经济年鉴》）：

朝刘墟一走，腿肚子发抖；

上去狗咬一口，大斛又是大斗！

抗战胜利以后，苏北地区尚未实行土地改革之前，农民受地主的额外剥削，其最普遍者，竟有 20 种之多。其名目如下（见《1947 年中国经济年鉴》）：

预备麦，小租，酱麦，看稻费，大斗大斤，修车费，修沟费，包黑坊，虚田实包，战时加租，伪费（本应由地主缴纳），写田礼，年礼，出仓费，出差费，拖打，盖仓费，种子费，欠租加息，租鸡租鸭费……

以上种种剥削的总额，往往超过正租的租额，所以农民除将主要的作物全部或大部送给地主而外，还得用农副作物来补其不足。

由于这样苛刻的剥削，地主阶级就自然要依赖武力政权，才能保障他们对农民的压榨。每一座地主的住宅就是一座堡垒，大地主家里有机关枪小炮，小地主家里也少不了步枪盒子炮；他们收租讨债时往往携带武器，稍不顺意，农民挨打，被吊在树上，挨几下耳光，乃是司空见惯的事；至于地主恶霸强夺人妻，强奸农民闺女，也算不得稀奇。

（三）捐杂

在封建社会的解体过程中，农民因受不住压迫剥削，因而发生反抗与暴动是势所必然的。代表地主利益的政权乃不得不加强其统治的机构，扩大军队人员；于是更要加重人民的负担，苛捐杂税，五花八门，重重叠叠地堆到农民的肩上。

抗战时期征实、征购、征借的负担，至 1947 年的内战再发而增加到最高的数字。征实一项是以地主为对象，暂且不论（实际上大部分仍转嫁于农户）。征购与征借，地方政府悉采摊派的办法，结果自然由广大的中农与贫农分摊了极大部分。

在国民政府统治下，除掉中央的三征负担而外，还有省级以下地方政府的苛捐杂税，其名目之繁多，实不胜枚举。政府经过“立法手续”而订定的税项，属于省县市者有九种：营业税、土地税、遗产税、土地改良物税、屠宰税、营业牌照税、使用牌照税、筵席和娱乐税等。在这九种省级税项中，大部分是直接或间接要农民负担的。另外还有公用事业的独占特许税；专卖事业的专卖价格，也等于向消费者和原料生产者征税。农民担挑进城，经过公路桥梁要征收受益费，进城后先要受警察的挑剔勒索，而后地方税务机关再要收取规费；此项规费名目繁多，有明令者计六种：教育文化事业附加、经济建设事业附加、卫生治疗事业附加、保育救济事业附加、保安防灾事业附加、保健娱乐事业附加。

以上种种，还是被称为合法的。至于非法的，争奇斗艳，匠心特出，其种类之多，真不下于大百货公司中的货品。据 1947 年 6 月南京的《大道报》所载，浙江绍兴县，仅仅非法摊派一项，即达 276 种之多。重庆曾作战时首都七年，照理应该比较干净，然而重庆附近各县的非法摊派，竟尚有月捐 7 种，临时捐 23 种。其名称如下：

> 月捐：专署卫队月捐，县警队月捐，区联防队月捐，指导员公差兵月捐，乡传达月捐，保夜巡队月捐，保传达月捐。
>
> 临时捐：胜利公债，公益储蓄公债，节约公债，县长及委员来乡招待费，烟叶税，航空捐，保长受训费，驻军稻草费，乡公所会议零支，修理乡公所捐，中心校捐，保国民小学校费，教师补助食米费，中心校装置费，保办公费，夜巡查费，各队丁代务费，被条费，油亮费，公学费，乡干事受训费，服装费，草鞋费等。

以上各种捐摊，我们仅仅一读其名称，就可想象到中国农民是过着何等样的生活！俗语说：“大鱼吃小鱼，小鱼吃虾，虾吃泥。”他们就是这无声无响，命定着最后被吃的呢！陕西农民还负担着庚子赔款的地丁银，虽然庚子赔款早成历史陈迹，然而农民们仍在继续缴纳此项负担，有谁来替他们说项，有谁来替他们解脱呢？在封建剥削的土地关系之下，他们是天生被吃的。

（四）高利贷

高利贷资本，乃是封建农村经济受商业资本侵蚀过程中必然的产物。广大农民在封建剥削的发展过程中，日趋穷困破产。但是穷困破产的农民，因无城市大规模的工业来吸收他们的劳动力所以他们仍被一根纽带束缚在土地上。他们为了食粮不足，为了进行单纯再生产资本的缺乏，就不得不向地主富农举借粮食与现金；于是地主富农就成为高利贷者。与农业生产密切联系的商业资本家，也有兼做高利贷者的，因为中国社会既不能走上资本主义的道路，商业资本家的资本积蓄就不能转变为产业资本，他们要不是购买土地成为新的封建地主，就是将剩余资本以高利借出，成为高利贷资本家。

农村高利贷的贷放时期，大都是在春耕期间，因为封建剥削下一般农民的生产状况，非特剩余生产物完全被地主阶级剥夺了去，而且劳动力代价的生活资料这部分，以及种子肥料生产工具的消耗部分，也不能完全收回来。因此，大部分农户到了春耕期间，已家无余粮，留下的种子或被吃掉，或感不足，购买肥料、雇工、添置生产工具等费用更无着落，于是不得不向高利贷者开口低头，而这时的高利贷者正把捉着农民的要害，利息特别高昂，春借秋还，不过是四个月上下的时间，百分之百的利息是最低的；在通货恶性膨胀显露以后，高利贷者索本计利，大都以实物计算，以免币值跌价而遭到损失。

1947 年广东省内，南路一带的农村高利贷，一般是年利 80% 至 100%；粤北连县一带，春借秋还，就得借一还二，如以货币计算，则春季借款每 1 万元，除于秋收时照还本款外，另加谷物利息 60 斤至 80 斤。

同年广西的高利贷更为猖獗。迁江县长陈桐在广西行政会议中报告：该县上半年灾荒的时候，春季借谷一担，至秋收时要还三担至四担。桂北全县则更为厉害，夏季借谷一担，秋收时要还新谷五担。

湖南是产粮之区，但高利贷的剥削更加惊人：1947 年长沙一带的高利贷，春借一担，秋要还四担，邵阳一带，春季借谷每担作价 2.2 万元，八月归还时除照价还本外，另每万元付谷利两石。

农村高利贷最普通的一种，叫作青苗。1947 年四川郫县新繁一带，大部农家于青黄不接时，便靠卖高脚黄过活。卖高脚黄就是卖青苗，田中禾苗未长大，即以之卖给高利贷者，双方先行到田间估计秋收谷物的约数，照出卖时谷物的市价计算总值，但卖家所得款额仅是总值的 1/3 或 1/4。

以上不过是任意选择几个例子，以见一斑。中国农村受高利贷的盘剥早在千余年前，广大农民在高利贷的盘剥之下，世世代代流着无穷尽的血和泪。《1947 年中国经济年鉴》地方经济章载着这样一个借高利贷的例子。

淮安西南乡规张村的孙廷荣，1928 年借高利贷者张如双 50 元，每年 30 元利息，1929 年付了利，1930 年因粮食歉收还不起利，1931 年收麦时，张如双即带两根长枪一架盒子炮到孙廷荣家场上，将才打下的小麦扒去两石七斗，孙的老母向他叩头哀求，留下几斗度日，反被他踢了两脚，是年秋不幸大水，淹得颗粒无收，一家 8 口无法生存，到盱眙一带逃荒，其父即因病饥交加而死，孙无法只得回家；至 1932 年已欠张本利 130 元，张将孙的 18.5 亩地拿去抵押，仍将田包给孙种，每年背利 42 元，1933 年孙家姑娘订婚，收婆家聘礼 24 元，被张拿去 20 元抵利；1934 年又将孙弟叫到张家帮工，全年抵利债 27 元，是年秋孙并付张绿豆二石一斗抵利；1935 年孙弟被抵至张公望家做活，工资由张如双收抵利债，仍不足 9 元；1936 年孙兄弟二人给张家做工，忙了一年仅得 28 元，余均抵利，是年某日天降大雨，张强要孙外出工作，孙稍出怨言，即被张打了三板锹，并把孙绑在场上的吊人桩上给雨淋，还要用刺钉树枝来鞭打；1938 年又遭大水，还不起利债，1939 年孙弟又被抵至张公望家做活，工资 30 元抵利……十二年来，孙只借了 50 元高利贷，弄得家破人亡，年年替他做牛马，还是还不清他的债，并且一年一年的加重，永无还清的希望。

以上这个例子，是一个典型的例子，我们在中国广大农村随处可见。现在淮安的张如双已在新民主主义土地改革下被清算了，孙廷荣也已厘清了他的债务；可是在没有实行土地改革的地区，无数的张如双仍在举起他的刺钉树枝，抽打着无数呻吟着的孙廷荣。

四 农村中的阶级关系

占全国农村人口半数的佃农完全处在封建的剥削关系下。上述的种种剥削范畴，他们一身兼受。他们除非造反，休想变更半点他们的生活状况和社会关系。中国农村人口中 50% 的佃农和 4% 的地主的尖锐对立，乃是非常鲜明的。但其他还有许多并不佃种土地的各种农民是处于什么地位呢？他们是不是完全在封建剥削关系以外呢？

为了正确地说明农民中的阶级成分，我们不能把农民区分为佃农和自耕农这两类，而应按其经济地位，区分为富农、中农、贫农、雇农这些成分。

首先说到富农。富农一般都是不大的土地所有者。但也有除自己占有一部分土地外，再租入一部分田地的（这是少数），甚至也有全部是租来的田地（这更是少数）。一般都有较好的农具，较多的耕牛，可供流动运用的货币或实物。富农自己也从事农业劳动，大都雇用长工或短工在他的田地中劳作，这是他和地主的主要区别。对雇佣劳动的剥削是富农生活来源之一部分或大部分。我国富农的剥削，一般都还带前资本主义性质，他们往往出租自己的一部分土地以收取地租，放高利贷或经营小商业，就是剥削雇佣劳动（请长工短工）也用半农奴形式。

其次是中农。许多中农是小的土地所有者。但也有租入一部分租田，或全部都种的租田。所以佃农中有一部分由其经济地位上看，是属于中农。中农都有相当的农具，大致都还有耕牛。生活来源依靠自己一家的劳动，一般不剥削他人，这是中农的主要标志。有许多还要受高利贷剥削。其富裕的一部分（称为富裕中农），对他人有轻微的剥削，如请短工，放少数的债，但这种剥削并不是生活上重要的经常的来源。

再次是贫农。贫农也是很小的土地所有者，但一般都须租种地主的土地，佃农中大部分是属于贫农成分。他们的农具是不完全的。大部分要出卖农余的劳动力。高利贷者紧紧抓着他们。

再次是雇农，一般全无土地和农具。有些雇农是极小的土地所有者，或许有随身携带的农具。他们依靠出卖劳动力为生；在外表上看起来，和资本主义农业中的工钱劳动者颇为相像，其实二者还是有分别的（当然，中国农村中不是没有资本主义的农业经营）。他们是封建的农业生产关系的解体过程中丧失了土地的分子。他们受雇于地主与富农，不单单出卖劳动力，而且出卖他们的身体自由，他们在一季或半年或一年的受雇期间，整个的身体和劳动力都是属于雇主的。他们所得的工资并无社会的工资法则予以规定，而是由地主阶级对佃农的一般剥削率来规定；假使一个雇主因支付较多的工资而使收入减低，他就不如将土地租给佃农耕种了。

由此可见，我国农村中的阶级对立，最主要的是地主和雇农贫农的对立。自耕农的存在，并不能否定这个事实。如前文所说，我国的自耕农，极大部分是中农和贫农，他们辛勤劳动的收获，以田赋、征购、征借和各种苛捐杂税敲诈勒索的形式，缴给政府机关，往往连最低的生活也不能维持，而这些政府机关握在地主阶级手里，所以仍不外是受地主阶级的压迫。在出卖劳动生产物的时候，他们要受商业资本的剥削；大都还要借高利贷；地主和商业资本、高利贷者的三位一体，也是很明白的事。至于地主阶级的封建特权，在任何时候都会行使到他们身上来，他们虽然极不愿放弃自己的一小块土地，但被地主兼并的危险是常常存在的。——既然这样，他们憎恨地主阶级不在佃农之下，就不足为奇了。

富农在这个阶级对立的局面下，一般地倾向于地主，因为他们一般兼行着和地主一样的封建性剥削。

中农在农村人口中间，如中国农村经济研究会的估计，占到20%，是个不小的阶层。他们的地位虽介于地主、富农和雇农、贫农之间，具有两面动摇的性质，但他们只有在新民主区域，才可能上升为富农，其他地区的一般的趋向却是破产没落。下面是一个实在的例子。

1947 年调查了广西宜山的一家中农的收支状况，可以具体看出税捐负担在其家庭收支中所占的比率。该农家一家 5 口，耕田 25 亩，收获量得谷子 6000 市斤（此数与广西田地的平均收获量相近），但税捐支出如下：

一、田赋军粮征借，计谷	2100 市斤
二、自治户捐	61 市斤
三、电讯器材捐摊，计谷	50 市斤
四、国中及卫生院	33 市斤
五、壮丁义务劳动捐	20 市斤
六、集训米十五斤，合谷	22 市斤
七、军粮运费，合谷	20 市斤

以上合计为 2306 市斤，已占总收获量的 39. 3%，其中第四项至第七项还不过是一月至七月之统计，八月至十二月的临时捐摊尚未在内。由此可见，中农所受剥削之重，他们在农村的阶级斗争中倾向于雇农、贫农方面，不仅有极大的可能，而且是必然的。

五　农业生产力的衰退

在资本主义的社会里，资本家阶级将剥削所得的剩余价值，除少数部分作为自己的消费之用而外，大部分是拿来投入下次扩大生产之用的。在资本主义的自由竞争时期，每一个资本家必须不断扩大其生产规模，不断改进技术以提高其劳动生产率，而后才能与别个资本家竞争，才能立足于资本主义的社会里。所以当独占资本尚未垄断资本主义社会的生产之前，资本家阶级所得的剩余价值，主要的是用之于提高资本主义社会的生产力。

但半封建社会的地主阶级则不同。他们不担负生产过程中任何职责，农具、耕牛、种子、肥料也都是由农民负担的。所以地主取得农民的剩余生产物，不会拿来作为扩大再生产之用。个别的地主会不断以其剥削所得添购土地，但他的新得土地乃他人所失去的土地，就全社会而言，并没有增加土地；只是扩大了某个地主的剥削手段而已。所以封建社会的地主阶级，对生产事业没有丝毫的贡献；他们只能饱食终日，鼓腹遨游。至于农民阶级，他们的剩余生产物既已全部被地主阶级所剥夺，也就无法进行扩大再生产，只能勉强进行单纯再生产。因此，封建社会生产力的一般提高是不可能的。相反地，当封建社会发展到某一阶段，农业生产就开始衰退，因为地主阶级对农民的剥削，经常超过剩余生产物的限额时，终于弄到农民勉强维持单纯再生产的进行也不可能了。

《1947 年中国经济年鉴》载着这样一个例子，说明宝山佃农在高额地租剥削之下，其主要农作物水稻与棉花的生产几乎是亏本的。兹将水稻的生产费用及其生产物价格，分别比较，如表 8 所示。

表 8　　水稻生产直接费用概数（每市亩）

项目	费用概数（元）	说明
田租	30000	以租米一百市斤折费
种子	1600	以谷八市斤计
肥料	25000	以豆饼二张人粪一担计
工资		
整地	6300	以人工二日计

续表

项目	费用概数（元）	说明
播种	6000	以秧田撒播管理与插稻合二工计
中耕	12000	补植、锄、荡、拔草共计四工
灌溉牛工	27000	戽水整地牛工，以白米四斗，供饭一日计
收获	18000	刈、割、挑、打以三工计
加工	10000	晾晒碾轧等合计
合计	135900	

表 9　　水稻生产收获量折价（每市亩）

等级	收获谷量	每担市价	总值
上等田	四市石	35000	140000
中等田	二市石半	35000	87500
下等田	一市石半	35000	51500

根据表9，可知水稻生产，只有最好之上等田，稍有盈余，但此种田地数量甚少，其租额亦往往特高。如租额超过平均租额一市石以上，则承租上等田亦须亏本。至于中等田、下等田，就莫不大亏其本。中等田亏折数约等于田租数额。下等田则必须将全部工资赔贴在内，方能缴租及收回种子肥料等费。事实上，大多数的佃农都是耕种中下等田，种田人也只能节衣缩食，以收获的谷物先缴付田租与抵偿种子肥料等费。但到了明春再生产的时候，生活资料既感不足，生产资料就更感不足，往往不能再有充分的肥料、种子和人力来从事耕作。于是下年度单纯再生产的规模既已缩小，农业的生产力自即萎缩。

农业生产力的萎缩，分别表现在劳动力的离村，表现在耕牛的缺乏上，表现在生产工具的陈旧与短缺上，这种种现象，在中国广大农村里已非常普遍而显著。疾病、灾荒、宰杀耕牛、生殖率的降低与死亡率的提高等社会现象，乃产生于农业生产力的衰退，结果更影响着农业生产力的加速衰退。

中国是农业生产占绝对优势的国家，但自封建经济开始解体以来，农业生产力的停滞以至于衰退，正加速农村经济的破产与中国社会的贫困。某一种社会的生产方式，当其生产关系已束缚生产力的发展时，这一种社会就到达它的尽头；因为生产力的停滞与衰退，必使广大人民颠沛流离、饥饿、死亡，结果就是战争与革命。

中国农业的主要作物是稻麦，稻麦产量的递减，是反映中国农业生产力衰退的标识。兹以 1931 年至 1934 年稻、小麦及高粱的产量，与抗战胜利后的第一年相较（战时无全国性统计），已可显出生产力衰退的趋势（见表 10）。

表 10 单位：千担

年份	稻	小麦	高粱
1931	955599	475113	162298
1932	1087315	490727	189679
1933	994175	472917	169652
1934	670620	435175	137263
1946	987874	355940	185583

在八年的抗战中，西南后方曾增辟若干耕地；1946 年的统计，且将新收回的台湾产量计算在内；然而哪怕耕地面积有如是的扩展，稻的产量较 1932 年及 1933 年都少，小麦产量且较历年为少，高粱产量亦较 1932 年及 1933 年为少。主要农作物的产量，即使在抗战以前，也可看出其平均生产递减的趋向。

国内主要农作物的产量递减，造成主要食粮的缺乏，更可以从粮食入超的逐年递增这一点上，鲜明地看出来。以一个全国 75%—80% 的人口居于农村，历来以丰富的农产自豪的中国，今竟发展到每年要自外国输入大批粮食来补其不足，这就说明了农业生产力已衰退到如何的地步。兹将 1914 年以来各年米麦输入净差额列表 11 如下。

表 11 单位：市石

年份	米	小麦
1914	6746327	1968050（输出）
1916	11261508	1095624（输出）
1918	6960744	1815445（输出）
1920	849904	8426409（输出）
1922	19111065	277872（输出）
1923	22371874	1955271（输入）
1926	18671658	4151407（输入）
1927	21005300	1194173（输入）
1931	10740810	
1932	22486639	15084723（输入）
1933	21419006	17716289（输入）
1934	15421220	9298838（输入）

注：1914—1920 年的小麦所以大量输出，乃是因欧战的缘故，欧洲各国需要粮食救济，有利可图，故节省国内需要以之输出。

自 1912 年以来，虽然各年米麦的输入数量参差不齐，常视秋收的丰歉而有高下，但一般的趋向，输入数之平均上升，乃是非常明显的。

抗战的八年使农作物的生产更为激减，粮食成为战时最严重的问题，以致战时除大量壮丁因作战与营养不足而死亡者外，一般的死亡率亦特别高，战争结束后的第一年，由“联合国善后救济总署”输入中国 782113 吨食物，然仅足供同年三千万饥民的 3 个月需要而已。

不仅仅主要作物的米麦生产在逐年减少，即几种著名的农业特产的生产，也表现急剧的缩减。如茶叶是中国具有悠久历史的产物，历来是出口物的大宗，然自 19 世纪 80 年代以来，其输出数量在逐年减少。

年份	输出数量（单位：磅）
1888—1892	242213000
1893—1897	234507000
1898—1902	192427000
1903—1907	200328800
1908—1912	202130186
1926	111834400
1931	116158700
1932	87119014
1937	89634000
1946	7500000

在半个世纪中，中国茶叶的输出已缩减 2/3。特产品的输出减少，也就是再生产缩小的标识。茶叶一项是如此，生丝、桐油、棉花等也莫不如此。兹先将生丝、桐油两项列表 12 如下。

表 12 单位：磅

年份	生丝	桐油
1912	16250266	—
1926	11674000	100008500
1932	10436592	107009107
1936—1937	8560000	209100000
1946	2250000	45000000

棉花的生产在抗战期间减少得最为厉害，兹将全国的产棉区域十二省，以 1937 年及最近三年的生产额比较如表 13。

表 13 单位：万担

省份	1937 年产额	1944 年产额	1945 年产额	1946 年产额
河北	267.6	153.4	71.2	114.8
山东	163.0	79.6	47.3	62.3
河南	135.7	43.0	41.3	67.0
山西	62.9	9.4	17.6	17.6
陕西	106.7	41.6	51.8	71.1
江苏	233.1	140.2	77.5	112.9
浙江	49.5	24.1	12.9	19.0
安徽	51.4	12.8	5.1	12.1
江西	2.2	—	2.0	5.0
湖北	151.7	120.0	96.2	172.1
湖南	14.8	24.6	24.6	22.4
四川	32.1	41.2	52.7	43.7
总计	1270.7	689.9	500.3	720.0

战后第一年的产量，虽较战争的最后两年稍有增加，但仍只及1937 年的 60% 而已。

农业生产力的衰退，除因封建性土地关系直接造成的因素以外，有些人会强调天灾与战争的因素。自然天灾与战争都会更激烈地破坏农业的生产力，但是我们如果科学地研究一下天灾与战争所以发生的原因，就会发现这两者也都是封建性的土地关系的产物。过分地剥削使农民无力修浚他们的沟塘水渠，封建的统治阶级也不能以剥削所得去从事水利的修建，于是旱灾、水灾、虫灾便交替而来。农村经济的破产使大批农业劳动者游离出来，被地主军阀利用去当兵当丁，造成半封建的军事独裁政权，进行反人民的内战和军阀之间的混战。这一切，推本及源，仍然是在封建性的土地关系的基础之上，造成了种种的天灾人祸，加速破坏着农业的生产力！

六　为土地的斗争

中国农村社会里的生产关系和生产力的矛盾，已如上述。一个社会，发展到大多数人与少数人之间不能和平相处，只有极少数人能丰衣足食，而绝大多数人终年不能温饱的时候，这个社会就要骚动了。长期的骚动，使社会的生产力遭受更大的破坏，地主阶级更加凶狠的压迫和剥削手段，这就引起农村里广泛的阶级斗争。农民斗争的对象，是霸占着土地世世代代剥削他们的地主；农民斗争的目的，是在取得他们世世代代劳动耕种着的土地。

中国土地问题并不是新的问题，而是一个具有悠久斗争历史的问题。自西汉以后，历代王朝的衰亡，都是土地集中招致广大农民叛乱的结果。西汉末年的“赤眉”“绿林”，东汉末年的“黄巾”，都是大规模的农民起义运动。唐的黄巢，宋的方腊，明末的李自成、张献忠，都是农民战争的领袖。在封建时代，零碎的个别地区的农民“叛乱”几乎从来不曾断过，而且农民叛乱甚至发展为大规模的战争，几十万农民投入斗争中，给专制王朝以致命的威胁——斗争的激烈正反映着土地问题的严重。

为了缓和农民的土地斗争，古代的封建地主统治者也曾想在土地关系上实行一些改良主义性质的政策，以限制大地主兼并土地，或减轻田赋来表示加惠农民。但这些做法都无非是发自代表封建地主利益的帝王，交给封建贵族地主去执行，从来不能对农民真有一丝一毫的好处。无论是西晋的所谓“占田制”，隋唐的所谓“均田制”，都没能真正减弱土地集中的趋势。至于所谓“减轻田藏”，至多不过是地主受惠，而佃户则照旧受着重重剥削。

中国历史上，在从封建时代进入半封建半殖民地时代的期间，又爆发了一次“太平天国”农民战争。这次农民战争不但规模空前，而且是明确地提出了“为土地而斗争”的目标。太平天国颁布有“天朝田亩制度”，主张“凡天下田男女同耕，……务使有田同耕，有饭同食，有衣同穿，有钱同使。”并且提出了一种分田办法，按照田地产量的多少，分田为九等，以平均分配于农民。然而太平天国的制度是凭空虚拟的，是脱离了现实的社会条件而制定的，而农民军打进了城市以后，商人地主势力也大量渗入领导集团，把土地改革搁在一边，结果使太平天国的农民运动变成单纯的军事投机，逐渐离开了民众基础，招致了最后的失败。太平天国及以前的历代农民暴动，其所以不能解决土地问题的客观原因，是分散的手工业还没有脱离农村，还没有发展为集中的工厂制度，产生资本主义的条件还不存在或还不成熟。农民战争虽能使封建的生产方式受到巨大震动或甚至一时的破坏，但从单纯的农民战争中产生不出来新的生产方式，所以这种单纯的农民战争最后只能一时地破坏封建的生产方式，而在农民战争的废墟上重建起来的仍旧是地主阶级的统治秩序。拿1789年的法国大革命的情形来看就不同。那时法国的资本主义生产的因素已经成熟了，但被束缚在旧的封建生产方式下不能自由发展。在大革命期间，与城市中资产阶级行动相配合，全国农村掀起了广泛的农民暴动，烧毁地主贵族僧侣的堡垒寺院，瓜分了他们的田地，这种行动，正是彻底破坏封建的农业生产方式，为法国资本主义的发展供给了充分有利的条件。法国资产阶级就利用这种条件而建立起来资本主义的统治秩序，以代替旧的封建统治秩序。

但在中国资本主义的产生条件还没有成熟的时候，世界资本主义已经发展到了帝国主义的阶段，他们用枪炮打开了闭关自守的中国大门，长期盘踞在中国国内，这就使得中国不可能再有独立的，循序渐进的资本主义的历史前途。这也就是说，像法国的情形那样，资产阶级领导和利用农民斗争建立统治权，这种情形在中国是不可能出现的了。到了现在，我们环顾世界的局势，各帝国主义国家内部的经济斗争，帝国主义经济与殖民地经济的斗争，帝国主义经济与社会主义新民主主义经济的斗争，错综复杂地，息息相关地，把全世界每一个角落的人民生活都交织起来。中国广大农民就处在这种旧的历史传统和新的现实环境之下，决定他们的奋斗目标。旧的历史传统就是农民大众必须从封建土地制度的剥削束缚下解放出来；新的现实环境就是农民要得到解放，得到土地，就必须和一个真正能建立新的生产方式以代替封建生产方式的力量结合起来，才能创造他们的历史前途。

1927 年中国大革命失败以后，十年内战就是以土地革命为中心的。全国农民风起云涌此起彼伏地起来斗争，几乎是赤手空拳地抵抗飞机大炮，这种现象，除承认广大农民“有田则生无田则死”的事实而外，不能用任何别的理由去解释。抗日战争期间，在新民主区域内以减租减息的政策来调节农村内部的阶级矛盾，俾能一致对外。这是照顾农民而又照顾到地主的政策，但这样的政策只有在对外的抗日民族战争存在的时候才是行得通的，在抗战后期，解放区农民已开始对这一政策表示不满，希望更进一步地满足自己的土地要求。而在抗战期间所谓“大后方”地区内，强迫的军事征役，使农村的有生力量消耗于征途和战场，虽则似乎削弱了农村内部的阶级斗争，但是在抗战期间，大后方和沦陷区的土地更趋向于集中，最后的数年且以惊人的速度发展着，广大农民已到了不是被打死也要被饿死的地步。所以在抗战时期，农村骚动已经在“大后方”各地发生，农民斗争到处酝酿着。到了抗战胜利结束，民族的敌人倒下去了，地主资产阶级都大发其财。但八年来将近五千万壮丁的死亡，造成了数倍于此的孤儿寡妇，他们所获得的代价是什么呢？他们的现实生活是比以前更残酷的封建剥削与封建压迫，他们的大多数家无隔宿之粮，贫无立锥之地，一切离开了他们现实生活的宣传与欺骗不能对于他们的生活有丝毫的改进。这就使得广大农民再一次起来迫切地要求自己解决这个问题了。

抗战后的第一年，在长江以南就有三千余万的饥民，全国在困顿、负债、半饥饿状态中的农民不计其数。他们在农村和小城市里流动着，男的做乞丐，做难民，做一切不是人们应做的事情；女的做佣工，做娼妓，把自己的小孩丢掉做奶妈。倘使这一切都不可能做且没有机会做的时候，他们就只剩下两条路：不是准备活活地饿死，就要铤而走险，逐步走上革命斗争的道路。

今天，在土地问题没有得到解决的地区，农民自无组织的到有组织的动乱，已成为全国性的情势。变本加厉的横征暴敛，恶性通货膨胀的无情发展，正在使半封建的社会建筑如飓风中的危楼似的崩塌下去。现在的问题，已不是改进与刷新的问题，而是推翻与建立的问题了。历史不会有不变的循环，全国将近三万万五千万的中农贫农雇农，今天已不能再受地主阶级的欺骗羁绊，辗转在封建土地制度的桎梏之下。他们一旦觉悟，他们的力量是不可克服的。谁要去反对他们，谁就要被历史的飞轮扬弃。

那么，我们要怎样来解决农民所亟须解决的土地问题呢？我们又要如何来建立一个进步的新的社会制度呢？

七　土地问题解决的道路

（一）自由资本主义的道路走不通

国内还有极少一部分人，他们是有意无意地期望中国走欧美式的资本主义的旧道路的。自然，依照历史的一般发展法则，封建社会的下一阶段，是资本主义社会，这是欧美各国自中世纪以来所走的道路。国内许多农业学家，许多自欧美回来的留学生或考察家，他们慨叹中国农业经济的落后，他们憧憬欧美资本主义经营的、大规模的、机械化、科学化的农业生产。“外国的萝卜多么大啊！中国的萝卜只是像三岁小孩的拳头一样。”这个原因，他们归之于中国没有欧美式的资本主义。

这些崇拜欧美资本主义的农业专家，回到国内却大部分在大学里教书，在教室里挂起欧美大萝卜的图形。也有少数人还立志要实践，于是在都市的郊外，以很高的地价收购了土地，或用政府的力量强制圈定了土地，建筑起美丽的洋房、牲畜房、精致的鸡埘，办起农场来。农场里的牛从荷兰运来，鸡从美国、澳洲运来，麦种、萝卜种都是经过世界农业专家最新选择过的。于是在那花园宫殿似的农场里面，鸡啼鸟唱起来，专家们戴着眼镜穿着西装，在里面做着验种和推广的工作。数十年来，我们所见到的这类农场太多了，他们不知耗费了国家多少金钱，浪费了多少外汇，这些金钱直接间接都是从赤膊跣足的广大农民身上取来的，然而这许多漂亮的农场，对于它周围像奴隶似俯伏着的农村，曾经发生过什么影响了呢？大萝卜、大鸡蛋繁殖到农场的门里去了没有呢？我们却没有见到。当然，哪个农民不艳羡这皇宫般的建筑，哪个农民不艳羡这肥大的萝卜和鸡蛋，可是他们倾其所有也造不起一座水泥的鸡埘，他们没有那么多科学知识来关心到麦种稻种的温度与湿度，他们也买不起化学肥料，更买不起新式耕具。所以，新式农场还是新式农场，中国农村还是中国农村；农场每年亏本，每年消耗着大量公帑，中国农村也年年衰落，萝卜的体积且愈来愈小。

远在二十年前，南通的张謇曾大刀阔斧地使南通一带的农业资本主义化。他以政治的权力强收民田和垦地，使一部分中农与贫农无产阶级化；他以他的资力购买新式耕具，广植棉花，使农业生产专业化、商品化，棉花生产以后卖给他自己的纱厂，纺起纱来，然后又卖给他自己的织厂织起布来。他是中国资产阶级最具魄力的实践家，可是曾几何时，他的影响非但没能推广遐迩，民国十五年他几至全部破产，现在他的子孙仅能勉强维持着他遗留下的一部分事业。

当世界资本主义发展到帝国主义的阶段，中国自由资本主义的发展条件，早已给帝国主义者摧残和窒息掉了。中国民族资本家不可能发展到那种程度：一方面能推翻封建统治；另一方面又能赶走帝国主义。相反地，帝国主义与封建统治构成了联合战线，使中国民族资本遭受不断的致命的打击。抗战八年期间，应该是中国民族资本发展的最后良机，然而战时发展的大后方民族工业竟被反动的措施摧毁无遗。在农业方面，封建的剥削在战时益发加强，连原有的一些点缀式的官办农场都因“节省开支”而停办了，农业专家们所憧憬的自由资本主义的农业经营的道路，前途非但益形渺茫，干脆已经绝望了。

但是帝国主义者把中国农业殖民地化的企图，却比中国民族资产阶级的幻想现实得多。日本帝国主义占领东北华北时，曾强夺大批农田为帝国生产原料。1946 年美国政府也曾派遣了一个农业考察团来到中国，在各省作了六个月的调查考察，研究如何使中国落后的小生产的农业经营，能适合于美国工业生产的需要。

现在中国几种农业特产的价格，都被纽约的市场控制着，农民生产桐油、生丝、茶、羊毛等商品，其利润如何，其再生产的规模如何，都要由纽约市场来决定。纽约市场的价格要是抬高，生产这些商品的农民就稍稍有利，再生产可以继续；反之，纽约的市场价格要是被压低，生产这些商品的农民就得亏本，再生产规模就要缩小；不论扩大与缩小，这些农村特产品的命运已控制在纽约资本家的手里了。

假使中国的农业经营还有走资本主义道路的可能，那就不是独立的自由资本主义的道路，而是殖民地式的资本主义的道路，作为一个中华民族的纯正公民，他是不应该企求这一道路的。事实上，中国人民大众也决不容许走上这一道路！

（二）企望着社会主义之路

中国土地问题的解决，不能走自由资本主义的道路，那么能不能跨越一个阶段，直接走上社会主义的道路呢？不能的，一个半封建半殖民地的社会，它不能直接进入社会主义的社会。社会主义的实现，必须具备实现的物质条件和意识条件；这些物质和意识的条件，过去的历史是由资本主义的社会阶段准备的。假使我们认为能跨越这一准备阶段而进入社会主义，那我们就不是一个历史唯物论者，而成为注定要在现实前碰壁的空想家了。

虽然土地国有不就是社会主义，但在社会主义的社会，作为主要的生产手段的土地，当然要收归国有的，而今天中国极大部分的农民，对土地的爱好超过其自己的生命，他们从来没有遇到过一个政府，能够无条件地把他们日夕抚摸的土地交给他们，使他们的生活获得安全与富裕。所以今天中国的广大农民，即使是佃农以至于雇农，他们的唯一要求就是土地，除此之外，就没有别的更可以使他们信赖的东西。

在另一方面，今天即使国家占有了土地，事实上也不能使农业经营社会主义化。中国社会还没有足够的工业生产力，可以供给全国农业生产以足够的机械设备，也还没有使用机器的技术条件，和集体生产的组织训练，来建立社会主义的生产方式。当然，部分的示范的国营农场是可能的，并且也是需要的，可是一个政策如果超过了现实的一般的可能，就是主观主义的，理想主义的，结果非但不能领导革命前进，反而足以混淆革命的步骤。

土地国有，自然要禁止土地的自由买卖。但在今日的条件下，如果禁止土地自由买卖，其结果，一方面使农村的劳动力不易自由向工业部门转移；另一方面使小块的耕地不易为农民所放弃，阻碍着农业扩大经营的自然进程。

（三）其他的改革道路

除掉上述解决土地问题的两种历史的道路以外，还有几种不彻底的改良的办法，也为目前谈土地改革者所乐道而足以迷惑一部分社会人士的。

第一种是土地有偿地收归耕者所有，即长期偿付土地代价的办法。这种办法正是旧俄农奴解放时代所用的办法，表面上看来，好像地主的利益和农民的利益可以双方兼顾，而实际上仍是片面地保持着地主的利益，而给农民吃了一个空心汤团。因为在今天的农业生产水准之下，农民即使辛劳终年，耕种所得，至多亦不过免于饥寒。倘使要叫他年年负担一笔地价费，则事实上又与纳租何异！而且既要支出一笔地价费，又要负担一笔田赋，其实际负担，或者超过未改革之前。长期地偿付地价，将使农民长期地负累沉重的债务。结果农民仍然会失去他的土地，而将土地卖给原来的地主或富农高利贷者。19 世纪 60 年代旧俄所实行的这种土地改革，结果只是更改了封建的土地制度的形式，而没有更改到封建的土地制度的剥削实质。

第二种是土地有偿地收归国有，而有代价地给农民以耕种权的办法。这一办法不过是前一办法的变相，基本上与前一种办法一样。今天中国政府不论在何种情形之下，都无这么大的财力来购买全国土地。假如以土地债券来收购，则债券的还本付息仍旧落在农民的肩上。农民要每年以其所得缴给国家，国家再以之缴给地主，基本上仍然是地主对农民的长期剥削，没有改变这种剥削关系的本质。相反地，政府却合法地把这种剥削关系长期保留起来，使农民长期处于债务重压之下。

这种办法的土地国有，对农民既无实际上的利益，对地主所欲维持的旧秩序也是一种不平常的改观。所以这样的办法，在代表地主利益的反动政府决不愿意实行，而代表农民利益的民主政府却又不需这样实行。

第三种是四大家族最反动的“改革”办法。他们整天在想把全国土地掌握在四大家族的手里，所以他们打算成立土地银行，由土地银行发行债券，将一些小地主小自耕农的土地收购过来，而后进行殖民地式的农业经营。他们这样做就叫作“土地改革”。他们想在“平均地权”的美名下实行 17 世纪和 18 世纪英国的圈地运动，实行日本帝国主义者在华的圈占运动。他们这样做既符合四大家族把持的国家垄断资本的利益，更符合美国帝国主义者的利益。美国农业调查团在中国调查以后，曾强调中国农业经营技术改良的重要，曾强调土地银行有设立的必要，这正是与四大家族的想法完全合拍的。他们抹杀土地的分配不均，他们抹杀地主对农民和反动政府对农民的剥削关系。他们只要求把土地收购过来，把小生产变成大生产，把自然经济变成殖民地的商品经济，然后，美国资本主义的农业技术，就可以套在中国农民的脖子上了。

此外还有少数进步人士所乐道的所谓“耕者有其田”，也不主张无条件地没收地主土地，而主张付给地主相当的代价，要农民分年偿还，即使偿还的期间延至数十年也好，具有这种想法的人士，或是地主利益的漂亮的代言人，或是好心肠的无原则的人道主义者。

社会改造的合理的原则，应该是求最大多数人的最大利益，然而主张有偿地征收地主土地的人士，他们是要占全国农民 70% 的贫农雇农，担负全国 70% 至 80% 的土地地价，长期地偿付给仅占全国农业人口 4% 的地主及 6% 的富农。他们的社会改造原则是牺牲最大多数人的利益，而维护最少数人的最大利益。这样的主张除掉再让广大的农民继续供养他们的地主老爷以坐食之费达数十年之久外，有什么社会的意义和经济的意义呢？

八　新民主主义的改革道路

中国土地问题的解决，既不能走欧美各国所走的自由资本主义的道路，又不能立即如苏联那样走社会主义的道路，而上述其他的改革办法又一无是处，那么，我们的土地改革，就只能走彻底的"耕者有其田"的新式的资产阶级民主主义的改革道路。

（一）什么是新民主主义

上面说过，假使我们解决中国土地问题，忽视了现实的社会基础，主张超越民主主义性质的发展阶段，直接进入社会主义社会，那我们就不是一个历史唯物论者了。然而，假使我们同时认定：一切社会，必须依照欧美各资本主义国家所走的同样的发展道路，必须任由中国资产阶级来领导民主革命，必须先经过自由资本主义的时代，进而到独占资本主义的时代，而后再实行社会主义性的革命……那么，我们就成为一个机械的唯物论者了。

一个封建和半封建社会的生产方式，当其发展到了尽头的时候，就会发生否定这个生产方式的民主主义的革命，而从这革命中出现新的生产方式。在 1917 年的俄国革命以前的历史时代里，西方各国中都是由资产阶级领导民主主义革命而建立资本主义的生产方式，并以这种生产方式为基础建立资产阶级专政的国家制度。但是到了1917年的俄国革命以后，世界上出现了社会主义的生产方式，与已经进入帝国主义阶段的资本主义生产方式相对，世界形势发生了巨大变化。以全世界范围来说，资产阶级代表进步的生产方式而与封建生产方式敌对的时代已经一去而不可复返了。凡是尚未经过民主革命，而封建半封建生产方式尚占优势的国家，已或多或少地受到先进的资本主义国家的支配。资本主义势力跑到这些后进的国家中不是去消灭封建半封建生产方式，恰恰相反，为了达到帝国主义侵略的目的，倒是去有意地扶植封建半封建的生产方式。在这些后进国家中“土生”的资产阶级既受制于帝国主义，又和本国封建半封建势力相勾结，而且害怕着无产阶级的革命，也就绝对没有能力来完成反封建的民主革命任务。——因此，在这些后进国家中完成资产阶级性质的民主革命的任务便不能不落到无产阶级的身上了。

新民主主义社会，是在无产阶级领导下完成资产阶级性的民主革命而发展起来的社会。在旧式的资产阶级民主革命中，农民斗争是被资产阶级利用来建立资本主义社会，在新式的资产阶级性质的民主革命中，斗争着的农民则与无产阶级结成联盟以建立一个有利于人民大众的新民主主义社会。新民主主义社会在历史任务上，虽与资本主义社会同样是一方面肃清封建，另一方面又创造社会主义社会的前提，但新民主主义社会在工农大众的掌握下将有意识地领导着客观的现实去完成这个历史任务，而资本主义的社会在资产阶级掌握下却是竭力妨碍客观的现实向前发展，拒绝完成这个历史任务。这些便是新民主主义与资本主义的主要不同之处。

欧美各国的资产阶级民主主义革命，是由自由资产阶级领导的；他们利用了广大的工人与农民，推翻了中世纪的封建统治，建立了资产阶级的统治。但在中国，民族资产阶级虽然存在，他们的力量太微小了，他们面对帝国主义和封建独裁统治的压迫，很少有斗争的勇气，不少资产阶级分子与帝国主义者妥协，与压迫他们的封建独裁统治妥协，以兼做买办为荣，以分沾官僚资本的独占利益为得计。因此，虽然中国民族资产阶级在反封建上是个进步的力量，是改造中国旧社会的主观力量中的一种构成因素，但他们绝不能领导完成这一历史任务。以他们的动摇的意识形态和薄弱的社会基础，来领导对抗今天的帝国主义和封建势力，真是以卵击石，太不够了。

中国已经存在无产阶级的力量，而且无产阶级能够正确领导农民大众，已经经历20余年血的奋斗，从这种奋斗中已经形成了庞大的、自觉的、正确把握着历史发展法则的、不可克服的革命力量。以无产阶级与农民的同盟为主体再团结了革命的小资产阶级，团结了纯正的民族资产阶级，团结了这些阶级内觉悟而愿为人民服务的分子，就足以担负领导中国的新式资产阶级民主主义性质的革命任务。

在这样一个强大工农被压迫阶级领导之下的革命，其所以不主张直接进入社会主义的革命，正是说明这个阶级丝毫不带有主观主义和理想主义的色彩，而切切实实地，根据中国的社会条件和历史条件，领导着中国人民大众经过其历史必经的道路。这就是因为“只有经过民主主义，才能到达社会主义，这是马克思主义的天经地义。而在中国，为民主主义而奋斗的时间还是长期的，没有一个新民主主义的联合统一的国家，没有新民主主义的国家经济的发展，没有广大的私人资本主义经济与合作社经济的发展，没有民族的科学的文化即新民主主义文化的发展，没有几万万人民的个性的解放与个性发展，一句话，没有一个新式资产阶级性质的彻底的民主革命，要想在殖民地半殖民地、半封建的废墟上建立起社会主义来，那只是完全的空想”。这一段话，乃是解释现阶段中国革命性质问题的最正确的昭示。

（二）耕者有其田的政策

在土地改革的问题上，耕者有其田的政策，就是资产阶级民主主义性质的革命政策。这个政策要让广大的农民自己起来，用自己的力量打破一切封建的束缚和压迫，这个政策要使所有的农民都取得必要的土地和生产资料，并予以合法的保护。这个政策要使封建的半封建的土地私有制度彻底消灭，而在合理与公平的基础之上，在一切农业劳动者都占有其耕种土地的基础之上，建立新民主主义的土地制度。

使一切无地和少地的农民公平取得土地，乃是消灭封建的和半封建的剥削的土地制度的现阶段最有效的办法。封建的和半封建的统治阶级之所以存在，基本上就是因为地主和富农霸占了大部分的土地所有权。由于他们霸占了极大部分的土地，他们才能奴役广大农民，才能任意剥削广大农民，才能建立起军事独裁的封建统治，才能与帝国主义者无耻地勾结起来出卖民族利益鱼肉中国人民。

在另一方面，只有使一切无地和少地的农民取得其最需要的土地，然后才能使广大农民亲密地团结起来，才能使广大农民英勇地与地主阶级和帝国主义者斗争，才能有充分的把握取得最后的胜利。在广大的中国土地上，有三万万五千万的农民能亲密地团结起来，衷心地为其自身的解放而奋斗到底，这就是任何种类的反动势力所不能战胜的力量！中国革命势力之所以具有大无畏的精神，所以不再有丝毫怀疑能战胜反动的地主、官僚、买办资产阶级及凶恶的美帝国主义，其现实的根据就在此。

耕者有其田的政策，在完成推翻封建的统治和消灭封建的剥削的任务时，对中国具有侵略行为和企图的帝国主义者，是会同时被广大人民驱逐出去的。那时中国就不再是一个半殖民地半封建的社会，中国社会即开始进入新式资产阶级民主主义的社会（简称新民主主义社会）。

在开始进入新民主主义社会以后，“耕者有其田”的积极作用就会更充分地凸显出来了。其积极作用就是农业生产力的提高，于是一方面就能对城市的工业提供足够的原料；另一方面又能使广大农民具有较高的购买力，消纳城市的工业产品。并且因农业生产力的提高，又使农业劳动的生产性提高，就能不断地有剩余的农业劳动力解放出来，进入城市，为工业部门的扩大再生产而工作。

（三）合作化、集体化的方向

但是，耕者有其田的政策，只是新中国建设的起点，当这一政策普遍实现以后，农业的土地经营会向两条道路发展。一条道路是农业经营的资本主义化。由于工业发展的结果，农业生产会趋向专业化和商品化，同时因劳动的生产性提高的结果，这些小生产者可能耕种较多的土地。土地的准许自由买卖，也使土地的扩展经营成为可能，新富农与大农业都会在农村中部分地出现。农村中的工钱劳动者也会出现，被雇于拥有较多土地的富农。等到这些富农拥有更多的土地，雇用更多的劳动者工作，而他自己只能从事管理指挥工作的时候，这就成为资本主义式的农业经营。循着这样一条从独立的小生产到富农再到大企业的发展道路，不论我们的主观愿望如何，在新民主主义建设的期间，它必须是存在的。它的产生和相当程度的发展，对于农业生产力的提高有其贡献。然而在新民主主义社会里，循着这一道路的农业经营的发展方向，并不是主导的方向。

主导的方向，乃是小生产者的合作经营的发展道路。新民主主义社会的领导力量，必然会有意识地有计划地领导着广大的农业小生产者，逐步走向合作化、集体化的道路。政府将对合作农场给予优惠的贷款，政府将对合作农场优先借给各种工具和原料，政府将优先向合作农场订购农产品……这将使合作农场对新富农及大农场的竞争上，处于比较优势的地位。独立的小生产者为了要取得政府优惠的帮助，为了要避免在竞争中被新富农和大农场所吞并，他们就只有一条路——加入合作农场。

合作农场发展的速度，是与新民主主义经济建设的一般进展息息相关的。它与工业部门制造新式农具的扩大有关，它与国内各种工业的发展和供应有关，它与社会流通资金和信用的扩大有关，它也与科学和技术的训练、文化与教育的普及、人民思想意识的提高与群众的组织有关。

新民主主义社会中有着国营工业，同样地，也会有国营农场，不过国营农场在整个农业中的作用将只是示范的（国营工业则非特是示范的，而且是领导的决定的），国营农场是合作农场向前发展的借鉴，是新民主主义社会里社会主义的因素。只有等新民主主义的建设在各方面有极大成就的时候，当工业部门和农业部门中，国营的和合作的生产方式已处于统治地位的时候，当其实行社会主义的物质的和精神的条件都已准备了的时候，然后一切资本主义的因素才会被淘汰消灭，一切生产手段才会收归国有。

九　耕者有其田的实施

“耕者有其田”的原则应该怎样去实施呢？这已经不是个理论问题而是个实践问题了。《中国土地法大纲》的颁布是中国历史上的一件大事，也是改造中国，消灭封建的和半封建剥削的土地制度的唯一正确的实施。它的影响不仅关乎全国农村中90%的雇农贫农和中农的生活改善，而且关乎全国各阶级的发展前途。中国如要发展农业生产，如要工业化，如要由一个半殖民地半封建的社会转而为一个现代化的新民主主义社会，都将以这个土地法的实行为起始点。

（一）土地改革法的性质

关于中国土地法的实质，在该法第一条上已清楚言明：“废除封建性及半封建性剥削的土地制度，实行耕者有其田的土地制度。”耕者有其田，是以保留一般劳动人民的土地私有权为前提，故该法第六条说“……使全乡村人民均获得同等的土地，并归各人所有之”。

根据这个土地法所实行的土地改革，是资产阶级民主主义性质的改革。现在世界资本主义国家，它们在历史上打倒封建的统治阶级期间，都有过类似性质的土地改革。法国大革命中农民把贵族僧侣的堡垒寺院烧掉，把他们的浮财和土地完全分掉。美国在19世纪中叶，工商业资本家为了要解放束缚在旧的土地制度上的劳动力（黑奴），为了要使资本主义的自由经营推广到农业部门，他们乃发动有名的南北战争；结果在林肯领导下把南方的地主阶级打败了，黑奴解放了，许多南方的地主土地被没收和分掉，大部分的地主将其土地廉价卖掉，或廉价租给新兴的农业企业家。封建的地主阶级，当封建社会发展到必须变革的阶段，他们就不能再继续其残酷的剥削，他们的被消灭命运一般的便成为不可避免的。

我们在前面说过：中国已不可能再走自由资产阶级民主主义的革命道路，中国只能走而且应当走新式资产阶级民主主义的革命道路，因此，中国土地法大纲的性质，不是旧民主主义的办法，不是由中国民族资产阶级所提出，也不是由资产阶级来领导。这是中国的民族资产阶级软弱的表现，表明资产阶级不能担负这民主革命中的基本任务。但当这个土地法即经颁布而实行的时候，中国民族资产阶级和中小资产阶级，应该予以衷心的拥护，假使有人会疑虑土地改革就是实行社会主义，那不是故意歪曲，就是他完全缺乏历史的和社会科学的常识。

（二）民主的方法

这一土地法，自其产生一直到实行，充分发挥了民主主义的性质和方法。一切由农民来商讨，一切由农民来决定，一切由农民来亲手实行。

这样一个改造社会制度的变革，决非自上而下的政令所能彻底完成的。它应该是自下而上的，由广大的农民自己动手，因为他们是创造历史的主角。告农民书中说："农民爱怎样斗，就怎样斗！"这对于民主的真义没有充分的理解和自信的领导者，是决不敢如此放手和如此干脆彻底的。

在这一斗争中，贫雇农是骨干，因为他们和地主阶级尖锐地对立着，是反对封建和半封建剥削的最坚决者。但是，这一斗争，并不是只要贫雇农行动起来就能胜利的。如果不团结全体中农，如果在斗争中侵犯中农的利益，一切都归贫雇农包办而不要中农参加，那么，贫雇农就会陷于孤立，这一斗争就不能成为一个真正广大的农民翻身运动，土地改革的伟大事业就不能完成。

封建的地主阶级，自然是这一斗争的对象。在这一斗争中，农民对地主没有容情和妥协的余地。不但土地是斗争的目标，由封建的剥削而积聚的浮财，也是斗争的目标。但是向地主斗争，是要消灭封建剥削的地主阶级，不是肉体上消灭地主；没收地主的土地与财产，并不是要地主饿死，所以土地法规定：地主与其家庭分给和农民同样的土地与财产。

对地主阶级的个人及其家族承认其有生存的权利，激烈的阶级斗争仍是无法避免的。农民为了翻身，不经过斗争，就不能达到目的。在土地改革的过程中，地主阶级会挣扎，会屠杀农民，会秘密进行其分化软化和投机的种种阴谋，不经过血的斗争就不能克服这一切反抗和阻挠。有些人以不能对地主阶级再事宽容为“惋惜”，但他们应该知道，地主阶级对农民的压迫已有两三千年的历史，中国近代的一个个反动势力也无不以地主阶级为社会根源。今天要是宽容了地主阶级，就是保留了反动势力的社会根源，一有机会他们就要以更凶狠毒辣的手段来对付人民。

对于工商业家的乡村家庭的土地，对于海外华侨的国内家族的土地，对于一般自由职业者家庭的土地，一般地应用土地法第十条乙项及第十二条的规定。第十条乙项的规定是：“一般乡村工人，自由职业者及其家庭，分给与农民同样的土地。但其职业足以经常维持生活费用之全部或大部者，不分土地或分给部分土地。……”第十二条规定：“保护工商业财产及其合法的营业，不受侵犯。”这已鲜明地指出这个土地法不是无条件地没收一切资产。唯一的对象只是封建地主及其剥削的手段。其积极的意义是解放数千年来处于封建剥削下的农民，改善其生活，由此而发展社会的生产力。

对于浮财的处理办法，有些人会表示怀疑，认为既然分了土地，再分浮财又有何必要呢？是不是太过分了呢？这些表示怀疑的人们，他们没有了解到中国广大农民的生活状况，是处在怎样穷苦的境地。在西南诸省，10岁左右的男女儿童终年衣不蔽体，甚至裤子也没得穿。全家住在蜗牛壳似的茅棚里，祖孙三代同睡在丈余的地铺上；在北方，冬季来临时，全家数口往往只有一件棉袄，出门时要轮流替换穿着。这些人，他们在春秋两季是替地主富农耕种来生活，冬夏两季则要打零工借贷和挨饿才能挣扎过去。现在地主的土地被分掉了，他们得着了一份土地，然而他们现在就没有吃的，没有必需蔽体的衣服，更没有耕种的种子和工具。假使一方面地主富农仍得保持他们剥削积蓄的一切浮财，另一方面有很多的农民没有必需的生活资料和生产资料，结果农民分得的土地，仍旧会抵押或出卖给地主富农，否则他们就只能对着干硬的土地饿死或听任它荒芜掉。所以为了要确保农民能在其分得的土地上进行生产，为了要确保被消灭的封建地主富农不再死灰复燃，浮财的分配是必要的。第八条规定，对于富农只征收其所有的牲畜、农具、房屋、粮食及其他物资的多余部分，而地主的全部财物和富农的多余的部分的财物是拿来分配给那些缺少这些财物的农民，并且也分给地主同样的一份，其目的就在使全农村的人民都有适当的生产资料和生活资料。

土地法中又有废除土地改革前的债务的规定，这是因为农村中的贷款绝大部分是高利贷性质，是地主富农对于贫农中农的封建性的剥削，所以废除债务的重要性不亚于平分土地。但不属于封建剥削性质的债务自不在一律废除之列。所以晋冀鲁豫区的补充办法中指明废债的规定“不包括商业买卖的债务关系”。东北的补充办法也有“贫农雇农中农间的债务应由农民自己解决”的规定。

在这样一个激烈的阶级斗争过程中，是否会发生单纯破坏行为呢？农民在数千年的封建桎梏之下，与地主阶级结下了世代的仇恨，他们一旦翻身，虽可能有复仇性的破坏，然而在有组织的群众掌握下，破坏的行为却一定能减少到最低程度。土地法中特别有关于保持土地改革秩序及保护人民财产的规定，就是因为有秩序的群众行动能够保障改革进行得彻底有效。而可以作为生活资料和生产资料的东西，如果被破坏掉，那是广大人民自己的损失，也就是全社会的损失。

《中国土地法大纲》的民主精神，贯穿着全文。土地改革是有关全体农民的生存大事，故必由农民自己起来斗争，由农民自己起来决定办法，负责进行。这一改革是社会改革，不是行政改革，故任何行政机构，任何党派团体，只能处于启发设计扶助和被遣使的地位。绝大多数人民的利益是最高的利益，绝大多数人民的意志是最高的意志，假使任何行政人员和团体人员违反了这个利益和意志，就要受人民法庭的审判和处分。新民主主义社会的民主性，较旧资本主义社会更为真实而彻底的民主性，就要在土地改革运动中切实培养和发挥出来。

（三）土地改革对各阶级的影响

废除封建和半封建剥削的土地制度，首先是对全农村 90% 的雇农贫农和中农有利。这是无须解释的。他们占农村人口的绝大多数，也是占全中国人口的绝大多数，所以他们的利益，也就是全中国全社会的利益。解除他们的束缚负担，改善他们的生活状况，乃是全中国社会转弱为强、转贫为富的前提条件。

对于工人，土地改革是绝对有利的。无产阶级要领导中国社会向前发展，由摆脱封建半封建的压迫一直向前发展到将来的社会主义；今天越是彻底地消灭封建半封建的土地制度，明天就越能顺利地前进到社会主义。就过去情形看，中国工人不但受着资本主义的剥削，也间接受着封建、半封建的压迫。封建半封建的土地制度的存在，使得中国工业不能发展，使得城市中经常聚集着大批的破产农民徘徊在工厂外，愿意在最低的工资下获取工作机会，在这样的情形下，中国工人的生活水平永不能提高。因此彻底进行土地改革，正是合乎工人无产阶级的利益的事。

其次，土地改革对于全国工商业家是有利的。一国民族工业的发展，必须有两个前提条件：一是社会的购买力不断的提高，二是农业生产能提供足够的原料；前一条件更以后一条件为基础。在中国目前的状况下，全农村 90% 的农民不能维持其最低限度的生活，农业生产力日趋低落，民族工业即使不受帝国主义的压制，也不能有多大的发展前途。工业与农业不能发展，商业自然无发展的余地。在土地改革以后，一方面广大农民的购买力将能提高，另一方面农业生产力也会因农民多费成本和多费劳力而提高，这就为全国工业的扩展与繁荣建下了现实条件。有些工商业家，也许他们多多少少在乡村里保有一些土地，因而害怕土地改革中所受到的损失，但是他们的主要财产所寄的工商事业，在今后可以自由经营，蓬勃发展，将与今日的困厄情况有天壤之别。前后得失相较，土地改革对于他们是非常有利的。

对于全农村人口 4% 的地主，和 6% 的富农及高利贷者，当然是不利的。但有什么办法呢？他们的人数是那样少，而控制了绝大多数人民的生存条件；假如要照顾到这极少数人的利益，就照顾不到极多数人民的利益。他们悠游坐食已数千年，他们的子孙在以剥削为业的生活中，大多养成贪婪庸愚而残暴的个性。现在已到了清除他们这种罪恶的生活方式的时候了，中间已无半点调和的余地，对于他们只能留给一份生存的权利，分给他们与众人一样多的一份土地和财产，让他们及其子孙在与众平等的基础上重新做人，重新建立他们合理公平的新生活。

土地改革对于美帝国主义也是不利的。因为美帝国主义要奴役全中国，所以其必须要保持中国的反动封建势力，通过他们去管教和剥削中国广大人民。在农村里，从封建地主中产生土豪劣绅，产生乡保区县的军政负责人员，他们是反动政治势力的基层，间接就是美帝国主义的猫脚爪；所以消灭了封建地主，就是消灭了反动势力的社会基础，也就是砍断了美帝国主义者的猫脚爪。

在土地改革以后，新民主主义社会是个独立富强自由的社会，帝国主义者对中国的侵略剥削，将从此结束。

十 新民主主义社会的农业发展

当《中国土地法大纲》所规定的土地改革彻底完成以后，中国的农业经营，在新民主主义的政权之下，它采取何种经营方式，向着怎样的道路发展，前文已经提到，在这里且再加以研究。

（一）小农经济、新富农、私营大农场

在土地改革以后，全国农村里主要的农业生产方式，自然是独立小农的生产方式。每一个农家占有一块独立的耕地，他们用自己的资本，自己的劳动力，耕种着自己的田地。因为农业生产的发展，更因为他们不再需要以多量的农产物贡献给封建的剥削者，所以他们的生产物商品化的过程加速了，他们将进行扩大再生产，虽然是缓慢的，但将受市场法则的支配。在某些地区，他们的农产品会向着专业化的方向发展。他们的广大存在，代表着新民主主义社会农业生产方式的第一阶段。就这一阶段的农业经营的性质而言，他与资本主义社会的小农经济并没有多大差别；但就其发展前途而言，由于市场法则将逐渐受社会的控制，大部分的小农经济不可能再走旧资本主义的发展道路。而会如前所说的，走向合作化集体化的方向。但这也不是说，从广大存在的独立的小农经济中完全不会产生资本主义性的新富农。

土地既然自由经营与自由买卖，也就不可避免地会局部地产生土地集中的现象。很多的农家，会因其家庭劳动者流入工业部门，争取较高的工资待遇，而出卖他们的土地；也有许多农家会因收支不符，或因经营不得法，而出卖他们的土地。节俭而勤劳的小农会逐渐购进这些土地，有意经营农业生产的资本家也会购进这些土地。当这些土地的大部分仍由他们自己的劳动耕种，仅部分地雇用农业工人协助时，这样的经营就是资本主义的富农经营。他们的生产大部分为商品生产，受着市场法则的支配，他们雇佣工钱劳动者，市场的工资法则决定着工资的多少。它不同于土地改革前的旧

富农，因为旧富农一般都带着封建性质。

新富农再进一步的发展，可能采取私营的大农场的经营方式。农业经营中的固定资本一般地必较工业部门为小，私营大农场的发展并非困难。在某些生产农业特产品的区域里，如茶、棉、丝、桐油、大豆以及畜牧等，资本主义经营的大农场是极易产生的。他们完全以工钱劳动者来担负生产，剥削剩余价值。然而这一类型的农业生产，不可能成为领导和决定的生产方式，相反地，它在新民主主义社会里，要受集体农业生产方式的竞争和限制；同时，其对劳动者的榨取率，将不完全决定于市场的工资法则，而要受社会的立法所限制。

（二）农业合作的两个阶段

土地改革后普遍存在的小农经济，在新民主国家中的主要发展方向就是合作化。合作农场，将紧接着土地改革的彻底完成，而逐渐发展起来。新民主主义的政府，将以消费合作、信用合作、运销合作和劳力合作为第一步骤，建立合作运动的技术和信誉，进而组织第二步骤的农业生产合作，使各个小农经济的个体合作起来，土地、耕具、耕畜、流动资本和劳动力等，都以合作的方法组织起来，使分散的小农经济成为一个大的集体的生产单位。他们在这种合作农场里，可以节省费用，节省劳动力，提高劳动的生产性；对于这样的合作农场，政府通过合作社给以低利的贷款或种子和肥料，他们并得利用运销合作社，使合作农场的农产品免除中间商人的剥削，直接运销到消费者手里。这就是第一阶段的农业合作。

第一阶段的各种合作经营和合作农场，是农村里富农经营的竞争者，是能压制富农的对立物。但是第一阶段中的合作农场，就其私有土地和私有生产手段的性质而言，还不是社会主义性的生产方式。

合作农场的发展，有赖于全社会生产力的发展，有赖于国营金融机构和国营工业的发展。当社会的生产足以使农业部门利用新的工具和新的技术的时候，当国家能贷给或卖给合作农场这些新的生产手段的时候，合作农场就踏入走向社会主义的准备阶段。在这一准备阶段中，劳动者的个别合作劳动将成为有机的集体的劳动，个别私有的生产手段将被扬弃，新的生产手段是集体的，使用机械耕具的，使每一个社员在劳动和生产的过程中成为不可分离的。这样的合作农场，将在农业部门的物质基础上和意识形态上，准备了实现社会主义的前提条件。这就是高级的合作农场。

合作农场同时也是私营大农场的竞争者，是战胜私营大农场的对立物。新民主主义社会在农业部门的主要任务，就要以合作农场来变革小农经济，战胜富农经济，并战胜大农场经营。合作农场胜利之所以成为可能，是依赖于三个条件：（一）无产阶级的领导，（二）国家经济的发展，（三）政府掌握信用调节市场以资助合作社。这三个条件的存在，正是新民主主义社会的特点。

（三）示范的国营农场

在新民主主义社会里，也可能存在国营农场，以国有的土地和国有的生产手段，雇佣农业工钱劳动者。这样的国营农场，其新创价值大致可被分成三部分：一部分是国家收入，另一部分用之于国营农场的扩大再生产，又一部分用之于员工福利。（在国家尚未能控制农产品市场时，可能有一部分落到投机商人的手里）故它是新民主主义社会里社会主义的因素，是合作农场发展的领导者。

国营农场的发展，在每一合作阶段上都会走在合作农场的前面。它以新式的技术和新式的生产工具向合作农场示范，它以劳动的集体性和高度的劳动生产性向合作农场示范，它并以劳动者的优良待遇向一切农业经营示范，最后，它将领导一切农业经营方式，走向社会主义化。

在新民主主义社会里，资本主义生产方式的主要历史任务，是发展社会的生产力。一个半殖民地半封建的社会，不经这样一个阶段，不在这样一个阶段里准备下物质的高度生产水平，不在这样一个阶段里创造千千万万的农业劳动者，不在这样一个阶段里组织小生产者使其集体化，不在这样一个阶段里普遍展开文化教育工作，则我们就不能迅速进入社会主义之门。

在新民主主义社会农业部门里，国营农场的示范和合作农场的主导发展，是发展新民主主义农业生产，逐步否定和代替资本主义性农业经营的决定力量。

（原载《青年自学丛书·中国土地问题讲话》，生活书店 1948 年版）

战后中国农民问题

一　抗战期间的农民问题

抗战期间的中共土地政策

中国共产党，经过十年的土地革命斗争，到了 1937 年，就暂时地停止了没收土地的政策，改为减租减息的政策。这并不是政治主张的放弃，并不是认为中国农民问题基本上可以用其他不同的办法来解决，而是为了要团结一切抗日阶层去共同打倒日本帝国主义的侵略。在日本帝国主义侵略下，一部分地主阶级由于本身遭受到压迫，也有参加抗日斗争的可能，为了加强抗日民族统一战线，争取地主阶级参加这一斗争，所以有这个改变。根据革命形势与战略的要求，这是完全正确的。

然而就在抗日民族统一战线的政策之下，农民仍然是中国民族解放运动中的主力，如不能动员全国人口 80% 的农民参加抗战，抗日战争的胜利是不可能的。所以在抗日民族统一战线的时代，农民问题仍然是一个首要的问题，必须合理地、尽其可能地对农民的要求予以适当的解决，而后抗战才能坚持继续，并取得最后的胜利。

假如在抗日民族统一战线的时代，忽视了农民的一切要求，忽视了农民在抗日战争中的主力的地位，不能够把农民问题放在正确的政策指导之下，使广大农民自动自发地参加抗战，那就要走上投降主义和法西斯主义（如蒋 × × 政府在战时对农民问题的政策）

的道路上去。另一方面，假如在抗日民族统一战线的时代，仍旧持着土地革命的口号，而否定“减租减息和交租交息”的改良政策，也就要犯革命策略上的极大错误，因为他们不知道：革命策略下的改良，在资产阶级政权存在的条件下，自然要变为巩固革命的手段，向前发展革命的支撑点。

中共中央对于抗战期间的土地政策，有下列三点基本决定。

（一）承认农民（雇农包括在内）是抗战与生产的基本力量，故党的政策是扶助农民减轻地主的封建剥削，实行减租减息，保证农民的人权、政权、地权、财权，借以改善农民的生活，提高农民抗日的与生产的积极性。

（二）承认地主的大多数是有抗日要求的，一部分开明绅士也是赞成民主改革的，故党的政策仅是扶助农民减轻封建剥削，而不是消灭封建剥削，更不是打击赞成民主改革的开明绅士。在地主实行减租减息之后，保证交租交息，并保障地主的人权、政权、地权、财权，借以联合地主阶级一致抗日，只是对于坚决不愿改悔的汉奸分子，才采取消灭其封建剥削的政策。

（三）承认资本主义生产方式为中国现时比较进步的生产方式，而资产阶级是中国现时比较进步的成分与政治力量，富农的生产方式是带有资本主义性质的，富农是农村中的资产阶级，故党的政策不是削弱富农阶级与富农生产，而是在适当地改善工人生活条件下，同时奖励资本主义生产与联合资产阶级，奖励富农生产与联合富农阶级，但富农有一部分封建性质的剥削，为中农所不满，故在农村中，实行减租减息时，对富农的封建剥削部分，亦应照减。在富农实行减租减息之后，保证交租交息，并保障富农的人权、政权、地权、财权。一部分用资本主义方式经营土地的地主（所谓经营地主），其待遇与富农同。

以上三项基本决定，乃是中共贯彻于八年抗战期间的，对农民问题的全部政策。这一政策的基本要求在：

（一）改善农民生活，提高农民抗日的与生产的积极性。

（二）联合地主阶级一致抗日。

（三）实行减租减息，保证交租交息，奖励资本主义性的农业生产。

抗战期间解放区农民的伟绩

在中国共产党土地政策的正确领导之下，边区与解放区的农民，在抗日战争的军事战线上和生产战线上，都创立了对战争的胜利有决定意义的伟绩。八路军与新四军在战争的初期不过将近十万人数的战士，但是在不断的战争和不断的发展过程中，大量消灭敌人的主要战斗力量，牵制了敌人在中国战场七十几个师团的半数以上，使整个华北与大部分华中地区的敌人只能维持其主要点线的守卫。这样长期的辉煌的战绩，没有广大农民的积极参加和积极支持，乃是不可能的。

广大农民积极参加抗战和积极支持抗战，是缘何而来的呢？这绝不可能是自上而下的动员和法西斯的强迫服役而来的，乃是普遍实行减租减息，改善了农民的生活而来的。例如晋察冀边区，在“1939 年和 1940 年上半年普遍地实行减租减息以后，当时敌人正进行春季扫荡，群众就以无比的英勇配合主力作战。据边区农会的统计，当时 17 个县农会会员参战达两万人，配合作战 32 次，扰袭敌人 284 次，破坏敌人交通四千里以上；其后群众地雷战的广泛开展，冀中地道战的创造及数达 63 万民兵的发展，对根据地的坚持起了异常广大的作用。仅据 1938 年至 1942 年中的统计，北岳民兵参战次数达 10615 次，毙伤敌人 1517 人，俘虏敌伪 368 人，除奸 1658 人，缴获武器军用品无算……”（见《1947 年中国经济年鉴》）仅仅凭这一部分的材料，我们可以知道减租减息政策，在边区和解放区如何地激起农民的无比英勇与热情，成为抗战的主力，终使在物质上和军力上占绝对优势的日本帝国主义，碰到了八路军和新四军就不得不遭受失败的命运。

但是减租减息政策，不单单在政治上团结了全体农民，团结了农村各阶级，使他们积极地参加抗战和支持抗战；而且在经济上，缓和了封建的剥削关系，改善了大多数农民的生活状况，从而提高了农业生产力，成为边区和解放区长期抗战的物质基础。

据晋察冀北岳区35个村庄的调查：1937—1942年，因实行减租减息的结果，农村各阶级发生了如下的变化（见表1）。

表1

阶级 \ 百分比（%） \ 年份	1937		1942	
	户数	土地	户数	土地
地主	2.42	16.43	1.91	10.17
富农	4.50	21.93	7.88	19.56
中农	35.42	41.69	44.31	49.14
贫雇农	47.53	19.10	40.95	20.12

从表1中可以看出：地主阶级无论从户数上和土地上讲，是缓慢地下降的，这种缓慢地下降，使一部分地主降为富农，开始用他们自己的劳力参加生产，富农的户数有较大的增加，其来源是一部分自地主阶级中下降而成的富农，一部分则来自中农阶层，富农所占土地数最初稍显下降，但自1942年以后则又上升，这表示农业生产力的提高，有更多的中农上升为富农。中农的户数则历年增加，其所占土地亦比例地增加。贫雇农在户数上则有大量的减少，而土地反稍有增加。

在封建的和半封建的土地制度的基础之上，阶级关系的两极化和土地占有的集中，原来是非常剧烈地发展着的。由于减租减息的普遍实行，乃扳回了这种发展趋向，并且使地主和贫雇农这两个对立的阶级缓缓地向中间阶层靠拢，使大多数的农民生活改善，并缓和了农村的阶级斗争。自然，减租减息政策并不能从基本上改革封建的和半封建的土地制度，不能彻底消灭农村的剥削关系，也不能迅速而彻底改善农民的生活状况。可是，在民族解放战争期间，这种农村阶级斗争的缓和与农民生活的相当改善，仍具有异常重大的意义，因为它符合广大农民的基本利益，团结了最广泛的各个阶层，中立了不革命的阶级，使敌人完全陷于孤立，而达到民族解放战争胜利的最终目的。

战争是具有极大的破坏性的，尤其是以劣势对抗优势的民族解放战争，并在自己的领土上以游击战配合运动战的战略战争，其在经济上所将遭受的破坏是不可想象的。所以抗战期间一方面要动员农民参加抗战，另一方面还要保卫生产发展，生产战线的重要性并不次于军事战线。

战时边区和解放区的生产运动，对于战时农民运动的发展有头等重要的意义。通过生产运动，把农村一切劳动力组织起来。妇女在生产战线上处于非常重要的地位。农民在劳动中改变自己、发展自己，由于变工劳动的扩展，劳动力的合作运动首次在落后的个体劳动中发展起来，劳动英雄在农民群众中茁长辈出，成为生产战线上的领导者。

劳动力的合作运动，使个体的家庭劳动倾向集体的互助劳动，这在生产力的发展上具有极大的意义。毛泽东在中共七大的政治报告中说："这种农业生产合作社，现时还只能是建立在农民个体经济基础上的（农民私有财产基础上的）集体的互助的劳动组织，例如变工队、互助组、换工班之类，但是生产力的发展与生产量的增加，已属惊人。这种制度，已成为中国解放区的普遍的制度，今后应当尽量发展。"在苏北地区，因实行劳动力合作互助的结果，生产力较前约增加 50% 。

抗战发动以后，当中共中央提出在边区实行休养生息的税收政策，并号召公私全体动员发展农业以后，陕甘宁边区的农业便急剧向上发展。表 2 是自 1939 年起四年中边区开荒植棉与牲畜发展的统计。

表 2

年份	开荒亩数（亩）	植棉亩数（亩）	牲畜		
			牛（头）	驴（头）	羊（只）
1939	1002774	3767	150892	124935	1171366
1940	698899	15177	193238	135054	1723037
1941	390087	39087	202914	137001	1724203
1942	281413	94405			
合计	2373173	152436			

注：开荒系逐年所开辟的亩数，植棉和牲畜是全边区逐年统计之所有数。

到 1945 年年底止，陕甘宁边区农业耕地面积较之 1935 年，增加了 79.4%，植棉亩数较革命前最盛期增加了 6%，而主要的牲畜则较之 1935 年增加了 300%。

就粮食的产量而言，土地的开辟增多和劳动生产积极的提高，自然使边区粮食的产量逐年提高。表 3 是 1942—1944 年的边区粮食收获量统计。

表 3

年份	粮食收获量
1942	1680000 石
1943	1840000 石
1944	2000000 石

所有经八路军新四军解放的区域，在战争不辍的年代，广大农民一方面踊跃参战，另一方面更投身生产运动的狂潮。武装部队则在作战中一有空隙，就帮助农民耕种收获。这就是历史上从未曾有的奇迹。这奇迹说明了为什么少量的八路军、新四军能对抗日本帝国主义数倍于此的优势武力，说明了为什么经济落后的解放区边区能对抗经济优势的日本及其占领区，更说明了为什么千千万万的农民群众能衷心地热烈拥护八路军新四军，接受共产党的领导。

农民与民主运动

民族解放斗争，与政治的民主运动是不可分离的。农民的自觉，农民政治觉悟的一般提高，唯有在政治的民主运动中才能收得更大的效果，有些人认为农民知识低下，不够参加政治的民主运动，这是彻头彻尾的资产阶级的理论。民主政治的意义是根据人民的利益来管理政事，这是非常平凡而简易的道理，每一个人每一个阶级都有他切身的利益，只有人民大众自己才能具体了解他们的切身利益，才能切实维护他们的切身利益。资产阶级专政的资本主义社会，故意把民主政治渲染造势变为知识阶级的专利品，结果知识阶级就是资产阶级的化身，民主政治就成为资产阶级压迫广大人民的武器，而政权就成为资产阶级垄断的有力压迫工具。

中国的民族解放运动要走向新民主主义的道路。新民主主义的民主政治乃是彻底的民主政治，是要求广大人民直接来参加政治的民主政治。中国农民是中国社会里占有压倒优势的阶级，所以在民族解放过程中，首先要使农民来参加政治。下面是晋察冀边区在抗战时关于民主运动的一部分材料：

1938 年 1 月间，各界代表大会筹备边区行政委员会，随之进行村筹，1939 年春改造村政，但当时由于压在广大群众身上的封建剥削尚未普遍减轻，群众没有把政权看成与自己有什么切身关系，所以收到的成果不很大。直到减租减息与抽地换约的普遍展开以后，1940 年 7 月的民主选举运动才真正普及到农村每个角落。北岳区 19 个县的统计，平均 80% 的边区公民参加了选举，最高的“平山”达 99%。冀中 7 个县各阶层参加选举的情形和结果如下：

雇贫中农参加村选者占其公民全体 87%，当选为村各委员会主任者，占总数 87.9%；当选为村主席者，占 90.9%；参加县级选举者，占其公民全体 52.6%；当选为县议员者，占其 83.1%。

> 但同时地主和富农参加新政权的积极性也不落人后。他们参加县级选举人数，占其公民总数72.4%；参加村级选举人数，占其公民总数87.2%；当选村各委员会主任者，占6.8%；村主席7.6%；当选为县议员者17.7%。

在彻底的自由民主的选举运动中，雇、贫、中三个阶层是农村中最主要的阶层，他们的人数达全农村人口的90%左右，所以当选的各级负责人员，他们也就占90%左右；这与资产阶级专政的资本主义社会对比起来，就有明显的不同，资本主义社会虽然也是贫苦阶级及小资产阶级占大多数，但选举的结果总是资产阶级及其代言人当选，平民当选者真如凤毛麟角，原因是资本主义制度下的选举是商品化的选举，资产阶级占有一切物质的条件，并且用法律行政财产来限制贫苦阶级的选举权和被选举权，结果自由民主成为骗人的空言，占全社会大多数的贫苦阶级不能选出其自己阶级的代表，而政权就被少数的资产阶级独占了去。

在抗战期间，对于地主富农也给予人权、地权和财权的应得保障，所以地主富农也可以根据其自己的利益选出他们的代表，参加政府机构，以保障他们的利益。自然，因为他们人数在全社会是少数，所以他们只能占有相当比率的代表，不能利用他们的财产来操纵选举，这也是新民主和旧民主显著不同的地方。

二　划时代的土地改革

抗战的胜利结束

在八年抗战的过程中，由于中国共产党的正确领导，由于中国共产党的坚持团结抗战，反对分裂妥协，国民党反动派的历次分裂投降的阴谋归于失败，终使日本帝国主义的泥足陷于中国战场而不能自拔，结果放下武器无条件投降的不是中华民族，而是日本帝国主义。

八年抗战的结果，一方面是日本帝国主义倒下去了，中国沦为日本帝国主义的殖民地的威胁解除了。另一方面，中国共产党的政治影响发展到前所未见的高峰。当抗战结束之时，解放军在敌后解放国土三十余万平方英里，这些国土都是国民党军队在战争前后放弃掉的。中国共产党在解放的国土上建立了十八个解放区，解放了9950多万人民，由人民民主选举建立的有104个专员公署和678个县政府。八路军新四军由抗战开始时的八万武装扩展到抗战结束时的百万强大武装，这些武装都是从敌伪手里夺取过来的。

这些光辉的成绩从哪里来的呢？主要是中国共产党正确地处理了农民问题，动员了广大农民，改善了农民生活，激发了农民的自动的爱国心而来的。

但是随着民族解放运动的完成，抗日民族统一战线的最高战略，自必有所变更。在抗战期间，是以团结国内一切抗日力量共同抗战，除汉奸卖国贼以外，其他各个阶级都可能团结而且应该团结的。但是在民主革命的人民解放战争的阶段中，国内各阶级对于民主革命的态度，对于新民主主义的态度，必须予以新的估量和新的考验。

政治协商会议的失败，鲜明地证明了代表地主买办大资产阶级的蒋××国民党，是彻头彻尾的反民主的，他们不要民主主义，他们坚持反动独裁，并决心把八年抗战的胜利果实送给美帝国主义者，使美帝国主义者代替日本帝国主义的地位来奴役中国人民。

当蒋××国民党及美帝国主义者的阴谋逐渐暴露以后，中国共产党坚决领导中国人民来进行反美帝反封建的斗争，这个斗争是非常艰巨的。因为中国人民在八年艰苦抗战之后，仅仅获得1946年上半年几个月的喘息时间，而美帝国主义者又以庞大的物资和军事装备送给国民党反动派，再加之由美帝国主义者保镖接收了百余万日军的物资和武器，在1946年蒋××国民党反动集团的物力和军力真是不可一世，他们竟以为已具有充分的把握来虐杀中国人民，把中国人民的力量消灭干净，然后由美帝国主义者来安稳霸占中国的领土主权。

1946年在中国革命史上是转折的一年。中国共产党毅然决然担负起这个新革命任务，而且对于这个革命具有坚决的胜利信心，这个信心根据两点：第一点是第二次大战以后全世界人民力量的强大对美帝国主义力量的优势；第二点是基本的一点，乃是中共在八年抗战过程中组织了一万万左右的广大农民，在这广大农民群众中间产生了近百万的正规武力和千万的民兵，人民的力量是不可克服的，这么庞大的人民力量更是不可克服的！

民主革命以武装斗争的形式来开始和发展，虽不是必然的（例如东欧就是以联合政府的形式来开始发展），在中国却成为不可避免的。但中国新民主主义革命虽不免要武装斗争，而且在反美帝反封建的初期阶段主要的还是武装斗争，可是它决不能局限于武装斗争。以蒋介石为首的大地主大买办大资产阶级，在中国有其久远的社会的根源，民主革命就必须彻底铲除其根源。所以在中国人民解放战争的过程中，对于中国社会穷困落后和反动根源的封建的和半封建剥削的土地制度，必须彻底地予以消灭，而后中国新民主革命才有迅速而彻底完成的可能。于是抗战期间的减租减息政策，至此告一段落，土地改革即成为中国人民解放战争形式中的主要的内容。

中国土地问题的实质

中国农村中的土地制度，是封建的和半封建剥削的土地制度。在中国古代封建制度下，土地都是属于封建地主的。封建地主将其土地承租给佃户，由佃户耕种，每年将生产物的大部分贡献给地主，这就是中国封建社会所盛行的土地分益制。在这种分益制之下，佃户除缴纳谷物外，还要给地主做义务的各种劳役，要将一切农业副产品和手工业品缴纳一部分给地主，以供地主日用所需。地主对佃户有生杀予夺之权。除非地主将佃户驱逐，佃户是不能自动离开土地的。所以佃户世世代代被束缚在土地上，终年辛勤，除勉强维持其一家最低限度的生活外，其余的劳动所得都被地主剥削了去。地主对佃农这种残酷的剥削，不是由于经济的法则，而是由于封建地主阶级独占了土地所有权，并在这种土地制度上建立起政治军事法律等种种的权力，以保障其对佃农的剥削。这种超出经济法则以外的剥削，谓之超经济剥削。

当商业资本在封建社会里产生以后，商业资本对于封建的土地关系产生解体的作用。地主们受商业资本家的剥削，转而更残酷地剥削农民，但是农民被剥削的可能是有限度的。超过了这个限度，农民的生产成本就感不足，就要缩减生产，同时因生活资料的不足，影响到了农民劳动力的衰退，结果土地上的农业生产能力就要递减了。于是地主虽然加强剥削，而其收入总额就不得不逐渐递减；收支不敷的地主，就不得不渐渐出卖其土地给商业资本家或其他社会成员。于是城市地主和自有土地自己耕种的富农中农乃相继产生。富农与中农在两个对立的阶级（地主与佃农）之间产生出来，成为半封建性质的农村社会阶层。富农以半封建的剥削方式剥削贫农雇农，而中农则往往被地主阶级的半封建性质的捐税所剥削，因此，富农是靠近地主阶级的，而中农则往往同情贫农和雇农的。

在土地改革之前的中国社会里，主要的生产关系是地主与佃农的封建的剥削关系。是高利贷者（地主富农）对一部分中农和广大贫农的封建剥削关系。其次是富农对雇农的半封建的剥削关系，是地主阶级对中农的半封建性质的捐税的剥削关系。

中国地主阶级，在农村人口总数中，他们只占 4%；富农阶层的人口也只占 6%，所以地主富农加起来还不到全农村人口的 10%。但是他们所占有的土地竟达全国土地面积的 70%—80%，而占全农村人口 90% 的贫农雇农中农，却仅占有全国土地面积的 20%—30%。

在极大部分土地集中在地主阶级的情况下，其剥削的情形如何呢？地主对佃农所收的正租，一般的达谷物收获量的 70% 左右；除正租以外，农民在农隙时的副作物，也要缴一部分给地主，一年四季必须向地主送礼，地主家里有事更得义务帮工；这样繁重琐碎的剥削，不单单把农民的剩余劳动生产物统统剥削了去，而且把佃农生产成本的一部分（如肥料、种子、耕畜、工具等）代价，劳动力所必需的一部分生活资料，也一并剥削了去。因此，长此以往，农民的生产规模不得不年趋缩小，农民的劳动力也不得不日趋衰弱，饥饿与死亡成为数千年来中国广大农民被注定的命运。

一般的中农，在帝国主义和封建地主阶级双重的压迫剥削之下，也遭受苛捐杂税的超经济剥削，和帝国主义商品的不等价交换的剥削，日趋没落破产。

富农们雇用了一部分雇农，用半封建的剥削方式，以仅够其一己的生产代价，剥削了他全年全部时间的劳动。雇农终年不能有其自己的剩余时间，不能养活一个最简单的家庭。

土地不足的小自耕农，他们大部分外兼为佃农，二者身份的命运相同，所以把小自耕农和佃农合称为贫农。贫农与雇农同为农村里的被剥削阶级，是中国农村中的生产阶级；而地主富农则为剥削阶级，不单单剥削贫农与雇农，并且以高利贷的方式剥削一部分中农。

高利贷是中国农村经济解体，加速中农和小自耕农破产的一个重要因素。其剥削率是非常可怕的。自战时开始的通货恶性膨胀以来，农村高利贷大半采取实物形式，春借秋还，利息最低达100%，高者达400%。

在抗战期间的解放区，这种剥削率自然是大大降低了。由于减租减息，贫农与雇农可以不受饥寒压迫，中农因政府税率的轻简和高利贷的取缔，非特不至于破产没落，且有上升为富农之势。这种成就在民族统一战线的时代是一种非常的成就，然而这种成就并没有彻底消灭中国农村中的封建的和半封建的剥削，并没有彻底消灭农村中贫雇农和地主富农的两大阶级对立。当战争结束以后，当民主革命的目标代替团结国内各阶层，一致抗日的目标出现的时候，即使在中共解放区内，也就必须以新民主主义的耕者有其田的政策，来代替抗战时期的减租减息政策。

为了大踏步改进广大农民生活状况（经济的和社会的），为了提高社会的生产力，更为了要解放蒋管区内仍处于非常残酷的封建剥削之下被奴役者的更广大人民，提出耕者有其田的目标来作为现阶段民主革命斗争的主要内容，乃是百分之百的真理。

清算运动

“耕者有其田”政策的实行，乃是对中国农村中封建的生产关系的彻底变革。这是数千年来中国封建社会的彻底改造。这个牵涉到3.5亿农民的生活关系和全中国社会性质的变革，要是没有广大农民群众自动来参与这种改造的工作，则“耕者有其田”政策的实行就是不可能的。

除此以外，这样一个全国性的改造工作，要是广大农民没有严密的组织，没有丰富的斗争经验，这个政策的完满实行也是不可能的。

为了具备上述两个条件，所以当“耕者有其田”的政策还未具体实施之前，在中共解放区内，首先展开一个清算运动。这个清算运动一方面是根据抗战结束后的特殊情况决定的，另一方面则是实行全面的“耕者有其田”政策的准备阶段。

清算运动的内容及其斗争的对象，有下述三种情况。

（一）在日寇投降前后新收复的解放区里，有很多汉奸都拥有大量的土地。对于这批汉奸的土地，当然是无条件地没收，分配给无地或地少的贫苦农民。除此之外，许多地主恶霸，在沦陷时期将许多非法的负担转嫁给一般农民，甚或借敌伪的势力来鱼肉乡民，对于这些地主恶霸，解放后的农民就要求向他们清算，清算后的地主恶霸应当吐出他们的赃物，倘使不能以动产来偿还时，就以土地来抵偿。

（二）在抗战后期建立人民政权稍迟或不甚巩固的地区里，政府已经颁布减租减息的法令，但一部分地主利用一切方法来避免实行这个法令，或阳奉阴违，实际上仍旧照样剥削农民，当时因抗战第一，军事第一，无暇来对这种情形予以彻底纠正。当战争结束以后，农民就要求地主历年违法剥削部分予以清算，清算后不以动产偿还就以土地来偿还。

（三）在老解放区里，减租减息已实行了五六年，地主们政治觉悟程度也较高，有些开明地主自动不愿再居剥削者的地位，乃把一部分土地分给农民，而收回一部分自己耕种。还有一些富农，其田多人少，也将一部分土地给予其亲戚或有交情的贫农，以求他们今后在劳动方面的良好合作。这种情况非特为民主政府所同意，而且予以鼓励。

清算运动激发了华北东北解放区的农民为土地而斗争。虽然在民主政府的统治之下，一般地主恶霸，如不经过农民的斗争，他们是不可能自动地吐出赃物的。这是一个阶级斗争，是反封建斗争，在这个斗争里农民获得了一部分土地，并获得了丰富的反封建的斗争经验。

当清算运动于 1946 年 5 月开始在解放区进行的时候，蒋管区内的封建势力及帝国主义的代言人叫嚣起来了。蒋管区内的地主阶级与解放区内的地主恶霸有血缘关系，而帝国主义者百余年来就是与中国封建势力表里勾结的。他们叫喊着“中共已开始共产主义的阶级斗争”，而一般不明真相的人士也怀疑是否“斗争过火”。这一切歪曲的反响，乃是必然要产生的。反动势力生怕民众团结起来具有斗争的力量。虽然清算运动当时还只限于解放区内，虽然清算运动只是限于清算地主恶霸的非法剥削。然而这个运动，对于当时蒋 × ×的内战布置和美帝国主义者的阴谋奴役中国人民的计划是非常不利的。所以他们要大叫大闹反对“斗争”，而事实上，他们所希望的是要广大农民在抗战胜利后自动放下武器，解散一切民主的组织，变得像一群绵羊一样，让他们动员数百万握有美械装备的军队去作集体的屠杀！

然而这个阴谋诡计，在具有丰富政治经验的解放区人民是看得雪亮的。他们坚决地执行这个斗争，不单单是为了实现耕者有其田，而且为了要应付美蒋的大规模军事进攻，得先行在人民已控制的区域内进行反美蒋社会根源斗争。

清算运动与抵抗美蒋的军事进攻，几乎是同时进行的。当人民解放军在 1946 年中从事激烈的内线作战时期内，清算运动亦完成极大的成就。晋冀鲁豫全区至该年 10 月间已有三千万农民获得土地，每人所有土地可达三至六亩的标准。苏皖区于该年 12 月初已有 1500 万农民获得土地。山东全区一年来也有 1500 万农民获得土地，晋绥新区 13 个县内，共有 756 村 51400 余户获得土地。晋察冀全区于该年 10 月间初步完成，怀来等 25 县 869 村 45 万农民获得土地。热河于该年 8 月间农民即获得土地 48 万亩。东北解放区至该年 10 月底止，农民得地 2600 万亩。

清算运动改变了解放区农村的社会关系。地主阶级大大削弱了。很多地主转向自己劳动耕种或经营工商业，中农大量增加，贫农减少，赤贫绝迹。

清算运动，表现了中国土地改革良好的开始。为中国土地法的产生，和彻底实现“耕者有其田”的分地运动，奠定了组织的和斗争经验的各种基础，并予反美蒋战争的胜利建立了主要的条件。

中国土地法的颁布和实行

当清算运动在内战的火焰中进行了一年多的时日以后，中国共产党于 1947 年 9 月召开全国土地会议，征求全国农民的意见，商讨如何更进一步地推行耕者有其田的政策，给全国农民彻底解决土地问题。

当全国土地会议考虑这个问题时，其范围不能再局限于解放区之内，而应该把全国作为考虑的对象。经过一年多的清算运动，解放区的农民大都获得或多或少的土地了，但是在蒋管区之内，封建势力的剥削与压迫仍在日日加强，广大的农民仍在饥饿死亡线上挣扎，他们坚决反对地主富农的封建压迫与封建剥削，他们要求获得他们耕种的土地。除此之外，就全国范围而言，则不论解放区或非解放区，当人民解放的战争将近胜利的时候，“彻底消灭封建”的革命任务已不能再延缓了。于是全国土地会议通过《中国土地法大纲》彻底废除封建性及半封建性剥削的土地制度，实行耕者有其田的土地制度。

《中国土地法大纲》的政治意义，是要在农村里彻底消灭封建的剥削阶级，把广大农民从封建的桎梏下彻底解放出来。这是一个社会改造，是与全国人民有切身关系的社会改造。这一改造将结束数千年来的中国封建制度，而领导中国社会进入新民主主义的社会阶段。

中国共产党领导中国广大人民经过十年内战的牺牲流血的奋斗，又经过八年的抗战的委曲求全出力又出血的艰苦奋斗，其目的是在对外求民族的解放，对内求人民的解放。代表中国地主封建势力的国民党反动派，他们拒绝民主改革，拒绝放弃地主买办资产阶级的特权和利益，并且勾结美帝国主义大举向中国人民作军事进攻，那么，中国人民提出彻底消灭封建势力的要求，乃是非常自然而合理的。

土地改革在农村中的斗争策略，是以贫雇农为主体，中立中农，彻底消灭地主富农。地主富农是封建的剥削者和统治者，占有全国土地 70%—80%，所以只有消灭这仅占农村人口 9%—10% 的地主富农，才能彻底推翻封建势力，才能使占全农村人口 70% 的贫农与雇农分得其应得的土地。中农不是剥削者，且被封建的统治者所剥削，所以对占全农村人口 20% 的中农应积极争取其同情于土地的改革。

列宁在 1918 年 11 月关于对农村中各阶级的态度写道：我们在农村里的任务，就是消灭地主，打破剥削者和富农投机分子的反抗，为要做到这一点，我们只能稳稳地依靠半无产者，即依靠贫农。但中农并不是我们的敌人。他过去动摇过，现在动摇着，而且将来还会动摇的，但感化动摇分子的任务，是与推倒剥削者以及战胜积极敌人的任务不同的。要善于与中农达成协定，一分钟也不放弃反富农斗争，而只是稳稳地依靠着贫农，——这就是现时的任务，因为正是在现时，由于上述种种原因，中农转向我们这方面来是必不可免的。

列宁当时这一正确的战略决定，当然也可以应用到中国新民主主义革命的土地改革上来。而且不仅仅是现在——在新民主主义革命开始的阶段内要把握这一策略，就是在未来中国新民主主义社会的发展阶段内，这一策略仍有其长期的正确性。

所以在中国土地改革运动中，贫雇农是农村的主干，他们是土地改革最坚决的执行者，在农村里应组织包括雇农的贫农团，成为土地改革的执行主脑。然而同时为了要照顾中农，为了要使贫农团的决定获得更广泛的拥护，在农村里要组织包括中农以至于新富农的农会，贫农团的决定通过农会或照顾农会的意见而实行。用这样的民主方式来争取中农和团结中农，然后孤立地主旧富农，平分他们的土地，废除他们的债权。并把他们多余的浮财分配给缺乏这些东西的农民。

《中国土地法大纲》规定，在民主革命的意义上，有其彻底性，也有其宽容性。在彻底性上，是把一切土地按照人口作公平的分配，废除一切债务，使封建的地主富农不再保有丝毫的经济的优势，而达到“彻底消灭封建”的历史任务，使农村生产关系和农业生产力有彻底的改造和发展。但同时，仍然分配给地主富农一份应得的土地，使他们仍能凭自己的劳动开始新的生活，在这个宽容的规定之下，中国封建地主和富农的命运，较之法国大革命时代的法国地主贵族的命运，已经好得多了。这一点，正是证明无产阶级领导的民主革命，较之资产阶级领导的民主革命，更为有计划，更为合理。

解放区政府及中国共产党在此次土地改革运动中，高度发展了民主主义的原则，各地土地改革的实行，应完全以农民为主体，由农民亲自发动，亲自斗争，亲自决定一切具体的办法监督执行。各级政府及各级党部不过立于协助地位。因为这样一个翻天覆地的反封建斗争，不充分发挥农民的自觉，不充分发挥农民的民主权利，就不可能迅速而彻底地进行。

但是正因为高度地发挥农民的民主权利，正因为土地改革是彻底地消灭封建，当反动派在人民重击之下噤若寒蝉的时候，却引起了一部分拖着封建尾巴的中间派人士，以及不明真相的民主派人士，提出了“斗争过火”的抗议，他们有的是恶意的攻击，有的是残余封建意识没落的反抗，有的只愿意把“民主”局限在极小的圈子之内，而恐惧工农大众的民主。有的则是无原则地希望绥靖革命的对象。这些反抗的或感受苦痛的叫喊，在革命迅速展开的过程中是必然会产生的，然而是有气无力的。当反抗者遭遇了沉重的打击的时候，当感受苦痛者历久病除的时候，当不明真相者逐渐认识革命的实际进程的时候，这些叫喊就会随着时代的余烬而熄灭下去。

土地改革在解放区和人民解放军所到之处，正如火如荼地进行着。农民的革命情绪在土地改革运动中空前高涨，他们一面在火线上歼蒋军，一面在后方掘蒋根，二者互为激发，因此造成 1947 年到 1948 年的军事大反攻，造成军事情势的基本转变。在蒋管区，广大农民受蒋政府的三征政策的残酷压迫，数千万灾民的流离死亡，他们由于解放区人民的号召，纷纷起来斗争，起来反抗了。各地的星星之火，在土地改革的狂风吹拂之下，瞬息间即成为燎原的野火，他们必将在 1948 年与解放区的主力会合起来，而将全国的封建反动势力烧毁殆尽。

土地改革后的中国农村，将是一崭新面目的新农村。封建性的地主富农被消灭了，他们与广大农民同样地成为新民主主义农村里的自耕小农。贫农与雇农也不再存在了，他们都分得一份土地和生产资料，成为新民主主义农村里最富活力的自耕小农。中农的地位虽不至于有多大变更，但土地改革后的中农社会关系也变更了，旧时代的中农要受封建势力的剥削，并有日趋没落为贫农之势。而新时代的他们，不再介于旧地主旧富农和贫农之间，不再受封建势力的剥削，故实际上已成为新式的中农，而与广大农民的地位非常接近，只有少数的新中农会发展为新富农，大多数的新中农将与个体小农一起走向集体经营。

平分土地，使一切农民立于平等的经济基础之上。每一个农民保有其人权、政权、地权和财权。这就是旧封建社会的消灭和新民主主义社会的开始。在这一伟大的历史转变的新民主革命的过程中，农民在与无产阶级结成同盟之下，成为历史舞台上的主角。

三　毛泽东思想与农民问题

中国革命特点与中国农民

毛泽东思想，就是马克思主义在目前时代的殖民地、半殖民地、半封建国家民族民主革命之继续发展，就是马克思主义民族化的优秀典型。他将人类这一最高思想——马克思主义的普遍真理，与中国革命的具体实践相结合。

毛泽东思想的其他部分，不在本文的讨论之列。就农民问题而论，假如说：列宁在领导苏联革命中主要的发展了马克思主义关于农民问题的部分，毛泽东思想，则是在殖民地、半殖民地、半封建的社会里，继续发展了关于农民问题的马列主义理论，并与之密切配合中国革命的实践。

中国共产党，是中国工人阶级组织的最高形式，是中国无产阶级先锋队的党。但是，由于中国是一个半殖民地半封建的社会，全国80%的人口居于农村，而封建的生产关系尚优势地统治着中国农村社会，所以中国现阶段的革命性质，是新式资产阶级民主革命的性质。在这性质的革命阶段里，由于中国工人阶级在城市中受压迫，长时期内无法进行革命活动，乃派遣自己的先锋队到农村去，组织自己广大的农村同盟军，以便在适当时机配合这个同盟军解放城市。所以“最广大的农民作为目前革命中的主力军”。

新式资产阶级民主主义的革命，以广大农民作为革命的主力军。这是毛泽东思想对于马列主义的新的发展。这个新的发展，是根据中国的历史条件和社会条件而产生的。

中国广大农民，在帝国主义和封建势力的双重压迫和剥削之下，已充分具备革命的各种客观条件，假如能发动全国三万万六千万农民的力量，就足以推翻一个封建统治并击退任何帝国主义者的进攻。所以“中国现在的革命，实质上就是农民革命。目前中国工人阶级的任务，基本上就是解放中国的农民，伟大的中国农民战争，如果在无产阶级政党领导之下，就与历史上一切农民战争不同，是完全能够胜利的”。

毛泽东思想，在其已经经历过的各个革命阶段上，一贯地把农民当作革命的主力，把党的领导工作主要地集中于农民问题上。当1927年大革命的时期，他在湖南农民运动考察报告上写道：目前农运兴起是一个极大的问题，很短的时间内，将有几万万农民从中国中部南部及北部各省起来，其势力如暴风骤雨，迅猛异常，无论什么大的力量压抑不住。他们将冲决一切束缚他们的罗网，朝着解放的路上迅跑。一切帝国主义军阀贪官污吏土豪劣绅，都将被他们最后葬入坟墓。一切革命的党，革命的同志，都将在他们面前受他们的检验而决定取舍。这一天才的先见，以目前的事实发展印证起来，证明其每一句话都是非常正确的。

他在《论联合政府》中说道：

农民——这是中国工人的前身，将来还要有几千万农民进入城市，进入工厂。如果中国需要建设强大的民族工业，建设很多的近代化的大城市，就要有一个变农村人口为城市人口的长过程。

农民——这是中国工业市场的主体。只有他们能够供给最丰富的粮食和原料，并吸收最大量的工业品。

农民——这是中国军队的来源。士兵就是穿起军服的农民，他们是日本侵略者的死敌。

农民——这是现阶段中国民主政治的主要力量。中国的民主主义者如不依靠三亿六千万农民群众的援助，他们就将一事无成。

农民——这是现阶段中国文化运动的主要对象。所谓扫除文盲，所谓普及教育，所谓大众文艺，所谓国民卫生，离开了三亿六千万农民，岂非大半成了空话？

他对于中国农民这一范畴的五点说明，不单是在抗日战争期间完全适用，就是目前反蒋反美帝的战争期间，以及将来新民主主义社会和平建设期间，也将百分之百的适用。

农村革命根据地与民主建设的思想

中国共产党在毛泽东思想的指引之下，是在建设伟大革命根据地，特别是农村革命根据地，并在这些根据地上进行新民主主义政治、军事、经济、文化各种改革和建设的过程中，发展起来的。中国共产党认识广大农民是革命的主力，所以党的重心长时间置于农村里，一方面使党的主干能在现实的农村环境里领导农民，另一方面亦使党的主干能向广大的农民学习。

在中国广大的农村社会里，革命的发展是不平衡的。由于中国农村社会的封建性，由于革命发展在农村社会里的长期性，更由于革命的主观力量集中使用，所以中国革命发展具有不平衡性。因为中国革命的长期性和不平衡性，所以革命的主力要在农村中创立革命根据地，以革命的根据地作为革命力量的中心，一面加强和巩固这个中心，一面和优势的反革命势力作长期的斗争。

中国革命的历史，乃是中国近代革命根据地，特别是农村革命根据地的历史。十年内战的斗争史，是全国苏维埃边区的斗争史；八年抗战的光辉成就，也就是边区与解放区的斗争史。假使除掉这些革命根据地的奋斗与成就，中国革命史上或将抹去极大部分的光辉。

在革命势力所控制的根据地里，不单单是要使它成为领导全国斗争的大本营和指挥所，而且要在军事、政治、经济、文化的各方面，开始新民主主义的建设。建设事业不能等待全国革命完成以后再来进行，而要在革命的进程中，一面对民族解放的敌人现在则是民主革命的敌人作艰苦的斗争，一面在根据地里开始各方面的建设事业，从建设中巩固根据地，从建设中争取农民的忠诚坚强的拥护，从建设中扩大解放区对未解放区域的政治影响，然后以这一切成就集中于对敌的军事斗争，使敌人愈战愈弱而我愈战愈强。

这是中国革命发展过程中的一个特点，这个特点是以往的革命史上所没有的。苏联革命是全国革命斗争胜利以后，在内战军事斗争胜利以后，才开始各方面的社会主义建设。但中国社会封建性的特点，中国民主革命的长期性的特点，发展而为毛泽东思想建设革命根据地的理论与实践。在八年抗战的过程中，边区与解放区一面与敌伪作惨烈的军事斗争，一面却轰轰烈烈进行新民主主义的政治建设、经济建设和文化建设。在政治方面，农民直接参加自由的民主活动，掌握政治机构；在经济方面，生产运动在所有的农村机关学校部队里热烈展开，使边区解放区的人民达到丰衣足食的地步；在文化方面，努力消灭文盲，普遍展开学习工作，整顿文风学风，使新民主主义文化灿烂地发展起来。

在半殖民地半封建的中国旧社会里，农村是半封建性经济的根据地，城市则是半殖民地性经济的根据地。半殖民地性的城市以其优势的帝国主义经济，一面破坏着封建的农村，一面又领导着农村走向殖民地化。在这种旧的经济关系上，农村是不能和城市对抗的。但是在革命力量解放了的农村里，封建势力被大大削弱以至于被消灭，与帝国主义勾结的纽带被割断了，在新民主主义的建设之下，旧的农村已被扬弃而成为一新的农村——新民主主义的农村，新农村具有充沛的生命力，具有新的发展中的经济基础和新的社会关系，这样的农村非但不会被半殖民地的城市所破坏、所克服，而且相反地，由于新农村在本质上较半殖民地的城市远为进步，能够独立发展，反要使依靠对农村的榨取为生的半殖民地城市，日渐枯萎下去，日渐失去其奴隶主人的威风，而终被新民主主义的农村所克服。

革命的重心在发展农民运动，并在建设农村，其理论的根据就在此。这一理论根据不单单成为中国革命的指导方针，且成为对于所有殖民地半殖民地社会革命的一般指导方针。

农民革命的军事战略和战术的思想

在半封建半殖民地的社会里要在农村建立革命根据地，则建立人民武力成为头等重要的事情。在资本主义社会里，武装斗争是革命的最高的发展形式和最后的发展形式。但在半封建半殖民地的中国社会里，武装斗争在自始至终的各个发展阶段上都成为主要的斗争形式。所以不建立人民的武力，就不可能抵抗地主买办大资产阶级的武力镇压；不建立人民的武力，就不可能安全保障革命的主力，并发展革命的主力；不建立人民的武力，革命的司令部就不可能长期地驻在农村中工作，并建立巩固的革命根据地。

毛泽东思想在中国革命武力问题上关于战略和战术的创造，是马列主义在中国的一部分光辉的创造。这一创造不仅仅在中国建立起空前强大的人民武力，在各个革命阶段上打击了异常强大的反革命军事进攻，并取得胜利；而且这种战略战术已为全世界各革命的阶级所采用，欧洲各国人民在反德意法西斯的战争中，南太平洋各殖民地在从事民族解放运动的战争中，都采用了这种战略战术，他们同样地已取得胜利或不久将一定取得胜利。

毛泽东思想关于军事方面的创造，综合了下列三种因素：（一）马列主义在民主革命中的政略指导；（二）中国革命的长期性和发展不平衡性，在军事斗争上所形成的战略特质；（三）中国历代农民战争与苏联革命内战的战术经验和教训。

毛泽东思想的战略战术，是与传统的资产阶级的战略战术思想完全不同的，与中国封建时代《孙子兵法》的战略战术思想更是完全不同的。它是中国无产阶级领导下的人民战争的战略战术思想，它只是适用于无产阶级领导下的革命队伍的战略战术思想，在其本质上，它较历史上任何传统的战略战术思想都进步。军事上的技术和思想，历来都是由统治阶级把持着，成为统治阶级屠杀人民、掠夺异民族异国家财富的重要思想和技术的武器。但是毛泽东思想的战略战术，毛泽东思想的革命武器，恰恰相反，它成为解放广大人民，解放被压迫民族的思想的和技术的武器。它不是少数人去征服多数人的战略战术思想，它是集多数人的力量去推翻少数人的剥削统治的战略战术思想。

由于这种本质上的区别，所以它成为革命部队所独有的战略战术，为一切反革命部队所不能学得的战略战术，因此，反革命的军事指导者往往在遭受严重的失败以后抱怨解放军，说解放军不依照规矩打仗！

毛泽东思想的战略战术，在大革命失败以后的十年内战中，即累积孕育而成为一种独立的军事思想体系。这一思想体系是长年累月千万次大大小小的作战实践中，用马列主义的理论指导和辩证唯物论的方法指导之下，逐步发展完成的。

在每一个革命阶段上，在正确的政略指导之下，正确估计了敌我的力量，作为正确的战略指导。在内战时期，政略指导是推翻地主资产阶级的统治，创立人民的苏维埃区域，解决土地问题，所以战略的指导是武装工农大众，保卫苏维埃政权，并在全国范围内扩大苏维埃区域。在抗日战争时期，政略指导是动员全国人民坚持统一战线坚持抗战，以求中华民族的彻底解放。所以战略的指导是持久战：是具有敌进我退、敌我相持、敌退我进的三阶段的持久战，是化劣势为优势，化被动为主动的持久战。在反美帝反蒋的人民解放战争中，政略的指导是肃清封建与驱除美帝国主义在华势力，在政治上、经济上、文化上完成新民主主义的改革，实现民族统一与独立，由农业国变成工业国。所以战略的指导是保全解放区的基本区域，由内线的歼灭敌人转为外线的歼灭敌人，由防御转而为进攻，彻底消灭蒋××反革命军队。在这一正确的战略方针指导之下，在1947年底发表的《目前形势和我们的任务》中，具体地规定了十项战略的军事原则。

在战术领域里，主要是发展了游击战和运动战的一般原理和原则，使游击战成为发展自己力量，消耗敌人力量的重要战术。运动战是游击战的高度发展，在防御与相持的阶段上是消耗敌人歼灭敌人的主要战术。在农民战争初期的阶段，游击战是主要的，运动战是辅助的；当革命的武力已正规化，敌人的力量只占相对优势的时候，运动战是主要的，游击战是辅助的；当革命的武力已发展到足以压倒敌人的阶段，则阵地战就与运动战、游击战配合起来，运动战与游击战将在决战的最后阶段上，发挥其战略的任务。

毛泽东思想关于许多重要的军事原理原则，关于战略与战术的辩证关系都有科学的说明。如关于防御中的进攻，持久中的速决，内线中的外线的战略原理；如关于主动性、灵活性、计划性在运动战中的战略指导；如关于游击战、运动战和阵地战的辩证的发展和配合；如关于消耗战与歼灭战的对立和统一；等等，成为军事科学发展上的光辉的成就。

这些光辉的战略与战术，只有人民的军队可以使用。然而人民的军队，是在中国共产党的领导下，团结了广大农民而组织的。这样一支以农民为主体的军队的组织和发展，与革命的战略战术的产生和发展是不可分离的。那么，这样的一支军队，是具有何种物质的军队呢？毛泽东在《论联合政府》中，说明它具有下列的几种特质：

（一）具有自觉的纪律，为人民服务。

（二）具有艰苦奋斗不屈不挠的精神，能够独立作战。

（三）具有很好的内部团结与外部团结。

（四）具有正确的争取敌军官兵和处理俘虏的政策。

（五）具有一系列的战略战术，随机应变，灵活运用。

（六）具有自力更生及协助人民从事生产的能力。

（七）具有人民自卫军及民兵的广大群众武装组织，配合作战。

具有这一切条件和特质的军队，就是在毛泽东思想指引下，由中国共产党在中国农村里组成的不可克服的革命武力。有了这样一支革命武力，就能保证中国革命在各个阶段上的胜利，制伏帝国主义及国内反动势力的优势军力。

新民主主义社会建设中的农民

由毛泽东思想所规定的未来中国新民主主义的建设阶段里，农民问题仍然是一个具有决定性的问题。当人民解放战争胜利结束以后，革命的任务就在努力建设。

新民主主义的建设有两方面：一方面是经济的物质的方面，另一方面是文化和教育的方面。但无论是经济方面抑或文化教育方面，农村经济的发展和农民文化教育的提高，乃是非常重要的任务。

土地改革后的农民，是个体经济的独立小生产者。这许许多多的独立小生产者，在新民主主义开始的阶段里，仍占有全国 80% 的人口，并且在国民经济的总生产额中占有极大部分的比率。所以为了要发展社会的生产，为了要替工业建设提供原料和市场，首先就要发展农业生产，提高农业劳动的生产率。

但是个体经济的小农，其劳动生产率的提高是有限度的，假如我们不能使个体经营逐步走向集体经营，则农业劳动的生产率就不可能有巨大的不断的提高。另一方面个体经济的小农，经常有向资本主义道路上发展的趋向，所以假使不能使个体经营的小农尽速合作化，则许许多多的小农将被新富农和资本主义的大农场吞并掉，使新民主主义的农业部门走向盲目的不合理的发展。

所以当人民解放战争胜利以后，我们一时一刻也不能对农民问题有稍许的懈怠。我们要立即组织个体经济的小农，要教育个体经济的小农，要成立各种各样的合作社，要使农民对集体经营有明确的认识，并要使农民对集体经营具备技术上和知识上的一切条件。

把新民主主义逐步导向社会主义，在农村中将是较为长期的同样是艰苦的斗争，集体经济在生长发展的过程中，它要与资本主义的因素斗争，它要与个体经营的小资产阶级因素斗争，它也要与残存的封建思想意识斗争，这种种性质的斗争，一面是力量的竞赛与克制的过程，一面也是文化教育与组织领导的发展过程。

（原载《社会科学小丛书·战后中国农民问题》第一辑第三册，南海出版社 1948 年版）

论城乡交换

一　沟通城乡商品交换是发展生产的重要环节

城乡交换是我们发展生产繁荣经济系列中的重要环节，战争不单单把原有的生产机构破坏了，同时也把商品的流通机构和交换关系破坏了。社会经济的衰退包括生产和流通两方面，今天我们既然还不能废除商品交换，则对于城乡交换的重视，就得与重视农工业增产一样。

一般轻视商业的观点，应该有所改变了。在解放区之内，当土地改革和建立了国家经济的体系之后，新的城乡关系已不同于旧的城乡关系，城市对乡村的超经济的剥削关系基本已经改变，或正在改变着，因此，沟通城乡商品交换恢复和建立公私商业，已成为我们发展国民经济的重要环节，而且是当前迫切重要的环节。

我们在战争期间所创造的地区的自给自足经济，乃是在战争和敌人优势兵力包围下被迫而施的。今天，条件完全不同了，已被解放的地区面积几乎有整个欧洲那么大，我们已拥有全国极大部分的大工业基础，这些工业和城市是与广大农村不可分割的，所以必须立即打破过去地区的自给自足观点，建立整体的国民经济观点，把各个地区打成一片，把全国城市和全国农村有机地联系起来。

自党中央号召发展生产以来，我们的工业和农业，已逐步地在现有生产设备的基础上恢复起来了，仅仅半年的时间，许多城市的工业生产已经超过了国民党反动派统治的时代，刚接收的工业城市如上海、汉口、太原等地，虽遭遇许多困难，恢复工作还是令人满意的。在农业方面，特种作物的播种面积大大增加了，粮食生产的面积也不少于去年，东北还超过去年。春旱虫灾虽给华北农产一些打击，但迄目前为止还不是很重大的打击，我们以正确的指导和群众力最终抵消了一部分天时所给予我们的损害。

道理非常明白：我们在城市和乡村的生产方面作了这些努力，是不是就是我们发展生产繁荣经济的全部工作呢？不是的，仅仅是一部分，假使我们不能把生产出来的商品，投入流通市场并取得交换，或者通过国家经济轨道取得交换，那我们的各种生产就不能继续（妄说扩大），就不能达到繁荣经济的目的。

在长期的对外战争和对内战争的过程中，城乡交换的商业机构遭到严重的破坏，一般的是由于农村经济的衰落，中小城市的商业资本首遭打击，有一部分资本转移集中到大都市里去。尤其在解放军与敌伪蒋匪交战的区域，我们曾对城市实行长期的孤立和包围政策，而这些城市大部位于交通要道，对城乡物资的交换是负担着重要任务的。

旧的城市的破坏和旧式的商业资本及其机构的没落是必然的，不可避免的，但是一旦我们把这些残破的城市置于我们新的国民经济的体系和范围之内的时候，当大城市的工业生产已有初步恢复的时候，对于这些衰弱了的或真空了的城市镇集，必须立即输入大量公私商业资本和建立或恢复各种公私商业机构，这是使城乡重建交换关系，使工业品与农业品相互流通的首要条件。

二　三种新型类的商业资本及商业机构

在华北、东北、西北、华东、中原五大解放区里，我们已经具有一些新的、与旧时性质完全不同的商业机构和商业资本：那就是国营商业机构及其资本，和供销合作社的机构及其资本。前者是社会主义性的，后者是半社会主义性的，那些仍保留着按股分红制的供销合作社，是国家资本主义性的。

上述三种机构和资本，是我们国民经济流通过程中新的因素。它们与残存的前资本主义的和资本主义的商业机构、商业资本比较，性质上是不相同的，因为，国家资本主义性的，半社会主义性的，和社会主义性的各种贸易形式，都属于国家经济的体系，它们在不同的程度和不同的阶段上扬弃着私人资本主义的性质。

但在今天国家经济体系中的这些商业机构和商业资本，在社会全部商品流通过程中，还不能发生决定的作用。即是说，我们只有一小部分的商品是通过国家经济的轨道，其余大部分的商品，还要通过私人资本主义的和残存的前资本主义的流通轨道。

就华北范围而言，大约有 50% 的粮食是通过国家经济的轨道的。几种输出特产品，国家经济仅控制其流通过程的一半，即大部分由私人商业机构从农村里搜购而运销到城市里，再由国家贸易机构统购统销到国外去，至于农村所需要的工业消费资料的供销任务，极大部分是依赖私人资本主义及前资本主义的商业机构的。

为了要克服市场的无政府状态，为了要逐步消灭工业品与农产品交换的中间剥削，国家经济在社会商品流通过程中的比重及其作用，应该大大地发展，我们的国营贸易机构要扩大它的经营范围，要大力发展供销合作社及生产推进社等类的组织，即使是国家资本主义性的农村合作社，在农民自动自愿的原则下，也不应立即反对其成立和发展。

三　公营商业与私人商业的关系

国家经济与私人经济在商品流通过程中的关系，虽然二者性质上是对立的，今天还是要同时并存。国家的商业资本应该发挥其领导的任务，使私人资本主义的和前资本主义的商业资本，在有益于商品流通和市场调剂的原则下活动。后者的活动虽不免带着种种剥削和不利之处，但为了使农村千百万小生产者的商品能与城市工业品尽量扩展其交换范围，国家贸易机构和合作社还不能完全负担这个任务，则私人商业资本的活动也就是必需的。今天我们要是不在积极方面领导私人商业资本的活动，而主观地要在消极方面限制私人商业资本的活动，那就会犯极大的错误。有些局部地区的工作同志，他们对旧时的资本主义的商业资本的仇视观念还没有改变，他们宁可使农民手中的商品积滞不卖，而不愿被商人剥削，这种行动，其动机是保护农民的利益，结果却给予农民更大的损失。

我们当然不能无视资本主义的大商业在市场上与国家贸易机关的矛盾。这种矛盾需要用大力来作适度的斗争，给敢于在市场上投机垄断或竞买竞卖的商人以无情的打击，要他老老实实安守本分地在国家指导下做正当买卖。只要他做正当买卖，我们还是保护的。至于中小商人和肩挑负贩，情形更不一样，他们一般依赖小商品的快卖快买为有利，同时国家贸易机构的大规模活动还不能直接与小商品生产者和消费者发生关系，需要有千百万的供销合作社作为组织基础，然后才能与国家贸易机构联系起来。但是当供销合作社在质与量都还不能全部担当这一任务的时候，我们就得容许中小商人以至肩挑负贩有充分活动的自由，使它成为国家贸易机构的辅助力量。当旧日的官僚垄断资本主义已被消灭，和前资本主义的商业行帮已不能垄断市场的新情况下，中小商人既有国家经济的保护，不致再受大商人的无理剥削，也就不会转过头去过分地剥削小生产者。过去因中小商人和中小城市迅速没落，私人的和官僚的商业资本极大部分集中于少数大都市，以致大都市资金过剩，而内地则资金不足。这种头脑的“充血症”和四肢的“贫血症”到现在还没有加以克服。以全社会商业资本的构成来说，国际贸易的资本占有最大的百分比，在都市活动的商业资本居其次，而中小城市的商业资本则最为微弱（这种情形，我们也可以从外汇买卖数额，票据交换数额，都市汇划数额，和对内地汇款的数额等的对比上，可以看得出来），这是一幅半殖民地经济的图画，今天我们已把对外贸易在数量上限制了，这是改变倒立情势的第一步，紧接着的工作，是要把拥塞于都市的资金动员到中小城市里去，动员到农村里去，提高农产品的价格，并使每一角落的小生产者的微小商品都能搜罗到市场里来。

中小商业资本的发展，也发展了城乡资本主义的因素，但这在目前并不可怕，重要的问题是在使城乡的生产品能完成其交换的任务，使农工业可能进行扩大再生产，国家经济的扩大，社会主义经济成分的提高，必须在整个国民经济的恢复和繁荣中才能逐步求得。在千百万小生产者的基础之上是建立不起社会主义来的，相当程度之内，我们不能阻止农村中资本主义因素的发展，只要我们同时不忘记使个体经济集体化，一刻也不松懈对合作运动的努力，以合作的生产方式来与自发的资本主义生产方式竞赛。我们唯有给农民以比资本主义更进步更有利的生产方式，才能有效阻遏资本主义的发展。至于整个方向的扭转，则有待于工业的强大和国家经济大大地扩展。

四　自由贸易的意义及其效果

7 月 5 日华北人民政府所颁发发展国内自由贸易的几项规定，是目前促进城乡交换、扩大贸易范围的有效措施。军事方面将在全国范围内完全胜利，经济方面的迫切任务，是在如何迅速完成我们统一的国民经济。

历史上，自区域经济过渡到国民经济，曾是以自由贸易和单一税为其中心政策。但今天我们的自由贸易，在意义上多少不同于资本主义初期的自由贸易。在资本主义初期，自由贸易只发展了资本主义，只对资产阶级有利，在我们这个时代，自由贸易不仅仅是对资本主义有利，尤其重要的是对国家经济的发展有利，对国家经济在整个国民经济中所发挥的领导作用有利。社会主义性的国家经济，如没有一个广阔完整的统一市场，通过这个市场把各部分的经济密切联系起来，它的发展是不可能的。

自由贸易在打破与改造自游击战争中发展起来的区域经济的作用上，意义特别重要。今天一切生产资料与消费资料的生产与分配，必须从全国着眼，不再从局部的地区打算。国内市场统一过程中，某些地区某些生产的调整是势所必然的。例如华北农村的手摇纺织工业，因受天津现代化纺织工厂恢复的影响而日趋没落，这是不能挽救的。假如要在地方上限制洋纱而保护土纱，那我们就阻碍了社会的进步，对国民经济所发生的作用不是前进而是倒退的，其他各解放区类似的情形曾经不少，我们实行自由贸易，目的是要撤除这些范围小、风吹即倒的竹篱笆，让进步的生产方式去打击落后生产方式，并促进落后生产方式的自动改造，促成全国各地区的生产根据其有利条件而专业化，假如上海生产的火柴比山东便宜，那我们就让上海的火柴工业发展，山东的火柴工业改业。相反地，将来山东的卷烟工业会比上海更具有利的条件，那时我们就让上海的卷烟工业改业或迁移，这种例子应用到农业生产方面也是一样。各地工农业生产的改组，虽然并不专赖国内市场的自由贸易为武器，但显然地，自由贸易将是一项推动改组的有力武器。它与政府的领导与计划配合起来，就能最有效迅速地调整国民经济的各个部分。

由于国民经济的市场统一而引起农工业生产的调整，必然会引起一些小的损失和痛苦，这是不可避免的。这些小的损失会使我们在全国范围内产生大的收获，一时的痛苦会换得长期的稳定。没有这一点耐性，我们就不可能迅速地建立和发展国民经济。

我们的道路是通过自由贸易创造统一市场，由统一市场调整国民经济的各部分，然后组织生产组织市场，达到自由贸易的逐步否定。

五 城乡商品交换的比价问题

促进城乡交换的另一个重要问题，是工业品与农产品的交换比价问题。二者的比价如不得合理解决，也足以阻碍城乡交换关系的发展。如农产品价格过高，会促使城市生活费用的高涨，增加工业品的生产成本；如农产品价格过低，又会削弱农民的购买力，限制了工业生产的发展。在旧中国社会里，农产品的价格经常低于它应得的价格水平。虽然因长期的战争，农产品感到异常缺乏，但目前农产品与工业品的交换比价，不仅没有提高，而且还远低于战前。

现在我们拿天津来做例子，以两种农产品（棉花、小米）和四种工业品（纱、煤、煤油、火柴）的比价来研究，且看下表。

在下列表格中，四种工业品与两种主要农产品交换的比价，四种工业品没有一种不较战前高出很多，举例来说：战前 3501 斤小米可以换一件纱，而本年 6 月则要 6940 斤小米才能换一件纱，几乎高出一倍。煤及火柴则达一倍以上。煤油上涨虽没有这样悬殊，较之战前也使农民吃亏不少。其中值得注意的是：煤、煤油及火柴三样物品，自天津解放以来（2 月至 6 月），其对农产品的比价已逐渐下跌，这是好的现象。唯有纱的比价，却仍然继续上扬。

工业品	时间＼农产品	西河花（斤）	元小米（斤）
廿支纱（件）	1935 年平均	583	3501
	1949 年 2 月	600	6880
	1949 年 6 月	696	6940
煤（吨）	1935 年平均	24	148
	1949 年 2 月	54	621
	1949 年 6 月	55	482
煤油（五加仑）	1935 年平均	24	146
	1949 年 2 月	34	197
	1949 年 6 月	17.9	179
火柴（箱）	1935 年平均	156	935
	1949 年 2 月	210	2389
	1949 年 6 月	219	2181

要降低工业品对农产品的比价，主要的是靠增加工业品的生产。这在本国所能生产的工业品，是不难逐步做到的。至于外来的工业品如煤油等类，在相当长时期内，可能继续保持高额的比价。在农村普遍需要的各种工业品中，纱布是大宗，纱价的过高，对于整个城乡交换关系会发生极大的不利影响。所以纱价的调整，应为国营中纺公司的重要任务。今天纱价高的原因，一部分是由于市场投机家将纱布作为主要的投机对象，城市的需要量超过农村的需要量，但这并不能作为我们长期使纱价高涨的理由，市场的重要物资如何不流入投机者之手，基本上还得依靠市场组织，而不能依靠价格（这是自由市场的法则），我们今天虽还不能否定自由市场，或者多多少少地还要依靠自由市场，然而国家经济却不能放弃领导和调节的任务，更不能用国家经济的力量去跟从自由市场。

国家经济的资本积累，应视各种商品的性质而运用不同的方法。像烟酒这类消耗品或奢侈品，应该以超额利润来积累财富，并以之补贴其他无利小利的国营部门。至于一般生活资料的部门，应该以平均利润率为满足，生活资料价格的高涨，会提高一般生活费用，对农工业生产都不利，就国家经济的本身来说，也会得不偿失。

（原载《人民日报》1949 年 7 月 28 日）

新民主主义的合作经济

在封建制度崩溃过程中分泌出来的独立的小生产者，他们在过去历史中的命运是非常悲惨的。在封建制度下，他们受封建统治者的剥削，要受商业资本家和高利贷者的剥削。资本主义社会初期大批流浪在街头的劳动后备军，就是由于小生产者的破产没落而造成的。

到了资本主义社会里，幸存的小生产者并没有改变他们的命运。资本主义的发展史，就是小生产者的没落破产史，小生产者的尸骨成为资本主义生长发育的肥料，资本主义社会的发展法则对小生产者是残酷的。

许多伟大的空想社会主义者，曾企图用合作制来挽救小生产者的命运。但是欧文和傅立叶等的努力都失败了，他们的理想的小舟终被资本主义经济的巨浪所倾覆，拉萨尔比较透彻地批判了那时的合作制，他认为，资本主义社会里的生产合作社，不过是延长小生产者必然没落的痛苦过程而已。至于劳动者的消费合作社，虽然可以一时改进劳动者的生活状况，但等到消费合作社普遍发展之后，资本主义的工资法则就会发生作用，资本家就会降低工资的水平。

不仅如此，往后在西欧资本主义诸国所发展的合作社，已变成资本主义性的合作社，它充任了资本主义大企业剥削小生产者和劳动者的基层组织。合作社把千百万的小商人排除了，但是供销系统被大企业垄断了，小生产者和消费者在供销合作社中得到的价格是垄断价格，在信用合作社里须把高昂的利息付给金融资本家。

但是合作制行之于社会主义社会里，或行之于走向社会主义的新民主主义社会里，就具备完全不同于在资本主义社会中的性质和作用，合作社是一种经济形式，它的性质和作用，不能决定于本身，而要由这一社会领导的经济诸条件来决定。并随着领导的经济诸条件的变化而变化。在土地国有或主要生产资料已收归国有的条件下，在工业已使农业集体化的条件下，合作社是低级的社会主义经济形态。列宁说："合作制往往是与社会主义完全相符合的。"但在新经济政策时代，在自由贸易和允许私有制发展的条件下，小生产者的各种合作社，接受社会主义经济的领导与监督，就是国家资本主义的一种变形。那么，在中国新民主主义社会里，合作社又具有何种性质呢？要回答这个问题，须从各种经济成分的相互关系和发展过程中去研究。

在我国现时所有的五种经济成分中，国家经济、私人资本主义经济与个体经济，是基本形态的经济成分。国家资本主义经济是资本主义经济与国家经济之间的过渡形态。合作经济是个体经济走向社会主义经济的过渡形态。但并不会是所有的个体农民和城市小生产者都纳入合作经济的轨道中，部分的个体农民和城市小生产者可能走资本主义的道路，他们或者被资本主义所吞并，或者部分的上升为资本主义性的富农和小资本家（这只是很少的一部分）。

目前这五种经济成分中，哪一种成分在数量上占优势呢？是小生产的个体经济占优势，我们的农业和小手工业的生产价值占全部生产价值的90%左右，这就表明个体经济在数量上占绝对的优势。所以，个体经济的合作化，将是国民经济结构中社会主义成分扩展的一个主要指标。私有制的个体经济，基于其散漫的小商品生产，是资本主义发展的温床，将小商品生产者用合作制组织起来，就成为私有制的集体经济，这种私有制的集体经济，与公有制的集体经济（集体农场）比较起来，显然有本质上的区别，公有制消灭了资本剥削，而私有制则还不能根除资本剥削。

各种合作社的性质及其所包含的社会主义成分或资本主义成分的多寡，将视这一合作社的生产关系和生产诸关系（生产关系、交换关系、分配关系和消费关系）来决定。就是说，它将由合作社的内部经济关系和对外经济关系来决定。

私有制的生产合作社，或则由社员拿出生产资料来作为股金，或则由社员拿出股金来购备生产资料，这样的生产合作社，在初期阶段必然要实行资金分红，资本必然要对社员的劳动价值行使某种程度的剥削。故就其内部的经济关系而言，是资本主义性的合作社。假如这样的合作社更受自由市场支配，向自由市场买进原料并出售其成品，与资本主义的成分发生联系，它就会助长社会中资本主义成分的发展。

按股金分红的消费合作社、供销合作社如受自由市场的法则所支配，信用合作社如受私人金融资本所支配，也属于资本主义性的合作社。

上述的资本主义性合作社，在抗日战争时期曾相当普遍地存在于解放区，现在还局部地存在，但显然在因解放大城市而使国家经济大为增强以后，资本主义性的合作社就不会居于重要的地位，在国家经济的领导下，就要使它逐步地转变为国家资本主义性合作社，再进而为半社会主义性的合作社。

国家经济领导下的合作社，即是国家通过订货合同、贷款、供给生产资料和消费资料等方式，密切与之联系的各种合作社。这有两种类型：一种类型是合作社内部仍包含资本的分红制。这就是国家资本主义性的合作社。另一种类型是已经消灭了资本分红制，但仍保留社员的股金和生产手段的私有权，这就是半社会主义性的合作社。

国家经济为了要领导小生产者走向集体化，必须通过合作社的组织形式。同时为了使小生产者的各种合作社能够迅速发展，并使其能对抗私人资本主义成分，国家的财政援助是必要的。列宁在《论合作社》中说道：每个社会制度之产生，都需要有相当阶级的财政帮助，不特说，自由资本主义之产生，是花费过许多万万卢布的代价的。现时我们所应当特别帮助的社会制度，就是合作社制度，对于这一点，我们现在应当认识和具体实行。用经济上、财政上及银行方面的种种特权来支援合作社，这就是我们社会主义国家对组织居民的新原则所应当有的赞助办法。所以，在国家用订货合同、贷款、收购合作社成品及供给生产资料来与合作社发生经济联系的时候，其意义与私人资本主义对合作社发生经济联系是完全不同的。私人资本主义只是为了营利的目的，才与合作社发生经济行为。而国家经济，是为了帮助合作社的建立和发展，为了使小生产者能够根据其自己的需要而迅速集体化，才给予这些经济的援助和财政的援助，至于合作社本身必须具备群众基础和良好工作，才能接受国家的援助，乃是不消说的。

当国家经济一与合作社发生经济联系的时候，就在各种程度上改变了资本主义性合作社的对外经济关系，并在各种程度上改变了合作社本身的性质。一个存在资本剥削的合作社，不论是生产合作社、供销合作社或其他合作社，在国家经济的领导下，它已成为国家经济与小生产者之间的桥梁，成为国家经济与私有制的小生产者相结合的一种形式，它既对国家经济的发展有利，也对合作社的小资本所有者有利，所以它已由资本主义性的合作社提高为国家资本主义性的合作社。国家资本主义性的合作社，是私人资本主义合作社过渡到半社会主义性合作社的过渡形式。在新民主主义社会里，它是合作运动在初期阶段必然产生的一种形式。但并不是所有资本主义性的合作社，都需要经过国家资本主义性合作社的过渡形式，才能转化为半社会主义性的合作社。当社员的觉悟程度比较高的条件下，当合作社的业务不需要大量资本的条件下，或者需要资本而有国家的足够的援助条件下，就可以将资本主义性的合作社直接转变为半社会主义性的合作社，即没有资本分红的合作社。如具有同样的上述条件，新创的合作社一开始就可能建立成半社会主义性的合作社。然而，要是没有上述这些条件，国家资本主义性的合作社，就应该使其存在和发展。

半社会主义性的合作社，是指这种合作社，已消灭内部的资本剥削（股金不分红），但同时它还建立在私有制的个体经济基础之上，对私有经济有发展的作用，并多少还不能摆脱私人资本主义和自由市场的关系和影响，以下我们分述各种半社会主义性的合作社。

现时城乡的工厂、学校、机关以及居民的消费合作社，大部分已规定股金不分红，由国营贸易公司及私人企业批进商品，廉价售给社员。这样的消费合作社，基本上已经废除了中间剥削和资本剥削，但同时多少还不能摆脱其与私人经济的关系（勉强地摆脱，结果会驱使社员走向自由市场，这是无益的），所以不能算是社会主义性的消费合作社，而是半社会主义性的消费合作社。

农村和城市小生产者的供销合作社，在国家经济的资助之下，不需吸收大量私人资金，因此容易成为没有资本剥削的不分红的供销合作社，但是这样的供销合作社，也是建立在私有制的小生产者的基础之上的，它是小生产者与国家经济商品交流的桥梁。它一方面发展了国家经济，并消灭了中间剥削，但同时也发展了小生产者的私有经济。所以它还不能算是社会主义性的供销合作社，而只是半社会主义的供销合作社。

信用合作社除成为国家银行的基层机构，成为国家信贷的细胞组织以外，同时它也需要吸收私人存款，利用小生产者的存余资金，贷给合作社社员。信用合作社代理国家信用的业务，除手续费或其他必要的费用而外，不会包括有剥削的成分。但是当它吸收私人存款或利用私人银行的信贷的时候，就必然发生资本剥削。除此之外，信用合作社的社员和贷款对象，也仍然是小生产者。所以这样的信用合作社，也是半社会主义性的信用合作社。目前老解放区农村里除劳动互助而外，还没有任何形式的农业生产合作社，仅有手工业生产合作社和农村副业生产合作社，这些生产合作社，有些仍然是资本分红并与自由市场来往的资本主义性合作社，有些则是已消灭资本剥削，但还不能摆脱自由市场支配的半社会主义性合作社。这些手工业合作社，如不能逐步地使用机械，并成为国家企业的加工配件等配属部分，它的发展和社会主义成分的提高是困难的。

未来的农业生产合作社，必须通过各种组织形式和多种步骤，才能走向社会主义性的集体农场。在保留着土地私有制的基础之上，农民的集体化以合作使用新式生产工具和水利灌溉较为简捷。但在相当期间之内，土地私有制的共耕合作社，土地将是资本化的剥削因素，其社会主义成分的多寡，也将视其集体化的程度和资本剥削被消灭的程度而定。

从新民主主义社会的初创时期，直到进入社会主义的时期，合作社的发展过程，一般说来将经过资本主义性的、国家资本主义性的、半社会主义性的和社会主义性的四个小阶段，当然，并不是每一个合作社都要经过这四个小阶段。在新民主主义社会经济发展的不同阶段里，资本主义因素和社会主义因素的力量对比，大体上规定了合作社发展的各个阶段的内容和形式。目前在老解放区里，正是国家资本主义性合作社和半社会主义性合作社并存的时期。至于新解放区，资本主义性合作社也还有存在的余地。但是在整个新民主主义的社会阶段里，半社会主义性的合作社，是居领导地位的合作社。资本主义性合作社必须迅速转变为国家资本主义性的合作社，并根据自愿的原则，根据发展生产的原则，逐步扬弃国家资本主义性合作社内的资本主义成分。

在小农经济的基础之上，既存在资本主义的发展道路，也存在通过合作经济到达社会主义的发展道路——后者是主导的发展道路。所以合作经济的发展，以个体经济的集体化来与国家经济密切结合，避免小农民沦为资本主义的俘虏，乃是发展新民主主义经济，加速走向社会主义这一工作中的重要环节。

（原载《学习》1949 年第 1 卷第 3 期）

过渡时期的个体经济

一　个体经济在国民经济中的地位

在封建制度破坏过程中产生出来的独立小生产者，当我们实行土地改革以后，不仅仅在数量上空前增多了，而且在性质方面，也多少不同于旧时代的小生产者。因为，在封建的地主阶级和帝国主义统治之下的小生产者，是帝国主义和地主官僚资产阶级俎坛上的羔羊，他们的极大部分要失去小块的土地和生产资料，沦为农村和城市里的无产者。

新民主主义的革命，把小生产者的经济关系改变了，在他们的周围不再有地主和高利贷者，繁重的捐税变为合理的负担，不等价交换消灭了，国家经济在各方面扶持他们，这就使得他们有一般向上发展的可能，成为新社会里自由独立繁荣的个体经济。

从旧社会的封建分益制的个体经营，转变为新社会耕者有其田的个体经营，就生产技术方面而言，并未引起革命。土改后的个体农民仍然使用着只适合于个体劳动的生产工具和生产设备，所不同的，乃是由于整个国民经济结构的变化，使他们从被支配和被宰割的地位，一跃而为无所羁绊的自由发展的地位。

在我们新民主主义社会的初期，五种经济成分中，哪一种占优势呢？无疑的是个体经济占优势。不仅仅因为个体经营的农民和小手工业者的人数占有全国人口70%—80%，就是他们的生产价值，在全国生产总值中，目前也居于压倒优势的地位。但是就生产效率而言，在五种经济成分中，哪一种最低呢？无疑地，是个体经济最低。它固然不能与国家经济相比，比起资本主义经济来，除开剥削关系这一点不论而外，资本主义的生产效率也远超过小商品生产，关于这一点，《资本论》中印证得很详细。

我国革命的经济发展规律是这样：为要使社会的生产力获得解放，必须首先解放农民，改革农业生产，但土改后的农业经营，由于我们工业基础的薄弱，不得不仍然保留落后的个体经营的生产方法，并在这个生产力低微的基础之上，逐步地来发展工业，繁荣国民经济，然后再回转来改造个体经济，改造整个的农业生产方法。

国民经济的发展，既然要先从发展个体经济开始，所以今天在农村中所提的中心口号是："生产发家"。以这个口号来鼓励农民的劳动热情，勤耕细作，使农业生产能在短期间恢复到战前的水平。

二　个体经济的过渡性质

但是我们不能在个体经济的基础之上，无限制地提高农业生产力。当封建社会崩溃的时候，个体的劳力结合个体劳动所使用的生产工具，其生产效率往往已被使用至极限，在我们新民主主义社会的初期，除恢复因战争而造成的生产力低落的部分而外，固然也还可以在肥料种子水利种种方面作新的改进使生产再有相当的增长，可是这些技术的改进和使用，将受个体经济的生产方法及其运动法则所限制，不可能普遍地、大规模地和无止境地利用科学技术来发展生产力。

个体经济不可能构成某一社会阶段里居于统治地位的特定的生产方式，它只能是阶级社会转变过程中，一种过渡型的生产方式。当奴隶社会崩溃的时候，曾经出现了千百万的独立小农，但终不免陆续被封建的领主所吞并，变为封建的农奴经济。当封建社会崩溃的时候，又出现了大批独立的个体农民和独立小手工业者，资本主义的生产发生以后，这些个体农民和小手工业者又成为资本主义的营养物，使他们没落破产而成为产业后备军，在我们新民主主义社会里，个体农民及小手工业者将获得远较以前各时代为优的命运，他们一般的不再有破产没落的危险，他们一般的将随着新民主主义社会的发展，而逐步改进其生活，但这是以个人经济的逐步集体化，个体经济在国家经济的领导下逐步否定其个体的生产方法为条件的。

只有当作过渡型的生产方式来理解个体经济的时候，我们才能正确理解耕者有其田的土地改革的意义，才能正确理解个体经济在新民主主义社会里的历史任务，过渡型的个体经济，必须不断改变其自身以至否定其自身，这种改变和否定的动力，在旧民主主义社会里是来自资本主义经济的残酷法则，在新民主主义社会里则来自国家经济的领导。

三　个体经济的发展道路

新民主主义的个体经济，初期存在两条不同的发展道路：一条道路是循着旧的历史的轨迹，少数的农民会上升为资本主义性的新富农，而使其他一部分农民没落破产。在城市里，少数的手工业者也可能上升为小资本家，开始其资本主义的剥削经营。个体经济的另一条道路，是无产阶级领导的新民主主义的道路，即个体经济在国家经济的领导下，通过供销的集体化，劳动的集体化而到达生产的集体化，并使以小生产者为基础的各种合作社，经过国家资本主义的性质，半社会主义的性质而达到社会主义的性质。

在我国新民主主义的初级阶段里，由于工业基础的薄弱，由于国家经济力量的不足，个体经济在某种程度内的自由发展是不可避免的；因此，资本主义因素的滋长发展也是不可避免的。小生产是经常地，每日每时地，自发地大批产生着资本主义和资产阶级的。（列宁语）但是，要是把资本主义在个体经济中的发展趋向认为今后个体经济发展的主要趋向，或主要的道路，那就大错特错了。相反地，我国个体经济的主要发展道路，是在集体化和合作化的一方面。

领导个体经济集体化，根据恩格斯的昭示，必须出之于自动自愿。但自动自愿并不等于自流放任，我们不能等到个体农民备受资本主义的剥削和威胁之后，然后再领导小生产者转向于集体化和合作社。无产阶级自进入农村之日起，一刻也不能放松自各方面使农民走向集体化的努力。只是这种努力不应该包括强迫命令，应该是"逐渐地，用经济的、财政的、文化的和政治的方面来实现的"(斯大林语)。这里所说"政治的"，主要的意义应是政治的领导，而不是行政的命令。

最重要的努力，应该集中于经济方面。我们新民主主义社会所以能保证整个国民经济逐步地走向社会主义，就是因为有国家经济的存在。国家经济以其社会主义性的特质，领导着各种经济成分（资本主义的、个体经济的、国家资本主义的和合作社的）不断的发展和提高，在发展和提高中改变各种经济成分的落后性和剥削性。国家经济特别重视其在农村里与个体经济的联系，这种经济上的联系是政治上工农联盟的现实基础。大体说来，国家经济与农村个体经济的联系可以分成两个发展阶段：第一阶段是国家经济在供销关系上包罗个体经济，使它逐步摆脱资本主义的压迫和剥削；第二阶段是国家经济以其巨大的工业力量，将机器及其他生产资料输入农村，使个体农民走生产的集体化。

国家经济对个体经济的联系和领导，应解释为对个体经济的帮助。小生产者在国家经济与资本主义经济之间，是有充分的选择自由的，农民往往是经验主义者，他们要一而再、再而三地与资本主义企业接触，也要一而再、再而三地与国家企业接触。只有经过较长的时期和丰富的经验证明，才能使个体农民相信资本主义总是要剥削他们的，而国家经济是帮助他们的，国家经济之所以必须和必然地帮助个体经济（经济的、财政的），正是因为国家经济是社会主义性的。社会主义的实现，必须以工农结合，消灭工业与农业之间的对立和差距为前提。

所以，国家经济的存在和发展，乃是我们个体经济不至于成为资本主义俘虏的主要保证。

四　个体经济的发展阶段

广大的、散漫的个体经济的存在，是我国现时自由市场的坚实基础。我们现时不能消灭自由市场，而且在某种限度内要维护自由市场，调节自由市场，因为我们现时还未能普遍地组织个体经济，将普遍的供销合作机构来代替自由市场。既有自由市场的存在，那么，个体经济之流向资本主义的道路——或者说个体经济在商品交换中被剥削和被吞噬的道路，乃是畅通无阻的。因此，国家经济要帮助个体经济的存在和发展，得先从组织个体经济的供销关系开始。

以供销合作社、信用合作社和运输合作社等的形式，将小生产者纳入集体化的轨道里去，是容易为小生产者所了解和接受的。因为在这些方面的集体化，既没有变更个体经济基本的生产关系（生产资料的私有制和独立生产制），同时小生产者在这些合作社中所能得到的国家经济给予的利益，也是显而易见的。

国家经济通过供销合作社以工业品供给个体农民，并通过供销合作社将个体农民的农产品流入国家企业里，乃是个体经济改造的开始，小生产者在这里一方面认识到国家经济对他们的真实帮助，同时使小生产者认识到集体化的必要和利益。国家经济也凭借小生产者合作社的组织，才能对小生产者发生正常的经济关系，才能与个体农民结成经济的联盟，才能把千千万万的分散的小商品生产者组织在国家经济的领导和监督之下。

新民主主义阶段中的合作社的性质和组织，将随着社会经济条件的演变——主要的是国家经济的发展及其与私人资本主义经济力量对比的演变，而变更其内容和形式，一般说来，与自由市场来往且保留资本分红制的合作社，是资本主义性的合作社。与国家经济联系而保留资本分红制的合作社，是国家资本主义性的合作社。与国家经济联系已消灭资本分红，但仍以个体经济的私有制为基础的合作社，是半社会主义性的合作社，只有将主要生产资料的私有制转变为集体所有制的时候，才能称为社会主义性的合作社。

个体经济通过这些不同的发展阶段，逐步地改革其生产诸关系。当国家经济还没有力量或有力量而尚不能照顾他们的时候，小商品生产者就只能与自由市场来往，这时所能组织的合作社就只能是资本主义性的合作社，而这种资本主义性的合作社，因为它部分地排除了私人商业，暂时保留了小生产者的一部分利益，并且为将来与国家经济联合准备组织基础，从这许多方面说来，也有其一时存在的必要。

从资本主义性的合作社，提高而为国家资本主义性的合作社，无疑地，这是个体经济生产诸关系上的一种重要变革。它自从属于资本主义和滋养资本主义的地位，一变而为与国家经济结成联盟即使个体经济在交换过程中，摆脱资本主义的剥削，同时它也有利于国家经济的发展，大大影响着国内公私经济力量的对比。虽然国家资本主义性的合作社仍保留着资本剥削，仍会在个体经济内部滋长资本家而引起阶级分化，但当国家经济还没有那么大的力量来压倒和代替农村中的私人资本的时候，“事情也就只能是这样”（列宁语）。

个体经济的分化，会在合作运动的过程中引起阶级斗争。一般农民要战胜新的资本主义分子，要将资本剥削清除出合作社，必须要国家经济足够的帮助才能成功。所以，只有当国家经济有足够的力量的时候，才能使资本主义性的合作社或国家资本主义性的合作社，转变为半社会主义性的合作社。小生产者只有在国家经济那里获得经常的和足够的需要的情况下，才会与资本主义绝缘，才会决心走上社会主义的集体道路。

五 劳动互助及集体农场

劳动互助是个体农民生产集体化的开始。它的意义是：第一，超出个体经济劳动质量上的狭隘的范围，产生集体的劳动力量，提高了劳动的生产效率（这正如家庭手工业的劳动生产效率，提高到手工业工场的劳动生产效率一样）。第二，将雇佣劳动转变为互助劳动，劳动力的商品性质被扬弃了，同时也就削弱以致消灭劳动力的自由市场和不等价交换的法则，给资本主义在农村中的发展以一定的阻力。第三，改变了个体经济的独立劳动形式，在生产方面建立起初步的集体制度，并滋长互助合作的新的思想意识。

但劳动互助不能从基本上改变个体经济的生产方法，即是说不能从基本上变革生产资料的个体占有制，这种巨大的变革必须有赖于国家的工业化，有赖于机器去代替简陋的个体劳动工具，只有具备这一巨大的物质基础，才能使个体经济变革为集体经济，才能使合作工厂和合作农场广泛地建立起来。

因为土地的私有制，将使我们农业生产的合作化经过较多的步骤和较复杂的组织形式。在工业有足够力量改造农业生产的时候，在个体农民一般的具有集体经验和要求的时候，土地私有制向土地国有制的转变，将标志着农业生产方法的全部社会主义化。

（原载《学习》1949 年第 1 卷第 4 期）

过渡期各种利润的性质及其法则

一　现阶段各种利润的性质

在资本主义社会里，利润是剩余价值的变形。劳动者在生产过程中所创造的新的价值，被资本家划分为两部分。一部分由资本家当作工资付给劳动者，作为劳动者最低限度的生活资料。另一部分给资本家占有了，这就是剩余价值。劳动者全体所创造的剩余价值，被资本家阶级的四个集团瓜分着：产业资本家拿去的叫作产业利润，商业资本家拿去的叫作商业利润，高利贷资本家拿去的叫作利息，地主拿去的叫作地租。

各种资本家之所以能够占取剩余价值，是因为资本家占有了生产资料的缘故。所以剩余价值是一定的历史条件和社会条件所形成的，利润也是一定的历史条件和社会条件所形成的。当生产资料不是采取私有制，而是采取社会所有制或劳动者集体所有制的时候，剩余价值这个范畴就消灭了，利润这个范畴也就具有完全不同的意义。

在社会主义性质的国家企业里面，剩余价值消灭了，企业是属于国家的，劳动者阶级是这个国家的主人翁，劳动者在生产过程中所创造的价值，一部分直接归于劳动者个人所有（工资），一部分归于国家归于劳动者阶级所有，国家用之于保卫劳动者阶级所领导的政权并用之于建设劳动者阶级的生产和福利事业，结果仍属于劳动者并造福于劳动者。所以在国家企业的生产关系中，已经消灭了剥削和剥削关系，利润不再是剩余价值的变形，而是国家（劳动者阶级所领导的国家）将劳动者所创造的价值除直接付给劳动者个人部分而外，必须留有一部分作为国家企业扩大再生产之用的资本积累，这一部分就叫作社会主义性的企业利润。

新民主主义的各种国家资本主义企业，其生产方式基本上还是资本主义的，因为生产资料属于资本家，国家只是立于监督和调节的地位，国家虽能在某种程度上对其剥削率和利润率加以监督和调节，但国家并不能改变其资本主义剥削的本质。公私合营的企业，是一种比较高级的国家资本主义企业，其中已包含了社会主义的成分，劳动者的新创价值除开工资所得而外，一部分成为资本主义性的利润，归资本家私人占有：一部分成为国家的利润，复归于劳动阶级所有。

合作社的生产资料，是参加合作社的劳动者集体所有的。但这种集体所有制，需要经过各个发展阶段和过渡阶段，才能成为完整的集体所有制。初期依赖小生产者自己的力量组织起来的合作社，为要吸收股金不得不按股分红，这是在小生产者的基础之上一种自发的资本主义成分侵入合作社的标志，这类合作社的利润具有资本剥削的性质。但另一方面，合作社同时有按劳分红的规定，公积金也是属于社员全体的，这是低级的社会主义性的集体所有制的因素。合作社由于这种从资本所有制到集体所有制的特点，利润也被划分成为两部分：一部分利润归之于资本所有者的社员（按股分红），这时资本所有者的身份掩盖了劳动力所有者的身份；另一部分利润则复归于劳动者的社员（按劳分红），这时劳动者的身份又掩盖了资本所有者的身份。这两种不同性质的利润对立发展的结果，主要的不决定于合作社本身，而要被决定于领导着合作社发展的外在的经济成分：是资本主义的经济成分领导着合作社呢，还是社会主义的经济成分领导着合作社呢？如属前者，利润的资本占有制会逐渐战胜利润的集体占有制，合作社成为资本主义吞没小生产者的一种组织形式。如属后者，则利润的集体所有制会逐渐战胜利润的资本占有制，合作社就成为小生产者走向社会主义的过渡形式。新民主主义的合作社，是属于后者。

个体经济的小商品生产者，对于利润的概念是模糊的。他们是生产资料的所有者同时是劳动力的所有者。他们还不能剥削他人，生产资料还没有转化为资本，因此也不能产生利润的概念，他们对于商品的出售所得，除一切开支费用而有剩余的时候，就认为是自己省吃俭用而来的，这个认识是正确的，一切价值是由他们自己创造出来的，只有他们把新创的价值不全部消费的时候，才会有财富积累，小生产者只有在经常的节约状态下，才有进行有限度的扩大再生产的可能，个体农民及手工业者要发展到新富农及手工业作坊的阶段，资本及利润的概念才会从他们剥削的基础上滋长和明确起来。

二　利润率及平均利润率

利润率等于不变资本加可变资本除利润总额。各生产部门间利润率的高低，往往是资本主义社会资本移动的标志，利润率较低部门的资本，会移向利润率较高部门；因此，社会各部门的利润率有平均的趋向。在一般情况下，资本家按平均利润率来计算平均利润，商品的生产价格等于生产费加平均利润。

利润率的大小，被决定于三种因素：剩余价值量的大小、资本有机构成的高低和资本回转速度的快慢。由于资本家不断以技术改进追求超额利润的缘故，固定资本在总资本中的比率不断增大，资本的有机构成不断提高，使得社会的平均利润率有下跌的趋势。虽然由于劳动榨取程度的增进，工资的相对低落及不变资本要素的低廉等原因，对社会平均利润率的下落发生抵消的作用，但不能改变资本主义社会平均利润率下落的一般趋势。以上是资本主义制度下利润率及平均利润率的性质及其运动法则。

在我们新民主主义阶段的初期，独立的小生产者占优势，因此自由市场占优势。资本主义的因素会相当的增长，资本的移动也是比较自由的。资本主义的利润法则会在国家经济还不能到达的范围内起主要的支配作用。

刚从旧社会蜕变过来的新的国民经济体系，是残缺不全的，是不平衡的。资本随着各部门各地区利润率的高低而作自由移动，对我们国民经济的恢复和完整会产生一定的积极作用。更为了鼓励资本家阶级以其死的财富变成活的资本，必须保障资本家的利润所得。由国家的金融机构根据国民经济各部门的需要来指导私人资本的移动，尽可能降低资本移动的盲目性，是新民主主义经济的特点。

抛开不变资本的因素不论，利润率的大小直接被决定于剩余价值率的大小。剩余价值率与可变资本成反比例，与剩余价值额成正比例。这就是说：当私人资本主义的企业其工资不变，而劳动生产率已增加了的时候，剩余价值率就增大，资本家的利润率就增大。反之，当劳动生产率不变，而工资增大的时候，剩余价值率就减小，资本家的利润率就减小。所以，要照顾到资本家能维护其平均利润，私人企业中劳动者所要求的不是工资水平的孤立的提高，而是在一定合理的工资水平之上的计件累进工资制度。

所谓工资水平是由什么来决定的呢？在资本主义社会里是由工资法则来决定的。资本家付给劳动者的工资，一般的不超过劳动者最低限度的生活资料，且有逐渐低于这个水平的趋势。在我们新民主主义的制度下，工资水平不能由资本主义的工资法则来决定，而是应该由国家企业的计划工资水平来确定的。国家各部门企业的工资标准定额，应适当的高于劳动者最低限度的生活资料，使这样的工资水平既适应于国民经济发展一般状况，并不致损及国家企业资金积累的必需速度。

资本家阶级所取得的利润，在我们国民经济发展的过程中，会构成社会资金积累的一部分，不仅利润的追求和竞争会推动资本家进行扩大再生产，且由于国家企业的新建设及劳动生产效率的不断提高，致使商品的价格不断低廉，而有不断降低私人企业利润率的倾向，这就使得资本家要不断扩大生产规模，并不断更新其技术装备，并照顾劳动者的生活状况，追赶国家企业的劳动生产效率。

三　国家企业计划利润的作用

国家企业对于利润的核算，一般不采取平均利润的计算方法。资本主义的企业是以获取平均利润为目的的，社会主义性的国家企业，则是以发展国民经济提高劳动人民的生活水平为目的的，所以国家企业不应一般地计算平均利润，而应根据各部门各企业生产成本的精确核算，根据市场的情况，确定每一种主要商品的计划价格。商品的计划价格应该是：

商品的生产成本 + 计划利润 = 商品的计划价格

某一种商品在国家各个企业里的生产成本，由于设备的不同和劳动生产率的不同，显然是各不相同的。决定商品计划价格的生产成本，应该是某一商品在国家企业里的平均生产成本。这与资本主义制度下通过市场法则来表现平均生产费的不同之处，一个是盲目的，一个是经过全面的核算而能预见的。

某一商品在各个国家企业里的个别生产成本，有的会高于平均生产成本，有的会低于平均生产成本。前一种企业，它们在按计划价格出售的时候，只能取得较计划利润更低的利润。后一种企业，它们在按计划价格出售的时候，就能取得较计划利润更多的利润，所以平均生产成本是量度某一个企业的设备优劣、经营管理及劳动效率是否够得上水平的标尺。各个企业应为追求低于平均生产成本的成本而斗争。各个企业制定目标来实现一定的低成本，就是企业的计划成本，企业的计划成本是国家制定某一种生产品全面的计划成本的根据，国家制定某一种生产品的计划成本的目的，是在根据各种条件和可能性，来有计划地降低生产品的平均生产成本，从而降低商品的出售价格。

在资本主义社会里，某一商品的价格，是通过市场交换而测知的。在我们新民主主义的阶段里，虽然国家企业可以进行平均成本的核算，然而自由市场仍旧存在，必须参照自由市场的价格，当我们国家企业的产品还不能直接进行分配，而必须有一部分或大部分要通过市场来进行分配的时候，国家企业的商品价格仍须以市场价格为准绳，一般的不能脱离市场价格。而且在这个时候也只有通过市场价格，才能测知某一商品社会必需劳动量（因货币的紧缩或膨胀及垄断等非本质的因素不在考虑之内）。只有因为政策的需要，某些商品需要以廉价出售，另有一些商品又需要以较高的价格出售，这时才会有部分的国家商品价格与市场价格相背离。

国家企业首先以市场价格为准绳而定出各种商品的出售价格，然后才能定出各种生产部门及各企业的计划利润。计划利润是计划成本与出售价格之间的差额。初期的计划利润是不能完全正确的，因为，计划成本既不能完全正确执行（它多少受市场价格的支配，如最近粮价的下跌、进口工业原料的高涨等）。同时商品的出售价格要受市场价格的制约，计划利润最初只能是国家和企业的一种斗争目标和概略的预算。只有在国家经济的发展过程中，某一部门的产品已能支配市场，也就是说国家生产的某种商品所需的平均劳动量已能代表社会的平均劳动量的时候，国家才能在该种商品的价格决定上摆脱市场的约束，计划利润才能有比较多的正确性。可是，只要有某些必需的生产资料和生活资料仍然被决定于市场价格的时候，它就多多少少会影响计划成本的执行，并从而影响到计划价格和计划利润。

资本主义的平均利润率，到了社会主义的计划经济之下，被否定了。因为，在计划经济之下资本的投放不是自由选择的，并不是为了追求利润，而是为了有计划地发展国民经济的各部门。愈是需要发展的部门，往往就要采取低利润的政策。所以国家经济各部门的企业利润是不一致的，而且是不需要一致的，社会主义的经济正是因为不需要考虑这一点，所以它能比资本主义制度更迅速、更合理地发展国民经济各个部门。

在私人资本主义经济中，资本支配着人的活动；在我们国家经济中，人支配着资本的活动。

资本主义的制度下，虽然资产阶级所取得的利润总额是逐步增加，但由于平均利润率低落的倾向，每一资本单位所取得的平均利润逐渐减少，这刺激资本家阶级内部的竞争，加速提高资本的有机构成，加速资本的累积和集中，终于进入独占资本主义的阶段，由此产生独占价格和独占利润，从其自身的发展否定着各企业各部门之间的平均利润率和平均利润。

在新民主主义的经济制度下，国家经济领导着私人资本主义的发展，适当地调节着私人资本向各个国民经济部门的合理投放，其结果正是协助私人资本不需经过盲目移动即能取得平均利润率和平均利润，并尽量缩小社会的利润率在各部门各企业之间的差距。至于由于个别企业因技术改进而取得超额利润的时候，国家不仅不予抑制，而且是予以鼓励的。

由于国家经济的调节作用，会使得我国的私人资本主义不可能发生独占资本和进入独占资本主义的阶段。私人资本主义在新民主主义阶段中的历史任务，是使能充分发挥资本主义前期阶段的进步性。因此，国家经济要保障资本主义法则在前期关系中的进步性，并防范其内在矛盾发展的破坏性。

四　产业利润与商业利润

商品经济社会里，商品生产被划分成两个阶段：商品的生产过程和商品的流通过程。从事生产过程的资本家叫作产业资本家，从事流通过程的资本家叫作商业资本家。产业资本家所得的利润叫作产业利润，商业资本家所得的利润叫作商业利润。商品的价值是劳动者在生产过程中创造的，所以商业资本家所得的商业利润，基本上是劳动者在生产过程中被剥削去的剩余价值的一部分。

在资本主义社会里，产业利润率与商业利润率有平均的趋向。商品的价值法则调节着资本在工商业部门里的一定的有机的比率。

由于旧中国社会的半殖民地性和半封建性，商品的流通过程控制着商品的生产过程，前资本主义的和殖民地的不等价交换法则使得商业利润率超过工业利润率，因此，流通过程中的资本总额远超过生产过程中的资本总额，这一资本结构的跛形现象至国民党反动政权崩溃之前发展到最高点，伟大的解放战争在全国范围内的胜利，不仅在政治军事上彻底摧毁了旧的统治集团，且在社会的经济结构上掀起了巨大的改造，我们完全控制了进出口贸易，改变了百年来帝国主义对中国进行商品侵略的情势。更由于财经统一和稳定币值的结果，投机资本受到应有的打击。这两件事，使得畸形的商业资本瘫痪下来，商业利润一般的降低了，曾有一个短时期内显得商业空前萧条，这是把畸形的商业资本改造为正常的商业资本的转折点，只有把商业利润率大为压低之后，流通中的商业资本才会逐步地转移到生产过程中去。

在过去，商业利润率就高于工业利润率，大都市的商业利润率又高于中小城市的商业利润率，平均利润率的法则由于帝国主义和官僚资本主义的垄断以及战争等情势，在旧中国社会里不能发挥其普遍的作用。现在，帝国主义和官僚资本主义在国内消灭了，国内的统一市场扩大到前所未有的程度，资本的自由转移不会再受到不合理的阻碍，社会的资本已开始自流通过程中转移到生产过程中，自拥塞的大都市里流向枯竭的中小城市里，发展生产的一般的有利条件已经具备，然而，这并不是说我们就可以放任自流，相反地，国家政策的指导仍然具有决定性的作用。

目前某些消费性的商业由于经济状况的好转仍然获得较优厚的利润，残余的游离资本仍然在徘徊观望伺机而动，工业投资还需加以组织，资金内流的趋向仅缓缓地开始。这一切，没有国家经济各部门的强力领导，国民经济的合理发展就不可能达到其应有的速度，社会的资金也不可能迅速在生产各部门及流通各部门达到合理的分配。

五 利润与社会的资本积累

资本主义社会里，资本家为了追求超额利润，必须继续不断采用新的技术新的劳动组织并扩大其生产规模，因此，资本家必须将其所得的利润除自己生活耗费而外都用作资本积累，资本积累的竞赛，成为资本家相互之间优胜劣败的决定因素。资本主义的前期，当自由市场还普遍存在的时候，积极的资本家往往省吃俭用，把更多部分的利润投向扩大再生产，加速了资本主义的发展速度；当然，资本家个人省吃俭用的目的并不是为了发展社会的生产力，只是为了更多地剥削剩余价值，以便在资本家的竞争场中占取优势。

独占资本主义的产生，破坏了资本主义向上发展的法则，资本积累的竞赛成为少数独占寡头之间的事，且由于市场瓜分和垄断、中小资产阶级的破产和劳动者阶级的更趋贫困，社会的生产力已不能再向前发展，由独占价格提供的独占利润，资本家虽穷奢极侈，仍有大量的资本过剩，出路唯有掀动战争，重新瓜分殖民地，并把劣势的资本主义国家作为大独占资本主义国家的附庸。

我们的国家企业里发展生产的动力，不是企业领导者对利润的追求，而是劳动者的社会主义性的竞赛，这种竞赛与经济核算制结合起来，就会使国家企业的生产力无止境地发展，刚刚与资本主义制度相反，这种生产力的发展不是基于对劳动者的更多的剥削，而是基于对劳动人民生活福利的相应提高，劳动者能以其自动自发的积极性来进行更多的生产。国家经济所要求的，不是企业利润率的增大，而是社会国民经济各部门生产的增大，因为只有各部门完成更多的生产，才能进行社会的扩大再生产。某一企业可能因劳动组织及生产技术有特殊的改进，使其利润率超过一般的利润率以上，因而其利润总额会超过计划利润总额，这样的企业无疑是要受奖励的，然而与资本主义制度不同的是：资本家要努力秘密保守这种先进的组织和先进的技术，资本家的政府也用立法来保障他的秘密，帮助他能长期的获得超额利润。国家经济则与之相反，我们是要努力迅速公开和推广这种先进的组织和先进的技术，使全部企业都能迅速普遍采用。这样做就能迅速降低某一产品的社会平均劳动量，降低其成本价格，因而使受奖企业的利润率迅速降低下去，与一般企业接近，在国家看来个别企业利润的降低是无足轻重的，但全企业部门的生产能力提高了，全部的利益就是个别的利益，这就是社会主义扩大再生产所以较资本主义更为迅速的原因之一。

我们新民主主义阶段的国家经济要以其优越性来领导私人资本主义经济作利润率的降低，利润率的降低不等于利润总额的减少，利润率的降低假如是建立在社会生产力发展基础之上，则利润的总额是会增加的，从全社会看来，资金的总的积累则较迅速，并加速社会扩大再生产的进程。

资本主义制度下平均利润率的降低，会引起社会资本有机构成的提高，扩大资本主义的内在矛盾，爆发经济危机。在社会主义的制度下，国家计划使得社会生产资料的生产和消费资料的生产保持一定的比率，使劳动者个人所得与资金积累保持一定的比率，因此，由于国家的降低价格而引起的某一部门利润率的下降，以及社会生产技术的改进，不会在社会的生产与分配之间产生矛盾。

在我们国家经济领导下发展着的私人资本主义经济，虽然国家能在价格政策、工资政策、金融政策、税收政策等方面，对资本家的利润率发生一定的制约和调节的作用，可是并不能基本上克服资本主义内在矛盾的发展，在资本主义企业内部的资本的有机构成的提高是无法阻止的，由此而使得生产与分配之间的差距不断扩大，破坏国民经济的全面发展。因此，只有使国家经济在国民经济中所占的比重不断加大的进程中，才能不断缩小私人资本主义经济这种破坏性。

六 价格政策与国家企业利润

资本主义的商品价格，是商品价值的货币形态，通过市场的供求律，价格在不断的偏差中符合价值。

社会主义国家企业所生产的商品，其价格对价值的偏差不是由市场的供求律来决定，而是由国家的计划来决定的。计划价格虽然以商品的价值为基础，同时在不同的程度上受市场价格的制约（视自由市场力量的大小而定），但国家企业的商品计划价格在国家政策指导之下有其独特的作用。国家为了发展生产，可以将某些锁钥工业的产品价格经常低于其价值，如煤、电、铁路运输等，这样做虽然经常失去一部分价值，降低了这一商品的利润率，但帮助减低了一般商品的成本价格。另外，国家对某些商品需要限制其消费和生产的时候，可能将该种商品的价格定在其价值以上，使能在流通中经常取得超额利润。

同一种商品，由于销售对象的不同，可能定出各种不同的价格。电力对于商业用户和工业用户有不同的销售价格，铁路运价对于各种不同性质的商品也采取了各种不同性质的运率等，从一种商品的出售总值和生产总成本之间，可以得出一定量的计划利润，这种一定量的计划利润，是通过该种商品不同的价格和不同的利润率来实现的。

国家企业的商品价格对于各种经济成分，也应该有各种不同的价格政策，国家贸易公司是经常以优待的价格照顾合作社的，国家经常供给农民以廉价的生产资料和消费资料，成为工农联盟的重要经济内容，对于参加半社会主义性合作社的农民应该更优于“单干”的农民。对国家企业内部的供给应该优于对自由市场的供给。至于对其他经济成分，将视发展阶段的不同和条件的不同，分别决定用平等价格或者用高价格。

价格政策的充分运用需要对各阶层加以组织，并对自由市场的供销加以计划地调节，我们对某种商品和供销体系具有某种程度的组织，就能施行某种程度的价格政策。

价格政策的充分运用对全社会劳动人民创造价值的再分配有巨大的作用，对国民经济各部门的合理投资也有巨大的作用。唯有通过价格的调剂，国家才能以高补低，以肥补瘦，才能使国家的资金积累和扩大再生产的进程，超脱国家企业生产中的计划利润的范围。

（原载《学习》1950 年第 3 卷第 2—3 期）

国家资本主义的性质、形式及其作用

一

我们的国家，是无产阶级领导的以工农联盟为基础的人民民主专政的国家。在我们的国民经济结构中，存在着社会主义性质的国家经济、私人资本主义经济和小商品经济。其中，小商品经济占有绝对的优势。

在一个小农国家，不言而喻，是小农“结构”，即一部分是宗法的，一部分是小资产阶级的结构占着优势。既有交换，则小经济的发展，就是小资产者的发展，也就是资本主义的发展……（列宁）

我们通过合作的方式，组织小生产者，把小生产者在各种不同的形式和程度上提高到可以与国家经济直接联系起来，这是使小生产者避免成为资本主义俘虏的唯一道路。

然而在我们国民经济的恢复阶段，资本主义因素在小生产基础之上的增长，较之合作经济的增长可能更为迅速些，城市资本主义的恢复和扩张也是迅速的，因此，随着我们国民经济的恢复和发展，小生产者的自发势力和资本主义生产的无政府状态在相当限度内难免要扩大，我们国家经济的重要任务，就是要在各种经济关系上，去组织、督导和调节资本主义，在各种不同的程度上削弱资本主义生产与销售的盲目性，减低全部国民经济中的浪费现象，并巩固国家经济在全部国民经济中的领导力量。

国家资本主义，就是在我们无产阶级领导的国家的组织、督导和调节之下的资本主义。是我们国家经济与之结成联盟的一种资本主义，是节制资本主义成分的无政府状态，在部分的生产诸关系上（主要的是交换关系及消费关系）改变资本主义发展法则的一种经济形式。

在资本主义的国家里面，也存在着或多或少的国家资本主义。譬如银行、铁道以及一部分锁钥性的工业。在英国比较多一些，在美国则比较少一些。这些国家，是资产阶级利用政党政治的形式而实行专政的国家。因此他们的国有企业，是专门替资产阶级服务的，是为节省资产阶级的投资，利于资本主义的发展才由资产阶级的国家来经管的，这也是一种国家资本主义（英国工党则厚脸皮地称为社会主义），这种国家资本主义，是独占资本主义的一种形式，是反动的束缚社会生产力发展的一种经济形式。

资产阶级专政之下的国家资本主义，与我国新民主主义阶段中的国家资本主义，性质上是有很大的区别的。我们的国家资本主义，是在无产阶级领导着的国家督导和调节之下的资本主义，是为了以全体利益为前提而发展国民经济，使资本主义更符合国家的计划领导的一种组织形式。我们的国家资本主义，较之于私人资本主义和小商品经济，具有极大的进步性，在目前它非但不会束缚社会生产力的发展，相反地将有助于国民经济的合理发展。

然而，新民主主义阶段中的国家资本主义，在本质上仍然是资本主义，它仍然是以资本剥削剩余价值为其基本特征的，它仅仅在商品经济运动的规律上，在某种程度的扩大再生产的规律上，受社会主义性国家经济计划的制约；较之一般自由资本主义，成为更高一步地接近国家经济的阶梯。

在国家资本主义的企业里面，劳资关系基本上仍然是两个阶级的对立关系，企业的资金或生产资料可能有部分的属于国家所有，也就是说属于劳动者阶级所有，然而并没有因此而扬弃以至削弱资本家阶级对劳动者阶级的剥削关系。在公私合营的企业里，固然有一部分价值以利润的形态复返于国家，但这部分价值是由于国家的投资而扩大了生产或流通总量，由此而多创造了一部分价值。至于资本家所投的资本，在任何情况之下仍须取得平均利润，甚至因公私合营的有利条件而会取得较平均利润更高的利润。所以阶级关系并不因公私合营而有所改变。

国家资本主义经济，是国家经济与资本主义经济的一种联盟，一种过渡的阶梯，正如合作经济是国家经济与个体经济的一种联盟和一种阶梯一样。

二

国家资本主义既然是国家经济与资本主义经济的一种联盟，则这种联盟的形式，可能是广泛的，多种多样的。

列宁把国家资本主义的形式，概括为四类：（一）租让制的，这是指把苏维埃国家的矿山或生产设备，与外国资本家订立合同，由外国资本家投资经营。（二）是委托代理制的，是指由国家委托私人资本家搜购原料和代售产品，付给一定的代买代卖的手续费。这种形式在新经济政策时期比较普遍。（三）对国内租让制，即是把国有的厂矿、林地、土地租给国内企业资本家，订立合同，这种合同与第一种租让制相似。（四）小业主的合作制，这是指资本主义性的合作社而置于国家的统计监督之下；这种形式列宁说近似于国家资本主义，也可以说是一种低级的国家资本主义。

在我国新民主主义阶段中，由于我国经济形态的复杂性，国家资本主义会采取更复杂的更多种多样的形式。

第一种国家资本主义的形式，是国家与私人资本家合办的企业——公私合营的企业。对于这类企业，当私股大过公股的时候，经营管理的权往往操之于私人资本家手里，国家处于监督的地位。当公股大过私股的时候，国家就会有较大的经营管理之权。但不管国有成分在这些企业里处于何等的地位，这类企业的性质必然掺杂资本主义的剥削关系。因此，它是国家经济与私人资本相互掺和的一种国家资本主义形式。私人资本家之所以愿意公私合营，是在他能依赖国家经济的各种有利条件，如供给原料，推销产品，银行借贷，劳资协调等，这些有利条件，归根结底，会提供资本家更多的利润，由于国家在公私合营的企业里能发挥较大的监督和调节的作用，所以能更多地免除资本主义所包含的无政府状态，较之一般的私人企业能够减少浪费，因此其利润率较之一般私人企业的利润率为高是很自然的。公私合营企业是国家资本主义企业最成熟的一种形式。

第二种国家资本主义的形式，是委托加工和订货。对于某些主要的私营企业，国家与它签订合同对它订货。在合同上规定产品名称、规格、数量、品质、价格、交货日期及交货办法等。这种订货是资本家所愿意的，因为他可以预知产品的销售量及销售价格，因而也能预知他所能获得的实际利润。但资本家对资本家订货与国家对资术家订货有显著的区别，前者是资本主义的关系，基本上保留资本主义生产与销售无政府状态；后者则是国家资本主义的关系，由国家掌握生产与销售的环节，就由国家掌握商品的交换和消费，使国家对这些企业的生产发生监督与调节的作用，在各种不同的程度上减低了资本主义的无政府状态；这种订货合同如能长期继续，就可以把这一企业的生产与销售包括在国家的计划之内。委托加工具有同样的意义和作用，国家如能掌握足够的原料，就可以把订货转变为加工，加工较之订货更能控制产品的质、量和价格，更能减弱自由市场的影响，并能更确切地置于国家的计划之内。订货加工合同的签订，是国家经济与资本主义经济团结与斗争的一种形式。国家要熟悉对方生产的条件与生产的情况，要善于把握各个生产环节的进行并通过合同来监督其执行，并要善于核算其各种费用。对订货加工的工厂企业须给予一定的利润，其利润率应不低于该部门的平均利润，且容许资本家在执行合同的过程中因改进技术设备及生产组织而获得超额利润，这种超额利润是资本家发挥其积极性的原动力，对于社会的生产发展有利。国家资本主义企业里的劳动者，在合理工资待遇的基础上应发挥其积极作用，使国家资本主义企业较之私人资本主义企业显示其优越性。

第三种国家资本主义是代理收购原料和推销成品。由国家企业委托私人商店收购原料和推销国家的产品，这种商店有其自己的资本和独立的经营管理，但因其与国家签订合同，完成国家企业的供销业务，并置于国家的监督和调节之下，这一种形式目前还不很发展。

第四种国家资本主义是在国家监督或参加之下的私人厂商的购销联营。有联购、联销、联购联销等。购销联营是卡特尔的一种形式。这种卡特尔置于国家的监督和调节之下，或者为便于监督调节而有国家企业参加领导的条件之下，就是一种具有巨大作用的国家资本主义形式，这种联营的扩大，可以把同类的私人企业团结于国家企业的周围，或直接置于国家托拉斯的领导之下。由采购原材料和销售产品的联合进而发展到生产的联合，是资本主义发展而产生独占的一般进程。而在我们社会主义性国家经济领导的前提下，则可以作为组织资本主义，使其联合集中，通过国家资本主义走向社会主义的一种进程和方式。

手工业作坊的联营，在我国经济中会具有特别重要的意义，某些有广大国内外市场的手工业生产，在国民经济恢复过程中的发展是必然的。手工业作坊的发展就将成为资本主义的手工业工场。对于手工业作坊在运销购料的环节上使其联营，由国家来给予组织指导，可以减弱其发展的无政府状态，且可以通过购销的联营而达到生产的组织与指导。这一工作是相当烦琐而复杂的，但如有国家贸易与信贷的相当帮助，困难也就比较容易克服。它特有的优点是当这些生产还在资本主义胚胎状态的时候，国家即着手加以组织和指导，至于独立的手工业者，则可以用半社会主义的合作形式来组织他们。

第五种，苏联新经济政策初期还有对外国资本家租让的国家资本主义形式。不过由于帝国主义者对苏联进行封锁，这种形式的国家资本主义经济并没有能发生实际的作用，而在今天我们中国，这样一种形式就更没有使其存在和发展的可能和必要了。我们与苏联之间则已进行经济合作，合资开发新疆的石油及有色金属和合组航空公司，但这不是国家资本主义的形式，而是社会主义体系内的国际经济合作的一种形式，是社会主义性质的经济形式，因为苏联是社会主义的经济，而我国的国营经济也是社会主义的性质，同属于一个阶级即无产阶级所掌握的财产，是扩大了的“社会的占有”和“社会的生产”的生产方式。

在我们新民主主义的阶段，国家经济与私人资本主义的发展不可能是并行不悖的，它们会构成某种程度的交织状态，这就是国家资本主义发展的基础。在相当时期之内，我们会有广泛的各种不同程度和不同形式的城乡资本主义，我们不能堵塞资本主义的发展，但我们必须用各种不同程度和不同形式的国家资本主义来组织和领导资本主义。国家资本主义的发展在过渡阶段具有非常重要的意义，问题在于国家的经济工作者如何能善于组织并善于创造组织的各种形式，通过这种形式就能把资本主义的经济适当地置于国家的领导和监督之下。

三

在广大的小生产基础之上，时时刻刻在生产着资本主义。农业生产的发展及购买力的提高，是城市资本主义发展的条件；在国家扶持和调节之下的国内自由贸易，也发展着商业的资本主义。一年来全国国民经济的恢复繁荣，无疑恢复与发展了城乡资本主义。从其有利的一方面来说，它促进了全部国民经济的周转，发挥了各个阶级在生产中的积极性，提高了社会的生产力，并使人民的生活很快地得到改善。但从另一方面来说，发展了城乡资本主义，就是扩大了国民经济中的自发势力，扩大了生产与销售中的无政府状态，这种情况如不适时地加以组织和领导，它会增加国民经济中的浪费，侵蚀国家经济的计划性，从而迷乱我们的发展方向。所以，要使得城乡资本主义发展的结果尽可能多地符合全社会的利益，重要的问题就在尽可能多地组织和发展国家资本主义。

企业的联合与集中，一般的通过这几种组织形式：第一，最简单而容易组织的，是使同种商品的生产业主联合起来，统一采购原料，统一规定产品规格，并以协议的价格出售，这叫作卡特尔。第二，是同部门的各企业在生产量、销售市场和价格等方面取得协议，这就是辛迪加。第三，同一部门的各企业合并而为一大企业，成为该部门最大的或唯一的独占生产组织，这就是托拉斯。第四，互助关联的各种生产作横的联合，这叫作康并纳（现称康采恩——编者注）。以上这四种独占组织的形式，其发展的进程是由销售而到生产，由协议而到合并，由一种生产部门的联合与集中而到多种生产部门的联合与集中。这些规律，可以作为我们国家经济领导私人资本主义走向国家资本主义的参考。

资本主义组织卡特尔，可以使参加的各企业避免在价格竞争中遭受损失，从而产生独占价格。现在我们的国家企业如能将同部门的私人企业加以组织，并在产品的规格和价格上取得协议，目的不在取得独占利润而在取得合理利润，并可以控制该种产品市场价格的波动，也有利于该种产品的扩大再生产；国家企业的生产价格将是一般私人企业生产价格的杠杆，国家企业以合理价格出售，可以促使私人企业改进生产和减低成本，这种杠杆作用，现在我们往往由国家贸易公司对私人企业的生产品加以收购，然后在市场以划一价格出售；这种办法虽然简捷有效，但产品的种类与数量要受国家贸易基金的限制；上述公私卡特尔的办法不受这种限制，它需要具备的条件是：国家须在该部门的生产能力和生产成本方面占取相对的优势，这样它就可以比较容易地组织同部门的私人企业，在销售市场和价格上使私人同意国家的合理规定。

国家企业在同部门的私人企业中能发生多大作用，协议的范围达到何种地步，是卡特尔式的？抑或是托拉斯式的？或者是复合的？需要看国家企业本身的力量而定，在1950年的各种专业会议中，曾达到某些生产部门的原料供给和生产数量的协议，但这些协议还未曾以专业的组织机构来监督其实行，使能提高到国家资本主义的一种固定的经济形式。这种同部门的公私结合的专业会议，可以使公私双方得出很多经验，证明这样的协议对双方有利，因此今后就需要扩充协议的范围，规定各种细节，组织一个固定的专业机构来监督其执行，并随时予以必需的补充和调整。

国家资本主义的形式在各部门间的发展，必然是不平衡的，而且需要经过长期的过程，国家经济本身的发展，是发展国家资本主义经济的基础。

四

把私人资本主义经济提高为国家资本主义经济，是组织与团结的过程，也是斗争的过程。主要的斗争范围包括：成本价格，原材料供给，市场分配，资金调剂，利润，运输条件，劳动条件，等等。这种种斗争需要依据于经济发展的自然规律来进行，因此，不能用政治的强制来组成国家资本主义，这样的组织不能经受风霜的考验，我们要用事实来说明，或者安排着各种具体的条件，让私人资本家自动地积极地选择国家资本主义的道路。

保证国家资本主义企业一定的利润，甚至能给予较自由经营更多的利润，是与资本家取得协议的主要环节。然而我们决不能以提高价格来保证国家资本主义企业的高额利润，应该在国家经济的监督领导之下进行成本核算和节约浪费，保持产销平衡，原材料的及时供应，劳资关系的协调，以及国家领导的预见性等，使资本家可能取得较高的利润率。

国家资本主义的经济形式不仅是私人资本主义在国家经济领导下的一种过渡形式，而且是生产力提高和生产关系改进的过程。只有这样，国家资本主义的发展才有其本质的意义。但同时也不能忘记：国家资本主义仍然是一种资本主义，其与国家经济有本质上的不同，从国家资本主义跃进到社会主义的过程，是质的转变过程，要经过一定的斗争，然而是和平变革的过程，长期的实践会指示出具体的步骤和方式。

（原载《学习》1951 年第 4 期）

三年来财经工作成就与国家工业化

一　恢复阶段的完成

毛主席在1950年6月6日中国共产党第七届第三次中央全体会议上，号召全党及全国人民，以三年左右的时间为争取国家财政经济状况的基本好转而斗争。

这一号召是三年来全国财经工作的奋斗目标。经过全党和全国人民的共同努力，现在已可以说全国财政经济状况已经有了基本的好转。当时毛主席所指的根本好转的三个条件：（一）土地改革的完成；（二）现有工商业的合理调整；（三）国家机构所需经费的大量节减；已经基本上达到了。以下，我们分别来谈谈。

第一，土地改革到今年冬季除少数民族地区外，将在全国范围内全部完成。这一历史上空前巨大的土地改革工作的完成，说明封建和半封建的土地制度永远在我国农村中绝迹了，新的自由的农民个体经济已经在全国农村中建立起来。三年来土地改革的逐步完成，即表现为农业生产力的逐年上涨。粮食生产如以1949年的总产量为100，今年预期可达到137，将要恢复到或者能超过抗日战争前的平均年产量。棉花、烟叶、黄麻等主要工业原料作物的生产已完全能够自给，并有部分的农产品可供出口。这一事实说明了什么呢？说明我们国民经济的独立自主已经首先在农业部门里做到了。过去每年要依赖洋米、洋面、洋麻进口的时代已结束了。新的农村从此将逐年供给我们更多更丰富的粮食，供给我们工业化所需的足够的植物原料，并且供给我们一个逐年增长的消纳工业品的广大市场。

第二，现有工商业的合理调整。旧社会所遗留下来的城市工商业，本身带有许多弱点和缺点，假如不加以改造和调整，它们是不能很好地为新民主主义社会的生产和交换服务的。当解放之初，投机活动普遍活跃于城市的工商业中，一般的私营工厂老板都不愿踏踏实实地经营与生产，而以投机为他们的主要业务。对于工人的剥削很残酷，工人没有基本的民主权利。工业生产不是面向广大人民的需要，而是当作投机对象和供少数剥削阶级消费。不正当的商业畸形发展，跑街掮客满街飞是空头生意，买来卖去，每经一道就要加一次佣金和加一道投机利润。于是商品价格抬得很高，非法剥削了广大消费者而缩小了工业品的市场。三年来，经过了两次大的工商业调整，才基本上改变了这种情况。1950 年进行了第一次调整，在物价稳定过程中取缔了投机，消灭了市场的虚假繁荣，对于不正当的和不合新社会要求的工商行业指导其转业，对于正当的有利于国计民生的工商业给予加工订货、贷款等种种协助，从积极方面使他们的生产和经营逐步地符合新的社会经济的要求。1950 年的工商业调整是 1951 年城市工商业繁荣的出发点，然而由于资本主义本身所包含的破坏性，在私营工商业发展的同时，也逐步地滋长，以致酿成严重的盗窃国家财富和腐蚀革命干部。因此本年初全国展开了一个“三反”和“五反”运动，这次空前广泛和深入的运动是对城市工商业的第二次调整，经过这次运动，存在于私营工商业中的污毒才比较彻底地洗刷了。此外，三年来也逐步地调整了国营工商业和私营工商业的关系。一方面做到公私企业的“分工合作”和“各得其所”，同时逐步建立国营经济的领导关系、领导范围和合理的领导方法。

经过了以上调整的私营工商业，才是大体符合新社会要求的私营工商业，才能在国营经济的领导之下，与新的农村相适应，成为新民主主义阶段国民经济中的一个构成部分。

第三，关于国家机构所需经费的大量节减，也已经获得相当的成就。虽然我们还要继续抗美援朝，需要大力巩固国防，但由于社会经济情况的好转，本年国家财政已做到收支平衡。国家机关的支出在整个支出中所占比例已经缩减了。

国家财政经济的基本好转，也表现在我们国家经济的巩固与发展上。国营工矿企业自接管以后即经过一系列的民主改革运动、生产竞赛运动、合理化建议、推广新工作法及今年（1952）的增产节约运动，大大地鼓励了工人的积极性和提高了劳动生产效率，使我们国家的工矿生产恢复和提高到前所未有的生产水平，为国家的工业化打下了基础。国家贸易在调剂市场、稳定物价、促进城乡交换和内外交流各方面起了巨大的作用，没有国家贸易的强大力量，国内市场的长期稳定和工农业品交换的顺利进行是不可能的。国家银行在稳定币值、扩展信用、扶助生产和建立健全的金融系统各方面也获有显著的成就，旧中国的银行是剥削和垄断工商业的，今天的国家银行真正是服务工商业的。全国铁道的迅速修复、新建路线的逐年增长及运输效率的迅速提高，对于国内市场的统一、扩大商品的流通范围和加速商品的周转都有其一定的贡献。三年来巨大的水利工程建设和防汛工作的成就是农业生产发展的主要因素之一。我们的财政部门统一了全国的税制税率，贯彻了合理负担和发展相结合的原则，因此随着国民经济的发展而增加了国家税收，使我们的财政力量可以开始大规模的经济建设。以上简略地回顾一下三年来国营经济各主要部门的工作概况，就会了解到没有国营经济的有力领导，私人经济的迅速恢复和合理调整是不可能的。没有国营经济本身的巩固和发展，我们国民经济各部门急剧地同时平稳地上升，也是不可能的。三年来的初步成就已说明了我们新民主主义经济制度的优越性和方针政策的正确性。

二　现阶段的城乡资本主义

三年来全国财政经济状况的好转，仅仅是我们新民主主义阶段大规模经济建设和社会经济发展的开始，而不是结束。我们现在还只恢复到过去最高的生产水平。旧中国的生产水平，是一个落后的生产水平，不是足够建设社会主义的生产水平。因此，我们现时的任务，就是要在新的生产关系和新的社会经济结构的基础之上来大大地发展和提高这个生产水平；也就是说：我们要发挥全体人民和各个阶级的积极性来发展社会的生产力。

目前在整个国民经济构成中，个体经营的农业生产还占绝对的优势。极大部分的人民还是依靠分散的小商品生产的生产方式来工作和生活。因此，如不能用一切方法来促进商品交换，尤其是促进城乡交换，作为目前我国经济基础的农业生产的发展就要受到阻碍。

最近两年来农村的供销合作社已经有飞跃的发展。全国已约有9500万农民参加了供销合作社，这是一个巨大的数目。通过这类合作社，我们就能把一部分农户的主要的商品交换经由合作社来进行，而不需再依靠资本主义的私商来进行。可是我们能不能采取简单而迅速的行动使全体农民都参加供销合作社呢？不可能的。因为参加合作社是改变农民生产方式和生活方式的大事，没有农民的自愿和自觉的条件，合作社是办不好的。再就是我们国营企业的生产，目前还不能供给农民全部的需要，个体农民所需要的生产资料和生活资料的多样性和简单加工的特点，也就不可能全部要求由国营企业来生产和供给。此外，我们要培养千百万个合作社的干部，使他们能够依照合作的原则办好交换和生产，也需要好几年的时间。

我们必须尽我们最大的可能来加速个体经济的合作化。农业合作化的程度和国家工业化的程度乃是我们走向社会主义的里程碑。然而当我们还未能把农业全体合作化以前，当我们工业的生产能力还未能全部改造小生产的经济基础以前，资本主义就有其生长发展的社会基础，并具有一定的积极作用。

列宁在《论粮食税》一文里说道：资本主义，若与社会主义比较，确是祸害。但与中世纪制，与小生产，与联系着小生产者散漫性的官僚主义比较，资本主义便是福利。既然我们还无力实现由小生产直接过渡到社会主义，所以资本主义——它是小生产与交换的自发产物，——在某种范围内便不可避免，所以我们也就应当把资本主义作为小生产与社会主义间的中间环节，作为提高生产力的手段、途径、方法和方式来利用（特别是要把它引导到国家资本主义的轨道上去）。

今天我国的城乡资本主义，与我们现时的个体经济的发展，在一定的范围内存在内部的联系。这种联系我们现在还没有足够的条件来以“社会主义的工商业和集体农场”的联系来代替它。譬如我们现时的农民还买不起拖拉机，国家也没有足够的生产能力和财政能力普遍供给农民以农业机器，那么，我们就只能让农民以其自己的小额资金去向市场上购买锄、犁、锌这类简单的生产工具，在他们现有的基础之上去进行再生产和扩大再生产。农民也还需要从市场上买进一部分生活所必需的工业品。但能不能要求国家来生产这些简单的生产资料和零散的工业制品去满足农民生产和生活的全部或大部分的需要呢？虽然国营工矿企业也应面向农村而在一定程度上满足农民的一部分需要，然而这还不是国营工矿企业目前的主要任务，它的主要任务是在按最新式的技术装备建设重要工业，生产轻重工业所需要的现代化的生产工具，使我们的农业能够集体化，使农民能够逐步享用高级而廉价的轻工业品。因此，现时我们既不能够也不应该要求把国营工矿企业的生产与个体农民的需要全面地结合起来；这一客观条件也就相应地节制着农村供销合作社的发展速度和经营范围。因此，在这过渡时期的空隙中，只有在一定范围内容许资本主义去满足城乡小生产者的一部分需要，帮助活跃小商品经济，帮助国民经济的全面发展。

三 辩证地解决新的问题

然而资本主义的积极性，与资本主义的破坏性是同时存在的。鼓励资本主义的积极性既是繁荣社会经济所需要，那么，防止其破坏性也是有效地发挥其积极性所需要的。

“三反”和“五反”运动中，我们总结了三年来城市资本主义的破坏性，使我们全国人民认识到：一方面，资本主义的破坏性如不及时地有效地加以防止，它就会腐蚀和消耗我们经济建设各方面的成就。因此，对资本主义破坏性的麻痹疏忽和放弃领导，将会使我们犯不可容许的错误。另一方面，我们只看到其消极的一面而忽视了资本主义在现时我国社会经济中的积极作用，正如列宁所说：只局限于资本主义与社会主义间抽象的对立，而不去洞悉此刻我国这种过渡的具体形式和阶段，就会笼统否定资本主义经济存在的必要以至产生提早消灭资本主义的错误思想。

“三反”和“五反”运动后，在公私关系和劳资关系上产生了一些新的问题。这些问题的解决，应该一方面要继续发挥资本主义在我国经济中的积极作用，同时也要汲取过去的经验来预防资本主义的成分继续腐蚀我们国家经济。

为了继续发挥资本主义的积极作用，所以在加工订货的合理利润问题上、加工订货的规格问题上、城乡商品交流的价格问题上、银行利息问题上、劳资关系问题上等，需要给资本家一定的利润、一定的发言权和继续经营其企业的信心，应该消除私营工商业家在“三反”和“五反”运动中所产生的一些没有根据的顾虑，明确告诉他们，资本主义的经济成分将要在我国新民主主义阶段继续存在下去，并通过以上这些关键性问题的具体解决来根除他们的顾虑。

一切公私关系与劳资关系的问题，都围绕着一个利润问题。对于利润的保障就是对于资本家积极性的保障。常年利润率规定为10%—30%，这在今天资本主义国家中也是比较优厚的利润率。在美英等主要资本主义国家，除少数独占集团而外，一般公司的企业利润很难超过年率 15%，一般的股息只能派到 4%—6%。

私人企业在我们国家经济的强力领导之下，可以减少生产的盲目性，可以逐步地削弱盲目的价值法则的支配，这样就会大大节约生产中和市场竞争中的浪费。同时，在我国经济中不存在独占资本主义集团夺取中小资本主义企业利润的情形，这就是现时我国私人企业可以取得较高利润率的根据，实践将会使工商业家认识到：越是靠拢国家经济，越是遵守国家政策法令和忠实履行与国家签订的合约，越是能够接受国家的计划控制，他们的利润将越有可靠的保证。

在“三反”和“五反”运动的基础之上，通过各种具体的方法以防止资本主义破坏性的再度滋长和发展，是今后公私关系和劳资关系中应逐步具体解决的问题。陈云主任在其报告中除对当前一些问题予以较具体的解决外，并对今后这些问题的解决有原则的说明。公私兼顾与劳资两利的政策仍然是基本的政策，但今后为了预防“三害”和“五毒”的再度发生，应该引起全体人民对“三害”和“五毒”的警惕和经常的关心，应该要求私营工商业家更忠实遵守国家的政策法令和国家经济的领导。

四　迎接大规模经济建设的高潮

继续鼓励资本主义经济成分协助发展城乡交换和发展工业生产，这与我们即将进行大规模的有计划的经济建设，使我们的国家迅速工业化，是相互联系的。只有国家的大规模经济建设，才能逐步加强国家经济对私人资本主义经济的领导，才能把对双方有利的大型的资本主义主要生产组织在国家计划控制之内，并把各种过渡的方法和形式向前推进。

我们国家的工业建设的成功，主要依靠工人阶级的努力，要依靠国家经济本身的资金积累，要依靠我们与苏联及新民主主义各国的互助合作。然而，当我们的国家工业化计划没有完成之前，我们的社会经济结构虽然会有一定程度的变化，但不会有基本的变化。五种经济成分只有继续“分工合作”，在国民经济的继续上涨中来加速国家工业化的进程。

我们国家的大规模经济建设即将开始，今后的阶段是全国劳动人民进入紧张的经济建设的阶段。我们要在这一阶段中提高工业在国民经济中的比重，提高国家经济在国民经济中的比重，使我们的工业能够达到一定的水准；能够保证我们国民经济的独立，能够开始大规模地改造小生产的社会经济基础，把我们的国家推向社会主义的前途。

（原载《中国青年》1952 年第 14 期）

关于国民经济恢复时期的问题

一 三年来国民经济恢复阶段的任务

到1952年年底国民经济的恢复阶段已经结束了。在这三年中，我们取得了很大的成就。所以能取得这样伟大的成就，是由于我们的党在毛主席的正确领导之下，发挥了全国人民的力量，并吸取了苏联经验，根据中国具体情况创造性地应用于中国。我今天就几个问题提出些不成熟的意见，供大家作学习联共党史第九章的参考。

我国人民解放战争的全国胜利是在1949年获得的。当军事在大陆上结束以后，首先一个问题就是国民经济恢复问题，在中共中央二中全会上毛主席提出恢复国民经济与进行建设的伟大任务。号召在三年左右的时间争取财政经济状况的根本好转，完成国民经济恢复阶段，这一阶段的任务，不仅是要把在战争过程中（抗日战争、人民解放战争）原有的而被破坏的生产力重新恢复起来，更重要的是要创造我们国家有计划地进行经济建设的条件。要争取这些条件的实现，毛主席把国民经济恢复总的任务称为“争取财政经济情况的根本好转”。毛主席指示我们，要争取财政经济的根本好转需要有三个条件：

（1）全国土地改革的完成；

（2）现有工商业的合理调整；

（3）国家机构所需经费的大量节减。

中国革命的特点，是革命的发展从根据地逐步地取得全国的胜利，因此，全国的经济情况和我们工作的发展阶段，即客观条件是不平衡的，在1949年年底，土地改革在老解放区已经完成，新的解放区还没有开始，1951年新解放区才开始进行土地改革，争取在国民经济恢复阶段完成全国土地改革，彻底消灭封建的土地关系，解放全国农业生产力，是极其重要的任务。

现时在我国国民经济中小生产仍占绝对优势，工业落后，是过去和现在我国经济的特点。虽然列宁在1918年亦提出在苏联也是小生产占优势，但只是相对的优势，俄国在1913年现代工业占全部国民经济总产值的42%，而我国现代工业在革命胜利前只占全部国民经济总产值的10%左右，因此小农生产占绝对优势。由于俄国资本主义经济相当的强大和集中，现代工业占42%，这就决定了俄国革命的社会主义性质。毛主席在论联合政府中说："我们的资本主义是太少……一定要让私人资本主义经济在不能操纵国民生计的范围内获得发展的便利。"在苏联新经济政策时期，之所以允许中小私人资本主义复活，是在恢复阶段对私人资本主义的让步，是"在相当的自由贸易基础上，复兴小资产阶级和资本主义"。其作用在刺激小商品生产，沟通城乡，沟通社会主义大工业产品和小农产品的交换，从而使全部经济活跃起来。在我国新民主主义革命过程中，自始至终允许资本主义存在和合理的发展，其目的不仅是在刺激小商品生产，沟通商品交换，并且要在恢复国民经济的过程中，合理地发挥资本主义经济成分的积极性。但是要达到这一目的，首先要把在帝国主义、官僚资本主义和封建主义侵蚀和压迫下的资本主义，调整为在国营经济领导下适合于新的社会发展阶段的资本主义。

在恢复时期需要把国家财政建立于巩固的国民经济基础之上，并且要把国家机构所需经费在预算中加以大量缩减，以便有巨额的资金投于经济建设。当1949年解放全国的时候，我们接受了国民党部队、公教人员约900万人，这个决定是正确的。减少了社会上的失业而使社会治安可以早日恢复，因此，革命后的社会秩序很快就恢复了，革命的政权也迅速获得巩固，但这笔经费在 1949 年和 1950 年对国家财政支出是很重的负担，1950 年行政费支出占国家总预算 19%，而文教经费虽然远超过国民党时代，但在预算中只占 4%。所以相对地减少行政开支，增加国家建设投资，是我们进入建设阶段的另一前提条件。

在军事斗争时期，一切措施应服从于军事的需要。在国民经济恢复阶段，一切措施应服从于生产力的迅速恢复和建立国营经济的领导。

关于土地改革问题：我们在解放战争时期，曾征收富农的多余土地及多余的生产资料，把它分配给贫雇农。1949 年以后，对富农一般的是采取保存的政策。这说明两个阶段，战时与恢复国民经济阶段的目的有所不同。军事斗争时，富农在政治上同地主是结成联盟的，当时我们的经济条件也很困难，贫雇农分配了土地，没有生产资料不能生产，所以要征收富农的多余土地与生产资料分配给农民。在全国解放后，国家可以用贷款帮助贫农解决困难，由于地主阶级的消灭，富农在农村中的地位已孤立，农村中资本主义成分的存在是合法的，然而是微弱的，并由于富农在生产技术上与生产组织上是较进步的，对发展生产会起一定的促进作用。所以在 1950 年新土改运动中采取保存富农政策。

恢复阶段基本任务就是恢复生产，哪种生产关系能促进生产力的发展，就能够存在。地主的生产关系阻碍生产力的发展，所以要消灭它；官僚资本主义生产关系阻碍生产力的发展，所以要消灭它。城市工商业中也要消灭其投机活动和残余的封建把头制度，才能促进生产。土改是使农民小生产者在封建的生产关系下解放其生产力，使农业能向前发展的决定性的步骤，但土改只是建立自由独立的个体经济，使农业生产力有向前发展一步的可能，小农经济是小商品经济，小商品生产的发展则有其运动的规律和条件。小商品经济进行再生产或扩大再生产，需要商品交换，没有交换，就不能有资金的周转和积累，也就不能进行再生产，在这里就关联到城市与农村的经济联系的问题，就必须注意工商业的调整，发展城市工业品与乡村农产品的交换。不断扩大商品交换，是扩大城乡工农业商品生产的必须条件。苏联当时把余粮收集制改为粮食税，不仅是税收政策的改变，而是恢复国民经济的一个重要步骤。主要目的在恢复小农经济的商品生产与交换，战时共产主义时期采取余粮收集制是革命战争时期条件下被迫的，而不是经济改革过程中所必需的，所以在新经济政策开始时把余粮收集制改为粮食税，使农民可以把余粮作为商品出卖，与工业品交换，鼓励小农生产的积极性，为城市工业的恢复和发展提供条件。中国革命过程中没有采取余粮收集制，在国内战争和抗日战争最困难的时期，也是尽量地减轻农民负担，采取减租减息，合理负担的政策。毛主席创造了在根据地“组织起来，军民一起动手”发展生产的政策来克服经济的困难，这就使我们避免采取类似战时共产主义的政策，因此，农业的商品生产始终没有中断，但农业商品生产是因战争破坏而缩小的，由于农业生产力下降，1949 年粮食生产只占战前最高年产量 75% 左右，粮食生产降低了 1/4，这就大大降低了农民生产的商品部分；同时在国民党时代，由于国民经济有半殖民地的性质，帝国主义经济的腐朽性、寄生性，侵蚀到中国民族资本主义中来，因此，中国资本主义工业、大商业，不是在自己本国经济基础上进行生产与交换，工业的原料不是依靠本国农业生产的原料来供给，不能刺激农业生产，商品生产不是为了广大的劳动人民，而主要为了满足寄生阶级及一部分输出国外。因此，纺织业的棉花是依靠美国、印度、埃及输出的，生产出的纱布主要是作为投机对象及部分输出南洋，其他方面，主要工业生产如面粉、卷烟等也是这样。因此中国民族资本主义的经济一方面是中国经济有机构成的一部分，为中国当前经济所需要，另一方面它又带有腐朽性和寄生性，具有破坏市场，破坏城乡和工农业生产的联系的倾向。恢复阶段开始前摆在我们面前的就是这样一种情况，并要解决这一系列的问题。作为我们的特点，作为国民经济恢复的第一重大步骤的，就是在 1950 年开始的全国财经统一，稳定币制，稳定物价，和争取财政收支的平衡，当时中共中央和政务院都作出决定，在全国范围内要集中一切力量保证完成这一任务。财政经济统一，根据当时情况，首先要求我们稳定物价和稳定币值，这一工作由于党的强大力量，各级工作同志的努力和全国人民的拥护，很快就实现了财政收支统一、物价和币值的稳定。就其意义来说与苏联当时由余粮收集制改为粮食税有相同的意义和效果。市场的混乱和物价的激烈波动，不仅造成人民生活的不稳定，尤其要的是破坏社会的再生产与扩大再生产，物价不稳定对小生产的破坏特别厉害，使广大小商品生产者破产，对投机商人是有利的，他们破坏了社会生产和人民生活，积累了并继续扩大了具有严重破坏性的投机资本。1950 年在稳定物价工作中打击了投机商人，使他们遭受损失，这是必要的，这就使消费者与小生产者获得了利益，把投机者的非法剥削还给了消费者与小生产者，使他们能够安定下来恢复生产，我们可以看出，我们为了争取财经情况的好转而稳定物价的效果，不仅在土地改革后农业生产得到迅速恢复和发展，而且对私人资本主义进行初步调整，打击了投机者，从 1950 年 4 月至现在，保障了市场上不再有大投机活动，促进商品交换，扩大市场，保证工商业的正常发展，虽然 1950 年 6 月抗美援朝开始，国内物价还是正常的，没有大的波动。1950 年 6 月毛主席在三中全会上要我们巩固财经统一，巩固领导统一，巩固我们已取得的成果，少奇同志讲这个成就就是我们在全国军事胜利以后的最大胜利。

二　工农业生产的恢复

过去三年是争取国民经济恢复时期，重点应当是先工业呢，还是先农业呢？我们说应该先以恢复农业为主。因为农业经济在我国国民经济中占有绝大的比重，绝大多数的人民依靠农业生产，农业恢复是工业恢复和发展的前提，要恢复工业就需要农业供给必需的食粮与工业原料，1950 年上半年因上年粮食歉收，粮食市场很紧张，第一季度粮价波动得很厉害，由于粮价不稳定，工人的实际工资也就不稳定，不相信人民币，不论国家企业与私营企业都不能计算成本，商品价格也不能固定，原料也不能计算生产成本。1950 年农业生产还不能供给城市和工业所必需的原料与粮食，工业生产受到影响，成本高，工业与农业生产还不能完全结合，但结合的方向和前提条件已经出现了。土地改革后，农民获得了土地与必需的生产资料，农民有高度的生产积极性，但这种积极性如果没有新的市场，新的条件尤其是国营经济的支持与结合也就不能使其持久与提高。土地改革给农业生产造成了有可能恢复与发展的条件，但是要把可能性变为现实性，需要我们充分认识到价值法则对商品生产的作用，工农业商品生产，只有在合理的价格基础之上，才能获得充分的交换，只有这样的条件才能使工农业商品生产能够继续不断地进行。三年来棉花的产量增加很快，1949 年为 900 万担，1952 年就发展到 2500 万担，主要依靠什么发展呢？应该说国家主要依靠应用了价格政策，把收购棉花的价格加以人为地提高，使农民认识到种棉花合算，就多种棉花。麻、烟叶亦是这样，到 1952 年麻、烟叶及其他主要原料作物的生产已有了富余，这充分说明价值法则对小商品生产的决定作用和调节作用。

粮食的合理价格与城市的工业品下乡，对保证农业生产继续扩大与发展有决定的作用。三年来，国家计划对农业生产的发展有很大的影响，如组织生产，兴修水利，合作贷款，供给农民新式农具及肥料，改良品种，介绍农业新技术等，都起到了一定的作用，国家的帮助加速了生产的恢复与发展。然而，使农业生产能够始终在农民高度的生产积极性的支配下前进，并比较合理地保持各种作物产量的比例，则是由于国家掌握运用了价值法则，因之农业商品生产逐年增多，交换逐年扩大，农民收入一年年增加，生活逐渐改善。三年来，国营农场的组织和经营还不健全，对个体农民的教育还没有产生应有作用。三年来，供销合作社的主要任务是代国家收购农民产品，并供给农民一部分生产资料和消费资料，这方面有一定的成就，国家依靠合作社来保证工农业商品获得充分的交换。合理的价格政策，成为现阶段工农联盟的新的基础。在抗日战争和解放战争时期，工农联盟的内容是减租减息，土地改革，现在土改已完成了，农民得到了土地，工农联盟应有新的内容，基于目前分散的小商品生产的特点，尽可能地扩大交换和保证工农业品的合理价格是新的内容和新的基础，在这基础之上，农业的逐步合作化才能有可靠的保证。

三年来，农业生产的情况：1949 年粮食生产仅 2100 万万斤，1952 年粮食生产已达 3270 万万斤，而战前粮食最高年产量是 2800 万万斤。三年中恢复与发展所以能这样快，正是恢复阶段的特点。在经济建设时期速度就要缓慢。三年来国民经济的全面恢复，也是建筑在农业迅速恢复和发展的基础上的，农业的迅速恢复给工业的恢复与发展提供了条件。

关于工业化问题：目前我国存在两种主要的但是性质不同的工业，国家工业与私人资本主义工业。国家工业主要部分是重工业，是我们国家工业化的物质基础。三年来我们已经在生产及经营管理方面取得了相当成就，1953 年主要工业生产品都恢复和超过了战前最高的年产量，这个收获，首先是学习了苏联先进经验，在三年中证明了社会主义性质国家工业的恢复和发展速度超过了私人资本主义工业，证明了国家工业是有计划按比例发展的，从而证实了社会主义性质工业的优越性。

从国民经济的恢复速度上看，我们比苏联快。苏联从 1922 年至 1928 年共经过了七年的恢复时期，我们在三年中就大部分超过了战前的最高生产水平，原因是我们学习了苏联恢复时期的经验，学习了苏联 30 余年建国过程中经济建设计划的各种制度，组织和生产技术方面的先进经验。这就大大地节省我们的人力、物力，发挥了效率，缩短了恢复阶段的时期。三年来，经济工作中最重大的收获是东北工业的发展对国家工业化起了很重大的作用。东北首先学习了苏联的建设经验，初步学得了管理工业的本领，能够管理社会主义的工业，亦能够进行社会主义工业的生产和扩大再生产，这是国家工业化一个很重要的准备工作。现在就要开始大规模国家工业化建设了，我们还要继续取得苏联的经验与帮助，继续加强我们的学习。我们曾长期在农村工作，面对小生产，在这方面我们积累了很多经验，我们能领导小生产向前发展；但对现代化大工业，在全国范围内如何管理我们的国家工业，过去没有这方面的经验，甚至说缺乏这方面的知识，由于中国资本主义成分少，大部分干部不是从产业中锻炼出来的，这是我们的弱点，在这一方面我们只有向苏联学习，依靠苏联的经验与帮助来克服我们的弱点。

在工业化问题上，苏联在恢复阶段和建设阶段的过程中有过很多原则性的争论，如先发展重工业还是先发展轻工业？工业发展的资金积累依靠自己还是依赖外援？工农业品的剪刀差价应当扩大还是缩小？列宁与斯大林在理论与实践中解决了这些问题，因此我们的建设过程中再不必重复这些问题，如果这些问题还弄不清楚，在我们的同志中还有争论，那是由于我们学习不够，苏联不仅在物质上、技术上、工作经验上给予我们很大的帮助，对于理论的一些原则问题也对我们有很大的帮助。

在私营工业方面，三年来，我们调整了私营工商业，用不同的方式与方法在不同的程度上帮助它们走上国家资本主义的道路，有一部分重要的私人工业已和国家公私合营了，一部分采取统购统销，加工订货，供给原材料等主要的且行之有效的办法，这就把私营工业在不同程度上组织在国家计划范围之内进行生产与销售，减少了它的盲目性，并拨正了它的生产方向，使它们面向农村，面向广大人民生产和消费的需要。此外有一小部分私人工商业被淘汰了，因为它的生产和经营是在旧社会不正常的经济条件下产生的，主要以投机活动和迎合剥削阶级的特殊需要为目的，这一部分只能转业但为数极少，凡是能调整改造的，都加以帮助而调整改造了，因此现在的私营工业就在其性质、面貌及其在国民经济中的关系来看，大部分已经不同于国民党时代了，国民党时期绝大部分私营工业是在帝国主义和官僚资本主义领导和控制之下的，逐渐腐蚀而失去其积极作用。今天私营工业在国营经济的领导下，一般已做到了有利于国计民生，并逐渐地走上了国家资本主义的道路。

三年来，恢复速度较慢的是手工业，手工业生产在长期的战争中，尤其是在国民党通货膨胀时期几乎被彻底破坏了，我国极大部分的手工业是依靠农业的，因此在农业经济破产中首先受到影响的是手工业，手工业的销货道路，供销关系长期被破坏了，恢复起来很困难，有些手工业者及贩运者转业了，一时不易在产、供、销的各个环节间重建联系。但由于最近两年来促进城乡交换，一般估计手工业生产也已接近战前水平。一部分没有发展前途的手工业已不能恢复以前生产水平，其他则有农民用的生产资料和消费资料如铁器、木器、竹器、陶器等以及特种手工业品，还要继续用力使其恢复和发展。在我们工业化的道路中不仅不消灭手工业生产，有一部分要继续发展，以辅助现代工业并补现代工业之不足。目前在我们工业的领域里五种经济性质的工业都有，三年来都得到了恢复与发展，但发展的速度各种经济成分有所不同，今后将以更快的速度发展我们的国营工业即社会主义性质的工业，其中尤其是重工业。资本主义工业应该继续引导它走向国家资本主义道路，国家资本主义的优点就是它能遵循经济的规律逐步组织在国家计划之内，因此就减少与限制了它在生产和销售方面的盲目性，也就是削弱与限制了资本主义的破坏性，根据不同的国家资本主义形式，在不同的程度上滋长社会主义的因素，发展的过程会说明内在的对立因素的演变过程。关于这一点我们比苏联创造了更多的新的经验，列宁同志在粮食税中曾提出过把资本主义引导到国家资本主义的道路上去。当时苏联主要的还只有中小资本主义，大资本主义并没有允许复活。而我们由于大工业的薄弱，资本主义很少，允许大小资本主义都存在。对于大资本主义我们一般地采取了公私合营和统购统销的形式，在经济关系上部分地改变了资本主义的性质，在生产资料的占有关系、交换关系和分配关系中滋长着社会主义的性质。社会主义性质的经济与私人资本主义的经济，在这里表现为同居的各种形式。使得私人资本主义经济逐步地符合工人阶级从最低纲领到最高纲领的过渡，符合我们虽然一刻也不能放弃斗争但是和平地逐步地实现社会主义的要求。

关于我国私人资本主义及合作化问题：毛主席在《新民主主义论》《论联合政府》，以及 1947 年的《目前形势和我们的任务》《论人民民主专政》中都一再提到过我国新民主主义阶段的特点就是肯定资本主义的存在，是长期的不是短期的。列宁同志曾印证马克思所说过的话，在 19 世纪末，根据英国当时的主客观条件有使工人阶级和平取得胜利的可能，使资本主义逐步转入社会主义，当然这只是有可能而不是必然，第二国际的错误是把他当作必然的，并一般地运用起来了。根据中国具体的经济情况，是小生产占绝对优势，但另一方面却有强大的工人阶级政党，以及逐渐强大的社会主义经济。列宁在实行新经济政策时提出，当无产阶级取得政权以后，无产阶级在各方面取得了优势，在这种情况下，资本主义成分在社会主义经济领导之下，和平地逐步地使其符合建设社会主义的要求，是应该的而且可能的。重要的问题是引导它们走向国家资本主义的道路，这点在我们小生产占绝对优势的国家更为重要，凡有小生产者存在的地方，就有资本主义发展的有利条件。小生产不能直接走向社会主义，毛主席在《论联合政府》中说：我们所以采取这样政策，因为我们共产党人掌握社会发展的规律。按经济规律，不能依靠堵塞和窒息小生产者走资本主义的道路，因为这样会使小生产者萎缩以致破产，所以我们只能积极地引导小生产者走合作的道路。这就是根据马列主义的理论并结合中国具体情况所决定的对待资本主义的方针，但肯定资本主义的存在是必须充分认识资本主义的两重性，从积极方面肯定它的存在，发挥其生产和流通中的积极作用，并逐渐组织为国家资本主义。在另一方面还要警惕它的破坏性，资本主义破坏性的基本一条就是盲目生产，盲目生产的目的是无厌地追求剩余价值，其剥削方式，在资本主义前期（如19世纪上半世纪的英法等国），资本家主要是在生产过程里剥削剩余价值，转化为利润，因此在这一阶段，资本家的利益可以和社会发展生产的利益相结合。在我国目前的资本主义一般的还没有发展到垄断资本主义，还是前期资本主义，只有官僚资本主义是垄断性质的已经被消灭了，因此在此时期我们国家与私人资本主义有共同利益，但这个共同利益必须在时刻防范其破坏作用，防范其自发盲动的经济行为，防范其窃取国家财富和违犯国家法令等，才能限制和削弱其消极作用而避免泛滥。然而尤其重要的是：我们要以国家资本主义来改变资本主义，从经济关系上限制和逐渐削弱资本主义的破坏性，是更积极而有效的措施。

在我们经济恢复阶段与工业化阶段，必须保持社会主义发展速度要大于资本主义发展速度，在一定程度上限制资本主义发展，以保证社会主义经济成分更快的发展。只有这样在五种经济成分中，国营经济的比重才能逐渐扩大，资本主义经济在比重上逐渐缩小。农村合作社运动，不仅是使小农经济过渡到社会主义集体农业的必经途径，并且是限制和战胜农村资本主义因素发展及其活动的积极办法，三年来合作社工作有很大成就，现在有34000个供销合作社，140000000名社员，大约相当于全部农业人口1/3，其他高级农业生产合作社和手工业合作社也有发展。社会主义经济的发展，基本上应依靠社会主义经济的优越性，要用事实证明合作社的道路比资本主义道路对农民更为有利，使农民自愿地走社会主义的道路；要尽可能多依靠经济组织的力量，少依靠政权的力量，经济战线上与政治战线上的斗争不同，必须用事实说服教育农民走我们的道路，这样亦提高了我们干部的政策水平，学习文明经商，用现代商人的办法取得胜利，不要用旧商人的办法来取得胜利。

我们合作社是根据列宁同志关于建立合作社原则及毛泽东同志关于合作社的正确指示发展起来的，根据我国农村的具体情况，由变工互助开始，逐步到常年互助，到农业生产合作社，以至将来的集体农庄，将会有很丰富的具体内容，进一步发展列宁同志关于合作社的理论。我们合作社的发展及其具体内容与苏联有原则上的一致，也会有方法上的新的创造和发展。这是小生产占绝对优势国家如何走向社会主义的实践中具有创造性的一个主要方面。

三年来，全国人民实现了毛主席交给我们的三大任务，土地改革基本完成，工商业进行了调整，国营工业已开始走上了计划生产的道路，我们初步地学会掌握与管理市场。继续要扩展城乡交换，巩固工农联盟。今年开始进入国家工业化的阶段，国家工业化的过程就是社会主义经济发展的过程，也就是社会主义经济成分在国民经济中逐渐扩大的过程，我们要学习苏联工业化阶段的一切经验，由于我国是从一个半封建半殖民地小生产占绝对优势的经济状况逐步走向社会主义。毛主席的正确领导将会为世界落后国家的解放和建设事业提供更丰富、更生动的榜样。

（内部学习资料，1953 年 6 月 3 日）

我国过渡时期的经济结构和阶级关系的变化

一

毛主席说：中国的新民主主义革命，从1949年10月1日中央人民政府成立，就胜利完成了。因为革命的主要目的是取得政权，推翻旧的统治阶级，所以在全国范围内建立了政权，新民主主义革命就完成了。我们的革命分为两个阶段：第一阶段，是新民主主义革命；第二阶段，是社会主义革命。当第一阶段完成以后，第二阶段就开始了。在这4年的时间——3年恢复，1年建设——我们已进入了第二阶段，即过渡到社会主义的阶段：直到社会主义建设基本完成，都是过渡阶段。在过渡阶段中，政治的和社会经济的改造是结合在一起的。过渡阶段完成，革命第二阶段的任务，也就完成了。

二

现在把过渡时期的经济结构说明一下。

我们把帝国主义经济、封建主义经济和官僚资本主义经济完全肃清，这是第一阶段的任务；但有一部分工作到第二阶段才能完成。1949年10月以前，反对帝国主义、封建主义和官僚资本主义，进行土地改革，没收所有的官僚资本主义经济和帝国主义经济；但还留下一部分残余，消灭这部分反动经济残余是在 1949 年 10 月以后完成的。这并不影响以 1949 年 10 月 1 日为第一阶段革命任务的完成的界限。苏联十月革命是社会主义性质的革命，但土地革命的完成却在 1921 年；当时我们民主革命的任务还没有彻底完成，到第二阶段才完成。

我国过渡时期有五种经济成分。国营经济是大工业、矿山、银行、铁路、交通企业，这部分是国家的经济命脉。主要是没收自官僚资本主义和帝国主义的大企业，而这些企业原来已发展到垄断资本主义的阶段，很集中，能使用现代化技术，生产带有垄断性。从垄断资本主义跨进社会主义，中间是不需要过渡的，所以我们就把这一部分经济变成社会主义的国营经济。这就是工人阶级掌握政权的经济基础。但是它的数量很少，从 1949 年全国总产量的情况看，现代工业才占 10% 多一些——不到 20%，在国民经济中所占比重很小，说明旧社会资本主义很少，经济落后。我们学习“联共（布）党史”第九章，以此与苏联的过渡时期相比较，这是我们的特点。因为我们资本主义发展的落后，所以资本主义经济只有一部分发展到垄断阶段，相当的大部分是中小资本主义。中小资本主义不能立即转变为社会主义。社会主义经济需要资本主义高度发展，有最新的科学技术，这才是社会主义经济的物质基础和条件；比较分散，小规模，技术落后的企业，没有立即成为社会主义经济的条件。为什么？因为社会主义经济是生产资料社会主义所有制，它需要各个生产部门有严密的分工，同时生产技术上要密切配合，把社会生产各个部门变成一个大的生产机构。中小规模的资本主义则不然，生产品种多，而且产品都是中小型的。像我们的机器厂，生产的机器都是小机器，不能满足社会主义经济发展的需要。像重工业上应用的重型机器、大的发电机，中小资本主义的工厂都不能生产。制造汽车的机器，制造拖拉机的机器也不能做。这就是说它还没有为社会主义经济准备物质条件。另外，我们也有少数大的私人资本主义经济，规模很大，目前已发展到垄断资本主义阶段。像申新纱厂拥有60万纱锭，这样的企业就是搬到美国去也是大企业；比它小的永安纱厂，拥有30万纱锭。现在有1000工人以上的私营工厂，全国有50—60个。这些工厂我们也没有没收，这并不是因为它本身的资本主义发展条件不够，而是由于这些资本家，在我们民主革命阶段中没有与反动统治阶级站在一起，特别是中小资本家在旧社会中受官僚资本主义的压迫，所以在他们之间大部分能保守中立，而其中有一部分还倾向于革命。由于我们新民主主义革命性质的缘故，所以我们把这部分资产阶级当作朋友而没有当作敌人。有人说，苏联十月革命时没收工厂很多，十人以上的工厂都没收了。这是不是连小规模的工厂都没收了？本来民主革命所提出的要求，是没收属于国家经济命脉的托拉斯组织，它不是一般地没收资本主义。但是克伦斯基政府并没有完成民主革命，反而与沙皇、地主勾结在一起，越来越反动；不推翻反革命政权，民主革命就完成不了，所以爆发了十月革命。十月革命是面对着整个资产阶级，当时俄国资产阶级力量相当强大，而且有外国帝国主义援助它，因此当时要求彻底打击资产阶级，要把它打倒在地上爬不起来，在经济上还要挖它的根；但到了新经济政策时期又恢复了一些资本主义，由此可见，政治和经济的要求是不完全一致的。有时经济的要求低一点，政治的要求高一点；有时政治的要求低一点，经济的要求高一点，十月革命把十人以上的中小企业没收，是为了政治的目的；我们把一部分大资本家保留也是为了政治的目的。这是由于两个国家的情况、条件不同的缘故。

为什么说十月革命是社会主义革命？因为它是推翻资产阶级政权建立无产阶级专政，所以是社会主义性质的革命。我们是推翻帝国主义、封建主义和官僚资本主义，建立以工人阶级为领导的、工农联盟为基础的人民民主专政，所以我们革命的性质是新民主主义革命。在苏联，社会主义革命以后同样需要过渡。十月革命以后到社会主义建设基本完成，这个阶段叫从资本主义到社会主义的过渡。苏联社会主义建设基本完成是在1932年，全部完成是在1936

年，颁布宪法以后才彻底消灭生产资料的私有制；1932 年是基本上完成社会主义生产资料所有制，但还有私有制的残余，直到 1936 年私有制残余才彻底肃清。

中小资本主义既然不能在旧的条件上立即转变为社会主义，因此要允许它存在。不仅允许它存在，而且要使它逐步地能变成社会主义，就是说对它要加以领导。对中小资本主义如何领导，如何监督，如何使它能促进社会主义建设，如何使它能逐步地准备条件转变为社会主义。在这方面，列宁曾提出国家资本主义的办法。实行国家资本主义就是把原来没收的资本主义现在让它复活，当时很多人思想上搞不通，害怕资本主义。所以列宁在《论粮食税》中曾三番五次地说，不要害怕资本主义。如果在一个国家的经济结构中只要小生产占优势，资本主义在一定条件下的增长是不可避免的。因为小商品经济每时每刻都分泌滋长资本主义，用堵的办法不能解决问题，而且会影响小商品经济的生产积极性。因此小商品经济占优势的国家，资本主义必然存在，这是一个法则。问题在于我们不允许资本主义自由发展和泛滥，是在于我们把它引导到国家资本主义的轨道上去。苏联在新经济政策时期虽然复活了一部分资本主义，但就总的来说，资本主义在城市占的比重很小，农村富农发展的比重较大。因此小的多，中等的少。在那样的条件下，国家资本主义因受到资本主义本身的限制，发展就不多了。所以斯大林说，国家资本主义在苏联没有多大发展。租让制后来因为帝国主义在经济上封锁苏联而未能实现。但是我国的情况就不同了，我们有不少中等和大型的资本主义企业，因此国家资本主义在我们的过渡阶段就特别重要。

《中国人民政治协商会议共同纲领》规定：“国家资本主义经济是国家资本与私人资本合作的经济。”合作的范围很广，有各种形式的合作，有各种不同程度的合作。加工、订货、代购、代销、统购、统销、公私合营都是合作。这个合作不能单纯地把公私合营理解为合资经营，统购为产销合作；加工订货为原料我负责，生产你负责。合作的意义很广泛，还可以有更多的形式来合作。但必须明确合作不是平等关系，而是领导与被领导的关系，监督与被监督的关系。我们依靠国家资本主义的经济形式来对私人资本主义产品的生产与分配进行计划监督，毛主席讲，依靠国家资本主义的经济形式来利用、限制和改造私人资本主义。这就比列宁的国家资本主义的提法更为发展了。列宁的提法，只是提到国家资本主义是把资本主义组织起来，对它的生产、分配加以监督，使它合乎国家计划的要求。利用与限制的意义是包括在监督之内的，但是改造这一点，由于苏联当时大资本主义企业很少，很难实行改造；而我们有很多大规模的资本主义企业。因此对它不仅是利用、限制，而且还必须加以改造。过去 4 年中，实行国家资本主义，基本上可以说是创造经验的过程。我们现在有相当数量的国家资本主义，譬如公私合营，大区以上的公私合营企业有 600 多个，数量虽不多，但都是大型的；加工订货数量也不少，像上海的某些主要产品中加工订货的就在 70% 以上。从私人资本主义中我们逐步地把其中一部分转变为国家资本主义。从总的方面来看，社会主义经济在国民经济中占的比重不大，到现在为止，国民经济中主要的部分还是小生产，个体农业和手工业占优势。个体农业、手工业生产是落后的、分散的，把这些小生产变成社会主义经济，中间要经过许多过渡步骤。小生产不能直接变成社会主义经济。列宁曾说过，要小生产能很快变成社会主义经济，除非有个条件，就是全国电气化，有高度科学技术，充分的机器，小生产就可以直接到社会主义。全国电气化就是全国高度的工业化，到全国电气化，小生产就很少了，到那时小生产就无须过渡了。当时苏联没有这个条件，我们更没有这个条件。因此要使这些超过半数以上的落后的个体经济变成社会主义经济，中间要经过许多过渡步骤，采取许多过渡形式，这就是合作化的道路。我们看，社会主义的经济已经有了，它掌握着国家经济命脉，加上工人阶级所领导的政权，两者结合起来成为一个领导的成分，领导个体经济，资本主义经济，发展和建设社会主义经济。但是中小资本主义加上绝大部分个体经济，它们不能立即变成社会主义经济，而需要采取各种不同的过渡步骤逐步地发展，准备转变为社会主义经济。这就是在国民经济中，绝大部分需要过渡，它们本身没有具备实现社会主义的物质基础。而国营经济也没有充分的力量把它直接变成社会主义经济。所以需要逐步过渡。这个逐步过渡的过程是各种经济成分向着社会主义逐步过渡；逐步增长社会主义经济的过程，这也就是我们必须要过渡阶段的理由。

过去有些看法，认为我们由新民主主义社会变成社会主义有个很清楚的界限，多少年以前是新民主主义阶段，到那一年以后就是社会主义阶段。由社会主义社会的性质上看，社会主义建设基本完成以前叫新民主主义阶段，到社会主义建设完成以后叫社会主义阶段，这是对的。但是有种想法，认为从新民主主义到社会主义的变更，这是一个突变，某一天宣布生产资料公有，以后就是社会主义，以前就是新民主主义，因此在以前这个阶段单纯是为社会主义创造条件，把条件搞好就宣布是社会主义。这就把革命的形式一般化了。我们看到苏联的十月革命，把十人以上的工厂都宣布国有，苏联是创造了革命的一种形式，但并不是革命的形式都像苏联这样。往往是当旧的统治阶级力量强大，革命的力最趋于劣势，那时的革命要流血的，不流血不能取得政权。但在另一种情况下，革命的力量占绝对优势、旧的统治阶级趋于绝对劣势，这样就不一定采取流血革命的形式。马克思讲 19 世纪的英国，工人阶级很强大，社会经济是高度发展的资本主义，英国的资产阶级善于妥协，这几个条件有可能使英国的革命采取和平转变的形式。这句话也产生了副作用，第二国际社会民主党把它当作公式看待。列宁在《论粮食税》中讲国家资本主义时附带提到，说资本家只要守规矩能符合我们的要求经营他的事业，我们给他一些钱也是值得的，这些人我们要支持他，使他在将来能接受和平转变。有条件能和平转变的时候，我们应该采取和平转变的道路。我国在过渡阶段，社会主义经济已经有了，并且它掌握了国家经济命脉，我们要集中一切力量发挥五种经济成分的积极性。过去恢复阶段，我们提出要使全部国民经济都能发展，五种经济成分分工合作，各得其所。虽然在生产上五种经济都要发展提高，但总的目标还是为了发展社会主义经济。当然国营经济发展是主要的，而且其他四种经济成分发展也是为了发展社会主义经济。因此，我们的社会主义经济，要在过渡阶段中不断扩大，用一切力量使这部分经济扩大，我们国民经济全部地恢复就是为此。现在我们开始要工业化，工业化为什么？工业化是为了建设，扩大社会主义经济。社会主义经济是高度的工业化，没有高度工业化的基础，社会主义就不能建立。因此过渡阶段是社会主义经济逐步建设、扩大的过程。对私人资本主义经济、个体经济进行社会主义改造，使它们逐步变成社会主义经济；私人资本主义通过国家资本主义过渡到社会主义，个体经济通过合作经济过渡到社会主义。所以在过渡阶段社会主义经济本身的建设和扩大是“主体”；私人资本主义通过国家资本主义过渡到社会主义；个体经济通过合作经济过渡到社会主义。毛主席说这是两个“翅膀”，翅膀为了帮助主体前进，同时使它们自己也逐渐变成社会主义经济。过渡时期总的方向就是这样，因此在过渡时期并不是说单纯为社会主义创造条件，创造条件本身还不是社会主义；有一部分是创造条件，主要部分是要发展社会主义经济。要使我们中国目前多种多样的生产方式（五种经济成分），逐渐变成一种生产方式——社会主义的生产方式，要完成这个任务是过渡时期的任务。

三

什么叫社会主义改造？改造基本上就是生产关系的改造，即生产资料所有制的改造。这是最基本的，资本主义的生产关系就是生产资料为私人资本家所占有。劳动者呢，只是把劳动力当做商品卖给资本家。因此，在国家资本主义的过程中，要在不使生产受影响的条件下，逐步地来改造它的生产关系，改变它的生产资料的资本主义所有制。生产关系一般是劳动者和生产资料占有者的关系，他们是对立的关系，这是资本主义基本的生产关系。但这种生产关系表现在物质生产过程中，还不是全部的生产关系。全部的生产关系还包括商品交换关系、分配关系、商品流通关系，这些构成一个总的生产关系。在我们现在的公私合营企业里边，资本家对生产资料所有制就是从完全的变为不完全的。在资本家独立开的工厂里他可以独断独行，有完全处理的权利。到了公私合营就不行了，它对于工厂的处理权利就不完全了，它要和国家商量，有些是国家替他决定的。资本主义所有制从被削弱到不完全。这个就影响到劳动者对生产资料的关系，在公私合营企业中，这是双重生产关系，从国家的这一部分生产资料来说，工人是主人；对资本家来讲，工人也受部分的剥削。这种生产关系已经变质了，既不同于国营企业，也不同于一般私营企业。在加工订货的企业中，国家和它订了合同，只要这个合同是比较长期性的合同，资本家对他的生产资料所有权不管多少，在一定程度上也是不完全的。就是要生产什么产品，生产多少，什么规格，什么时候生产出来，什么价格，什么利润，这些事情，主要的都由国家来决定的。因此，生产品的生产，资本家没有一个绝对的支配权，又如他来决定工资，来决定利润，首先基本上决定于对劳动者的剥削关系。这些剥削关系，在资本主义社会里面，由资本家单独决定的，但现在资本家不能单独决定。这就是改变了它的生产关系。生产品不是拿到自由市场去卖。交换和商品流通，也变质了。原来拿到自由市场去，现在由国家收购。交换的对象，原来由资本家对资本家，现在是资本家和国家发生关系，我让你加工订货，给你加工费，你把产品给我，改变了它的商品流通和商品交换的关系，有一半由国家的社会主义经济控制。分配关系现在确定了：规定多少税，多少公积金，多少工资，多少利润，给他限制，给他规定，分配关系也在变化。原来在资本主义社会里，除工资以外，都是资本家的，税交给他的政府，公积金也是他们资本家集团的，利润当然是他的，就是工资给劳动者，工资多少由资本家决定，资本主义的分配关系就是这样的关系。现在税是国家的，我们拿来建设社会主义。公积金工人有份，是全体的，不是你资本家集团的，是劳动者和资本家全体的。工资当然是工人的。就是利润是资本家的，分配关系也在改变。因此，生产关系在逐渐变化，而这些变化不断向前发展，生产关系的变化影响到生产资料所有制的变化。也就是资本主义生产资料私有制的权利受到限制。新民主主义阶段和资本主义国家有所不同，私有制逐步在变化，逐渐将资本家的生产资料拿来归国家所有。以前资本主义所有制的权利很大，因此资本家的气焰很高，资本家的架子很大，它可以为所欲为，经过这几年来味道不同了，不能像以前那样了，要受工人的气了，政府管得严了，它一面接受改造，一面在逐渐变化。就是在一定程度之内把它的私有制加以变化，当然不是说就这样子，它就是有社会主义的性质，这还只是对私有制在一定程度的限制。

从国家资本主义到社会主义，当然要经过所有制的转移，不经过私有制的转移，可以不可以呢？当然是不可以的。虽然在过渡阶段，经过国家资本主义，把资本家的生产资料私有制，从完全的变成不完全的，在各个方面使它的私有制受到限制，并在一定的程度上，改变它的生产关系。但是它仍旧是生产资料私人所有制，他拿25%的利润，而不拿10%的利润，凭什么呢？就是凭他的私人资本主义所有制。因此从生产资料私人所有制到社会主义所有制还需要转移的。前一阶段的逐渐变化，就是为了在这一过程中更利于社会主义经济的建设和发展。并且为了在必要变革时，能和平转变，为和平转入社会主义而创造条件。现在的资本家经这几年来的国家的领导教育，思想上有一定的改造，他们在国家资本主义经济形式里面，在实践中、思想上要有些转变。有些资本家，告诉他将来要实行社会主义的，将来资本主义要消灭的，他们在思想上还能够接受。但是，如果把这口号提到美国去，你看美国资本家接受不接受，那是大不相同的，那还得了，哪有这样的事，他会认为是荒唐，所以美国不能和平转变。我们这里能够和平转变，因为我们创造了转变的条件。

对于农民和手工业者个体经济的改造，基本上也是生产关系的改造，现在最基本的道路是互助合作。从互助合作到半社会主义的生产合作社，从生产合作社到集体农庄。从个体劳动到集体劳动，劳动力的分工说明劳动能力的扩大，到了生产合作社就有集体所有制，虽然最初是很少的一部分，但集体所有的生产资料逐渐扩大，到了集体农庄生产资料就是完全集体所有制。通过这个步骤，生产资料所有制在逐步地改造，当然，生产关系也逐渐在改造了，供销合作社，是生产关系改造的另一种方式，商品的交换关系通过供销合作社和没通过供销合作社是有所不同的。不通过供销合作社那就是和私人资本主义相联系，这种交换关系是个体生产和资本主义生产的相互结合。通过供销合作社，这种交换关系使个体生产和社会主义生产互相结合起来。我们国家通过供销合作社系统，把工业品供给农民，将农民生产品收购给国家。这说明两种经济成分的关系，一个是个体经济和资本主义经济的关系，个体经济和资本主义相结合必然会发展资本主义经济；通过供销合作社，使个体经济和社会主义经济相结合就发展社会主义经济。这也反映出农民小商品生产的两条道路。所以，供销合作社也是改变它的生产关系的。当然这不是主要的，主要是生产过程中生产资料的占有关系。

我们现在粮食计划购销，就是把农民的商品生产主要交换关系由国家掌握起来。农民生产最主要的东西就是粮食，粮食这一部分要是流给了自由市场，则自由市场的作用很大，国家直接掌握了农民的粮食，就防止并切断农民和资本主义的联系，使农民走集体化的道路，这是主要的手段。我们以前搞合作社的时候，农民可以卖可以不卖，也可以卖到自由市场，或者等一等卖，他有他的自由，计划收购就是你有余粮一定要卖给国家，当然国家并不使你吃亏。这样子就切断了他和资本主义的关系。使农民的资本主义意识，不受资本主义市场的诱惑而发展起来。原来是资本主义市场天天在诱惑他，市场价格经常在变动，因此就说，“越等越好，越等价钱越高”，来诱惑农民资本主义思想的发展。现在可以切断了农民和资本主义的联系，使农民走集体化道路。所以在过渡阶段，我们也是逐步地改变农民生产资料的个体所有制，逐步地改变它的生产关系。但是它和资本主义不同，它的所有制逐步地集体化，它本身就是社会主义建设，农业逐步集体化，社会主义经济成分就逐渐滋长，因此就是一步步地变成社会主义，它的生产资料所有制及个体所有制到集体所有制，并不用宣布通过法令或通过决定将生产资料完全变为集体所有制了，生产合作社只要农民愿意入，它的生产就是集体所有制了。资本主义不同，资本家说我把这个工厂给国家吧，我们今天还不需要，而农民每天可以做这个事情，创造他的生产资料的集体所有制。

四

过渡时期的阶级关系的变化。在过渡时期中是四个阶级，以工人阶级领导，工农联盟为基础，叫作人民民主专政。到社会主义建设基本上完成，在这一个阶段里面政权的形式，有些不同的意见；苏联在进行社会主义改造和社会主义工业化的过渡阶段是无产阶级专政，而我们还是人民民主专政。有什么不同？苏联无产阶级专政的主要对象是镇压资产阶级，逐步消灭资产阶级，这是无产阶级专政的任务。镇压资产阶级在苏联是非常必要的，因为资产阶级力量很强大，资产阶级对革命是敌对的，不允许这个阶级存在，当然也不可能允许这个阶级参加政权，因此要镇压它，因为政权从资产阶级手里夺过来。我们的政权从帝国主义、封建地主和官僚资产阶级手里夺过来，那么对这些反动阶级，当然不允许他们参加政权，并且还要对这些反动阶级实行专政。而资产阶级则不同，他们都具备和平改造的条件，因为它没有和反动阶级站在一起，因此，我们的政权把资产阶级包括在内。东欧的国家开始也是有资产阶级参加，后来资产阶级和帝国主义勾结；像捷克、匈牙利、波兰都是这样，开始资产阶级参加了这个政权，在反对希特勒时，一部分资产阶级一方面是反对希特勒的，但是另一方面它和英美帝国主义勾结。当希特勒打垮以后，东欧人民民主国家内部的资产阶级就搞阴谋、搞政变、搞特务等破坏活动，变成反革命了，这样，东欧资产阶级被肃清出去。现在东欧人民民主国家的资本主义还都有部分存在，尤其在民主德国还有很多资产阶级存在。所以政治变革和社会经济基础的变革，有时候政治变革在前，有时政治变革在后，有时政治先变了，社会经济基础才变，像苏联的十月革命在无产阶级专政的条件下进行社会主义建设和社会主义改造，这是政治变革在前，社会经济基础变革在后。历史上也有的社会经济基础先变，政治后变。如英国资本主义和德国资本主义，它在经济上资本主义已经成长，政权形式逐渐改变，社会经济基础变化在先，政权形式变化在后。也可能有第三种形式，政权变革和社会经济基础变革密切结合，互相促进。我们新民主主义革命胜利后，五种经济成分存在，四个阶级联合专政，这个社会经济基础和阶级联盟互相结合起来，大家（各个阶级）都有它的代表参加政权。当然分别主次，有领导的阶级有工农联盟的基础，有被领导的阶级。在我们过渡阶段，社会经济在逐步变革，社会的生产关系在逐步变革，那么它一定会影响到政治形式，这个影响到底是什么样的情况，影响到什么程度，以后的情况很难判断，要看特殊的情况特殊条件。就国际条件看，可以争取国际上的和平，就国内的资产阶级来讲，它是可以接受和平改造的，因此政权变革和社会经济基础变革，可以密切配合来进行，人民民主专政的政治形式可以一直到我们过渡时期的终结。但是到社会主义成分越来越大，工人阶级的代表性越来越大，工人阶级在政权里的地位和决定权越来越广泛。资产阶级逐步在转变，资本主义经济在国民经济中的比重逐步在减少，绝对数字虽不会很快地减少，但是它的比重逐渐在减少，比重的减少反映到政权上面，它的发言权地位比重也要减少。现在我们的政治协商会议全国委员会，中央人民政府委员里面资产阶级占多少个人，经过选举以后，工人们的代表增加了，农民的代表也适当地增加了，资产阶级的比重就逐渐减少了，所以按现在情况看可能是政权形式和我们社会经济的变革紧密结合逐渐变化，不是一下子变革。为什么还让资产阶级参加政权呢？有什么作用？资产阶级还有它的作用的，它还有积极性，它的积极性的发挥对我们社会主义建设和社会主义的改造有促进作用的，但同时要改造它，并要使它接受改造，要它的代表人物来领导改造他们，要它领导改造就要它参加这个政权，使它变成自动的。虽然也是被迫的，但强迫可以变成自动的，说资本家都是自动自愿地进行改造，那就不对了。因此说和平改造本质是一种革命，因为是变革它的资本主义生产资料的所有制，那就是革命的基本问题，即改变它的生产资料的所有制，和平改造也是要改变它生产资料所有制。因此在本质上它是一种革命，但不是采取流血方式和发布命令没收的方式。政权形式和社会经济结构的关系，在我们是采取这样一种形式。

阶级关系里面是否还有矛盾？当然是有矛盾。有没有斗争呢？有斗争而且是很激烈的阶级斗争。和平改造并不是说没有阶级斗争，也不能说这个阶级斗争不激烈。在我们四个朋友之间，今后长期还是四个朋友。但阶级关系上基本的阶级矛盾应该是工人阶级和资产阶级的矛盾，这个矛盾在一定程度上带有对抗性的，我们要生产资料社会主义所有制，资本家是要生产资料资本主义所有制，这两个是不同的、对立的。我们工人阶级的国家今天准备了各项条件，使资本主义的经济接受领导接受改造，我们有政权的条件，有经济的条件，有社会的条件。我们的政权是由工人阶级领导的，决定权在我们手里。社会主义经济逐渐强大，我们有力量和资本主义进行斗争，而且能取得胜利。社会上广大群众亦拥护我们走社会主义。同时我们有许许多多的条件要资本主义接受改造，所以在强迫之下，经过斗争，使资产阶级接受改造。在恢复阶段我们进行了几次斗争。在 1950 年的财经统一，稳定物价，就是一次斗争，在经济上、物价上重重地打击了资本主义。1951—1952 年的“三反”

“五反”也是打击了资本主义。其他细小斗争，是每天每时都在进行。方式不一：有的用协商方式，有的用法令的制裁，有的用经济上的打击，天天在进行阶级斗争，今年在阶级斗争上逐步取得了胜利，使资产阶级认识到就是它只能接受和平改造，上海有一个资本家反映，他说：“和平改造就是剃头，要规规矩矩地坐那里剃头，不要动，一动就要流血的。”这个暴露得很好，强迫剃头，不是说资产阶级自动自愿的，而是在剃头和流血中选择下，觉得自己老老实实剃头好。和平改造的实现是在不断斗争中实现的。不只是谈一次话打通思想作个宣传，问题就能解决。而是在过渡阶段中要贯穿着整个阶段，从各方面进行不断的斗争来实现和平改造的。在不断的斗争中，对资产阶级进行利用，进行限制，进行改造。不仅是在城市的工商业我们面对着资本主义进行斗争，而在农村里在广大的小生产者的阶级中，也要对资本主义进行斗争，小生产者他是有自发的资本主义趋向的。由于我们的社会基础小生产占优势，毛主席讲，个体农民像大洋，个体手工业像大海。这个大洋大海，就产生小商品经济的自发资本主义，威胁是很大的。在城市管理几个资本主义粮商、粮食加工店那个是很容易的，而在广大农村里管理农民，是很不容易的事。两个都是资本主义，但农民粮食不卖出来，待高价售粮，是资本主义趋势，城市里粮商不卖囤积粮食也是资本主义，但管理城市的资本主义是容易的，管理农民的资本主义趋势是很困难的，所以小资产阶级的自发资本主义趋势在过渡时期是我们一个主要的一场斗争。列宁在新经济政策前后，一再提到对小资产阶级自发势力斗争，我们前几年体会还不深刻。认为农民小生产是我们可靠的同盟军，长期并肩在一起进行革命，它又分得了土地，积极生产，没有什么问题。等到经济恢复后，逐渐显现出来。在 1951 年我们买不到棉花，去年和今年上半年粮食收购不到，这只是个表面现象，根据这个现象我们下去一查，问题还要严重。我们在武汉市周围调查了一下这个问题，武汉市周围有二十几万农民兼做商人，有了钱买土地不大好买，买了土地变富农也不大好，雇工也有困难，有剩余劳动力作什么呢？做买卖，这是很方便的事情，做买卖也不犯法。农民做什么生意呢？首先做粮食生意，拿自己的粮食卖出去，再由城市买些日用品回来，经济核算起来比合作社要上算得多，这个资本主义趋势发展了资本主义，不利于社会主义。所以我们在过渡时期对资本主义的斗争和警惕性，不能单看成城市的资本主义。城市的资本主义好办，广大农村和手工业的资本主义趋势危害性更大，所以我们和资本主义斗争在过渡阶段阶级斗争上还是个主要的方面。

当然，我们要区别城市资本主义和农民的资本主义趋势，农民的资本主义趋势并不就是资产阶级。它是资本主义的因素在滋长，但它本身还没变成资产阶级，它还没靠剥削来生活。因此，我们对待农民的资本主义趋势和在城市里面带强迫性的使资产阶级接受改造，在斗争的形式上和方法上有所不同。我们和农民的主要方面是工农联盟，这是我们政权的基础，它始终是我们政权的基础，一直到社会主义。到社会主义的农业改造，农民就不是旧的农民了，就是集体农民了。在过渡阶段我们政权始终以工农联盟为基础的，我们不断地巩固工农联盟，巩固工农联盟在各个阶段有各个阶段不同的内容。在我们反帝反封建的阶段，土地改革是我们工农联盟的主要内容。农民取得了土地，认识了工人阶级，和工人阶级结成联盟，推翻旧的统治阶级。但是，取得了土地以后，我们现在不能再说工农联盟是依靠土地改革了，这个事情已过去了，虽然他没有忘记，过去工人阶级给他好处，使他翻了身取得了土地了，他是感谢毛主席感谢共产党的，但是对他今天的实际的经济生活有多大影响呢，这个影响是逐渐减少了，他今天的经济生活和经济活动，和过去土地改革的影响比较少了，因此，今天的工农联盟应有新的基础，新的内容。昨天《人民日报》上有篇文章，关于目前工农联盟有四个内容：让农民支持社会主义工业化；要使农民反对资本主义和资本主义逐渐切断联系；让农民走生产互助合作的道路；使农民接受我们的粮食计划收购和计划供应的政策，就是这四个内容。

在新的阶段，巩固工农联盟要有新的内容，不能再老提土地改革了，提起来农民也想到一下，工人阶级要领导农民不断地前进，老提土地改革老文章不能前进呀，他忘记了就让他忘记了，这个事情没什么大关系。结合他目前的情况，领导他走社会主义道路，到了将来集体化，生产合作化，到了一定程度我们要搞集体化，我们要给他拖拉机，告诉他技术，告诉他组织集体化是巩固工农联盟的新的内容，随着社会的发展，工农联盟有各个阶段的内容。目前我们要巩固工农联盟，因为农民本身是个劳动者，因此是我们可靠的同盟军，这是我们工农两阶级的阶级关系的主要方面。但是另一方面就是农民有他落后的一面，带有反动性的一面，那就是他自发的资本主义趋势，自发的资本主义趋势是农民的落后性、反动性，农民不是完全进步的，他没有工人阶级进步，他搞资本主义，想在农村中滋长一点富农，不做富农则兼做商人，囤积粮食，这是农民的落后性、反动性。我们要和农民的落后性、反动性进行斗争。所以不能说我们和农民，这两个朋友在一起没有问题。但是，这个斗争——我们和农民的斗争，在斗争的方法上面跟资产阶级有所不同，对资产阶级主要是我们创造各种条件让它不得不接受改造，在一定时候一定程度上需要使用力量，如“五反”运动，使资产阶级感觉到动一动剃刀就要把肉割破。对农民不能采取这种办法，要进行耐心的、细致的说服教育，使农民自动自愿，任何鲁莽的手段都是不合适的。列宁再三讲过，斯大林也再三地讲过，毛主席也再三地讲过对农民要进行长期的、耐心的、细致的说服教育。所以在粮食问题上，我们在城市里管理粮商时有犯法的行动即可以给他处分；这样对农民不行的，对农民必须采取长期的、耐心的说服教育。为什么呢？我们跟这个阶级重要的方面是朋友，农民依靠工人阶级，我们也依靠农民，这是最广大的同盟军，主要方面我们是个同盟。他的次要方面是有落后性和反动性，因此对他的次要方面我们要采取说服教育，如果我们采取强烈的鲁莽方法则破坏了主要方面，农民就要起反感了。另一方面社会主义需要劳动者自觉自愿地来建立，假如劳动者本身不自觉自愿，那么社会主义就建立不起来。如果农民不认识集体化的好处，合作的好处，社会主义的好处，那么社会主义也是建立不起来的。农民人数很多，没有社会主义倾向的话，社会主义不能建设起来。因此对农民必须说服教育，提高他的文化，提高他对社会主义的认识，使他自觉自愿走社会主义的道路。每一个阶段对农民的教育，我们要结合每个阶段的具体活动来做，如购粮工作，是我们实现社会主义的第一步骤，通过这个步骤对农民进行教育，提高农民对社会主义的认识。因此，我们对农业实现社会主义改造的各个步骤，也不能急躁，但是也不能停滞不前。既反对过分急躁，也反对停滞不前。老是那个样子，社会主义就不会实现。要充分认识到劳动者的思想改变和思想提高，是与他的实际和生产活动分不开的，他的生产活动发展到某一地步，他的思想意识才能发展到某种地步。思想意识可以提高一点，但有一定限度。今天农民是否可能充分认识社会主义的好处呢？不可能的。我们给他启发是必要的，让他脑子有个轮廓。但是他还不可能完全认识社会主义。如果要这样要求就过高了。农民需要在逐步集体化的过程里逐步看到集体化的好处，在生产活动中证明越集体化越好，那时他的认识会跟着提高。思想发展，不能脱离它的实际，思想可能比实际前进一些，但不能前进太远，前进太远那就是空洞的了。尤其对于农民是这样。对知识分子的思想和他的实际可以距离很远，距离太远也有毛病，说的事情常常是做不到。农民他跑不远。目前我们党内和党外在思想斗争这一方面是针对资产阶级思想，这是今后斗争的主要方面。思想斗争，是对于资产阶级思想并牵连着资本主义的思想方法和工作方法，这是一方面；另一方面要建设，我们不要说是农民，就是工人阶级社会主义思想是不是完全建立起来了呢？也还没有完全建立起来。比如今年我们工厂里旷工很多，工人的经济主义倾向还是相当浓厚，这些都表现出社会主义思想是不够的；没有认识到工人多做一天工就为社会主义多出一份力，他主要的还是看到多做一天工多拿一天工资，我们教育工人的话，以前也只是说发展生产完成计划，没有和社会主义建设联系起来，说发展一天生产即是建设一天社会主义。在私营工厂就是促进社会主义建设，在国营工厂是直接建设社会主义。在工作方法方面，要建设社会主义的工作方法，这不同于我们过去农村的手工业的工作方法，更不同于城市的资本主义的工作方法。我们细细检查一下，我们今天在我们国家机关里面，手工业的工作方法还是存在的，资本主义的工作方法亦是存在的。进城以后我们工作方法提高一点，我们向资本主义学了很多的东西，有些东西批判地接受是对的；有些东西我们是没有批判地接受了，那就是资本主义工作方法。我们在思想上无形中接受资本主义的工作方法也是很容易的，特别是很多知识分子，受资产阶级的教育。有些社会主义的制度也是逐步建立起来，像我们在国营工厂内推行的一些技术管理制度，技术管理、计划管理、生产责任制、新的工资制度等一套东西，这是社会主义的制度。在其他方面也有社会主义的工作制度，这些制度也是需要逐步地建立起来的，在过渡期间批判了资产阶级的思想，和资产阶级思想作斗争，这是一个前提。但是另一个方面，要从积极方面建立社会主义思想，社会主义工作方法和社会主义的工作制度，如现在解决粮食问题的办法，就是社会主义的制度，是过渡期间带有社会主义性质的分配制度。关于阶级关系，就讲这几点意见。

（内部文件，1953 年 12 月 5 日）

我国过渡时期的国家资本主义

一

在资本主义社会里，国家资本主义是垄断资本主义的一种形式。因为政权既操纵在垄断集团之手，则生产资料名义上的国家所有，实质上也就是垄断资本集团所有，为垄断资本集团的利益服务。

在无产阶级专政或人民民主专政的国家里，国家资本主义是在过渡时期资本主义经济成分过渡到社会主义的具有过渡性生产关系的经济形式，它是工人阶级领导的国家对于私人资本主义实行领导和监督的经济形式。

无产阶级专政下的国家资本主义和人民民主专政下的国家资本主义，实质上没有区别，虽然由于不同国家历史的、经济的和政治的条件的差别，它们的地位、作用、形式等会有若干差异，但总的说来同样是为了在容许资本主义存在的条件下，使其利于社会主义的建设并为社会主义的转变提供条件。一般来说，在现代工业发展水平比较低的国家，国家资本主义经济的发展在过渡阶段中具有更为重要的意义。因为在现代工业水平发展比较低的国家，当无产阶级取得政权后，需要一个较长的时期去发展生产，尤其是发展现代工业生产，因此落后的小商品经济及中小资本主义经济，需要经过一系列的过渡性的生产关系和过渡性的经济形式，为社会主义经济成分的不断增长以至生产资料私有制的最后转变为生产资料的社会所有制提供条件。在工业发达的国家就不这样。

在我国，由于经济的落后，在社会主义经济还不能充分代替现有的资本主义经济之前，现有的资本主义企业还带有一定程度的有利于国计民生的积极作用这样一个方面，但同时也有不利于国计民生的消极作用这样一个方面，因此我们既要利用资本主义的积极性，也要限制它的破坏性，并且要循着社会主义的方向和要求对资本主义逐步进行改造。在利用、限制和改造资本主义中，运用国家资本主义这种形式是十分重要的。国家资本主义是我国人民民主专政的国家政权利用、限制和改造资本主义的经济形式。

二

工人阶级领导的国家，在过渡阶段所以要利用资本主义，就是因为：第一，小生产还占优势，广大的小生产经济不能直接过渡到社会主义，在还没有足够的其他更进步的经济形式（例如合作社）来代替它以前，需要利用资本主义作为小生产与社会主义间的中间环节；第二，资本主义的大生产较之小商品生产更接近于社会主义，并较之小生产具有远为巨大的生产力，因此，正如列宁所说，要利用它“作为提高生产力的手段、途径、方法和方式”①。

中国工人阶级取得政权以后，实践证明：国家资本主义是有效地利用资本主义的经济形式。在公私合营的企业里，我们已把全部企业的生产、销售、劳动、工资、利润等纳入国家计划之内，调节资本主义生产的价值法则基本上已让位给有计划按比例发展的法则，虽然剩余价值法则尚未完全失去作用，但已受到很大的限制，具体表现在国家对于资本家所得利润的限制上。对于统购包销的企业，产品的生产与销售也已纳入国家计划之内，与前者不同的是国家还未参加管理生产过程，因而也就不能严格遵守产品的生产计划

---

① 列宁：《论粮食税》，人民出版社 1953 年版，第 33 页。

和价值的分配计划，剩余价值法则虽受到限制但在生产过程中还起着主导作用；这种形式的国家资本主义的主要优点是最大限度地限制了产品的生产与销售的盲目性，有利于社会主义经济成分的发展，在加工订货的国家资本主义经济形式中，国家部分地控制了私人企业产品的生产与销售，也有助于国家的计划生产的进行和对市场的调节，在收购与代售的低级形式中，国家作为生产与销售的调节者，部分利用私人企业生产和销售的机能，并受国家购销计划的调节。

实践证明：经国家资本主义的各种形式所组织起来的资本主义企业，在生产与销售方面已逐步从盲目状态转而受国家计划的控制，因此生产效率有显著的改进，并成为社会主义经济领导下的有组织的经济成分，促进了社会主义经济成分的发展。

列宁在《论粮食税》中写道："既然我们还无力实现由小生产直接过渡到社会主义，所以资本主义——它是小生产与交换底自发产物，——在某种范围内便不可避免，所以我们也就应当把资本主义作为小生产与社会主义间的中间环节，作为提高生产力的手段、途径、方法和方式来利用（特别是要把它引导到国家资本主义轨道上去）。"①

三

在过渡时期，我们既利用资本主义的积极作用，以发展生产，为国民经济的恢复和社会主义经济成分的增长和扩大提供条件，也为了同样的理由，同时必须限制资本主义的破坏性。资本主义生产的无政府状态是尽人皆知的，由于生产的各自为政而经常造成生产部门与生产部门之间的浪费和脱节，造成生产与流通之间的浪费和脱节，此外，资本主义的发展，也就是小商品生产者在商品交换中不断被剥削以及生产资料不断被剥夺的过程，也就是牺牲小商品生

① 列宁：《论粮食税》，人民出版社 1953 年版，第 33 页。

产来滋养和发展资本主义的大生产的过程。

工人阶级领导的国家可以在经营范围、原料供给、销售市场、劳动条件、技术设备、财政政策、金融政策等方面对资本主义经济及其破坏性加以限制。限制的动力一则来自国家政权及工人阶级的力量，二则来自社会主义性质的国营经济的力量。政治力量的限制必要的时候必须采取，但要使限制成为国民经济活动的斗争形式，要使千百万人在日常的经济活动中自然地遵循这种限制，没有国营经济的力量是不可能的。

国营经济对资本主义经济的限制，一般的方法可以通过市场来进行，例如限制原料的市场供给、逐步降低商品的市场价格、依靠国营商业及合作社商业的发展来排挤自由市场，以及控制贷款和运输条件，等等。而这些方法中的基本环节是掌握市场价格，国营经济应发挥自己的优越性，使在市场价格的斗争上逐步占据优势，然后才能达到有效限制的目的。

总的说来，凡是有国营经济和合作社经济活动的地方，就会给予私人资本主义经济活动以不同程度的限制。通过市场斗争来达到限制的目的，是国民经济恢复阶段的主要方式。然而，这种方式并没有改变私人资本主义无政府状态的特质，也并没有使私人资本主义与国营经济发生较固定的经济结合关系，因此，这种限制的活动还不属于国家资本主义经济的范畴。

国家资本主义的低级形式是委托代理和产品收购，被委托代理的企业和商店与国家有合同关系，这就表明有一定的经济联系，这种联系限制私人企业和商店的经营品种、数量、价格及利润。在产品收购的形式中，国家与私人企业或业主有合同关系，这也表明有一定的经济联系，这种联系可能是持续的，也可能一时中断，无论继续或一时中断，都是通过经济的结合关系而对私人企业或作坊的产品品种、数量、价格及利润发生一定限度的限制作用。

国家资本主义的中级形式是订货加工。无论订货或加工，国家与私人企业有了较复杂的合同关系，这种关系已伸入到生产过程

（低级形式的代理、收购只表现于商品流通过程），从而控制了商品的流通过程；因此，这种经济联系不仅较严格地限制了私人企业本次生产过程的产品生产的品种、规格、数量、利润等方面，在一定范围内也限制了再生产过程，并且截取了资本主义商品的流通过程，扩大了社会主义经济的产品交换（虽然是不完全的）和商品流通范围，限制了自由市场的商品流通量和流通范围。

公私合营的企业，其生产与分配一般的已包括在国家计划之内，因此生产已受有计划（按比例）发展法则的支配。资本主义经济诸法则的作用已被限制在极狭小的范围之内；产品的分配已脱离市场法则的支配而受计划分配和计划销售的控制；生产和交换的盲目性逐步消失了，价值的分配受到较严格的监督；社会主义经济成分对资本主义经济成分的限制作用在公私合营企业中发展到最完善的程度。

四

我国过渡时期国家资本主义经济的作用，不仅在利用和限制资本主义，还在循着社会主义的方向改造资本主义的企业。资本主义自动的组织化和有意识地来促进社会主义经济的发展是不可能的，只有在国营经济的领导下，通过国家资本主义的阶梯，才可以使资本主义的企业充分发挥其生产力并在不同程度上逐步改变其生产诸关系，以促进社会主义经济的发展，并逐步接近社会主义的门阶。

把资本主义企业产品的生产和分配组织在国家计划之内，乃是对资本主义企业的极重要改造。因为产品的生产和分配既受国家计划支配，也就在极大的范围内使其与社会生产各部门之间，与各企业之间，生产与消费之间，建立了经常的较固定的经济联系，这正是为社会主义的生产组织提供条件。

在公私合营的企业里，劳动者与生产资料的关系也开始有了改变，在资本主义企业里生产资料是资本家完全占有的，现在这种资本主义所有制已经与全民所有制结合在一起，劳动者是全民所有制的主人，两种所有制的结合和发展会使社会主义的成分逐步占据优势，改变了阶级关系，因而使社会主义的经济法则能逐步施展作用，这就是对资本主义企业最基本的改造——生产关系的改变。而生产关系的改变就必然引起劳动效率、生产组织和生产技术等一系列的改进。

对于统购包销、加工订货的企业，重要的是产品的交换关系改变了，原来是私营企业主向其他私营企业主购进原料并推销产品，它是整个资本主义经济体系中的一个有机的单位，现在则脱离了资本主义的商品流通体系，而加入（或部门加入）社会主义经济的商品流通或产品交换体系，因此，其再生产规模在不同程度上要受国家计划的规定，剩余价值的分配也发生变化——剥削性的商业利润消灭了。

代理推销是商业机构和商品流通的组织化，它脱离了自由市场转而为国营商业的计划销售服务，为国营企业产品的销售服务。

生产关系及交换关系在不同程度上的改变，是资本主义企业在国家资本主义经济形式中获得改造的主要方面。由于这些改变，资本主义的无政府状态被削弱了，相应地也就是在不同程度上发挥和提高了这些企业的生产效果和生产效率，促进了生产力的发展，这就是国家资本主义较之私人资本主义所具有的极大优越性。

高级形式的国家资本主义较之低级形式的国家资本主义更接近于社会主义，因此，高级形式的国家资本主义也就优越于低级形式的国家资本主义。低级形式的国家资本主义有向高级形式的国家资本主义发展的趋势，但并不是一切低级形式的国家资本主义都会向最高级形式发展，各种国家资本主义经济将经过不同的道路，转变为社会主义经济，或为社会主义经济所代替。

（原载《学习》1954 年第 2 期）

列宁关于社会主义工业化理论对于我国实践的指导作用

我国正在逐步实现国家的社会主义工业化。在第一个五年计划期间，我们必须为国家的社会主义工业化建立初步基础。1955 年是我国第一个五年计划建设具有决定意义的一年。在这时候，我们纪念列宁，应该特别要学习列宁关于社会主义工业化的理论，应该进一步了解列宁这一理论对于我国社会主义建设的指导意义。

一　大工业对于社会主义建设的意义

社会主义工业化的基本方针，是列宁添加到马克思主义宝库里的新贡献。

列宁是马克思主义的科学大师。他依据马克思所发现的生产关系一定要适合生产力性质的规律，研究现代社会的情况，得到这样的结论：在资本主义大工业尚未充分发展的经济落后的国家里，无产阶级不应放过夺取政权的有利条件。无产阶级在夺取政权之后，应该用一切方法发展大工业，以便改造小农经济，战胜资本主义，使社会主义获得最后胜利。列宁曾这样指出大工业对于社会主义建设的重大意义：巩固资源、建立社会主义社会的真正的和唯一的基础，只有一个，这就是大工业。无产阶级的基本的与最重要的利益，是建立大工业和在大工业里面创造巩固的经济基础；那时，无产阶级才能巩固自己的专政。

自中华人民共和国成立起，我们即已进入从新民主主义到社会主义的过渡时期。遵循着列宁的教导，中国共产党把社会主义工业化当作我国社会主义建设的基本道路。远在抗日战争时期，毛主席就在《论联合政府》一书中指出社会主义革命阶段中实行国家工业化的必要。他说：在新民主主义的政治条件获得之后，中国人民及其政府必须采取切实的步骤，在若干年内逐步地建立重工业和轻工业，使中国由农业国变为工业国。新民主主义的国家，如无巩固的经济做它的基础，如无进步的比较现时发达得多的农业，如无大规模的在全国经济比重上占极大优势的工业以及与此相适应的交通、贸易、金融等事业做它的基础，是不能巩固的。在中华人民共和国成立前夕，毛泽东同志在《论人民民主专政》一文中又指出：人民民主专政的国家，必须有步骤地解决这个国家工业化的问题。

在中华人民共和国成立之后，毛泽东同志多次强调发展工业对我国社会主义建设的重要意义。1952 年，以毛泽东同志为首的中国共产党中央委员会指出，逐步实现国家的社会主义工业化，逐步实现对农业、手工业和资本主义工商业的社会主义改造是党在过渡时期的总路线。目前，我国人民正在中国共产党的领导下，为逐步实现国家的社会主义工业化而奋斗。预计经过三个五年计划，我国就可以基本上实现国家的社会主义工业化。

二　优先发展重工业

列宁在建设大工业的指示中，特别指出建设重工业的优先地位。他认为，社会主义的主要基础，就是重工业。列宁关于优先发展重工业的理论，主要有下列几个基本内容：第一，无产阶级掌握了政权，有可能按照社会主义经济的发展规律有计划地建设工业。第二，按照马克思扩大再生产的学说，要进行社会的扩大再生产，必须先有可供扩大生产的生产资料，其中最重要的是生产工具。因此，只有优先发展重工业才能使社会主义国家有预见地进行社会扩大再生产。第三，要彻底改变小生产占优势的情况，必须要建立雄厚的重工业基础，其中尤其是机器制造业，这是消灭社会主义大生产与小农经济之间的矛盾的基本环节。第四，为要在世界资本主义的包围中巩固无产阶级国家的独立，必须迅速建立现代化的国防，而国防建设与重工业建设是必不可分的。

自然，优先发展重工业并不是孤立发展重工业，按照马克思关于第一部类和第二部类必须有机联系的论点，国民经济各个发展阶段上轻重工业之间是必须有一定的比例关系，在过渡时期，无产阶级国家必须正确地掌握这个比例。按劳取酬的规律也使得轻工业必须有一定程度地发展以适应重工业的迅速扩大。在迅速发展重工业的情况下，还必须相应地发展农业，建立工业和农业之间正确的比例关系。因此，孤立发展重工业，是和列宁的原则相违背的。

列宁的优先发展重工业的理论，对于我国社会主义建设起着指导作用。我国第一个五年计划的基本任务规定要集中主要力量发展重工业，建立国家工业化和国防现代化的基础；同时相应地培养建设人才，发展交通运输业、轻工业、农业和商业。这就是列宁的优先发展重工业的学说在我国的具体运用，它保证了我国第一个五年计划能够在正确的轨道上前进。

我们是一个重工业基础非常薄弱的国家，我们首先要建设一些最基本的重工业，才能全面地建立起强大的重工业。只有建立起强大的重工业，社会主义才能在我国取得完全胜利。

集中主要力量发展重工业，也和我们的国际环境有密切关系。帝国主义正在觊觎我们。美帝国主义和蒋介石卖国集团目前还占领我们的台湾和一些沿海岛屿，我们必须加紧建设重工业来增强我们的国防力量。

在第一个五年计划建设期间，国民经济各部门保持必要的比例关系，工农业之间的联系逐步密切，是有利于重工业的顺利发展的。但为了集中更多资金投放在重工业、交通运输业、轻工业及其他部门的发展应更多地依靠发掘潜在能力，改进生产技术，厉行经济核算制和提高劳动生产率。

我国的社会主义工业化取得苏联的伟大的物质技术援助，这就使得我们较之当年的苏联困难要少，使得我国工业化速度大大提高起来。列宁当时曾一再提到假如无产阶级革命能在工业先进国家获得胜利，苏联过渡到社会主义的期限就可以缩短。对于各人民民主国家来说，发展社会主义工业的有利国际环境，今天由于苏联的伟大成就，基本上已经获得了。

三 资金积累

发展重工业需要大量资金。这些资金从何而来呢？列宁指出了如下几个主要来源。

第一，商业中的利润积累：虽然这样，我们已见到有显著的改善，并且我们看见我国的商业活动，已替我们弄来了部分资本。这数目虽还很小，略略超过 2000 万金卢布。但无论如何，地基是已经奠定了；我们从我国商业中已能弄到资财，我们能够利用这种资财来改善重工业。

第二，是实行严格的精简节约：列宁在 1922—1923 年的许多文章和信件中一再提到要严格的节省，把任何一点储蓄都保存起来，借以发展重工业，并且要缩减国家机关人员，尽量节省。

第三，提高劳动生产率，这是保证社会主义经济成分增长的最基本的条件。列宁指出：劳动生产率，归根到底是保证新社会制度胜利的最重要最主要的条件。资本主义造成了在农奴制度下所没有过的劳动生产率。资本主义可以被彻底战胜，而且一定会被彻底战胜，是因为社会主义能造成新的更高得多的劳动生产率。关于提高劳动生产率的方法，除掉依靠劳动者的革命热忱，依靠加强劳动纪律而外，还要依靠按劳取酬的规律。列宁在《十月革命四周年》一文中写道：不是直接依据热忱，而是借助于伟大革命所产生的热忱，依据个人利益，依据个人兴趣，依据经济核算，来在这小农国家内，首先努力建成些经过国家资本主义通到社会主义去的坚固小桥；否则，你们就达不到共产主义，否则，你们就不能把千百万人引导到共产主义。实际生活曾是这样告诉我们的，革命发展的客观进程曾是这样告诉我们的。列宁主张实行计件工资、奖励和奖金制度。同时认为管理国家企业的主要形式是经济核算，把国家企业转到所谓经济核算制上，这一转化必然与新经济政策发生不可分离的联系，而在将来，这种形式定会成为若非唯一的，也是最主要的形式。

资金依靠内部积累，是和社会主义生产关系的性质有密切关系的。工人阶级必须依靠而且只有依靠自己的劳动才能建设起社会主义并把它推向共产主义。我国在恢复时期和已经开始的社会主义建设时期已经得到而且将会继续得到苏联伟大的援助，这种援助大大加速我国社会主义建设的进度。然而决定胜利完成建设计划的因素仍然是我国工人阶级的忘我的劳动。重工业建设的特点是每一企业单位投资量很大，建设时期较长，资金周转较慢。因此，我们必须在基本建设中进行严格的节约，争取提前完成计划，提早投入生产。

企业生产中的增产节约，是资金积累的无穷源泉，是基本建设得以开展的基础。在过去五年中，我国工人阶级学习苏联先进经验，在生产战线上发挥自己的劳动热忱，已经在国营企业的精简节约、降低成本、提高劳动生产率等方面取得不少成绩，这些成绩证明社会主义企业远较私人资本主义企业为优越。自然，我们在这方面还有很大缺点：企业机构一般地还臃肿，非生产费用的比例过大，原材料还有不少浪费和积压，许多企业的设备利用率不高，甚至有些新机器闲置不用，流动资金周转很慢，劳动纪律不够好，生产有忽冷忽热的现象，等等，这些缺点使得我们的产品成本仍然很高；通过经济核算和改进工作方法而提高劳动生产率，还不是普遍的、持续发展的现象；职工群众对于“依靠内部积累”这一具有关键性的社会主义自觉还不够明确，对于完成计划的了解是片面的，实际上只注意产量计划的完成而不顾其他。结果是产品的价格降低很少，或者没有降低，企业利润一般地还是踏步不前，远远落后于企业的潜力和国家的需要。

为要纠正这些缺点，就必须改进劳动组织，改进工作方法，在物力、财力方面厉行节约，在企业中全面地推行经济核算，广泛开展社会主义的劳动竞赛，加强政治工作，提高职工群众的社会主义觉悟，只有这样，才能为国家积累更多资金，保证社会主义工业化计划顺利实现。

四 干部问题

发展工业必须有大量熟练的科学技术人才。在十月社会主义革命后的若干时期，列宁强调利用资产阶级专家。但社会主义工业建设的规模是极其宏大的。基本的问题还在培养更多的新的科学技术人才。列宁说：我们尚嫌不够的主要东西，就是文化程度和管理上的技能……在经济和政治方面，新经济政策完全保证我们能建成社会主义经济的基础。问题“只”在于无产阶级及其先锋队的文化人才。

重视和帮助专家参加社会主义建设以及加速培养千万新的科学技术人才，二者是不可分离的，忽视任何一方都会在社会主义建设中造成极大的损害。在这一方面，我们也是遵循着列宁的指示的。我国的第一个五年计划，在集中主要力量发展重工业的前提下，相应地培养建设人才。我们知道，先进的科学技术同社会主义工业化是有密切关系的；重工业建设是需要高度的技术和日新月异的科学研究的。某一重工业企业在技术设备方面有缺点或者落后，就会使其他企业和其他部门受到严重影响。

我们现在具备一个较苏联社会主义建设时期优越的条件，那就是在政治上和科学技术上完全可以信任的苏联专家的帮助，因为他们已成为我国基本建设和各科学技术部门的主要支柱和教师，他们不仅以高度的技术来帮助我们建设规模宏大的工业，并且在科学研究和培养人才等各方面也都有了卓越的贡献。当然，要发挥和培养我国自己的科学技术力量是最重要的事情。一方面要充分发挥旧社会培养出来的专家的作用；另一方面我们大批工作人员也正开始钻研技术，以求精通业务；而大量培养新的工业技术人才和工业管理人才，更是重要。

这几年来，我国的高等教育和中等教育培养出来的建设人才已大大增加，从实际工作中提高职工的科学技术水平，也已经获得很大成绩，对于原有科学技术人才的团结和改造，也有许多成就。但我们在向苏联专家学习方面，在团结国内科学家方面，以及学习科学技术和培养干部方面，都还存在不少缺点。目前科学技术仍为我们工作中的最薄弱的环节，并且进步较慢，这和我国工业建设的需要和发展速度是不相适应的。因此，改进这种工作是当前的重要任务。

列宁关于社会主义工业化的理论，对于我国的实践，已经起了极大的指导作用，这几年来，我国社会主义工业蓬勃地发展，就是列宁思想获得伟大胜利的明证。今后只要不断地遵循列宁的教导，学习苏联的先进经验，我们就可以把自己的国家建成一个伟大的、高度工业化的、社会主义的国家。

（原载《人民日报》1955 年 4 月 23 日）

对于我国过渡时期经济规律问题的意见（提纲）

关于有没有过渡时期的基本经济规律问题

（一）过渡时期的社会形态，不同于以某一种生产方式构成社会经济基础的特定的社会形态；它是多种经济形态相互斗争和转变过程中的具有过渡性质特点的社会形态。虽然过去的原始公社制度社会、奴隶制度社会、封建主义社会以至资本主义社会，也不是只有一种生产方式所构成的单纯的经济形态，然而其特定的生产方式却在社会生产中居于全面统治的地位：一方面，这种统治的生产方式本身已在社会经济各部门发展成为完整的经济体系，全社会绝大多数人已网罗在它的生产关系之内；另一方面，它已彻底战胜了其他残余的经济成分（经济形态）驾驭了它们，并利用它们为占统治地位的生产方式的发展提供条件。残余的经济形态与统治的经济形态之间存在着的矛盾，不再是该社会的主要矛盾，主要矛盾乃是统治的生产方式本身所包含的两个对立方面；以上就是历史上特定的社会形态的特征。至于过渡时期，乃是两种主要的生产方式——社会主义生产方式和资本主义生产方式谁战胜谁的时期，是社会主义经济增长和资本主义经济衰退的交替时期，是社会主义经济对私有制经济进行改造的时期；这样一个多种经济成分相互斗争——改造的和被改造的、增长的和衰退的展开激烈斗争的过程，就是过渡时期。它的性质和特点完全不同于特定的社会形态。因此，“社会主义形态不能有几个基本经济规律”的概念也就不能适用于过渡时期，相反地，基于从资本主义过渡到社会主义的一般特点，过渡时期正是以两个具有对抗性的基本经济规律同时起作用，并贯穿全部过程进行激烈斗争为其特点的。

（二）在特定的社会形态中，居于统治地位的或者是唯一的生产方式的基本经济规律，体现为该社会形态的基本规律（斯大林）。但在过渡时期，既然在多种经济成分中有两种主要的生产方式形成具有对抗性矛盾的两个方面在进行斗争，当然就不只是一种基本经济规律存在和起作用。在过渡时期的全部过程中，社会主义的基本经济规律和资本主义的基本经济规律（即剩余价值规律）都在起作用。社会主义经济形态是国民经济中最先进的并起领导作用的经济形态，是矛盾的主要方面，它将在斗争中逐步生长发展，并扩大它的基本经济规律的作用和影响的范围；相反地，资本主义经济形态将在斗争中逐步衰退，并相应缩小它的基本经济规律的作用和影响的范围。

（三）每一种生产方式都有自己的基本经济规律。基本经济规律决定该生产方式的主要方面和它的本质。因此，某一种基本经济规律是与该种生产方式不可分离的，表现该种生产方式本质的运动规律。离开了一定的生产方式而谈基本经济规律是不可设想的，是形而上学的；驾于一种经济形态和各种经济形态之上的超然的基本经济规律当然也是不存在的。

斯大林在第十四次联共（布）中央大会上概述苏联新经济政策的内容为：新经济政策是在一切经济命脉都操于无产阶级国家手中的条件之下，允许资本主义存在的无产阶级国家的一种特殊政策，这个政策的目标就是；使社会主义成分去与资本主义的成分斗争，发展社会主义成分的作用以排挤资本主义的成分，使社会主义的成分战胜资本主义的成分，彻底消灭阶级，建筑社会主义经济的基础。苏联过渡时期的新经济政策，不能看作过渡时期基本规律的表现，政策是依据“经济规律”并结合阶级力量对比等条件而制定的。这里所指的“经济规律”，不是一种超然的“过渡时期基本规律”，乃是各种经济形态所特有的各种经济规律，以及各个社会阶段或几种经济形态所共有的经济规律——例如生产关系一定要适合生产力性质的规律。列宁、斯大林根据苏联过渡时期多种经济形态的各种经济规律的作用和影响，在复杂的矛盾中掌握主要矛盾和矛盾的发展趋势，从而制定和推行新经济政策。政策指导着先进阶级的行动来为先进的经济成分开辟广阔发展的道路。不应该把这种现象错觉地认为有一个超然的基本规律在指导着过渡时期全社会人们的活动，从而能够自流地实现社会主义。

我国过渡时期的总路线和总任务，基本上也是如此。

（四）生产关系一定要适合生产力性质的规律，是各种经济成分所共有的规律，也是各种经济成分在发展过程中相互联系和转化的规律。这个规律同样是以客观的经济条件为依据，它与各种经济形态不可分离而不是驾于它们之上。我们认识了这个规律，就能够掌握运用这个规律而进行这样的工作：（甲）要建立社会主义的生产关系，必须要有高度发展的生产力水平为物质基础，因此，过渡时期的基本任务是：在高度技术基础之上进行社会主义工业化。（乙）对资本主义经济改造为国家资本主义经济，是提高这一部分经济生产力水平的前提；也是为转变成社会主义的生产关系逐步准备条件。（丙）要使个体经济过渡到社会主义经济，就要逐步改造其生产关系使与其逐步发展生产力水平（内因）以及全社会的生产力水平（外因）相适应；互助合作中生产力水平和社会生产力水平的不断提高，也是在个体经济基础上建立和扩展社会主义生产关系的物质条件。生产关系一定要适合生产力性质的规律，在过渡时期有广阔的作用场所，它决定我们建设社会主义经济、改造资本主义经济和个体经济的步骤和方法（斯大林语）。然而，这个规律是各阶段共有的规律，它没有体现过渡时期的特质和发展前途；也不能从中看出各种经济成分最后转变为社会主义经济的必然性；这个规律既不能体现社会主义生产方式的优越性，也就不能主要依靠这个规律来争取社会主义的前途。能够体现出过渡时期社会主义必然胜利的前途的，并能够据以组织动员千百万劳动群众为实现社会主义而斗争的，只有社会主义基本经济规律。由此可知，生产关系一定要适合生产力性质的规律，虽然能够发生极重要的作用和影响，但它必然要与社会主义的基本经济规律的作用和影响相互结合，并以后者为依据，才能使它的作用和影响有效地促进社会主义的建设和社会主义的改造。因此，它不能称为过渡时期的基本经济规律。

关于过渡时期有哪几个基本经济规律问题

（五）我国过渡时期有四种主要的生产资料所有制——其中全民所有制和劳动人民的集体所有制是社会主义的所有制。在各种生产资料所有制的基础上，形成五种主要的经济形态（经济成分），其中社会主义的、资本主义的和个体经济的这三种是基本的经济形态（各以一种生产方式构成的），国家资本主义经济是社会主义经济与资本主义经济合作或“共居”的经济形态，其中既有社会主义的所有制也有资本主义的所有制；半社会主义的合作社是新生的社会主义经济与残余的个体经济相互结合的经济形态，其中既有社会主义的集体所有制也有劳动人民的个体所有制。无论是国家资本主义经济形态或是半社会主义的合作社经济形态，都是过渡性质的，不断变化的，它们都不是单一的固定的生产方式。

（六）国营经济是社会主义的经济形态，虽然它还在成长发展之中，但它既然是建立在社会主义的所有制和社会主义的生产关系的基础之上，社会主义的基本经济规律就是它的基本的运动规律。物质与运动是不可分的，物质的任何一种具有质的特殊性的运动形式都和物质本身的具有质的特殊性的形态处在不可分割的联系中。物质的运动和发展的规律性，是表现事物和过程本身由自己的本性所产生的关系。既然社会主义的所有制及社会主义的生产关系已经出现了，则社会主义的基本经济规律也就不可分割地存在着，不能因为社会主义的经济体系还不完整和还不完善而就怀疑或否定它的规律，作为社会主义经济本质的基本经济规律本身也不能加以主观的任何修改或从现象上来低估它的作用；相反地，正是由于社会主义基本经济规律的生气勃勃地施展其作用和影响，才能战胜其他经济成分而为社会主义经济的广阔发展开辟道路。

社会主义经济的优越性，主要表现在社会主义生产的目的性，就是因为它的生产目的不是为了一部分人的剥削利益，也不是为了脱离现实的唯心主义的所谓“崇高理想”，而恰恰是为了全社会的物质和文化的需要，所以才能发挥劳动人民的无穷的创造性和积极性，才能使生产和消费之间永远不会产生对抗性的矛盾，才能以其不断提高的劳动生产率和空前的发展速度在竞赛中战胜资本主义并限制其活动范围、改造其企业而最后达到消灭资本主义。六年来国营经济较之私人经济的发展远为迅速和优越的事实，主要的不是由于我们的企业领导者有非凡的才能或因为他们具有崇高的目的，而是由于国营经济的生产与分配对于全体劳动人民的长远利益和眼前利益的和谐与一致，能够从整体利益打算领导国民经济作不间断的发展，从而使得千百万劳动人民能为社会主义的建设和发展作不懈的斗争，并自觉地把他们自己作为在各种经济中滋长和扩大社会主义的因素。

（七）资本主义经济，虽然它在国民经济中的比重会逐渐缩小，然而它是贯穿存在于整个过渡时期的一种经济成分，并且是与社会主义的经济对立的始终进行斗争的一种经济成分，它与社会主义经济的对抗性矛盾的发展过程成为过渡时期社会经济发展过程的主要特征。因此，资本主义的基本经济规律——剩余价值规律，必然与资本主义经济不可分离地存在并发生作用和影响；当剩余价值规律不再发生作用和影响的时候，资本主义经济成分乃至国家资本主义经济成分也就不存在了。

有的同志认为：我国过渡时期的资本主义是受着限制并逐步改造的，剩余价值规律在资本主义经济中已不再符合基本经济规律的概念了。这种论断是不切实际的。不论资本主义的企业被限制和被改造到何种程度，资本家的生产资料所有制及与此不可分离的利润（哪怕是受限制的）始终是资本家要保卫的最后要塞，这个要塞假如保卫不了，他们就要失去其资本家的阶级身份，就要反抗改造，中间状态是不存在的，根据我国的具体条件，国家对资本主义企业采取逐步改造及和平转变的道路，因此，在过渡时期也就要承认资本家的资本所有权并且付给一定的“利润”，“利润”既然与“资本”不可分离地联系着，这种“利润”就是剩余价值的转化，也就是资本主义基本经济规律在起作用。在过渡时期，社会主义经济及其代表者国家，会与资本主义经济及其代表者资本家阶级在各个阶段和各个方面展开极为复杂和细致的合作与斗争，认识到对资本家阶级万变不离其宗的东西，就是资本的所有权和利润。最大限度的利润是每一个资本家主观上所追求的，经过国家的监督和限制，客观上起作用的是合法利润，这种合法利润的利润率即使是最低的，也是资本家在受着政治的和经济的种种限制的环境下接受国家领导和改进经营管理等一切活动的主要目的。因此，国家能够掌握运用这个规律，就能有效地利用、限制和改造资本主义企业。有的同志认为：既然资本主义经济逐步被社会主义经济限制和改造，剩余价值法则就不能决定资本主义生产发展的一切主要方面和一切主要过程，所以剩余价值法则就不能称为我国资本主义的基本经济法则。这种看法也是不确实的。我国过渡时期的资本主义（当然它还没有而且不再能够发展到垄断阶段）在本质上并没有什么不同于一般的资本主义，虽然剩余价值规律的作用和影响逐步受到更多的限制，资本主义的经济体系在各个环节各部门逐步受到不同程度的改造，然而这正是资本主义的本质的缺点所招致的结果，剩余价值规律是导致资本主义生产生长发展的规律，也是导致资本主义生产没落死亡的规律。事实上不论资本主义经济支离破碎到何种程度，凡有资本主义经济残余的地方，就有剩余价值规律在起作用（内在的支配作用），它仍然是决定资本主义生产发展（包括扩展的过程和没落的过程）的一切主要方面和一切主要过程的。社会主义的外在影响（包括政治、经济、法律等）可以限制剩余价值规律的作用和影响的范围，然而只要这种限制还没有发展到消灭资本家所有制的时候，也就不能改变剩余价值规律在资本主义经济内部的支配作用。

（八）个体经济（即小商品经济），是自己占有生产资料并以自己的劳动力为主而进行生产的一种生产方式。从历史上看，小商品经济从未成为构成特定社会阶段的经济基础的特定生产方式；在原始公社的末期，私有制和交换的产生促进原始公社的解体并引导奴隶社会的诞生。在奴隶社会里，广大的小农经济的破产成为奴隶制生产方式滋长发展的营养物，代表奴隶主的国家用战争和苛重的捐税的办法来掠夺小商品生产者，使他们破产变成奴隶，他们的生产资料和生产技术也成为发展奴隶经济的物质技术条件，然而小农和手工业者的没落也成为奴隶社会崩溃的主要因素之一。当封建社会形成之初，也就是在奴隶社会崩溃而向封建社会转化的期间，又出现了一批隶属于地主的小生产者、隶农以及独立的小农手工业者，他们的商品率逐渐减少，从他们中间分化出少数的大土地占有者和封建主，从而使大多数小农和小手工业者成为农奴和家奴，形成了封建制的生产方式；再到封建社会的末期，当封建制的生产方式发展到分益制和雇役制的时候，又陆续出现了大量的小商品生产者（即简单商品生产者），由于价值规律所引起的自身的分化以及商人和统治者的剥削，又使他们中间的大多数人逐渐贫困破产，成为资本主义原始积累的物质来源和劳动力来源，残余的小商品生产也逐步地成为资本主义经济的附属物，为资本主义生产服务。由此可知：小商品经济在历史上所起的主要作用，在一定时期是先进的，在一定时期又是落后的，它自发地既促进旧的社会经济体系的解体又促进新的社会经济体系的形成和发展，因此，在不同程度上进行小商品生产的个体经济是具有过渡性质和依附性质特点的生产方式，它的细小简单的生产资料和分散的个体劳动限制它在历史上不能起划时代的提高社会生产力的任务，因而它本身不能发展成一种具有完整的经济体系和社会结构的特定生产方式。它是在各个社会阶段上屡现屡灭的一种不同寻常的生产方式。根据小商品经济的这些特点，要找出小商品经济的基本经济规律，或者只能在某一社会阶段上具体地研究这一时期小商品经济的特性和规律，是值得经济学界继续研究的问题。

价值规律是调节小商品生产的规律，小商品生产者依靠商品交换实现其劳动价值而进行单纯再生产的。因此商品价格对于小商品生产的再生产规模、产品种类就具有重要的决定作用，这种决定作用的大小依小生产者生产的商品化程度为准；对于只有部分商品生产的小农和对于完全商品生产的小手工业者和郊区小农，价值规律的作用范围有显著的不同，因此商品价格对它们的再生产的决定作用也就不同。由此可知，虽然价值规律是我国个体农民和个体手工业者经济中的重要规律——是调节商品生产的规律，然而它还不是唯一的调节个体经济生产的规律，我国个体农民粮食的商品生产率在 1954 年还不到 25%，其余的 3/4 的粮食生产仍然是为使用价值而生产，不是为价值而生产。支配农民自给部分生产的是农民的直接需要（带有自然经济残余的性质），而不是市场需要，自给性生产与商品生产是这一类（包括我国极大部分农民）个体经济中内在矛盾的两个方面，商品生产是主要的方面，是发展的方面，价值规律能调节商品生产并影响自给性的生产。商品价格越有利就越能刺激商品生产率的发展，并能够影响自给性生产比率以至缩小自给性生产，例如在有利的价格政策下可以使部分自给的小麦种植者改变为全部商品生产的棉花种植者，在增产不致造成价格下降的条件下农民就会节衣缩食积极增产，就会相对地缩小自给性生产，绝对地扩大商品生产。在另一种情况下，假如商品的增产得不到价值的相应增长或不能实现其价值——得不到充分的交换，或者只得到货币而买不到他所需要的东西（这种情形只能说交换进行了一半），那么，价值规律的作用就会缩小，就会影响增产，农民就会缩小出售部分，扩大自给性部分，就会产生一种经济上的倒退倾向。然而，价值规律对自给性生产部分的影响也有一定限度的，它终不能支配自给性部分的生产，这部分生产基本上仍由农民的需要来决定。并且从整个来说，独立的小手工业者与部分自给的小农是相互依靠的，不可分离的，小农经济根本不可能不进行自给性的生产。因此不能把价值规律作为能够调节或支配个体经济全部生产的规律。

价值规律不能当做小商品经济基本经济规律的另一个理由，是这一规律没有能概括说明小商品经济（包括各种不同商品率的小生产者）的实质及其生产目的，价值规律是各种商品生产所共有的规律，对于各种商品经济都发生调节生产的作用，价值规律既能促进某一种商品经济的发展，也能促成某一种商品经济的消灭，然而它终究不是决定某一种商品经济（包括小商品经济）的全部过程的最本质的规律。

（九）不论小商品经济的基本经济规律为何，过渡时期的小商品经济是落后的经济形态，它的特有的规律不能对其他主要的经济形态发生重要影响，相反地，它是受其他经济形态的规律影响的。它不是受社会主义经济领导，就要受资本主义经济领导；它与社会主义经济之间的矛盾不是对抗性的，不是过渡时期的主要矛盾。因此，虽然小商品经济也是一种生产方式，它也应该有其基本经济规律（需要当作经济学上的重大问题来研究），可是由于有比它先进的社会主义经济和资本主义经济的存在，它的特有的规律的作用和影响在社会主义经济领导下只能处于次要的和从属的地位。

关于社会主义基本经济规律在国民经济中的作用和影响问题

（十）首先应该分析社会主义基本经济规律的内容及其作用的

性质：用在高度技术基础上使社会主义生产不断增长和不断完善的办法，来保证最大限度地满足整个社会经常增长的物质和文化的需要。斯大林分析这一规律时说：保证最大限度地满足整个社会经常增长的物质和文化的需要，就是社会主义生产的目的；在高度技术基础上使社会主义生产不断增长和不断完善，就是达到这一目的的手段。手段和目的是统一的，只有具备最大限度地满足整个社会需要的生产目的，才能在任何条件下不断更新地使用高度的技术基础，才能使生产不断增长和不断完善；同时也只有使用高度的技术基础使社会主义生产不断增长和不断完善，才能最大限度地满足整个社会经常增长的需要。因此，社会主义的技术基础与资本主义的技术基础不是“高度”与“较高度”的区别，不是量的区别，而是有质的区别；同样一种机器设备，当其与资本主义制度下的劳动者结合的时候，就不能使生产不断增长和不断完善，当其与社会主义制度下的劳动者结合的时候，它们就构成社会主义的生产力性质，而与社会主义的生产关系相适应。只有我们的国营企业才能使用任何非社会主义企业所不能达到的高度技术基础。我们第一个五年计划中的基本建设项目的机器设备都是最新式的，使用它的我国劳动者的生产技术在向苏联专家学习之后也是最优越的，这些新建的大企业较之现有企业会更显著地证明社会主义的生产是不断增长和不断完善的。为什么我们能够具备这种物质的、技术的、经济的和政治的等条件来使生产不断增长不断完善呢？并不是因为我们的企业领导者较之资本主义的企业家更有本领，而是我们依靠社会主义的生产关系所产生的生产目的，这种目的使得社会主义的生产关系与生产力没有对抗性的矛盾，生产与消费不会脱节，不会产生经济危机；全体劳动人民都能在实践中认识到它的生产目的与他们的自己的利益密切结合，因而衷心地拥护社会主义，以空前的劳动积极性和创造性来发展社会主义生产。

在社会主义的经济形态中，社会主义基本经济规律所表现的生产的手段和目的起着支配作用。凡在包含有社会主义成分的经济形态中，社会主义基本经济规律作用的大小由两个对立方面的力量对比和斗争来决定；对于不包含社会主义成分的经济形态，社会主义基本经济规律只能外在地发生影响，影响的大小由社会主义经济本身力量的大小和与它联系经济成分的性质来决定。

（十一）有的同志认为：我们现在还在过渡时期，正在工业化阶段，要集中主要力量发展重工业，社会主义经济还不完整，不能够或者不应强调最大限度地满足社会的需要。并从此得出结论：社会主义的基本经济规律还不能发生作用或重大作用。这种意见是与笼统地夸大“社会主义基本经济规律已在国民经济中起完全的支配作用”是两种极端的偏见。我们是在集中主要力量建设重工业，重工业就是社会主义经济中最基本的生产手段，建设这些生产手段，正是社会主义基本经济规律在起作用，正是为了不断地日益扩大地满足社会的需要，至于目前，是否也可以最大限度地满足社会的需要呢？这个问题应该这样分析：第一，分配与消费是不能离开一定的生产关系和经济条件的。社会主义基本经济规律既不能在非社会主义经济内部建设高度技术基础的重工业，也不能使非社会主义经济的生产也如社会主义生产以同样规模和速度来不断增长和不断完善，从而也就不能保证同等限度地来满足需要。既然各种经济成分的生产性质和生产效率是不同的，那么与生产相适应的分配也是不相等的，这就是为什么国营企业的工资、待遇、福利等要比私营企业高些（平均来说），而工人的收入又比农民的收入要高些。离开了具体的生产关系和经济条件来谈平均主义的分配是小资产阶级的观点。第二，社会的需要既建立在社会的现实生产基础之上，从而又推进社会的生产，需要不能脱离一定的生产基础，规律是客观的，社会的物质文化需要都是以社会的生产条件为客观基础的。一方面，既然在集中主要力量建设重工业阶段，既不会大量生产高级消费品，人民也就不会普遍地产生对这些商品的需要；另一方面对某些基本的物质生活条件和文化生活条件需要的增长，如粮食、油类、布和花布、戏剧、电影等，却又是必然的。这些社会需要的增长，在与社会的生产和分配相适应的条件下，在与社会消费资料的生产和文化娱乐事业的发展相适应的条件下，就必然会大大地促进我国工业化，促进重工业建设。社会对物质的文化的需要增长与工业建设和工业生产的扩大（不论是重工业或轻工业）具有内在的不可分割的联系。第三，社会主义工业化，是以国民经济各部门的相应高涨（虽然在各个阶段上有不同的比例关系）为条件的，也是全体劳动人民生活的提高（虽然是有差异的）为条件的，既然社会主义基本经济规律不能在非社会主义经济成分内起作用，国家就根据社会主义基本经济规律的要求，制定政策法令和各种经济措施，影响非社会主义经济成分的生产和分配，改进和提高它们的生产水平和生活水平，并引导它们的生产、分配和消费在一定程度上逐步地符合社会主义基本经济规律的要求。

社会主义基本经济规律不能在所有经济成分中起支配作用，它只是而且是不折不扣地在社会主义经济成分中起支配作用：对于非社会主义经济成分，它只能通过国家政策法令和各种经济措施来发生影响，实现领导；对于那些包含有社会主义因素或成分的过渡性的经济形态——如国家资本主义经济和半社会主义的合作社经济，社会主义基本经济规律既能在内部起不同程度的作用（由内在的社会主义成分的大小决定），也能从外部对它们发生影响，内因与外因相结合就能实现更有效的主导作用。

（十二）在过渡时期，工人阶级领导的国家会充分认识和运用社会主义基本经济规律的实质和要求：由于这个规律的作用在国家建设中所实现的成效，由于这个规律以全社会利益为利益的目的性，就能使全体劳动人民逐渐具体地认识社会主义，掌握社会主义的经济规律，就会形成建设社会主义的不可摧毁的伟大物质力量。因此，任何部门任何经济单位，在实际工作中依靠和运用社会主义基本经济规律的作用和影响，并以它的实际效果来教育劳动人民，这就是经济领导者的主要任务；既不应该笼统地抽象地过分夸大它的作用，也不应该怕劳动者提出物质要求而故意不提它的作用。

（十三）与社会主义基本经济规律相结合，并在国民经济中发生重要作用和影响的，是有计划（按比例）的发展规律。依靠这个规律，使国家能够制订计划，正确地组织社会主义经济的生产、再生产、分配、再分配、商品流通、产品交换以及各种消费。社会主义基本经济规律，也要依靠根据有计划（按比例）发展规律而制订的国家计划，才能顺利地有效地发挥它的作用；离开正确的国家计划，社会主义生产的方法手段和生产目的都会遭受损害，会使国家的经济活动陷于半盲目或部分盲目的状态。假如国家计划离开了社会主义基本经济规律的最高指导，计划生产的方法手段和生产目的就会陷于混乱状态，就可能根据各种不同的主观愿望制定各种不同的计划，结果也就必然会违反有计划（按比例）的发展规律，使社会主义经济的发展遭受到莫大的损害。

（十四）社会主义基本经济规律对私人资本主义经济（不包括各种形式的国家资本主义经济），不能直接地发生作用，只能是通过斗争来施展它的影响。社会主义的生产目的是与资本主义的生产目的相对立的，这种对立的斗争只能是限制和反限制的形式，不能是调和的形式，因为有了资本家的利润，就会影响到社会生产的增长和缩减了满足社会需要的限度。社会主义基本经济规律通过国家法令、政策、市场斗争、工人组织活动等来达到限制资本主义的活动范围，限制剩余价值规律的作用范围。在另一方面，社会主义经济的发展，是以国民经济各部门的全面发展为条件的，在发展生产这个共同目的上，在一定时期和一定程度内又是可以统一的，因此，在限制剩余价值规律的作用范围的时候又必须考虑利用它来发展或维持生产。

掌握运用价值规律来对资本主义的生产进行调节，也是过渡时期国家经济活动的主要任务之一。应该认清的是：国家不能单纯依靠政策法令来掌握运用价值规律，国家要是没有足够的商品和流通资金等物质基础来调节价格往往是无效的。国营商业部门也是在社会主义基本经济规律的最高指导之下，运用价值规律来调节资本主义的商品生产，使它生产的商品能够符合社会的需要，并不致攫取非法利润。不能错觉地认为这就是社会主义基本经济规律对资本主义商品生产发生作用，仅仅是影响，而且是通过国家的经济活动运用价值规律来实现这种影响的。更不能错觉地认为是资本主义的生产目的在国家领导之下改变了。国家是没有改变资本主义基本经济规律的能力的，仅仅是资本主义所生产的商品在国家调节之下客观上大体能符合社会的需要而已。

（十五）社会主义基本经济规律也要通过国家的政策法令和经济措施，对分散的个体经济产生影响；具体表现如兴修水利、改良种子、贷放新式农具和推广丰产经验等来逐步改进农民的生产技术和生产条件，使他们的生产能不断发展，使他们的产品能在客观上大体符合社会的需要。国家同样地也运用价值规律来调节各种农产品的生产；但是这种调节非特没有限制农民获得其应得利益的作用，而且国家还对农民进行物质帮助，这就是对待劳动者的个体经济不同于对待资本主义经济的重大区别。由于农民和手工业者都是劳动者，生产资料的个体所有制不是剥削性的所有，他们的利益与全体劳动人民的利益是可以协调并逐步趋于一致的，因此当社会主义的各种经济规律通过国家的活动，对它们施展影响的时候，不致遭受那种社会衰朽势力的反抗，非对抗性的矛盾可以通过说服、教育和实践中的示范等斗争形式来逐步加以克服。但应该指出的是：当个体经济的内部还缺乏社会主义因素的时候，单纯的外因的影响往往事倍功半，只有外因与内因相结合的时候，效果才能迅速而显著。

（十六）社会主义经济在它的基本经济规律支配之下运动，并通过国家的活动，限制不利于自己的各种经济规律的作用和影响的范围，掌握运用有利于自己的各种经济规律的作用和影响；在领导整个国民经济向前发展的进程中，为自己开辟广阔发展的道路。在过渡时期，由无产阶级领导的国家政权，对于社会主义的建设和社会主义的改造起着极为重要的作用。国家依据社会主义的经济规律来指导经济活动，起着保卫和扶植社会主义经济发展的作用，社会主义经济有了这个国家政权的武器，就能限制和消灭社会衰朽力量的反抗，使社会主义经济具有不可克服和不可抑阻的力量。假如国家政权在资产阶级领导之下，社会主义经济就会受到压制、就可能变质，资本主义和垄断资本主义就有可能暂时复辟并发展起来。

社会主义经济规律在国家资本主义经济中的作用及其影响

（十七）国家资本主义经济，是社会主义成分与资本主义成分相结合具有过渡性质的经济形态，通过这种结合，工人阶级领导的国家就能够有效地对资本主义经济加以限制并规定它的界限，为将来用全民所有制来代替资本家所有制创造条件。既然它是两种经济成分和两种生产关系相互结合的过渡形态，因此不能把它当作一种特定的生产方式看待，也不能凭空设想会有两种经济成分化合起来的独特的经济规律或基本经济规律，假如错误地认为那种具有对抗性的生产资料所有制和生产关系在一定的条件下相互结合，就失去其对抗性的矛盾，就能够化合而产生新的经济规律指导其和谐前进，那么，就会取消阶级斗争，就会得出错误的结论，承认国家资本主义经济没有内在的对立斗争，并能自发地走向社会主义。实践证明：社会主义与资本主义两种经济成分结合的形式是多种多样的，两种经济成分的物质的和政治的力量的对比规定内在的对立和统一的形势，规定该种经济规律的相互斗争和相互制约，并规定它们的作用和影响的大小范围。

（十八）高级形式的国家资本主义是公私合营。在全部生产过程（包括生产、交换、分配和消费）中，贯穿着与两种对立的生产资料所有制而俱来的对立的经济规律的矛盾和统一，其中既有社会主义基本经济规律的主导作用，也存在着剩余价值规律的对抗性作用；既有有计划（按比例）发展规律在起着调节生产的作用，同时被限制地追求高额利润的生产无政府规律也不断起着反限制的作用（国家计划仅仅是规定主要产品和主要指标）；既有按劳分配的规律在发生作用，也存在着被限制的按资本分红的分配规律在发生对抗作用；既有社会主义积累和扩大再生产规律在发生作用，也存在着被限制的资本主义积累和扩大再生产规律的作用等；以上种种对抗性的经济规律的限制和反限制形势，社会主义经济规律的主导作用和影响的大小范围，由各个公私合营企业的社会主义成分的物质的和政治力量的大小来决定。一般说来，国家是参加企业经营管理的主要方面，主要生产品是纳入国家计划轨道的，生产过程的各个环节是与国营企业有密切联系的，它已经成为社会主义经济体系中的单位和环节（虽然与社会主义企业尚有质的差别），因此公私合营企业能够逐步具备完善的条件来转变为社会主义企业。高级的国家资本主义企业具有半社会主义的性质，它已经是最后一个阶梯的过渡形式，然而它与社会主义企业仍有质的差别，不论私人资本的比率多少，它既然还存在资本家所有制和资本剥削，就存在阶级关系，就存在对抗性矛盾，就不能称为社会主义企业，正如当过渡时期的资本主义没有完全消灭以前就不能称为建成社会主义一样。

有的同志看到了社会主义基本经济规律在公私合营企业中起主导作用，因而就忽视了资本主义经济规律的存在及其对抗作用（虽然是被限制的），甚至有的同志说在公私合营企业中资本主义经济规律已经不存在了，利润也不是剥削性质的了，这是不符合实际的。实践中证明：社会主义经济规律在公私合营企业中起主导作用，是需要经过各种不同形式不同程度的对抗性的斗争才能实现的。假如忽视了这种斗争，国家就不能实现领导。我们应该认识清楚：几年来公私合营企业发展得比较迅速，并且一般的都有较好的成绩，这并不是由于社会主义经济的威信使然，更不是资本家的自觉的思想转变使然，而基本上是国家依靠社会主义经济的物质力量和工人阶级的阶级力量不断地进行复杂细致的各种斗争的结果。无视了这种基本特点，就不可能理解国家资本主义经济的实质。

在公私合营企业里可以有条件地采取增产节约、提高劳动生产率等措施（也是有斗争的），生产力的发展是公私合营企业过渡到社会主义企业的内在动力，并为社会主义的技术改造和计划管理等提供物质条件。社会主义的生产关系需要在不断提高的生产力和不断扩大再生产的基础上才能扩展，同时也需要在不断的斗争中才能扩展。

（十九）中级形式的加工、订货，是国家的原料或流动资金与资本家的生产资料相互依赖的形式，也是两种经济成分在全部生产过程中分阶段联结的形式。“加工”形式是国家的原料或半制品和资本家的生产工具、设备相结合，生产品里包含有社会主义成分和资本主义成分的对立矛盾，这个矛盾由国家付给工缴费（包括生产利润）成为完全国家所有而获得解决。加工产品的全部生产过程，购买原料和销售成品是全部的或主要的由国家负责，并把这些产品包括在社会主义的总流通过程之内；至于加工产品的生产过程则由资本家负主要责任，属于资本主义的总生产过程。两种对抗性的经济成分又在全部生产过程中的不同阶段各有其不同的作用范围：在生产过程中剩余价值规律起主要作用，社会主义的有计划（按比例）发展规律，以及由国家掌握运用的价值规律对它发生影响和限制。在流通过程中社会主义的经济规律起着主要作用，但由于商品是资本家生产的，剩余价值规律也还影响着流通中商品的价值和价格。“订货”形式是资本家购备一切生产资料（第一阶段流通过程）并负责生产商品（生产过程）；末一阶段流通过程（销售给消费者）则由国家负责；但是由于国家预付一笔订货款，所以订货契约内的产品是国家和资本家所共有的，这种内在的对抗性矛盾，由国家付清货款（包括生产利润）取得产品而解决。在购买和生产过程中，资本家居于支配的地位，国家居于依契约监督的地位，在销售过程中则国家居于完全的支配地位。在全部生产过程中，两种经济成分的经济规律的作用和影响表现更为复杂的情况：在购买和生产过程中资本主义的剩余价值规律起着主导作用，社会主义的有计划（按比例）发展规律，由国家掌握运用的价值规律通过契约和工人监督给予影响和限制。在销售过程中则社会主义经济规律起着支配作用，至于“统购”“包销”，也是国家掌握了购买或销售过程，生产过程由资本家负责，国家依契约监督，并更多地依靠价值规律；社会主义经济规律的影响则较“加工”“订货”为小。但不论何种中级形式，国家对于国家资本主义企业生产过程的监督，主要运用有计划（按比例）发展规律的影响，使它们的生产有利于国民经济的顺利发展。社会主义基本经济规律只在全部或部分的流通过程中发生作用。国家资本主义各种中级形式在企业中进行“新建”“扩建”（是资本的扩大再生产性质），进行增产节约，主要的也是有计划（按比例）发展规律的影响，虽然这个规律通过国家计划体现社会主义基本经济规律的目的性，然而不能错觉地认为资本家的再生产目的中已兼有社会主义生产的目的性。我们在中级形式国家资本主义企业中的工人所以热烈响应增产节约运动，并不是他们不知道这种运动会给资本家多提供一些利润，而是因为更重要的结果是会给社会主义经济的发展提供更多的物质条件，有利于社会主义的发展，可是它本身并不就是社会主义的发展。这表明各种中级形式的国家资本主义企业与高级形式的公私合营企业之间具有质的差异。

（二十）在“收购”与“代理”以及商业中的“经销”与“代销”这些低级形式的国家资本主义企业，国家只是依靠价值规律来调节它们的商品生产和商品交换，使它们大体上符合有计划（按比例）发展规律的要求，并在一定程度上限制了资本主义生产和交换的无政府状态，限制了投机活动，从而限制了剩余价值规律的作用范围。“经销”与“代销”执行着国营商店支店的一部分任务，商品是属于国家的，因此这些经销店和代理店也是一种社会主义的商品生产与资本主义的商品销售机构联结的形式。假如这种经销或代理店还有雇主与店员的剥削关系存在，剩余价值规律还发生作用；假如这里面已经不存在剥削关系（夫妻老婆店），那么它是属于商品流通范围内的个体所有制参与社会主义商品流通体系的一种联结形式。

（二十一）利用、限制和改造是社会主义经济及国家对于资本主义经济的斗争形式。我国社会主义革命阶段对资本主义所有制不采取暴力剥夺的斗争形式，是由我国社会经济条件决定的：在过渡时期的各个阶段，对于资本主义各个部门以及各个企业，在利用、限制和改造这些斗争形式中选择哪一种为主要方面，也是由当时在各部门各企业中的两种经济成分的对比关系、阶级对比关系以及国民经济发展的需要等来决定的。社会主义经济及国家，依靠社会主义基本经济规律、有计划（按比例）发展规律、价值规律及生产关系一定要适合生产力性质规律等来制定政策和措施，来利用、限制和改造资本主义企业。资本家愿意接受国家领导、接受各种合作的形式，并迎合社会的需要进行生产，决不是因为资本主义的生产目的改变了，而是因为资本家在斗争中认识到这样做才能够生存并且不违背剩余价值规律的要求。

对于资本主义企业的改造，表现在使资本主义的生产关系局部的或全面的与社会主义的生产关系相结合。在高级形式的公私合营企业中，同时并存两种所有制和两种生产关系（包括生产、交换、分配、消费）；在中级形式加工、订货的全部生产过程中，它的流通过程主要是社会主义的生产关系，它的生产过程主要是资本主义的生产关系。两种对抗性的生产关系相处是不可能长期不变的，社会主义的生产关系既成为内在的因素，社会主义的经济规律也就内在地发生作用，内在的作用和外在的影响相结合，结果就会逐步地扩大社会主义的生产关系，逐步地缩小资本主义的生产关系。当资本家阶级逐步成为社会的衰朽力量的时候，资本家个人如能接受改造，就得逐步离开他原有的阶级地位，不仅不去阻碍新生的社会主义生产关系的扩展，并且应该便利它的发展。但是资本家个人的接受改造，只有在社会主义建设逐渐强大的前提下，只有在阶级斗争逐渐尖锐的过程中，才能使某些资本家逐渐放弃其阶级利益，仅仅把希望寄托在对资本家的教育与自觉是不现实的。

（二十二）有计划（按比例）发展规律的作用和生产关系一定要适合生产力性质规律的作用，对于国家资本主义经济有特别重要的意义；资本主义经济的基本矛盾在于生产的社会性和占有制的私人性之间的矛盾。这个矛盾表现于在个别企业中的生产的有组织性和在全社会中的生产的无组织性之间的矛盾（毛泽东语），为了限制和克服这个矛盾，就得把资本主义企业的生产交换和产品分配这些主要环节逐步纳入国家计划之内，限制它的生产无组织性，逐步缩小资本主义经济内在矛盾的范围，同时也就缩小社会主义与资本主义之间的矛盾范围，而有利于国民经济的发展，尤其有利于社会主义经济成分的发展。有计划（按比例）发展规律在国民经济中的影响与资本主义生产的无组织性之间的矛盾，在我国恢复时期曾经引起过一系列的激烈斗争（例如市场斗争、生产方向斗争、原材料的分配斗争等），今后这种斗争也仍会随时发生；社会主义经济在这些斗争中逐步取得胜利，才使资本主义企业逐步纳入国家计划的轨道，从而使以社会主义基本经济规律为依据的有计划（按比例）发展规律扩大其作用和影响的范围。

有的同志认为：唯利是图是资产阶级的本质，因此最主要的任务是限制资本家的唯利是图，不是限制资本主义生产的无组织性。这些同志没有认识到：只有限制资本主义生产的无组织性，才能有效地限制资本家唯利是图的本质所引起的对国民经济的破坏性，本质是不能限制的，只能限制本质所引起的作用。因此现阶段的主要问题，不是在给资本家多少利润的问题，而是要资本家通过什么道路来取得利润的问题，也就是要资本家走国家资本主义的道路逐步纳入国家计划轨道的问题。

生产关系一定要适合生产力性质的规律，规定着我们改造资本主义企业的步骤和发展过程。对于改造对象的统一安排和分别对待，一般的应该从最新技术装备和大规模的企业开始，因为它们的生产力性质是比较适合于将要建立的社会主义生产关系的，或者是适合于高级形式的国家资本主义企业的要求的。较小的较落后的资本主义企业，只有在改进技术设备改善经营管理或者联营合并等提高生产力和改进生产组织的基础上，逐步进行社会主义的改造。生产关系的改变转移推动生产力的前进，这在各种形式的国家资本主义企业中都已经证明了的，但过分落后的生产力还不能与进步的生产关系相适应的情形下，也会使新建立的生产关系遭受挫折，增加国家政治上、经济上的负担。从低级形式到高级形式的发展过程，是社会主义改造从流通到生产、从局部到全面的过程，也是生产关系逐步地辩证地适应生产力性质的过程。

社会主义经济规律在合作社经济中的作用及其影响

（二十三）合作社经济（不包括社会主义性质的合作社）是个体经济走向社会主义集体所有制经济的过渡性经济形态，它与国家资本主义经济形态一样不能称为特定的生产方式，它既包含生产资料的个体所有制也包含有生产资料的集体所有制，两方面所占有的生产资料都是不完全的，相互依靠，又相互制约，在发展过程中一消一长，不断引起质的变化。因此在合作社经济中，不可能存在以相对固定的经济条件为基础的基本经济规律。我们不必徒劳地为合作社经济形态或半社会主义的合作社经济形态去思索一个基本经济规律，而应根据合作社经济各种形式具体地分析它的内在的经济成分、内在的矛盾和统一、内在的对立的各种经济规律的作用和外在的各种经济规律对它的影响。

（二十四）在农业生产互助组里，已经有社会主义的萌芽，因为互助组内的劳动关系，主要劳动部分已经采取集体分工互助合作的劳动形式，它是社会主义劳动关系的萌芽状态，集体劳动中的记工清偿制度，说明按劳分配的规律已经开始在一定范围内发生作用。生产技术和生产效率也因社会主义经济和国家的外在帮助并与内在的要求结合之下不断获得改进和提高，开始能够集体地拟订主要作物的生产计划，在一定程度上符合国家计划的要求。所有这些，都是社会主义的萌芽，社会主义的经济规律就以新生的然而仍是纤弱的社会主义因素为依据，开始在狭隘的范围内施展其作用，引导个体经济向社会主义的生产方向发展。当然，互助组的基本生产关系——生产资料与劳动力的结合关系，依然是个体经济本质的生产关系，土地、农具、种子等主要生产资料是个体所有的，劳动力结账清偿的部分还保留着个体劳动的商品性质，占有较好的土地和牧畜大农具等都能使占有者获得较多的收入，所有这些，都说明个体经济的经济规律仍然占有优势，社会主义经济规律的作用范围是比较狭小的。这种以个体经济实质占优势的一方与社会主义因素的一方的对立形势，构成农业生产互助组内在的矛盾和统一。

社会主义经济和资本主义经济都外在地对互助组发生影响。资本主义经济的外在影响与个体经济内在的自发趋势相结合，就会引起对互助组的破坏和瓦解作用。但由于社会主义基本经济规律的优越性，能从高级赢利的观点不断在物质上、技术上和思想教育上帮助农民，不断扶持萌芽状态的社会主义因素，使它获得茁壮的发展，对于以小农经济为基础的互助组，社会主义经济及国家的外在帮助和影响，在“谁战胜谁”的斗争中具有重要的作用。忽视了或削弱了这种外在的帮助和影响，自发势力就可能占上风，社会主义的内在因素的发展就可能受到愈趋愈大的阻力，例如曾经有些地区因偏重发展农业生产合作社而放松了或放弃了对互助组的帮助和领导，以致许多互助组就陷于瘫痪或瓦解的状态。然而假如外因不通过内因发生作用，不把帮助的力量集中扶助互助组的生产发展和社会主义因素的增长，帮助离开了社会主义基本经济规律和有计划（按比例）发展规律的客观要求，农村工作就会变成无目的的，就会造成混乱和浪费，就会助长自发势力。

（二十五）半社会主义的农业生产合作社，是生产资料的个体所有制和社会主义的集体所有制相结合的经济形态，社会主义的生产关系已经有生产资料的部分集体所有为其基础，农业生产互助组的社会主义因素已上升到农业生产合作社（指半社会主义性质的，下同）的社会主义成分，社会主义经济规律已成为矛盾发展的主导方面，改变了原来的个体经济成分占优势的实质。因此农业生产合作社就能够比较自觉地执行国家计划，能够把集体利益置于首要地位。这说明内在的社会主义基本经济规律和有计划（按比例）发展规律已开始发生主导作用。然而，由于农业生产合作社的部分的社会主义生产关系和技术基础较低的生产力性质，社会主义经济规律的作用范围不仅受着集体所有制的范围的限制，而且还受着物质基础较落后的限制，它仍然要依靠外在的影响，要依靠国家的帮助，要依靠工农联盟，要依靠与社会主义大工业的结合，要在技术基础与生产力逐步提高的过程中，社会主义基本经济规律和有计划（按比例）发展规律的作用，才能逐步增强和扩展。离开了工农联盟，离开了与社会主义大工业的结合关系，不把社会主义工业化当作是农业社会主义改造的具有决定意义的步骤，错误地认为依靠农业生产合作社内部的力量也可以达到社会主义，那就要掉到农业社会主义的泥坑里去。有些同志给半社会主义的农业生产合作社提供一个基本经济规律，认为它本身就能自发的不需要外在条件就能达到社会主义，客观上就是农业社会主义思想的表现。另一方面，农业生产合作社内部的矛盾仍然是复杂的，是不断有斗争的，社会主义经济成分必须随着生产力性质的逐步提高而逐步限制和排斥它的对立物。

农业生产合作社内部经济成分的矛盾性表现为社员思想要求的复杂性。作为一个一般的个体农民的社员，在拟订生产计划时，他要顾虑到家庭一年的粮食问题（自给的生产使用价值的规律起作用），同时又希望能按自己的选择生产最有利的作物（价值规律起作用），既顾虑接受国家计划会损害个人的利益，又希望按国家计划生产会得到国家支持、得到生产和生活的保证（社会主义基本经济规律和有计划按比例发展规律起作用），这些顾虑和希望往往是矛盾的，虽然接受国家计划服从集体的利益仍是主导的方面，但假如能把个人的希望、要求与国家计划及集体的利益获得统一的时候，生产计划就能完满地进行。作为一个中农或富裕中农的社员，他除同样具备上述矛盾而外，还要计算到土地入股和分红的问题，大农具和牲畜的作价问题。在农业生产合作社的分配中起主导作用的是按劳分配的规律，大部分的农产物是按劳分配的，但是也有一部分的农业产物是按土地股多少分配的，拥有较多较好土地的社员分得较多的一部分红利，就是剩余生产物（早在互助组内由于在优等地上和次等地上做工的计价是相同的，而土地收获却是有差别的，这种构成级差地租的剩余生产物，也已当作土地所有者农民自己的收入）。因此，自互助组到农业生产合作社的发展，仍然是矛盾的发展，但社会主义因素已发展成为主导的社会主义成分，生产关系的主要方面已经是互助合作的关系（这是与国家资本主义有本质区别的地方）。

（二十六）农业生产合作社的扩大再生产，就包括在国家计划内的主要作物而言，社会主义的扩大再生产规律起着主导作用，因为这部分的生产是在社会主义基本经济规律指导之下，并根据第一部类和第二部类的按比例增长而进行的；扩大再生产的资金是集体的积累并归集体所有，因此再生产的扩大，就是社会主义成分的扩大，是集体所有制的扩大，也就是社会主义经济规律作用范围的扩大。另一方面，生产的无组织性，仍在一定范围内起着作用，凡在国家计划规定以外的生产，可由农业生产合作社视自己的消费需要和市场需要来决定，例如蔬菜、豆类及作为副业的饲畜等，这些生产一部分受价值规律调节，一部分受农民自己的消费需要调节；这两部分往往会相互转化，价格高的时候会缩减自己的消费，价格低的时候会增加自己的消费。国家主要是运用价值规律通过收购和交换来调节这部分自发性的生产并限制其与资本主义经济的联系。

（二十七）生产关系一定要适合生产力性质的规律，指导我们对个体经济进行改造时如何确定方法和步骤。个体经济是生产力最落后的经济形态，即使在国家的各种帮助之下，它要过渡到社会主义是需要比较长的过渡和比较多的阶梯的。每一个过渡步骤和阶梯，生产关系一定要适合生产力性质规律都在发生作用，互助组劳动关系和劳动性质（初步的集体劳动和分工）的改变引起生产力的提高，而生产力的提高又巩固了互助组，并把它引向农业生产合作社。半社会主义的农业生产合作社是与其改良的生产工具和简单协作为基础的生产力性质相适应的，只有当它能够逐步提高生产力，能够使劳动日报酬的增长抵消并超过土地分红的差额收入的时候，土地分红才能被消灭，然而这不是现有的农业生产合作社的生产力性质所能办到的，需要经过农业生产技术的全部改造，这就有赖于社会主义的工业化，有赖于机器制造工业、燃料工业、化学工业以及科学技术的大大发展。社会主义的生产关系是以大工业为其物质基础的，我们不可能依靠手工业或半机器工业的物质基础就能在农业部门建成社会主义。因此，半社会主义的和社会主义的农业生产合作社之间，不仅有量的差别而且有质的差别——既表现在生产关系上也表现在生产力性质上。

二十八、对于个体农民和手工业者经济的改造比之对于资本主义工商业的改造，虽然同样是采取过渡的经济形式，同样是社会主义经济成分与私有经济成分的结合形式，然而二者有本质的区别。因为资本家是不劳动的单纯依靠剥削为生的，假如不被改造成为一个劳动者，就要成为社会的衰朽力量，就要阻挠社会主义经济规律发生作用，就会形成激烈的阶级斗争。至于农民和手工业者，他们是劳动者，虽然在某些方面他们对于社会主义改造的要求也有矛盾，但这种矛盾是非对抗性的，是可以协调的，从全部过程来说，他们的利益与社会主义的利益是完全一致的；他们会与工人阶级结成联盟而形成克服社会衰朽力量反抗的社会力量，并自觉地在他们自己的生产领域中，为生产关系一定要适合生产力性质的规律和社会主义基本经济规律开辟发生作用的场所。

（原载《经济研究》1955 年第 4 期）

我国过渡时期社会主义经济的发展和经济规律

一　过渡时期社会主义经济基础的特点

1949 年中国共产党领导的人民民主革命的胜利，使我国社会经济结构发生了根本的变化。工人阶级领导的国家，没收了国内的官僚资本主义企业和极大部分的外国资本主义企业，转变为全民所有制的社会主义经济成分，并开始在国民经济中发生领导作用。我国的民族资产阶级在人民民主革命阶段是守中立的，有少数的民族资产阶级的代表人物是参加革命的。在过渡时期的初期，民族资本主义经济对于迅速恢复工业生产，促进社会商品流通和广泛的联系，促进小商品经济，又是恢复和适当提高社会生产力的一个方面和因素。它在国民经济中的这种地位和作用，还不可能在较短促的时期内为正在生长中的国营经济和合作社经济所代替。1949 年现代工业的产值在工农业总产值中仅占 17%。同年在工业总产值中私营工业的产值（不包括个体手工业产值，下同）占 63.3%，国营工业产值只占 34.2%。1950 年在批发总额中国营商业占 23.2%，私营商业占 76.1%，在零售总额中则私营商业要占到 83.5%。1949 年手工业、农业及其副业基本上是个体经济，是在演变中的小商品经济，它们的产值在工农业总产值中要占到 75.8%。这就是我国过渡时期开始时社会经济结构和阶级结构的基本情况。在政治上已经成熟了的中国工人阶级正强有力地领导着这个国家，但社会主义的经济成分还只占有很小的比重。

在三种主要的经济成分中，社会主义经济成分与资本主义经济成分是以两种具有对抗性的生产资料所有制为基础的；两者在恢复和发展社会生产力的客观要求下统一起来。然而在运动过程中，对于社会财富的生产和分配方面，尤其是对于市场的领导和对于小商品生产的发展方向方面，社会主义经济规律的作用和影响以及资本主义经济规律的作用和影响，不可避免地要在国民经济的恢复和发展过程中进行斗争；从资本主义到社会主义的过渡，矛盾的存在和不同生产方式、不同阶级之间的斗争和转变正是过渡时期的主要特点。具有对抗性的矛盾和斗争可能发展到要采取剥夺的形式来加以解决，也可能采取和平改造的途径，采用一系列过渡形式和阶梯的步骤，逐步削弱以至消灭其对抗性来加以解决。中国工人阶级和党面对中国社会经济的具体情况和国内外新的条件，确认采用和平改造的途径更有利于国民经济的恢复与发展，实质上也就是更有利于社会主义经济成分的生长和发展。

我国在过渡时期的总路线和总任务，实质上与苏联过渡时期的新经济政策并没有什么不同，只是在实现这个任务所采取的形式、方法、步骤上有所不同。列宁曾经指出过："至于对变革底形式、方法和手段，马克思既没有束缚自己，也没有束缚社会主义革命将来的活动家……"① 一定的形式、方法和步骤，应取决于当时当地的种种条件。我国过渡时期的总路线和总任务，正确反映了我国过渡时期社会经济的发展过程以及三种主要经济成分的相互斗争和和平转变的过程。

二　社会主义经济成分的发展

新生的社会主义经济成分的存在和发展是与工人阶级领导的政

① 《论苏联社会主义经济建设》高级组·第一册，人民出版社 1953 年版，第 75 页。

权不可分的。任何一个统治阶级的基本任务就是为它所代表的新生的经济形态开辟广阔发展的道路。中国共产党谨慎地依据社会经济条件和经济规律，首先制定恢复时期的政策，依靠国家政策积聚力量来发展国营经济和合作社经济；国家依据社会主义经济规律的要求并为社会主义经济的发展提供条件。它从 1950 年初开始采取一系列的措施如，例如，统一财政经济的领导，统一币制和平衡财政预算，稳定物价和统一国内市场，改革国营企业中的旧的生产管理制度，统一调拨重要的生产资料和消费资料，等等。这些重大的有利条件的取得是不能不经过阶级斗争的。实现稳定物价和统一市场管理的过程，实质上是彻底打击市场投机和限制资本主义自由市场的一场斗争。既然资本主义的商品生产和小商品生产是通过市场来实现其价值和剩余价值的，那么，取得市场的领导也就是取得对它们进行生产领导的前提。对国营企业旧生产管理制度的改革，实质上是在国营企业中肃清资本主义管理制度和封建把头制度的一场斗争。这一系列斗争的胜利，才为社会主义经济成分和国家建立起在国民经济中的领导地位，社会主义的经济规律才逐步获得广阔发展的范围。

社会主义经济从 1950 年开始以极快的速度发展。国营工业产值在工业总产值中的比重，自 1949 年的 34.2%，上升到 1952 年的 52.8%，到 1955 年则为 62.9%；公私合营工业的产值和手工业合作社的产值也有很大的增长。社会主义性质的工业产值（包括国营、公私合营及合作社）在工业总产值中的比重自 1949 年的 36.7%，上升到 1952 年的 61%，到 1955 年为 83.8%。在农业部门，参加互助合作组织的农户，1950 年在农户总数中占 10.7%，到 1952 年上升到 40%，1954 年为 60.3%；1956 年 6 月，已有全国总农户的 90.4% 参加了农业生产合作社，其中 61.1% 已是完全社会主义性质的高级社。属于纯商业机构的商品流通领域内，1950 年社会主义性质的批发额在总批发额中占 23.9%，1952 年上升到 63.7%，1955 年为 95.6%；社会主义性质的零售额在零售总额中的比重，1950 年为 16.5%，1652 年上升到 42.2%，1955 年为 82.5%。

社会主义经济在国民经济中以其特有的速度向前发展，事实证明了社会主义经济制度的优越性。国家依靠社会主义基本经济规律的作用和影响，逐步地组织工人群众和其他劳动人民以先进的生产技术和方法，为全社会的物质和文化的需要而生产。不论在国民经济恢复时期或第一个五年计划时期，国家都是以最新技术配备来恢复和建设社会主义的大企业。我国原来的技术基础是落后的，由于伟大的苏联和人民民主国家的物质技术援助，使我们能够把外部的条件转变成为内部的条件，提早开始了我国社会主义的物质技术基础建设，从而推动了国民经济的发展，逐步满足和提高了全国人民对于物质和文化的需要。1955 年全国各经济部门的职工工资较 1950 年已增加一倍以上。1956 年又在这基础之上提高了 14%。农业及副业产值 1955 年较 1949 年增长 70%，因此农民的收入也得到相应的增长。社会福利事业和文化娱乐事业也同样有迅速的增长。虽然因为多种经济并存，在私有制经济中的劳动人民物质生活状况的改善还受到不同的生产关系的限制，但总的趋势是各种经济成分中的劳动人民的生活都获得了不同程度的改善。他们在物质文化生活方面的差别程度首先决定于生产方式的性质，其次决定于各个单位的以及个人的劳动生产率；从而使得千百万劳动人民在他们的工作和生活中日益具体体会到社会主义的优越性，日益提高阶级觉悟，日益追求社会主义，于是为社会主义建设和社会主义改造的斗争就逐步成为群众性运动。

社会主义基本经济规律的作用和影响是我们一切工作取得胜利的基本保证，它是过渡时期社会改革阶段社会经济结构中矛盾的主导方面和主导力量。然而它是要遇到抵抗的。首先，它要遭受到作为资本主义基本经济规律——剩余价值规律的作用和影响的抵抗。

三 资本主义的经济规律和对资本主义工商业改造的形式、步骤

只要存在资本主义所有制，有资本主义生产和流通的地方，剩余价值规律就会起作用，并对其他经济成分的活动发生影响。资本家的生产目的，归根结底是为了利润，这在中国并不能例外。中国工人阶级和国家既然在一定时期内承认了资本家所有制，也就不能在事实上否定这种目的，因此需要在不同的阶段上用不同的方式和代价进行“赎买”。“赎买”也是阶级斗争的一种形式，并且在私有制发生以后的几个社会形态的交替时期，生产资料的给价转移也曾经被新兴的阶级对没落的阶级较广泛地使用过；不过那些仅是剥削者与剥削者之间的转移，与我们工人阶级对资产阶级的“赎买”性质上有所区别。工人阶级也只有在一定的历史条件下面对一定的对象才进行“赎买”；民族资本家阶级也只有在一定的历史条件下才能出卖其生产资料。两者的对立的统一成为我国过渡时期和平转变中两个阶级联盟的基础。但这并不能适用于所有资本家阶级，例如我们对国家垄断资本主义就没有进行“赎买”，而是采取剥夺的形式的。根据我国的经验：对民族资本家的生产资料的逐渐赎买虽然要支付一定的代价，但它可以避免生产资料所有制突然转变所会遭受的种种损失，并使国民经济能够继续地和比较顺利地向前发展。这就是和平转变的最大利益。

在赎买的过程中，斗争的重要方面是：必须对剩余价值规律的作用和影响加以限制，必须对资本主义生产和流通的无政府性及其对广大小商品生产的影响加以限制；对这些限制稍一疏忽麻痹，资本主义就要泛滥，工人阶级就要付出更大的代价，资本主义经济规律的作用和影响就要占据优势。这种反击的情势在各个阶段、各个地区都曾经一时出现过。

利用和限制资本主义经济规律的作用和影响的形式，就是国家

资本主义的各种形式。在国民经济恢复时期主要是依靠原料供应、产品收购、信贷和税收等经济条件，把资本主义企业分别引到国家资本主义的渠道里来；其主要的形式是加工、订货和收购。在这些形式中国家规定了资本主义企业的生产和流通的范围，规定了资本家和工人的经济关系，规定了资本家与国家的经济关系，也就利用和限制了资本主义经济规律的作用和影响，使它既不至于妨害国民经济的全面发展，并转而有利于社会主义经济的发展。

资本家在获得一定利润的前提下，可以由国家规定它的生产方向、产品品种和生产数量；并且当完成的生产品为国家收购和掌握的时候，国家就可以按照社会主义的分配原则把这些产品分配到生产部门和消费部门中去。在这里，社会主义发展生产和满足需要的要求，与资本家获得利润的要求就表现为对立的统一；这种对立的统一是各种过渡形式的国家资本主义经济的实质。

剩余价值规律仍是我国资本主义经济的基本经济规律，在我国国家资本主义的实践中也可以得到证明：不论采取何种形式，规定资本家一定的利润，乃是组织资本主义商品的生产和流通的中心环节。我们掌握运用了剩余价值规律，也就可以在一定限度内规定商品的使用价值和价值的生产，也就可以掌握运用价值规律在商品生产过程中和流通过程中的作用；并且由于资本家得到一定的利润以后愿意把商品的销售任务出让给国家，资本主义的市场供求规律也就对这些商品失去了支配作用。国家掌握的商品的销售是按照有计划按比例规律的要求进行的。对于资本家利润的规定，必然要同时规定商品的收购价格或工缴费，从而也就必须要规定工资与税收。资本主义的工资规律和价值分配规律在极大的程度上被限制了。

不论如何，国家资本主义经济既然存在两个对立的阶级，资本家阶级和工人阶级，也就不可能没有阶级斗争；阶级斗争仍然是推动国家资本主义前进的主要动力。由于国家是工人阶级领导的，所以斗争的形式也就与在资本主义国家里的斗争形式完全两样，优势是属于工人阶级，因此斗争的方式和方法也就应该有所不同。国家采取经济措施、和平协商、说服教育和工人们的群众运动等方式来进行斗争。斗争是不断的、复杂的和细致的，是合法的也是革命的；斗争的结果是社会主义经济成分逐渐扩大，资本主义经济成分逐渐缩小，社会主义经济规律逐渐扩大其作用和影响的范围，资本主义经济规律逐渐缩小其作用和影响的范围。1949 年私营工业在工业总产值中占 63.3%，到 1955 年就下降为 16%，预计到 1956 年底没有进入公私合营的私营工业在工业总产值中只占 0.4% 了。

公私合营企业是国家资本主义的高级形式，是全民所有制与资本家所有制相互结合的形式。国家的代表居于企业的领导地位，主要产品的生产和销售完全纳入国家计划，生产过程的各个环节是与国营企业密切联系的，它已经成为社会主义经济体系中的单位和环节。虽然它还不是完全的社会主义企业，还保留着资本家所有制和资本股息制，但是它已是从资本主义到社会主义的最后一个阶梯。在这个阶梯上资本家已经不再保有独立自主的支配资本和支配生产的地位，资本主义经济规律如剩余价值规律、生产无政府规律等虽然一定范围内还在发生作用，在性质上仍然是与社会主义的经济规律的作用有对抗性。但这个具有对抗性的矛盾在公私合营企业的再生产和扩大再生产过程中，全民所有制的部分会逐渐扩大，而资本家所有制会相对缩小，国家的积累会逐步扩大，而资本股息会逐渐缩降，国家计划的范围会逐渐扩大，而为自由市场生产的商品比率会逐渐减少。那就是说，资本主义经济规律发生作用的范围就愈趋愈小，终会与残余的资本家所有制一道退出舞台。这种转变结合对资本家个人的思想改造，使他个人的利益和前途与资本家阶级的利益和前途分离，使剥削者逐步转变为一个劳动者，就可以消除或大大地削弱资本家阶级作为一个社会衰朽力量来进行反抗，就可以使这个阶级逐步消亡，逐渐地失去对抗性。有人认为目前在公私合营企业里已经不存在对抗性的矛盾了。我认为从价值分配、经营管理和思想意识等方面，在一定程度上对抗性还是存在的，但它已不是矛盾的主要方面，因此可以主要依靠说服教育的方法来逐渐削弱以至消灭这种对抗性。

1949 年公私合营企业的产值在工业总产值中只占2%，到1954年增长为 12.3%，到 1955 年年末，在全国范围内发展为全行业公私合营的高潮。这个高潮不是偶然产生的，它是六年来社会主义经济发展强大、工人阶级力量增长、资本家在和平竞赛中认清了自己没落的前途而接受社会主义改造的结果。全行业公私合营的形式就是社会主义经济占支配地位下的托拉斯形式。这种形式适应了对资本主义工商业进行社会主义改造的高潮并且推进了这个高潮。这一步骤虽然还不是对中国资本主义和平转变为社会主义的最后步骤，但它是具有决定意义的步骤。在资本主义经济的领域内，过去主要是国家利用和限制资本主义经济规律的作用和影响；现在则社会主义的经济规律已经直接居于统治地位，国家将根据社会主义经济规律的要求对企业的生产方法和生产目的重新加以规划和改组。因此，目前公私合营企业的再生产，基本上已经是社会主义的再生产，在规定股息并逐渐下降的前提下，企业的积累就是社会主义的积累，扩大再生产就会扩大社会主义的生产关系。有计划按比例的发展规律，在公私合营企业的生产和销售过程起着主要的调节作用。目前还有一部分产品的生产和销售是受价值规律和市场供求规律调节的。这种现象会长期存在。当国营商业机构和合作社对公私合营企业（甚至于国营企业）的某些产品实行自由推销和自由选购以后，某些商品的市场价格容许在一定幅度内的波动，价值规律和市场供求规律还要相当地扩大其调节生产和流通的作用。然而这并不是资本主义的自由市场的复活，而是在社会主义的有计划按比例发展规律领导之下的一定范围内的自由市场。在这种自由市场之内，价值规律和市场供求规律的作用，使生产单位和流通机构更能有计划地进行生产和流通，更能使计划符合人民的需要，更能减少生产对消费的盲目性而不是扩大这种盲目性。以前那种认为有计划的生产可以完全克服生产对消费的盲目性是不正确的。有计划的生产只能保证主要产品符合人民的需要，而不能做到一切产品产量完全符合人民的需要。因为消费总是在生产之后，有计划发展规律只能在生产领域内发生支配作用，而在消费品的消费领域内只能发生影响。消费者对消费品的数量、花式、品种的需要在一定限度内是会随时改变的，消费者的自由选择愈能发挥，就愈能指导生产进步，并愈能使生产符合人民的需要。因此，价值规律与市场供求规律在一定范围内会对社会主义的生产和流通领域内发生调节作用。其结果当然不会像在资本主义制度下那样为实现资本家的剩余价值而服务；恰恰相反，它是为使有计划发展规律的作用更趋完善、为使社会主义的基本经济规律的作用更趋完善而施展其作用的。

四　农业合作化的组织形式和经济规律

我国过渡时期开始时的经济基础是小生产占优势。个体经济是落后的经济形态，工人阶级和国家对它们的基本任务是引导他们走合作化的道路；而这条道路的通过必须依靠千百万农民的自觉，使他们逐步清楚地看到社会主义的前途。因此党和国家首先在个体农民之间发展互助组、组织供销合作社，发展手工业生产小组和手工业合作社。在生产关系逐步合作化的过程中必须使农民逐步看到生产力的提高并增加他们个人的收益。忽视了生产力的提高，新的生产关系是不能巩固的。但是由于农民经济的贫困与落后，单靠小生产内部力量的组织、动员来发展生产仍然是缓慢的，因此国家必须动员社会主义的物质力量对组织起来的农民手工业者加以援助。这种援助主要的是发展水利事业、收购产品、供给原料和肥料、贷放优良品种、农具和生产资金等。援助的目的就是以发展生产来鼓励农民和手工业者走合作化的道路。这就是社会主义基本经济规律对个体经济施展的影响，其结果是促进个体经济内在的社会主义因素的滋长，并随着生产力的提高而逐步扩大互助合作的生产关系。

我国小商品生产者也无例外地有自发的资本主义趋势。价值规律、市场供求规律等对农民和手工业者的生产有很大的作用；剩余价值规律也对他们施展影响；凡是社会主义经济规律还不能发生领导作用的地方，资本主义的经济规律就会在那里施展作用和影响。这个广大的农民手工业者个体经济领域，也是过渡时期社会主义经济和资本主义经济展开激烈斗争的“大园地”。其斗争的方法和手段不能采取消极的堵塞小生产者与资本主义的联系的办法；积极的办法就是建立社会主义的市场去代替资本主义的市场，建立与社会主义的经济联系去代替与资本主义经济的联系，建立生产合作社的经济形式去战胜富农的经济形式。1952 年全国基层供销、消费合作社零售总额为 1950 年的 617%，1955 年又为 1952 年的 241.8%。收购总额 1952 年为 1950 年的 775.1%，1954 年又为 1952 年的 204.4%，政府首先对主要原料作物实行统购、统销，接着对粮食实行计划收购、计划供销。在这一系列措施的发展过程中，两种经济成分的斗争是剧烈的，资本家商人曾经在各个角落里与国家、合作社争夺收购产品和销售市场，双方都掌握运用价值规律；在对等基础之上起决定作用的是党在农村中广大有力的群众组织和农民觉悟程度的提高。

半社会主义的农业生产合作社，是我国农业合作化过程中一种重要的阶梯和形式。它既包含有一部分生产资料的集体所有制也包含有一部分生产资料的个体所有制，相互依靠，又相互制约。在扩大再生产的过程中，集体所有制逐步扩大，个体所有制逐步缩小，不断地增大社会主义的经济成分。社会主义的基本经济规律成为内在矛盾发展的主导方面，它要求不断地提高技术基础，不断地扩大生产和改进农民生活。我国农业人口众多，每人平均耕地面积仅三市亩，有较高的集约经营经验，因此采用改良农具，交流精耕细作的经验就有极为重要的现实意义。但在个体经营制度下，先进的生产技术是不愿传授的。在合作化的基础之上，这些丰产经验就被解放出来，加上合理地使用劳动力和分工，就能推动生产力有较大的发展。有计划发展规律也开始内在地发生作用。农业生产合作社成为国家计划的农业基层单位，并在国家的物质和技术支援之下，生产和收入的增加较有预见性，改变了小农盲目生产听天由命的状态。这就大大地提高了农民劳动的积极性和增强了他们对自然斗争的能力。

1955 年冬全国农民学习了党中央关于农业合作化的决议和毛泽东同志《关于农业合作化问题》的报告，干部在领导思想上有了转变，农民们根据过去几年看到互助合作的成功经验和对于党所指出的社会主义发展前途的信任，迫切要求参加农业生产合作社的愿望获得了正确的领导，于是全国出现了空前的农业合作化的高潮。目前全国已有 90.4% 的农户参加了农业生产合作社，61.1% 的农户参加了高级社。

社会主义经济成分在农业部门的飞跃发展，是与党和政府正确掌握运用客观经济规律的作用和影响分不开的。社会主义的基本经济规律要求国家在生产资料、生活资料和文化教育等方面帮助农民。农民体验到这些帮助和生产的提高，就把他们自己作为社会主义的创造力量，逐步改变个体经济为社会主义经济。

半社会主义的农业生产合作社已能制订和执行粗略的生产计划，主要的农产品是受有计划发展规律调节的。当然，国家同时要考虑到价值规律的作用和影响，以使计划的调节作用更为有效。当合作化运动全面展开以后，有计划发展规律的作用和影响范围就扩大到农业的整个部门，从而才有可能进行全国农业发展的全面规划。农业的全面规划既推进了农业的有计划发展，并推进了社会主义经济各部门的有计划发展。

小农经济既为供自己消费的使用价值而生产，也为向市场出卖的价值而生产。只有在生产力提高的前提下，其商品率——也就是说为价值而生产的部分才能增加。假如我们一方面堵塞小农经济走资本主义的道路，同时又在合作化的道路停滞不前，农业的商品增长就不能适应工业发展和人民生活提高的需要。飞跃发展中的社会主义大工业与小农经济之间的矛盾将逐步扩大，遇到自然灾害的时候，矛盾就更尖锐起来，结果表现为第一部类与第二部类之间不能保持比例关系，大大地阻碍人民生活的提高，社会主义基本经济规律的作用就要受到限制。因此，党和国家在社会主义工业化的同时，用极大的力量来发展农业合作化，使合作化和农业生产的发展速度能与工业化的速度相适应，并进一步推进工业化的发展。这一伟大的成就，主要是依据社会主义基本经济规律的要求，结合我国当前的社会经济条件和政治条件等来制定政策，动员全国人民，才使我们从1954年的发生困难的境地转变到今天的国民经济全面高涨的局面。

一切经济规律，必须要通过当时当地具体的经济条件和政治条件才能施展作用；卓越的领导者就在善于发现和组织现有的种种条件，使客观的经济规律能充分地施展其作用和影响。

五　过渡时期的基本经济规律和主要矛盾

生产关系一定要适合生产力性质的规律，在过渡时期有其极重要的作用和影响，党和政府掌握运用这个规律来对资本主义工商业、农业和手工业进行社会主义改造。从一种经济形态到另一种高级的经济形态的过渡，中间需要经过多少过渡阶梯和多长时间，基本上是由生产力发展的性质和速度以及阶级力量的对比关系来决定。列宁说过："如果我们能从这些电站中把电力传导到每个村庄里去，如果我们弄得到充分的电气摩托及其他机器，那时就不需要，或者几乎不需要由宗法制进到社会主义去的中间环节与过渡梯级。"① 这说明生产关系的改革，必须以社会生产力发展水平为基础；在还没有达到成熟阶段的具备社会主义物质基础的社会里，工人阶级绝不是放弃革命，而是在取得政权以后采取一系列的过渡步骤和过渡形式来提高社会的生产力并相应地逐步建立社会主义的生产关系。显然地，旧中国过去也是没有具备这种先进的足够数量的

---

① 《论苏联社会主义经济建设》高级组·第一册，人民出版社1953年版，第89页。

物质生产条件的，因此我们不可避免地需要采取各种过渡阶梯，使生产关系的逐步改变，辩证地适应于生产力的逐步发展。这就是各种形式的国家资本主义、互助组和半社会主义农业生产合作社在我国能成为重要的过渡阶梯的原因。

生产关系一定要适合生产力性质的规律，是各个社会阶段的共有的规律，是社会经济结构发展、停滞和变革的规律。在有阶级的社会里，这个规律往往是通过阶级斗争而发生作用的；然而这个规律并不能提供新兴的生产方式的生产目的，所以也不能体现出新兴的统治阶级的阶级利益。能够指导动员新兴的统治阶级为实现其新的生产方式而斗争的，乃是这一生产方式的基本经济规律。因此，不能过分地认为生产关系一定要适合生产力性质的规律是过渡时期的最重要的规律。准确地说：在过渡时期，生产关系一定要适合生产力性质的规律，只是工人阶级所掌握运用的、为社会主义基本经济规律开辟广阔作用场所的客观依据和斗争的指导原理。而广大人民之所以卷入社会主义建设和社会主义改造的运动，并以空前的热情来实现社会主义，主要是因为他们在社会主义基本经济规律的支配下，认识到社会主义生产方式的优越性。在人类历史上，劳动人民终于获得了这样一种生产方式：这种生产方式是完全为他们自己的美好生活而产生和发展的。因此，党和国家不断关怀和提高人民生活，就成为社会主义经济制度发展的重要问题。

我国过渡时期大约可以分为两个阶段：第一个阶段主要是多种经济成分相互斗争并逐步转变为单一的社会主义经济的过程。这个阶段再经过两三年就要结束。第二个阶段主要是社会主义的技术改造阶段。这两个阶段贯穿着社会主义建设，每一个阶段的主要矛盾与主要任务是与社会主义建设密切联系的。

在第一阶段，多种经济成分之中有两种主要的经济成分——新生的社会主义经济成分和没落的资本主义经济成分，构成这一阶段主要矛盾的两个方面；矛盾的主导方面是社会主义经济成分。一方面，既然社会主义的全民所有制和集体所有制已经出现了，社会主义基本经济规律也就不可分离地走上了舞台，并日益扩大其作用和影响；另一方面，既然资本主义经济还大量地存在，则资本主义的基本经济规律——剩余价值规律，也不可避免地仍要发生作用和影响。社会主义经济成分与资本主义经济成分谁战胜谁的斗争，主要表现为社会主义基本经济规律的作用和影响与资本主义基本经济规律的作用和影响的相互斗争。根据我国的具体条件，对资本主义的斗争不表现为暴力剥夺的形式，而是主要表现为利用和被利用、限制和被限制、赎和卖的形式。在对资本主义工商业进行社会主义改造的各种国家资本主义形式中，随着资本主义经济成分的逐步缩小，资本主义经济规律的作用范围也就日趋狭仄；同样，由于农业和手工业的社会主义改造的发展，资本主义经济规律对个体经济所发生的影响也日益缩小范围。当资本家所有制随着社会主义改造的结束而消灭的时候，资本主义的经济规律也就要退出舞台，国民经济中两种对抗性的矛盾也就随之消失。社会主义基本经济规律终于在国民经济中取得日益扩大的统治地位。

在我国过渡时期的第二个阶段，社会主义与资本主义谁战胜谁的问题解决了，这个主要矛盾也就消失了。新的矛盾将是已经建立的社会主义生产关系与其物质技术基础不相适应的矛盾。社会主义的生产力是以各生产部门的大机器生产为基础的。因为只有大机器生产才能保证各生产部门均衡发展的高度生产力，才能保证劳动者在逐渐减轻劳动强度的前提下迅速提高劳动生产率，才能保证在按劳取酬的原则下不断提高人民的物质和文化生活。有些同志认为：我们不用大机器生产，尤其是农业部门不用大机器生产，单靠精耕细作和改良品种也能不断增加生产。这种否定生产工具是社会生产力发展中的决定因素的想法，是没有根据的。事实证明：凡是使用机器耕种的地方，一般的产量都有很大的增加。假如我们的农业机械能根据我国各个地区的土壤、气候、作物和耕作方法等具体条件加以创造发展，大规模的水力资源开发，使农业逐步电气化，精耕细作逐步地自手工劳动提高到主要用机械操作，并使用最先进的科学技术方法来提高育种、选种、除虫、施肥等，我国的农业生产的面貌就要大为改观，我国五亿农民就能进一步在辛苦的体力劳动和自然灾害的威胁下逐渐解放出来，使我国人民真正过现代文明的生活。至于工业和交通运输部门，目前已有的最新式的大机器生产和最先进的动力设备，也是很薄弱的。我们要使工业强大到足以使国民经济各生产部门按最新的标准机械化、自动化的地步，还得在工业建设和技术改造方面进行长期的斗争。毛泽东同志在《关于农业合作化问题》中指出：中国只有在社会经济制度方面彻底地完成社会主义改造，又在技术方面，在一切能够使用机器操作的部门和地方，通通使用机器操作，才能使社会经济面貌全部改观。由于我国的经济条件，技术改革的时间，比较社会改革的时间，会要长些，估计在全国范围内基本上完成农业方面的技术改革，大概需要四个至五个五年计划，即二十年至二十五年的时间。全党必须为了这个伟大任务的实现而奋斗。在这段文字里，已经准确地说明了我国过渡时期的第二阶段，对于社会主义生产关系与其物质技术基础不相适应的矛盾的解决道路，就是技术改革；技术改革将成为社会改革完成后全党和全体劳动人民、知识分子的中心任务。当然，技术改革的时间要相当长，而且是不断发展的；但我们估计到第三个五年计划末，我国工业、农业、交通运输业等几个主要生产部门，大体上可以建成社会主义的物质生产基础。这样，社会主义生产关系与其物质技术基础之间的矛盾基本上可以被克服了。

我国过渡时期社会主义与资本主义的斗争经过十年多的时间而结束。社会主义经济及其规律从第一阶段的矛盾主导方面发展到第二阶段的统治地位。我过去认为社会主义经济与资本主义经济的矛盾贯穿着整个过渡时期的论点是不完全正确的。当然，在资本主义发达的国家里，已经为社会主义准备了成熟的物质技术基础。在这些国家进入社会主义的过渡时期的主要任务，就是社会改革，就是建立社会主义去战胜和肃清资本主义；资本主义被彻底肃清的时候，也就是过渡时期结束的时候。至于它们的技术改革，只是一个附带的任务。也就不需要作为一个独立的阶段来完成这个任务了。像我国和苏联，由于旧社会的生产比较落后，历史证明：都要经过社会改革和技术改革两个阶段，才能完成过渡时期的全部任务。

（原载《经济研究》1956 年第 4 期）

论社会主义的基本经济规律

任何一种生产方式，都有它特定的运动规律，生产方式的各种运动规律，我们称为经济规律。某一种生产方式的经济规律，体现了这种生产方式的本质和它的生命活动。假如经济规律不是与一定的生产方式不可分离的，经济规律就会被理解为形而上学的观念，社会经济结构的发展和社会的经济活动就会变成不可知的了。假如各种生产方式的经济规律都是相同的，也就不可能把这一种生产方式和那一种生产方式在实际经济生活中区别开来了。因此，我们认为：每一种生产方式都有它自己的经济规律，离开了特定的生产关系和生产力的经济规律乃是空中楼阁。虽然有几种经济规律是各种或几种生产方式所共有的，各种生产方式共有的规律如生产关系一定要适合生产力性质的规律，几种生产方式共有的规律如商品交换规律、价值规律等，然而这些共有的经济规律也不是脱离各该生产方式而独立自存，相反地，它们是表示各种生产方式或几种生产方式的共性，并且体现着从这一种生产方式到另一种生产方式的相互联系，这正如各种动物之间具有共同的生命规律，一种低级动物发展到另一种较高级动物的时候，它们也保留着某些共同的或类似的特征。

每一种生产方式都有一个基本经济规律。基本经济规律表达了这种生产方式生产物质的手段和生产的目的。人们用什么手段来生产物质是由各个社会阶段的社会生产力决定的，人们生产物质的目的，是由与社会生产力相适应的生产关系决定的。因此，基本经济规律也就表达了一种生产方式所赖以构成的生产力和生产关系的两个方面，它表达了某一种生产方式的主要方面和主要过程。

马克思和恩格斯预见到在社会主义制度下有计划组织生产的目的，是满足整个社会及其成员的需要。列宁科学地论证了在社会主义制度下不断增加生产、发展和应用高级技术是增进劳动者福利的途径。列宁从而揭示了社会主义的基本经济规律的要点，斯大林根据这些要点概括社会主义基本经济规律的定义是："用在高度技术基础上，使社会主义生产不断增长和不断完善的办法，来保证最大限度地满足整个社会日益增长的物质和文化的需要。"

在社会主义制度下，所以能在高度的技术基础上，使社会主义生产不断完善，并用来满足整个社会经常增长的物质和文化的需要。其前提条件是生产资料的公有制。自原始公社以后，生产资料曾经被剥削阶级所垄断，在那个时期，社会生产的目的就只能是为了满足剥削阶级的利益和需要，广大劳动人民成为被剥削的对象，这就在社会生产和分配之间造成不可调和的对抗性矛盾。在生产资料公有制的社会主义制度下，社会的生产与需要仍然存在矛盾，这种矛盾表现在社会生产力的水平还落后于社会全体成员对物质和文化的日益增长的需要。因此，优先发展重工业，不断提高物质技术基础，就成为社会主义制度克服内在矛盾的方法和道路。由于生产资料是公有的，并在按劳取酬的分配原则下，生产与需要之间的矛盾就不具有对抗的性质。假如人们在经济工作中犯有严重错误，这种非对抗性的矛盾也可能转变为对抗性矛盾的形式，但只要人们能及时纠正错误，这种一时的对抗性的矛盾形式也会及时消灭，恢复到原有的非对抗性的轨道上来。社会主义制度下处理这个矛盾的正确办法：就是一方面要坚持优先发展重工业，以保证不断进行扩大再生产，同时也要尽可能地满足整个社会日益增长的物质和文化的需要。

社会主义制度下生产与需要之间的矛盾，是社会主义阶段生产关系与生产力之间的矛盾的转化。这个阶段生产关系与生产力的矛盾表现在生产与需要之间的矛盾上，具体的表现是：一方面，社会主义的生产关系使社会成员对物质和文化的需要不断增长；另一方面，社会的生产力只能在优先发展重工业的前提下，也就是要保持一定比例的社会积累和保持一定程度发展社会物质技术基础的前提下，才能逐步地满足全社会的需要。所以社会主义的生产关系与生产力是统一的，也是矛盾的，这种矛盾表现在社会积累与消费、重工业与轻工业、工业与农业、个人利益与集体利益以及长远利益与眼前利益等重要方面。社会主义生产关系与生产力矛盾的发展过程，首先是生产关系推动生产力发展，生产力不断提高以符合生产关系的要求。但当社会的生产力达到一定的发展阶段，生产关系的发展就显得逐渐落后于生产力发展的要求，原有的生产关系就会发生一定程度的阻碍作用。这就需要对生产关系中的落后部分作比较重大的改变来使生产力获得新的发展动力，这就到达逐步向共产主义过渡的时期。

社会主义阶段生产关系与生产力的矛盾，不论在前一个时期或在后一个时期，都不具有对抗的性质。因为在社会主义的生产关系中不包括利害相反的敌对阶级或社会集团，因此矛盾始终是可以自动调节和解决的。在逐步解决矛盾的过程中使社会的生产不断增长，社会的需要在愈趋愈大的限度内得到满足，从而采取步骤逐步过渡到各尽所能、各取所需的共产主义社会。

社会主义生产关系与生产力之间的矛盾和统一的发展过程，体现在社会主义生产与需要的矛盾和统一的发展过程中。这个具有二重性的矛盾成为社会主义生产方式和社会主义国民经济的发展动力。社会主义基本经济规律，正确表达了社会主义生产方式的最本质的矛盾，也就是表达了构成事物的核心的矛盾统一的规律。

资本主义社会的基本矛盾，是社会化的生产与资本主义占有之间的矛盾。这个矛盾是资本主义的生产关系和生产力的性质所形成的。剩余价值规律以及由它发展而成的现代资本主义基本经济规律，正是反映在资本主义前后两个发展阶段上的资本主义生产方式的最本质的矛盾。然而由于资本主义生产关系是由两个利害冲突的敌对阶级构成的，所以矛盾的发展过程不是矛盾的逐渐消灭和逐渐转变的过程，而是矛盾愈发展阶级斗争愈尖锐化，并终于要采取爆发式的革命才能消灭这个矛盾。

在社会主义的生产方式已经建立的经济领域里，社会主义的基本经济规律即开始发生作用，并对非社会主义的经济成分产生影响。社会主义的基本经济规律，以满足劳动者日益增长的需要为目的，而以在高度技术基础上使社会主义的生产不断增长和不断完善为手段。目的与手段是对立的也是统一的。因为既然要使社会的生产不断增长，就不能不有积累，就不能不优先发展重工业，而要相对地减少消费品的生产，这是对立的一面。另一方面，要使劳动者的需要在日益提高的基础上得到满足，又以生产的不断扩大和发展为前提。因此手段与目的又是统一的。社会主义的国家就是依据这个基本经济规律，继续不断以长期计划和短期计划不断发展生产，并以生产的成果来满足劳动人民对物质和文化的日益提高的需要。违反了这个规律，就要在政治上和经济上犯错误，就要使社会主义的经济发展遭受损害。

在各个社会主义国家里，社会物质技术基础建设的规模、速度和它所能达到的生产水平，是要根据各个国家经济的、政治的、社会的以及国际的种种条件来决定的。规律需要通过具体条件才能施展作用。工人阶级的党及其领导的国家的主要任务，就在于善于认识和组织条件，并不断地创造条件，使社会主义基本经济规律在愈趋愈大的范围内和愈趋愈大的建设规模上施展作用。

社会主义基本经济规律，决定着社会主义生产发展的一切主要方面和一切主要过程。首先，我们从生产、分配、交换和消费这四个主要方面来考察社会主义基本经济规律的决定作用。

在生产方面：为了保证社会主义生产不断增长，就要使生产资料部门的增长较大于消费资料的增长，因此要以进步的技术优先发展重工业尤其是燃料、电力、机器、基本化学等基本性的重工业。同时，也不能片面地、孤立地发展重工业，重工业的建设归根结底还是为轻工业的发展提供条件。社会主义制度下劳动人民对物质和文化需要日益增长，必须在不同的阶段上得到尽可能的满足。因此，为了有效地和健康地保证优先发展重工业，就必须在重工业与轻工业之间、工业与农业之间、经济建设与文化建设之间，保持一定的比例关系，既要保证重工业继续不断的优先发展，又要能不断提高人民生活水平。这就是社会主义基本经济规律在生产领域内所起的作用。

在分配方面：社会生产物的分配，是由生产资料的占有关系和劳动者在生产中所处的地位来决定的。在社会主义生产资料的公有制前提下，由于社会主义的生产水平与劳动者迅速增长的需要之间存在着矛盾，社会主义的分配原则就只能是各尽所能，按劳取酬。在以先进技术优先发展重工业的条件下，保证社会劳动生产率的不断提高，更由于消费资料的相应增长，劳动者的物质利益也就不断地增长。按劳分配的原则是在社会主义阶段的生产水平上与社会主义的生产目的相适应的。

在交换方面：生产资料的交换方式，由生产资料的占有制决定。社会主义制度下的生产资料是公有的，因此除出卖给集体所有制企业的生产资料而外，大都采取内部调拨的交换形式。至于消费资料的交换方式，是由按劳分配的原则决定的。消费品采取商品交换制与按劳取酬的分配原则相适应。在社会主义阶段，生产资料与消费资料采取两种不同的交换方式，既保证了社会扩大再生产的有效进行，又满足了社会成员的消费，也就符合社会主义基本经济规律的要求。

在消费方面：社会主义制度下，生产、分配与消费这三个环节之间不存在对抗性的矛盾。对生产资料的消费厉行节约，为了能够生产更多更便宜的生产品。而消费资料的生产目的直接是供给劳动人民消费。因此，社会主义制度下的消费，将随着社会生产的不断增长，劳动人民所得的消费品的数量会不断增大，质量会不断提高，品种规格会不断增多。但生产与需要之间的矛盾也反映在消费过程里，由于生产落后于需要，人们的消费只能与购买力平衡而不能与需要平衡。也就是说，现实的消费只能满足一部分的需要而不能满足全部需要。

以上是说明社会主义的基本经济规律在社会的生产、分配、交换和消费等几个主要方面所起的决定作用。

社会主义基本经济规律，也决定社会主义经济生长、发展的主要过程，这个过程约略可划分为三个时期，即从资本主义到社会主义的过渡时期、社会主义经济发展时期和向共产主义过渡时期。

从资本主义到社会主义的过渡时期，是社会主义经济的生长时期。任何一种新的生产方式的生长必须与同时代的旧的生产方式发生激烈的斗争，并战胜旧的生产方式，才能把自己确立起来。社会主义的生产方式在过渡时期要与非社会主义的经济成分——尤其要与资本主义经济成分，展开激烈的斗争。社会主义经济最主要的优越性就是它以最先进的生产技术和不断提高生产为手段，而以满足劳动人民日益增长的需要为目的。逐步使劳动人民亲身体会到社会主义生产才真正是为劳动人民自己的利益而生产的。因此就能组织领导全体劳动人民为扩大社会主义经济和改造、消灭非社会主义经济成分而斗争。无产阶级在过渡时期，只有主要依靠和掌握运用社会主义基本经济规律的作用和影响，才能制定正确的方针政策，顺利地完成战胜资本主义和建设社会主义的双重任务。有人认为只要依靠生产关系一定要适合生产力性质这个规律，就能完成资本主义向社会主义过渡的任务，这种认识容易把革命和改造当作劳动人民斗争的目的，把改善劳动人民生活置之不顾或置于不重要的地位，从而他们就不能不日益脱离群众，使社会主义生产的手段与目的不是恰当地结合起来，相反地是脱节甚至对立起来，因此他们在完成过渡时期的任务中就可能要遭受挫折。无疑地，由于社会主义经济还在生长过程中，社会主义基本经济规律发生作用的范围，以及无产阶级掌握运用这个规律的方法、方式，不能不具有过渡时期的特点，也不能不具有因各个国家所处国内外条件不同而产生的特点。

到了社会主义经济的发展时期，社会主义基本经济规律发生作用的特点是：虽然优先发展重工业的原则仍然不变，但因为社会主义的物质技术基础已经建成，在社会扩大再生产中对于消费资料生产的增长，不仅在绝对数量上增长了，而且在与生产资料增长的对比上也逐步扩大了。社会主义生产的飞跃发展和人民生活水平的迅速提高，在较短时期内超过先进的资本主义国家，将是这个时期的主要任务。

经过社会主义经济的发展阶段，就逐步为过渡到共产主义准备了条件，满足人民物质和文化需要的产品——首先是生活最必需的产品，可以逐步实行各取所需的原则，按劳取酬的原则逐步被各取所需的原则所代替。社会生产力的飞跃发展会使得原有的生产关系不相适应，于是集体所有制将要逐步改为全民所有制。由此在生产、分配、交换和消费的领域内将引起一系列的改变。社会生产与需要之间的矛盾将在一方面在旧的范围内被克服了，另一方面又会在新的领域内产生。社会主义的基本经济规律将把自己引向新的高级的发展阶段。

（未发表打印稿）

在社会主义价格理论问题讨论会上的发言

读了余霖同志的三篇文章，得益不少。我同意文章中提出的下列两个基本观点。

（1）价格应以价值为依据。

（2）在一定时期内，物价水平应求其稳定。

因为，假如价格不以价值为依据，价格就变成纯意志的，国家计划和价格政策也就失去其客观依据，势必发生混乱。同时，物价水平如不在一定时期内求其相对稳定，也要给各部门的计划工作带来很大困难，对人民生活和工农关系也有不利影响。

但是，文章中有些提法和意见，我认为是值得商榷的。

第一，作者从上述两个基本观点出发，力求每个产品的价格要符合社会必要劳动量，同时又力求物价的绝对稳定。但是，假如不是辩证地来处理上述两个原则，而是绝对化，就势必陷于自相矛盾之中。因为社会的劳动生产率是不断提高的，每个产品的社会必要劳动量在不断降低，既要求价格尽可能符合价值，价格就势必随劳动生产率的提高而作相应的下降，物价水平就不能不随之下降。作者知道这个矛盾，于是作出一种解释，认为在劳动生产率提高的情况下仍可以稳定物价，只要使每个货币单位所代表的社会平均劳动量下降。这就是说，货币作为价值尺度，是随着社会必要劳动量的下降而下降的。这类似货币“名目论”的观点。撇开理论不谈，这个解释不仅没有摆脱矛盾，而且更陷于另一个矛盾之中。因为在生产发展的过程中，产品或商品的社会必要劳动量的下降，与使用价值量的增加，并不是同一个系数。例如，原来平均每一小时活劳动生产一个茶杯，价值一元，其中五角是物化劳动。当劳动生产率增加一倍的时候，每一小时生产两个茶杯，每个茶杯的物化劳动仍为五角，而它所消耗的活劳动为半小时，值二角五分。在这种情况下，假如要使价格符合价值，每个茶杯只能售七角五分；假如要使物价稳定不变，每个茶杯仍要卖一元。二者必居其一，无法调和。每个产品是如此，社会全部产品也是如此。

第二，余霖同志三篇文章的意图，是从价格符合价值的前提出发，使企业经济核算建立在价值规律的基础之上，并为每个企业制订符合产品价值的计划赢利。因此他提出工资赢利率的主张。把工资赢利率与成本赢利率、资金赢利率相比较，工资赢利率在理论上较为正确。但创造价值的劳动，是每种产品的社会平均劳动，而不是每个企业的个别劳动。计算每个产品的社会平均劳动是否可能呢？也许到高级的共产主义阶段，复杂劳动与简单劳动的差别缩小了，工农业劳动的差别缩小了，斤斤计较的价值规律不发生作用了，那时计算每个产品的平均劳动消耗量就比较简单了。而现在，由于上述种种重大差别还存在，每个产品既要计算活劳动的消耗量又要计算过去的物化劳动消耗量，既要计算全民所有制的产品劳动消耗量，又要计算集体所有制产品的劳动消耗量，这是一个极为复杂的工作。即使费九牛二虎之力大体上算出来了，各个产品的劳动生产率又变了，又不符合当前情况了。因此成为永远算不完的工作。这条路是走不通的。社会主义社会的产品劳动消耗，所以要采取“价值”的范畴，是由于社会主义社会存在不同所有制和每种所有制内部采取按劳分配的原则所产生。价格是价值的货币形态（一种现象形态）。国家制定价格，既要考虑它的物质基础（社会平均劳动量），又要考虑它所体现的经济关系和阶级关系。这种关系主要有三个方面：（1）工业和农业的经济关系，也就是工人阶级和集体农民的阶级关系；（2）生产与消费的关系，也就是物质生产者和广大消费者的关系；（3）全民所有制内部的交换关系和赢利分配关系。在国家计划中，首先要考虑国营工业有多少产品能与农产品相交换？要向农民取得多少农产品？要考虑全社会能生产多少消费品，国家要提多少积累？消费者的现实购买力有多少等战略性问题。其次再考虑全民所有制内部的分配关系和再生产问题，等等。工农业之间，生产、消费和积累之间，全民所有制内部的生产与分配之间，都是存在矛盾的。解决矛盾的途径有多种多样，但价格却是国家手中经常为广大人民所习惯接受的一项解决矛盾的工具和形式。没有价格与价值之背离，也就说不上价格政策，没有价格政策，就要听任价值规律来调节生产。

社会主义既要承认价值规律，又要运用和限制价值规律的作用。什么情况下运用它，什么情况下限制它和背离它，由全社会的经济利益和阶级关系来决定。因而不能由国营企业内部的经济关系单独决定，也不能由社会平均劳动量来机械地决定。

价格既由上述种种因素来决定，则赢利率首先决定于成本与价格之间的关系，而现行价格是不能作全面改变的，所以企业赢利率的制定并不是太复杂的事。至于各个国营企业之间的赢利分配关系，工业与商业之间的赢利分配关系，可依据合理而有利于经济发展的原则来适当调整。全面的计算调整，即使比较合理，也是行不通的和不必要的。至于企业经济核算的考核，不能以赢利的多少作主要标志。许多产品价格高，赢利多，是其他因素所形成，不能归功于企业。企业经济核算有价值核算与使用价值核算两个方面，不可偏废。其成绩多少，主要应与同类条件的先进单位比较，与本企业的前期比较。

第三，从长期看来，社会劳动生产率总是不断提高的，而工业劳动生产率提高的速度要比农业劳动生产率提高得更快些，这是由于工农业的生产对象不同和技术水平不同所致。因此，物价水平应该是不断下降的，工、农产品的价格差距应该逐步缩小的。不论价格政策在不同的时期对不同的产品作这样那样的调整，上述总趋势仍然是价格政策的总方针，因为它与社会主义社会不断缩小工农差别和不断提高人民生活水平的目的是一致的。余霖同志说，不必降低物价水平，可以降低币值（即减少每一货币单位所代表的社会平均劳动量）来达到这个目的。这种办法是否行得通呢？因为假如工业劳动生产率的提高快于农业，而工农业物价水平不变，则势必扩大剪刀差。如要缩小剪刀差，就要提高农产品的收购价格。二者必居其一。对职工工资也是一样。假如不降低物价，就要提高工资水平；既不降低物价也不提高工资水平，就要破坏积累和消费之间、工农业之间和两大部类之间的比例关系，既不利于积累的增加，也不利于扩大再生产。随时不断降低币值增加发行量，也有发生通货膨胀的危险。因为货币流通量与流通中的商品总额、货币流通速度有一定的联系（请参考《资本论》一卷第三章），而社会劳动生产率与货币流通量并无必然的联系。社会主义国营企业内部的支付主要采取划账抵销的办法，所以货币发行量要低于社会商品总额的增长比率，更低于使用价值的增长率。当然，物价水平是不能作频繁的调整的，在若干年内，或者一定的计划年度内，物价水平不作较大的调整，是应该的。这有利于计划的制订和执行，也有利于经济核算。至于降低物价采取什么形式，全面降低还是有选择的降低，一次降低还是分批降低，都可根据实际情况来决定。财政工作同志说：降价往往要减少国家财政收入。这是理所当然的。财政是有收有付，有增有减，才能对国民经济起积极作用。只要生产不断增长，国家财政总收入增多减少，收付有余。由降价而产生的损失与其积极效果比较起来，是很小的。可以总结经验，尽可能缩小损失。

余霖同志在第一篇文章中还说，维持物价稳定（实际上是名义上的稳定），便于计划统计上的计算，可以不用两套价格（现价与不变价格）。这是不可能的。现价是计算价值，不变价格是计算使用价值，不同的计算对象和不同用途，如何能混为一谈。至于说，由于工作同志不习惯，两种价格容易混淆视听。这一方面需要养成习惯，另一方面可以用不同的单位来表达不同的价格

（如现价用“元”，不变价格用“圆”等类方法）。企业经济核算为了要消除价格波动的因素，除用现价计算外，还应用不变价格计算。

（未发表打印稿）

当前农业生产力性质及经济关系

一　农业生产力的自然性质

我国农业合作化经过互助组、初级社、高级社和人民公社的四个阶段，到1959年为止，生产力逐步发展。集体经济逐步扩大。在每一阶段上部分地增进了劳动生产力。所以说是部分的，因为原有个体经济生产力的基本特征；人畜力劳动、手工工具和生产过程的个体性，在十年合作化过程中还只有部分的改变。生产力的社会化性质和生产过程的个体性质形成矛盾的统一。在生产继续增长的年份或地区，生产力的社会化就比较顺利地扩大，集体经济也相应巩固和发展。但在生产下降的年份或地区，再生产规模就要缩小，产品的自给部分就增大。生产过程的个体性，又相对地增强了。生产过程的个体性是生产力带有自然经济性质的表现。原始公社是完全自然经济的公社。奴隶社会和封建社会是由自然经济发展到半自然经济的社会。它们都是以生产资料的自然性质和生活资料的自给自足或半自给为特征。这个特征，还在不同地区以不同程度表现我国农业生产力的性质。它与集体经济的形式是矛盾的。不进行技术改革，不彻底改造农业生产过程中的个体性，集体生产关系是不能巩固的。

人的体力、畜力是自然力，雨水、人畜粪尿也都是自然性质的劳动资料。我们当前农业中基本动力是人、畜力。大部分耕地面积全靠雨水灌溉。有一半左右的播种面积不施肥或施肥很少，要依靠土地的自然肥力；肥料中极大部分也还是农家肥料。① 手工工具和人畜力局限着与自然斗争的能力和范围。以上种种，都是我国农业生产力具有自然性质的物质基础。因此，农业生产在很大程度上要听任自然摆布，改造自然的能力还很小。在不少年份中只能进行简单再生产。长期中扩大再生产的速度很慢。一切自然生产力的作用或再生产，都需要同量的物质能力去补偿。在自然经济中，它们的物质转换完全是自然形成的。例如，人、畜劳动消耗以消费同等热量的食物去补偿。生命的消耗依靠人、畜自然繁殖来补偿。天雨灌溉的地区，年景主要决定于天时，人畜粪尿既受人畜数量的限制，也受既有食物的限制。凡此种种，都是扩大再生产速度缓慢的因素。有时连续几年天灾，就要退到简单再生产甚至缩小再生产。所以历史上即使在生产关系适应的时期，简单再生产也很少能将剩余产品转化为社会积累。因为有限的剩余产品要留作抵抗自然灾害的储备。奴隶制、封建制的社会积累是以农业劳动生产力的损耗为代价的。结果引起自然力的破坏，二者形成恶性循环，资产阶级用强制办法大规模驱逐农民，用竞争消灭个体劳动者，以机械力代替人畜力，从而大大减低农产品的自给性，为城市工业资本主义的发展创造条件。所以资本主义的农业技术革命，是以牺牲农民为代价的。

社会主义制度下的农业技术改造，是在既有利于集体农民又有

① 对我国农业的自然肥料作下列的概算（1961）：

肥料性质	平均每亩单位施肥亩数	总数	施肥总亩数
大牲畜粪尿	每头施 3 亩	5000 万头	1.5 亿
小牲畜粪尿	每头施 1 亩	20000 万头	2 亿
人粪尿	每 4 人施 1 亩	50000 万人	1.5 亿
绿肥	每亩绿肥施 2 亩	5500 万亩	1.1 亿
杂肥			3 亿
共计			9.1 亿

[附注]：全国人粪尿能施入耕地中的以 5 亿人计。杂肥中包括秸秆、草木灰、青草、垃圾等。其中秸秆是主要的，估计全部秸秆有 1/3 数量还入田地，每 3 亩的秸秆满足 1 亩地的需肥量，则秸秆能施肥 2 亿亩左右。再加上其他来源，化肥共计能满足 3 亿亩的施肥量。

利于城市工人的前提下进行的。然而要贯彻这个原则，实践的过程是艰巨的。要是不能进行扩大再生产，工、农的利益都无从谈起。要是扩大再生产的速度缓慢，则农业为工业提供积累的数量就小，工业为农业技术改革提供的物质条件也要少。这种互为因果的循环是首先发展工业来突破呢，还是首先发展农业来突破呢？在工业有一定基础的前提下，应发展农业来突破“农业为基础”的原理，在我国当前情况下特别清楚。

因为连续几年遭受自然灾害，并由于工作中的错误缺点，农业生产力遭到破坏，需要相当时期的恢复过程。1961 年主要农作物产量中，粮食只相当于 1952 年水平，棉花只相当于 1950 年水平。可是生产力的性质终究比那个时期前进了。社会化的生产资料比那时增长很多，如水利工程、机械化、半机械化农具、化肥、农药和改良品种等。农业技术也有一定程度的提高。虽然自然生产力的恢复是缓慢的，人畜的繁殖都有其自然增长速度，土壤自然肥力的恢复需要较长的过程，森林和水土流失的恢复防治需要时间更长。但我们已经具备新的条件，能够加速农业的恢复过程，主要依靠三方面的措施：一是在总结过去经验的基础上，掌握农作物生长的自然规律，提高农业生产技术。这是当前提高农业劳动生产力，产生经济效益的主要环节。二是扩大供应农业以现代化社会化生产资料，进行技术改革，从根本上改造农业生产力的自然性质，这是加速恢复和发展农业生产，巩固集体经济，建成社会主义农业的根本措施。三是彻底纠正错误的不适宜的经济关系，贯彻社会主义原则，依据各时期各地区农业生产力的性质建立新的经济关系。

二 恢复农业生产力的一些问题

要驾驭自然和改造自然，首先要认识自然的性质及其运动规律。农业是自然的产物，动植物的属性能供人食用，是自然生产力。当人们认识和掌握它的运动规律，就能栽培和饲养，将自然的生产力转变为社会的生产力。人们认识和掌握运用自然规律的能力愈大，社会生产力也就愈发展。认识和运用自然力为人类谋福利的领域是无止境的。学习农业技术也是无止境的。曲耀离的植棉基本经验，叫作“看苗控制生长”“看苗浇水、看苗施肥、看苗中耕”。其控制的主要目的是“蹲苗”，以利于“伏前桃结得多，伏中桃结得好”①。他的经验是认识自然和驾驭自然的良好榜样。不经过长期的观察、研究、试验，采取能助长其生育发展的措施，自然是不能慷慨解囊的。马克思把社会发展规律当作自然的历史发展规律的一部分。人类社会本身也是自然的一部分。农业与人的关系，反映自然与社会的关系。社会生产力以自然生产力为基础，社会的发展以农业的发展为基础。生产关系的革命依靠阶级斗争，这里夸大自然的作用是错误的。生产力的革命以自然为对象，这里不认真研究自然也是错误的。曲耀离研究了棉苗生长的规律，通过浇水、施肥、中耕等一系列技术措施，使它能多结棉。自然的生产潜力得到较充分的利用。在生产关系基本适合的情况下，社会生产力就得到较快的发展。

农业生产中的基本劳动资料，是水、肥料、土壤和工具。水、肥、土三者是统一的有机体。没有水肥的土壤不能形成农业土壤；不同成分的水分与肥料，形成不同性质的土壤结构，适应不同品种的农作物。大部分土地都可能改造成为优良的农业土壤，不论采取何种措施改造，水肥总是首要的物质条件。据北京市国营农场的长期试验：一般是一斤小麦要一千斤水，千斤肥料百斤粮。视不同数量的水、肥采取相应的合理密植，每亩小麦能分别达到 300 斤、400 斤、500 斤。所以，只要准备必要的水、肥、种子等物质条件，根据当地具体情况灵活运用各地的丰富经验，我国农业的单位面积

① 参见《科学工作者系统研究曲耀离植棉经验》，《人民日报》1962 年 7 月 2 日。

产量和耕地面积都有成倍增长的可能性。①

修建大、小水利工程，修建电力灌溉网，是发展农业生产的基本措施。工程质量的好坏，决定于科学技术原理的掌握和运用，缺乏科学依据的经验是危险的。近十年来国家和集体在水利方面所做的工作大多数是成功的，也有一些是失败的，或者效益不著。失败的原因主要是工程技术违背科学原理。这类缺点错误比较容易纠正。效益的问题是个比较复杂的问题。水利工程的经济效益决定于投资、淹没损失、使用年限、灌溉面积、渠道布局、灌溉方法和综合利用等方面的全面核算。水利工程和灌溉系统，是农业生产力社会化的重要因素，有些地区甚至是决定性因素。虽然大、中水利工程和大规模灌溉网更有利于集体生产，但在当前调整恢复时期以至农业技术改革初期，应该首先考虑的是近期效益和投资回收速度问题。例如，同样的投资，是在崇山峻岭中修建大水库的效益快呢，还是在大江巨川沿岸修建电力排灌系统的效益快呢？是远距离引水灌溉的效益快呢，还是在当地打电井、修塘渠的效益快呢？一定的劳动力和劳动资料，用于什么劳动对象，是一个科学技术问题，同时又是一个经济学问题。经济发展速度，既决定于主观能动作用，又决定于是否掌握客观经济规律。符合客观规律的主观能动性能够事半功倍，违反客观规律的积极性也会事倍功半。探索水利建设投资的经济规律，是当前如何支援农业的一件重大任务。

在农业生产建设中的平均主义观点，不利于农业生产力的恢复与发展，也违背社会主义全面核算的经济原则。例如，山西河津三

---

① 浙江海宁县许村人民公社永福大队，1956 年以前是两熟制，亩产 300—400 斤。高级社成立后部分田改三熟制，1958 年三熟制亩产 1170 斤，1960 年亩产 1255.6 斤，三熟田面积占全部田 66%，基本经验是充分利用水源，肥料增加一倍，每亩用工从 28 个劳动日增加到 43 个。

1957 年，荷兰化肥施用量平均每亩 251.8 斤，小麦平均亩产 530 斤。比利时为 195.5 市斤，小麦平均亩产 484 斤。英国平均亩施化肥 76 斤，小麦平均亩产 425 斤。法国平均亩施化肥 45 斤，小麦平均亩产 318 斤。产量与化肥量的关系是很明显的。

据估计，我国可供开垦的宜农地有 9 亿亩左右。不宜农作物的山区坡地但可供种植木本粮食、木本油料和含淀粉植物的土地则达十余亿亩。主要的物质条件是蓄水与施肥。

峪灌区是老灌区。为了扩大灌溉面积，近年又辟一个新灌区。由于水源有限，不能同时满足两灌区的需要。前两年采取平均使用水量的办法，老灌区因水量减少较前减产 49 万斤，新灌区因得水增产 13.7 万斤。两区增减相抵，共减产小麦 25.3 万斤左右。这个例子说明：因为不进行社会主义的全面核算，采取平均主义使用水量的结果，虽然灌区扩大了，粮食却减产了。有限的水源，灌在什么地区，灌什么作物，才能达到最大的经济效果，存在客观经济规律。在私有制的时代，发现了也不能实现。社会主义的优越性恰恰是在能够进行全面核算，能够实现全社会的最大经济效果。平均主义的观点同样也存在于其他重要劳动资料的分配方面：有不少化肥分配不当，在不缺磷的地区推销磷肥。① 在薄土层地区推广深耕犁。在有自流灌溉的地方推销抽水机。在水稻阡陌地区推广双轮、四轮车等，都是显著的例子。社会主义生产资料的有计划分配，是依据自然规律和经济规律的合理分配，平均主义的分配既不符合自然规律也不符合经济规律，它恰恰否定了社会主义的优越性。

残余的自然经济性质，自给性生产的扩大，助长农业种植计划的平均主义倾向。也不利于社会主义生产力和生产关系的巩固发展。广西玉林专区南部宜于种粮食，北部宜于种花生。但因粮油统销困难，于是各县、各社、各队都得既种粮食也种花生。② 阳朔、平乐有两个农场原来种苎麻，很有成绩。近年因口粮不足，麻的收

① 磷肥对油菜、甜菜、萝卜、西瓜、黄瓜、番茄以及多年生的某些木本作物，肥效较好；对禾本科粮食作物的肥效则较差，对小麦、大麦的肥效却较其他粮食作物又高一些。在缺磷的土壤中施用肥效较好，在多磷的土壤中如不同时施用氮肥，则反而有害。四川缺磷土壤3800 万亩，1961 年豆科播种面积2200 万亩。需要磷肥数量超过本省产量的数倍。但因为平均分配的办法，不缺磷的地区和不需磷的水稻区同样分配到许多磷肥，造成大部分地区农民对化肥不欢迎。

② 山东是花生单位面积产量较高的地区，一般年份亩产在 200 斤以上。近年因机械地执行以粮为纲的粮食自给的政策，花生播种面积大加压缩改种粮食。粮食的平均亩产仅 100—150 斤。地力也越种越薄。而在有些省区，不宜种花生却硬要种花生以自给。这种情况在全国、在各省区、在一个区县之内都能举出不少例子。明代朱元璋曾经下令每个农户要种一亩桑麻，那时自然经济还占统治地位。每户占有的土地面积比现在多得多。但后来这个敕令还是失败了。为什么现在竟有人把这种办法当作社会主义的先进措施呢？

购价格又低，既亏本又挨饿，今年就放弃苎麻改种粮食了。这类例子不少。不适当地削弱商品关系，过分压缩统销数量，机械地执行“以粮为纲”政策，加强了农业生产的自然经济倾向。农业的自然条件和生产技术条件都有地区特点，因地制宜才能充分发挥自然的和社会的生产力。因地制宜要求地区分工分业，是农业生产力社会化的重要方向。将来商品关系是要消灭的，农业地区的分工分业还是要发展的。假如认为分工分业会增加社会交换与分配的社会劳动，应该知道：分工分业本身恰恰会节约所需的社会劳动而有余。假如认为扩大自给生产能节约交换与分配的社会劳动，则违反自然规律和经济发展规律的自给生产（一定条件、一定限度下的自给当然是必要的），恰恰浪费了所节约的社会劳动而有过之。

需要依据农业的自然条件和生产条件，进行区域规划。从目前看来，似乎这种规划的必要性不大，规划起来也相当模糊。这是当前残余的自然经济状态所使然。经济区域隶属于行政区域，结果产生地域经济的倾向，生产与消费都从一定地域的平衡出发。例如：广西玉林区产竹木农具，1962 年上半年产量超过了本地需要，不得不部分的停工减少。但就在隔邻的广东西江一带奇缺。由于地域的生产计划、商品流转计划、银行信贷计划等重重牵制，脱销与积压成为经常的不可避免的现象。地区的自给平衡扼杀了地区的分工发展。地域经济与社会主义的区域平衡是不相干的。前者是自然经济观点的地域自给平衡，后者是社会主义地区分工基础上的全面综合平衡。地尽其力、物尽其用，是社会主义地区分工的原则。

以上种种，说明在现阶段农业生产力恢复与发展过程中还存在一些问题。这些问题有的反映主观认识与客观存在之间的矛盾，有的反映地区之间的矛盾，也有的是反映生产力与生产关系之间的矛盾。对于这种种矛盾，只有以恢复和发展社会主义生产力为主要指导思想，才能逐步得到克服。

三　农业技术改革的经济任务

十年来我国农业集体化的经验证明：农业集体所有制比起单干的个体经济显示了巨大的优越性，不进行农业集体化，社会主义工业化就不可能，农业现代化也不可能。但到目前为止，我国农业生产力的性质还是比较落后的，它仍以个体劳动、手工工具和简单协作为主要特征。因此，集体的规模不能过大。劳动资料的性质决定改造劳动对象的深度和广度，二者的辩证统一决定生产规模。是生产规模决定劳动组织，而不是劳动组织决定生产规模。生产力的革命要由劳动力的革命开始，不破劳动者的单干形式，就不能为生产资料的革命开辟道路。但是，没有生产资料的革命继之而起，则劳动力的革命既不能彻底也不能巩固。只要生产过程的个体性没有得到彻底改造，单干倾向就如幽灵一样会在集体经济中不时作祟。

农业生产资料的革命，是农业技术改革的基本任务。农业八字宪法已概括了改革的范围。改良土壤增施肥料、发展水利、工具改革等都属于农业劳动资料的改革。推广良种、合理密植是劳动对象的改革。劳动资料与劳动对象的改革，势必要有劳动技术（植物保护、田间管理等）的改革与之相适应。

在农业中，要以现代化、社会化的劳动资料代替或补充落后的、自然性质的劳动资料，要以科学的分工协作代替个体劳动和简单协作，比在工业部门要复杂困难得多。工业生产是人与无机物质之间的关系。劳动对象是无生命的、不变的。农业生产，人介乎自然和生物有机体之间，既要适应天时的变化，又要掌握生物生命过程的运动规律。在工业中，体力劳动和脑力劳动可以分工，在农业中，体力劳动与脑力劳动必须结合。愈是精耕细作，愈需要精细观察力和系统的思维能力。千百年来农民文化技术的落后，脑力劳动者与农业生产的隔离，是农业落后于工业的主要原因之一。

有人认为，既然集体经济的优点是分工协作，那么就推行细密的劳动分工和大协作吧。这种孤立地看待分工协作的观点是错误的。机械的劳动比较容易进行人工协作。农业中也有这一类的劳动，例如犁地、翻土、收割、运输、脱粒、水利工程建设和一些农田基本建设等。这类劳动比较容易为机械作业所代替，依据机械的性能进行分工协作。但农业中最基本的劳动是培植饲养生物有机体的劳动。依据自然的性质，这类劳动需要有持续的专人负责，既不宜把劳动过程割裂，也不宜频频调动劳动者。这种劳动的要求专责与机械性劳动要求统一调度，常常发生矛盾。在劳动力缺乏的情况下，矛盾会比较尖锐。矛盾的解决不是谁克服谁，而是根据具体情况权衡得失予以不断调整。两种劳动的协调统一，在专责基础上进行必要的统一调度，是农业劳动组织的特征。

过去各国农业技术革命都是从机械性劳动部分着手，资本主义国家农业技术革命的主要成就也在这一部分。它从节约劳动力方面提高了劳动生产率。但任凭机械化发展到何种程度，它不能代替植物栽培学和动物饲养学。这里需要的不仅是机械力或众多的人力，更重要的是实践和科学知识相结合的农艺技能，以及为发挥其生产技能所必需的物质条件。现代农业在这方面虽也有不少成就，但与其在机械化节约劳动力方面的成就比较起来，就大有逊色了。[①] 发展的不平衡，在资本主义制度下反映了生产关系的对抗性。在苏联则反映了工农业发展的不平衡性，以及农业生产力各因素间发展的不平衡性。所以，除进一步提高农业机械化外，从生物、生化[②]等方面大大提高农作物的单位面积产量（也是饲畜业发展的前提），

---

① 据1958—1959年的统计，每个农业劳动力平均负担的耕地面积，加拿大为785亩，美国为483亩，苏联为99亩。比起我国（平均7亩左右）劳动生产率要高达11倍到110倍。平均每亩小麦的生产量：加拿大是177斤，美国211斤，欧洲（不包括苏联）平均240斤，苏联135斤。我国1957年是114.4斤。欧洲、美国与我国相差也只1倍左右。

② 现代化的农业，是工业装备的农业，是自然科学与政治经济科学相结合的农业。自然科学中生物学的落后，与农业的落后相互影响。工业发展的速度迟缓，即使在社会主义制度下，也与农业的停滞不可分割。农业生产周期远较工业为长，有其自然的原因，也有生物、化学落后的原因。

乃是社会主义农业的历史任务。不完成这个任务，要进入高级的共产主义阶段是困难的。

我国合作化以来，仅就各地先进生产者所已掌握的农艺技能，如能为之提供必要的物质条件（主要是水、肥、种子和工具），在一般气候条件下，双季水稻亩产千斤，一季中稻亩产500—700斤，玉米亩产500—600斤，小麦亩产200—300斤，皮棉亩产100斤，是不难达到的。假如全国有一半耕地能分别达到这个水平，就可以丰衣足食了。要实现这个水平，关键问题有三：一是农业劳动者的知识技能及其主观能动性，二是现代化的、半现代化的物质技术条件，三是适合生产力性质的生产关系。总路线、“大跃进”和人民公社是不断解决上述三个问题的正确方向和组织形式。几年来所以产生不少缺点和错误，原因固然很多。主要原因之一，是许多干部把自然斗争和阶级斗争混同起来，将用于对敌斗争的经验用之于斗争自然，将有些人民内部矛盾扩大为敌我矛盾。其结果，既在自然规律的面前碰了壁，也在社会经济规律的面前碰了壁。生产力后退了，生产关系也不能不相应调整。

农业生产力中人的作用，比在工业中还要重要，培养掌握先进知识技能的农业劳动者，是技术改革的首要任务。必须加紧在农业中培养一支庞大的科学技术队伍。如将现有的中等学校的1/3或更多一点学习农业，并不嫌多。现在普通中学的课程主要是为升大学和专科学校而设，而大专学校的容量总是有限的，在社会主义阶段，大部分高、初中毕业生必须从事农业和工业。当前学用之间的矛盾需要积极设法解决。1960年日本有农业试验场1500多处，每处平均管辖4000家农户。如按这个很低的标准，我国（包括示范农场、农业技术推广站、种子站等）也应有3万个以上，百余万人。如果每一个生产队有两个中等农校的毕业生，也需要一千数百万人。要过渡到共产主义，每个成年农民都应有中等农校的程度。这样庞大的技术队伍如何培养？单靠正规学校是困难的。首先，可以把精简和下放到农村的知识青年技术工人等力量组织起来。以他们的文化知识技能与广大农民的实践经验结合起来，积极而踏实地学习和推广先进生产经验。过去向先进地区参观、学习、交流经验等形式是有效的，是促进农业生产力社会化的重要方法。但也产生一些死搬硬套的弊病，主要是总结、学习经验，缺少科学分析，未能根据当地具体条件正确运用别处经验。自然规律也与社会经济规律一样，它的表现形式会因各地的自然特点而多样化。自然因素与经济因素相互作用，就更为错综复杂。所以现代化的农业既需要极为丰富的自然科学知识，也需要一定的社会科学知识。

社会主义工业化，准备了改造农业的先进的物质条件。它能突破农业生产力自然性质的局限性，促进农业扩大再生产。农业扩大再生产的物质条件来源有二：一是农业，二是工业。农业的技术改革，既需要农业本身的积累，也需要工业的积累。在恢复阶段，农业本身的积累是主要的。随着农业的逐步恢复和发展，需要工业积累的支援会逐步增加。过去十余年中，国家把一部分农业本身的积累用于工业建设，这是必要的。最近几年征购超过了农业生产水平的负担能力，使农业再生产受到影响，结果损害了农业生产力。现阶段农牧业再生产的生产资料，主要部分还是农牧业自己创造的。例如，牧畜、肥料、种子、部分农具等，因此，当前不能不把农业积累的主要部分留在农业生产单位，使它有能力繁殖牲畜，增加肥料，留足种子，添置农具和兴办一些农田基本建设等。只有这些基本需要适当满足以后，才有余力支援城市、购买工业品；后者的扩大，必须依靠农业生产的恢复和发展，剩余农业品的逐步增多。然而它们又是互为因果的：工业支援农业的力量愈大，农业生产恢复和发展的速度就愈快。这个矛盾的解决，首先还是要依靠农业本身发挥潜力，使农业本身的力量加上一定的工业支援，从简单再生产缩小再生产过渡到比较稳定的扩大再生产，然后工、农业之间的恶性循环就能转变为良性循环，为进一步的技术改革开辟道路。这也是十中全会通过的《农村人民公社工作条例修正草案》的主要目的。国民经济的恢复发展以农业的恢复发展为基础。当前生产关系的调整和生产力的发展措施，以农业增产为出发点。

现阶段的农业技术改革，应以恢复和提高单位面积产量为主要目的。苏联和美国过去农业技术革命的主要目的是节约劳动力。单位面积产量提高的幅度不大。① 最初当农业劳动力节约后，农业人口减少，单位面积产量不变，也给城市增加供应一定量的商品粮食。然而城市人口增加与商品粮增加的供应的比例是不相适应的。工人的粮食消费量要比农村大，质量要求也高。除粮食外还需要愈来愈多的工业原料。于是矛盾逐步扩大，才被迫重视改进农艺技术，提高单位面积产量。近十年来世界化肥产量的猛增（从1949—1950年的1000万公吨左右增至1958—1959年的11000余万公吨），是其显著的标志。

我国农业的技术改革，也许要把程序倒过来：或提高单位面积产量与节约劳动力同时并进，而在不同时期不同地区有所偏重。总的来说，现阶段以提高单位面积产量为主要目的，有其内在的必然性。当前城市还不感到劳动力缺乏。② 在农业生产水平还比较低的情况下，提高单位面积产量所追加的劳动力和生产资料一般比开荒扩种要经济些，收效也快些。为此，改进水利设施，繁殖猪、羊等家畜以增加肥料，推广优良品种和进一步精耕细作等措施，对于提高产量有普遍的直接的意义。在工业支援农业方面，增产化肥、农药比增产农业机械更为迫切，增产排灌、钻井、加工机械比增产耕作机械更为迫切。当然，农业耕作机械的重要性是不能否认的。精耕细作要增加劳动力，耕作机械能大量节约人力、畜力，对提高劳

① 苏联在1924—1934年，小麦每公顷的产量徘徊在7.4—10.8公担，即每亩100—140斤。1956—1959年，每亩产量在124—153斤，所增甚微。农村人口却从占全部人口的82%（1926）降至51%（1960）。美国1910—1914年平均每英亩小麦产14.4蒲式耳，1945—1949年平均为16.9蒲式耳，1950—1953年平均为17.1蒲式耳，也所增不多。但同期每英亩所需工时却从15.2小时陡降为4.4小时。农业人口从占全部人口72%（1880）陡降至12%（1958）。

② 我国在农业技术改造过程中也必须同时发展工业。所需劳动力主要应从提高现有工人的劳动生产率来满足。其次，每年城市人口的自然增殖能提供一百余万，如再有不足之处，才需要从农村调拨。

动生产率和减轻农业劳动强度起直接作用。它在促进多种经营和开荒扩种的意义上，也能起增产作用。从长期来看，农业机械（包括运输加工工具）在促进劳动过程社会化的任务中居于骨干地位。当前有许多地区已经迫切要求农业耕作机械。从全国来看，耕作机械的发展速度，除技术因素而外，将视单位面积产量提高的幅度而定。在当前生产队经济还相当困难的情况下，任何不能增产的新工具，或成本的增加高于增产效果的新工具，都不易为农民所接受。但成本低、增产效果高的耕作农具，不是短时期内能创造和大量生产的。世界各国的经验，耕作机械的推行都需要国家巨额投资或补贴。它的经济效果需要全面核算。不论苏联或美国，由于农业机械化、化学化而引起农产品成本的增高，是共同的趋势。要扭转这个趋势，必须增产的效益（主要是单位面积产量的提高），超过现代化农业生产资料的耗费。目前化肥已能符合这个要求，耕作机械则还不能达到，也不能在短期内完全达到。所以国家对农业技术改革要进行长期的巨量投资是不可避免的。这一巨额投资从何而来？在工业中主要靠增产节约，降低产品成本，提高劳动生产率。在农业中则主要依靠单位面积产量的提高。因为只有单产提高才能降低单位成本，才能增加剩余产品和纯收益。纯收益的增多是集体经济不断进行技术改革的前提。在单产不变的情况下，扩大多收只能扩大简单再生产的规模，不能增进扩大再生产。

我国农业技术改革的全部过程，是生物措施、化学措施、水利工程措施以及工具机械化措施等方面相互交织、相互促进的过程。其第一阶段，主要目的是提高单位面积产量，可以生物、化学、水利等措施将占主导地位。我国山多、平原少，山区蕴藏着无限的自然生产力（尤其是淮河秦岭以南），大规模的山区开发需要巨额的投资，周转期要三五年时间。垦殖事业在最近几年来只能居于从属地位，以试办和创造经验为主，但可以设想：当农业生产水平提高到一定水平时。例如全国各地分别达到或接近 400 斤、500 斤、800 斤的水平时，除非在生物、化学等方面有革命性的创造，单位面积产量提高的速度会迟缓下来。我国农业技术改革势将进入一个新的阶段。大规模开发山区将成为一个主要方向。就现在所望达到的农业较高生产水平而论，全国按人口平均也不能少于三亩地（两亩地粮食平均1000斤左右，一亩地技术作物及其他），否则就很难完成社会主义建设。到1990年左右，我国人口将达十亿左右。按上述标准须有30亿亩耕地。这一任务是异常艰巨的。①

四 适应技术改革任务的经济关系

巩固和发展集体经济，要从发展生产力和调整生产关系两方面努力。在实际工作中，二者总是相互结合、相互影响的。确定以生产队为核算单位，既调整了人民公社内部的生产关系，也改变了生产力的结构及其活动形式。在最近若干年内，农业生产中基本的生产力，是生产队的生产力。在生产过程的个体性尚未彻底改变以前，生产队生产力主要依靠劳动者的技能及其积极性。在大机器工业中，劳动者的技能服从于劳动资料，人是机器的助手。在农业中，尤其在以个体劳动手工工具为基础的农业中，人是劳动资料的主宰；人是农业劳动生产力中的决定因素。现代化机器的发展趋势，有使劳动者的各种劳动一律平等或平均主义化的趋势。而在手工劳动中，尤其在手工劳动的农业中，从来就是以劳动技术差别的扩大，劳动者活力的增强为生产力发展的特征。因此，现阶段巩固集体经济，不论着眼于生产关系或生产力，都得从培养人的工作开始。

社会主义制度消灭了生产资料私有制，使生产与分配发生直接的因果关系，相互促进。劳动者重视分配，是社会主义生产以满足需要为目的的自然表现。在现代化的国营企业中，生产资料是全民

① 我国耕地面积1957年为167744.7万亩，1961年播种面积下降为177732.98万亩，下降原因有工业及水利建设占用地、灾害、丢荒等，丢荒可能是主要原因。

的，劳动是分工协作的，劳动者个人能创造多少财富，不容易直接计算出来（手工劳动又容易些），这种种条件培养劳动者的全局观点。个人利益建筑在全社会利益的基础之上，现代工人比较容易懂得。至于集体农民，情况就有所不同。因为劳动资料是集体所有，屈指可数，劳动形式主要是简单协作和个体劳动，个人生产技术的差别也很清楚，个人能生产多少财富，也容易计算出来。这些条件容易产生朴素的分配观点：个人生产的都应归个人所有。这当然是错误的，必须进行社会主义教育，逐步提高集体农民的全局观点。然而平均主义的分配观点决不能纠正这种错误，因为它不符合生产力的性质，抹杀劳动生产力的差别，麻痹劳动者的活力，对社会主义经济建设极为有害。

目前有些生产队贯彻按劳分配、多劳多得的原则还存在一些障碍。有的生产队，公社由于生产水平低，口粮如不比较平均地分配，不能维持全体社员的生存。这是可以理解的，也是可以在相当时期内设法改变的。还有的地方仍把平均分配当作方向，当作解决分配工作中困难的进步办法，这是错误的。愈是实行平均分配的地区，生产也愈不容易上升，困难也愈不容易克服。共产主义的前途，不是平均分配的前途。社会分工愈发展，社会劳动生产力愈高，产品的多样性和人们需要的差别性成比例地扩大。[①] 在共产主义阶段，社会保证满足各个人需要这一点是平等的，但各个人的需要因其工作和生理的差别而有所不同，是不平均的。例如，运动员的口粮比常人高很多，寒带地区的人比热带的人要多吃脂肪、穿毛

① 这里需要严格区别阶级社会的差别性和共产主义的差别性。阶级社会由阶级地位和阶级剥削形成阶级差别。共产主义彻底消灭了阶级差别，但由于不同的社会分工、不同的劳动形式和不同的生理需要而产生不同的消费差别。三大差别的消失是指其社会性质差别（阶级社会残余）的消失，而不是指其自然性质差别的消失。例如：每个人对脑力劳动或体力劳动会有所偏重。脑力劳动与体力劳动的生理活动形式的差别总是存在的，消灭的是阶级性的体脑分工和不同的社会地位。工业与农业的自然差别也始终会存在的，消灭的是它们不同的生产力水平和不平等的社会关系。共产主义时代也还有城市，甚至有更多的城市，消灭的是城乡之间经济文化发展的不平等及乡村对城市的隶属关系。而城乡间、地区间人民消费需要的自然差别仍然存在。

皮服，地质钻探工作者需要望远镜、半导体收音机等，都是显著的例子。这种种需要的差别，既有利于个人的发展，也有利于社会生产力的提高。因此，向集体农民正确贯彻党的政策和灌输科学共产主义思想，是巩固和发展集体经济的重大问题。

实行按劳分配，要同时批判“全部产品归个人”的小资产阶级观点。社会主义制度下的产品，都是国家、集体和个人三方面共同创造的财富。虽然因所有制的不同而有劳动社会化程度的不同，从而各方面参与劳动的份额不同。但在任何情况下，离开集体和国家的协作，都是不能进行生产的。所以一切产品的分配，必须兼顾国家、集体和个人。这三者的比例关系，由生产的社会化程度及生产水平决定。生产社会化程度愈先进，劳动生产力愈大，生产水平愈高，在每一个产品中所包含的物化劳动愈多，则分配给国家和集体的比例就愈大，分配给个人的比例就相对的要小。① 反之，个人分配的比重就要大些。产品分配的比例反映在消费与积累的关系上，生产水平愈低，消费部分的比重就要愈大，积累就愈小。积累与扩大再生产相互促进。扩大再生产既要提高积累，也要增加个人收入。目前还不能保证每年、每个生产队都能扩大再生产。在不增产或减产的情况下，积累和消费的比例就需要全体社员民主讨论决定。虽然农民会把眼前利益看得重些，要求个人分配多些，只要群众的劳动积极性有所提高，即使再生产资金不增，也有可能进行扩大再生产。反之，例如群众因分配而损害了生产情绪，即使再生产资金增加，也难保证扩大再生产。这是当前农业生产力的特点。矛盾的根本解决，依靠不断地扩大再生产。

技术改革的过程，是从物质和技术方面保证扩大再生产的进程。不过，不能指望技术改革的每一步都能带来生产的扩大。经常有试验性的措施，要经过一定时期才有成果。有些措施要在若干年

---

① 随着生产的逐步发展，这个规律将逐步导致资产阶级法权的消灭。归根结底，法权是一定社会生产力的产物，也会在一定社会生产力发展过程中消亡。

后才能增产。[①] 新品种在一定时期增产，以后也会退化。还有些措施不能增产，但能节约劳动力减小劳动强度等。最后，还有很不稳定的自然因素扰乱再生产的进程。所以，农业的技术改革虽能保证扩大再生产，但年度间的不稳定性和地区间的不平衡性，将来仍然不易避免。这就需要国家在年度间、地区间进行调节。过去几年中国家对农业做了不少物质技术的支援，有些是分配得恰当，有些分配得不很恰当。生活资料的分配，首先决定于生产资料的分配。例如过去消费品的分配存在着平均主义，生产资料的分配也在不同程度上存在着平均主义。不少生产资料未能充分发挥其效用，或需要的没有，有的不需要。平均分配不能起到国家的调节作用，反会造成社会浪费。生产资料的分配只能有一个原则，就是有利于扩大再生产（眼前的或长远的）。国家如何支援农业，生产哪些品种规格的生产资料，如何分配到有最大经济效果的生产单位，这是比之国营企业内部扩大再生产更为复杂的问题。需要不断地试验、创造和总结经验。总的来说，国家生产、供应的品种规格越多，使用单位选择、比较、试用的机会越大，越会分配得比较合理，越能发挥其经济效果。以货易货的办法，不是很合理的办法。它不依据生产决定流通的原则，而形成流通脱离生产，具有极大的盲目性。[②] 为此，国家工厂、农业试验站（或农业机械站）、公社生产队，应该建立三位一体的联系。这种联系，可以使为农业服务的工厂，对于产品品种规格和供应地区进行合理的分工，长期固定，有利于技术改革的推进。一般的、已习用如常的生产资料，可以由商业的机构

① 据中国农业科学院土壤肥料研究所在山西南部调查，连种 5 年的苜蓿地翻耕后种植棉花，从第 6 年到第 9 年的产量，比连作 9 年棉花的土地增产 14.6% 到 82.9%，第 12 年到第 15 年的棉花产量也还增产 12% 到 54.7%。以 15 年为一个总生产周期来计算，其总产量高于连作 15 年棉花的土地。

② 从形式上看，"以货易货"更能有计划地完成产品流转。然而，一切商品（或产品）的交换都是以满足生产或生活的消费为目的。假如换到的货品不适用或不完全适用，势必造成积压浪费。假如再进行一次交换（如处理清仓物资一样），就更增加流通中的社会浪费。因此，商品（或产品）流通过程中的简单化（决不是什么计划化），往往是给生产过程中带来盲目性和脱离实际的根源。

销售。大型农具、新产品等，由商业机构销售容易使生产与使用脱节，感觉迟钝，不利于技术改革的推进。由商业机构销售的生产资料，目前还得部分采取换购、议购的形式（派购以逐步取消或缩小为好）。将来仍然以议购合同和商品、货币的形式较为合适。大型农具、各种机器、化学制品、液体燃料等，生产和使用单位直接订立合同，是比较适合的供销形式。政治经济学上产品与商品性质的差异，主要由于所有制性质的不同，表现为产品是直接分配给使用单位（社会主义阶段要通过货币关系），而商品则要通过流通环节。因此前者计划性大，后者有一定的盲目性。但“产品交换”不等于“以货易货”。将来共产主义的产品分配虽不需要通过货币关系，但那时产品的品种规格将更为繁多，使用单位将有更大的选择机会。没有选择就没有创造，就不能有生产力的无限发展。把共产主义的分配理解为平均供给和物物交换，是朴素的自然经济观点。

过去有一些行政的、经济的措施，从有利于城市、工业建设方面考虑得多。这在重工业建设阶段是不可避免的。但无论如何，农业生产和农民生活必不可少的物质条件，是必须维护的。工农联盟在不同的发展阶段上有不同的内容。但长远利益与眼前利益的结合，工业与农业的结合，在任何阶段上都是不变的。假如过去两个五年计划着重于建设工业，那今后就要用工业所积蓄的主要力量来支援农业。这是技术改革阶段工农联盟的特征，也不能不在全民所有制和集体所有制相互间的各种经济关系上反映出来。

当前公社、生产队的生产关系，是与现有的生产力性质相适合的。关于以生产队为基本核算单位、发展农村家庭副业等，有长期固定不变的规定。但不能就此认为，人民公社的诸生产关系就从此不变了。这是不符合经济发展规律的。技术改革的过程是生产力不断革新的过程，是生产力从量变到质变的过程，这个过程为 20—25 年的时间。在这过程中，生产关系势必有一些变化。例如，大、中型水利工程和电力灌溉网的设立，大面积水土保持的实施，农业机械站，技术推广站，农牧业试验场，农作物加工厂，山区垦殖场，兴建道路等，都不是现有的生产队力所能及的。有的要由几个生产队联合举办，有的要由公社举办，也有的要由国家举办或国家与公社合办。在生产队所有制不变的前提下，集体与集体的联合形式，大集体与小集体的联合形式，国家与集体的联合形式，是经营方式不断发展和过渡的主要经济形式。马克思说：社会经营方式的革命——那是生产资料变化的必然结果——是在种种过渡形态的一个混合物中完成的。在流通过程中的工农联盟，两种所有制要相互尊重对方的经济独立性，实行等价交换。在生产过程中的工农联盟，要求两种所有制在生产中相互结合和相互渗透（并不否定各生产单位的独立核算）。

所有制的改变，对旧的所有制的否定，是生产力改革的最后结果。是生产力与旧的生产关系全面冲突的结果。不能因为生产力的量的增长，生产力与局部生产关系的矛盾，就要提出所有制的变革。生产水平的提高，不一定反映生产力性质的改变。例如现有生产队的生产力性质基本不变的情况下，亩产可以 100 斤、200 斤、400 斤甚至更多一些。第二次世界大战后美国农业单位面积产量有较大幅度的增长，其生产力性质变动不大。相反，当生产力性质有巨大变革时，也不一定立即出现生产水平的增长。苏联在第一个“五年计划”期间农业生产力性质（机械化）与生产关系都有划时代的变革，其单位面积产量仍徘徊于 1913 年的水平。[①] 生产水平的提高为生产力性质的变革创造条件。反映生产力性质变革的因素，是劳动者（劳动技能、劳动组织和思想意识）和主要生产资料的质变。二者相互作用，缺一不可，劳动者和主要生产资料的变革，

---

① 苏联 1913 年粮食作物单位面积产量为每公顷 8.5 普特。以后下跌，直到 1930 年才达到 8.5 普特的水平。1931 年、1932 年又下落，1933 年上升到 8.8 普特。1934 年又回到 8.5 普特。所以 20 年内生产水平没有上升。1928—1932 年第一个五年计划内也没有上升。美国 1878 年每英亩小麦已达到 15 蒲式耳，经长时期微升微跌，1950—1953 年每英亩才平均微升到 17.9 蒲式耳。但以上两个时期分别是苏美生产力性质和生产关系有巨大变革的时期。

首先引起人与人之间生产关系的量变，而后引起人与生产资料之间生产关系的质变。从而发展到生产方式的变革。从封建主义到资本主义，生产方式的变革经过好几百年。从资本主义到社会主义、共产主义，苏联已经过了40余年，尚未完成。我国最快也得三四十年甚至更多一些。

随着农业技术改革的发展，生产队经济的性质势必要发生变化。例如，在现有生产力性质的基础上，轮作倒茬，多品种间种套种，是多方面培养和利用土地自然肥力，在现有条件下增产的有效办法。然而这种耕作制度，与农业机械化、电气化、化学化所要求的作物专业化相抵触。[①] 矛盾的解决需要在不影响生产力发展的前提下，使生产资料与耕作制度相互适应。劳动资料的变化一定要引起劳动对象的变化，二者有辩证统一的关系。要实现综合经营与专业化相结合的耕作制度，有赖于技术改革的推进（尤其是水利、化肥和品种的发展），有赖于单位面积产量的提高。土地对作物的适应性，在很大程度上决定于水、肥和品种的情况。农业的机械化、电气化、化学化、作物专业化和水利排灌的统一调度等因素，将在不同的发展阶段上，以不同程度改变生产队所有制的性质。

（未发表手稿，写于1962年）

---

① 据江苏滨海农场的反映：自实行生产队为基本核算单位以后，作物的播种因差开茬口，品种增多，每品种的播种面积缩小，且翻耕时间不一致。以致拖拉机利用率降低，耗油率提高，空机往返时间增多，成本提高。

当前农业技改的方向和工农关系

一 探索农业的自然法则

根据数年来各地贯彻“农业八字宪法”的经验，对农作物增产有直接影响的四个因素，是水、肥、土、种。农民说“肥是粮食、水是血”，这个譬喻对农作物是正确的。水、肥要通过土壤的组合才能被作物吸收，各种土壤对各种作物的适应性各有不同，不同的作物需要水、肥的质与量也相差很大，在土壤与作物相互适应的情况下，作物合理密植的程度，相对地决定于水、肥的质量与数量。同一种农作物，由于品种的不同，其需要水、肥的质、量和土壤的性能也略有差异。由此可知：以水、肥、土的劳动资料为一方，农作物为另一方，形成辩证的统一。这个对立的统一，乃是种植业物质变换法则的基本内容。农业劳动工具、田间管理以及植物保护等，都必须与水、肥、土、种相适应。

正确计算水、肥、土与作物之间的质、量比例关系，是计划农业生产的出发点。各地农民和试验农场，都依据各地的具体条件摸到一些比较科学的比例关系。例如：一亩水稻（一季）约需 500 公方的水量。平均每生产一斤小麦需 1000 斤水。[①] 千斤厩肥百斤粮。一万麦穗约产 10 斤小麦，麦田密植一般不能超过 30 斤种子，等等。这些数量关系各地因具体条件不同并不完全相同，但上下的幅度也

① 根据北京市郊区国营农场小麦丰产经验。

不太大。对这些方面的比例关系进行研究，能帮助了解水、肥、土、种的内在联系，能逐步掌握农业生产发展的基本的自然规律。

社会主义制度的优越性在于：劳动者成为生产资料的主人，能够依据自然规律来选择最有利的途径发展生产。但是仅仅具备社会主义的生产关系，不等于就能掌握运用自然规律，还需要劳动者具备科学知识、技能和实践经验。这是当前发展农业生产关键性的任务。农业的劳动生产力，与工业不同之处，在于农业的生产资料和生产过程，在相当大的程度上要受自然规律的影响。因此一个社会主义的农民较之专业的工人需要更丰富更广泛的科学知识技能。实践证明：任何瘠薄的土壤都能逐步改造成为肥沃的农业土壤①，任何低产作物都能变成高产作物。② 关键在于具备足够的科学知识经验，摸清病情，对症下药。

能不能说资本主义也能利用农业的自然法则呢？资本主义能够部分的利用自然法则。因为资本主义培养了不少农业科技人员，某些资本主义国家的农业生产水平也相当高。但资本主义利用自然法则要受剩余价值规律支配，它一方面利用，一方面违反。垄断资本主义愈向高度发展，它能利用自然法则的范围就愈狭，农业资本家与农业工人的对抗性矛盾，不断破坏农业的自然基础。社会主义制

① “没有不能改造的土壤”是近代土壤学家的结论。这里略举几例：江西金溪县琉璃公社曾泗生产队，原有土壤为各种类型的酸性土，其中有塥水田、鳝泥田、黄泥田、沙夹田等，缺乏有机质，氮磷钾含量不足。过去每亩水稻只收 200 斤左右。1959 年开始在宋喜明的领导下，采取种植绿肥、增施草木灰，合理灌溉和深耕活土、石灰沤田等措施，产量逐步上升，1962 年一季水稻平均亩产已达 532. 5 斤。井冈山垦殖场上井大队，因山高水冷、土湿、水温很低，解放前亩产只 200 斤左右。经逐年增施有机肥与石灰相结合，改活水灌溉为死水灌溉，适时浸种和加强田间管理等措施，1962 年平均亩产已达 414 斤。江西省红壤研究所实验场，位于红壤丘陵区，历年来水稻亩产仅 200 斤左右。该场采取以“水、肥、种”为中心措施改造低产田，经两年的努力，1961 年亩产达 457 斤，1962 年增至 571. 6 斤。并有 1. 6 亩丰产试验田一季达亩产 1000 斤。

② 目前所称低产作物，主要是小麦、小米、高粱等。据京郊国营农场的试验，只要有足够的水、肥，优良品种和精心管理，小麦平均亩产 300—500 斤是不难达到的。江西乐平县蒋金山生产队，1962 年种植小米 27. 45 亩，平均亩产达 724 斤。1962 年东北许多生产队的高粱亩产达 500—600 斤。

度为充分利用自然法则敞开了道路，为全体农业劳动者掌握科学技术创造条件，因而能在不断扩大的范围内利用自然法则。

苏联《政治经济学教科书》第四版认为，劳动资料和经过加工的劳动对象（原料和辅助材料）构成生产资料。按照这个定义，自然界原有的物质财富，就不是劳动对象了。这不能说是完全的马克思主义学说。[①] 假如上述定义是正确的，则采集野生果实、捕鱼、狩猎等生产活动，只好没有劳动对象了。然而人类社会却是从这些生产劳动中发展来的。农业土壤的重要性能如水、肥、气、热，很大程度上是自然界未加工的；如原始森林、天然次生林、自流灌溉、空气、阳光等，人们并未加工这类自然物质，而只是利用它们，作为农林牧渔等不可缺少的劳动资料和劳动对象。在广阔的沙漠中、在冰山上，不仅不能进行农业生产，劳动者也无法生存。马克思认为：这类竟把唯一使其具有意义的那些条件隐默不提的说法，是资产阶级的说法。[②] 因为这种说法可以为资产阶级窃占自然财富进行辩解。

社会主义的革命使劳动者占有一切自然财富和重要的生产资料，这是社会主义生产方式赖以建立的物质基础。正是废除了私有制，劳动者与自然财富之间的社会障碍撤除了。从而为利用自然与改造自然开辟了广阔的道路。这就是社会主义生产方式较之一切私有制生产方式的优越性。在一定时期内优先发展重工业，以现代工业的生产资料来装备农业，这当然是农业生产力赖以发展的前提。然而这些条件资本主义也是能够办到的（虽然发展是缓慢的、曲折的），而资本主义不能办到的，乃是使广大劳动者都掌握先进的

---

① 马克思在《哥达纲领批判》一文的开端即说：劳动不是一切财富的源泉。自然界也如劳动一样是使用价值（而物质财富正是由各种使用价值所构成）的源泉，劳动本身不过是一种自然力的表现，即人的劳动力的表现。在《资本论》一卷三篇第五章中说：在采掘产业上，劳动对象是自然已经有的。采矿业、狩猎业、渔业等，就是这样。农业在最初开垦处女地时也是这样。在表述生产资料的定义时说：举个例，把未曾捕到的鱼，叫作渔业的生产资料好像是一种奇论。但在水里没有鱼的地方，捕鱼的技术是不会发现的。

② 见《哥达纲领批判》第1节。

科学知识技能，熟悉自然法则，充分利用自然的生产力来不断提高社会生产力。

二 从农业人口众多的条件出发

我国指导社会主义农业现代化的方针，是“四化”与精耕细作相结合。我国农民有长期的精耕细作传统，数千百年来他们探索到许多农业的自然法则。数百年前不少地区的粮食单位面积产量就很高了，经济作物也有较快的发展。但封建的剥削关系不断破坏生产力，往往长时期停滞不前。

所谓精耕细作，就是掌握农作物及其自然条件的性能和发展法则，对它进行细致的耕作、培育和保护管理。这与农业经济学上集约经营，并非同义语。所谓集约经营，是资本主义制度下在同一块土地上因增加投资而增加收益的说法，是受剩余价值支配的。精耕细作仅指农业耕作技术的发展状况而言。它与投资、机械化没有必然的联系。虽然美国的农业高度机械化、电气化，单位面积的投资也很高，但一般的耕作技术仍然是比较粗放的，这是资本主义制度所造成的结果。[①] 当前我国许多农业先进单位，虽然他们主要还是利用畜力、手工工具和农家肥料，固定资金微不足道，由于他们精耕细作和采用先进的耕作制度，因而单位面积产量在全世界也算是

---

① 大工业和依照工业方式经营的大农业结合起来发生作用。如果它们原来是由前者更滥用并破坏劳动力，即人类的自然力，后者则直接地更滥用并破坏土地的自然力这样一个事实来互相区别，后来在进行中，二者就会拉起手来，因为农村的产业制度也破坏劳动者，工业和商业则为农业供给各种手段来使土地枯竭。（《资本论》第3卷，人民出版社1953年版，第1062页）。

但在农业上面（和在采矿业上面一样）我们不仅要考察劳动的社会生产率，并且要考察劳动的自然生产率，即依存于劳动自然条件的生产率。在农业上面，社会生产力的增加不过赔补自然力的减少，甚至连这种赔补也不够的情形是可能的，——这种赔补常常只能在一个时间以内发生作用——以致在这里，尽管技术发展了，生产物还是不会变得更便宜，而不过使生产物不致于还涨得更贵。（《资本论》第3卷，人民出版社1953年版，第1000页。）

很高的。例如，彭泽县棉船公社光明大队，1962 年种植 4020 亩棉花，平均亩产皮棉 130 斤。这个产量比 1962 年美国棉花平均单产高一倍，而每亩施用化肥量还低于美国每亩施用的平均数。有人说：这样高的产量只能在小面积上取得，全国范围就不可能。这种意见是不对的。在私有制经济下，对抗性的矛盾不可能使先进的耕作方法全面推广，也不可能使农业生产力无限制地发展，美国就是一个例子。但在社会主义制度下，社会障碍已不具对抗的性质，生产的目的要求不断提高农业生产力，不断为农业划时代的全面高涨创造条件。虽然自然条件各地有优劣的区别，劳动者的知识技能有高低之分。但劣等的自然条件和经济条件是可以逐步改造的，劳动者的知识技能也能逐步提高的。目前有比较多的生产单位所达到的高产指标，如水稻亩产千斤以上（双季），玉米亩产 600—800 斤，皮棉亩产百余斤等，是可以在全国范围内逐步实现的。因为上述先进单位的生产经验，他们所有的种种生产条件，主要是依靠集体的人力、物力和智慧而创造起来的，将来经验交流愈来愈多，科学实践的成果愈来愈大，工业对农业的支援愈来愈增加，则其他单位也能在不太长的时间内达到目前先进单位的水平。①

农业的扩大再生产，一般说，也如工业的扩大再生产一样，需要在再生产时具备更多的生产资料、生活资料和劳动力。据苏联和美国的经验，农业机械化、电气化在开始阶段节约整劳力不甚显著，到一定程度时劳动人数即逐步减少。但机械化、电气化的发展，美、苏两国是不同的社会制度。在资本主义制度下，要是使用机器比使用劳力更便宜，能攫取更多的超额利润，农业企业家才会以机器来代替人力。在苏联社会主义建设时期，为了要在农村建立

---

① 据浙江省农业科学院总结 1962 年省内亩产达到 800 斤以上的先进单位的经验。总结中有下列几条：（1）复种指数在 200% 以上；（2）每亩水稻（双季）用水在 700 立方米以上；（3）每亩（两季至三季）施肥量达 60 市担以上标准肥（人粪尿、猪牛栏厩肥、绿肥等一担抵一担标准肥）；（4）每个劳动力的负担不超过 5 亩。以上这些条件，在长江以南水稻区大都可以争取达到的。

社会主义的大农业，为了要适应工业化对劳力、粮食、原料的需要，国家才大规模实行农业机械化。

我国目前农村人口的自然增长每年为一千余万人。城市则每年增长 250 万人以上。这么多的劳动力我们如何使用呢？1949—1956 年，全国职工人数自 800 万人增到 2400 万人，其中浮增 1300 万人，7 年平均每年约增长 186 万人。到 1962 年末，全国职工人数约为 3250 万人，六年间增加 750 万人，每年平均增 125 万人。后六年的工业建设规模虽远远大于前 7 年，但平均每年所增职工人数下降了。其中有一部分原因是自然灾害所造成。但总的看来，现代化工业生产的建设，由于技术进步和机械化、自动化的发展，每单位投资所需的劳动力在逐步减少，这是经济发展规律。由此看来，在一定时期内，城市每年人口的自然增长已足够工业建设的需要了，要吸收农村多余的劳力是困难的。农村每年需要从两个方面解决问题：一方面它要解决每年净增 1000 余万人的生活和生产劳动问题；另一方面，它要解决由农业机械化电气化而节约出来的剩余劳动力问题。

解决农村庞大的劳动后备队的问题，主要有下列几个途径：（1）农、林、牧、副、渔全面发展，上山、下海和开发边疆；（2）精耕细作、提高复种指数：（3）在农区、林区、渔区、牧区建立修配工业以及科学文化教育事业。

我国城乡人口既如此众多，国家既要满足不断增长的人口需要，又要不断提高人民的生活水平。从而就突出了生活资料的问题。生活资料有农业生产的，也有工业生产的，但最基本的生活资料是农业生产的。假如生活资料的增产不能满足上述两方面的要求，社会主义建设是不能顺利进行的。因此就给我国农业技术改革提出的首要任务是增产。提高农业劳动生产率的两条途径：每个劳动者生产的使用价值的增加和每个产品所费劳动的减少，二者有辩证的关系。但在我国，首先应采取措施使农产品的总产量有很大的增长。在这个前提下，力求各种方法节约农业劳动力。美、苏两国以往提高农业劳动生产率的经验，对我国没有很大的参考价值。美国每一农业劳动力的动力和机器装备指数，以 1870 年为 100，则 1946 年为 387；但在 1870—1960 年，农业（包括畜牧业）平均每年增长率不过 1.7%，同期间人口的年平均增长率为 1.5%，按人口平等每人占有农产品量所增微不足道；但 1920—1958 年农业劳动力却减少一半。① 苏联也有类似的情况。在资本主义制度下，从农业中节约出的劳力成为城市产业后备军，有利于资本家阶级对工人阶级的剥削。

我国农业技术改革的目的有二：一是要巩固和发展社会主义的现代化农业，把农业置于现代化的物质技术基础之上；二是使农产品总产量有巨大增长。二者是相互促进的。但归根到底，增加按全国人口平均对农畜产品的占有量，是建成社会主义的主要物质指标。

精耕细作需要较多的劳动力。我国农村在技术改革的过程中需要多少劳动力呢？这一方面决定于广义农业的发展范围，另一方面决定于精耕细作的发展程度和技术装备。就南方种植业来说，浙江萧山在实行新老三熟制的地区，亩产达 800 斤粮食以上，机电灌溉和畜力、手工工具相结合，每个劳动力平均负担五亩左右；如按这个标准计算，平均一亩稻田可容纳一个人。在一年两熟制的水稻区，在没有机电灌溉的情况下每个劳动力平均负担 10 亩左右，有机电灌溉则为 7—8 亩；如按这个标准计算，每 1.5—2 亩稻田容纳一个人。这里存在对立的趋势，在不断创造和增加生产条件的情况下，一熟制可改二熟制，二熟制可改三熟制，粗放耕作可逐步精耕细作，精耕细作的还能向高标准发展，一定土地上可以容纳更多的人口。另一方面，“四化”的发展和劳动者科学知识技能的提高，又不断减少每亩土地上所需的劳动力。当前一种趋势的速度超过后一种趋势速度的时候，农村就需要每年自然增长的人口来补充

---

① 美国按全国人口平均的粮食产量 1890 年为 2130 斤，1919 年为 2480 斤，1949 年为 2028 斤，1958 年为 2191 斤。1920 年全国农业劳动力为 1140 万人，到 1958 年已降到 580 万人。临时工不计在内。

（暂将种植业以外的生产因素撇开）；当后一种趋势的速度超过前一种趋势速度的时候，农村就会有过剩的劳动力，就要求向农业的广度发展。在不断增产的要求下，两种对立的趋势又是相互促进的。重要的问题是掌握人口、技术改革、多种经营和精耕细作这几个方面的平衡。

在社会主义制度下，人口既是社会消费的基本因素，也是社会生产力的基本因素。我国人口众多这个特点，使我们有条件进行广义农业的全面发展和种植业的精耕细作。这是一项伟大的历史任务。完成了这个任务，就解决了社会主义建设阶段最艰巨的任务，并为过渡到共产主义创造了最必要的物质条件。同时，我们完成了这个任务，也给全世界劳动人民指出：只有在社会主义、共产主义制度下，才能彻底解决被资产阶级反动派视作劳动者宿命论的人口问题。

三　社会主义大农业和精耕细作

农业的技术改革，一般被单纯理解为用现代工业技术去装备农业。这样的看法是不完全的。固然，对于我国主要还是依靠手工工具和手工劳动的农业生产，没有现代化的工业装备是不能把它改造为社会主义的大农业的。然而我们不是为大农业而大农业。有资本主义的大农业，也有社会主义的大农业，有发展速度相当慢的社会主义大农业，也应有发展速度相当快的社会主义大农业。一切生产资料，都是为发展生产服务的。用怎样的生产资料（包括工业装备）才能迅速而有效地进行农业扩大再生产，才是农业技术改革的根本问题。

农业扩大再生产的生产资料，一部分来自城市工业，另一部分来自农业自身。前者包括现代工业和手工业产品。手工业产品将逐步为现代工业产品所代替。今后会逐步增加更多更好的现代化农业生产资料。农业自身所创造的生产资料（如土壤、种子、牲畜、有机肥料、燃料等），有一部分也能为现代化的工业品所代替，如牲畜、燃料的一部分等。但有很大一部分是不能为工业品所代替的。因此，工业与农业两大生产部门的相互分离和相互结合的关系，将永远存在下去。虽然工业将在愈来愈大的程度上促进农业的发展，但农业自身创造生产资料的能力，并不因现代工业装备而有削弱，相反，它是与“四化”并行发展的。

工业支援农业有两个方面，一种是直接参加农业生产过程的，如排灌机械、化肥、耕作机械、机电动力等。另一种支援只创造农业生产的有利条件，或者说为农业创造必要的社会化生产条件，如治山、治水、修建道路等所需的工业设备以及建设为农业服务的工矿企业等。后一种支援是工业生产社会化的结果，同时又是社会化农业生产的前提。

过去农业的精耕细作地区，大都在人口密集而自然条件又较好的地区，如泾河流域、漳、卫河地区、四川盆地、长江两岸、珠江三角洲等地。从地域上看，耕作技术的发展是不平衡的。并由于封建的、半封建的剥削制度，在一个地区之内，发展也是不平衡的。一般而言，只有地主富农才能占有自然条件最好的土地，并投下较多的生产资料和劳动力。我国现在大部分地区耕作还是比较粗放。这种旧时代的痕迹，还在改造过程中。

旧时的精耕细作是小农经济的产物，无论在技术上、经济上都具有局限性。但是数千百年来他们发现并掌握了农业的一些自然规律，我们既要继承以往的成就，也要创造新的成就。

我国旧时农民的精耕细作，掌握了如下一些主要生产条件和生产方法：

农牧结合在我国有悠久的历史。并早在殷周两代就在黄河中下游建设水利灌溉系统。这两项很重要，因为水、肥是精耕细作的主要物质条件。有此条件，土壤就能愈耕愈肥而不致愈耕愈瘠；厩肥会加厚土层，可以逐渐深耕。有水利灌溉的地方，不仅增加单产，也有可能增加复种指数。由于历代的剥削制度，战争、农民起义和自然灾害等不断发生，社会生产力不时受到重大摧残；但只要有数年的休养生息，农业生产迅即恢复发展了。这样强大的生命力，是与我国农民的勤劳和水利灌溉、农牧结合的生产方法必不可分的。从历史上看，农业从畜牧业分离出来，是社会第一次大分工，但分离的过程有各种复杂形态。有些地区，最初以畜牧为主、农业为辅，往后逐渐以农业为主、畜牧为辅，形成像我国大部分地区农牧结合的形态。这种形态就为农业的精耕细作提供了重要的条件：如耕畜、厩肥和肉食等。农业能精耕细作，促进了手工业商品生产的发展及其技术进步，从而反过来又促进了农业（尤其是经济作物和农业工具）的发展。

农牧结合的形式，水利灌溉系统的布局和规模，是由生产方式决定的。我国目前的家畜虽还以社员私养为主，性质上已不同于小农经济时代的了。家畜出售和厩肥使用有很大部分通过集体渠道，起着发展集体经济的作用。未来发展的方向是加强集体的、国营的畜牧业。我国有广阔的山区，有北部、西北更广大的草原，可以集体的、国营的形式发展为专业化的牧区，或以牧为主的农牧结合区，① 将大大有利于农业区的发展，因为它能大规模地提供役畜、种畜和商品肥料（如骨粉等）。我国社会主义阶段农牧结合的多种形式，既能充分利用自然生产力，又符合社会化不同程度的社会生产力。

当前水利工程及灌溉系统的布局，它们的规模以及对于农业的作用，已远远超出小农经济时代的局限范围。假如古代的水利工程还能有助于我国民族的统一和权力的集中，则现在和今后的水利事业将更能巩固和扩大社会主义所有制，促进工农业生产——尤其是农业生产。广大农民数千年来治水、蓄水、用水的经验是宝贵的，还需要我们进行系统的科学总结，但唯有社会主义的制度才能充分掌握运用水利的自然规律，因时、因地制宜地建设社会化的各种水利工程和灌溉体系。

---

① 我们能够用于畜牧的草原估计有30亿—40亿亩，主要在北部和西北。这些地区的草原已有部分被用为牧场，而且历史悠久。但直至解放初期，还未清除其自然经济的性质。现在已基本上集体化了。它将逐步成为全国社会主义大农业的一个有机构成部分。

解放以来，各地为发展工农业需要，做了规模宏大的治山治水工作。每一省区都建设了数以万计的大、中、小水利工程。对全国主要的大、中河流做了流域规划，并开始在西北、内蒙古等地进行草原牧区的水利工程建设。这些宏伟的工程，已在我国社会主义的工农业生产发展中产生巨大的作用。最近两年来农业生产恢复迅速，水利建设是重要的因素之一。

过去我们进行的流域规划，一般以发电为主，以供工业用电为主。在以农业为基础、工业为主导的方针指导下，有些工程需要重新研究。北方的河流，除黄河上游外，也许应以发展广义农业为主，为发展农、林、牧、渔进行规划设计。北方多煤，可以火电为主；南方比较缺煤，河流建设水电站的自然条件也较好，可分别情况，采取发电、灌溉并重的方针。

我国平原耕地少，山区丘陵草原占全国土地面积2/3以上。年降雨量500毫米以下地区占全国土地面积半数以上。要在全国耕地上推行精耕细作，除农牧结合和水利工程建设外，还应当利用广阔的宜林地普遍植树造林。森林是农业自然生产力的重要物质泉源，它能增加雨量，调节径流，调节空气的温度，增加灌溉土壤的有机质。所以哪里有森林，哪里就会有“青山不老，绿水长流”，就会在其附近和中、下游发展兴盛的农牧业。森林本身，在很大的程度上也是种植业，它能提供工业原料、木本粮食和木本油料，繁殖野生动物。人类一开始就是利用森林的自然生产力而生产生活的。数千年的剥削制度，把全国的原始森林和天然次生林破坏殆尽，这是建设我国社会主义大农业的不利条件。过去在私有制的生产方式下，要在全国范围内绿化山林，是绝对不可能的。社会主义的生产方式提供了可能。全国有20亿—30亿亩的宜林地可以分批、分期绿化。山林的绿化将以空前的规模恢复和扩大农业和工业的生产力。在这里，自然生产力和社会生产力相互转化，是十分清楚的。

社会主义大农业的精耕细作，应以农、林、牧、水利的四结合为条件，也就是要以广义农业的发展为基础。举例来说，为了要在黄河流域发展社会主义的农牧业，关键的措施是根治黄河。三门峡水利工程枢纽及有关各项工程的主要目的，应该是防洪蓄水（附带发电）以发展流域范围内的农、牧业。但为了达到这个目的，同时必须在中、上游植树、造林、种牧草，防止水土冲刷、调节径流。这不仅延长三门峡水库的寿命，更重要的是彻底改变黄河流域的自然面貌和农牧业的自然条件，为全流域林牧的发展和农业的精耕细作创造前提。没有这个前提，即使有更多的电力、化肥和拖拉机，也很难改变黄河中下游的自然面貌，很难实现全流域农业的精耕细作，从而也不能给工业发展创造条件。

农、林、牧三者之间的结合形式，农、林、牧与水利的结合形式，要依据不同的自然条件，社会经济条件和所有制性质，建立各种不同规模、不同内容的多种形式。平原与山区、牧区与农区、生产队和公社、集体和国家，都应在不同条件不同范围内创造农、林、牧、水利的结合形式。它们有的应以农为主，有的应以林为主，有的则应以牧为主。

农林牧和水利结合，既是自然生产力的相互结合，也是经济效益的相互结合。在创造具体的结合形式时，必须双方兼顾。农牧结合的收效是迅速的，一般一两年就能见效。大、中水利工程和造林则需要较多的投资，见效期也比较远些。这需要对短期投资和长期投资确定适当的比例，也需要小集体、大集体和国家之间进行适当的分工。

农林牧渔的全面发展，是社会主义大农业的基本生产项目。在我国耕地较少，人口较多的条件下，尤其不能单纯依靠种植业的发展。在林牧渔发展的条件下，也为种植的精耕细作和扩大再生产提供物质的和经济的前提。种植业的发展，反过来又能以更多的劳力饲料发展畜牧，以更多的劳力、物资投向植树造林和兴建水利工程。

农林牧与水利之间相互依存、相互促进的规律，是广义农业的重要自然规律，在社会主义制度下，也是重要的经济规律。只有社会主义、共产主义制度，才能充分利用这个规律建立广义农业的生产结构。建立了这样的生产结构，就能充分发挥“农业为基础”的作用，为工业的发展提供必需的生活资料和重要的生产资料。任何一个缺乏这种农业生产结构的社会主义国家，虽有较大的工业体系，它的基础是不完整的，事实上是不能取得经济上的独立自主的。

四 农业技改的几个方面

仅仅具备农业精耕细作的生产条件，还不等于精耕细作就能实现。掌握运用有利的生产条件栽培作物，是农艺学的范围。关于农艺学的专门研究，不是本文的任务。但是，要研究如何进行以“四化”为中心的农业技术改革问题，又是与我国集体农民当前采取的农艺技术必不可分的，这就是“四化”如何与精耕细作相结合的问题。

农业“四化”，以现代工业装备农业，是巩固与发展社会主义集体经济必须采取的步骤。但这任务是极为繁重和复杂的。苏联在四十余年的过程中，虽然做了不少工作，但不能认为这个任务完成了。它既没有根除资本主义在农业中的阶级关系和经济关系，也还没有达到美国那样并不算高的农业生产水平，离彻底建成社会主义仍是相当远的。

社会主义农业的技术改革，始终具有阶级斗争和生产斗争的双重任务。二者互为条件，缺一不可，不能把技术改革视作单纯的技术任务。那种认为有了足够的黄油面包，有较高的生活水平就自然能战胜资本主义的说法是荒谬的，是社会民主主义者的陈词滥调。马克思列宁主义者认为：解放了的人民物质生产能力的增进，既为提高人民生活，也为具备充足的物质、精神力量对资本主义进行斗争、冲击，以彻底消灭剥削制度和改造剥削阶级分子。在世界范围内消灭大垄断资本主义，是社会主义各国过渡到共产主义的社会前提。社会主义阶段的阶级斗争和生产斗争息息相关地联系着。

农业的机械化、电气化，能提供社会主义大农业作为骨骼的生产工具，借以彻底改造农业小生产的经营方式及其思想意识形态。在这个任务上，对于农业也如对于工业一样。只是由于工业生产过程是物理的、化学的采掘加工过程，而农业生产过程是生物的采集、培育和饲养过程，机械对于农业的适应性能，要比对工业复杂困难得多。工业的机械化、电气化，不仅以无与伦比的能力代替和节约劳动力，而且机器能提供比人的双手更精密、准确以及非人力所能及的工艺过程。因此，虽然资本主义和社会主义工业化的过程在社会关系方面有天壤之别，就技术而言，以现代化工业代替手工业的过程都是比较顺利的。农业就有所不同。农业机械现有的技术性能，主要还只是提供能力，在提高劳动生产率和减轻劳动强度方面有其巨大的作用。但农业机械当前所具备的工艺，它的动作对不同自然条件和不同作物的适应性能，大部分还比不上耕畜的能动性和老农的经验技术。一方面是由于农业机械的发展水平落后，另一方面也由于农业对象是生物这个特点，生产过程的许多环节不是力学和机械所能奏效。对于有精耕细作传统的我国农业来说，农业机械化的任务将更为困难些。

低估农业机械化、电气化的作用是错误的。目前在水稻区电力灌溉所产生的效果已非常显著。它使农民心悦诚服地接受这个技术改革，深深感到工人阶级对农民的伟大支援。但不能就此以为农业的机械化、电气化也会像在工业部门那样顺利。机械的决定作用，只是在农业生产过程的某些场合和某些环节；在其他许多重要环节上，如育种、育苗、育秧、间种套作、栽插、田间管理等，在精耕细作的要求下，大型的机器是无法施用的。当前可能的是在现有各种改良农具的基础之上，创造出各种灵巧的中小型器械，仍作为人畜动力所主宰的机具来使用。半机械化的各种农具，至少在当前阶段以至不太短的将来，还是适用的。①

① 现有各种型号的拖拉机，在旱地平原能充分发挥其性能，在水稻区则大部分地区不能适用，还有待于创造。一般而言，如翻耕、收割、加工这些环节上，机器能比较容易代替人畜劳动；在育种、育秧、育苗、栽插、田间管理等方面，在精耕细作的条件下，只能使用中、小型的器械，它仍然要依靠人的心灵手巧操纵使用，而不是人作为“一种有知觉的机件”，如在现代化大工业的情况那样。

在机器不能起决定作用的环节上，应该依靠其他有关的科学成就。用于农业的科学部门要比工业广泛得多。例如生物学、动物饲养学、植树育种、栽培学、土壤学、昆虫学、生物化学、生理物理、植物保护、气象等学科，以及有机肥料、灌溉、除虫等专门知识技能，都是农业所特有的或应用较多的学科。精耕细作的理论和实践主要应该建立在上述各项学科的基础上。

我国农民在长期的生产实践中，对农业自然条件的作用，对作物的生长规律，对水、肥、土壤、种子的有机关系，对农、林、牧的相互关系等，积累了丰富的经验和知识。对这些经验知识进行科学的研究总结，就会大大丰富与农业有关的自然科学内容，并为今后发展农业生产指出方向。这项工作，已经在许多方面取得了成绩。例如，中国科学院土壤研究所在湖南祁阳改造鸭屎泥低产田，江西科学院改良红壤，以及浙江省有关方面改造低产田等，都是在总结群众经验的基础上，采取施用磷肥、种植绿肥的办法，形成一项改造低产田的科学措施。许多先进单位和先进生产者的植棉经验、植稻经验等，经过科学总结，已在全国许多棉区稻区推广中。近年来关于合理密植的经验，轮作倒茬以田养田经验，改变耕作制度的经验，改造盐碱地的经验以及各种优良品种的培育等，也正在分别总结推广。这种种科学实验研究，既大大丰富了农业精耕细作的内容，也丰富了科学。

农业机械化的工作，能不能无视科学实验在精耕细作方面的种种成就呢？当然不能采取机械主义的态度，要求生物的生长发育适应劳动工具。一切工具只有适应劳动对象的要求才能发生作用。在农业地区自然条件的差异，作物、牲畜的品种差异，以及耕作饲养的方法差异等非常复杂的情况下，农业机械化的工作，内容就极为复杂，而且将不断变化和不断新陈代谢。那种认为一种或几种型号的农业机器，几种有代表性的技术措施，就可以一劳永逸地解决问题，是不切实际的。假如某一种类型的农业机具，能够在几个县的范围内适用，或在全国数百万亩、千余万亩的耕地上能适用，就是一项了不起的成就。只有万能的人没有万能的工具。① 可以这样说：机械的型号愈多，性能愈多种多样，适用范围和适用对象愈专业化，也就愈有利于农业的精耕细作。同样的原理，也适用于水利灌溉工程、化肥、农药等。这个要求，是与机械制造、工程技术和设计方案的标准化，似乎是矛盾的。实际不然，我国疆域大，农作物复杂，标准化也应该是多种多样的。工业产品的多样化与标准化之间的矛盾对立趋势，是永远存在和发展的趋势。

能不能使劳动对象或次要的劳动资料，反转来适应主要劳动工具的革新呢？在一定条件下，反作用是可能的。假如这种反作用不致引起减产，不致减少生产者的纯收入，不致形成社会过多的负担，就可以进行相互的适应。以水稻区的田块适应机耕为例。旧社会的田埂是私有制的标志，一般与耕作条件无关。合作化以来经过几次改革，大部分地区经过平整。但按机耕的要求来说，大田块更有利。假如田块的合并不致引起耕作困难，不致引起减产（在两三亩以上的稻田，耖趟就发生困难），同时又不需要过多的投工，田块就可以适当扩大。没有这些前提条件，拖拉机是不能任意扩大田块的。类似的争论，如平作与垄作的争论，要不要消灭间种套作的争论等，所以长期得不到结论，因为问题的性质不是绝对的，应根据具体条件具体分析。那种不顾生产效果，不顾成本收益，一切唯机器是从的看法，是错误的。

我国农民主要依靠手工工具和手工劳动的精耕细作技能，将逐渐应用机器、器械和现代科学在生物、化学、物理等科学方面的成就，化学肥料的成效已较普遍地为农民所接受，为了避免土壤板结和增加每亩施用化肥的数量，需要向生产尿素的方向发展。农药的品种还要大大增加，质量还要提高；并要结合生物措施来根除虫

---

① 以双轮双铧犁为例，在不少地区被称为很好的耕作犁，也在不少地区被称为挂犁，它几次受到打击，又几次被恢复名誉。而现在用的地方还在用，挂的地方还是挂着。这不是它本身的过错。我们希望它能超出它能适应的范围之外去使用，乃是我们的过错。目前的拖拉机，也产生了类似的情况。

害。除莠剂的应用目前还是小面积的，它的品种也在增加，北京已经制成除稻田稗子的药剂，是一项重大的创造，将来可能逐步推广使用。氯化镁能使植物的叶子早落，可以应用于棉花、绿肥等作物。应用高额电场培育新品种，超声波处理种子加快其发育过程，用辐射处理仓库粮食达到干燥杀虫的目的，利用光能来促进植物的光合作用等，也在小范围内应用了。用生物措施来改良土壤，如种植豆科绿肥增加土壤的氮、磷、钾和有机质，盐碱地种植水稻或其他耐盐、耐碱性植物，沙地种植花生、葛麻等，有很大的扩展前途。以上种种，说明利用现代科学的成就来进行精耕细作的前景，是无限广阔的。这种种措施既能增加产量，又能节约劳动力；它们在提高农业劳动生产率中所发挥的作用，在一定范围内比之机器有过之而无不及。当然，凡是应用现代科学成就，也必然要借助于现代化的物质技术条件，工业将在很大程度上发挥其主导作用。所以农业现代化的过程，始终与现代工业密切结合。工人与农民两个阶级由联盟而到融合，也与农业技术改革的进程密切地联系着。

用不同规模不同形式的农、林、牧结合，用社会化的水利灌溉，用各种现代科学的成就等，来促进农业的精耕细作，就完全不同于旧时小农经济的精耕细作。它将代表崭新的农业生产力，在与农村资产阶级残余势力的斗争中，在改造小农经济思想意识的过程中，将发挥决定性的作用。因为上述种种的生产条件，它的增产幅度，它所展示的更为辉煌的远景，都远非资本主义和小农经济所能达到的。

有人会说：这样的技术改革所形成的精耕细作，还不能完全使用大、中型的机械操作，就不能摆脱繁重的体力劳动和大幅度提高劳动生产率，如何能过渡到共产主义呢？不！这个农业技术改革的道路是能够摆脱繁重体力劳动和大大提高农业劳动生产率的，依照毛主席的指示：凡是能够使用机器的地方统统使用上机器。在不宜使用机器的地方，分别用化学的、生物的和物理的其他科学措施来节约劳力和增加产量。依据农业的本性，走向共产主义的具体道路只能是这样而且必然是这样。

五 现阶段的工农关系

上面概略地讨论了几个农业技术改革的方向性问题。这些问题虽来自现实，还是需要在今后的实践中验证和修正的。许多自然规律和经济规律我们还没有摸清楚，通过实践也唯有实践才能给我们引进丰富多彩的境地并照亮前进的道路。

但是，即使方向基本正确，也不等于就能顺利前进。在社会主义阶段，工人与农民之间的关系，是兄弟阶级关系，也是基本的经济关系。有时政治关系要依靠经济关系来巩固和发展，有时又反过来，它们相互依存、相互促进。社会主义阶段工农间的经济关系，是极为复杂的，各个阶段有其特点也有共同点。总的来说，工农间在经济上必须相互支援；在一定阶段，农业支援工业要多些，另一阶段则倒过来。每一阶段表现为一定的联盟形式，在“二五”计划以前，工农间的经济联系，主要采取商品交换的形式。“二五”以来，因国家工业基础的加强，工业装备农业的任务逐渐增加，工农业之间产生了新经济关系。城市工业不仅供给农村以轻工业品，而且有较多的重工业品。农业与工业之间建立了两条经济道路：一条是继续通过商品交换，以农产品换取城市的轻工业品，这是为维持和不断提高广大农民的生活所必需的，另一条道路是以农产品交换，或以接受支援的形式得到城市的劳动资料（主要是机器、化肥、农药以及手工工具）。虽然过去也交换这类产品，但现在重工业产品逐渐增加了，越来越普遍了。农村不仅要由城市输入机器之类的重工业产品，同时还要由城市输入与之有关的文化、科学、技术，需要大量有知识的劳动者、技工和科学家等。这一具有新内容新阶段的城乡关系，是工农联盟新的社会关系和经济关系。“农业为基础、工业为主导”的方针，更明确地建立和促进工、农之间这种新的关系，为国民经济的全面发展开辟道路。

过去，集体农民只要生产足够交换生活必需品和一些手工业生产资料的农产品就可以了。现在除这一部分以外，还要生产交换重工业产品的农产品。重工业产品中如机器设备之类，价值是很高的。这要求公社、生产队生产更多的粮食、原料和副业产品。农业生产愈发展，以之交换城市工业品的能力也就愈大。因此，首先要求工业能生产那些在较短时期内促进农业增产的产品。有些产品虽能节约劳动力但不能增产或增产甚微，则在劳力、耕畜不缺的地区，就不能创造城乡经济周转的对等基础，势必增加国家投资和财政负担。但是目前能立即增加农产品产量的工业品，数量还是有限的。工业的扩大再生产既有其自身的规律，又与农业的扩大再生产互为条件。例如，化肥对农业增产有显著作用。化肥厂的建设需要一定的时间和一定的技术设备，有赖重工业其他部门的扩大再生产；化肥厂又需要较多的投资，这笔投资既来自工业也来自农业。如农业不能相应地扩大再生产，则既不能为国家积累资金又不能增加对化肥的购买力。工农业的扩大再生产既相互促进又相互制约，这个道理是很简单的。要加速它们的发展速度，出路有两条：一条是加速工业劳动生产率的提高，另一条是发掘农业内部潜力来扩大再生产。在我国农业劳动力比较充裕的条件下，并具有精耕细作的技术基础，农业的内部潜力是很大的。目前我国极大部分地区，以发掘农业内部潜力扩大再生产，看来还是主要的道路。

马克思在关于第一部类和第二部类扩大再生产的公式中，说明两个部类是按一定比例发展的，指出国民经济两大部类之间的有机联系，同时也指出，第一部类所需要的生产资料，也是在内部生产和内部消费的；第二部类所需要的生活资料，也是在内部生产和消费的。它们相互间既有按一定比例的有机联系，又各自有内部的物质代谢过程。工业与农业的关系，比之第一部类与第二部类的关系，有类同之处也有不同之处。就我国目前的情况来说，工业生产的主要部分是生产资料，农业生产的主要部分是生活资料，在这个范围内，关于再生产的一般理论（舍掉有关特定生产方式的部分），也是可以适用的。但农业还生产原料，工业也生产消费品，在这个范围内，它们的相互关系又倒过来了。生产原料的农业是第一部类，生产消费品的工业是第二部类，从形式看来，工业与农业，它们各自既是第一部类也是第二部类，它们也各自有在内部交流的产品。然而，它们却有所不同：在农业部门，必须在总产品中先扣除全体农民的生活必需的粮食油料等和生产资料（如种子、饲料、制造工具的原料等），有余，才能以之与城市工业品相交换。至于工业部门，它们生产的生产资料和消费品，有多少能在内部使用和消费，最终要决定于工业品与农产品交流的规模。也就是说，工业部门首先要计算能从农业部门取得多少粮食和原料，才能决定轻工业生产的规模和重工业生产的规模（将对外贸易的因素撇开），才能决定有多少重、轻工业产品能在工业内部使用。① 由于这个特点，说明农业部门在一定限度内，是能够独立进行再生产。农业生产这个特点，是否会因生产社会化的发展而有所改变呢？例如，在自然经济时代，农业的再生产几乎完全依靠本部门的条件来进行的，到资本主义社会和社会主义社会，就有越来越多的生产资料要依靠工业。这一趋势是很显然的。不过不论发展到何种社会化程度，农业部门在一定范围内再生产其必需的劳动力和生产资料——如粮食、饲料、牲畜、种子、有机肥料等，却始终不变。农业始终有独立扩大再生产的能力。

适于发挥农业生产内部潜力的生产关系，在当前人民公社的组织形式下，在60条的方针政策指导下，已经具备了。这两年农业生产恢复的速度，超出工业支援的预计成效，主要是因为在党的一

① 有人说：这种现象是否是必然的呢？资本主义的农业不是也首先要出售其产品，才能决定其的生产规模吗？从个别的资本主义农场来看，情况确实如此。假如它的全部产品不能得到价值实现，它是要倒闭的。但从整个农业部门来看，不论如何，农业首先要进行自己的再生产，农业能省多少劳动力，能提供多少剩余产品，仍然是工业再生产的物质前提。有些资本主义国家，以殖民地附属国为它们的农业生产基地，还有国家则从资本主义世界市场取得剩余农产品，但这样的国家经济上始终是不稳定的。资本主义的拜物教给人一种错觉，好像只要有货币、资本，就能买得任何东西，创办任何企业。商品货币关系损害了农业的独立机能。

系列方针政策指导下，发挥了社员的积极性，发掘了农业内部的潜力，这种内部潜力发挥得越多，越能增进农业发展的速度，越能促进工业的发展，从而越会加速农业技术改革的过程。

当前农业生产潜力的进一步发展，主要有三个方面：第一是劳动力的合理安排：现在有些地区的生产队感到劳动力过多了，有些地区的生产队还感到不足；在劳力过多的地区，如采取精耕细作，农、林、牧、副、渔全面发展，多余的就会感到不足。在水稻区比较粗放的情况下，每个劳动力可以做 10—20 亩，在精耕细作的地区，每个劳动力只能耕作 5 亩左右。劳动力的充裕，正是改粗放经营为精耕细作的主要条件，许多农田的基本建设工作，不是做完了，而是要做的还多得很，如山塘、水库、渠道、水井、改良土壤、平整土地、造林植树、水土保持等，可以吸收无限的劳动力，只是这类劳力投资收效期比较长，每年应视各个生产单位的具体情况，掌握一定的比率，使长期投资（主要是劳力投资）与短期投资相互适应。在农业生产发展的基础上，还要逐步增加农村的文化、教育、科学研究、卫生和住宅道路建设等工作。所以，在社会主义制度下，劳动力的问题，主是劳动力的教育训练和生产组织问题（但这不等于说：人口越多越好，这个问题当另行讨论）。

第二，增进农业自己创造生产资料的能力：建设中小型水利工程、土壤改良、水土保持、良种的培育与推广、有机肥料的积集与种植、家畜、耕畜繁殖和先进耕作技术的学习推广等，在很大程度上可以依靠农业自己的力量向广度和深度发展。自农村进行“四化”宣传教育后，少数公社、生产队有坐待国家工业支援的思想，这当然是误解。工业支援，必须在农业自力更生的基础上才能取之不尽、用之不竭。以化肥为例，在 10 年、20 年之内我们一定能生产全国农田足够数量的化肥，但目前我们年产仅数百万吨，平均每亩只有数斤。但假定全国猪能发展到四亿头，大牲畜能繁殖到五千万头，再加上羊和小牲畜等，这些牲畜厩肥的含氮量，就等于 2500 万—3000 万吨的硫酸铵。再假定每年种一亿亩绿肥、三亿亩大豆、蚕豆等豆科作物，即能使土壤中增加300余万吨氮素，相当于1500万吨的硫酸铵。[①] 以上这些指标，可以在比较短的时间内达到，也不需要国家很多的投资。自此就可以看出农业内部潜力的雄厚。再以耕畜来说，将来当然要逐渐用机耕代替畜耕，用汽车运输代替畜力运输。但从美国和苏联的情况看来，即使农业机械化，都还保留一定数量的役畜[②]；与此同时，肉畜与奶牛的数量增长与役畜的减少有平行的趋势[③]，从役畜减少而节省的饲料和粮食作物单位面积产量的提高，不断为发展畜牧业创造条件。因畜牧业的发展，有机肥料不致因农业机械化而减少。我国由于地形复杂，作物种类繁多以及精耕细作等原因，农业耕作运输机械化的过程要比较长一点，在相当长的时间内耕畜还是主要动力。即使在耕畜被拖拉机汽车代替的地方，也要大力发展畜牧业。所以牲畜、家禽的繁殖饲养。应该是仅次于种植业的重要发展方向。应该逐步采用科学的方法发展集体饲养业；使种植业与畜牧业相互促进。化肥与有机肥相互结合，才能不断改良土壤。那种认为因农业机械化就可以不重视耕畜繁殖饲养的思想，是错误的。将来牧畜作为消费资料的用途固然要大为增高，它作为农业生产资料的用途（有机肥料、皮革和山区耕作运输等），也不致有很大的减少。

第三，发展集体的多种经营：充分利用各种自然条件，农、林、牧、副、渔以一业为主，综合经营，是我国社会主义农业生产发展的基本方针。这既与资本主义国家的生产单一化有区别，也与苏联农业生产专业化有所不同。当前大部分的公社和生产队，都有

---

① 参考赵熙《我国农业前景无限好》，《科学大众》1963年第5期。

② 1960年美国农业中骡马为310万匹。苏联同年为470万匹马力（折成机械动力）。

③ 美国1920年有拖拉机24.6万台，骡马为2574万匹；1960年有拖拉机477万台，马骡减为310万匹。1910年畜牧业产值占农业总产值36.8%，1956年提高到54%。苏联的情况也类似，随着农业机械化的发展，耕畜逐渐减少，但畜牧业却有显著的发展；肉类屠宰量以1928年为100%，1958年为157.1%。牛奶为1928年的189.7%。

依靠自己的力量展开多种经营的可能。① 生产队经济的巩固与发展，也在很大程度上依靠多种经营的开展。关于如何开展多种经营的问题，不在本文讨论。目前农村的副业，多半还是社员家庭经营的，据浙江1962年在吴兴、海宁等9个县的调查，社员家庭副业的纯收入平均每人达54.97元，其生产项目是种植、畜牧饲养和手工业。由于我国人多地少的特点，耕地的极大部分要种粮食。农村人口多，粮食的商品率很低，集体生产单位的现金收入少，这对于农业的技术改革是很不利的，农、林、牧、副、渔多种经营，不仅会增加公社、生产队的集体收入，为技术改造积累资金，而且要为城市工业提供取用不尽的原料。经济作物在现有耕地上的扩展终究是有限的，应积极充分利用山岭、水面、海洋的自然生产力，为轻重工业提供无穷的原料后备。

以上概略指出发掘农业内部潜力的几个主要方面。其中说明农业依靠自己的生产能力来进行扩大再生产这个论点，目的有二：一不要把农业发展的可能性完全指靠工业，工业虽然要愈益扩大支援农业，但因此而放弃或减弱农业本身的努力，是不对的；二是以“四化”为中心的农业技术改革，只有在农业生产全面发展的基础上才有可能。工农业之间还是要进行劳动和产品交换的，只有首先充分发掘农业内部的潜力，工农业之间的交换才能日益扩大，国民经济才能加速发展，农业的技术改革才具备必要的经济基础。

（未发表手稿，写于1963年）

---

① 1963年8月8日《人民日报》登载了三篇关于展开多种经营的报道：（1）吉林农委县合隆公社杨家店生产队发展集体副业的事例；（2）偃师城关公社发展多种经营的事例；（3）山东五连县长年坚持多种经营的事例。这些例子都说明各种类型的生产队，都能发掘内部潜力展开多种经营扩大生产，增加收入。

对苏联科学院政治经济学教科书的批判

自从斯大林发表《苏联社会主义经济问题》一书以来，已 11 年了。这本书虽然篇幅不大，对苏联三十余年的社会主义建设若干重要经济问题作了理论总结。这无疑是社会主义政治经济学方面具有开创性的重要著作。苏联科学院经济研究所根据这本书的基本论点，编著了《政治经济学教科书》（以下简称苏联教科书）。至今出了四版，每版都有所修改。但遗憾的是：在许多重要方面，不是越改越好，而是越改越坏。这主要不是奥斯特洛维强诺夫院士等的个人学术能力有所变化，而是不能不迁就自苏共二十大以来的政治情况，把修正主义的理论输入政治经济学的领域里来。因此，在国际马克思主义者看来，这本书已失去它作为马克思列宁主义理论著作的地位，成为替赫鲁晓夫的修正主义观点辩护的并具有很大民族狭隘性的出版物。

政治经济学是具有阶级性党性的科学。代表某个阶级的政党的路线政策自然会反映到政治经济学的领域里来。但马克思列宁主义的政治经济学，不能把任何政治行情都吸收到它的领域里来，它所依据的是经过历史检验的并经过理论概括和批判的历史资料。现实的进程总是迂回曲折的，政治经济学应该舍弃这些假象，研究各种经济现象的内在联系及其必然趋势。尤其是社会主义阶段，各种非马克思主义和反马克思主义的思想会通过各种道路来糟蹋马克思主义主要武器之一的政治经济学。保卫马克思主义政治经济学的纯洁性，保卫政治经济学的马克思列宁主义基本原理，是阶级性党性的最基本的要求。背弃了这一立场，把某个党的修正主义决议连篇累牍地引进著作，不仅违背了党性和阶级性，而且是反对无产阶级的和损害各国共产党根本利益的。

斯大林虽然领导苏联社会主义革命和社会主义建设达三十余年之久，虽然他的领导是基本正确的，他并没有要求把党的决议来代替政治经济学。在《苏联社会主义经济问题》一书中，他的方法态度是科学的和谦虚的。他批判了上层建筑是“无所不能”的主观主义态度，认为马克思列宁主义者的任务是“有系统地重复所谓众所周知的真理”。他还对政治经济学和经济政策的研究对象作了科学的区别并指出二者的联系。

苏联政治经济学教科书第三版、第四版，特别显著的是把苏共二十一、二十二次代表大会的决议当作政治经济学的结论。撇开方法上的错误不谈，在理论体系中出现了对抗的矛盾：一方面还肯定马克思关于过渡时期的学说和十月革命的道路，另一方面却又背弃十月革命的道路，宣扬经过议会斗争来实现和平过渡。一方面，教科书中有些比较有价值的论点还是在斯大林时代的革命实践和他的著作中承袭来的；另一方面，却又完全否定了斯大林的一切理论贡献（尤其在第四版），而充满了赫鲁晓夫的修正主义观点。全书中上述的不能相容的矛盾是显著的。思想体系中的矛盾，是作家自身思想矛盾的反映，是苏联当前社会矛盾的反映，也是两种对抗的社会思潮的反映。关于如何批判该书中的错误论点会在下文展开，这里先指出这点，以便于对该书有总的认识。

由于苏联政治经济学教科书硬要为赫鲁晓夫的政治服务，它也就离开了科学地研究社会主义生产方式及其生产关系的马克思主义政治经济学，而变成具有民族狭隘性的国民经济学。政治经济学的研究对象决不能局限于一个民族国家的范围。斯大林在社会主义经济问题上冠以“苏联”二字，是科学的态度。当然，政治经济学不妨以某一发展成熟的国家情况为主要依据，如《资本论》主要以英国为依据，在世界社会主义阵营还未诞生以前，研究社会主义生产方式只能以苏联为依据，是可以理解的。但就在那个时候，也应该探讨哪些经验是基本的，哪些是由苏联的特殊条件产生的，而不是教条主义式地把一切都当作客观规律，放之四海而皆准。这不是马克思列宁主义者的态度。当社会主义阵营诞生以后，其他社会主义国家的革命和建设经验愈来愈丰富，这本来应为研究社会主义政治经济学提供了空前的有利条件。然而苏联教科书非但没有利用这种条件，而且立意排斥这种条件。随着版本的增加，吸收社会主义各国的国际经验愈来愈少，而苏共的错误政治路线和决议的成分愈来愈多。在第四版里，只是蜻蜓点水似的谈到了中华人民共和国的革命建设经验，比第三版有很大删节，而且包含不少错误。其余各社会主义国家的经验就更少提及，甚至加以曲解。从学术观点来看，并不是其他社会主义国家革命建设经验的重要性减少了，而是教科书的修正主义观点和民族狭隘性增加了，它不再能用科学的态度来研究社会主义政治经济学，而成了一本具有修正主义观点的苏联国民经济学。

中国共产党和毛泽东同志对于社会主义政治经济学有划时代的贡献。中国革命是十月革命的继续和发展，是 20 世纪中叶最伟大的革命成就，不仅因为中国是具有全世界 1/4 人口的大国，而且因其社会性质和革命的战略策略具有普遍意义。中国社会主义革命和社会主义建设的丰富经验，必然要在创立社会主义政治经济学方面做出伟大的贡献。在中国革命胜利以前，政治经济学的研究只能以苏联为依据，现在不同了，伟大的中华人民共和国和社会主义阵营的建立，已有可能在社会主义政治经济学方面作出某些结论。毛泽东同志是当代最杰出、最伟大的马克思主义者，他对社会主义政治经济学的一些贡献，划时代地发展了马克思主义政治经济学，他的影响不仅纠正了被现代修正主义者所篡改的关于社会主义的马克思主义理论，尤其重要的是杰出地补充和发展了关于从资本主义到共产主义的学说。正确的理论从实践中来并回到实践中去。马克思主义的新的发展，也意味着国际无产阶级革命的发展和社会主义经济建设的发展。

我们希望全世界的马克思主义经济学者，共同来反对现代修正主义，共同来研究和建立当代马克思主义的——毛泽东思想的社会主义政治经济学。

一 关于各种政权性质的国家资本主义

关于在无产阶级专政下的国家资本主义、关于在帝国主义国家的国家垄断资本主义，以及帝国主义国家的企业国有化，苏联教科书采取了奇特的立场和混乱的解释。

在无产阶级专政下的国家资本主义，列宁指出是过渡时期的一种重要经济成分，是由资本主义的前期关系过渡到社会主义的中间阶梯。在苏联新经济政策时期，租让制的国家资本主义形式因当时的国际条件而没有获得发展，但其他各种形式，如合作制、代买代卖、租借合同等是比较普遍的。过渡时期的这一经济形式在中国获得更为成熟的发展。这不是偶然的。中国民主革命的对象是帝国主义、封建主义和官僚资本主义，民族资本主义在国民经济中所占的比重较小，民族资产阶级在民主革命的阶段具有两面性，最终还是参加了中国共产党所领导的新民主主义革命行列。这就在经济上、政治上确定在社会主义革命阶段，对民族资本主义（一般为中小规模的资本主义），有通过各种国家资本主义形式进行赎买的可能性。中国所采取的国家资本主义形式——也就是对中小资本主义工商业进行社会主义改造的形式，有初级形式的代购代销和供给原料，中级形式的加工订货和统购统销，高级形式的公私合营和全行业合营。采取这些形式来利用、限制和改造私人资本主义，可以加速国民经济恢复速度，尽量减少在生产方式变革过程中的阻力和损失，并有利于改造资本主义企业的人员转为社会主义革命和建设服务。这种变革形式的阶级关系的特点，是无产阶级专政和殖民地半殖民地民族资产阶级的两面性。国家资本主义作为一种重要的过渡形式，就其经济形态的变革过程来说，是和平的赎买；就无产阶级与资产阶级的政治关系来说，仍然是充满了激烈和复杂的阶级斗争的过程。这种阶级斗争所以不至于发展到武装冲突的地步，是由于无产阶级力量的绝对优势和党的政策措施的正确性。苏联教科书认为中国对资本主义的改造是“通过和平的道路消灭资本主义的剥削”（第三版），第四版则改为“通过比较和平的道路消灭资本主义的剥削”，都是不确切而有意含混的提法。过渡时期国家资本主义的意义和作用，并不单纯为了用“和平”的道路来消灭剥削，它是在一定的政治条件和社会经济基础上才能形成的经济形态，不是无产阶级专政下对任何资本主义都要采取的过渡形式。中国革命对官僚资本主义采取了没收的办法。无产阶级对待所有反动的资产阶级和垄断资本主义都应该采取剥夺的办法，对它们无须采取也不能采取赎买的形式。苏联教科书在这里称为“和平道路消灭资本主义剥削”，就有意无意间为在资产阶级专政下的“和平过渡”寻找注脚。有些修正主义者已公然指出中国的对资本主义工商业改造就是他们所说的“和平过渡”。这是栽赃。苏联教科书虽然还没有这样直截了当的提法，但有意蒙混却是很明显的。

苏联教科书第四版认为：国际垄断资本主义的发展把资本主义生产引导到全面社会化，用列宁的话来说，建立起拥有高度技术设备的社会管理机构……国家垄断资本主义所建立的社会管理机构，工人阶级在推翻垄断组织的政权之后可以全面加以利用，为社会主义经济建设服务。但是争取这一机构的斗争，在资本主义制度下已经开始。工人阶级为经济的非军事化、为关键性的工业部门的民主国有化、为对国家财产和对投资与财政的分配实行社会监督，而进行着斗争。他们用自己的、符合大多数人民利益的民主干涉经济的方法来同国家垄断的调节相对立。当这种斗争成功时，在存在着依靠工人群众运动的、在议会中有广泛的代表性并对议会活动的方向有着重大影响的、强大的无产阶级政党时，企业国有化就可以被工人阶级和广大劳动人民利用来反对垄断资本的无限权力。在具有无产阶级通过议会道路夺取政权的条件的国家中，尤其是如此，这段文字很奇妙，所以不嫌其冗长而引在这里。

资本主义国家的企业国有化是什么性质？是垄断资本主义的一种形式呢，还是社会主义的或具有社会主义性质的经济形式呢？苏联教科书没有给我们回答。南斯拉夫修正主义者认为具有社会主义的性质，第二国际的社会民主党人认为就是社会主义性质。苏联教科书作者似乎还不敢与他们公然同调，所以唱出一种怪调，认为只要议会外依靠工人群众运动、议会内有广泛代表性的强大的无产阶级政党时，企业国有化就变成劳动人民利用来反对垄断资本的无限权力。具体地说吧，就像意大利、法国那样的情况，共产党是强大的，在议会里有不少议席，议会外也有广泛的群众运动，那么，法、意等国的企业国有化就变成或即将变成反对垄断资本的无限权力了！什么叫作“无限权力”呢？苏联教科书没有给我们说清楚。中世纪的封建帝王是拥有无限权力的；法西斯统治是拥有无限权力的；至于无产阶级专政，权力却还是有限的，因为它不能对最广大的劳动人民实行专政。资本主义国家的国有化企业，或者说资产阶级专政下的国家资本主义经济，却会将工人阶级及劳动人民拥上具有无限权力的宝座，真是做梦也想不到的。

资本主义统治下国有化企业，根据苏联教科书的说法，它是与垄断资本相对立的。这也是奇谈。所谓“国有化企业”的国家，是资产阶级专政的国家呢，还是无产阶级专政的国家呢？二者必居其一，不管其形式如何复杂，除非出现两个政权，决不会既是资产阶级专政又是无产阶级专政的国家。这是一般的常识。在许多帝国主义的国家里，部分企业国有化是垄断资本发展的产物，它不是为了反对垄断资本集团而产生的。恰恰相反，正是为了替垄断资本集团服务而产生的。自第二次世界大战以来，西欧几个主要资本主义国家建立了不少国有化企业，英国工党政府在这方面是很出名的。各国垄断资本集团的激烈斗争，愈来愈要求国家机器在某些具有共同利害关系的部门（如银行、铁路、邮电、钢铁、燃料等）担负社会经济的调节作用。这正是各垄断集团激烈竞争的产物，又是使各垄断集团展开更激烈竞争的前提。哪一个或几个集团掌握政权，就能利用它来为自己牟利。其形式是多种多样的。英国阿得利时代的钢铁、煤、铁道等企业的国有化，并不是英国工人阶级的要求，恰恰是迎合这些部门的大垄断资产阶级的需要。因为这些部门陈旧的设备已成为英国工业停滞的一项重要技术经济因素。工党政府用工人的纳税向这些资本家用高价赎买，同时又用工人的纳税为这种部门更新设备。真正为英国垄断资产阶级做了一件大好事。当这种任务完成后，工党政府就被撵下台了。保守党再把某些经过设备更新的国有企业廉价归还给垄断资本集团，这是一种形式。西欧六国共同体中各种联营组织以及所谓“共同体计划”，是国际垄断资本向更高阶段发展的另一种形式，同时它又是国际垄断资本集团内部竞争——尤其是西欧垄断资本和英国垄断资本，共同市场与以英国为首的小自由贸易区的垄断资本相互杀伐的斗争形式。至于美国垄断资本主义，它在国内采取更多样化的做法：第二次世界大战期间发展起来的国有企业和物资储备，战后以廉价即等于奉送的方式给大垄断资本集团瓜分了。此后他们通过国家预算，由政府采取军事订货、国家储备和补贴等方式，每年给大垄断集团瓜分数百亿美元。哪几个垄断集团的代表进入白宫，它们就多瓜分些。所有这些，都是现代垄断资本发展的组织形式，不管叫什么名称，国有化、联营、政府订货等，目标只有一个，利用国家机器来为大垄断资本服务，以空前的垄断利润率榨取国内外工人阶级和其他劳动人民。

历来的修正主义者，都是社会主义生产方式的自发论者。他们认为既然历史的发展是由生产力的性质决定的，那么，只要生产力有高度的发展，人民群众自然会选择社会主义，自然会过渡到社会主义。因此，第二国际的社会民主党人主张合法斗争，主要是经济斗争。历史证明，他们并没有创造出社会主义来。叛徒铁托认为国家垄断资本主义具有社会主义因素，所以只要发展国家垄断资本主义，就当然不需要社会主义革命了。陶里亚蒂则认为在国有化的基础上逐步实现结构改革，就能循序渐进地和平地进入社会主义，并认为这是当代工人运动和共产主义运动的世界战略。这就是说，依靠这个战略，社会主义革命就会在世界范围内取消了。苏联教科书接受了这个思想体系，但文字用得晦涩一些，结论则一样。认为国有化企业是和平过渡的关键，是和平战胜垄断资本的关键。这个国有化的国家，正如考茨基的超帝国主义论一样，能够起消除资本主义内在矛盾的作用。现代修正主义者企图在各方面修正列宁关于国家的学说，认为列宁关于国家是统治阶级进行专政的暴力机器的说法，已经过时了。苏联教科书就在这个方面作了政治经济学的论证。它有意无意之间指出，不论是无产阶级专政下的国家资本主义，或者是资本主义国家的国家资本主义（即国有化企业），都是过渡到社会主义的必经阶段，都是为实现社会主义准备物质技术条件。假如前者是“和平过渡”的经济形式，后者当然也能通过议会斗争成为和平过渡的关键。这里修正列宁的学说是很大胆的。列宁认为：在无产阶级专政下的国家资本主义，是使资本主义前期关系过渡到社会主义的一个步骤和方法。而国家垄断资本主义，只有在革命民主的国家里，“即用采取革命手段破坏一切特权、不怕以革命手段实现最完备的民主制度的国家去代替容克资本家的国家，代替地主资本家的国家……那你就会看到，真正革命民主国家下面的国家垄断资本主义，必然会是实现社会主义的一个或一些步骤。”① 现在苏联教科书认为，西欧这些高度发达的垄断资本主义国家，企业国有化却是和平过渡的一个关键。看来苏联教科书的作者把英国保守党政府、法国戴高乐政府、西德阿登纳政府和意大利的天主教民主党政府都看做是革命民主政府哩！或者说：当这些国家的共产党一旦在议会取得多数，组织了政府，就会实现革命民主，就会实现和平过渡。政治经济学不是幻想学。假如这些国家的垄断资产阶级只要共产党一旦取得议会多数，就会拱手出让一切，

---

① 《列宁选集》第3卷，人民出版社1972年版，第547页。

那才是奇迹哩！1935 年希特勒屠杀德国共产党的历史。1936 年西班牙佛朗哥对付人民阵线的历史。看来他们完全忘记了！

在垄断资本统治下的国有化企业，唯其因为关系到全体垄断资本集团的共同利益，所以决不能为真正劳动人民的代表所掌握。在竞争的激流中，国有化企业也可以一时被利用来反对或抑制某一个或某几个垄断资本集团，过一些时候又会被利用来反对另一个或另几个垄断资本集团，但它绝不可能被利用来反对整个垄断资本主义、反对全体垄断资本集团。即使在社会党执政时期（如英国工党政府和法国社会党政府），仍然没有摆脱这个规律的支配。历史证明，国有化企业从没有发挥其“反对垄断资本的无限权力”的作用，倒一向发挥着收买工人阶级上层分子的作用，高额的薪水、垄断利润的分红、阔绰的业务费用等，使他们以代表无产阶级政党的名义来听从垄断资本代理人的指挥，因此他们为国有化企业大吹法螺。

马克思列宁主义者认为：国家垄断资本主义为无产阶级革命提供了完备的物质技术前提。在革命民主政权下，从国家垄断资本主义到社会主义不再需要任何中间环节，不再需要采取任何民主改革的步骤和任何过渡形式，但决不是说，在垄断资本统治下，有了国家资本主义企业，革命就不需要了。垄断资本主义愈向高度发展，垄断资产阶级与无产阶级和被压迫民族的阶级对抗就愈尖锐。列宁在这个问题上批评考茨基道：“能不能用改良主义的方法来改变帝国主义的基础呢？是前进，使帝国主义所产生的种种矛盾更加尖锐、更加剧烈呢，还是后退，去缓和这些矛盾呢，——这些问题是对帝国主义的批评中的根本问题。……考茨基以及考茨基主义这一广泛的国际思潮背离马克思主义的地方，就在于考茨基不仅没有设法、没有能够使自己同这个经济上根本反动的小资产阶级改良主义反对派对立起来，反而在实践上和它同流合污。”① 现代修正主义

① 《列宁选集》第 2 卷，人民出版社 1972 年版，第 828—829 页。

者关于帝国主义的理论，不仅与小资产阶级改良派打成一片，而且与最反动的垄断资本代言人打成一片，与帝国主义者在消灭阶级斗争和阶级战争的策略上取得完全的一致。这就是马克思主义的政治经济学所应该作出的结论。

当代的国家垄断资本主义的经济形式，或国有化企业，不仅存在于帝国主义国家里，也还见诸许多不久前获得独立的国家里。对于这些国家的国有化企业，需要根据这个国家的政权性质及其全部的政策作具体分析。有些国家的政权掌握在资产阶级左派手里，或掌握在小资产阶级和无产阶级的联盟手里，他们都在不同的程度上实行比较彻底的民主改革，他们没收了帝国主义及其代理人的一些企业，新建一些企业，采取国有的形式。这种在资本主义前期关系基础上的国家资本主义经济，可能成为向社会主义前进的一个步骤。但它目前还不是社会主义经济，虽然有些好心人或不了解社会主义实质的人称它为“社会主义经济”。但另有一些国家，它们的政权掌握在资产阶级反动派手里（如印度的尼赫鲁政府），它大量地输入帝国主义资本，创办了一些企业，冒称“社会主义”经济，实质上它是国家资本主义经济和外国垄断资本主义的混合物，为国内外资产阶级的利益服务，尤其是为外国垄断资本服务。所以尼赫鲁的“社会主义”愈发展，国内贫富阶级的两极分化就愈厉害，向帝国主义的贡献也愈大。这种国有化企业是极端反动的，它不仅用垄断的办法、用超经济的办法来为国内外资产阶级服务，而且僭用“社会主义”的招牌来麻痹国内劳动人民。现代修正主义者恰恰对于这种反动的“社会主义”予以撑腰吹捧，批准它们也是社会主义经济。这是理所当然的，因为现代修正主义者早已把无产阶级专政的概念“过渡”掉了，一切国家垄断资本主义都是他们惊叹不止的“社会主义”。如是说来，现在全世界各个国家，尤其是垄断资本高度发达的国家，都在顺利地向“社会主义”过渡呢！

二 关于社会主义工业化问题

1. 关于优先发展重工业问题

苏联、中国以及其他许多社会主义国家，在革命前工业发展水平都是比较低。社会主义的生产方式应建立在高度社会化的工农业生产基础之上。而农业的技术改造，又有赖于现代工业的发展。因此，列宁所制定的社会主义工业化的道路，就成为大多数社会主义国家所必经的道路。

马克思所提出的关于生产资料优先发展的原理，适用于一切社会形态的扩大再生产。社会主义社会要求不断进行扩大再生产，所以生产资料的优先发展是经常的无例外的。但这是从社会再生产的总周期而言，从各个年度来说，也并不是每年都要优先发展生产资料。当消费资料生产的比例与生产资料的生产脱节的时候，就要加速前者而放慢后者；当农业遇到自然灾害的年份，下年度也要放慢工业的发展速度；这些情况都要在年度之内进行调节。但从长远看来，消费资料的增长归根结底决定于生产资料的增长。

苏联在一定时期，根据优先发展生产资料的原理，又提出优先发展重工业的原理。最后又把优先发展生产资料与优先发展重工业等同起来。当然，在工业化的时期，在农业技术改造时期，优先发展重工业是必需的。没有重工业就没有现代工业，现代农业和现代国防，这是为实践所证明了的。但优先发展重工业的方针，只能看做一定的国家在一定时期所必须采取的方针。例如在革命前重工业的基础比较雄厚的国家，在没有足够的自然资源来全面发展重工业的国家，或者重工业的建设已达到一定水平的国家，工业化的方针就会有所变更。一般都只注意工业促进农业的作用，注意重工业促进轻工业的作用，这是无可非议的。从社会主义建设过程来看，这是基本的主要的一面。但另一方面，农业也有促进工业的作用，轻工业也有促进重工业的作用。资本主义工业化的过程，有许多国家是从农业生产的专业化、商品化开始，或从轻工业的发展开始，可见相互促进的作用都是存在的。像蒙古人民共和国这样的国家，不可能也不必要一开始就采取优先发展重工业的方针。就像在苏联和中国这样的国家，也不能机械地贯彻优先发展重工业的方针。重工业需要大量的投资，建设时间和资金回收期又比较长，假如连续不断并且日益扩大地对重工业进行过大的投资，势必削弱轻工业和农业的发展，势必使轻工业和农业无法消化重工业的产品，并影响人民生活的提高和工农联盟。苏联共产党在十五次代表大会的决议中指出："在轻重工业发展比重上，同样必须求取二者最完满的结合。将重点放在生产工具的生产上这是正确的，但同时必须估计到将国家资金过多地投到大建设上的危险性，因为这类建设，需要经过许多年才能在市场上实现其价值；另一方面必须注意：轻工业（生产头等必需品的工业）的周转迅速，可以让我们在轻工业发展的条件下，利用其资金从事重工业方面的建设。"又指出："在生产与消费间的对比方面，必须注意，既不能同时追求二者都达到最大数字（如反对派现在所要求者），因为这是不能解决的任务；也不能于现阶段片面追求资金积累（如托洛茨基所要求者。他于1923 年曾提出厉行集聚资本和加紧压榨工人的口号）或片面追求消费。一方面要看到，这两方面的相对矛盾及其相互作用与联系，同时，自长期发展的观点看来，在总的方面，二者又是利害一致的，必须使两方面达到最完满的结合。"无疑地，这个决议是正确的，它指出工业化时期重工业与轻工业之间、积累与消费之间的相互关系和规律性。虽然如此，苏联共产党在这次决议和以后第一、第二个"五年计划"的各项决议中，对于农业在国民经济中地位的认识，却不是完善的。虽然也一再提到不能过多地动用农业资金以从事工业建设，不能破坏工农业的平衡和损害工农联盟；但对于农业是国民经济基础的认识，还是模糊的，毛泽东同志在抗日战争时期，在社会主义工业化时期，一再指出农业在国民经济中的重要作用。他指出：我国是一个大农业国，农村人口占全国人口的

80%以上，发展工业必须和发展农业同时并举，工业才有原料和市场，才有可能为建立强大的重工业积累较多的资金。大家知道，轻工业和农业有极密切的关系。没有农业，就没有轻工业。重工业要以农业为重要市场这一点，目前还没有使人们看得清楚。但是随着农业的技术改革逐步发展，农业的日益现代化，为农业服务的机械、肥、水利建设、电力建设、运输建设、民用燃料、民用建筑材料等将日益增多，重工业以农业为重要市场的情况，将会易于为人们所理解。在第二个五年计划和第三个五年计划期间，如果我们的农业能够有更大的发展，使轻工业相应地有更大的发展，这对于整个国民经济会有好处。农业和轻工业发展了，重工业有了市场，有了资金，它就会更快地发展，这样，看起来工业化的速度似乎慢一些，但是实际上不会慢，或者反而可能快一些。这是毛泽东同志关于农业是国民经济基础理论的扼要叙述。这一理论是关于社会主义工业化理论的重要补充，是总结了苏联和我国社会主义经济建设经验的重大理论创造。不仅中国目前是一个大农业国，苏联现在也还有一半左右的人口从事农业，假如不把农业生产发展置于重要地位，不在农业生产发展的基础上相应地发展重工业和轻工业，则重工业与轻工业之间的比例关系，工业与农业之间的比例关系，消费与积累之间的比例关系，势必要失去平衡，社会主义工业化的道路也一定要遭到阻碍。苏联当前农业的严重危机是发人深省的。关于苏联农业生产关系的问题留待下文再论外，这里只提出一点：苏联社会主义建设了四十余年，并被赫鲁晓夫吹嘘为即将向共产主义过渡的今天，它经受不起一年的农业减产20%（据塔斯社公布的减产率），它缺乏最低限度的后备，因此不能不用黄金向帝国主义大量购买粮食。不能不用社会主义的积累来缓和资本主义的经济危机。国民经济这样容易波动的原因何在？这是与机械地孤立地强调优先发展重工业不可分的。当苏联七年计划公布之初，我国经济学界就认为农业的指标是缺乏根据的，既然农业计划难望完成，则国民经济的其他指标也势必落空。现在是可以对七年计划作出初步结论的时候了。

苏联教科书把优先发展重工业作为社会主义建设的一般规律。强调重工业是国民经济基础的基础。作者没有说明什么是国民经济的基础，想来是指工业。因为重工业是工业的基础。他们不承认农业是国民经济基础的理论。马克思说：如果人一般在一劳动日内，不能超出他自身再生产所需，生产更多的生活资料（所以在最狭义上，就是生产更多的农业生产物），如果他全部劳动力每日的支出，只够再生产他个人的需要所不可缺少的生活资料，一般说来，就说不上剩余生产物，也说不上剩余价值。苏联经济学家竟不能或不愿体会这个容易理解的马克思主义的真理。

由于苏联经济学界一向主观片面地强调优先发展重工业的规律，东欧的某几个社会主义国家曾经在发展国民经济的过程中出现过困难。直到目前为止，农业的落后仍是这些国家经济发展道路上的绊脚石。只有僵硬的官僚主义者和教条主义者才会在长期的现实生活中不汲取教训。然而，苏联教科书在谈到社会主义兄弟国家的工业化问题时，却表现出明显的理论矛盾。说什么既然有了苏联这个强大的重工业国家，其他兄弟国家就可以不再建设自己的重工业了。对于这个问题教科书没有作必要的理论分析，仅仅是为“国际分工”的论点，开辟道路。我们留待下文再进行讨论。这里发现一个奥妙，原来经济规律也是以苏联为中心的！因为对于受苏联领导的社会主义国家，优先发展重工业的规律，这个被称为国民经济基础的规律，就不发生作用了。

2. 工业化与阶级斗争

苏联教科书在“从资本主义到社会主义的过渡时期的基本特点”的一章中，指出过渡时期经济的基本矛盾是社会主义和资本主义之间的矛盾。这是正确的。可惜在社会经济过程的分析中并没有具体体现这个基本矛盾。尤其是“社会主义工业化”的一章，全章没有提到阶级斗争的问题。在谈到苏联工业化时期的国际环境和内部条件时，一、二版时还引用了列宁斯大林关于在最短的历史时期内冲破帝国主义包围的论点，关于在小农经济的国家内还没有解决谁战胜谁的问题。三版以后，斯大林的话删掉了，只引用了列宁的一段话。列宁的指导思想当然是完全正确的。然而作为历史的见证人，作为执行社会主义工业化的联共党的总结，列宁的话就不够了。政治经济学的任务正是要在大量的历史资料中对马克思列宁主义的理论作具体的分析概括。在列宁逝世后的 30 年中，在苏联整个工业化时期，斯大林保卫了无产阶级专政和阶级斗争的学说，保卫了过渡时期谁战胜谁的学说。虽然他对阶级斗争贯彻始终的认识是不彻底的，然而教科书删去了斯大林的论点，却并不是因为他讲阶级斗争讲得太少，而是因为他讲得太多。所以在三、四版中关于社会主义工业化问题就没有贯穿两条道路和阶级斗争的理论。

苏联、中国和其他社会主义国家的历史都证明：国内外的资产阶级和小资产阶级必然要与无产阶级的工业化道路作激烈的斗争。这种斗争还必然反映到党内来。

托洛茨基最初以他的“不断革命论”来反对一国建设社会主义，后来托洛茨基分子又主张用使农民破产的办法，用破坏工农联盟的办法，来进行工业化。这是资本主义工业化的道路。布哈林则从右的方面来主张放慢社会主义工业化的速度。有名的沙赫特事件，代表着一部分资产阶级知识分子对社会主义工业化的阶级对抗。所有这些，不过是大量的每时每刻都在进行的阶级斗争的显著表现。

帝国主义决不会坐视社会主义国家完成工业化。经济封锁和破坏活动是经常的，过去如此，现在还是如此。不仅如此，帝国主义用战争和蜕化的办法来消灭社会主义国家的企图，四十余年来也没有丝毫变更。斯大林在 1931 年说过：我们比先进国家落后了五十以至一百年。我们应当在十年以内跑完这个距离。或者是我们做到这一点，或者就是我们会被人打翻。仅仅距离斯大林说话后八年的 1939 年，希特勒就向苏联进攻了。历史证实了社会主义工业化问题是尖锐的头等重要的阶级斗争问题。

不论苏联或中国，在过渡时期的最初阶段都存在多种经济成分：既有领导的但还是比重不大的社会主义经济，也有相当数量的资本主义经济，而最大量的是城乡小商品经济。社会主义经济与资本主义经济必然要展开激烈的斗争，这种斗争多方面的表现在市场竞争、原料争夺、偷税漏税、偷窃经济情报、窃盗国家财富、腐蚀工农干部、篡夺领导权以及各种破坏活动等。这种社会主义对资本主义利用、限制改造与反限制反改造的斗争，社会主义计划经济与自发势力的斗争，无产阶级对资产阶级分子进行教育改造与抗拒改造的斗争，是两条道路斗争在政治上、经济上、思想上主要的形式。这种斗争，也必然要表现在社会主义工业化问题上。

资产阶级总是希望多种经济成分能长期存在下去，希望能够在自由竞争的基础上战胜社会主义，将社会主义经济蜕化为资产阶级领导下的国家资本主义；希望保留广大的农村个体经济，以城乡小商品经济作为资本主义发展的广阔园地。因此，资产阶级既要反对社会主义工业化，也要反对农业集体化。而无产阶级所以要坚定不移地、高速地进行社会主义工业化和农业集体化，正是为了要迅速击溃资本主义的进攻，彻底消灭城乡资本主义经济和改造小商品经济，逐步过渡到单一的社会主义经济。

社会主义工业化，在改造私有经济的过程中起了决定性的作用。社会主义国营工业的迅速扩大，使国家掌握愈来愈多的重要生产资料，逐步控制社会商品的流通过程，使城乡资本主义经济不能不接受社会主义经济的领导，不能不走向无产阶级领导下的国家资本主义渠道里去。社会上广大的失业队伍、知识分子、农民和中、小资产阶级分子，迅速地加入日益扩大的工农阶级队伍里来。国民经济结构中的各种成分的急剧变化，与各个阶级力量对比的变化相适应。这正是历史上生产方式递变的最深刻的革命过程，也是阶级斗争最激烈最广泛的发展过程。当然，在经济建设时期和在武装革命斗争时期相比，阶级斗争的形式变化了，阶级地位变化了，然而决不能说阶级斗争削弱了。在这个时期，社会主义工业化正是阶级斗争的主要形式。

在苏联共产党十七次代表大会的决议中写道："第一个五年计划的社会主义建设的最重要的总结，是彻底摧毁了乡村中的资本主义根子，决定了资本主义分子和阶级的必然完全消灭。在苏联之建成社会主义的基础，说明列宁所指出的谁战胜谁的问题，在城乡均以有利于社会主义而不利于资本主义地获得完全确定的解决。""第二个五年计划的基本政治任务是：最终消灭资本主义成分和消灭阶级，完全消灭产生阶级差别和剥削的原因，克服经济中和人们意识中的资本主义残余，把我们全体劳动者变成无阶级的社会主义社会的积极自觉的建设者。"

虽然这个决议的政治任务拟定得过于乐观了，事实证明消灭阶级这个任务不是5年10年之内所能完成的。但是这个决议正确地估价了第一个五年计划阶级斗争成就（虽然过高地估计了这个成就），并拟定了第二个五年计划阶级斗争的任务。因此它不失为从资本主义到社会主义过渡阶段中的有价值文献。但苏联教科书却无视党的文献（因为党的文献常常与斯大林的名字联系在一起），故意冲淡工业化时期阶级斗争的历史任务。

3. 工业化的结构和速度

社会主义应建立在现代化的大工业基础之上，这是正确的。尤其在革命前工业基础比较薄弱的国家，开始阶段建立一批在国民经济中具有决定意义的大工业，是战略性的任务。如矿山、冶金、机械、基本化学、燃料、电力、交通运输、建筑业以及基本生活资料工业等。但这些工业以多大的规模和多快的速度进行建设，仍要看各该国家的国内条件和国际条件而定。在苏联一国建设社会主义时是一种情况，在有了社会主义阵营时是一种情况，在社会主义阵营中出现了修正主义时又是一种情况。在大国是一种情况，在小国又是一种情况。在资本主义比较和平发展时是一种情况，在它发生经济危机时又是一种情况。总之，不能机械地搬用任何国家的建设经验，一切视时间、地点、主观、客观条件为转移。规律是具有普遍性的，但运用规律的具体过程和形式，却没有一个国家是一模一样的。每一个国家都应该建立其独立的国民经济体系，但这个体系的具体内容，会因各个国家的条件不同而有所不同。在大工业的问题上也是如此。例如在一个煤矿资源丰富的国家当然要建立自己的煤矿采掘业和相应的化学工业、森林的培植和采伐等；在一个没有煤矿资源的国家，它就只能从友好国家输入；为了输入而必须输出，所以它要多多发展可供输出的其他工业产品或农业产品。当然，自己生产比之国外输入，总要经济些（从全社会核算）和可靠些。在阶级斗争激烈的时代，可靠性是极端重要的。

但现代大工业不是孤立的，一个专业生产的大工厂、大矿山，往往要与几十个、几百个其他企业建立生产、技术的协作关系。为此也需要有一批中小规模的企业为大企业服务，所以大、中、小不同规模的企业，往往是生产专业化的有机结构，地方工业是就地取材、就地销售或就地加工，是工业体系中不可缺少的部分，它的规模也不能太大，应视原料和市场而定。

在工业化阶段，与现代工业相结合的还有手工业的社会主义改造。在工业化水平原来较低的国家，手工业往往占有重要的地位。手工业产品中，大都是农业生产资料和城乡人民的生活用品；小部分是手工艺品和大工业的配件包装等。在建设重工业时期，还不能以大量的现代工业装备农业，还不能以现代轻工业品充分满足城乡人民的需要。因此与工业化的同时，改造个体手工业为手工业合作社，发展手工业生产，就有必要。手工业合作社有其自己的管理系统和经营方法，但必须受国家的计划领导，防止它的自发活动。国家要帮助手工业合作社逐步进行技术改造，逐步地过渡到手工业工厂，逐步地由集体所有制过渡到全民所有制。但这个过程不宜匆忙，需要与手工业合作社的劳动生产率和社员的思想觉悟程度相适应。

工业化采取大、中、小并举，现代工业与手工业并举的方针（当然，这里发展的主体是现代工业和大型工业），是加快工业化发展速度的有效办法。

工业化的速度，是国内外阶级斗争的决定因素之一。社会主义经济必须以高速度向前迈进。加快工业化速度的办法有二：一是适当推迟其他经济文化部门的投资，首先重点地、集中地发展工业。二是充分运用社会主义的优越性，提高全部国民经济的社会积累，在此基础上适当地增加工业的投资。第一种办法只能是短时期的，这在工业化初期只能如此。尤其是在重工业建设时期，没有可能来平均地对轻工业和农业进行投资。投资上的平均主义是错误的。然而这不等于说，在这个时期不要发展农业和轻工业的生产。恰恰相反，在这个时期必须充分发掘农业轻工业的内部潜力，这种具有自觉性的内部潜力，是社会主义所特有的。农业和轻工业的生产愈发展，就愈能增加重工业的投资，愈能加快工业化的速度。当然，这种解决矛盾的办法，总是有一定限度的，第二种办法，在国民经济各部门比较平衡发展的前提下，充分发扬劳动者的积极性和创造性，从而加快工业化的速度，是持久的、基本的道路。

三　关于国际分工

苏联建设社会主义的过程，主要是依靠自己的力量、自己的积累和内部市场来实行工业化的。列宁和斯大林对托洛茨基、季诺维也夫等否定能在一国建成社会主义的论点进行了不调和斗争。事实证明：列宁、斯大林是正确的，这就给其他后起的社会主义国家提供了榜样。近几年的历史发展更充分证明：不仅像苏联这样一个大国可以一国建成社会主义，即使像阿尔巴尼亚、古巴这样的国家，也能主要依靠自己的力量建成社会主义。现在苏联经济学界有这样一种论调：似乎离开了苏联的技术经济援助，其他国家就不可能建设社会主义。这些人又唱起了托洛茨基和季诺维也夫的老调。因为正是托洛茨基认为一个国家的无产阶级专政抵挡不住资本主义国家的包围，正是季诺维也夫认为技术落后的国家没有可能建成社会主义。技术因素不是建成社会主义的决定性因素，列宁指出，建成社会主义所必需的条件是："国家支配着一切大生产资料，无产阶级掌握着国家权力，无产阶级和千百万小农及最小农结成联盟，无产阶级有对农民的领导已有保证等等。"① 技术因素当然是重要的，但只要有了上述的基本条件，技术落后的困难是能够被千百万劳动人民的智慧和能力克服的。

在有了社会主义阵营的今天，各国建设社会主义的条件当然较当年的苏联要优越得多。因为社会主义各国之间可能进行兄弟般的无私援助、相互支援和相互促进，加快社会主义建设的过程。先进的社会主义国家对后进的社会主义国家进行政治的、军事的和经济技术的援助，本来是应尽的国际主义义务。假如不是全心全意地执行这种国际主义义务，就不是一个马克思列宁主义者，就不能称为社会主义的国家，这也是最初步的马克思主义原理。在另一方面，后进的社会主义国家，也不能因为有其他社会主义国家的援助就放松了自己的努力，就不去努力创造自己能够创造的一切，也就是说不再在自力更生的基础上去运用国际援助。假如不以自力更生为基础，势必要增加其他社会主义国家劳动人民的额外负担，就要抑制本国人民的创造性和积极性，更危险的就是不再动员本国的无产阶级竭尽全力去进行阶级斗争和消灭阶级的努力。这样的领导者也不是一个马克思列宁主义者，这样的社会主义制度必然会丧失它内在的生命力。所以，自力更生与国际援助是一个事件的两个方面，自力更生是主导的方面。因为各国无产阶级的彻底解放，首先是各国无产阶级自己的事业。

在出现了社会主义阵营以后，各社会主义国家在自力更生的基础上进行适当的分工，这也是社会主义经济发展的必然趋势。各国根据其自然资源（苏联教科书在生产力的定义中否定自然资源的地位，而在谈到国际分工时却大谈自然资源）、经济技术以及相互

① 《列宁选集》第4卷，人民出版社1972年版，第682页。

间的需要而决定它们的生产特点，这无疑是必要的，有利于各国经济发展的。然而，既然帝国主义还存在，各社会主义国家还保有国家形式，该国共产党和工人党还是以建设本国的社会主义为首要任务，则各国国民经济的独立自主性就必然要保持，各个社会主义国家必然要在可能范围内生产其必需的生产资料和生活资料。经济上的独立与政治上的独立不可分割，政治上、经济上的独立是各国兄弟党相互尊重、相互合作的前提，是现阶段反对帝国主义和进行国内革命建设的唯一有效的正确的形式。苏联领导集团目前所鼓吹的国际分工却离开了这条马克思列宁主义的轨道。他们在社会主义苏联和其他社会主义国家之间，企图搬用资产阶级的分工原则，利用所谓经济效益的原则来反对兄弟国家建立其工业体系，以便苏联能继续保持经济上的优势，从而使其他兄弟国家在政治上、经济上始终处于从属地位。所谓经济效益的原则，并不是某种产品在某个国家是永远不变的。旧中国是缺乏石油的国家，从探测资源到开采都需要巨额的投资。苏联是石油工业具备雄厚基础的国家。假如依照那些浅薄的经济学家的意见，中国就应该放弃自己的石油工业建设，而依赖苏联的石油供应。假如我们这样做了，我们今天的飞机、汽车和使用内燃机的一切工业设备，就只能不开动了。除非我们接受了赫鲁晓夫的“和平共处”政策，接受苏共二十大纲领。这就是所谓“国际分工”所要实现的要求。幸而我们没有接受这种资产阶级的分工理论。我们在反对现代修正主义的斗争中没有以原则作交易。我们已生产了足够的石油产品，我们现在石油的成本远低于苏联远道运来的。难道我们不应该这样做吗？难道所有社会主义国家都不应该这样做吗？有些社会主义国家在“国际分工”的指挥棒下，放松了它们对农业的社会主义革命和社会主义建设，认为它们可以依赖苏联的谷仓。现在当苏联在错误领导下发生农业危机的时候，反过来命令它们自力更生了。自力更生不是一朝一夕的事情。在困难的时刻正是民族利己主义形态毕露的时刻，也就是所谓国际分工理论的破产。

在社会主义革命和社会主义建设时期，国际分工的原则必须有利于国内外的阶级斗争。迄今为止，所有社会主义国家都是原来工业不发达的国家，今天苏联和捷克等虽称得上是工业发达的国家，但他们国内外的阶级斗争任务还远没有完成。资本主义复辟的可能性明显地还存在。任何一个社会主义国家都不能完全指靠别国的经济、国防力量来巩固自己的无产阶级专政。基本的决定因素是在国内而不是国外。只有彻底完成社会主义工业化、农业集体化，建立独立的社会主义国民经济体系，彻底消灭国内资本主义复辟的可能性，才算基本上完成过渡时期的任务。不能认为土地人口较小的国家不能单独完成这个任务，朝鲜、越南、阿尔巴尼亚、古巴都是前进中的光辉榜样。这种做法，丝毫也没有低估国际援助的伟大作用，不能偷偷地把所谓国际分工来代替国际援助。本来二者不是互相排斥的。但是目前正在出现这样的情况：它们以资本主义的原则来与兄弟国家做买卖、讲条件，在所谓统一经济计划的幌子下实行利己主义的分工，把国际主义的援助撤回去了，把别的兄弟国家当作经济的附属机体。这就是所谓“创造性的马克思主义”。

在各个社会主义国家建立独立自主的经济基础上，国际主义的国际分工是要逐步发展的。那时的国际分工，不是首先计算是否对自己有利，而是首先考虑国际无产阶级和社会主义世界体系的集体利益。只有这种性质的国际分工，才具有无穷的生命力，才能过渡到共产主义。

四　关于农业的社会主义改造

1. 合作化的道路

迄今社会主义阵营各国的农业社会主义改造，是遵循恩格斯列宁关于在无产阶级专政下小农经济集体化的道路进行的。实践证明：在社会主义革命前资本主义大农业不发达的国家，以中小农经济为基础的国家，合作化是农民经济过渡到社会主义的唯一的或者是最主要的形式。

当代还有一些资本主义大农业极为发达的国家，例如美国、英国这样以资本主义的大中农场占绝对优势的国家，一旦实现无产阶级专政，合作化就不是这些国家农业的主要组织形式。对于资本主义、帝国主义国家的大、中农场，由于存在内在的阶级对抗，由于它们生产的高度社会化，就应该而且只能以对资本家剥夺的方式直接转变为全民所有的社会主义大农业。

农民经济合作化的道路，自十月革命以来的四十余年中，各个社会主义国家的革命出现了极为复杂的情况和多种多样的组织形式。大体说来，有这样几种情况：（一）在无产阶级革命和无产阶级专政的条件下，农村中经过充分的阶级斗争和彻底的或比较彻底的土地改革。在这基础之上，逐步实现农业的集体化。苏联、中国、越南民主共和国和朝鲜民主主义人民共和国等属于这一类型。就农村阶级斗争和土地改革的彻底性，合作化过程及其形式的完整性而言，中国超过苏联。因为苏联是创始者，中国是总结了苏联经验的基础上进行的。（二）东欧各人民民主主义国家的革命，属于另一种类型。这些国家是随着各该国人民反法西斯战争的胜利和苏联军队的进驻而获得解放的。这些国家的共产党和工人党在与资产阶级政党进行曲折复杂的斗争中，在联合政府的形式下进行土地改革。没收的对象一般只限于外国地主、住在城市的大地主以及法西斯叛逆和反动教会的土地。因此只有一部分农民分得土地。对于资本主义的富农和中小地主，一般的没有触动。并由于土地改革是由上而下进行的，农村中的阶级斗争发动得不够深透，群众所受的阶级教育不够广泛深入，这就会对往后的合作化过程带来相当大的困难。（三）当代有一批新近独立的国家，它们在独立后的政权掌握在资产阶级左翼或进步阶级的中左翼手里，其中有些国家在试走土地改革和农业合作化道路。他们敢于触犯帝国主义和地主买办的利益。这种土地改革能使部分或大部分劳动农民获得土地，并有可能试办一些低级的合作组织。这样的土地改革，无产阶级是应该支持的。同时必须指出，如不把革命进行到底，这些改革的结果，还是要被资产阶级右翼所夺取的。资产阶级在发展资本主义的道路上必然要逐步向右转，必然要逐渐与帝国主义勾结起来反对本国劳动人民。劳动农民在民主改革的道路上要获得彻底的永久的解放，必须与无产阶级结成联盟，从资产阶级专政逐步过渡到无产阶级领导的人民民主专政。这一过渡，只有国内各革命阶级结成坚决反对帝国主义及其代理人的统一战线，充分发动群众，进行彻底的民主改革，以马克思列宁主义来指导革命和教育群众，才有可能通过古巴式的道路走向社会主义。（四）当代还有一些新独立或独立不久的国家，它们的政权已落到资产阶级右翼手里。他们在攫得政权以后就与国内劳动人民的利益处于对抗的状态。他们迟早还是要与帝国主义及国内反动派勾结起来，不可能进行稍许彻底的民主改革。他们有些人也在口头上喊出“土地改革”“合作化”甚至“社会主义”等口号，不过这只是为了麻痹欺骗群众，从来也不准备真正付诸实施。实际上所做的一切措施，是剥夺群众的革命果实，与国内大地主、大买办结成联盟，在接受新殖民主义的形式下继续出卖民族利益。如印度的国大党政府就是这类典型。这种政权决不是中间性的，而是反动的。无产阶级政党必须发动群众戳穿它、反对它、推翻它，别的道路是没有的。现代修正主义者竟集中力量在这个问题上大肆糟蹋马克思列宁主义。在赫鲁晓夫的“和平共处”法宝下，不仅资产阶级左翼和右翼的差别消失了，即资产阶级专政和无产阶级专政的差别也消失了。一切形式的土地改革，任何种类的合作社，他们都是支持的，统统叫作“社会主义”。因为尼赫鲁吹捧赫鲁晓夫的“和平共处”和“反华政策”，故而深受赫鲁晓夫的尊敬，于是印共丹吉集团就无条件支持尼赫鲁的一切国内外政策，吹捧尼赫鲁的反动政策为“进步政策”，把“国家垄断资本主义”叫作“社会主义”。这也有他们理论根据的。苏联波斯别洛夫主编的《列宁传》说：国家社会主义工业化、优先和迅速发展重工业、农民合作化和农业机械化、文化革命——这就是列宁所指出的建成完全的社会主义社会的基本道路。在这里，偏偏没有提到这一系列政策的最基本的前提——无产阶级专政。他们认为只要采取上述措施，任何阶级专政都能建成完全的社会主义。这样的谬论妄称为列宁的理论，全世界的无产者必须惩罚这种下作的骗子！

在封建的、半封建的和殖民地性质的许多国家里，实行彻底的土地改革，是农业合作化的前提。但有资本主义的合作社，有社会主义的合作社，也有为帝国主义服务的合作社。合作社是小生产者的联合组织，它的性质不仅决定于合作社内部的生产关系，而且要决定于居于领导地位的经济性质和对它的经济关系。只有在社会主义经济领导下的，在内部消灭任何性质剥削的合作社，才能称为社会主义的合作社。而离开了无产阶级专政，就谈不上真正的社会主义。上述四种类型，第（一）（二）两种类型是在无产阶级领导或参加领导下实现的土地改革，当这些国家通过民主改革而实现各种形式的无产阶级专政的情况下，就有条件走上农业社会主义改造的道路。土地改革愈彻底，就愈能为无产阶级专政开辟道路。第（三）类型是具有进步性的土地改革，无产阶级应该参加和支持它，尽可能地发动群众，尽可能地使改革彻底。假如在土地改革基础上进行合作化，无产阶级也是应该支持的。不过应该让群众知道，这并不就是社会主义。只有农民与工人阶级结成联盟，由资产阶级专政转变为无产阶级专政或人民民主专政的情况下，才能为农业的社会主义改造创造前提。第（四）类型，是资产阶级右翼的欺骗性口号，它不可能真正实行，即使稍许实行也只是为地主资产阶级的利益而进行的。农民要是对它抱有任何幻想，那就是中了反动派的诡计。历史证明：土地改革是激烈的阶级斗争，没有农民群众的自下而上的斗争，没有农民群众自发的分地运动，农民是决不能在地主的土地上获得解放的。在合作化的问题上，亦复如此。

社会主义政治经济学在农业社会主义改造问题上，首先要比较分析研究上述各种类型土地改革和合作化的历史发展道路，从而区别正确的道路和不正确的道路，进步的道路和反动的道路，完整的成功经验和不完整的成功经验，为各国工人、农民进行斗争的参考。

在上述成功的经验中，苏联、中国、朝鲜和越南各社会主义国家土地改革合作化的经验，是比较完整的。中国和越南的情况基本是相同的。中国的土地改革和合作化又是在苏联经验的基础上发展的，所以更具有彻底性和代表性。

2. 农业合作社的形式

苏联与中国的经验都证明：小农经济的社会主义改造，一般的只能采取集体所有制的形式。要农民接受集体所有制，主要不能依靠自上而下的命令，而是要依靠农民的自觉自愿，要依靠农村中先进分子的组织示范，在实践中显示集体所有制的优越性。工人无产阶级在农村中主要的支柱是农村无产阶级的雇农和半无产阶级的贫农。下中农是可靠的同盟者，上中农则无论在土地改革运动或集体化运动中都有些动摇，但无论如何，中农是团结对象，争取中农的成就决定着阶级力量的对比。在土地改革之前，有些国家的农村中，中农是数量最多的阶级，有些国家中农虽不是数量最多的但有举足轻重之势。而在土地改革执行得比较彻底的情况下，例如我国在采取按人口平分土地和其他主要生产资料之后，农村中极大部分是新老中农，原先的贫雇农都上升为新的中农了，贫雇农虽然在土地改革后上升为新中农，但他们一般地仍是工人阶级在农村中的主要支柱，他们的阶级觉悟比较高，他们与城市无产者从来就有血缘关系，他们不会满足于小农经济的现状。在无产阶级的先锋队——共产党和工人党的领导下，他们最容易接受集体化的道路。

土地国有化，并不是农业合作化的必要前提。虽然土地国有是最彻底的民主改革，但在农民的大多数并不赞同土地国有的情况下，也就不需要采取土地国有的政策。不管土地国有或集体所有，在合作化的阶段土地总是交给农民永久使用的。

农业合作化，第一阶段采取合作社的形式由农民自愿入股，国家支援，地主、富农则一般不能吸收为社员，要等到合作社巩固，地主富农经过劳动改造和思想改造，证明确实拥护社会主义的情况下，才能分别情况容许参加合作社。合作社的领导权必须始终牢牢掌握在可靠的社员手里，必须紧紧依靠党的领导。合作社既是社会主义在农村中的基层经济组织，也是社会主义、共产主义的学校。农民要通过合作社才能认识到社会主义的优越性，才能逐步走上社会主义、共产主义的道路。

农村合作社就其职能划分，主要的有生产合作社、供销合作社和信用合作社。有些地方还有运输合作社、手工业合作社等。农业生产合作社是农业集体化的主体，决定最基本的生产关系。但是在合作化的初期，在广大的小商品生产者的基础上，供销合作社和信用合作社往往容易举办，而且有必要首先举办。

小商品经济每时每刻在分泌出资本主义来。城乡资本主义首先会在供销环节和信贷上俘虏小商品经济。考虑到土地改革后许多贫雇农虽然取得了土地，但他们的生产资金不足，农产品的销售和生产资料的购买最初不能不依赖自由市场，从而资本主义就很容易地剥削他们。过不了几年他们就会贫困破产，而自然灾害往往加速他们的破产过程。所以小土地所有制和小商品经济决不是农民的天堂，在资产阶级的政权下，小商品经济及其小土地所有制是资本主义发展的肥沃土地。无产阶级及其政党必须紧接着土地改革之后就要与资本主义展开斗争。斗争是多方面的，首先要在大中城市控制和管理自由市场，要把市场的领导权掌握在国营经济手里。但自由市场的主要支柱是小商品生产者，所以在农村里广泛建立供销合作社，使与国营经济建立直接联系，消灭中间商人的剥削，就可以大大削弱资本主义经济，有利于社会主义经济的发展。这一步骤，往往成为农村中两条道路斗争的前哨战。在初期阶段，由于国营经济和合作社的力量还是有限的，不能在短时期内从各方面排除和代替自由市场的作用。在限制与管理的同时，还要适当地利用自由市场。因为小商品生产在缺乏供销渠道的情况下是要窒息的，这也不利于社会主义发展。

信用合作社能集合农民的闲散资金，在农民内部发挥调剂有无的作用。当然，国家资金对信用合作社的支援是必要的。依靠信用合作社，就能与商业资本和高利贷资本作斗争。这是堵塞城乡资本主义道路的另一重要措施。在初期阶段，对农民相互间的借贷关系，应该规定其合理的条件和利息率，防止高利贷的滋生。同时又要鼓励农民间兄弟般的互助合作关系。

供销信贷和运输等环节上的合作化，对于原料产区，对于商品化程度较高的地区，就更为重要。这些地区往往是资本主义主要的根据地。社会主义有必要首先在这些地区限制和战胜资本主义。

农业社会主义改造的决定性环节是生产合作。农业生产合作的低级形式，在苏联称共耕社，在中国称互助组（分常年互助和临时的或季节的互助两种），在波兰称生产小组。各个国家的名称可以不同，其性质基本一致，主要是劳力合作的性质。这种初级合作组织没有改变个体经济的所有制，但互助合作的生产关系已经开始滋长，常年互助组里开始部分的分工，有小量的积累和公共财产，并有简单的生产计划。在这种合作组织中必须贯彻互助互利和等价清偿的原则。要防止富农和富裕中农利用这种形式来进行变相的雇工。雇工和剥削是绝对不允许的。劳动合作的组织人数不宜过多，经过相当时期办有成效后，应该不失时机在此基础上建立农业生产合作社。在土地改革不彻底的国家，农村中有为数不少的富农和富裕中农，他们一般地宁愿走资本主义的道路而不愿走社会主义的道路。苏联在合作化的初期即采取消灭富农的政策。中国在1949—1952年国民经济恢复时期，为了迅速恢复和发展农业生产，对于在土地改革中已被大大削弱的富农经济还是允许存在的，然而决不允许雇工、放高利贷和投机买卖等非法活动。而在农业生产合作化的高潮中允许他们加入合作社，从而也消灭了富农经济。农业合作化的全部过程，必须贯彻阶级路线。任凭富农和富裕中农在同等的地位上与一般农民，尤其是与原先的贫雇农民进行和平竞赛是错误的。因为前者拥有较好的土地、牲畜（甚至机器）和其他生产资料。党和国家必须在政治上、经济上扶持那些觉悟较高的农民群众，使他们创造性地组织合作社，做出成绩，取得经验，然后就能争取一般中农以至富裕中农参加合作社。与此同时要适当限制富农。

农业生产合作的中级形式是初级农业生产合作社。这种形式已经是一种半社会主义性质的集体经营组织。它将个体经济集合成合作社。社员的土地（在土地为农民所有的情况下）入股，主要生产资料如牲畜、农具等折价入社。社员都得参加集体劳动。生产成果除按劳分配外，由于土地仍当作股份，年终要以一定数量的收入按股分配。在按劳分配的同时还存在按土地分配，所以只能说它是半社会主义性质的农业生产合作社。它比互助组已经大大跃进了一步。因为个体经济已经融合在集体经济中，共同生产与共同分配的生产组织已经形成。初级的农业生产合作社是私有制和集体所有制共居的形式，是社会主义经济组织中还包含有私有经济残余的形式。由于每个社员都有一定数量的土地，土地改革越是采取平均分配的国家，农民保有土地的差距就越小，从而也越容易组织农业生产合作社，也越容易过渡到高级的农业生产合作社。在初级合作社里，不宜容许生产资料入股和按股分配，因为生产资料在各社员之间的差距比较大，容易扩大按股金分配的部分和增加富裕社员的不劳而获。合作社的领导权同样必须掌握在贫雇农和先进社员的手里。对富农和富裕中农要保持警惕。既然合作社内还有两种所有制，两种经济因素，阶级斗争还是不可避免的。剥削思想和自发势力也不是一旦组织了合作社就能消灭的。然而这种斗争可以按照人民内部的矛盾来处理。从团结的愿望出发，经过斗争教育而达到新的团结的规律，也是农业生产合作社一般地处理内部矛盾规律。但这并不排除合作社内部会出现敌我矛盾。

初级农业生产合作社较之个体经济和互助组有显著的优越性。个体经济是分散的简单再生产的经济，它妨碍农业生产力的上升，因而阻碍国家社会主义工业化，破坏国民经济的计划化，从而也要破坏工农联盟。互助组虽然因实行劳动力的互助合作，在一定程度上发挥了集体生产的优点，然而它还不能解决共同劳动与分散经营的矛盾，更没有解决全民所有制的工业与个体所有制农业之间的矛盾，由于这两种矛盾的存在，就不能不断地发展农业生产以满足城市对粮食和工业原料的日益增长的需要，就不能保证国民经济的计划化。所以从互助组到初级农业生产合作社，是上述矛盾发展的必然结果。初级农业生产合作社由于实行土地的统一经营，能够因地制宜地种植，能够比互助组实行更合理的劳动分工，统一使用劳动力和熟练的先进的生产技术，展开多种经营。因而较之个体经济和互助组能大大提高劳动生产率，发展生产，增加社员收入。社会主义的经济规律，只有在初级农业生产合作社才能开始发挥其作用。

农业的社会主义改造，决不能长时期地停留在初级社的阶段。初级社不过是一种过渡形态。它还不是完全的社会主义所有制。它的内在矛盾：土地私有权和社会主义所有制的矛盾，按劳分配和按土地股分配的矛盾，经常妨碍社员的内部团结，妨碍土地和资金的合理利用，不愿做长期的或较多的农田基本建设。尤其是水利灌溉系统的设施往往因土地私有权的阻碍而不能顺利进行。所以，初级农业生产合作社在得到一定程度的生产发展以后，它本身的矛盾就限制其继续发展了。要解决这一系列矛盾，必须消灭土地分红制，变土地的个体所有制为集体所有制。从半社会主义的初级社过渡到完全社会主义的高级农业生产合作社。在中国称为高级农业生产合作社，在苏联就是集体农庄。并不是所有高级社都是由初级社过渡来的。在条件具备的地方，互助组可以直接过渡到高级社，个别单干户直接参加高级社的情况也不在少数。这种转变，必须集体所有制的合作社在生产实践中证明其优越性，广大农民的社会主义觉悟有一定程度的提高，资本主义道路已被群众批判的情况下，才能形成农业社会主义改造运动的高潮。

高级农业生产合作社的土地、牲畜、大中型农具和其他重要的生产资料都归集体所有。统一生产计划，集体生产劳动，社员按劳动日的多少分配收入。苏联集体农庄的规模较大，原因是耕作机械化、耕作技术粗放和作物比较单一。每个国家都应该根据它具体情况决定生产合作社的名称、规模和经营管理制度，这是与各国的社会经济条件、自然条件和农民的习惯等分不开的。但不论上述方面有多大差别，主要生产资料的集体所有制，按国家计划要求根据自己的具体情况决定生产计划；每年扣除下年度的生产费和公积金、公益金外，按社员劳动日的多少进行分配。这些是共同的特点。一般来说，高级农业生产合作社（或集体农庄）的规模要比初级社大些，较大的社要下设生产队或作业组，进行合理分工。分工必须在统一计划的指挥之下进行。它是一种社会主义的农业企业，由于农业与工业的劳动对象和生产条件不同，在工业企业里适用的一套管理方法不能完全适用于农业。资本主义农场的经营管理方法也不能适用于社会主义的农业企业。领导社会主义的企业有两个方面：一是阶级斗争的方面，二是与自然斗争的方面。农业的社会主义改造的过程，就生产关系方面而言，是一系列的阶级斗争过程，不在组织上、生产上和思想意识上不断清除资本主义的和小私有者的倾向和影响，农业的社会主义道路就不可能前进。斗争是很激烈的，既有阶段性的政治斗争，也有日常工作中的斗争。在斗争中必须遵照毛泽东同志的理论，严格区别敌我矛盾和人民内部矛盾，区别采取对这两类矛盾的解决方法。在任何阶段上要团结大多数的农民群众共同前进。既不能脱离群众也不能做落后群众的尾巴。另一方面的斗争是对自然斗争。对自然斗争必须掌握自然的规律，正如阶级斗争要掌握社会发展规律一样。社会主义的农业已有可能在充分掌握运用自然规律的基础上划时代地提高农业生产力。它能够运用一切现代科学的成就并展开群众性的创造活动。农民的生产实践经验是非常宝贵的，应该把农民的成功经验给予科学总结，然后根据具体条件推广这些经验。一切科学措施必须经过试验，在小面积上试验成功，作出示范，然后根据具体条件推广这些试验。农业的自然条件和作物品种很复杂，不问具体条件而进行一般化的号召推广是错误的，要失败的。而自命为农业专家的赫鲁晓夫却以失败自诩，一系列的瞎指挥加深了苏联的农业生产危机。

对于农业的社会主义的改造，阶级斗争与对自然的斗争不可偏废，前者是为了建立新的生产关系，后者是为了发展生产力。没有新的生产关系不可能为新的生产力开辟道路，如不发展新的生产力也不能巩固新的生产关系。但在改造的过程中，阶级斗争往往居首要地位。即使在社会主义生产关系的建立基本完成后，人们思想意识中的私有制残余还会保存很久，旧的地主资本家还要想尽一切办法来图谋复辟，还具备在新的一代中产生新的资本主义分子的客观条件。所以在整个社会主义阶段，当政治上、经济上的社会主义改造完成以后，阶级斗争还是低一阵高一阵的，有时是很激烈的。过早地宣布阶级斗争结束当然是错误的。

3. 人民公社

高级社或集体农庄，并不是社会主义集体所有制的最高阶段的最完善形式。因为：（一）这种形式把政权工作与经济工作分开，而事实上二者很难分离；（二）各地区、各农庄的经济发展程度各有不同，自然条件在大的国家里也差别很大。用一种所有制，一种规模和管理办法来统一规范农业企业，就不易适应不同的生产力性质及其发展程度；（三）即使在同一地区、经济条件相同的情况下，某些生产活动需要较大的集体才能举办（如水利工程及灌溉系统、农产品加工工业、大面积的防旱、防涝、防虫等），有些生产活动则只需小集体就能进行（如田间管理、播种、收割等），用固定的生产规模去适应大小不等的需要，往往会发生困难；（四）由于生产关系的凝固性和单一性，在适应生产关系的新的发展和转变时，例如某些合作社要发展为大集体所有制，某些合作社已具备向全民所有制转化的条件时，就要改革生产合作社或集体农庄的基本体制，而基本体制既不宜经常变动也不宜为了少数而变动的。根据以上种种缺点，中国农业生产合作社的广大社员，在 1958 年前后要求将高级农业生产合作社联合为人民公社的组织形式。

中国的农村人民公社是政、社合一的组织，是社会主义社会在农村中的基层单位，也是社会主义政权在基层组织中的单位。它是应生产发展的需要，在高级农业生产合作社的基础上联合组成的。农村人民公社将在很长的一个历史时期内，是社会主义的互助、互利的集体经济组织，实行各尽所能、按劳分配、多劳多得、不劳动者不得食的原则。现阶段人民公社的基本核算单位是生产队。根据各地方不同的情况，公社的组织可以是三级，即公社、生产大队和生产队；也可以是两级，即公社和生产队。目前生产队的集体所有制是基本的，土地、劳力、耕畜和一些主要生产工具都固定为生产队占用使用；公社和生产大队的所有制还是部分的，只有一些非一个生产队的力量能举办的农村工业，一些中型的水利设施（大型水利工程是国家举办的），以及森林、草原、农业机械（动力机械、电力灌溉设备等），才归公社或生产大队所有。无疑地，将来随着农业生产的发展和技术改革的发展，公社和生产大队所有的生产资料会逐渐扩大起来。刘少奇同志指出：这种社会组织形式具有很大的灵活性，可以容纳社会主义社会和共产主义社会中的不同程度的生产力和与之相适应的不同水平的生产关系。

实践证明，农村人民公社具有无限的生命力。它较之高级农业生产合作社优越之处，在于它能灵活组织更大的人力、物力来战胜自然灾害，兴办中、小型水利工程，进行大面积的水土保持和农田基本建设，实行农、林、牧、副、渔等多种经营，创办为农业服务的社办工业，以及便于学习推广先进的农业科学技术等。同时它又能根据不同的生产力状况来确定它的不同生产规模。

苏联教科书载：在苏维埃政权的初期，在苏联的一些地区曾经成立过农业公社，在公社中不仅一切生产资料公有化，而且社员的个人经济也公有化了。这些公社表现出没有生命力，这些公社对消费品实行平均分配。后来根据农民自己的决定，公社改变为农业劳动组合。不错，这是苏联的历史事实。但这并不意味着，一听到公社这个名词，就要与苏联上述的经验等同起来。中国共产党所领导的农村人民公社，正是在汲取了苏联的经验教训而创造性地发展形成的。有人说，公社必须是共产主义的。假如这里的共产主义包括低级和高级两个社会阶段，当然是对的。假如说只有高级阶段的共产主义才能占用“公社”这个名词，马克思、恩格斯、列宁都没有这样说过。列宁曾说，苏维埃政权就是一种公社的形式。苏维埃政权过去和现在都不是高级的共产主义社会的政权。

农业的社会主义改造有三个方面：一是生产关系的改造，二是技术改造，三是农民的思想改造。农业的合作化、公社化，标志着小私有制的农业已改造成为社会主义集体所有制的大农业。在有些社会主义国家，农业生产关系的改造与技术改造是相互结合进行的。但这不是必然的规律。中国的农业合作化先于技术改造。因为在工业基础比较薄弱的国家，要建立起农业技术改造所需要的一切装备和产品，需要相当长的一段时间。假如我们等待技术装备齐全后再去进行农业合作化，就要坐失时机，就要让资本主义有充分的时间去腐蚀和俘虏小农经济，这对于社会主义建设和工农联盟都是不利的。南斯拉夫修正主义者认为没有机械化就不能合作化，这不仅是一种机械唯物论，而且是农村资本主义富农的代言人。农业的合作化，在初期阶段主要不是依靠机器的生产力，而是依靠劳动力和现有生产资料的集体生产力。稍有历史知识的人都知道，资本主义生产方式的第一阶段并没有依靠机器的生产力，资本主义的技术革命是资本主义生产方式的产物，而不是倒过来。社会主义农业的技术改造，一般而言是社会主义生产方式的产物。没有工业和农业中的社会主义生产关系作为前提，农业的技术改革只能有利于资本主义的发展，不能有利于社会主义的发展。有些可怜的自命为马克思主义者，死啃着一句教条，认为社会主义的大农业是建立在现代化的物质技术基础之上的。不错，谁要否认这一点，谁就不是一个马克思主义者。但马克思认为：生产方式的变革是由生产关系与生产力的冲突，在阶级社会里表现为阶级与阶级的冲突而引起的。也就是说，主要是由事物的内部矛盾而引起的，而不是外界的物质所引起的。谁要是不懂得这一点，他压根儿就不是一个马克思主义者。

农业的技术改革，需要社会主义工业化作为物质前提。而社会主义的工业化，也必须以农业的技术改革作为其主要目的之一。社会主义国家的工业化，不能如资本主义国家那样，以输出工业品和输入农产品为国民经济平衡的基本方式。社会主义、共产主义要彻底解放劳动者，要逐渐消灭城乡间和工农间的本质差别。要是不能把农业的生产水平和劳动生产率提高到与工业的同等水平，就不能认为已彻底建成社会主义。苏联农业机械化的水平目前虽已达到较高的水平，但它的农业生产水平和劳动生产率还不高，与工业的差距还相当大。农业技术改革还没有基本完成。可见农业技术改革的内容也不能以农业机器为主要指标。毛泽东同志指出：农业生产发展的主要方面有：水利、肥料、土地、种子、合理密植、工具、植物保护、田间管理等八项。这八个方面都是农业技术改革的主要对象。能不能把农业技术改革的主要内容以机械化、电气化来概括呢？在粗放经营的条件下，单纯为了节约劳动力而不是为了提高单位面积产量，来提高劳动生产率，如美国和苏联早期那样，机械化、电气化当然是主要的措施。但如要求农业进一步发展，在人口日多、土地有限，必须提高单位面积产量的情况下，就是要实现马克思所指出的合理农业应该是集合经营与精耕细作相结合的要求，则必须依照毛泽东同志所指出的上述各个方面进行技术改革。而这些方面的改革，在社会主义的制度下是能够分别情况有重点地同时进行的。只要农业集体组织不被修正主义所腐蚀，社会主义一定能够克服资本主义所造成的工农业发展不平衡的状态，能够把农业生产水平提高到现有水平的一倍、两倍甚至数倍的程度。

但要做到农业集体组织不被修正主义所腐蚀，不被资本主义的自发势力所破坏，必须在生产关系的改造和技术改造的同时，对农民进行思想改造。建立了社会主义经济制度，发展了生产，提高了农民的生活，农民的思想觉悟并不就此提高了。经济基础不过是思想意识形态的物质基础。要使新的意识形态来适应新的经济基础的需要，要经过更长时期的思想革命工作。实践证明，在社会主义社会里，集体农民思想意识中的旧的残余，不是短时期内所能清除的。尤其是农民小私有者的思想，目前也还有它的经济基础，稍一放松，小私有者和资本主义的自发势力就在旧的思想意识支配下危害社会主义。所以那种认为只要经济基础改造好了思想问题就自然解决的论点，是新、老修正主义者的共同论点。在这方面，他们给资本主义的意识形态保留了不受侵犯的乐园。现代修正主义正在与帝国主义者勾结起来，从意识形态方面来挖掘社会主义的基础。

4. 国营农场

农业的社会主义改造，除了集体所有制的合作社形式外，还有全民所有制的国营农场。国营农场产生于两种途径：一种途径是由革命前的资本主义大农场转变而来。在资本主义农业较发达的国家，这条途径产生的国营农场会占重要部分，甚至是农业中的主要部分。另一种途径是革命后国家陆续创办的。创办国营农场需在国有的土地上进行，其目的是为集体所有制的合作社作出榜样、指出方向。国营农场的规模较大，具有较先进的技术装备，在国家计划的直接领导下进行生产。它比较容易接受一切先进的科学技术措施，因此劳动生产率较合作社高，商品率也比较高。国营农场的工人采用工资制（计时或计件，或两者结合），与工厂的工人一样。然而农场的经营对象主要是农业，与工业有所不同，所以不能把工厂的经营管理制度完全套用到农场里来。国营农场既是全民所有制的企业，也就不能把适用于合作社的经营管理制度完全套用于国营农场。国营农场的工人应该具有较高的阶级觉悟水平，应该以他们的先进思想、先进作风和先进技术作出示范，帮助附近的合作社。国营农场与合作社的关系，体现了农业内部工农联盟的关系，也体现国家与集体农民的关系。国营农场既负有如此重大的政治、经济任务，所以必须重视政治思想工作，厉行增产节约，进行严格的经济核算，以先进的生产指标、较高的劳动生产率、较低的生产成本、超额完成国家计划等行动来引导集体所有制的农业企业前进。

社会主义农业的主体就是国营农场和合作社（或公社）的两种组织形式。会不会有两种所有制相结合的形式呢？既然事物会不断从低级发展到高级，两种所有制相结合的过渡形式当然是会存在的。但这不是社会主义建设阶段出现的形式。需要经过一定的发展阶段，根据各国的具体条件，创造出各种切合实际的过渡形式。在我国，人民公社的组织形式就为这种过渡开辟了有利的道路。

5. 社会主义农业的不断改造

农业的集体所有制，是社会主义农业一定发展阶段上的产物。在革命前农业生产落后的国家，集体所有制会在社会主义的初级阶段是主要形式，并要存在相当长的时期。

在集体所有制时期，对农业的技术改革、文化革命和对农民的思想改造，是长期的繁重任务。但不论是哪一项工作，都会盖上阶级斗争的烙印。集体所有制本身，还不是成熟的社会主义生产方式，它在生产条件和分配方式等方面保留了较多的资产阶级法权残余。假如不与技术改革的同时，在生产关系和思想意识形态方面进行相应的改造，则农业技术装备愈先进，生产愈发展，资产阶级法权也会愈扩大，旧的思想意识也会愈扩大，旧的思想意识也会更复活起来。反之，如没有技术改造与生产关系、思想意识的改造相互适应，后者也是不能巩固的，两条道路的斗争也不能得到根本的解决。

不仅集体所有制本身还具有上述的缺点，各社会主义国家到目前为止，集体农民还保有一定数量的自留地，作为社员的家庭经济，以补充集体经济。社员的家庭经济之所以在一定时期还要存在，是因为刚建立的集体经济只能掌握运用主要部分的生产资料和劳动力，并由于农业具有季节性，以及社员生活需要的多样性等原因，保留一定程度的社员家庭经济，能够充分发挥社员的一切生产潜力，满足社员生活上某些需要，对初期的集体经济是有利的。但是，决不能给社员的自留地过多，过多的自留地（例如苏联和某些东欧国家每户达半公顷至一公顷甚至更多)，就会鼓励小生产者的自发势力，削弱集体经济。更由于自留地往往与集市贸易（在苏联称集体农庄市场）不可分割地联系在一起，价值法则和市场法则的作用虽然被限制，仍然会在一定程度上支配社员家庭经济的活动，而与集体经济的计划生产相对抗。

对社员家庭经济和集市贸易的放弃领导，同对集体经济的领导采用资本主义的物质刺激原则（苏联教科书认为它是集体经济的主要动力)，必然会在社会主义的农业中滋长自发势力，鼓励小商品经济和资本主义分子，使旧的地主、富农、懒汉以及反革命分子获得新的经济基础。这种情势泛滥起来，就可能逐步走向资本主义复辟，断送社会主义的集体经济。不幸的是：我们今天在苏联的农村正看到这种趋势！

在农业的社会主义改造过程中，两条道路的斗争始终贯穿全部过程。不能认为农业集体化一经完成，两条道路的斗争就消灭了，这是右倾机会主义的观点。生产资料的集体化只是经济基础改造的初步完成。集体经济还须在与小生产者自发势力的斗争中，在与小资产阶级的习惯势力的斗争中，在与旧的地主、富农、懒汉等反动势力的斗争中，在与新社会中一切资产阶级残余势力的斗争中，逐步地发展壮大起来。不能认为这种种斗争都是一帆风顺的，新生产方式在其成长过程中会经过不少迂回曲折。领导者会犯不可避免的错误和可以避免的错误，有时甚至是方向性的错误。这种种波折都会助长反动势力，都会给予机会使资本主义残余势力在各方面反攻社会主义阵地。苏联的集体农庄已建立三十余年了，它目前正处于严重的方向性危机之中。假如还不认识到这一点，仍旧用资本主义的一套方法来欺骗迷惑群众，则更大的危机还在后面。

农业的社会主义改造，不是实现了全面集体化就已结束。它还必须从集体所有制过渡到全民所有制。农业中实现全民所有制后的第一发展阶段，还是社会主义性质的。所以现在社会主义阵营各国的农业社会主义改造，至多也只走了一半途程，许多国家即便合作化还没有全部完成。

金日成同志在《关于我国社会主义农村问题提纲》中指出：我们必须不断提高全民所有制对集体所有制的领导作用，让两种所有制有机地结合起来，以巩固和发展社会主义农村经济制度，使集体所有制更加接近于全民所有制。因此，要创造现实条件和可能性，使集体所有制转变为全民所有制。他的正确理论体现了不断革命论的马克思主义思想，也体现了毛泽东同志关于农业社会主义改造的思想。

五　关于社会主义经济中的矛盾

当社会主义还存在着阶级，存在着三大差别，存在着多种性质的经济关系，则势必还有阶级矛盾和阶级斗争。在大量非对抗的矛盾中也会出现对抗的矛盾。事物是相互转化的，经济关系政治关系也会相互转化的。当无产阶级的政党坚持马克思列宁主义的原则，坚持无产阶级专政并把革命进行到底，一些对抗性的矛盾也可能逐步转化为非对抗性矛盾，非对抗性矛盾就会逐步解决而泯灭下去，（当然，新的非对抗性矛盾还是会产生的，矛盾是不可灭的。）反之，假如修正主义篡夺了马克思列宁主义的领导，非对抗性的矛盾也会逐步转化为对抗性的矛盾，局部的、个别的对抗性矛盾会转化为全面的、整体的对抗性矛盾。社会主义就会倒退向资本主义。

苏联教科书把现阶段的社会主义经济关系，当作定型的、完全胜利的经济关系来叙述。当然，在一定的发展阶段，有一定的经济关系。但同时，它又是不断发展和不断变化的。读者没有看到教科书中有关不同经济关系和阶级矛盾的叙述。因为教科书始终怕具体分析社会主义社会中的阶级关系和阶级矛盾（虽然一般地承认有非对抗性矛盾），而片面强调它们的和谐一致。既然和谐一致了，也就是凝固了、静止了。矛盾和运动也就没有了。苏联教科书强调个人物质利益是社会主义的强大动力。把物质刺激当作社会主义主要的分配原则来看待。这里暂且不讨论物质刺激的本身问题。马克思主义政治经济学与小资产阶级社会主义政治经济学的主要区别，是前者从生产出发，而后者从分配出发。苏联教科书除指出物质利益是社会主义生产发展的强大动力外，又指出意识形态中的批评和自我批评“是社会主义社会发展的动力”，此外还说：“公有制和社会主义经济的统治地位，是社会主义社会精神上政治上的一致，各族人民友谊，社会爱国主义等强大的社会发展动力在苏联和人民民主国家发挥作用的经济基础。这些动力反过来对经济也发生影响，使之发展更快些。”这许多分析得不清不楚的动力中哪一个是基本的，哪些是从属的或派生的，苏联教科书没有直接答复。但全书中宣扬个人的物质利益原则是强大动力的论断较多，可能作者认为这是最主要的，但还有些羞涩。假如把个人的物质利益强调为社会主义社会的强大动力，那与资本主义社会又有什么区别呢？社会主义的生产资料公有制，难道不是首先为全体劳动人民的长远利益和眼前利益而生产，而是首先为个人的物质利益而生产吗？这恰恰是铁托集团的理论基础。当然，社会主义不否认个人的物质利益，但社会主义首先要保卫和斗争的是阶级利益和集体利益。个人利益只有在阶级利益和集体利益得到保卫和发展的前提下才能实现，这是最初步的道理。也是马克思反对拉萨尔的小资产阶级社会主义的道理。即使说，苏联教科书所强调的个人物质利益是建立在集体利益基础之上的，是贯彻按劳分配原则的。然而把它当作社会主义社会发展的强大动力，也是错误的。马克思说：“把所谓分配看做事物的本质并把重点放在它上面，那也是根本错误的。”①

表现生产方式本质的不是消费品的分配，而是生产条件的分配，主要是生产资料的所有制。中国共产党在《关于无产阶级专政的历史经验》一文中写道：“各个社会的矛盾性质不同，解决矛盾的方式不同，但是社会的发展总是在不断的矛盾中进行的。社会

---

① 《马克思恩格斯选集》第3卷，人民出版社1972年版，第13页。

主义社会的发展也是在生产力和生产关系的矛盾中进行着的。”社会主义社会的发展动力仍然是生产力和生产关系的矛盾这个原理，也写在1957年外国共产党和工人党的莫斯科宣言中。政治经济学的任务，是要根据这个马克思主义的基本原理来进行具体的经济分析。

在社会主义革命时期，党根据生产关系一定要适合生产力性质的规律，辩证地运用这个规律，来战胜资本主义，发展国营经济，改造小商品经济。在这个时期，社会生产力与生产关系的矛盾，表现为社会主义与资本主义、个体经济之间的矛盾，总的表现为两条道路的斗争。其中，社会主义与资本主义的矛盾是对抗的，在一定条件下，部分的可以按照人民内部矛盾来处理。中国共产党对改造资本主义工商业的政策，就是如此。社会主义与个体经济之间的矛盾，是劳动人民内部的矛盾，应该按照人民内部矛盾处理，在改造过程中集体利益和个体利益双方兼顾。但因为个体经济是一种私有制，是小商品经济，所以它有动摇性，在一定场合下有自发的资本主义趋势。如处理得不好，在一定时期一定地区，也有可能转变为对抗性矛盾，如匈牙利在1955年所发生过的情况。

到社会主义改造基本完成以后，社会发展的基本矛盾也还是生产力和生产关系。但它的表现形式是否仍然是社会主义和资本主义，即两条道路的斗争呢？这是一个正在争论中的重大问题。苏联教科书认为：“谁战胜谁”的问题已经结束了。代之而起的社会主要矛盾是什么？苏联教科书指出是社会生产力与社会主义生产关系的非对抗性矛盾，可以通过不断调节生产关系来适应生产力的发展，当然，基本矛盾总是生产力和生产关系。但社会主义阶段社会生产力的性质难道是单一的吗？生产关系的性质难道也是单一的吗？就社会主义的两种所有制都是公有制，同属于社会主义经济体系而言。它们的基本性质是相同的；这是社会主义经济性质的一个方面。另一方面，社会主义的两种所有制之间，既存在着生产力的重大差别也存在着生产关系的重大差别。这种差别，是社会主义经济体系内部一切矛盾的基础。毛泽东同志在《关于正确处理人民内部矛盾的问题》中指出：在我国现在的条件下，所谓人民内部矛盾，包括工人阶级内部的矛盾，农民阶级内部的矛盾，知识分子内部的矛盾，工农两个阶级之间的矛盾，工人、农民同知识分子之间的矛盾，工人阶级和其他劳动人民同民族资产阶级之间的矛盾，民族资产阶级内部的矛盾，等等。以上种种矛盾，是由于生产力和生产关系发展不平衡而保留下来的社会主义的阶级矛盾。这种种阶级矛盾在国民经济中的表现，就成为工业内部的矛盾、农业内部的矛盾、工业与农业之间的矛盾、城市与农村之间的矛盾、生产与分配的矛盾、消费与积累的矛盾、国家、集体与个人之间的矛盾、生产与基本建设之间的矛盾，等等。国民经济中所有这些矛盾，在每一发展阶段都有它的具体表现形式。例如苏联当前工业与农业之间的矛盾（包含着上层建筑与基础之间的矛盾），发展为农业危机。脑力劳动者与体力劳动者的矛盾，表现为高薪阶层与广大低薪阶层的矛盾，等等。在每一发展阶段上都有比较突出的矛盾或主要矛盾，这是由各国国内外的具体情况决定的。以上种种矛盾，都是社会主义经济体系内部的矛盾，一般是非对抗性的。它的社会根源，就是社会主义社会生产力发展的不平衡——主要是工、农、城乡、体力劳动和脑力劳动之间的重大差别。生产关系发展的不平衡——主要是两种公有制之间的重大差别，以及生产力和生产关系的先进与落后之间的差别，正是这些阶级矛盾和经济关系的矛盾支配着社会主义经济的内部运动。矛盾的发展，逐步导致矛盾的克服。旧的克服了，新的矛盾又会接踵而至。

社会主义生产方式的基本经济规律，体现了生产的目的和达到这个目的的物质手段。但这个基本经济规律并不是先验地无所凭借地发生作用的，它是通过上述种种矛盾的运动过程而发生作用的。资本主义社会的剩余价值规律也要通过对抗的阶级斗争而发生作用。所以社会主义经济内部的发展动力不是什么“物质刺激”，而是在生产力与生产关系矛盾基础上产生的阶级矛盾和经济关系的矛盾。某种分配方法和分配形式，不过是解决生产与分配之间矛盾的一种手段罢了。

社会主义经济体系中的矛盾，所以有可能转化为对抗性的矛盾，因为还有许多内在的和外在的条件在发生作用。在社会主义经济体系内，由于刚刚从旧的经济形态中蜕变出来，它还继承着旧社会的一些经济条件及其残缺的经济关系。这些经济残余已经不成其为资本主义的经济成分了，它们已失去资本主义所有制的凭依，并为社会主义经济关系所驾驭。新生的社会主义经济还不能在短时期内完全改变和代替这些旧的经济残余，因而在一定时期内形成新旧结合的形式。二者既有对立的一面，也有互为补充的一面。这是过渡性经济形态的一种特征。现阶段表现这个特征的矛盾有：（一）集体经济与社员家庭经济之间的矛盾；（二）计划生产与计划外生产的矛盾；（三）产品分配与商品交换之间的矛盾；（四）国营贸易与集市贸易之间的矛盾；（五）劳动力的计划调配与劳动力自发流动之间的矛盾；（六）各尽所能与分配中资产阶级法权残余之间的矛盾……

党和国家如清楚认识上述矛盾的性质，按照事物的发展规律正确处理这些矛盾，则消极因素可以化为积极因素，使它们在一定时期内有利于社会主义经济的发展。假如不是这样，只看到它们有利的一面而看不到消极的不利的一面，用错误的方针政策来鼓励它们的消极作用，助长旧社会的习惯势力，复苏资本主义的经济关系，这些旧的经济残余就会浸润滋长，形成社会主义经济的对立物，从非对抗性的矛盾转化为对抗性的矛盾，逐步从小商品经济的自发势力形成资本主义经济的复辟。于是经济战线上的两条道路斗争，由已经是分散的潜伏状态重新形成集结的公开状态。

旧社会的经济残余转化为资本主义经济的复辟，还要依靠一种社会力量。这种社会力量是千百万人的习惯势力，已被打败的但尚未消灭的旧剥削阶级分子以及由他们影响培育的新的一代中的新的资产阶级分子。

能否说，在社会主义经济体系初步建立以后，如领导正确，两条道路的斗争就可以避免了呢？不能！矛盾是客观存在的，既有它的社会条件也有经济条件。在正确的领导下，可以在一定程度上防患于未然或及时扑灭，但斗争总是不可避免的。社会主义阵营各国的历史经验也证明是不可避免的。

以上说明社会主义经济内部的矛盾，有转化为资本主义复辟的可能性。这也是过去的各种新生产方式当其未成熟巩固时期所共有的现象。至于社会主义经济体系之外，还存在许多与社会主义社会经济公然对抗的经济成分和敌对势力，生产资料的私有制还没有彻底消灭，个体经济还未绝迹，资本主义的世界体系还存在，无时无刻不用公开的秘密的种种方式侵蚀破坏社会主义社会。社会主义国家内还潜伏着一些封建的、资本主义的和帝国主义派遣的反动派等。内在的条件往往会与外在的条件勾结起来。毛泽东同志指出："社会主义国家内部的反动派同帝国主义者相互勾结，利用人民内部的矛盾，挑拨离间，兴风作浪，企图实现他们的阴谋。匈牙利事件的这种教训，值得大家注意。"

根据以上分析，可见社会主义经济体系初步建立以后，两条道路的斗争并没有结束。敌我矛盾与人民内部矛盾同时存在。与前一时期相较，两条道路的斗争不再始终采取全面高涨的形势，而是高一阵低一阵，在一定情况下又会激化。只有到了阶级被彻底消灭的阶段，这个对抗性矛盾才能消失。

社会主义社会的过渡性，就是因为它始终贯穿着对抗的和非对抗的阶级斗争，始终存在着两条道路的斗争。随着生产力的发展，必须对它的生产关系和上层建筑不断进行调整，不断缩小直至清除三大差别。这就是说，要在生产力和生产关系方面、在经济基础和上层建筑方面，进行不断革命，直到实现高级的共产主义，才能结束从资本主义到共产主义的过渡时期。

现代修正主义者和一些机械唯物论者反对采取这种马克思主义的态度来看待社会主义。他们在经济战线上的社会主义革命初步完成时就宣布过渡时期结束，宣布谁战胜谁的斗争已经结束，把社会主义的生产关系凝固化，取消无产阶级专政，听凭资产阶级和小资产阶级的腐蚀力量卷土重来，从而达到它们出卖无产阶级根本利益的目的。这正是国际帝国主义所要求的“和平演变”，这种和平演变，被赫鲁晓夫自谓为“创造性的发展”。

六　关于按劳分配

苏联科学院经济研究所编著的政治经济学教科书，对政治经济学所下的定义是正确的，也是为斯大林所同意的，然而，作为生产与分配的矛盾统一，在教科书的内容上是贫弱的。社会主义的基本经济规律，表明生产的目的在满足社会全体成员的需要。如何满足全体成员的需要呢？教科书只提出一个按劳分配的规律来解答一切。当然，按劳分配是社会主义阶段的主要分配原则。还有没有其他分配原则呢？一切社会公共福利设施是按什么原则归人民享受呢？遭受了自然灾害和社会损害的社会主义公民，有没有要求生活保障的权利呢？资产阶级把他们的伪善叫作福利施舍，赫鲁晓夫也拾起资产阶级的牙慧叫作“福利”，把自己置于施舍者的地位。因为在他看来这不是社会主义的一种分配原则。把社会主义阶段按需分配的因素用资产阶级的遮羞布把它掩盖起来。

假如按劳分配是根据马克思关于劳动数量和质量的学说，简单劳动与复杂劳动的差别，依据复杂劳动的学习时间来折算为简单劳动，二者的差别不致悬殊太大。但假如按劳动的成果来衡量，则高低悬殊会很大，有些科学研究的成果，其贡献会无法以物质报酬加以衡量。按劳分配按照哪一种标准，在社会主义阶段具有重大的理论意义和实践意义。假如按前一标准，可认为资产阶级法权的残余，因随着劳动者受教育和学习机会的逐渐普遍，人的能力逐渐全面发展，简单劳动和复杂劳动的社会差别会逐渐缩小。但假如是按照后一标准，人们的收入会有极大的等级差距，势必产生一批高薪、高奖金和高版税收入者，作为社会主义的天之骄子，凌驾于人民之上，他们所依靠的不再是资产阶级法权的残余，而是迷恋于资产阶级法权的巩固与扩大，他们要从马克思的著作中找到理论根据，说他们的汽车、别墅、珍宝古玩和各种高级消费品，到了共产主义社会还是属于他们的。我们不是空想社会主义者，在一定的阶段，劳动者不可能完全不考虑他的劳动报酬与其劳动成果联系起来，但是社会主义的劳动者不是也不应该是十足的利己主义者，假如我们不打算退回到资本主义，而要过渡到共产主义，则主导的政治思想应该是集体主义和共产主义，而不是夏洛克的利己主义，应该限制按劳分配的原则所必然产生的那些消极影响，随着物质生产的发展，在思想意识形态和经济措施方面逐渐为共产主义的分配原则开辟道路。苏联建设社会主义已将近半个世纪，政治经济学教科书非特没有对按劳分配采取辩证的态度，且把它从“原则”上升为“规律”，是铁的规律。这个规律实现了杜林先生的理想：社会如果表彰高等工作，而给以适度的消费品增添，那么社会只是尊敬着自己。①

马克思主义者不是粗野的平均主义者，承认历史所遗留的社会差别不是依靠平均分配所能消灭的。但马克思主义者必须在承认差别的同时，随着社会生产的发展和人们思想觉悟的提高，逐步缩小这种差别，而不是要扩大或维持这种差别。必须防止资本主义的残余在新社会的旧痕迹上借尸还魂。数千年的私有制在人们的思想意识中根深蒂固，虽然旧社会经济形态的残余不占重要地位，但二者结合起来，就会与社会主义进行顽强的斗争，这种斗争要持续整整的一个历史时代，这个时代要多长，现在还不能作出结论。从历史发展来看，奴隶主对封建主的复辟，封建主对资本统治的复辟，是屡见不鲜的。这种斗争在一定的条件下也会改变新生产方式的发展

① 见《马克思恩格斯选集》第3卷，人民出版社1972年版，第339页。原文是：“当社会通过适当地增添消费来表彰比较好的工作时，社会只是表示对自己的尊敬。”

道路。例如，德意志的资本主义与普鲁士容克的融合，日本的资本主义与天皇封建主的融合，使这两个国家的劳动人民长期的处于半农奴的状态。社会主义、共产主义是历史必然的发展道路，没有哪个国家或民族可以避开这条道路，然而，在其发展过程中，斗争的反复是不可避免的，各种没落的剥削阶级及其思想意识会在社会主义的招贴下蒙混挣扎，也是不足为奇的。南斯拉夫是个鲜明的例证。苏联过去四十余年的历史也能使人理解这一规律，目前的情况尤其证明了两条道路的斗争还是尖锐的。

政治经济学要是撇开现实生活中的矛盾、差别和斗争，好像一切都会有计划地顺利前进，这是对苏联历史的歪曲，也是对马克思主义的歪曲。没有阶级斗争的社会主义建设是经济自发论者。虽然阶级斗争是要退出历史舞台的，但是它决不能不经过反反复复的斗争而退出历史舞台。不仅在一个资本主义高度发达的国家进行社会主义革命和社会主义建设两条道路的斗争会很激烈，即在一个比较不发达的国家进行社会主义革命和社会主义建设，同样会很激烈，并且会更持久。

社会主义阶段的阶级斗争既表现在生产方面，也表现在分配方面。我们不是分配论者，生活资料的分配首先决定于生产资料的分配。在社会主义国家，基本生产资料是全民所有和集体所有的，这是否已经闭塞一切资本主义复活的可能性呢？苏联的过去和现在都证明没有消除这种可能性。首先，集体农庄的社员家庭经济是小商品生产，有广阔的自由市场与其相适应。小商品生产每时每刻都有自发的资本主义趋势。当然，自发趋势是要受到一定限制的，而限制就是斗争的形式。集体农民作为社员是社会主义的劳动者，作为小商品生产者他是个体农民，这双重身份导致了集体所有制内部长期而复杂的阶级斗争过程。基于苏联农业生产力发展的迟缓，集体农民的家庭经济还不可能在短期内废除。然而，从苏联二十大以来的情况看来，是集体生产愈来愈排挤社员的小商品生产呢，还是社员的家庭经济愈来愈在家庭收入中占据更重要的地位呢？是社员集体主义的思想愈来愈克服小私有思想意识呢，还是小私有思想意识反而有所增长呢？我们不想在这个问题上替苏联的经济结构下结论，但根据《真理报》《经济生活报》等报刊的公开材料，千真万确的事实是两条道路的阶级斗争还在苏联进行着，并且是广泛而激烈的。在城市里，在全民所有制的经济里，工人的小私有经济虽然比较少一些，由于政治思想教育的放任，由于外国资本主义思想的侵入受到赫鲁晓夫集团的鼓励，工人、知识分子尤其是不知阶级斗争为何物的部分青年，资产阶级的思想意识在有些人中死灰复燃，在新的一代中迅速受到感染，从而窃盗国家财产，投机舞弊，开设地下工厂、经营家庭副业、贩卖私货、利用公家的名义和生产资料为私人牟利等事实，在苏联报纸、杂志、小说、电影、诗歌中愈来愈多地反映出来。而某些经济学家，当社会主义经济由于错误领导而遭受困难时，他们就向资本主义求教，向修正主义的南斯拉夫求教，向苏联人民意识中残余的利己主义求援，他们企图用煤油来扑灭愈益炽烈的火灾，用刑法来压制敌对的思想意识。但马克思列宁主义告诉我们，利己主义与共产主义是水火不相容的，阶级斗争主要不能依靠法官来解决。我们现在还不愿为苏联同志作出判断：资本主义的毒草在苏联的经济生活和思想意识中蔓延到何种地步（许多访问苏联的外国朋友是非常吃惊的，许多中国同志曾在莫斯科掉泪），但有一个理论结论却愈益为苏联的事实所证实：经历了将近半个世纪的社会主义苏联，阶级斗争还是继续着，并且由于二十大以来错误的领导，尤其是二十二大以后阶级斗争更炽烈了。

（未发表手稿）

编选者手记

以内容和写作时序为纲，本书将所汇集的狄超白的论著，编为四组。

第一组是新中国成立前的相关论著。狄超白是我国老一代马克思主义经济学家之一。新中国成立前出版的《通俗政治经济学讲话》《中国土地问题讲话》《战后中国农民问题》等著作，对传播马克思主义政治经济学、宣传和阐发党对土地问题和农民问题的政策方针做出了贡献。

他在20世纪30年代于狱中写成的《通俗政治经济学讲话》，阐释了马克思的《资本论》和列宁的《帝国主义论》的基本原理，内容深入浅出，理论联系实际。该书于1935年4月由上海新知书店出版，受到读者的广泛欢迎，至40年代末，再版达9次，对于在我国传播马克思列宁主义政治经济学起了积极的作用。新中国成立后，又根据新的情况，于1951年和1952年两次增订。由于此书独立成书了，这里未汇编入册。

本书收集了20世纪40年代后期出版的关于旧中国的土地问题和农民问题各一篇，关于城乡交换问题一篇。

第二组是经济恢复时期和经济过渡期的相关论著。新中国成立后，狄超白在国民经济恢复时期和过渡时期发表的一系列论文，结合理论和实际进行了分析总结，提出了一些有创见性的理论观点，对中国的经济理论和经济建设实践，都做出了积极的贡献。

1952年经济恢复时期结束后，中央提出了过渡时期总路线，即要在一个相当长的时期内，实现社会主义工业化和对农业、手工业与资本主义工商业的社会主义改造。1955 年年初开始，他和中宣部理论宣传处、人民日报社理论部负责同志一起，共同发起并轮流主持经济学界的过渡时期经济规律讨论会，推动了我国经济学界对于社会主义基本经济规律和价值规律在我国过渡时期经济中的作用的学术讨论。本书收集的几篇文章主要都是从理论上对"一化三改"的阐发。狄超白基于马克思关于两大部类的理论，指出列宁重工业优先发展的理论要结合中国的实际，不能孤立地发展重工业，而是必须在轻重工业之间、工业与农业之间，保有一定的比例关系。提出国家必须正确掌握这个比例关系，在集中力量发展重工业的同时，相应地培养建设人才，发展交通运输、轻工业、农业和商业。由此，狄超白比较明确地论述了比例关系的观点，这一论述实际上早于毛泽东《论十大关系》中的相关论述，体现了他作为一位重要的马克思主义经济学家所具有的卓越理论水平。

第三组是关于经济规律和价格问题的相关论著。他对经济规律进行了理论探讨，提出了一系列重要的理论观点。他对我国过渡时期经济规律问题的观点，比较全面地体现在《对于我国过渡时期经济规律问题的意见（提纲）》中，提出"社会主义经济的优越性，主要的表现在社会主义生产的目的性。就是因为它的生产目的不是为了一部分人的剥削利益，也不是为了脱离现实的唯心主义的所谓'崇高理想'，而恰恰是为了全社会的物质和文化的需要，所以才能发挥劳动人民的无穷大创造力和积极性，才能使生产和消费之间永远不会产生对抗性的矛盾，才能以其不断提高的劳动生产率和空前的发展速度在竞赛中战胜资本主义并限制其活动范围，改造其企业而最后达到消灭资本主义。"他对于社会主义经济的优越性和社会主义生产的目的性的这些论述，至今依然有着重要的现实意义。

此外，他认为基本经济规律与生产方式是不可分离的，每一种生产方式都有自己独特的基本经济规律，进而提出过渡时期既不能缩小又不能夸大社会主义基本经济规律在国民经济中的作用和范盲目性的错误观点。狄超白强调消费对生产具有强大反作用，这个观点在当时计划经济理论占统治地位的经济理论界，还是属于极为少见的。这反映了他对当时片面强调市场、忽视改善人民生活的主导政策思想，已有敏锐的警觉性。对于价格问题，狄超白用马克思主义的价值理论，批驳了要求价格与价值一致、价格须绝对稳定的观点，并指出国家的价格政策正是利用价格与价值背离来进行调控，如果消除这种背离，实际上就是取消价格政策。

第四组是20世纪60年代前期的相关论著，包括三年困难时期结束阶段提出的大农业理论和《对苏联科学院政治经济学教科书的批判》。在经历了三年困难时期之后，狄超白对我国的农业问题做了大量调查研究，提出了具有发展战略意义的大农业理论，从政治经济学的角度，对恢复和发展农业，提出了一些有战略指导意义的理论观点和思考。1958年以后，由于受到错误处分，不能再公开发表文章，狄超白依然致力于社会主义政治经济学的研究和写作，他针对赫鲁晓夫时代的苏联政治经济学教科书，准备在系统批判的基础上，写一部《社会主义政治经济学》。但令人惋惜的是，只完成了全书书目及第一章的初稿，就迫于政治运动而辍笔。在中国社会科学出版社2000年出版的《狄超白集》中，此手稿中的有关部分被编为《对苏联科学院政治经济学教科书的批判》一文。该文是根据狄超白遗存的手稿删编而来，最后分为六个部分。狄超白认为自苏共二十大以来，对政治经济学教科书作了多次修改，愈改愈坏，赫鲁晓夫的修正主义理论，被大量输入教科书，使之逐渐失去了作为马克思主义著作的地位。

陈雪娟

2018年10月

《经济所人文库》第一辑总目(40种)

(按作者出生年月排序)

《陶孟和集》
《陈翰笙集》
《巫宝三集》
《许涤新集》
《梁方仲集》
《骆耕漠集》
《孙冶方集》
《严中平集》
《李文治集》
《狄超白集》
《杨坚白集》
《朱绍文集》
《顾　准集》
《吴承明集》
《汪敬虞集》
《聂宝璋集》
《刘国光集》
《宓汝成集》
《项启源集》
《何建章集》
《戴园晨集》
《董辅礽集》
《吴敬琏集》
《孙尚清集》
《黄范章集》
《乌家培集》
《经君健集》
《于祖尧集》
《陈廷煊集》
《赵人伟集》
《张卓元集》
《桂世镛集》
《冒天启集》
《董志凯集》
《刘树成集》
《吴太昌集》
《朱　玲集》
《樊　纲集》
《裴长洪集》
《高培勇集》